Wolfgang Weiß
"Eine neue Lehre in Vollmacht"

Wolfgang Weiß

"Eine neue Lehre in Vollmacht"

Die Streit- und Schulgespräche
des Markus-Evangeliums

Walter de Gruyter · Berlin · New York
1989

Beiheft zur Zeitschrift für die neutestamentliche Wissenschaft
und die Kunde der älteren Kirche

Herausgegeben von Erich Gräßer

52

BS
2585.2
.W45
1989

Gedruckt auf säurefreiem Papier
(alterungsbeständig — pH 7, neutral)

CIP-Titelaufnahme der Deutschen Bibliothek

Weiss, Wolfgang:
„Eine neue Lehre in Vollmacht" : d. Streit- u. Schulgespräche d.
Markus-Evangeliums / Wolfgang Weiss. — Berlin ; New York :
de Gruyter, 1989
(Beiheft zur Zeitschrift für die neutestamentliche Wissenschaft
und die Kunde der älteren Kirche ; 52)
Zugl.: Mainz, Univ., Diss., 1985/86
ISBN 3-11-011789-4
NE: Zeitschrift für die neutestamentliche Wissenschaft und die
Kunde der älteren Kirche / Beiheft

ISSN 0171-6441

© Copyright 1988 by Walter de Gruyter & Co., Berlin 30.
Alle Rechte des Nachdrucks, der photomechanischen Wiedergabe, der Übersetzung,
der Herstellung von Mikrofilmen und Photokopien, auch auszugsweise, vorbehalten.
Printed in Germany.
Druck: Werner Hildebrand, Berlin 65
Bindearbeiten: Lüderitz & Bauer, Berlin 61

Herrn Professor Dr. Egon Brandenburger

VORWORT

Die vorliegende Untersuchung wurde 1986 von dem Fachbereich Evangelische Theologie der Johannes Gutenberg-Universität Mainz als Dissertation angenommen. Für den Druck habe ich sie im Anmerkungsteil und in Kapitel 4 gekürzt und teilweise überarbeitet. Aus Raumgründen wurde auf die Einarbeitung der seit der Fertigstellung im Jahre 1985 erschienenen Literatur verzichtet. Teile des dritten Kapitels konnte ich anläßlich der Tagung der Projektgruppe "Formgeschichte" innerhalb der Wissenschaftlichen Gesellschaft für Theologie am 17. März 1986 vortragen.

Angeregt wurde ich zu dieser Untersuchung durch die (in Kapitel 1.1. dargestellte) unbefriedigende Forschungslage im Blick auf die Streit- und Schulgespräche - einerseits mehr als 60 Jahre nach Bultmanns bahnbrechenden Ausführungen zu dieser Gesprächsform, andererseits angesichts der regen Debatte über das Markus-Evangelium und dessen Redaktor. Die Arbeit möchte daher ein Beitrag sein sowohl zur form- und traditionsgeschichtlichen Diskussion als auch zur redaktionsgeschichtlichen Debatte.

Die Freude am kritischen exegetischen Fragen verdanke ich dem Ansporn und der Anregung, die mir Herr Professor Dr. Egon Brandenburger durch seine eigene exegetisch-theologische Arbeit gegeben hat. Als sein Wissenschaftlicher Mitarbeiter habe ich bei ihm sehr viel gelernt. Als Dank ist ihm dieses Buch zum 60. Geburtstag und über diesen Tag hinaus gewidmet. Zu danken habe ich Herrn Professor Dr. Egon Brandenburger auch für den Freiraum, den er mir zur Erstellung der Dissertation eingeräumt hat, und für das Vertrauen, mit dem er das mehrjährige Unternehmen begleitet hat. Ihm und Herrn Professor Dr. Dr. Otto Böcher gebührt anläßlich der Publikation mein Dank für die Mühe, die umfangreiche Dissertation begutachtet zu haben. Kritische Anmerkungen und weiterführende Anregungen der Referate sind in die Druckfassung eingeflossen. Besonders danke ich Herrn Professor Dr. Erich Gräßer für die Aufnahme der Arbeit in die Reihe der Beihefte zur ZNW.

Der größte Dank gilt meiner Frau.

Wolfgang Weiß

INHALTSVERZEICHNIS

VORWORT VII

1. ZUR FORSCHUNGSGESCHICHTE 1

1.1. Forschungsgeschichtliche Einordnung 1
1.2. Die bisherige formgeschichtliche Behandlung der Streit- und Schulgespräche und eine erste Klärung zur Formbestimmung 3
1.3. Zur Frage vormarkinischer Sammlungen von Streitgesprächen 18

2. DIE STREIT- UND SCHULGESPRÄCHE DES MARKUSEVANGELIUMS 33

2.1. Einführung und Abgrenzung 33
2.2. Die Analysen 40
2.2.1. Die Streitgespräche zu Fragen christlicher Lebenspraxis 40
2.2.1.1. Das Streitgespräch über den Sabbat (Mk 2,23-28) 41
2.2.1.2. Das Streitgespräch zur »Überlieferung der Alten« (Mk 7,1-23) 57
2.2.1.3. Das Streitgespräch zur Tischgemeinschaft (Mk 2,15-17) 83
2.2.1.4. Das Streitgespräch zum Fasten (Mk 2,18-22) 97
2.2.1.5. Das Streitgespräch zur Sabbatheilung (Mk 3,1-6) 106
2.2.2. Die Streitgespräche zum Wirken Jesu 126
2.2.2.1. Die Vollmacht zur Sündenvergebung auf Erden (Mk 2,1-12) 127
2.2.2.2. Das Streitgespräch zur Vollmacht Jesu (Mk 11,27-33) 143

2.2.2.3.	Das Streitgespräch zur Exorzismustätigkeit Jesu (Mk 3,22-30)	162
2.2.3.	Die Schulgespräche	176
2.2.3.1.	Die Frage nach der Ehescheidung (Mk 10,2-12)	177
2.2.3.2.	Die Censusfrage (Mk 12,13-17)	202
2.2.3.3.	Die Frage nach der Auferstehung (Mk 12,18-27)	234
2.2.3.4.	Die Frage nach dem höchsten Gebot (Mk 12,28-34)	249

3. DIE FORM DER STREIT- UND SCHULGESPRÄCHE   267

3.1.	Die Form der Streitgespräche	267
3.1.1.	Die Grundform der Streitgespräche	268
3.1.1.1.	Die ursprünglichen Antworten	272
3.1.1.2.	Die Gegnerfrage als Vorwurf	276
3.1.1.3.	Der Sitz im Leben der Grundform der Streitgespräche	279
3.1.2.	Die weitere Entwicklung zur Form der vormarkinischen Überlieferung	286
3.1.2.1.	Die Rahmenszenen der Streitgespräche	287
3.1.2.2.	Die Erweiterung der Antworten Jesu in den Streitgesprächen	297
3.1.2.3.	Der Sitz im Leben und der Trägerkreis der vormarkinischen Streitgespräche	302
3.2.	Die Sonderform: Die Streitgespräche zum Wirken Jesu	307
3.3.	Die Form der Schulgespräche vor der Bearbeitung durch Markus	312
Exkurs: Zum Problem der Formanalogie in der Umwelt		316

4. DIE STREIT- UND SCHULGESPRÄCHE INNERHALB DES MARKUS-EVANGELIUMS. Zusammenfassende Beobachtungen zur Redaktionstätigkeit des Markus   331

4.1.	Die markinische Interpretation der Streit- und Schulgespräche	331

4.2.	Das Gegnerbild in den Streit- und Schulgesprächen des Markus-Evangeliums	334

LITERATURVERZEICHNIS 345

REGISTER 389

    Stellenregister 389
    Sachregister (in Auswahl) 407
    Griechisches Stichwortregister (in Auswahl) 409

1. ZUR FORSCHUNGSGESCHICHTE

1.1. Forschungsgeschichtliche Einordnung

Martin Albertz stellt in den Vorbemerkungen seiner Behandlung der "synoptischen Streitgespräche"[1] im Blick auf die etwa gleichzeitig erscheinenden Arbeiten von Dibelius[2], Schmidt[3] und Bultmann[4] fest: "Die Ideen zur urchristlichen Formengeschichte liegen eben in der Luft"[5]. Angesichts dieser Feststellung ist es verglichen mit Gleichnissen und Wundererzählungen forschungsgeschichtlich überraschend, daß sich keine Einzelabhandlung in der nachfolgenden Forschung den Streit- und Schulgesprächen thematisch zugewandt hat[6]. Albertz kommt das Verdienst zu, die Streitgespräche der synoptischen Evangelien als erster einer eigenen umfassenden Untersuchung unterworfen zu haben. Doch seine Arbeit bleibt von Bedeutung nur für die Überlieferungsgeschichte und Literarkritik. Der von ihm so begrüßte Durchbruch der Form(en)geschichte läßt seinen Beitrag vor den Entwürfen von Dibelius und besonders Bultmann schnell verblassen[7].

---

1   Albertz, Streitgespräche (1921). Die Untersuchung war 1919 abgeschlossen (siehe ebd. 4).
2   Die Formgeschichte des Evangeliums (1919).
3   Der Rahmen der Geschichte Jesu (1921).
4   Die Geschichte der synoptischen Tradition (1921).
5   Albertz, ebd.; zu Bultmann vgl. a.a.O. das Vorwort.
6   Stock/Wegenast/Wibbing, Streitgespräche, folgen Bultmann, ohne sich eigens kritisch mit dessen Thesen auseinanderzusetzen, was freilich auch nicht Aufgabe dieser Untersuchung war (siehe a.a.O. das Vorwort 3ff). Außerdem erinnere ich an Daube, New Testament, besonders 158-169.
7   Siehe dazu unten S. 5 Anm. 7. Forschungsgeschichtlich ist die formgeschichtliche Epoche weitgehend abgeschlossen, obwohl es "sel-

Erst ein halbes Jahrhundert nach der Behandlung durch Albertz treten die Streit- und Schulgespräche wieder in den Blick der Forschung. Eine Revision der Ergebnisse, die die klassische Formgeschichte zu dieser Form geboten hat, scheint erneut »in der Luft zu liegen«. So widmet sich Hultgren in seiner Dissertation (1973) diesem Thema[8]. Tannehill legt in zahlreichen Untersuchungen[9] ein eigenes Konzept vor, die »pronouncement stories« zu kategorisieren. Zu gleicher Zeit regt er im Rahmen eines Arbeitsprojektes[10] an, das Erscheinungsbild der »pronouncement stories« innerhalb der außerneutestamentlichen Literatur zu untersuchen.

Diese Anstöße einer neuen Beschäftigung mit den Streit- und Schulgesprächen kommen aus dem amerikanischen Raum. Dagegen beherrscht in der deutschsprachigen Exegese bis heute die Behandlung der Streit- und Schulgespräche durch Bultmann im Rahmen der »Geschichte der synoptischen Tradition«[11] die Diskussion[12]. Daneben erfolgt allerdings mehr und mehr eine kritische Sichtung und zum Teil eine Korrektur der Einzelergebnisse. Es fehlen aber eine Gesamtsichtung und Aufarbeitung der Kritikpunkte im deutschen Sprachraum,

---

tene Vögel [gibt], die sich noch auf dem Gebiet der Formgeschichte bewegen" (Conzelmann, ThR 43, 1978, 11 zu Theissen, Wundergeschichten). Einen Überblick über die formgeschichtliche Forschung gibt Köster, TRE 11, 286-299. Die »klassische Formgeschichte« ist durch die Namen Dibelius, Bultmann und K.L.Schmidt gekennzeichnet. Vgl. neben den (Anm. 2-4) genannten Arbeiten K.L.Schmidt, RGG² II, 418-422; Ders., a.a.O. III, 1675-1682. Zur forschungsgeschichtlichen Aufnahme der Formgeschichte vgl. Dibelius, ThR 1, 1929, 185-216; Iber, ThR 24, 1957/58, 283-338; Ders., in: Dibelius, Formgeschichte 302-312(313f); Bultmann, a.a.O. ErgH 9-16; Bornkamm, RGG³ II, 749-753; Zimmermann, Methodenlehre (128-176) 128-135; Ellis, FS Conzelmann, 299-315.

8   Jesus and His Adversaries (1979).
9   FS Beardslee, 183-197; Interp. 34, 1980, 138-150; SBL.Sem.Pap. 1980, 51-56; Semeia 20, 1981, 1-13; ebd. 101-119; ANRW II, 25.2, 1792-1829.
10 Die Arbeitsergebnisse sind zusammengefaßt in Semeia 20, 1981.
11 A.a.O. besonders 8-26.39-58.
12 Vgl. zuletzt (1983) Köster, TRE 11, 291f.

umso mehr, da die Arbeit von Hultgren hier weitgehend unbeachtet geblieben ist[13].

1.2. Die bisherige formgeschichtliche Behandlung der Streit- und Schulgespräche und eine erste Klärung zur Formbestimmung

Bislang herrscht Übereinstimmung unter den Exegeten in der Beschreibung des Aufbaus von Streit- und Schulgesprächen und weitgehend in der Frage, welche Stücke zu dieser Form zu rechnen sind[1]. Trotz dieser Übereinstimmung, die zunächst (a) skizziert wird, werden die Stücke mit verschiedenen Begriffen bezeichnet: »Streitgespräche«, »Streit- und Schulgespräche«, »pronouncement stories«[2], »conflict stories«[3] oder »controverses«[4].

In dieser Arbeit werden die Begriffe »Streit- und Schulgespräch« verwendet. Diese Begriffe werden in der Literatur schon vor Bultmann[5] auf die Stücke angewandt. Sie sind bis heute in der Exegese zumindest zur Beschreibung der äußeren Form weithin üblich.

---

13 Weder in dem Artikel von Köster, a.a.O. 288f.299 noch in der Abhandlung von Berger, ANRW II, 25.2, 1305 (vgl. 1399) wird Hultgrens Arbeit genannt, vgl. demgegenüber Mundla, Führer; Lindemann, ThR 49, 1984, 243f.

1 Siehe die Synopsen bei Hultgren, a.a.O. 203ff, und Fascher, Methode 198.

2 Siehe unten S. 8f (zu Taylor).

3 Siehe unten S. 9f (zu Hultgren). Der Begriff findet sich schon bei Knox, Sources I, 150.

4 So z.B. Minette de Tillesse, Secret; Grant, Growth 105ff.113ff spricht von "controversies".

5 Vgl. J.Weiß, Evangelium 89-93; Ders., Jesus 140-144; Von Soden, Fragen 19f. 23f; B.Weiß, Leben Jesu I, 45ff; Wellhausen, Markus 14. Zur Bedeutung der literarkritisch orientierten Arbeit von J.Weiß für die »Formgeschichte« siehe Schmithals, ZThK 80, 1983, 389-410.

Die Vielfalt der Bezeichnungen ist erstens das Ergebnis einer unterschiedlichen methodischen Vorgehensweise, zweitens, was die Begriffe selbst anzeigen, die Folge einer Zuweisung der betreffenden Stücke an die Wort- oder an die Erzählüberlieferung der Evangelien. Diese Zuweisung ergibt sich aus der Beobachtung von Formelementen, welche bestimmend innerhalb der Gattung wirken, und derjenigen Elemente, die das Formganze ausmachen. Die folgende forschungsgeschichtliche Skizze wird sich dementsprechend der Frage formspezifischer Elemente der Streit- und Schulgespräche zuwenden (b). Schließlich (c) wird das Problem einer Unterscheidung von Streit- und Schulgesprächen, die besonders von Bultmann vorgenommen wurde, behandelt.

(a) Die Streit- und Schulgespräche bieten in ihrem *Aufbau*[6] das Schema: Exposition — Gespräch — Wort Jesu.

Die Bestandteile dieses Schemas tragen einzelne, in ihrer Funktion übereinstimmende Kennzeichen. Die *Exposition* dient der Schilderung einer Situation beziehungsweise eines Anlasses (für das Folgende) oder der Einführung von Fragestellern. Das *Gespräch* ist in einen oder mehrere Gesprächsgänge gegliedert. Die Gesprächspartner kritisieren das im Anlaß vorgestellte Verhalten oder legen eine allgemeine religiöse Frage zur Entscheidung vor. Das *Schlußwort* Jesu hat für das Gespräch einseitig entscheidenden Charakter. Außerdem sind die folgenden Merkmale zu beobachten: Die Stücke sind von ausgesprochener Einfachheit und Kargheit, dies bedeutet, die Situation wird nur knapp geschildert, erzählerischen Details und den Personen kommt nur wenig Beachtung zu. Dementsprechend ist der Aufbau sehr straff: Die erzählerischen und dialogischen Elemente werden in wenigen Schritten auf den Schluß hin konzentriert, so entsteht der Eindruck, als seien die Gesprächsbestandteile durch kurze Überleitungen miteinander verbunden.

Zusammenfassend läßt sich nach dieser Beschreibung des Aufbaus (und nach der Beobachtung der weiteren Merkmale), also nach der Be-

---

6 Vgl. zum Folgenden Dibelius, a.a.O. 46-53; Bultmann, a.a.O. 66f.70; Albertz, a.a.O. 85f.

Die äußere Form der Streit- und Schulgespräche

stimmung der äußeren Form der Streit- und Schulgespräche, festhalten: Die Überlieferungseinheiten weisen sowohl erzählerische Elemente (Exposition, Überleitungen) als auch Spruch- beziehungsweise Dialogelemente (Gespräch, Schlußlogion) auf. Beide Elementtypen sind für das Formganze wichtig. Denn die erzählerischen wie die Spruchelemente bilden in ihrer festen Abfolge einen Geschehens- oder Ereignisablauf ab, der die Form der Streit- und Schulgespräche von anderen Formen unterscheidet. Dieser Unterschied läßt sich gemäß der formgeschichtlichen Einsicht, daß von der Bestimmung der äußeren Form auf den »Sitz im Leben« (in der Gemeinde) zu schließen ist, am funktionalen Ort der jeweiligen Form (und ihrer Gestaltung) festmachen.

(b) Zur formgeschichtlichen Methode (in unserem Fall beschränkt auf den Bereich der Streit- und Schulgespräche) liegen die beiden sich in ihrer Vorgehensweise unterscheidenden Entwürfe von Dibelius und Bultmann vor[7].

Dibelius setzt die Frage nach dem Sitz im Leben voraus. Das Bemühen, "Lebensbedingungen und Lebensfunktionen der ersten christlichen Gemeinden zu erschließen"[8] führe im konstruktiven Ansatz zur Bestimmung der Predigt als Sitz der Überlieferungsstücke im Leben der Gemeinde. Die Stücke dienten der urchristlichen Gemeinde als Beispiele (παράδειγμα) aus dem Leben Jesu[9]. Zur urchristlichen Predigt zählten Missionsverkündigung, Kultpredigt und Katechese[10]. Dieser

---

7 Obwohl Albertz die erste monographische Untersuchung zu den Streitgesprächen vorgelegt hat, ist die Arbeit für die formgeschichtliche Behandlung und die Gattungsbestimmung von geringem Wert (vgl. Bultmann, a.a.O. 41 Anm. 1). Albertz selbst bezeichnet seine Arbeit als "formengeschichtliche Untersuchung", zum Begriff vgl. von Norden, Agnostos Theos. Untersuchungen zur Formengeschichte religiöser Rede. Heute ist der Begriff z.T. in der alttestamentlichen Exegese gebräuchlich, vgl. Richter, Exegese 123ff. Die soziologische Komponente der formgeschichtlichen Fragestellung bleibt bei Albertz auch in späterer Zeit (Botschaft I/1, 65-71) unbeachtet. Zur Kritik an Albertz vgl. Bultmann, ebd.
8 Formgeschichte 9.
9 A.a.O. 24.
10 A.a.O. 13.

Forschungsansatz ist insgesamt auf Kritik gestoßen. So hat Wilckens[11] die Predigttheorie überzeugend bestritten. Die Bezeichnung »Paradigma« ist ebenfalls abgelehnt worden. Denn der "für die Predigt brauchbare Gedanke" - in der Terminologie bei Dibelius[12] - werde nicht beispielhaft in den Stücken "illustriert"[13], sondern in ihnen "bewiesen"[14]. Trotz der Kritik, die an der konstruktiven Methode zu Recht geübt wird, kommt die formgeschichtliche Arbeit nicht ohne ein konstruktives Element aus, wie aus der Vorgehensweise Bultmanns deutlich wird.

Bultmanns Anliegen ist es, "ein Bild von der Geschichte der Tradition der Einzelstücke zu geben"[15]. Mit diesem Ziel versucht Bultmann, von der Analyse der Einzelstücke her, Gattung und Sitz im Leben zu erheben[16]. Konstruktiv geht er insofern vor, als er aus den Formen "auf die Motive des Gemeinschaftslebens" zurückschließt und versucht, "aus dem Gemeinschaftsleben heraus ... die Formen verständlich zu machen"[17]. Aufgrund seines analytischen Ansatzes treten bei Bultmann die Funktion der Gattung und der Stoff der Einzelüberlieferung in der Gattungsbestimmung als Kriterien hervor[18]. Dementsprechend wird der Blick sehr viel stärker auf den Zusammenhang von Form und Inhalt gelenkt, als dies bei Dibelius' konstruktiver Methode möglich ist. Die Betonung dieses Zusammenhangs hat bei Bultmann folgerichtig Konsequenzen in der Gattungsbestimmung. Denn er bestimmt einerseits die Gattung als Apophthegma und führt andererseits deren Untergliederung als »Streit- und Schulgespräche« und »Biographische Apophthegmata« ein.

---

11 ThLZ 86, 1961, 272-276.
12 A.a.O. 55.
13 A.a.O. 24.
14 Kuhn, Sammlungen 232 Anm. 22.
15 Bultmann, a.a.O. 4, vgl. a.a.O. 3.
16 A.a.O. 6.
17 A.a.O. 5.
18 Vgl. Grobel, Formgeschichte 20: "Bei Dibelius geschieht sie (sc. "die Scheidung der sogenannten Formen") nach dem Überlieferungsmotiv, bei Bultmann nach der Sache (Inhalt)".

Diese Bestimmungen sind freilich nicht unproblematisch. Während Dibelius Paradigmen als spezifisch urchristliche Erzählgattung versteht[19], entlehnt Bultmann die Benennung Apophthegma absichtsvoll dem Bereich der hellenistischen Literaturgeschichte[20]. Die Berechtigung zu dieser "möglichst neutralen" Benennung[21] bestehe in der äußeren Analogie der synoptischen Stücke zu denen der hellenistischen Literatur, und zwar darin, daß kurze Logien mit einer bestimmten Situation umrahmt werden. Zudem lasse sich dieser apophthegmatische Charakter auch formanalytisch nachweisen. Denn manche Überlieferungsstücke könnten "durch die Erkenntnis des sekundären Charakters ihres Rahmens" traditionsgeschichtlich "auf Herrenworte reduziert werden"[22]. Gegen diese Bestimmungen Bultmanns kann man zwei Bedenken vorbringen. Erstens ist die Bezeichnung »Apophthegma« nicht eindeutig, auch wenn man sie mit Bultmann nur formal anwendet. Denn unter einem Apophthegma werden im traditionellen Sinne sowohl rahmenlose als auch gerahmte Logien verstanden[23]. Zweitens wird die Bezeichnung fragwürdig, wenn Bultmann die Gattung mit einem Begriff aus der hellenistischen Literaturgeschichte bezeichnet, deren Herführung als solche aus dem hellenistischen Bereich er aber gerade *mutatis mutandis*[24] ablehnt, und er die Form positiv im Vergleich mit den rabbinischen Debatten von diesen ableitet. Mit diesen Einwänden wird Bultmanns methodischer Ansatz freilich nicht hinfällig. Die Analyse der einzelnen Überlieferungseinheiten ermöglicht eine treffende Gattungs- und Formbestimmung. Folgt man Bultmann, so bedingt die Analyse eine Zuweisung der Überlieferungseinheiten an die Logienüberlieferung der Evangelien, auch wenn "man versucht sein könnte, (solche Stücke) zu den Geschichten zu zählen"[25]. Die weiteren Folgerungen in bezug auf den Sitz im Leben können dem methodischen Ansatz zufolge erst

---

19 Dibelius, a.a.O. 157ff.
20 Bultmann, a.a.O. 8f.
21 A.a.O. 8.
22 A.a.O. 9.
23 Vgl. unten S. 320ff.
24 Der betreffende Text, Geschichte 52f, fehlt in der ersten Auflage.
25 Bultmann, a.a.O. 8.

nach der eingehenden Analyse der Überlieferungseinheiten gewertet werden[26].

Bevor wir uns den neueren Arbeiten und der Frage nach den formbestimmenden Elementen der Streit- und Schulgespräche zuwenden, ist im Gang der Forschung die formgeschichtliche Arbeit von Taylor zu beachten und seine Bestimmung »pronouncement story«[27] zu klären. Seine Untersuchungen, besonders in "The formation of the Gospel tradition", haben im englischen Sprachraum die formgeschichtliche Arbeit[28] bekannt gemacht[29]. Die Bedeutung dieser Untersuchungen liegt in der Bestimmung und Benennung der verschiedenen Gattungen für die anglo-amerikanische Forschung[30]. Die Terminologie wirkt bis in neuere Arbeiten zu unserem Gegenstand (»pronouncement stories«), obwohl die Bestimmungen Taylors in der Sache dort kaum noch aufgegriffen werden[31].

Die Abhängigkeit der Untersuchungen Taylors von Dibelius ist insgesamt unverkennbar[32]. Aus literarkritischem Interesse beschränkt sich seine Arbeit auf die Beschreibung einer Gattung, und sie unternimmt nicht eine Gattungsbestimmung im eigentlichen Sinne. Sie unterscheidet sich methodisch von der klassischen Formgeschichte. Im Gegensatz zu Dibelius und Bultmann lehnt Taylor die Frage nach dem Sitz im Leben für die Texte ab[33]. Diese Ablehnung begründet er zum einen damit, daß die Stücke ihren Ursprung in der Urgemeinde hätten, die sich der autoritativen Bedeutung von Wort und Botschaft Jesu verpflichtet gewußt habe[34]. Zum anderen mißt er der Augenzeugenschaft

---

26 Siehe unten Kap. 3.
27 Die Bezeichnung könnte man frei übersetzen mit »Wort-Erzählungen«, vgl. die vorläufige Benennung bei Schenke/Fischer, Einleitung II, 46.
28 Vgl. noch Lightfoot, History.
29 Taylor betrachtet Formgeschichte vor allem als Ergänzung des "historical criticism and source criticism" (Formation 20f), vgl. Grobel, Formgeschichte 105-112.
30 Vgl. das Urteil Kümmels, ThLZ 61, 1936, 197.
31 Siehe unten S. 14ff (zu Tannehill).
32 "Dibelius is a pathfinder" (Taylor, a.a.O. 12), vgl. Iber, ThR 24, 1957/58, 292.
33 Vgl. besonders a.a.O. 27f.35-38.
34 Vgl. a.a.O. 172f. Daraus folgt die strikte Ablehnung der Konzeption Bultmanns ("Bultmann is radical to the point of scepticism, and

der Apostel eine hohe Bedeutung bei[35]. Somit erklärt sich auch Taylors Desinteresse an eigentlicher *Form*analyse im Sinne formgeschichtlicher Methode. Die Entstehung des erzählerischen Materials in den Evangelien verlaufe aufgrund der Überlieferung durch Augenzeugen im Prozeß einer Verkürzung[36], nicht expansiv. Seine Beschreibung der äußeren Form lehnt sich an den Konsens von Dibelius, Bultmann und Albertz an[37], wobei Dibelius das Hauptgewicht trägt.

Der Begriff »pronouncement story« soll einerseits der Bedeutung des abschließenden Logions (pronouncement) Rechnung tragen, zum anderen der Entstehung der Texte als Augenzeugenberichte (stories) der Apostel. Obgleich die Bezeichnung die äußere Form genau zu treffen scheint, ergibt sich schon allein durch den weiten terminologischen Rahmen eine Gruppe disparater Stoffe verschiedener Form, die unter dieser Bezeichnung subsumiert werden können - im übrigen ein Sachverhalt, der sich bis in die Arbeiten Tannehills auswirkt, wie wir noch sehen werden.

Entgegen dem konstruktiven Verfahren, das Dibelius und Taylor angewandt haben, setzt Hultgren bei der Formanalyse ein. Seine Bezeichnung der Stücke als »conflict stories«[38] trägt diesem Vorgehen Rechnung, insofern als er die Stücke als Erzählungen (stories) ansieht, denen als wesentlicher Bestandteil der Konflikt als solcher eigen sei[39]. Hultgren zufolge handelt es sich um Erzählungen, da die Dialoge in eine narrative Struktur gefaßt seien[40] ("we have not simply controversy dialogues but *narratives containing* dialogue"[41]) und die Erzählstruktur für die Stücke selbst so gewichtig sei, daß die Dialoge nicht selbständig hätten existieren können[42].

---

it is not strange that he has been looked upon as *Strauss Redivivus*", a.a.O. 14), vgl. noch a.a.O. 85-88 zu den Apophthegmata.
35 Vgl. a.a.O. 43.
36 Vgl. a.a.O. 66, vgl. 41ff.
37 Vgl. a.a.O. 23.
38 Zum Begriff siehe Hultgren, Adversaries 20.52f.
39 Vgl. das zustimmende Urteil bei Dewey, Debate 26f.
40 Vgl. Hultgren, a.a.O. 52, so schon Tannehill, Sword 152-157.201.
41 Ebd. (Hervorhebung im Original).
42 Ebd.

Hultgren gewichtet also innerhalb der Form Dialogelemente und Erzählelemente, er fragt also nach bestimmenden Elementen innerhalb der äußeren Form. So berechtigt diese Fragestellung als solche ist, erheben sich doch im einzelnen gegen seine These und deren Durchführung Bedenken[43]. Zum einen wird man die These relativieren müssen, wenn Hultgren erstens für Mk 2,12.18; 3,22; 11,31f; Mt 12,38; 22,46; Lk 14,6 die Dialogelemente gegenüber den Erzählelementen als wichtiger herausstellt, zweitens gerade innerhalb der durch ihre Szenendarstellung expositionslastigen Stücke das narrative Material (z.B. 2,6.8; 3,1f.5; Lk 7,36ff; 13,10-14) als konstitutiv bestimmt und drittens in den übrigen Fällen die Funktion der Erzählelemente darauf reduziert, daß sie die Spannung zwischen Jesus und den Gegnern erhöhten - wie er konzedieren müßte, die Spannung, welche im *Gespräch* gründet. Zudem bestehen zwischen der Formbestimmung einer conflict story (und des für diese kostitutiven narrativen Materials) und der nach den Einzelanalysen vorgenommenen Abgrenzung der Form[44] oder von Tradition und Redaktion[45] Widersprüche, die die Bedeutung des narrativen Materials für die Formbestimmung noch stärker beschränken. Demzufolge scheint mir die Bezeichnung »conflict *story*« (Streit*erzählung*) den Überlieferungseinheiten nicht angemessen.

Zum anderen ergeben sich Bedenken, die die Methodik einer formgeschichtlichen Bestimmung der conflict stories bei Hultgren betreffen. Die Frage nach formkonstitutiven beziehungsweise formbestimmenden Elementen richtet sich, wie ich meine, nicht auf eine Ausgrenzung des Gesprächsgangs aus der Form, sondern darauf, welche Bedeutung dem Gesprächsgang innerhalb der Form zukommt, m.a.W. auf das Verhältnis zwischen verbaler und nonverbaler Kommunikation in-

---

43 Ich beziehe mich im Folgenden auf Hultgrens Bestimmung der "Introductory Narrative", a.a.O. 53f.
44 Vgl. z.B. a.a.O. 54 mit a.a.O. 107 (zu 2,12).
45 Vgl. z.B. die Bestimmung von 11,30b-33 als eines sekundären Bestandteiles neben 11,27a.28a.29 (Die verbleibende Tradition sei "a complete unit, and it contains all[!] the essential features of conflict story", a.a.O. 70). Mt 22,46; Lk 14,6 sind redaktionelle Schlußbemerkungen (a.a.O. 54), warum nicht auch Mk 12,34?

nerhalb des Geschehensablaufs, auf das Verhältnis zwischen Gespräch und Erzählung innerhalb der Form von Streit- und Schulgespräch[46].

Ein erster Versuch, dieses Verhältnis zwischen Gespräch und Erzählung zu klären, ergibt wenigstens für Mk 2,15-17 (Tischgemeinschaft); 2,18-22 (Fastenfrage); 2,23-28 (Sabbat); 7,1-23 (Überlieferung der Alten); 10,2-12 (Ehescheidung); 11,27-33 (Vollmachtsfrage); 12,18-27 (Die Frage nach dem höchsten Gebot) folgendes Ergebnis: Einerseits sind die Gespräche von dem erzählerischen Material weitgehend unabhängig, andererseits sind sie in bezug auf das Formganze auf Erzählelemente, wie etwa auf die verbindenden Überleitungen zwischen den Gesprächsgängen, angewiesen. Entscheidend für die Formbestimmung scheint mir aber zu sein, daß die Erzählelemente in der Sache vom Gespräch abhängig sind und demzufolge für die Form nicht wesentliches, d.h. nicht konstitutives Gewicht besitzen. Von daher scheint mir die Bezeichnung der Stücke als *Gespräche* gegenüber der Bezeichnung als Erzählungen treffender.

Gegen diese Terminologie hat Dibelius[47] den gewichtigen Einwand vorgebracht, daß die Stücke keine Gespräche im eigentlichen Sinne darstellten. Seine Kritik stützt sich auf zwei Argumente: Erstens ergebe sich gar kein Hin und Her von Rede und Gegenrede, da die dialogischen Elemente offen, aber auch im Verborgenen (z.B. Mk 2,6.7; 3,2) dargestellt würden. Zweitens gelange das Sachproblem nicht durch ein Gespräch zur Lösung, sondern für die Form sei nur die im Schlußlogion erfolgende Entscheidung wesentlich. Zum ersten scheint mir die Art der Darstellung für die Form nicht konstitutiv zu sein, sondern die Intention des Ganzen, welche darauf ausgerichtet ist, die Argumente zur Sprache zu bringen. Zum zweiten: Dibelius begrenzt den Begriff »Gespräch« auf die Form des klassischen Dialogs. Für die Form der Streit- und Schulgespräche ist aber nicht der Lösungs*weg* entscheidend, sondern das Gegenüber von Rede und Gegenrede in der Konfron-

---

46 Ein Ausweg aus der Zuweisungsfrage wird darin gesucht, die Form auf der Grenze zwischen Wort- und Erzählüberlieferung einzuordnen, siehe Bornkamm, RGG³ II, 1001; Vielhauer, Geschichte 289.
47 Formgeschichte 64f, vgl. die Entgegnung von Bultmann, Geschichte ErgH 31.

tation von Einwand, Vorwurf (oder möglicherweise auch einer echten Frage) mit dem Schlußlogion als Antwort.

(c) Bultmann hat die Streitgespräche untereinander und Streit- und Schulgespräche voneinander unterschieden. Als Differenzkriterium hat er seiner Darlegung die verschiedenen Anlässe zugrundegelegt. Er unterscheidet vier Gruppen: a) Heilungen Jesu sind der Anlaß[48]; b) In anderer Weise ist Jesu beziehungsweise der Jünger Verhalten der Anlaß[49]; c) Der Meister wird gefragt (von Jüngern oder anderen)[50]; d) Die Fragen werden von Gegnern gestellt[51]. Die Gespräche der Gruppe c) bezeichnet er als Schulgespräche, die übrigen als Streitgespräche[52].

Zunächst fällt in dieser Vierergruppierung auf, daß Bultmann zufolge einerseits eine Heilung oder ein Verhalten [Gruppen a) und b)], andererseits eine Frage den Anlaß zum folgenden Gespräch bilden kann [Gruppen c) und d)]. Wenn dieser Eindruck richtig ist, legt sich die Frage nahe, ob die Unterscheidung innerhalb dieser beiden klaren Anlaßgestaltungen als solche in bezug auf ihre formbestimmende Funktion und im Blick auf Bultmanns Analysen überzeugt. Denn Wundererzählungen dürften ihre Aufgabe als Exposition ebenso erfüllen wie die Situationsbeschreibungen der Gruppe b)[53]. Wenn tatsächlich ein gravierender Unterschied bestände, müßten dann nicht auch die Unterschiede herausgestellt werden, die Bultmann zufolge bestehen zwischen Mk 2,1-12, wo die Vergebungsaussage den eigentlichen Anlaß darstelle und der Wundererzählung demonstrative Funktion zukomme[54], Mk 3,22-30, wo eine Dämonenaustreibung vorauszusetzen sei[55], und den Sabbathei-

---

48 Vgl. Bultmann, a.a.O. 9-14 zu Mk 3,1-6parr; Lk 14,1-6; 13,10-17; Mk 3,22-30; Mt 12,22-37 par Lk 11, 14-23; Mk 2,1-12.
49 Vgl. Bultmann, a.a.O. 14-20 zu Mk 2,23-28parr; 7,1-23parr; 2,15-17parr; 2,18-22parr; 11,27-33parr; Lk 7,36-50.
50 Vgl. Bultmann, a.a.O. 20-24 zu Mk 10,17-31parr; Mk 12,28-34parr; Lk 12,13-14; 13,1-5; Mt 11,2-19 par Lk 7,18-35; Mk 10,35-45par; 9,38-40; Lk 17,20f; Mk 11,20-25par; Lk 9,51-56.
51 Vgl. Bultmann, a.a.O. 25 zu Mk 12,13-17parr. 18-27parr; 10,2-12par.
52 Vgl. Bultmann, a.a.O. 56.
53 Vgl. Dewey, a.a.O. 28f.
54 Vgl. Bultmann, a.a.O. 12f.
55 Vgl. a.a.O. 10.

Die Unterscheidung zwischen Streit- und Schulgesprächen 13

lungen, in denen die Wundertat an sich ganz zurückweiche[56]? Ergibt sich aber keine formbestimmende Differenz zwischen diesen Anlaßgestaltungen, dann lassen sich die Gruppen a) und b) zusammenfassen als Stücke, in denen Handlung und Verhalten Jesu, der Jünger oder anderer den Anlaß bilden. Ähnlich problematisch wird die Abgrenzung der Gruppen c) und d) voneinander, in denen jeweils eine Frage den Anlaß zu dem folgenden Gespräch bildet. Denn Bultmanns Analyse zufolge können die Gegnernennungen auf sekundäre Eingriffe in die Überlieferungseinheit zurückgehen[57]. In seiner Kategorisierung vom Anlaß her nehmen die Gespräche der Gruppe d) somit eine Zwitterstellung ein, indem sie zwar zu den Streitgesprächen gerechnet werden[58], ihrem Anlaß nach aber den Schulgesprächen [= Gruppe c)] gleichen.

Eine Differenzierung der Stücke vom Anlaß her ergibt sich also wohl nicht so deutlich, wie sie Bultmann vertreten hat. Im Blick auf die Entwicklung der einzelnen Sachfragen innerhalb der Einzelüberlieferungen vom Anlaß zum Schlußlogion hin ist mindestens fraglich, ob die Nennung eines Anlasses die Form bestimmt. Der Anlaß stellt möglicherweise kein typisches Formelement des Streitgesprächs dar, sondern eher das besondere der Einzelüberlieferung. Demgegenüber ist wohl die (echte) Frage ein typisches Formelement des Schulgesprächs.

Ferner hat Bultmann für das Streitgespräch ein besonderes Strukturschema herausgearbeitet: Ein Streitgespräch liege vor, wenn die Zeitgenossen einen Angriff als Vorwurf oder als Frage vortragen und dieser Angriff in der Antwort ad absurdum geführt werde[59]. In diesem Schema sei die Argumentation, durch die der Angriff ad absurdum geführt werde, von entscheidendem Gewicht. Das Schulgespräch unter-

---

56 Vgl. a.a.O. 223.
57 Nur zu 12,18 wird die Gegnernennung überhaupt diskutiert und historisch in der Gemeindebildung der Überlieferung begründet. Zu 10,2 läßt Bultmann die Frage offen ["Mk 10,2 fehlen sie (sc. die Pharisäer) in D vielleicht mit Recht", a.a.O. 54].
58 Tannehill, Semeia 20, 1981, 12 Anm. 5 und a.a.O. 107f macht auf diese Schwierigkeit aufmerksam. Spencer, Study 45, ordnet dagegen im Referat die Stücke den Schulgesprächen bei Bultmann zu.
59 Vgl. Bultmann, a.a.O. 40.46.56 u.ö.

scheidet sich Bultmann zufolge vom Streitgespräch hinsichtlich dieser Struktur in doppelter Weise: zum einen durch die Art der Frage, zum anderen durch den Charakter der Antwort. Das Bezeichnende der Frage sei, "daß der Meister von einem Wißbegierigen gefragt wird"[60], m.a.W. daß es sich um eine echte Frage handle. Der gegenüber dem Streitgespräch andere Charakter der Antwort drücke sich darin aus, daß die echte Frage eine das Sachproblem lösende Antwort erhalte. Die Antwort erfolge also "nicht in dem Sinne, daß sie den Frager ad absurdum führt"[61].

Über diese Bestimmungen der Argumentationsweise hinaus versucht Tannehill das Verhältnis von Angriff und Antwort genauer zu fassen. Ausgangspunkt ist für ihn die Beobachtung, daß die beiden notwendigen Teile einer pronouncement story, in der ein Herrenwort (*saying*) mit einem Rahmen (*setting*) versehen sei, in einem spannungsreichen Verhältnis miteinander ständen[62]: "setting and saying are related as stimulus and response"[63].

Der sachlichen Qualität dieses Gegenübers zufolge ordnet Tannehill die pronouncement stories sechs (mindestens fünf) Typen zu:

---

60 So Bultmann, a.a.O. 56. Allerdings führt es zu weit, hieraus Motive der Zeitgenossen zum Kriterium zu erheben (gegen Mundla, Führer 306), es sei denn, diese Motive wären durch die Formelemente im einzelnen gedeckt (siehe dagegen Mundla, a.a.O. 307: "Dieses Element des Konflikts - neben formalen Elementen[!] - unterscheidet auch das Streitgespräch von anderen Formen des Gespräches im Evangelium"). - Thissen, Erzählung 113, hat vorgeschlagen, von "polemischen und didaktischen Apophthegmata" zu sprechen, um eine inhaltliche Wertung zu vermeiden. Aber letztlich sind diese Begriffe nur eine Umsetzung der von Bultmann geprägten Bezeichnungen Streit- und Schulgespräche. Zum Verhältnis zwischen Form und Inhalt vgl. noch Strack/*Stemberger*, Einleitung 60; Berger, ANRW II, 25.2, 1035.
61 Bultmann, ebd.
62 Vgl. Tannehill, Interp. 34, 1980, 138-150. Im Folgenden richte ich mich vorwiegend nach der ersten Veröffentlichung der These in: FS Beardslee (1980), 183-197.
63 Tannehill, FS Beardslee, 184; vgl. auch Kee, Jesus in History 273.

correction stories[64], *objection stories*[65] *commendation stories*[66], *quest stories*[67], *test stories*[68] und *inquiry stories*[69] sowie *description stories*[70]. Diese Typen nähmen in sich Aspekte der anderen Typen auf, so daß die Kombination zweier verschiedener Typen in Form einer nunmehr einheitlichen *hybrid pronouncement story* zu bestimmen sei. Die pronouncement stories betrachtet Tannehill als rhetorische Einheiten. Die Spannung (*tension*) innerhalb dieser Einheiten gelte einem hermeneutischen Zweck. Das Verhältnis von stimulus und response zueinander könne als tension oder movement beschrieben werden, also in dem Sinne, daß der Hörer oder Leser zu einem Wechsel seiner Haltung auf-

---

64 "The climactic response corrects the views or conduct of the person or group provoking the response" (FS Beardslee, 184; vgl. a.a.O. 186; ANRW II, 25.2, 1797; Semeia 20, 1981, 6f; SBL.Sem.Pap. 1980,53).
65 "The behavior of the responder ... or the responder's followers is the cause of an objection and the climactic response is an answer to that objection" (FS Beardslee, 184; vgl. a.a.O. 187; ANRW II, 25.2, 1813f; Semeia 20, 1981, 8f; SBL.Sem.Pap. 1980, 144ff).
66 "The responder commends or praises something said, or represented by another person" (FS Beardslee, 184), diese Gruppe bildet ein "complement of corrections", vgl. ANRW II,25.2, 1803; Semeia 20, 1981, 7f; SBL.Sem.Pap. 1980, 54.
67 "Someone approaches the responder in quest of something very important to the well-being of the quester. The suspense generated by the uncertainty of success in the quest is central to the story, and the story comes to an end with an indication of the quest's success or failure" (FS Beardslee, 184; vgl. a.a.O. 191 ff; ANRW II,25.2, 1807; Semeia 20, 1981, 9f; SBL.Sem.Pap. 1980, 54).
68 "Someone approaches the responder with a question, request or proposal designed to test the responder" (FS Beardslee, 184). Diese Gruppe geht in späteren Veröffentlichungen in den inquiry stories als Subkategorie der testing inquiries auf, vgl. Semeia 20, 1981, 115 (5.2); ANRW II,25.2, 1820f.
69 "The basic features of the other five types are absent and the responder simply responds to a question or request for information by supplying the information" (FS Beardslee, 184; vgl. ANRW II,25.2, 1819; Semeia 20, 1981, 10).
70 "Description stories begin with a general indication of the situation to which the pronouncement relates. ... The responder describes the situation". Diese Kategorie fehlt in FS Beardslee und SBL.Sem. Pap. 1980, erst in Semeia 20, 1981, 10f (ebd. das Zitat) führt Tannehill sie ein. In ANRW II,25.2 wird sie nicht angeführt, weil ein klares Beispiel im Neuen Testament fehle, vgl. a.a.O. 1795 Anm. 6 und Semeia 20, 1981, 116 (zu Lk 14,15-24).

gefordert werde. Denn die beiden Haltungen, die in stimulus und response veranschaulicht würden, repräsentierten die Alternative der ersten Hörer oder Leser, an der diese teilhaben konnten. Hinter den Haltungen, die in setting und response zum Ausdruck kommen, ständen also reale Verhaltensweisen und Einstellungen, keine idealen.

Es würde zu weit führen, an dieser Stelle eine umfassende Kritik an der Tannehillschen Position vorzutragen. Daher beschränke ich mich auf wenige, für die folgende Untersuchung bedeutungsvolle Punkte. Erstens, die von Tannehill vorgeschlagene Kategorisierung ist so differenziert, daß sie einerseits jedes Verhältnis zwischen Rahmen und Herrenwort zu erfassen scheint, andererseits daraus aber eine gewisse Beliebigkeit in der Zuordnung der Einzelelemente resultiert[71]. Hierfür liegt ein Grund sicher in dem weit zu fassenden Begriff der pronouncement story, der von Taylor her verstanden wird. Zweitens wird man die Betrachtung der Stücke als rhetorische Einheiten und die hermeneutische Zwecksetzung nicht nur auf der Text-, sondern auch auf der Überlieferungsebene genau verfolgen und als solche hinterfragen müssen. Drittens stellt Tannehills Verständnis von Realität und Idealität, das er gegen Bultmann vorträgt, ein eigenes Problem dar. Denn zum einen wird man fragen können, wie sich das Ganze und die Einzelelemente der Stücke auf welche Realität beziehen und ob dieser Bezug nicht eher indirekt besteht. Zum anderen lehnt auch Bultmann einen Realitätsbezug der Stücke nicht ab, wenn er sie als »ideale Konstruktionen« oder »ideale Szenen« bezeichnet und dies damit ausführt, daß "eine Idee in einer konkreten Szene bildhaft zum Ausdruck" gebracht werde[72].

Für den Gegenstand unserer Untersuchung, die Streit- und Schulgespräche, interessiert besonders Tannehills Darlegung zu den »objection stories«, die im einzelnen den Streitgesprächen bei Bultmann entsprechen. Die Struktur einer objection story weise folgende Züge auf: cause of the objection (=Anlaß); objection (=Vorwurf oder Angriff); the

---

71 Siehe Berger, ANRW II, 25.2, 1108f. - Zum synchronischen Erfassen von Texten vgl. Güttgemanns, Fragen, und den Forschungsüberblick von Lentzen-Deis, Bib. 62, 1981, 1-20, und die Einzelversuche von Egger, Nachfolge; Sellin, NTS 29, 1983, 508-530; Theobald, BZ 22, 1978, 161-186; Frankemölle, NTS 28, 1982, 61-90. Zur syntaktischen Analyse von Texten siehe die in dem von Volp herausgegebenen Sammelband, Zeichen, in deutscher Übersetzung erschienenen Aufsätze von Delorme (19-47) und Patte (48-78).
72 Bultmann, a.a.O. 40, vgl. a.a.O. 48 Anm. 3.

response to the objection (=Antwort). Die Antwort diene nicht nur dazu, den Vorwurf bzw. Angriff ad absurdum zu führen, sondern solle für die Position des Antwortenden vereinnahmen. Aber bedarf es dazu eines *Streit*gesprächs, drückt sich nicht diese Wirkung im Charakter der Jesuslogien aus?

Wie schon in früheren Veröffentlichungen legt Tannehill seiner Bestimmung auch der pronouncement stories die These zum »antithetical aphorism« zugrunde [73]. Im antithetischen Aphorismus sei die tension der pronouncement story als einer rhetorischen Einheit und deren hermeneutischer Zweck faßbar. Nun zeigt sich aber, daß zwar der Stil des antithetischen Aphorismus' häufig in den Streit- und Schulgesprächen verwendet wird, daß aber der antithetische Aphorismus wohl nicht formgebend zwei reale Handlungsweisen im Sinne des Drehstücks einer rhetorischen Einheit ausdrückt. Fraglich ist dann auch, ob die Streitgespräche überhaupt auf eine Verhaltensänderung der Gegner oder des Hörers zielen oder ob sie nicht eher dem Verhalten, das kritisiert oder verteidigt wird, eine Grundlage geben, also in dem Sinne verwandt werden, den Bultmann mit Polemik und Apologetik bezeichnet. Denn im Schema von stimulus und response steht der Hörer in einer Entscheidung, die er schon getroffen haben muß, da die Überlieferung der Streitgespräche aus der Perspektive der Jesusantwort, welche die Lösung des Sachproblems bildet, erfolgt, was Bultmann[74] zu Recht betont. Gegenüber dem Hörer blieben die response und der setting bedeutungslos, falls er sich nicht in diesen Kreis und dieses Geschehen einbezogen wüßte, m.a.W. von den Gesprächen ist der Hörer wohl erst betroffen, wenn er sich dem Kreis zurechnen kann.

Die Untersuchung Tannehills zu den Streitgesprächen (objection stories) führt nicht entscheidend über Bultmann hinaus. Sie folgt ihm auch darin, daß Einzelkategorien übernommen werden. So ordnet Tannehill den testing inquiries (eine Gruppe von hybrid stories) die Stücke

---

73 Vgl. Tannehill, Sword 1-10.88-107.
74 A.a.O. 50f.56.

zu, in denen der Bestimmung Bultmanns zufolge Fragen von Gegnern gestellt werden[75]. Problematisch ist Tannehills Darlegung zu den von Bultmann den Schulgesprächen zugerechneten Stücken [Gruppe c)]. Denn um die verschiedenen Aspekte der Antworten zu erfassen, weicht Tannehill auf die Bestimmung von hybrid stories aus.

Allerdings bestätigt der von Tannehill vorgetragene Lösungsversuch indirekt die Grundposition Bultmanns in verschiedener Weise: Erstens, es besteht ein wesentlicher Unterschied zwischen Streit- und Schulgespräch. Zweitens, dieser Unterschied wird formal in der Struktur des Streitgesprächs einerseits und des Schulgesprächs andererseits greifbar, zum einen in den Elementen Vorwurf, Angriff oder (echte) Frage, zum anderen im Verhältnis zwischen diesen Elementen und der das Gespräch jeweils klimaktisch abschließenden Antwort.

1.3. Zur Frage vormarkinischer Sammlungen von Streitgesprächen

Der entscheidende Schritt zur Möglichkeit einer Formanalyse war der konsequente Bruch mit allen Bemühungen einer Quellenscheidung am Markus-Evangelium durch die Bestreitung eines direkten (oder erschließbaren) chronologischen Zusammenhanges der Einzelerzählungen. Damit war der Weg gebahnt zur Untersuchung nicht mehr der literarischen, sondern der vorliterarischen Formen.

Die Untersuchung der Streitgespräche von Albertz (1921) teilt die Skepsis gegenüber dem "Rahmen der Geschichte Jesu"[1]. Sie dringt von der literarkritischen Erkenntnis her zu der These vor, Mk 2,1-3,6 und Mk 11,15-17. 27-33; 12,13-40 stellten zwei vormarkinische Sammlungen von Streitgesprächen dar.

---

75 Vgl. Tannehill, Semeia 20, 1981, 115f; vgl. aber die Kritik an Bultmann SBL.Sem.Pap. 1980, 51-56.
1   Vgl. Albertz, Streitgespräche 4 zu K.L.Schmidt, Rahmen.

Während die Annahme einer vormarkinischen Sammlung in Mk 2,1-3,6 von der Forschung aufgenommen wurde und in der neueren Exegese weiter diskutiert wird[2], hat Albertz mit seiner Vermutung einer zweiten vormarkinischen Sammlung von Streitgesprächen in Mk 11-12[3] weniger Anklang gefunden[4]. Kuhn[5] und Mundla[6] haben überzeugend nachgewiesen, daß kein Grund vorliegt, innerhalb von Mk 11-12 einen vormarkinischen Überlieferungszusammenhang anzunehmen.

Die bedeutendsten Argumente meinerseits gegen Albertz' Annahme führe ich im folgenden an: Literarkritisch läßt sich der Umfang und die innere Geschlossenheit der Sammlung (11,15-17. 27-33; 12,13-40) nicht nachweisen. Schon Albertz hat für 12,35-37.38-40 die Begrenzung auf die Schriftgelehrten als störend empfunden, da die vermutete Sammlung im übrigen den umfassenden Gegnerkreis aller "in Frage kommenden jüdischen Instanzen" einbezogen habe[7]. Außerdem spricht der Ortswechsel in 12,35 gegen einen vormarkinischen Zusammenhang mit den anderen nach Albertz von dem Sammler im Tempel lokalisierten Gesprächen[8]. Die zweimalige Betonung des Lehrens Jesu in 12,35.38 zeigt darüber hinaus, daß hier ein neuer Zusammenhang angeschlossen wird[9]. Aber auch nach vorne hin kann die Abgrenzung literarkritisch nicht überzeugen[10]. Sollte die Vollmachtsfrage zusammen mit 11,15-17 überliefert worden sein[11], so ist die Ortsangabe in 11,27 unnötig. Ein Zusammenhang von 11,27-33 zu 12,13-17 wird von Albertz nur sehr allgemein hergestellt. Zu dem Verstummen der Gegner (11,33) paßt aber schlecht das Anerkenntnis in 12,14. Auch dem Albertz zufolge thematischen Rahmen ("höchstes Anliegen des Judentums"[12]) entspricht die Vollmachtsfrage nicht. Gegenüber den drei Gesprächen 12,13-34 muß Albertz denn

---

2 Vgl. das Referat bei Thissen, Erzählung 16-23.
3 Siehe Albertz, a.a.O. 16-36.107f; vgl. 110.113f und Ders., Botschaft I/1, 173.
4 Vgl. Kuhn, Sammlungen 40f Anm. 179.
5 A.a.O. 39-43.
6 Führer 299-302. Allerdings folgt dieser in Gedankengang und Argumentation Kuhn.
7 Siehe a.a.O. 22, ebd. auch das Zitat.
8 Vgl. Kuhn, a.a.O. 41, Mundla, a.a.O. 301f (zu Albertz, a.a.O. 19; dieser muß daher auch 12,41 anführen).
9 Gegen Albertz, a.a.O. 19.
10 Kuhn und Mundla sind auf dieses Problem nicht eingegangen.
11 Vgl. Albertz, a.a.O. 17.19.23 u.ö.
12 Albertz, a.a.O. 27.

auch die Vollmachtsfrage auf den "alte(n) Konflikt von Prophet und Priester"[13] zurückführen.

Formgeschichtlich scheint zumindestens 12,28-34 von anderer Qualität als 12,13-17. 18-27 zu sein; auf jeden Fall ist 12,28-34 kein Streitgespräch[14]. Eine thematische Zusammenordnung von formverwandten Stücken ist aber auch dem Redaktor Markus zuzutrauen. Dem hält Albertz ein zweites Argument entgegen: "Das Gesamtbild der Streitgespräche widerspricht der Gesamtdarstellung des Mk aufs schärfste"[15]. Den Gesprächen fehle ein Hinweis auf die Passion. Mk 11,18; 12,12 und die Allegorie (12,1-11) ständen "mit den Streitgesprächen im Widerspruch". Sie seien daher die "Lichter, die der Evangelist dem andersartigen Stoff seiner Streitgespräche aufgesetzt hat, den Weg zur Passion zu beleuchten"[16]. Damit ist aber schlechterdings nicht der vormarkinische Ursprung der Zusammenstellung erwiesen. Vielmehr war es auch für Markus naheliegend, die (wenigstens teilweise) zeit- und ortslosen Überlieferungseinheiten unter dem Gesichtspunkt Jesu vollmächtiger Lehre gegenüber seinen Gegnern im Tempel (vgl. 11,27-33; 12,35.38 mit 12,14.19.32) zusammenzuordnen[17].

a) Die Annahme einer vormarkinischen Sammlung in Mk 2,1-3,6

Im Folgenden werden zunächst die literarkritischen Beobachtungen, welche Albertz zu seiner These geführt haben, skizziert. Danach werden besonders die Arbeiten von Kuhn und Thissen behandelt. Diese distanzieren sich zwar von der These, wie sie Albertz vorgetragen hat, übernehmen aber grundsätzlich die Annahme, daß innerhalb von Mk 2,1-3,6 eine vormarkinische Sammlung von Streitgesprächen vorliege.

Albertz vertritt die Meinung, innerhalb von 2,1-3,6 bestehe ein Spannungsbogen. Dieser reiche von der "Entstehung des Konflikts in den Herzen der Gegner 2,6-8", über 2,16.18.24 und dem Heraufwachsen "zur feindlichen Gesinnung gegen Jesus selbst 3,2.5" bis zu dem Höhe-

---

13 Ebd.
14 Vgl. Kuhn, a.a.O. 42.
15 Beide Zitate a.a.O. 18.
16 Vgl. a.a.O. 16f; die Zitate ebd. 17.
17 Gegen Daubes Annahme, Markus habe die Stoffe analog der altjüdischen Passaordnung zusammengestellt (JThS 2, 1951, 45-48; Ders., NTS 5, 1958/59, 180-184; Ders., New Testament 158-168, aufgenommen vor allem bei Grundmann, Markus 299f), siehe Mundla, a.a.O. 303ff.

punkt, "nämlich zu dem Beschluß, Jesus zu töten 3,6". "Der Hinweis auf die Passion (sei) innerhalb des Mk-Plans zu früh"[18], ebenso nehme 2,20 die Aussage von 8,31 vorweg. Das Beelzebulgespräch falle gegenüber der "Höhe der Konfliktslage Mk 3,1-5, besonders 6" ab, ja "widerspreche" ihr[19]. Der Menschensohntitel werde von Markus erst 8,31 eingeführt. "Skopos"[20] der Sammlung sei einzig "der Nachweis der Notwendigkeit des Todes Christi"[21]. Dies werde beispielhaft an den historischen Konfliktpunkten vorgeführt, da der psychologische Gegensatz als solcher (2,6; 3,2.5) nur eine untergeordnete Rolle spiele und eine Spannung inhaltlich nicht aufgebaut werde[22].

Die Kritik an Albertz' Annahme beschränke ich im folgenden auf die oben referierten Argumente (Mk 3,6; 2,20; 2,10.28), ohne der Einzelanalyse vorgreifen zu wollen. Die Sonderstellung von 3,6 als Schluß und Höhepunkt der angenommenen Sammlung einerseits und die Funktion von 2,20 als Antizipation von 8,31 andererseits können nicht überzeugend nachgewiesen werden[23]. Geht man auf Albertz' Argumentation ein, so ist eine gleichmäßige Steigerung in der "Konfliktslage" schwer zu erweisen[24]. Denn die Gegner bleiben in 2,1-28 auf gleich kritischer

---

18 Alle Zitate Albertz, a.a.O. 5.
19 Ebd.
20 Albertz, Botschaft I/1, 172.
21 Albertz, a.a.O. 6.
22 Ebd.
23 Best, Temptation 139, hebt die Beziehung von 2,20 und 3,6 zum Passionsgeschehen ausdrücklich hervor.
24 Während Albertz von einer Konfliktäußerung in der Steigerung von innen nach außen spricht, vom "Herzen" der Gegner zum öffentlichen Beschluß (konsequenterweise unter dem genannten Gesamtziel der Sammlung), wertet Kuhn die Fälle nach sachlicher Lage von der Schwere des Vorwurfs her. J.Weiß, Evangelien 154 (vgl. 89) weist die Möglichkeit, "von einer Entwicklung und Zuspitzung des Gegensatzes zu sprechen" entschieden zurück, "denn die vorhandene Steigerung ist rein äußerlich. ... Sachlich aber liegt keine Steigerung vor, denn der Vorwurf der Lästerung ist überhaupt der schwerste und der letzte Fall ist verhältnismäßig der leichteste" (vgl. noch Kuhn, a.a.O. 20f). Thissen, a.a.O. 15 Anm. 9 und 221ff, beobachtet demgegenüber eine Steigerung "im doppelten Sinn ... parallel zum Werdegang der Sammlung" (221). Aber bei Albertz, ebd., findet eine Wertung der Streitfälle gerade nicht statt.

Distanz, indem sie jeweils den Streitpunkt feststellen und dementsprechend den Vorwurf äußern. Erst mit 3,6 ändert sich die Konfliktlage, die Gegner ergreifen die Initiative zum Todesbeschluß. Von daher ist 3,6 als integraler Bestandteil der vermuteten Sammlung in Frage gestellt.

Im Gesamtzusammenhang des Markus-Evangeliums finden sich vor der ersten Leidens- (und Auferstehungs-)Ansage (8,31) mehrere Vorverweise auf die Passion, so in 2,20; 3,6.19.22; 7,1. Das Gewicht von 3,6 als *eines* Vorverweises auf die Passion liegt darin, daß die Pharisäer und Herodianer den Beschluß fassen, Jesus zu töten. Die anderen Vorverweise erfolgen eher indirekt. So werden die Schriftgelehrten in 3,22 und 7,1 als aus Jerusalem kommend gekennzeichnet, wo sie innerhalb des Passionsgeschehens eine tragende Gegnergruppe darstellen. Die Charakterisierung des Judas 3,19 als εἷς τῶν δώδεκα entspricht der Betonung in 14,10.20.43 (vgl. 14,18). Daß Jesus in 2,20 von seinem Tod spricht (ὅταν ἀπαρθῇ) ist zwar in dieser Form des Selbsthinweises vor 8,27 singulär, sprengt aber nicht die Evangeliumskonzeption. Vielmehr hat 2,20 eine eigene Funktion im Zusammenhang der Einzelüberlieferung 2,18-20, die auch Albertz[25] zugesteht. Demzufolge stellt 2,20 nicht eine 8,31 vorwegnehmende Parallele dar.

Die Stellung der Menschensohnlogien 2,10 und 2,28 ist ein bedeutendes Argument für das mögliche Vorliegen einer Sammlung. Sie wird aber von der den Abschnitt 1,21-3,6 beherrschenden Vollmachtsthematik her verständlich. In 2,10 werden Vollmachtsthematik und Menschensohntypologie miteinander verbunden. Mk 2,28 versteht sich von 2,10 her ebenfalls als Vollmachtsaussage (κύριός ἐστιν ... τοῦ σαββάτου). Auch wenn 2,10 und 2,28 einer vormarkinischen Sammlung angehört hätten, hätte Markus diese Worte mit seiner Evangeliumskonzeption in Einklang bringen müssen. Denn es handelt sich nicht um eine Einzelaussage, wie etwa 2,20, sondern um zentrale Aussagen der vermuteten Sammlung. Somit ist das Argument hinfällig, daß das frühe Auftreten von υἱὸς τοῦ ἀνθρώπου in 2,10.28 dem Aufbau des Markus-Evan-

---

25 A.a.O. 9.

geliums widerspreche und daher die Existenz eines vormarkinischen Textzusammenhangs anzeige[26].

Kuhn hat aufs Neue, nun von einem formgeschichtlichen Ansatz her, versucht, eine vormarkinische Sammlung in 2,1-28 nachzuweisen. Die Sammlung habe ihren Sitz im Leben in der Auseinandersetzung mit dem innergemeindlichen Judentum[27].

Kuhns Annahme findet ihre eigentliche Stütze[28] in dem Versuch, redaktionsgeschichtlich nachzuweisen, daß Markus 2,13f gestaltet und in einen vorgegebenen Zusammenhang eingefügt habe, und literarkritisch die Funktion des καί in 2,28 als Abschluß der vermuteten Sammlung zu bestimmen. Trotz seiner redaktionsgeschichtlichen Darlegung zu 2,13f läßt sich Kuhn aber nur bedingt auf eine Betrachtung des Kontextes des Markus-Evangeliums ein. Die Summarien bestimmt er als primäre Gliederungselemente. Dementsprechend bilde 1,40-3,6 (zwischen den Summarien 1,35-39 und 3,7-12) den ausschließlichen Zusammenhang, in dessen Licht Mk 2 zu betrachten sei[29]. Von daher folgert Kuhn, die Sammlung 2,1-28 argumentiere theologisch mit der Vollmacht des Menschensohnes, Markus stelle dagegen die Streitgespräche in einen Zusammenhang mit der Tötung Jesu[30]. Obwohl Kuhn das Verhältnis von Wunder und vollmächtiger Lehre als kennzeichnend für das Wirken Jesu bedenkt, blendet er 1,21ff aus seinen Überlegungen aus. Von 1,21-3,6 ist aber die Vollmacht des Irdischen in Wunder *und* Lehre das leitende Thema des *Markus*. Von daher unterstützt 2,13 die Intention des Markus für diesen Gesamtabschnitt (1,21-3,6) und muß nicht notwendig als Störfaktor empfunden werden. Der Einschub der Berufungsszene 2,14 erklärt sich von 2,15-17, besonders V 17c, her[31]. Damit scheint mir die redaktionelle Verbindung von 2,1-12 mit 2,(13f)15-17 über das Stichwort ἁμαρτ- wahrscheinlicher als die Annahme einer ursprüng-

---

26 So aber nach Albertz, a.a.O. 5, weiterhin Kuhn, a.a.O. 87; Thissen, a.a.O. 72f Anm. 81; Hultgren, Adversaries 153.
27 Kuhn, a.a.O. 81-85.
28 Vgl. im einzelnen a.a.O. 85-89.
29 Vgl. a.a.O. 218f.
30 Vgl. a.a.O. 222f.
31 So auch Kuhn, a.a.O. 89.

lichen, vormarkinischen Verknüpfung, für die neben der Stichwortverbindung keine überzeugende Argumente aufgeboten werden können.

Die Funktion des καί in V 28 als Klammer einer vormarkinischen Sammlung zu 2,10 ist bestritten worden[32]. V 28 kommentiert nicht nur V 27, sondern kann ein christologischer Kommentar zum Sabbatgespräch insgesamt sein. Zu 2,10 besteht neben dem Gebrauch des Menschensohntitels nur ein lockerer Zusammenhang im Sachrahmen des Vollmachtsthemas. Daraus folgt aber nicht zwingend, daß eine vormarkinische Rahmung vorliegt. Das Logion V 28 greift zwar mit dem καί auf 2,10 zurück, ist aber von seinem Inhalt her an 2,23-27 gebunden. Kuhns These, das καί sei von einem Sammlungsredaktor eingebracht worden, läßt sich ebenso auf den Redaktor Markus anwenden, der in gleicher Weise bei seiner Anordnung des Stoffes im Rückgriff auf 2,10 verfahren sein konnte[33].

Seit Kuhn wurde immer wieder unter verschiedener Stoffabgrenzung die These einer vormarkinischen Sammlung in 2,1-3,6 vertreten. Die jeweils vorgebrachten Argumente sind aber ebenfalls nicht überzeugend. Maisch[34] und in ihrer Nachfolge Pesch[35] nehmen an, die Sammlung habe 2,15-3,6 umfaßt. Der Beginn der Sammlung mit V 15, den auch Schweizer[36] vertritt, wird mit der Andersartigkeit von 2,1-12 in bezug auf Form und Inhalt begründet. Die Annahme, die Sammlung

---

32 Siehe Koch, Wundererzählungen 33 Anm. 15.
33 Vgl. Lindemann, WuD 15, 1979, 92 Anm. 52.
34 Heilung 112-118.
35 Markus I, 149ff.
36 Bis zur fünften Auflage seines Kommentars begrenzte Schweizer, Markus 32, die Sammlung auf 2,15-3,6. Nach Vorgang von Kuhn modifizierte er seine These und beschränkt den Umfang auf "2,15-28 ?" (5. Auflage, 28). Mit einer vormarkinischen Einheit von 2,15-3,6 rechnet auch Dunn, NTS 30, 1983/84, 395-415. Historisch gehöre diese Sammlung in ein vorpaulinisches Stadium. Sie diene der judenchristlichen Gemeinde, um ihre "own self-identity" (a.a.O. 409) zu formulieren. In einem zweiten Stadium trete 2,1-12 zu dieser Sammlung aufgrund des (gewandelten) Verständnisses von 2,10 im Sinne einer christologischen Aussage. Im zweiten Stadium werde die Einheit (2,1-3,6) demzufolge stärker christologisch konzentriert.

schließe mit 3,6 ab, wird mit einer der von Albertz angeführten ähnlichen Begründung[37] und mit dem nicht überzeugenden redaktionsgeschichtlichen Versuch, die vormarkinische Herkunft von 3,6 zu erweisen[38], weiterhin verteidigt.

In Anlehnung an Kuhn sieht Gnilka die "Auffassung einer vormarkinischen Sammlung, die aber nur 2,15-28 umfaßt, ... gerechtfertigt"[39]. Literarkritisch betont er den Bruch "durch eine biografisch wirkende Bemerkung 2,13f"[40] markinischen Ursprungs. Von den eingeschlossenen Stücken seien 2,1-12 und 3,1-6 formgeschichtlich zu unterscheiden. Bei diesen handle es sich um Erzählungen demonstrativer Wundertaten, "ein eigentliches Gespräch findet nicht statt"[41]. Vollmacht und Stellung Christi komme hier zur Sprache. Dagegen wiesen die Stücke 2,15-28 "auffallende" Übereinstimmungen auf: die Gegnerbezeichnung als Pharisäer, "die Jünger sind in alle drei Streitfälle verwickelt(!)", "Jesus nimmt ausführlicher (sic!) zum Einwand Stellung", den Sentenzen "mehr allgemeiner Art" folgten jeweils christologisch begründete Sätze[42].

Die beobachtete Gleichartigkeit der Stücke 2,15-28 kann für Gnilkas These nur dort ertragreich werden, wo *diese* Gleichartigkeit auf eine ausschließlich vormarkinische Sammlungsredaktion schließen ließe. Die Gegnerbezeichnung könnte diese Folgerung zulassen. Aber die Komposition einer allgemeinen Sentenz mit einer christologischen Kommentierung läßt sich nur dann auf eine einheitliche vormarkinische Redaktionstätigkeit zurückführen, wenn diese insgesamt in einer einhelligen theologischen Richtung und in übereinstimmendem Interesse nachgewiesen werden kann. Wenn aber die Abfolge aus der auf der breiten Basis des Evangeliums nachweisbaren Redaktionstätigkeit des Markus

---

37 Mit 3,6 schließe der Sammlungsredaktor die Sammlung ab, um "die grundsätzliche Gegnerschaft der Pharisäer gegenüber Jesus [zu] unterstreichen" (Maisch, a.a.O. 115).
38 Der »singuläre« Charakter von 3,6 im Vergleich zu 11,18; 12,12; 14,1f (vgl. Maisch, a.a.O. 114f) läßt gerade die Bedeutung als markinische Bemerkung hervortreten (siehe 15,1), vgl. unten S. 109f.
39 Gnilka, Markus (131f) 132.
40 A.a.O. 131.
41 Ebd.
42 A.a.O. 132.

zu erklären ist, überzeugt der Versuch nicht, Eingriffe in die Überlieferungseinheiten auf die hypothetische Größe eines unbekannten Sammlungsredaktors zurückzuführen.

Einen umfassenden Versuch eines solchen Nachweises und der theologischen Einordnung der Sammlungsredaktion hat Thissen in seiner Dissertation vorgelegt[43].

Thissen geht ohne dezidierten Nachweis von einer vormarkinischen Erzähl*einheit* in Mk 2,1-3,6 aus. Dieses Vorgehen sieht er durch die übereinstimmende Forschungsmeinung[44] zur vormarkinischen Sammlung gerechtfertigt[45]. Die Beobachtung der Gemeinsamkeiten formaler Art, die auch schon von Dibelius, Bultmann (und Kuhn) angestellt wurde, und inhaltlicher Art in der "polemischen Note", der "christologischen Argumentation" und der "futurisch-eschatologischen Färbung" führt Thissen zu der Analyse der Sammlung von Einzelstücken als "Ganzheit"[46].

In scharfer Abgrenzung von Kuhns methodischem Vorgehen[47] interpretiert Thissen die Sammlung nicht als Summe der Einzelstücke, sondern als eine Einheit, die gegenüber den Einzelstücken etwas "Neues" darstelle[48]. "Nicht ihre einzelnen Probleme und deren Lösung erzählt die Gemeinde in dieser Sammlung, sie verkündet vielmehr das in Jesus geschehene Heilsereignis"[49], das sich in den Einzelstücken als "Erzählungen von der Befreiung des Menschen" niederschlage[50]. In ganzheitlicher Betrachtung sei von einer einheitlichen Erzählung der Befreiung[51] zu sprechen. Literarische "Kernzelle"[52] dieser Einheit sei traditionsgeschichtlich Mk 2,18.19a. Diesem "Kristallisationspunkt"[53] seien 2,15-17

---

43 Thissen, Erzählung der Befreiung (1976).
44 Vgl. a.a.O. 14-29.
45 Siehe a.a.O. 40.222f.
46 Vgl. a.a.O. 90-191 (Kapitel 3). Zum Methodischen vgl. a.a.O. 34-43.
47 Vgl. besonders a.a.O. 25-29.105-108.
48 Vgl. a.a.O. 110.
49 A.a.O. 184.
50 Vgl. a.a.O. 186.
51 Vgl. a.a.O. 339f.
52 A.a.O. 219.
53 A.a.O. 192 (Überschrift zu Kapitel 4.1).

und 2,23f.27 zugewachsen und darin 2,21f in seiner ursprünglichen Form eingetragen worden. Intention dieses Prozesses sei die Polarisierung von "vergangener Zeit und neuer Zeit" in der jeweils frühesten Form dieser drei Stücke[54]. Ein Redaktor dieser Zwischenstufe ("R_Z") habe die drei Stücke überarbeitet unter der Intention, Jesus *und seine Jünger*[55] in Konfrontation mit den Vertretern der jüdischen Obrigkeit zu stellen.

Der Redaktor der vormarkinischen Sammlung ("R_S") habe die Texte dieser Zwischenstufe vom "Grundkerygma" her überarbeitet[56]. Der Aspekt "alte - neue Zeit", der die Komposition auf der Zwischenstufe beherrschte, und die Konfrontation mit der jüdischen Obrigkeit werde zentriert in der christologischen Umdeutung der Texte auf den gekreuzigten, erhöhten Herrn[57].

Materialiter schlage sich diese Bearbeitung in der Zufügung von 2,19b.20.17b und 25f.28[58] nieder. Die Vergebungsthematik in 2,15-17 werde mit 2,5b-10 "inhaltlich und formal weitergeführt"[59]. R_S habe von daher die "Vergebungserzählung"[60] in die ihm vorliegende selbständige Wundererzählung eingearbeitet und dem Abschnitt 2,15-17 vorausgestellt[61]. Die Anfügung der zweiten Wundererzählung 3,1-5, der "traditionellen Heilungsgeschichte"[62], bringe R_S durch den "negativen Chorschluß"[63] 3,6 im doppelten Sinne "zu einem sinngemäßen Abschluß"[64]: zum einen als Abschluß des Abschnitts 3,1-5 mit der nach außen wirksamen Folgerung der von R_S in 3,2 eingetragenen inneren feindseligen Haltung[65] und "der linearen Antwort" auf "die christologisch pointierte Frage von V 4 - die ebenfalls auf das Konto von R_S geht"[66]; zum an-

---

54 Vgl. a.a.O. 196-208.
55 Vgl. a.a.O. 203f.
56 Vgl. a.a.O. 209-222.
57 Vgl. a.a.O. 212ff.
58 Vgl. a.a.O. 209-214.
59 A.a.O. 215.
60 A.a.O. 214.
61 Vgl. a.a.O. 214ff.
62 A.a.O. 217.
63 Ebd., vgl. Kertelge, Wunder 85.
64 A.a.O. 218.
65 Ebd.
66 Beide Zitate a.a.O. 218

deren ergänze "das Passionskerygma [das] Auferstehungskerygma in Mk 2,1-12"[67] und repräsentiere so auch in der Gesamtkonzeption der Sammlung das christologische Anliegen des Sammlungsredaktors.

Einer Gegenargumentation weist Thissen folgende Richtung: Es "müßten Motive des Evangelienredaktors für eine solche Geschlossenheit einer Einheit innerhalb seines Gesamtwerkes angeführt werden"[68]. Allerdings ist die zuerst zu untersuchende Frage nicht die nach vorliegenden Textzusammenhängen, sondern die Rückfrage nach der markinischen Redaktionstätigkeit. Falls sich nicht eindeutig Textzusammenhänge aus dem Gesamtevangelium herausheben, ist zuerst das Evangelium auf die Zusammenordnung der Stücke hin zu befragen. Dewey und auch Beernaert haben auf die Struktur des Gesamtabschnittes 2,1-3,6 auf markinischer Ebene aufmerksam gemacht[69].

Ausschlaggebend für Thissens Darlegung ist die Feststellung zweier[70] vormarkinischer Redaktionsstufen, auf denen die Einzelstücke jeweils einheitlich zusammengeordnet und überarbeitet worden seien. R_Z habe seiner Bearbeitung das Schema »alte - neue Zeit« zugrundegelegt. Aber schlechterdings steht die Argumentation aller(!) Streit- und Schulgespräche unter der Perspektive, daß Jesus seinen Zeitgenossen, die sich implizit oder explizit "auf das Alte" berufen, "das Neue seiner Botschaft" entgegenstellt[71]. Auch der zweite Zugang zur Redaktion durch R_Z, nämlich die Konfrontation Jesu und seiner Jünger mit den Vertretern der jüdischen Obrigkeit(=Pharisäer), ist nicht zwingend. Denn die einheitliche Überarbeitung mit der Pharisäernennung kann nicht auf einer frühen Stufe angesetzt werden, wie ein Vergleich mit

---

67 Ebd.
68 A.a.O. 223.
69 Siehe Dewey, Debate (109-130) 119f (vgl. Dies., JBL 92, 1973, 394-401); Beernaert, NRTh 95, 1973, 129-149. Thissen, a.a.O. 176-182 (ebd. Anm. 287-291) schließt sich diesen Strukturanalysen weitgehend an. Erst nach Abschluß der Untersuchung wurde mir die Arbeit von Kiilunen, Vollmacht, zugänglich, die überzeugend einen vormarkinischen Zusammenhang bestreitet.
70 Zufolge Thissen, a.a.O. 192.209, gab es aber noch weitere Redaktionsstufen.
71 Vgl. a.a.O. 196-207, die Zitate ebd. 204.

7,1 und 8,11 leicht deutlich macht, in bezug auf das Gesamtevangelium 8,14f erhellt.
Schließlich bleibt bei Thissen die Herführung der Reihenfolge der Einzelabschnitte offen. Hypothetisch bleibt auch die Zufügung der "Flügelperikopen" 2,1-12 und 3,1-6 durch R_S.

Es mag hier dahingestellt bleiben, ob 3,1-6 als eine reine Wundererzählung zu betrachten ist. Denn die Wunderthematik spielt in 2,1-12 wie in 3,1-5 eine Rolle - mehr aber auch nicht! Die Bearbeitung der beiden Stücke wäre jedoch von grundlegend verschiedener Qualität: In die ursprüngliche Wundererzählung soll R_S eine ganze Gesprächsszene eingefügt haben. Derselbe Redaktor soll 3,1-5 umgeformt haben und sodann beide Abschnitte zum selben(!) Zweck, nämlich zur Verhärtung der Konfrontation, vor- bzw. ans Ende geschaltet haben. Ebenfalls von verschiedener Qualität sind die christologischen Spitzenaussagen, die Thissen hier eingetragen sieht. Während in 2,5 die streitige Aussage ursprünglich sein soll, soll der Streit in 3,1-6 erst mit der Sabbatproblematik, dem Belauern (3,2) und den korrespondierenden Verhaltensaussagen (3,4.6)[72] eingetragen worden sein.

Die Beobachtung, den Einzelstücken in 2,1-3,6 seien christologische Argumente angefügt worden, ist sachgerecht. Aber die einheitliche Kommentierung, die Thissen unterstellt, ist nur in Abhängigkeit von seiner Sammlungstheorie haltbar. Außerdem bildet die Interpretation durch das "Grundkerygma" keinen ausschließlich vormarkinisch tragfähigen Interpretationsstand. Aber vor allem scheint es sich nicht um eine einheitliche Interpretation zu handeln, wenn Thissen zufolge[73] einerseits verschiedene christologische Signale (2,10.28; 2,17c; 2,19a und indirekt 3,4[?]), andererseits verschiedene theologische Motive verwendet werden, und wenn diese, drittens, ihre Funktion im jeweiligen Textzusammenhang besitzen. In diesem Rahmen genügt es nicht, von einer Zentrierung auf die Person Jesu zu sprechen[74].

Die Arbeitshypothese, man könne von einer Einheit 2,1-3,6 ausgehen, enthob Thissen methodisch des eindeutigen Nachweises eines vor-

---

72 Zur Kritik siehe jetzt auch Sauer, ZNW 73, 1982, 193ff.
73 Vgl. a.a.O. 116-146.
74 Siehe a.a.O. 222.

markinischen Ursprungs der Sammlung. Dort, wo er den Kontext des Markus-Evangeliums in den Blick nimmt, hebt er Bezüge zwischen Sammlung und Evangelium heraus. In seinem Sinne handelt es sich dabei um Vor- und Rückverweise, die Markus von der angeblichen Sammlung her anbringt[75]. Diese Sicht ist eine klassische *petitio principii*. Denn die Verbindungslinien zwischen 1,16-45; 3,7-12 zu einzelnen Texten in 2,1-3,6 und deren Komposition beweisen allenfalls, wie überlegt Markus sein Evangelium aufgebaut hat.

Eklatantes Beispiel der Interpretation von 2,1-3,6 her ist Thissens Einschätzung von 1,21-28. Thissen bestreitet zwar den programmatischen Charakter von 1,22.27 nicht, wertet ihn aber ab. An dieser Stelle werde "keimhaft" vorgestellt, was "- in relativer Entfaltung - in 2,1-3,6 gegeben ist"[76]. "In der allgemeinen Vollmachtsaussage 1,22 und 1,27 wird die konkrete in 2,10 vorbereitet(!)"[77]. Gewichtig für die These Thissens ist seine Darlegung zu ἐλάλει τὸν λόγον 2,2[78]. Wie in 4,33 und 8,32 markiere Markus auch in 2,2 mit diesem Ausdruck die Aufnahme eines Traditionsstückes[79]. Aber in 4,33 und 8,32 wird die Wendung allein als allgemeiner Ausdruck des Lehrens Jesu verwendet, auch wenn τὸν λόγον λαλεῖν für die Konzeption des Evangeliums von besonderer Bedeutung ist. Der Signalcharakter in 2,2 ist postuliert[80]. Denn innerhalb des thematischen Abschnitts 1,21-3,6 stellt Markus mit 2,2 die Verbindung von Wunder und Lehre in 2,1-12 heraus, folgt also seiner in 1,22 angelegten Konzeption.

Auch der Untersuchung von Thissen gelingt es nicht, eine vormarkinische Sammlung in 2,1-3,6 nachzuweisen. Sie bestätigt jedoch die Annahme, daß die Einzelstücke dieses Abschnitts tiefgreifend bearbeitet worden sind, sie hat aber letztlich nicht eine einheitliche Redaktion auf verschiedenen Bearbeitungsstufen überzeugend nachweisen können. Den Redaktoren der Sammlung und einer(!)[81] ihrer Zwischenstufen

---

75 Siehe a.a.O. 260-338.
76 Vgl. a.a.O. 267-276, die Zitate ebd. 274.
77 A.a.O. 275.
78 Vgl. a.a.O. 300-333.
79 Siehe a.a.O. 312.317.332.
80 Was Schweizer, Aufsätze II, 29, als Beobachtungen zum redaktionellen Stil anführt, wertet Thissen, a.a.O. 300, literarkritisch aus.
81 Siehe oben S. 28 Anm. 70.

traut Thissen mehr theologisches Gespür und Kompositionsvermögen zu als dem Redaktor Markus, in dessen Evangeliumskonzeption die vorgegebenen Überlieferungseinheiten durch vielfältige Vor- und Rückbezüge bruchlos integriert werden konnten. Näher liegt es da doch, den Redaktor Markus selbst auf mögliche Redaktionslinien hin zu befragen.

b) Die Vermutung eines vormarkinischen Textzusammenhangs in Mk 10

Streit- und Schulgespräche sind möglicherweise auch in einer vermuteten Sammlung in Mk 10 enthalten. Da Busemann[82] sich dem Thema einer vormarkinischen Sammlung Mk 10 in seiner Dissertation umfassend gewidmet hat, können wir uns auf seine Argumente beschränken. Formgeschichtlich votiert Busemann besonders gegen Kuhns allgemeine Bestimmung, in Mk 10 lägen um Jüngerbelehrungen erweiterte Apophthegmata vor[83]. Er versucht demgegenüber, eine Vielfalt der Formen in den vier Abschnitten (Ehescheidung, Kindersegnung, vom Reichen, von den Zebedaiden) nachzuweisen[84]. Da diese Formen weitgehend nicht eindeutig den übrigen Formen synoptischen Überlieferungsgutes zuzuweisen seien, sondern sich im Stadium der Auflösung befänden, fragt er nach dem übergeordneten Prinzip, das diesen Sachverhalt erklären könnte[85]. Der Inhalt der drei ersten Stücke (Ehescheidung, Kindersegnung, Reichtum) und des letzten Stückes (Rangordnung) bildeten die thematischen Schwerpunkte der Sammlung, m.a.W. Familie und Gemeinde seien die zwei Pole der Sammlung, wobei deren Gewicht von der Spitzenaussage der Sammlung 10,45 her auf den zweiten Pol gelegt werde. Der Sammlung gehe es um eine Verhältnisbestimmung von Familie und Gemeinde. Ihren Sitz im Leben habe die Sammlung daher "in einer Phase der Umstrukturierung"[86] der Hausgemeinden im Über-

---

82 Die Jüngergemeinde nach Markus 10 (1983). Zum Forschungsstand vgl. a.a.O. 15-34; Kuhn, a.a.O. 36ff.
83 Vgl. Kuhn, a.a.O. (36ff.146-191) 168; zur Kritik Busemann, a.a.O. (18-21) 22f.178f.
84 Vgl. a.a.O. 184-191.
85 Vgl. a.a.O. 191-201.
86 A.a.O. 201.

gang in den Ortsgemeindeverband. Die Markusredaktion habe diese Sammlung unter der Perspektive des Nachfolgethemas bearbeitet. Von dieser Redaktionstätigkeit sei als einziges Stück der Sammlung Mk 10,18ff betroffen[87]. Im übrigen greife Markus in die Sammlung "durch eigene Bildung und durch die Einfügung traditioneller Stoffe"[88] ein.

Grundsätzlich erheben sich gegen die Behauptung einer vormarkinischen Sammlung in Mk 10 dieselben Bedenken, die gegen die These zu Mk 2,1-3,6 vorgetragen wurden. Sach- und formverwandte Stücke zusammenzuordnen, war sicher auch für Markus naheliegend. Die redaktionellen Eingriffe zeigen einen vorgegebenen Überlieferungszusammenhang nicht an[89]. Aus dem gemeinsamen Sitz im Leben kann man nicht zwingend auf eine vormarkinische Sammlung schließen; denn auch der Evangelienverfasser konnte dem gleichen Sitz im Leben sein Material entnehmen. Die Beobachtung, die Einzelformen ließen sich nicht eindeutig den synoptischen Idealformen zuordnen, spricht nicht gegen die Einzelüberlieferung der Stücke, denn die vormarkinischen Einheiten sind (auch nach Busemanns Meinung) in sich geschlossen. Zudem zeigen die Texte keine einheitliche Bearbeitung, die auf eine schriftliche Fixierung vor Markus hinweisen könnte[90].

---

87 Vgl. a.a.O. besonders 205f.   88 A.a.O. 201.
89 Vgl. exemplarisch Busemanns Darlegung (a.a.O. 126ff) gegen Kuhn (a.a.O. 36f) zum Problem eines vormarkinischen Zusammenhangs von Ehescheidungsfrage und Kindersegnung. Eine Spannung zwischen V 13a und V 13b in Verbindung mit V 10 besteht nicht, da V 13a ein persönlicher Überlieferungsbeginn ist und keine Näherbestimmung benötigt.
90 An dieser Stelle können die Einzelanalysen Busemanns nicht kritisch überprüft werden. Jedoch machen einzelne Beobachtungen die These einer Sammlungsredaktion, die sich auch im Eingriff in die Formen zeige (vgl. a.a.O. 191-197), unwahrscheinlich. Eine Tendenz zur kritischen Neuinterpretation der Thora und der jüdischen Praxis ist in den Streit- und Schulgesprächen nicht ungewöhnlich. Eine "lockere" (a.a.O. 194) Zusammenordnung der Stücke zur sich steigernden "Sachordnung" (a.a.O. 195) der Themen, von der Familie zum Gemeindeverband hin, ist gerade unter dem Motiv der Nachfolge auch für Markus naheliegend. Zur Kritik an der These, die Auflösung der Formen weise auf schriftliche Fixierung der Überlieferungseinheit, vgl. Haacker, Wissenschaft 57f, wenn ich auch mit dessen historischer Bewertung (a.a.O. 61ff) nicht übereinstimme.

2. DIE STREIT- UND SCHULGESPRÄCHE DES MARKUSEVANGELIUMS

2.1. Einführung und Abgrenzung

Der Form der Streit- und Schulgespräche werden bei Bultmann[1] folgende Stücke zugewiesen:
Zu den Streitgesprächen zählen:
Mk 2,1-12parr. 15-17parr. 18-22parr. 23-28parr; 3,1-6; Lk 13,10-17; 14,1-6; Mk 3,22-30parr; 7,1-23par; 11,27-33parr; Lk 7,36-50; Mk 10,1-12par; 12,13-17parr. 18-27parr.
Zu den Schulgesprächen zählen:
Mk 9,38-40par; 10,17-31parr. 35-45par; 11,20-25parr; 12,28-34parr[2]; (Lk 9,51-56)[3]; Lk 12,13f; 13,1-5; 17,20f; Mt 11,2-19par; (17,24-29)[4].

Die Streit- und Schulgespräche bestehen aus einem Gesprächsrahmen und einem Logion. Die Gespräche erreichen am Schluß ihre Klimax. Dies bedeutet, daß erstens das Logion, oder allgemein die Jesusantwort, die Pointe des Gesprächs darstellt und daß zweitens der Gesprächsrahmen auf den Schluß hin konzentriert wird und für das Logion und auf dieses hin dazusein scheint.

Im folgenden werde ich versuchen, von der Beobachtung konstitutiver Formelemente ausgehend Streit- und Schulgespräch voneinander

---

1   A.a.O. 9-26. Die Zuordnung der Stücke an die Kategorie von Streit- oder Schulgespräch ergibt sich aus den Darlegungen a.a.O. 39-56. 56-58. Zu Mk 7,24-31par und Mt 8,5-13 par Lk 7,1-10, die Bultmann, a.a.O. 38f, im Anhang behandelt, siehe unten S. 39.
2   Zufolge Bultmann, a.a.O. 53, gestalten Matthäus und Lukas daraus ein Streitgespräch.
3   Zufolge Bultmann, a.a.O. 24, kein eigentliches Apophthegma.
4   Der Form nach ein Biographisches Apophthegma (a.a.O. 26, vgl. 34f).

abzugrenzen und die Stoffe des Markus-Evangeliums diesen Kategorien zuzuordnen. Diese Kategorien haben vorläufig den Charakter einer Arbeitshypothese und müssen in den Einzelanalysen und der zusammenfassenden Behandlung weiter geklärt werden. Denn wenn unter Formgeschichte die Frage nach der Gestalt, Funktion usw. der Überlieferungseinheit verstanden wird, richtet sich die Untersuchung auf den jeweiligen Stoff *vor* dessen Einbindung in das Evangelium. Die hier vorgetragene Hypothese versteht sich in Fortführung der oben (1.2.) gebotenen Forschungsskizze, d.h. sie kann sich auf die grundlegenden Bestimmungen der bisherigen Forschung stützen und die Möglichkeiten, die die oben aufgeworfenen Fragen nach Aufbau, Textstringenz und Gewicht der Formelemente zulassen, nutzen.

Streit- und Schulgespräche stellen Dialoge dar. Das Wesentliche der Streitgespräche sind die das Gespräch jeweils beherrschenden Bestandteile von *Rede* und *Gegenrede*, das Wesentliche der Schulgespräche die Bestandteile von *Rede* und *Antwort*. Diese Bestandteile spiegeln verschiedene Ausrichtungen wider, im Streitgespräch auf den Disput hin, im Schulgespräch auf ein schulmäßig Lehre vermittelndes Gespräch hin: Die Zeitgenossen bringen in *Streitgesprächen* einen *Vorwurf* oder *Angriff* vor[5], in *Schulgesprächen* stellen sie eine *echte Frage*.

---

5   Bultmann, a.a.O. 40, spricht von dem "Angriff [des Gegners] als Vorwurf oder als Frage". Das Problem liegt darin, ob man formkritisch den Begriff »Angriff« als Oberbegriff gegenüber »Vorwurf« und »Frage« ansehen kann. Denn z.B. formuliert Mk 3,22 einen Vorwurf, ist aber eigentlich ein Angriff auf die Legitimation der Exorzismustätigkeit Jesu. Ferner stellt sich das Problem, ob »Vorwurf« und »Frage« parallele Begriffe in der Bezeichnung der betreffenden Formelemente darstellen. Denn eine »Frage« ist im Sinne einer »echten Frage« unbestreitbar ein Formelement, bezeichnenderweise das eines Schulgespräches, aber der Begriff »Frage« kann auch nur die formale Gestalt, z.B. die eines Vorwurfs oder eines Angriffs, bezeichnen.
Demzufolge ist die Arbeitshypothese die, daß »Vorwurf«, »Angriff« und »echte Frage« für die Formbestimmung parallele Elemente bezeichnen, welche innerhalb der Gesprächseinheit die Form bestimmen und neben anderem prägen. Der Unterschied zwischen »Vorwurf« und »Angriff« wird m.E. erkennbar an einem Vergleich der

Einführung und Abgrenzung

Richtet sich die Formbestimmung auf die wesentlichen Bestandteile des Gesprächs, so ist offenbar nicht entscheidend, ob im Gespräch Gegner ausdrücklich genannt oder namentlich identifiziert werden. Schon durch die Intention des Formelements Vorwurf oder Angriff wird die Haltung der Zeitgenossen in den Streitgesprächen als gegnerisch charakterisiert.

Demgegenüber ergeben die Gespräche Mk 10,2-12; 12,13-17 und 12,18-27 ein anderes Bild. Die Fragen nach der Ehescheidung, Steuerzahlung und Auferstehung sind ihrem Wortbestand nach frei von einer polemischen Absicht. Erst die Kennzeichnung der Frageintention, die im Gesprächsrahmen vorgenommen wird, gibt dem Ganzen eine kritische Perspektive. Der Gestalt der Fragen in diesen drei Überlieferungen entspricht die Anlage der jeweiligen Antwort: Die Erwiderung Jesu führt die Frage zu einer Lösung. Daneben wird zwar ein Gegenvorwurf erhoben (10,5; 12,15.24), diesem kommt aber nur allgemeine Bedeutung zu. Denn für die Lösung des Sachproblems ist der Gegenvorwurf nicht wesentlich.

Der ausdrückliche Gegenvorwurf scheint auch in Streitgesprächen, in denen die Zeitgenossen einen Vorwurf oder Angriff vorbringen, für den stringenten Gesprächsaufbau entbehrlich zu sein. Denn im schlüssigen Gesprächsablauf spielt der Gegenvorwurf 2,25; 7,6 oder ähnlich 3,5 keine wesentliche Rolle. Gegenüber 10,2; 12,13f.18 fehlt der Exposition der Streitgespräche eine ausdrücklich, d.h. über die namentliche Nennung der Gegner hinausgehende, kritische Zeichnung. Die feindliche Absicht der Zeitgenossen folgt offenbar schon daraus, daß ein Vorwurf oder Angriff formuliert wird.

Das wesentliche und bedeutende Kriterium zur formkritischen Bestimmung eines Streitgespräches stellt demzufolge das Gegenüber von Vorwurf oder Angriff und Antwort, die zueinander einen Kontrast bilden, dar. Dieses Gegenüber gibt dem Stoff den Charakter eines Streit-

---

entsprechenden Formelemente zwischen 2,24 und 11,28: ἴδε τί ποιοῦσιν τοῖς σάββασιν ὃ οὐκ ἔξεστιν; gegenüber τίς σοι ἔδωκεν τὴν ἐξουσίαν ταύτην ἵνα ταῦτα ποιῇς;. Im Falle eines Vorwurfs wird die Norm genannt, von welcher aus der Vorwurf erhoben wird. Der Angriff dagegen zielt auf die Legitimation des Ganzen.

gespräches. Innerhalb des Streitgespräches erfolgt keine eigentliche Darlegung der Argumentation, die zur Antwort führt, sondern die direkte Entscheidung des im Vorwurf oder Angriff aufgeworfenen Problems.

Den *Streitgesprächen* rechne ich demzufolge innerhalb des Markus-Evangeliums folgende Abschnitte zu: Mk 2,1-12.15-17.18-22.23-28; 3,1-6. 22-30; 7,1-23 und 11,27-33[6]. Dem eigentlichen Gespräch liegt jeweils ein Vorwurf oder Angriff und eine diesem gegenüber gegensätzliche Antwort zugrunde. Innerhalb der Streitgespräche kann wiederum danach unterschieden werden, ob die Gegner einen Vorwurf oder ob sie einen Angriff vorbringen. Enthält das Streitgespräch einen Angriff, so wird dieser ad absurdum geführt (vgl. 2,9; 3,23ff; 11,30). Aber noch in anderer Weise unterscheiden sich 2,1-12; 3,22-30 und 11,27-33 von den übrigen Streitgesprächen: Der Angriff richtet sich immer gegen Jesus, oder genauer, gegen das Wirken Jesu. So wird 2,7 die Sündenvergebung auf Erden angegriffen, 3,22 die Exorzismustätigkeit Jesu oder allgemein in der Vollmachtsfrage Jesu »ταῦτα ποιεῖν«. Hinter diesen Angriffen steht jeweils die Frage nach der Legitimation Jesu, die ihn zu seinem Tun berechtigt, so in 2,7 mit εἰ μὴ εἷς ὁ θεός ausgedrückt, in 3,22 im Rahmen der Beelzebulthematik und offen in 11,28 mit der Frage nach Art und Herkunft der Vollmacht gestellt.

Da in 2,1-12; 3,22-30; 11,27-33 das Wirken Jesu Gegenstand des Angriffs der Gegner ist, bezeichne ich diese Streitgespräche[7] als

---

6   Die Analogiebildungen zu Mk 3,1-6 im Lukas-Evangelium (13,10-17; 14,1-6) zählen ebenfalls zu den Streitgesprächen. Lk 7,36-50 ist wie Mk 14,3-9 ein Biographisches Apophthegma.

7   Dewey, Debate 124, faßt 3,22-30 und 11,27-33 in einer Gruppe zusammen. Sie zählt aber 2,1-12 nicht zu dieser Gruppe, da in diesem Abschnitt nicht Jesu Autorität im Zentrum des Streitgesprächs stehe. Dennoch konzediert sie, in 2,7 sei die Frage nach Jesu Autorität durch den Angriff βλασφημεῖ gestellt. Aber weil die Gegner in 2,1-3,6 jeweils das Verhalten beanstandeten, sei auch 2,1-12 in diese Perspektive einzuordnen. Aber für die Formbestimmung ist allein die Einheit, nicht der Zusammenhang entscheidend. Wenn 2,7 einen Angriff auf die Vollmacht Jesu darstellt und die Antwort V 10 gerade die Vollmacht thematisiert, bedeutet dies, daß auch hier die Legitimität in Frage gestellt wird.

Streitgespräche zum Wirken Jesu. Sie bilden insofern eine eigene Untergruppe der Streitgespräche, als ihre Grundstruktur aus Angriff und Antwort besteht. Dagegen weisen die anderen Streitgespräche die Struktur von Vorwurf und Antwort auf. Die Differenz zwischen Vorwurf und Angriff, die mindestens in Nuancen besteht, kann auf eine unterschiedliche Form schließen lassen, wenn sich feststellen ließe, daß dieser Differenz unterschiedliche Funktionen des Streitgesprächs entsprechen.

In den Streitgesprächen 2,15-17.18-22.23-28; 3,1-6; 7,1-23 läßt sich beobachten, daß das im Vorwurf angesprochene Sachproblem mit der Antwort eine Entscheidung erhält. Dieses Sachproblem betrifft in allen Fällen die christliche Lebenspraxis (Gemeinschaft mit Zöllnern und Sündern/Fasten- und Sabbatpraxis/Befolgen der Überlieferung). Gegenüber den Streitgesprächen zum Wirken Jesu fasse ich diese Streitgespräche unter dem Begriff *Streitgespräche zu Fragen christlicher Lebenspraxis* zusammen. In diesen Streitgesprächen steht ein bestimmtes Verhalten seitens der Gemeinde zur Debatte, wogegen es in den anderen Streitgesprächen um das Wirken Jesu insgesamt geht. Auch in ihrer Zielrichtung zeigen die beiden Formen verschiedene Absicht. Streitgespräche zu Fragen christlicher Lebenspraxis legitimieren das beanstandete Verhalten, in den Streitgesprächen zum Wirken Jesu geht es demgegenüber und darüber hinaus um die christologische Inanspruchnahme. Der Ausrichtung im ersten Falle entspricht das von Bultmann[8] herausgestellte Bestreben der Tradition, das beanstandete Verhalten in einer Szene zu veranschaulichen. Das Wirken Jesu bedarf dieser Illustration nicht. Denn die christlichen Tradenten gehen von einem Gesamtbild des Wirkens Jesu aus.

Die Form des *Schulgesprächs* wird durch die Elemente *echte Frage* und *Antwort* bestimmt. Diesem Schema entsprechen Mk 10,2-12.17-21; 12,13-17.18-27.28-34.

Mk 10,17-21 tritt aus dieser Reihe heraus. Gegenüber den Schulfragen, die allgemein religiöse Fragen darstellen oder als Gesetzesfragen bezeichnet werden können (ἔξεστιν 10,2; 12,14), hat die Frage in 10,17

---

[8] A.a.O. 40.

einen anderen Charakter, denn sie fragt nach dem geforderten Tun des Menschen. Zwar erinnert die Frage in 10,17 ihrem Inhalt nach an 12,28, aber eine Parallelität zwischen den beiden Fragen ergibt sich eher von der Antwort als vom Charakter der Frage her. Werden aber Frage und Antwort als gleichermaßen bestimmende Formelemente des ganzen Gespräches aufeinander bezogen, wovon wir bisher ausgegangen sind, dann besteht ein deutlicher Unterschied zwischen 10,17-21 und beispielsweise 12,28-34 (und anderen Schulgesprächen). Denn die Antwort in 12,29f betrifft direkt die ἔξεστιν-Frage, also das Sachproblem der Frage. Ebenso wird in der Censusfrage (12,13-17) mit der Demonstration der Kaisermünze die ἔξεστιν-Frage aus 12,14 beantwortet, und auch im Gespräch über die Ehescheidung und Auferstehung erfolgen spezielle, auf die Frageformulierung ausgerichtete Antworten. Dagegen ergeht auf die Frage in 10,17, wie immer die ursprüngliche Überlieferung auch abgegrenzt wird[9], eine allgemeine Antwort. Die gleiche Entsprechung von Frage nach dem geforderten Tun des Menschen[10] und allgemeiner Antwort läßt sich auch an anderer Stelle beobachten, so nach den Fragen gleicher Art in Lk 10,25; 3,10.12.14; Joh 6,28; Apg 2,37; 16,30. Diese Fragen zielen auf Belehrung. Daher nenne ich sie *Lehrfragen* und die Gesprächseinheit demgemäß ein *Lehrgespräch*.

Auf die Lehrfrage folgt als Antwort der allgemeine Grundsatz, nach dem gehandelt werden soll. Die Schulfrage fordert demgegenüber

---

9   Der Abschluß der Überlieferungseinheit liegt innerhalb der Vv 21f vor. Ob darüber hinaus V 24a vormarkinisch zugewachsen ist, ist für unsere Frage ohne Belang (vgl. dazu Walter, ZNW 53, 1963, 210f). Einer Überlieferung, die ursprünglich in V 21a geendet haben soll (so Berger, Gesetzesauslegung 397, siehe unten S. 231), fehlte die Pointe. V 21 fin hat mit dem Nachfolgemotiv stark markinischen Klang. Ob der Schluß V 22 mit der Nennung des Reichen und dessen negativen Reaktion ursprünglich folgte, einen vormarkinischen Zusatz darstellt oder erst von Markus auf V 23-27 hin gestaltet wurde (Walter, a.a.O. 213), ist für die Formbestimmung nicht von entscheidender Bedeutung (vgl. Gnilka, Markus II, 84; Busemann, a.a.O. 101; Bultmann, a.a.O. 20).

10 Vgl. Braun, ThWNT VI, 475ff, zur Tradition der Frage auf verschiedenen Überlieferungsstufen a.a.O. 478. Zur Form siehe die Übersicht bei Berger, ANRW II, 25.2, 1099; Ders., Formgeschichte 250.

eine spezielle Lösung. Außerdem setzt m.E. die Lehrfrage wenigstens der Form nach die enge Grundübereinstimmung im Schüler-Lehrer-Verhältnis voraus, während der Formulierung einer Schulfrage zufolge der Kreis weiter gezogen werden kann. Möglicherweise, so kann man aus dem Charakter der zugehörigen Antworten schließen, gehören die Schulgespräche in einen Gemeindebereich und eine Zeit, in denen die Klärung bestimmter Sachfragen zur Lösung anstand, während die Lehrgespräche aus der Position einer in sich gefestigten Gemeinde heraus sittliche Forderungen vermitteln. Demzufolge könnte es sich bei den Lehrgesprächen (der synoptischen Tradition) um eine spätere Form oder um eine Untergruppe der Schulgespräche handeln. Die Lehrgespräche unterscheiden sich m.E. in Form, Stoff und Funktion jedenfalls deutlich von den Schulgesprächen. Daher scheide ich die Lehrgespräche aus der Betrachtung der (Streit- und) Schulgespräche aus.

Darüber hinaus hat Bultmann den Schulgesprächen Stücke zugeordnet, die zwar eine apophthegmatische Struktur auszeichnet, deren Anfang aber nicht eine (Schul-) Frage bildet, sondern eine Lehrszene (Mk 9,38-40; 10,35-45par; 11,20-25parr; Lk 12,13f; 13,1-5). Darunter haben Mk 8,11f; 10,35-45 und Lk 12,13f eine vergleichbare Form mit der Abfolge: Forderung - kritische Entgegnung. In Mk 9,38ff; 11,20-25; Lk 13,1-5 erfolgt das Herrenwort auf einen Vorfall hin, der am Anfang des Gesprächs vermittelt wird. Die sechs Gespräche lassen sich als Belehrungen oder Offenbarungsgespräche bezeichnen.

Auf der Grenze zwischen Apophthegma und Wundererzählung stehen Mk 7,24-30 und Mt 8,5-13 (Lk 7,1-10)[11]. Das Gespräch enthält jeweils schon die Entscheidung des Sachproblems. Bultmann hat darauf aufmerksam gemacht, daß diese Stücke zwar zu den Apophthegmata zählen, "diesmal aber Jesus ... der Überwundene ist"[12]. Beide Gespräche sind auf die (Fern-)Heilung ausgerichtet, es geht aber um die Gewährung des Wunders.

---

11 Vgl. Bultmann, Geschichte ErgH 30f.
12 Bultmann, a.a.O. 38 (zu Mk 7,24-31par); vgl. a.a.O. 39 zur Tradition von Mt 8,5-13 in Q.

2.2. Die Analysen

2.2.1. Die Streitgespräche zu Fragen christlicher Lebenspraxis

Die Form dieser Streitgespräche zeichnet sich durch die einander korrespondierenden Formelemente von Vorwurf und Antwort aus[1]. Vier der fünf Streitgespräche, die dieser Form entsprechen, hat Markus[2] in 2,13-3,6 in einen Zusammenhang gefaßt. Dementsprechend kann man vermuten, daß besonders der Rahmen der Einzelüberlieferungen redaktionell bearbeitet wurde. Darüber hinaus dürfte Markus aber auch in die Einzelüberlieferung selbst eingegriffen haben. Denn von vornherein ist wenig wahrscheinlich, daß Überlieferungen von beträchtlichem Umfang wie 2,23-28 oder 7,1-23 als schon geschlossene Einheit überliefert wurden. Da nicht nur die markinische Redaktion auf die Überlieferungen der Streitgespräche eingewirkt haben wird, müssen die Analysen[3] versuchen, auch den vormarkinischen Überlieferungsgang der Texte zu verfolgen.

---

1 Siehe oben S. 34-37.
2 Vgl. oben S. 20-31.
3 Zu Beginn einer jeden Analyse wird auf die reichhaltige Bibliographie bei Pesch, Markus I-II, verwiesen und weitere Literatur genannt. Außerdem werden durchgängig benutzt: Dibelius, Formgeschichte; Bultmann, Geschichte; Berger, Formgeschichte (vgl. jeweils die Register). Daneben werden die entsprechenden Analysen von Minette de Tillesse, Secret (besonders 112-163), und Hultgren, Adversaries, herangezogen. In der Regel findet auch Beilner, Christus, Beachtung, dessen historischer Ansatz freilich der kritischen Analyse wenig Raum läßt.
Im redaktionsgeschichtlichen Gang der Untersuchung stütze ich mich ferner auf die Einzelartikel von Turner (in: JThS 25-29, 1924-1928) und auf die Arbeiten von Kleist, Markus; Hawkins, Horae; Zerwick, Stil; Taylor, Markus (44-66); Doudna, Greek; Gaston, Horae; Neirynck, Duality; Pryke, Style; Reiser, Syntax. Erst nach Abschluß der Arbeit wurde mir die beachtenswerte Dissertation von Dschulnigg, Sprache, zugänglich.
Zur Situation der Markus-Forschung siehe Luz, ThLZ 105, 1980, 641-655; Stock, Bib. 62, 1981, 562-582, und jetzt Lindemann, ThR 49, 1984, 311-330.

2.2.1.1. Das Streitgespräch über den Sabbat (Mk 2,23-28)

Die Überlieferung von Mk 2,23-28[1] ist literarisch nicht einheitlich[2]. Eine Bruchstelle verrät möglicherweise die Einleitung der zweiten Antwort mit καὶ ἔλεγεν αὐτοῖς. Die Entstehung der Überlieferung hat daher grundsätzlich zwei Erklärungen gefunden[3]: Die ursprüngliche Einheit des Streitgesprächs umfasse entweder V 23-26[4] oder V 23f.27(28)[5]. Wenn das Sabbatlogion mit der Eingangsszene zusammen überliefert worden ist, liegt ein unorganisches Apophthegma vor, da die Szene vom Logion aus gestaltet wurde. Trifft die erste Lösung zu, wird eigens zu fragen sein, ob V 25f unabhängig von der Szene existiert haben kann oder ob Szene und Schriftverweis zusammen gestaltet worden sind. Die dritte Antwort, das Menschensohnlogion V 28, bildet eine eigene Ant-

---

[1] Zur Literatur siehe Pesch, Markus I, 197.428 (L 16) und Neirynck, BEThL 40, 227-270. Außerdem vgl. Hultgren, Adversaries 111-115; Lindemann, WuD 15, 1979, 78-105; Thissen, Erzählung; Doughty, ZNW 74, 1983, 161-181.

[2] Vgl. Hultgren, a.a.O. 114. Hultgren unterscheidet anders als Bultmann nicht zwischen einheitlichen und nicht-einheitlichen Kompositionen, sondern zwischen einheitlichen und nicht-einheitlichen Traditionen (siehe a.a.O. 67.89 Anm. 1).

[3] Vgl. Gnilka, Markus I, 119. Zu der früheren Vermutung eines Einschubs von V 27 (vgl. das Fehlen in den Parallelen bei Matthäus und Lukas) vgl. Gils, RB 69, 1962, 506-523; Bussmann, Studien I, 92; Schweizer, Aufsätze I, 70ff; Benoit, Exégèse 233. Vgl. zum Folgenden den Forschungsüberblick bei Neirynck, a.a.O., 254-268.

[4] So Albertz, a.a.O. 10.14; Schmidt, Rahmen 97; besonders Bultmann, Geschichte 14; vgl. Sundwall, Zusammensetzung 18; Taylor, Formation 33.81; Ders., Markus 218; Schmid, Markus 70; Lohmeyer, Markus 65; Schweizer, Markus 34f; Lohse, Aufsätze I, 65; Ders., ThWNT VII, 22,17ff; Tödt, Menschensohn 121; Braun, FS Harder, 55; Suhl, Funktion 82; Roloff, Kerygma 58.62; Lane, Markus 118f; Pesch, Markus I, 120; Westerholm, Authority 96.

[5] So Hirsch, Frühgeschichte I[2], 14; Klostermann, Markus 29; Grundmann, Markus 90; Beare, JBL 79, 1960, 135; Ders., Records 90f.93; Rordorf, Sonntag 60f; Ders., Sabbat 7 Anm. 1; Haenchen, Weg 121; Merkel, NTS 14, 1967/68, 203ff; Kuhn, Sammlungen 74.76; Hultgren, a.a.O. 113f; Ders., JBL 91, 1972, 40f; Berger, Gesetzesauslegung 576. 579; Hübner, Gesetz 119f; Neirynck, a.a.O. 264f; Thissen, a.a.O. 201; Lindemann, a.a.O. 85; Doughty, a.a.O. 169f; Ernst, Markus 202.

wort, berührt daher die Frage des Entstehungsprozesses von 2,23-27 nicht unmittelbar.

Die neueren Kommentare folgen der ersten These *(V 23f.25f)*, die schon Bultmann vertreten hat. Nach Bultmann[6] sprechen die stilgemäße Formulierung einer Gegnerfrage[7] in V 24 und die Anreihungsformel καὶ ἔλεγεν αὐτοῖς (V 27) für den ursprünglichen Zusammenhang von V 23f.25f. Daneben hat Pesch[8] auf die Stichwortverbindung zwischen V 24 und V 25f (οὐκ ἔξεστιν ποιεῖν) und innerhalb von V 23f (τὰ σάββατα) gegenüber V 27 (τὸ σάββατον) aufmerksam gemacht.

So wichtig diese Textbeobachtungen sind, erweisen sie doch nicht eindeutig einen ursprünglichen Zusammenhang von V 23-26: In V 25a wird zwar die Frageform eingehalten. Diese Frage enthält aber kein Gegenargument, anders als Mk 3,4; Lk 13,5; 14,5, worauf Bultmann[9] unter anderem verweist. Vielmehr ist Mk 2,25a zu einer, wenn auch kritischen (vgl. 7,6), Überleitungsformel verblaßt (vgl. 10,3)[10]. Für die Argumentation des Streitgesprächs ist die fehlende Schriftkenntnis der Gegner ohne Bedeutung. Die Aussage des Schriftbelegs bildet das wesentliche Argument. Gegenfrage und Schriftargument divergieren also in ihrer Ausrichtung. Das eine dient der Gegnerkennzeichnung, das andere der Lösung des Streitfalls.

Die für Markus "typische Anreihungsformel"[11] καὶ ἔλεγεν αὐτοῖς in V 27 deutet auf einen sekundären Eintrag hin[12], impliziert aber keine überlieferungsgeschichtliche Einordnung des darauf folgenden Stückes. Vielmehr setzt Markus einen Gliederungsakzent. Hierfür können V 27 ebenso wie V 28 oder auch beide Aussagen zusammen verantwortlich sein. Die Anreihungsformel betrifft also die Struktur des Markus-

---

6   A.a.O. 14
7   So auch Fiebig, Erzählungsstil 109.
8   Markus I, 179; so auch Gnilka, Markus I, 120.
9   A.a.O. 42.
10 Vgl. Bultmann, a.a.O. 26.42; Dibelius, Formgeschichte 223 Anm. 1.
11 J.Jeremias, Gleichnisse 10.
12 Vgl. Bultmann, a.a.O. 14; Taylor, Markus 218; Lohse, Aufsätze I, 65 Anm. 12; Suhl, a.a.O. 84; Kuhn, a.a.O. 74.130f, vgl. ebd. 74 Anm. 130. Vgl. bei Markus 4,2.11.21.24; 6,10; 7,9; 8,21; 9,1.

textes, nicht den Entstehungsprozeß der Überlieferung. Allerdings können Strukturzeichen und Kennzeichen einer anderen Überlieferungsstufe zusammenfallen. Dies besagt aber nur, daß Markus bewußt kleine Einheiten voneinander abheben kann.

Der Verweis auf die Stichwortverbindung über ποιεῖν von V 24 zu V 25 ist ein umkehrbares Argument. Der schwerfällige Stil von V 25 spricht eher dafür, daß ποιεῖν sekundär im Anschluß an V 24 verwendet wurde. Das οὐκ ἔξεστιν (V 26) stellt zwar einen ausdrücklichen Bezug zu V 24 her, der aber besonders dadurch künstlich wirkt, daß den Priestern (εἰ μὴ τοὺς ἱερεῖς) selbst keine Bedeutung im Beispiel zukommt. Jüdischen Gegnern müßte die Sachlage zudem nicht erklärt werden. Der Unterschied zwischen Plural und Singular von τὸ σάββατον ist ebenfalls kein überlieferungsgeschichtlich oder literarkritisch brauchbares Argument. Als Zeitangabe ist der Plural sachgemäß[13], in der generellen Feststellung zum Sabbatgebot der Singular.

Gegen eine ursprüngliche Verbindung von 2,23-26 sprechen folgende Gründe: Erstens, im Davidbeispiel wird auf die Sabbatproblematik aus V 23f kein Bezug genommen[14], sondern das Davidbeispiel belegt einen Gesetzesbruch (Entweihung der Schaubrote) und hat darin seine Pointe. Dies entspricht im Textzusammenhang dem ὃ οὐκ ἔξεστιν (V 24). Der Schriftverweis antwortet also auf einen generellen Vorwurf zur Gesetzesproblematik, nicht auf den speziellen, daß die Jünger das Sabbatgebot übertreten[15]. Läge die Pointe des Streitgespräches ursprünglich im Gesetzesbruch der Jünger, bliebe unverständlich, wieso die Geg-

---

13 Siehe B-D-R § 141, 37.
14 Die Annahme, hier schwinge die bei Billerbeck I, 618f (vgl. Abrahams, Studies 134 und Murmelstein, ΑΓΓΕΛΟΣ 3, 1930, 112f) genannte Tradition mit, die auf einen Sabbatbruch anspielt (so Minette de Tillesse, a.a.O. 137ff; vorsichtiger Lohse, a.a.O. 66 Anm. 11; Ders., ThWNT VII, 22,5-7 und ebd. Anm. 169; J.Jeremias, Theologie 202 Anm. 29; Hummel, Auseinandersetzung 41 Anm. 43), ist ein Postulat (vgl. Kuhn, a.a.O. 47 Anm. 129; Suhl, a.a.O. 85 Anm. 77).
15 Durch Lk 6,1 beeinflußt wird die Meinung vertreten, daß das Zerreiben der Ähren als Erntearbeit (vgl. Billerbeck, ebd.) und Essenszubereitung mit dem Essen von Schaubroten verglichen werden könne, so Pesch, Markus I, 181f.

ner gerade das Verhalten am Sabbat herausstellen und nicht die Gesetzesfrage selbst in den Blick genommen wird. Dagegen könnte eingewandt werden, der Vorwurf der Gegner formuliere gerade nicht »was am Sabbat nicht erlaubt ist«, ziele also auf den gererellen Sachverhalt ab. Diese Folgerung berücksichtigt aber zu wenig die auffällige Verstärkung in V 26 (οὐκ ἔξεστιν). Das Davidbeispiel ist also wenigstens an dieser Stelle auf den Vorwurf hin bearbeitet worden.

Zweitens ist in V 25f weder das Ährenraufen noch eine Jüngerszene ursprünglich vorausgesetzt. Die Begleiter Davids (V 25.26) spielen im Schriftverweis keine Rolle. Syntaktisch klappt ihre Erwähnung jeweils nach. Auch daher ist eher an einen sekundären Eintrag auf V 23 hin zu denken. Drittens, die Verbindung von Ährenraufen und Davidbeispiel stellt Bultmann[16] mit der Behauptung her: "Die Pointe ist die Verteidigung der Sabbatverletzung aus Hunger durch einen Schriftbeweis". Ein Zusammenhang beider Szenen über das Hungermotiv ist bei Markus nicht enthalten, sondern eine derartige Verbindung stellen erst die synoptischen Parallelen her. Die Entlastung des Davidverhaltens in V 25 (ἐπείνασεν) hat ihr Gewicht im Schriftverweis, aber keinen Bezug auf die Szene des Streitgesprächs. Wäre der Hunger der Jünger in der Szene vorausgesetzt, fehlte dem Vorwurf die Stoßkraft. Denn im jüdischen Raum war das Verhalten der Jünger, geschieht es aus Hunger, ohne weiteres diskutabel. Der Schriftverweis diente dann nicht dem Abweis des Vorwurfs, sondern wäre eine Belehrung über die Ausnahmeregeln jüdischer Kasuistik. Die Konfliktszene würde zur Lehrszene.

Gegenüber der Annahme eines ursprünglichen Zusammenhangs von 2,23-26 ist die zweite Erklärung des traditionsgeschichtlichen Verlaufs, V *23f.27* bildeten die ursprüngliche Überlieferungseinheit, eher wahrscheinlich. Das Problem einer Anreihung des Davidbeispiels entfällt damit nicht nur weitgehend, sondern läßt sich von V 27 her lösen. So erklären sich die auffälligen, das Argument im Davidbeispiel selbst nicht betreffenden Elemente des Schriftverweises. Die Erwähnung der Begleiter und die Betonung des ὃ οὐκ ἔξεστιν belegen die sekundäre

---

16 A.a.O. 14; vgl. Kümmel, Aufsätze I, 28.

Bearbeitung auf die Jüngerszene und den Vorwurf des Streitgespräches hin.

Ferner entspricht das Rechtfertigungsmotiv (χρείαν ἔσχεν und ἐπείνασεν) dem διὰ τὸν ἄνθρωπον aus V 27. Das Davidbeispiel ist also in den Gang der Überlieferung von Jüngerszene, Vorwurf und Logion eingepaßt. Die Divergenz der Problembereiche bleibt aber bestehen: Die Jüngerszene, der Vorwurf und das Sabbatlogion betreffen das Sabbatgebot, während das Davidbeispiel einen Gesetzesbruch schildert. Diese Divergenz wirkt gerade störend, weil mit V 27 wieder auf das Sabbatproblem zurückgelenkt wird. Doch sie wird durch das folgende Menschensohnlogion (V 28) im Markus-Text ausgeglichen. Wenn es heißt, der Menschensohn sei Herr des Sabbats, steht über dieser einzelnen Aussage die generelle, der Menschensohn habe Vollmacht (siehe 2,10), sei *Herr* des Sabbats. V 28 hält also die zwei Argumente aus 2,25-27 zusammen. Innerhalb der Überlieferung ist V 28 an V 27 durch das konsekutive ὥστε[17] gebunden. Diese Folgerung ist nicht als anthropologische Aussage zu deuten, indem das ὥστε kausal aufgelöst und mit 2,27 harmonisiert wird[18]. Vielmehr ist V 28 christologisch zu verstehen. V 28 hat mit V 27 kein Doppellogion gebildet.

Für den *Gang der Überlieferung* von 2,23-28 ist also folgender Prozeß wahrscheinlich. Die ursprüngliche Überlieferungseinheit des Streitgesprächs (2,23f.27) wurde mit V 28 ergänzt. Zwischen Vorwurf und Sabbatlogion schob ein Bearbeiter das Davidbeispiel. Ausgangspunkt der Überlieferung war das Sabbatlogion V 27. Der Sinn und die Ausrichtung des Logions, folglich auch des Streitgesprächs, sind nicht eindeutig[19]. Daher wenden wir uns dem Sabbatlogion zu, ehe wir näher auf die sekundär angefügten Stücke 2,25f.28 eingehen.

---

17 Zur syntaktischen Konstruktion vgl. B-D-R § 391 3; Gnilka, Markus I, 124 Anm. 13.
18 Vgl. Gnilka, a.a.O. 124; Lindemann, a.a.O. 92, zur Annahme, ὁ υἱὸς τοῦ ἀνθρώπου sei hier im Sinne von V 27 zu verstehen (so Wellhausen, Markus 20; Bultmann, a.a.O. 87f; Vielhauer, Aufsätze I, 122f; u.a., vgl. die bei Neirynck, a.a.O. 237-241, ebd. Anm. 36-48 genannten Arbeiten).
19 Vgl. Neirynck, a.a.O. 227-270.

Die Selbständigkeit des Logions ist heute in der Exegese weitgehend anerkannt[20]. In der Struktur eines antithetischen Parallelismus bietet das Logion die Form einer Sentenz. Da sich die Aussage des Logions, zum Teil auch in der gleichen Form, in der außerneutestamentlichen Literatur findet, ist im Vergleich von Aussage und Form zu entscheiden, ob wir hier einem authentischem Jesuslogion oder einem von der Gemeinde verwendeten und dem Jesusgut zugeschriebenen Logion begegnen.

Die *Aussage von 2,27* greift mit ἐγένετο διά auf die von Gott gewollte Schöpfungsordnung zurück[21]. In der jüdischen Literatur ist der Gedanke weit verbreitet, daß die Welt (!) um des Menschen willen geschaffen ist[22]. Darin spielt die formale Antithetik[23] von Mk 2,27 nur in 2 Makk 5,19 (Tempel); syrBar 14,18[24] eine Rolle. Der Schöpfungsgedanke dient dort dazu, die Schöpfungsordnung einzuklagen. Der zweite Unterschied dieser Aussage zu Mk 2,27 betrifft die Bezugsgröße Schöpfung. Schöpfung "um des Menschen willen" bedeutet dort Schöpfung um des Volkes Israel, der Gerechten, (vom Seher aus) "um unsretwillen"[25]. Der gesetzeskritische Aspekt von Mk 2,27 spielt dort keine Rolle.

---

20 Vgl. Neirynck, a.a.O. 254.
21 Vgl. besonders Neuhäusler, BiLe 12, 1971, 9, und Limbeck, Ohnmacht 65 Anm. 16.
22 Vgl. 2 Makk 5,19 (Erwählung); syrBar 14,18; 15,7; 21,24; AssMos 1,12; 4 Esr 6,55.59; 7,11; 8,1.44; 9,13.
    Zur Ähnlichkeit mit jüdischen Parallelen vgl. Manson, CN 11, 1974, 138-146; Taylor, Markus 218ff; Pesch, Markus I, 184 Anm. 26.
23 Zu 2 Makk 5,19 vgl. Neirynck, a.a.O. 251: "The similarity ... is a similarity of form, but not necessarily of content".
24 Zur Struktur von 2 Makk 5,19; syrBar 14,18c und Mk 2,27 (vgl. noch 1 Kor 11,9) siehe Holtzmann, Synoptiker 123.
25 Vgl. AssMos 1,12; 4 Esr 7,11 (Volk/Israel); syrBar 15,7; 21,24; 4 Esr 9,13 (Gerechte/Erzväter); 4 Esr 6,55 (für die erste Welt, vgl. 8,1); 6,59 (um unsretwillen). Wo vom »Menschen« her formuliert wird (syrBar 14,18; 4 Esr 8,44), wird die Begrenzung im Sinne der anderen Stücken vorausgesetzt (vgl. syrBar 14,19; 4 Esr 8,47.49), vgl. dagegen U.B.Müller, ZThK 74, 1977, 437f.

Eine Parallele des Sabbatlogions scheint die rabbinische Entscheidung M^ekh 109^b (Ex 31,14) darzustellen[26]: "Euch ist der Sabbat übergeben, nicht seid ihr dem Sabbat übergeben" (= Joma 85^b)[27]. Es ist zu beachten, daß die rabbinische Entscheidung die Sabbatkasuistik regelt: Der Sabbat wird von der Rettung eines Menschenlebens »verdrängt«[28]. Die Sabbatkasuistik selbst wird durch die rabbinische Entscheidung nicht angetastet[29]. Dagegen trifft das Sabbatlogion Mk 2,27 seine Aussage nicht im Blick auf die Sabbatkasuistik, sondern von der Einsicht in die gegebene Schöpfungsordnung her. In dieser Rückführung auf die Schöpfungsordnung greift 2,27 die Sabbatobservanz an. Die beiden Logien haben also verschiedene Ausrichtungen. Die rabbinische Entscheidung geht von der absoluten Geltung des Sabbatgebotes aus, wogegen Mk 2,27 diese Geltung an die Schöpfungsordnung bindet und damit relativiert. Der Sache nach betrifft das Wort der Rabbinen die Sabbatkasuistik, das Sabbatlogion die Sabbatobservanz.

Das "um des Menschen willen geschaffen" fußt aber nicht auf anthropologischer Reflexion[30], sondern gründet auf dem Gedanken, daß

---

26 Diese Parallelität ist opinio communis der Forschung, siehe Neirynck, a.a.O. 246.

27 Siehe Billerbeck I, 623f (= II, 5.821), vgl. außerdem Neirynck, a.a.O. 250 Anm. 86.

28 1 Makk 2,39-41 gibt ein historisch glaubhaftes Bild von der Entstehung dieser Diskussionslage zur Sabbatkasuistik wieder. Zu ähnlichen Vorfällen vgl. Plut II, 169C und im besonderen Jos Ant XII,4; XIV,66 (ἡ τῆς νηστείας ἡμέρα), dazu Dio C 37,16 (,2: αἱ τοῦ χρόνου ἡμέραι). Zur Sache vgl. Strabo 16, 763 und Plut II, 167E. Vgl. außerdem Jos Ant XIV,487 (ἡ ἑορτὴ τῆς νηστείας = Versöhnungstag? siehe Apg 27,9) und dazu Dio C 49,22,3f. Die Diskussionslage ergab sich unter politischem Druck und dringt von daher in die Sabbatdiskussion ein (anders Grundmann, Markus 92). M^ekh 109^b und DtR 10 (Billerbeck I, 624) zeigen die weitere Entwicklung.

29 Vgl. Hummel, Auseinandersetzung 233. Dies ist auch gegen Brauns (Jesus 59) Bezeichnung des Wortes als eines "einsame[n] Vogel[s] auf dem Dach [, da es] nie ein sabbatkritisches Verhalten gezeitigt" habe, beachtenswert. Jedenfalls ist von der Struktur des Logions her nicht von vornherein "ein polemischer Zusammenhang" (Lindemann, a.a.O. 88) vorauszusetzen.

30 Beare, JBL 79, 1960, 132 zieht den »homo mensura« - Satz des Protagoras als Parallele heran.

Gottes Schöpfung zum Guten hin ausgerichtet ist. Die Freiheit dem Sabbat gegenüber ist daher durch die Freiheit der Schöpfung gegenüber begrenzt[31].

Aufgrund des Unterschiedes zwischen jenen Logien und dem Sabbatlogion wird Mk 2,27 in der Exegese oft als authentisches Logion angesehen[32]. Das Sabbatlogion spreche eine radikale Freiheit vom Sabbatgebot aus, die die Gemeinde selbst nicht geübt habe. Außerdem stehe die Aussage des Logions mit der Botschaft Jesu in Einklang. Mit Mt 12,11 (vgl. Lk 14,5) und Mk 3,4 stehe Mk 2,27 auf breiter Überlieferungsbasis. Schließlich gehöre Mk 2,27 "zum ältesten Bestand der Logienüberlieferung"[33]. Allerdings betreffen die Ausführungen erstens eher die Haltung Jesu zum Sabbat, als daß sie für das Sabbatlogion in 2,27 selbst Klärung bringen. Das Fehlen des Logions bei Matthäus und Lukas ist zweitens nicht eindeutig mit der Radikalität der Aussage zu erklären[34]. Vielmehr folgen Matthäus und Lukas der Pointe des Streitgespräches Mk 2,23-28 und orientieren unter verschiedenen Motiven die Sabbatgeschichte auf die christologische Aussage hin[35]. Drittens scheint mir die Gleichsetzung von Mk 2,27 mit Mt 12,11 und Mk 3,4 nicht überzeugend. Denn aus Mk 2,27 läßt sich, wie oben dargelegt, nicht die Ablehnung des Sabbatgebotes, also radikale Sabbatfreiheit herführen, sondern allein die Ablehnung der jüdischen Sabbatobservanz. Mt 12,11 und Mk 3,4 greifen dagegen die jüdische Sabbatkasuistik als solche an[36].

---

31 Dies wird in der Exegese zu wenig bedacht (vgl. nur Becker, FS Conzelmann, 116f; U.B.Müller, a.a.O. 437f). Maß des Sabbatgebotes ist nicht der Mensch, sondern allein die Schöpfungsordnung Gottes. Eine Priorität innerhalb der Schöpfungswerke ist in 2,27 nicht impliziert (gegen Lohse, Aufsätze I, 68). Sabbat ist auch kein "Schöpfungsmittel", das einen "Zweck" erfüllte (gegen Becker, ebd.). Es geht in 2,27 nicht um die konditionierte Gültigkeit des Sabbatgebotes, sondern um die Bedingungen der Sabbatobservanz.

32 Vgl. Neirynck, a.a.O. 232 und ebd. Anm. 11.

33 Lohse, a.a.O. 67.

34 Gegen Braun, Radikalismus II, 70 Anm. 1.

35 Vgl. Lohse, a.a.O. 67f.

36 Für Mk 3,4 konzediert dies auch Lohse, a.a.O. 68f. Mt 12,11f (Lk 14,5) entsprechen jedoch grundsätzlich auch der kasuistischen Aus-

Als Korrektur von V 27 wird V 28 angesehen[37]. Die Anfügung von V 28 zeige, daß 2,27 ursprünglich radikal gemeint sei. Aber auch diese Auffassung überzeugt nur teilweise. V 28 bedeutet zwar eine Einschränkung des Logions, indem es die allgemeine Schöpfungsaussage im Kontext auf den Menschensohn beschränkt. Diese Einschränkung bedeutet in der Sache aber keine Korrektur. Vielmehr trägt das Menschensohnlogion einer in Vollmacht gesetzten neuen Ordnung Rechnung[38]. Die nachösterliche Gemeinde beruft sich V 27.28 zufolge in ihrer Sabbatpraxis auf die Schöpfungsordnung (V 27) und darüber hinaus auf eine durch den Menschensohn konstituierte Weltordnung.

Schließlich verbleibt zugunsten der Annahme eines authentischen Logions der Nachweis eines Unterschiedes zwischen Mk 2,27 und den Parallelen (Unähnlichkeitskriterium). Auch dieser Nachweis kann nur teilweise gelingen: Zum einen ist die Tradition der rabbinischen Entscheidung nicht sicher datierbar[39]. Zum anderen weisen die Strukturen des Logions Mk 2,27 und der Entscheidung M^{e}kh 109^b (zu Ex 31,14) ein Argumentationsschema auf, das hellenistisch geprägten Sentenzen nicht fremd ist. Auf 2 Makk 5,19 und syrBar 14,18 wurde schon hingewiesen; außerdem kann man Plut II, 1071 DE heranziehen[40]. Die gleiche Struktur weist die (bisher unbeachtet gebliebene) Parallele Plut II, 230 F auf, die freilich den umgekehrten Sachverhalt ausdrückt: "Παυσανίας ὁ Πλειστώνακτος πρὸς τὸν ἐρωτήσαντα, διὰ τί τῶν ἀρχαίων νόμων οὐδένα κινεῖν ἔξεστι παρ' αὐτοῖς, 'ὅτι τοὺς νόμους', ἔφη, 'τῶν ἀνδρῶν, οὐ τοὺς ἄνδρας τῶν νόμων κυρίους εἶναι δεῖ'". Aus dem Vergleich mit den

---

nahmeregel, die Rettung eines Menschenlebens verdränge den Sabbat (so auch a.a.O. 71). Die vergleichbaren Glieder des Qal-Waḥomer-Schlusses in Mt 12,12 bilden ja nicht die Glieder »Rettung des Tieres« und »die dem Menschen "geltende Tat der Liebe"« (so a.a.O. 72). Diese Parallelstellung ist von der Interpretation von Mk 2,27 her eingetragen.

37 So Käsemann, EVB I, 207.
38 Vgl. ähnlich Lindemann, a.a.O. 93.
39 Die Aussage wird Simon ben Mensaja zugeschrieben, also in die 2. Hälfte des 2. Jahrhunderts datiert. Die Tradition kann älter sein, aber nicht vorchristlich, vgl. Becker, a.a.O. 116.
40 Siehe Almquist, Plutarch 50.

Parallelen läßt sich die Authentizität von Mk 2,27 ebenfalls nicht überzeugend herführen. Der Vergleich von Aussage und Struktur zeigt hingegen, welcher Form Mk 2,27 zuzuordnen ist, und zwar der Form des Weisheitswortes.

Zu Mk 2,27 läßt sich somit zusammenfassen: Das Sabbatlogion bildet ein isoliert tradiertes Weisheitswort. Es nimmt zum Sabbatgebot Stellung und steht daher von Anfang an auf der Grenze zwischen Weisheits- und Gesetzeswort[41]. Die Bildung des Wortes setzt Jesu Kritik an der Sabbatkasuistik (vgl. Mt 12,11; Mk 3,4) voraus. Die Gemeinde deutet mit der Sentenz diese Kritik an der Sabbatobservanz. Im Zuge dieser Deutung bekommt das Logion sowohl eine apologetische Ausrichtung (i.S. fundamentaler Begründung) als auch eine polemische, offensive Funktion: Das Sabbatlogion führt zum einen in seinem ersten Glied über eine schöpfungstheologische Reflexion die Neubestimmung des Sabbatlogions ein ("um des Menschen willen"). Zum anderen erlaubt das zweite Glied des Logions ein Verständnis auf seiten der Gemeinde, das die eigene Position behauptend gegen die jüdische Sabbatobservanz gewandt werden konnte. Unter diesem Verständnis wird das Sabbatlogion zu einem Argument in der Auseinandersetzung mit jüdischen Gegnern.

Bultmann führt die *Komposition des Streitgesprächs* auf Gemeindebildung zurück[42]. Denn der Vorwurf ergehe an Jesus, beanstande aber das Verhalten der Jünger. Jesus sei der allein Antwortende. Daraus folgert Bultmann, die Gemeinde lege im Rückgriff auf die Jüngerszene Jesus "die Rechtfertigung ihrer Sabbatpraxis in den Mund". Bei dieser Annahme, Jüngerszene und Vorwurf seien zu gleicher Zeit gebildet worden, ergeben sich jedoch Unebenheiten. So entspricht zwar das Sabbatlogion der allgemeinen Formulierung des Vorwurfs. Dies paßt aber schlecht zu der Jüngerszene, da hier im ὁδὸν ποιεῖν und Ährenraufen zwei Fälle geschildert werden, die eine Verletzung des Sabbatgebotes darstellen. In der szenischen Darstellung zeigt sich eine weitere Unstimmigkeit. Die Jüngerszene korrespondiert nicht der Gesprächs-

---

41 Vgl. Bultmann, a.a.O. 138.
42 A.a.O. 14.

szene in V 24.27, in der nur noch die Pharisäer eine Rolle spielen. Die einzigen Verbindungen zwischen Jüngerszene und Vorwurf bilden die Frage in der 3. Person Plural und das verweisende ἴδε.

Diese Unebenheiten werden oft damit erklärt, daß in der Szene historische Erinnerung bewahrt sei[43]. Allerdings scheitert diese Erklärung schon allein an dem Problem, wieso die Pharisäer plötzlich zur Stelle sind - von anderen Widersprüchen abgesehen[44]. Ob die Unebenheiten auf eine sekundäre Bearbeitung zurückgehen und mit dieser Annahme gelöst werden, wird erst die Gesamtinterpretation der Streitgespräche klären können. Sollte mit der Jüngerszene und dem Vorwurf eine sekundäre Kombination vorliegen, hat diese die Einzelüberlieferung doch nicht so stark beeinflußt, daß sie im Überlieferungsgang eigens berücksichtigt werden müßte.

Die Zuordnung der weiteren Textelemente (V 25f.28) an einzelne Traditionsstufen oder an die Markusredaktion ist gleichfalls umstritten[45]. Da das Davidbeispiel an V 23f.27 angeglichen worden ist (Begleiter; ὃ οὐκ ἔξεστιν und χρείαν ἔσχεν), muß für die Einfügung Markus oder ein vormarkinischer Redaktor verantwortlich sein. Gegen eine vormarkinische Redaktion und für Markus spricht die Einleitung des Schriftverweises. Denn der (Gegen-)Vorwurf, den Gegnern fehle es an Schriftkenntnis, findet sich auch in anderen Gesprächsszenen des Markus-Evangeliums (siehe 12,10.24; vgl. 11,17)[46].

---

43 Vgl. Haenchen, Weg 119-122; J.Jeremias, Theologie 265f; Goppelt, Theologie 146f. Unter der Annahme der Authentizität ergeben sich die Verständnisschwierigkeiten zu ὁδο-/ὁδὸν ποιεῖν (besser ὁδὸν ποιεῖσθαι, siehe Haenchen, Weg 119 Anm. 1), vgl. zur Kritik Gnilka, Markus I, 121 Anm. 16. Außerdem erhebt sich der Sachlogik des Gespräches zufolge die Frage, ob die Jünger ihren eigenen Weg bahnen (Haenchen, Weg 119; vgl. Murmelstein, a.a.O. 116f; Smyth, Grammar 1722), vgl. die Diskussion bei Neirynck, a.a.O. 254-258 und B-D-R § 310$_3$.
44 Vgl. die ausführliche Auflistung bei Lindemann, a.a.O. 82f.
45 Lindemann, a.a.O. 91f.94, meint, das ursprüngliche Streitgespräch 2,23f.27 sei zunächst durch das Menschensohnlogion kommentiert und sodann mit dem Davidbeispiel (V 25f) ergänzt worden. Zufolge Hultgren, a.a.O. 113ff, sei V 28 erst nach V 25f eingefügt worden.
46 Da innerhalb der Streitgespräche in Mk 2 nur in V 25f ein Schrift-

Das ὥστε in V 28 führt die beiden Argumente V 25f.27 in der christologischen Kommentierung zusammen. Neben dieser Abschlußfunktion von V 28 innerhalb des Streitgesprächs greift das καί in V 28 auf das Menschensohnlogion in 2,10 zurück. Dieser Rückgriff könnte für einen vormarkinischen Anschluß des Menschensohnlogions an das ursprüngliche Streitgespräch 2,23f.27 sprechen[47]. Der vormarkinische Zusammenhang könnte sich außerdem aus der syntaktischen Struktur ergeben[48]. Allerdings hat κύριος εἶναι wohl nur profanen Sinn[49]. Die Auffassung, das Menschensohnlogion sei ehemals isoliert gewesen, läßt sich überzeugend nicht bestreiten. Das Logion (ohne ὥστε und καί) ist in sich abgeschlossen und verständlich. Stammt also die kommentierende Überleitung mit ὥστε ebenfalls von Markus, hat er damit das Streitgespräch um das Menschensohnlogion erweitert? Gegen diese Annahme wird angeführt, die Menschensohnthematik vor 8,31 widerspreche der Konzeption des Markus-Evangeliums[50]. Da aber Markus die beiden Menschensohnaussagen an den Anfang seines Evangeliums stellt, gleichgültig ob in einer Sammlung oder in den Einzeltraditionen vorgegeben, durchbricht er seine angebliche Konzeption[51]. Daneben wird darauf verwiesen, der Stil von 2,28 weise deutlich auf den kommentierenden Charakter einer vorliegenden Einheit zum Sabbatproblem[52]. Markus hätte dann V 28 selbst gestaltet; dem widerspreche aber die unterschiedliche Terminologie von 2,10 und 2,28[53]. Dagegen

---

    verweis begegnet, hat Kuhn, a.a.O. 74, die Verse als redaktionell aus dem Zusammenhang ausgeschieden. Thissen, a.a.O. 212, weist die Verse dem Endredaktor der (vermeintlichen) Sammlung zu (vgl. a.a.O. 71.204f).

47 Vgl. Kuhn, a.a.O. 73.83; Suhl, a.a.O. 84; Gnilka, Markus I, 121; zur Kritik siehe oben S. 23f.
48 Vgl. Lindemann, a.a.O. 92f Anm. 53f.
49 Siehe den oben S. 49 gebotenen Beleg Plut II, 230F.
50 Vgl. Tödt, a.a.O. 123, und siehe oben S. 22.
51 Gegen die von Roloff, Kerygma 62.74, vertretene These, hier handele es sich um Rätselworte, welche die Pharisäer nicht verständen, spricht vor allem, daß das Evangelium nicht an die Gegner, sondern an christliche Hörer gerichtet ist (vgl. auch 7,17).
52 Vgl. Lindemann, ebd.
53 Vgl. ebd.

ist aber zu beachten, daß ὥστε (V 28) dem ἵνα δὲ εἰδῆτε ὅτι (V 10a) entspricht und κύριός ἐστιν ... τοῦ σαββάτου dem ἐξουσίαν ἔχει ... ἀφιέναι ἁμαρτίας. Letztlich spricht aber auch der Anschluß mit ὥστε nicht gegen markinische Redaktion in V 28 (vgl. 1,17.45; 3,10; 4,1).

Markus verwendet bei seiner Einfügung von V 25f in das Streitgespräch 2,23f.27 traditionelles Material.

Mit dem Davidbeispiel wird auf den Textzusammenhang 1 Sam 21,1-7 referierend zurückgegriffen. Kennzeichen dieses Referates sind die insgesamt angebrachten Kürzungen und die Straffung auf das Wesentliche der alttestamentlichen Erzählung. So entfällt jedes erzählerische Beiwerk wie Inhalt und Sache des erzählten Gesprächs.

Darüber hinaus bietet der Text 2,25f erstens Veränderungen, die ihren Ursprung in mündlicher Überlieferung haben, zweitens Änderungen, die offensichtlich auf das Streitgespräch hin erfolgt sind.

Zum ersten ist auf die Änderung der Ortsangabe hinzuweisen. In 1 Sam 21,2 spielt die Erzählung nicht im Tempel[54], unter einem Priester anderen Namens[55], die Zahl der Brote spielt in Mk 2,26 keine Rolle[56]. Mit dem Fehlen des Gespräches über die sexuelle Enthaltsamkeit entfällt auch die Betonung des allgemeinen Auftretens Davids, die Rechtfertigung des Davidbeispiels 1 Sam 21,5f und somit eine wenigstens teilweise Entlastung des Gesetzesbruchs (wenn dieser in 1 Sam 21 überhaupt unterstellt wird).

---

54 »Tempel« ist für die frühchristliche Zeit referatgemäße Umdeutung des Heiligtums.

55 Die fehlerhafte Angabe des Priesternamens läßt sich aus dem referierenden Stil erklären. David wird oft im Kontakt mit Abiathar dargestellt (siehe 1 Sam 22,20-23; 23,6.9; 30,7; vgl. 2 Sam 8,17; 15,24.27.29. 35f; 19,12). Vgl. daneben die Ausgleichsversuche bei Rogers, JThS 2, 1951, 45f; Lane, Markus 115. Zur Verbindung zwischen Ahimelech und Abiathar in der »Legende« vgl. Winckler, Geschichte II, 182.

56 Die Fünfzahl fällt dem verkürzenden Referat zum Opfer, vgl. Stöbe, 1. Samuel (KAT) 395 ("für einen Mann zuviel, für eine Mannschaft zu wenig"; "hingeworfene Bemerkung, keine direkte Zahl"; "Es ist auch zu bedenken, daß fünf [eine] allgemeine runde Zahl ist", a.a.O. 393 Anm. b zu 1 Sam 21,4) und Winckler, a.a.O. 170, mit Verweis auf 1 Sam 17,40.16. Als weiteres Indiz kann gelten, daß die ἄρτοι τῆς προθέσεως im Sinne von 1 Sam 21,5.7 nicht als ἀφηρημένοι qualifiziert werden, vgl. aber die wechselnde Bezeichnung in 1 Sam 21,5 und V 7 (dazu Billerbeck III, 719; Maurer, ThWNT VII, 166 Anm. 3).

Zum zweiten sind Änderungen und Zufügungen zu unterscheiden. In Mk 2,25 dringt David in den Tempel ein[57]. Von einem Notfall ist in 1 Sam 21 zwar indirekt die Rede, aber ein etwaiger Hunger Davids spielt dort keine Rolle[58].

Zufügungen innerhalb von 2,25f sind das das Davidverhalten rechtfertigende Hungermotiv, daneben die betonte Voranstellung des Sachverhalts, die (nachklappende) Nennung von Begleitern sowie die Erklärung des Sachverhalts.

Aus der Übersicht der Veränderungen der alttestamentlichen Erzählung, die nicht eindeutig zugunsten des Referates zu verbuchen sind, ergibt sich die Ausrichtung des Beispiels in seiner mündlichen Verwendung. Hierzu ist anzunehmen, daß mit der Erzählung von Davids motiviertem *Gesetzes*bruch (denn vom *Sabbat* ist keine Rede!) eine Rechtfertigung für gesetzeswidriges Verhalten vorgebracht wurde. Denn die Exposition des Beispiels hat eindeutig rechtfertigende Funktion (Hunger).

Das Davidbeispiel stammt aus der Gesetzesdebatte der Gemeinde. Die Gemeinde belegt in der hier gegebenen Form mit 1 Sam 21 als Präzedenzfall einen Gesetzesbruch durch David. In dieser Tendenz fügt sich das Davidbeispiel in den Argumentationsgang des Streitgesprächs ein. Die korrespondierenden Glieder des vormarkinischen Schriftverweises bilden die Pole: David – Gemeinde. Eine Entsprechung der Glieder »David – Jesus« beabsichtigt vielleicht der Redaktor. Er läßt Jesus auf das Beispiel von David und seinen Begleitern verweisen. Den Vergleichspunkt bildet jetzt die Sanktionierung des Gesetzesbruchs (siehe V 26fin), daß David und seine Begleiter in den Tempel eindringen und David die Brote, von denen zu essen nur den Priestern erlaubt ist, auch an seine Begleiter verteilt. Die Parallelität zur Rahmenszene des Streitgesprächs ist leicht ersichtlich (καὶ ἐγένετο αὐτὸν ... παραπορεύεσθαι ... καὶ οἱ μαθηταὶ αὐτοῦ ἤρξαντο ὁδὸν ποιεῖν τίλλοντες τοὺς στάχυας). Dennoch sollte in das Davidbeispiel nicht eine christologische Deutung hineingelesen werden. Der Schriftverweis behält als Schriftbeleg seine argumentative Kraft auch im Streitgespräch des Markus-Evangeliums. Der Schriftverweis will neben V 27 das Verhalten der Jünger zusätz-

---

57 In 1 Sam 21 kommt der Priester David entgegen.
58 Vgl. dagegen die Belege bei Billerbeck I, 619.

lich legitimieren, nicht zur Zeichnung der Person Jesu beitragen. Indem Markus das Davidbeispiel um die Begleiter erweitert, gibt er zu erkennen, daß hier nicht das Argument auf der Autorität Davids fußt, sondern auf dem Präzedenzfall aus der Schrift, der, so seine Gestaltung, dem Anlaß des Streitgespräches vergleichbar ist. Das David entlastende Motiv des Hungers ist zugunsten der Betonung des χρείαν ἔχειν in der Argumentation schon auf V 27 hin entwertet. Dem Sabbatlogion wird also ein weiteres Argument hinzugefügt, das in sich den Schluß von V 27 schon beinhaltet. Markus geht es in der Zufügung von 2,25f also auch darum, durch einen Schriftverweis die Argumentation Jesu zu belegen. Ferner gibt der Schriftverweis Markus die Gelegenheit, die Gegner zu charakterisieren. Doch ist dies ein Motiv, das für die Argumentation des Streitgesprächs nur von untergeordneter Bedeutung ist.

Markus schließt das Streitgespräch mit dem ihm vorgegebenen Menschensohnlogion V 28 ab. Diese Schlußaussage bildet nicht nur die christologische Pointe des Gesprächs[59], sondern auch die Spitze der angeführten Argumente: Neben dem Schriftverweis (V 25f) und der allgemeinen Einsicht in die Schöpfungsordnung (V 27) bildet die Vollmacht des Menschensohns (V 28) die dritte Stütze der Argumentation des Markustextes.

Hinter dieser Aneihung von Schriftverweis, Sabbatwort und Menschensohnlogion wird eine innere Spannung sichtbar. Von der Eingangsszene aus bewegt sich das Streitgespräch Schritt um Schritt zur generellen Aussage. Das Davidbeispiel des Markustextes entspricht in seiner äußeren Gestalt der Jüngerszene. Diesem folgt der allgemein einsichtige Grundsatz des Jesuswortes zum Sabbat. Das Jesuswort erscheint auf der letzten Stufe in der umfassenden Perspektive der Vollmacht des Menschensohns. Also auch aus der inneren Ordnung der Antworten Jesu, die den Vorwurf der Gegner abweisen sollen, bestätigt sich die Annahme grundlegender schriftlicher Bearbeitung des ursprünglichen Streitgesprächs 2,23f.27.

Die Komposition von Mk 2,23-28 durch Markus zeigt, daß dem Redaktor über das ursprüngliche Streitgespräch hinaus Traditionsma-

---

59 Vgl. Lindemann, a.a.O. 92ff; Hultgren, JBL 91, 1972, 41.

terial zur Begründung christlicher Lebens- oder Gesetzespraxis zur Verfügung stand. Eine Diskussion über die strittige Frage des Sabbatgebotes fand also auch außerhalb der Tradition des Streitgespräches statt. Das Markus vorgegebene Streitgespräch hat allerdings ebenfalls schon seine Geschichte, wie die Jüngerszene einerseits und andererseits das Sabbatlogion, das sich gegen die Verteidigung des jüdischen Gebotes richtet, wahrscheinlich machen. Die von Markus übernommenen und auf das Streitgespräch hin veränderten Argumente zeugen von einer christlich schriftgelehrten und christologischen Debatte über das Sachproblem. In der weiteren Behandlung der Streitgespräche des Markus-Evangeliums müssen diese Beobachtungen verfolgt und in der Gesamtschau der Streitgespräche des Evangeliums bedacht werden.

Markus hat in verschiedener Weise in die ihm vorgegebene Überlieferung eingegriffen: Auf die Gestaltung des Gegenvorwurfs, den Gegnern fehle Schriftkenntnis, wurde schon hingewiesen. In diesem Zusammenhang kann auch die Gegnerbenennung (Pharisäer) von ihm stammen. Ein sicheres Urteil erlaubt sich erst nach der Behandlung aller Streitgespräche. Für die Streitgesprächsüberlieferung ist die Gegnerbenennung ohne Bedeutung. Allein schon der Vorwurf in V 24 kennzeichnet die Fragesteller als Gegner. Die Betonung des Vorwurfs mit ἴδε stellt einen deutlichen Bezug zum Anlaß her[60], ist aber entbehrlich. Hier hat möglicherweise die Hand des Markus Klarheit geschaffen; doch ist auch dies nicht mit letzter Sicherheit zu entscheiden. Über die Eingriffe in den Schriftverweis wurde schon oben gehandelt. Ebenso ist zu der Bedeutung der sogenannten »Anreihungsformel« καὶ ἔλεγεν αὐτοῖς das Nötige gesagt. Der innere Ablauf der Antwort(en) Jesu bestätigt nun auch die Annahme, Markus betone die beiden Jesusworte, die er als Einheit gestaltet (ὥστε), am Ende des Streitgesprächs. Mit dem καί in V 28 greift Markus auf 2,10 zurück und bindet so das Streitgespräch 2,23-28 in diesen Zusammenhang ein. Damit kommt dem Menschensohnlogion übergreifender Sinn auch für den Zusammenhang von 2,15-28 zu.

---

60 Taylor, Markus 216: "more than an interjection", vgl. Doudna, Greek 64f; Fiedler, Formel 21.23; Black, Muttersprache (=Approach) 88. Vgl. bei Markus 3,34; 11,21; 13,1.21; 15,4.35 und 16,6.

2.2.1.2. Das Streitgespräch zur »Überlieferung der Alten« (Mk 7,1-23)

Die Abgrenzung eines ursprünglichen Streitgespräches in Mk 7,1-23 steht vor der Aporie der divergierenden überlieferungsgeschichtlichen Erklärungsversuche in der neueren Literatur[1]. Alle Versuche stimmen darin überein, die Jüngerszene am Anfang und den Vorwurf V 5 zum eigentlichen Streitgesprächskomplex (7,1-15) zu zählen. Jedoch bezieht sich keine der folgenden Antworten direkt auf Szene und Vorwurf. Dazu kommt, daß der Vorwurf selbst die beiden Themenbereiche »Überlieferung der Alten« und »Rein und Unrein« im weitesten Sinne zusammenbindet. Aus diesen Schwierigkeiten sind die drei Lösungswege beschritten worden, welche die Struktur des Abschnitts anbietet, und zwar, daß eine der drei Antworten (V 6ff, V 9-13 oder V 15) die ursprüngliche Antwort gebildet habe. Thematisch ermöglicht der Textverlauf, entweder das Thema »Überlieferung der Alten« als ursprünglich zu bestimmen oder im Thema »Rein und Unrein« den Zusammenhang innerhalb des Streitgespräches zu sehen.

Im folgenden werden die einzelnen Lösungsversuche, die Entstehung von 7,1-15 zu klären, mit ihrer jeweiligen Begründung dargestellt und geprüft. Mit der umgreifenden Lösung, daß das Streitgespräch V 1f.5.6-13 umfaßt habe, wird begonnen. Sodann sind die Herführungsversuche zu betrachten, die in V 6-8 oder 9-13 die ursprüngliche Antwort auf Anlaß und Vorwurf im Themenbereich »Überlieferung der Alten« bestimmen. Für diese Stücke wird jeweils zu prüfen sein, ob sie die ursprüngliche Antwort des Vorwurfs bilden können. Es bleibt zum Schluß, die neuere These zu untersuchen, 7,1f.5.15 bilde ein Streitgespräch zum Thema »Rein und Unrein«. Die einzelnen erklärenden und generalisierenden Erklärungen im Text (Vv 3f.13fin) werden vorerst aus der Betrachtung ausgeblendet, da sie offenbar von sekundärer Hand eingetragen und so für die Form selbst ohne Bedeutung sind.

---

1 Zur Literatur siehe Pesch, Markus I, 377.430 (L 43) und Gnilka, Markus I, 274. Vgl. außerdem Hultgren, Adversaries 115-119 und Lührmann, WuD 16, 1981, 71-92.

Eine umfangreiche Überlieferung bestimmt Pesch[2]. Die Einheit umfasse die Vv 1f(-4).5.6-8.9-13[3]. Das so bestimmte Streitgespräch folge dem Aufbau von Anlaß - Vorwurf - Antwort. Die Antwort erfolge in zwei Anläufen (6-8.9-13), deren Einzelglieder jeweils nicht selbständig bestanden haben, weder seien sie in sich abgeschlossen noch für das Streitgespräch zureichende Antworten. Vielmehr belege V 9-13 die Vv 6-8 durch ein Beispiel. Diese doppelte Antwort werde durch καὶ ἔλεγεν αὐτοῖς zusammengehalten. Der zweiteilige Aufbau entspreche dem anderer Antworten in den Streitgesprächen (2,15-17; 2,18-22; 2,23-28).

Die Begründung der Zusammengehörigkeit beider Antworten ist nicht zwingend. Pesch konzediert selbst einen Einschnitt durch die Anreihungsformel καὶ ἔλεγεν αὐτοῖς, die V 6-8 und V 9-13 verbinde[4]. Wenn die zweite Antwort die erste beispielhaft illustriert und zudem die zweite Antwort (nach Pesch) mit V 9 und 13 kunstvoll gerahmt ist[5], ist ein sekundärer Anschluß der zweiten Antwort möglich. Daß sich V 6-8 und V 9-13 ihrem Thema nach nahestehen, kann auch Anlaß gewesen sein, beide Stücke sekundär zusammenzuordnen. Schließlich ist der Verweis auf die formale Analogie zu anderen Antworten der Streitgespräche in der Sache nicht zutreffend. Denn die Antworten der Streitgespräche weisen gerade das Umgekehrte aus. Das konkret beispielhafte Element ist dem allgemeinen vorgeordnet[6], nicht das grundsätzliche (V 6-8) dem paradigmatischen (9-13).

Die Vermutung liegt also nahe, daß zwischen V 6-8 und 9-13 ein literarischer Bruch vorliegt[7]. Nach der Anreihungsformel beginnt mit

---

2 Markus I, 368-377; so auch Ernst, Markus 200f.
3 Im Folgenden beziehe ich mich auf Pesch, a.a.O. 368ff.
4 "Der *trotz* der Reihungsformel einheitliche Text ..." (Pesch, Markus I, 368; Hervorhebung von mir).
5 Nach Lohmeyer, Markus 141, spricht das zweimalige καλῶς für die Überlieferung beider Antworten als Einheit. Aber die Wiederholung läßt ebenso an eine sekundäre Angleichung denken, besonders dann, wenn das καλῶς unterschiedlichen Sinn haben sollte (so schon Wellhausen, Markus 54).
6 Vgl. 2,17 (Arzt - ἦλθον-Wort); 2,25f.27 (Schriftverweis - Sabbatlogion) und ähnlich 2,19f.21f (Fastenthema - »Alt und Neu«).
7 Vgl. Hübner, Gesetz 142ff.

V 9b eine eigene Darlegung. V 8 zieht die Folgerung aus V 7 und schließt so diesen Abschnitt ab. Außerdem bindet V 8 die beiden Elemente ἡ ἐντολὴ τοῦ θεοῦ und ἡ παράδοσις zusammen. So greift V 8 dem folgenden Vers (9b) vor. Er schlüsselt das Stichwort aus V 7 ἐντάλματα ἀνθρώπων in *ἐντολὴ* τοῦ θεοῦ und παράδοσις τῶν *ἀνθρώπων* auf. Damit greift V 8 eine im Vergleich zu V 6 unbedeutende Thematik aus V 6f auf. Inhaltlich bereitet V 8 das Thema von V 9-13 vor. Die in V 9 als ἡ παράδοσις ὑμῶν kritisch charakterisierte Überlieferung wird durch V 8 in den Zusammenhang von ἐντολὴ τοῦ θεοῦ und παράδοσις τῶν ἀνθρώπων gestellt. Ein "Gedankenfortschritt"[8] findet aber nicht statt. Die Verse 8 und 9 besitzen die gleiche polemische Ausrichtung, wobei V 9b den aus V 6f (ἡ καρδία - τὰ χείλη - ἐντάλματα ἀνθρώπων) folgernden V 8 wiedergibt. Die finale Konstruktion (ἵνα) von V 9b faßt also lediglich die Ausführung von V 6-8 zusammen. Keines der beiden Stichworte aus V 8 begegnet in V 10-13. Daher dürfte zumindest ein ursprünglicher Überlieferungszusammenhang von V 6-13 ausgeschlossen sein. Im Markustext hat V 8 den Charakter einer Überleitung zu V 9b. Ebenso wäre aber auch umgekehrt V 9 als Überleitung von V 8 zu einer in V 10-13 vorliegenden Tradition denkbar.

Die Annahme einer ursprünglichen Einzeltradition *7,1-8* geht von Bultmanns[9] Analyse aus. Bultmann[10] bestimmt "die Polemik gegen die Schriftgelehrten mittels eines Jesaja-Zitates" als Pointe des Streitgesprächs. V 9-13 sei von Markus als charakteristisches Stück "bloßer Polemik" angefügt worden. Darauf weise neben der Anreihungsformel das übliche Kompositionsverfahren in den Streitgesprächen. Die Form dieses Stückes mache "den Eindruck der Gemeindepolemik", antworte nicht auf einen Angriff und werde in der bezeichnenden polemischen Verwendung einer Schriftstelle vorgetragen.

---

8   Berger, Gesetzesauslegung 487. Zum Folgenden vgl. die Argumente ebd. und die Kritik von Hübner, NTS 22, 1976, 323ff.
9   Vgl. a.a.O. 15f; so auch Branscomb, Markus 123; Taylor, Markus 334; Albertz, Streitgespräche 37.
10 Dem folgenden Referat liegt die Analyse a.a.O. 15f zugrunde, dort auch die Zitate.

Diese Analyse läßt sich grundsätzlich auf zwei Argumente beschränken: Die *Anreihungs*formel καὶ ἔλεγεν αὐτοῖς spreche für die spätere Anfügung des Korbanbeispieles an 7,1-8. Zum anderen, das erste übergreifend, entspreche es der Kompositionstechnik des Markus, "die Apophthegmata durch Anfügung zu vermehren"[11]. Von einem gegenüberstellenden Vergleich der beiden in der Polemik beheimateten Stücke (V 6f.9-13) sieht Bultmann ab. Außerdem stellt ein Vergleich mit 2,23-28[12] dieses für Markus angenommene Kompositionsprinzip in Frage. Davon bleibt die markinische Vorliebe unberührt, besonders die Antworten in den Streitgesprächen durch weitere zu vermehren oder auszuführen[13]. Wie für 2,25 so gilt auch für 7,6f, daß eine Polemik, die nicht den Vorwurf selbst abwehrt, wenigstens dem ursprünglichen Streitgespräch nicht angehört hat. Wie der Gegenvorwurf in 2,25, dem Gegner fehle die Kenntnis der Schrift, so hat auch 7,6f seine Bedeutung in der Gegnerzeichnung, nicht im Gang des Gesprächs.

Modifiziert wird Bultmanns Annahme einer ursprünglichen Tradition von Mk 7,1-8 durch Suhl[14]. Dabei stützt sich dieser zugunsten einer Anreihung, gleich Bultmann, auf die formale Funktion von καὶ ἔλεγεν αὐτοῖς (und die analoge Struktur zu 2,23-26) sowie auf den polemischen Charakter des zweiten Stückes. Mk 7,9-13 habe wegen seiner persönlichen Anrede kein selbständiges Stück bilden können, sondern es sei anzunehmen, daß es "Markus bei der Komposition ... aus einem ursprünglichen Zusammenhang herausbrach und hier einfügte". Aber Suhl destruiert Bultmanns These noch weiter, indem er das Jesaja-Zitat (29,13) samt Heuchelei-Polemik von Markus eingebracht sieht[15]. Das ursprüngliche Streitgespräch habe nur die Vv 1f.5.8 umfaßt[16]. Hierin stelle V 8 die formgemäße Gegenfrage des Streitgespräches dar, welche die Gegner bloßstelle[17]. Über dieses letzte Argument ist das

---

11 A.a.O. 51.
12 Siehe oben S. 42f.
13 Siehe oben S. 58.
14 Vgl. zum Folgenden Suhl, Funktion 79-82, dort auch die Zitate.
15 Vgl. a.a.O. 80 (ferner 133.138.141.145.150.158f).
16 So auch Hultgren, a.a.O. 116ff.
17 Siehe Suhl, a.a.O. 80 (ebd. Anm. 60).

Streiten müßig, da Suhl dies mit dem möglichen (!) Fehlen einer Fragepartikel begründet. Suhl betont allerdings zu Recht, daß der Gegenvorwurf der Heuchelei mit seiner Begründung im Jesaja-Zitat und die Aussage von V 8 nicht zwingend als Einheit zu betrachten seien. V 8 stellt eine Folgerung aus dem Jesaja-Zitat dar und entspricht auch inhaltlich dem Gegenvorwurf der Heuchelei (V 6). Jedoch sind Gegenvorwurf und Begründung in sich geschlossen und als Einheit verständlich. Die Annahme, daß der Vorwurf der Heuchelei und das Schriftzitat (Jes 29,13 LXX[18]) eine Einheit bilden, wird durch einen Vergleich mit der Argumentation im Kolosser-Brief bestätigt. Das Zitat dient in der Anspielung von Kol 2,22 der Gegnerpolemik in einem Zusammenhang, der Mk 7,6 ähnelt. Dieser Text wird also in einem verwandten Bereich (περὶ τῶν ὑποκριτῶν) verwendet. So erscheint es naheliegend, daß Jes 29,13 LXX in der Gegnerpolemik der Gemeinde seinen Platz hat. Das Schriftzitat aus Jes 29,13 (LXX) dürfte also ursprünglich mit dem Vorwurf der Heuchelei in Mk 7,6 verbunden gewesen sein. Es hat seinen Sitz im Leben beibehalten, so daß es später weiterhin in neuer Lage der Häresiediskussion dienstbar ist. Mit gewissem Recht ist dann hier auf den Kontext von Kol 2,22 zu verweisen[19]. Auch die Weiterverwendung des Jesaja-Zitates in P.Egerton 2; Justin, Dial 78,11; 1 Klem 15,2 und 2 Klem 3,5 sucht den Vorwurf der Heuchelei im Sinne eines reinen Lippenbekenntnisses zu belegen.

Mk 7,6f und V 8 gehören also zwei verschiedenen Traditionsstufen an. Da V 8 die Folgerung aus V 7 zieht, wird V 8 gegenüber V 6f sekundär sein[20]. Die inhaltliche Kongruenz zu V 9 macht es wahrschein-

---

18 Lührmann, a.a.O. 80f, hat überzeugend nachgewiesen, daß in 7,6f nur die LXX-Fassung von Jes 29,13 beweiskräftig ist. Siehe noch unten S. 74f.
19 Siehe dazu unten S. 75ff.
20 Hultgren, a.a.O. (116.) 142 Anm. 80, hält V 8 für ein selbständig tradierbares Herrenwort, welches gegenüber der pharisäischen Kritik verwendet wurde. Diesem Gebrauch entspreche die (sekundäre!) Szenengestaltung. Aber gegen die Selbständigkeit spricht die Formulierung in der 2. Person Plural ebenso wie die schwierige Herführung der Terminologie von ἡ ἐντολὴ τοῦ θεοῦ und ἡ παράδοσις τῶν ἀνθρώπων, vgl. dazu unten S. 62.73f und S. 77 Anm. 95.

lich, daß V 8 als Überleitung zu V 9(-13) gebildet wurde. Die Antwort des Streitgesprächs dürfte daher eher V 6f als V 8 gebildet haben. Diese Lösung trägt die Auslegung von Gnilka[21] vor.

Jedoch stellt keine der drei oben skizzierten Lösungsversuche eine zwingende Erklärung dar. Das entscheidende Stichwort im Vorwurf des Streitgesprächs »ἡ παράδοσις τῶν πρεσβυτέρων« begegnet in den Antworten nicht. Nur V 8 spielt auf das Stichwort in kritischem Sinne an. Im dunkeln bleibt aber die Herführung des Stichwortes ἡ ἐντολὴ τοῦ θεοῦ. Denn die Jünger übertreten ja weder Gesetz noch Gebot. Andererseits könnte eine Lösung über Anlaß und Vorwurf (V 5c) gefunden werden. Auch in Kol 2,21 wird, wenn auch in anderer sachlicher Ausrichtung, im weitesten Sinne das Thema »Rein und Unrein« angesprochen. Das entscheidende Argument gegen einen ursprünglichen Zusammenhang von V 1f.5.6-8 scheint mir aber, daß in diesem Zusammenhang das Sachproblem aus V 5 nicht gelöst wird. Die Ablehnung des Vorwurfs mit einem Gegenvorwurf widerspricht dem Ziel der Streitgespräche, das Sachproblem zu entscheiden. Entspräche das Antwortmuster von Gegenvorwurf, alttestamentlicher Begründung und Jesuswort auch formal dem Schema in 2,25f.27, so fehlt 7,8 doch der Charakter des die Entscheidung herbeiführenden und das Verhalten begründenden Logions [vgl. dagegen 2,27; 2,10.17.19(f); 3,4].

Grundsätzlich trifft diese Kritik auch auf die Annahme zu, daß *7,9-13* den ursprünglichen Zusammenhang des Streitgespräches bildete. Dem ersten Kritikpunkt, die Antwort entspreche der Sache nach nicht Anlaß und Vorwurf, wird bei dieser Lösung die Stichwortverbindung über παράδοσις entgegengehalten.

Die Inkongruenz zwischen 7,1-5 und den Antworten in 7,6-15 bildet den Ausgangspunkt der Analyse bei Dibelius[22]. Nach Dibelius stellen Vv 6-15 eine sekundäre Spruchkombination dar. Die erste greifbare Einheit sei V 9-13, die zweite V 15. Zu diesen bilde V 6-8 eine eröffnende Klammer, 7,1-5 sei erst von Markus vor den ganzen Abschnitt (mindestens 7,6-15) gestellt worden. Das letzte ist im höchsten Maße unwahr-

---

21 Markus I, (274-289) 276-279.
22 Formgeschichte 222f; vgl. Lohmeyer, Markus 137f.

Mk 7,1-13: Überlieferungsgeschichtliche Erklärungsversuche 63

scheinlich, da sich Markus mit seiner Einleitung selbst die Steine in den Weg gelegt hätte, die er in V 3f umständlich hätte wegräumen müssen. Kümmel[23] meint, V 1.2.5 sei ursprünglich mit V 9-13 verbunden gewesen. Gegen diese Lösung spricht allerdings die indirekte Argumentation mit Hilfe der Gegenüberstellung von Menschensatzung und Gottesgebot, die Kümmel zu Recht "merkwürdig" erscheint. Dieses Gegenüber sei im Kontext dem Streitfall angemessen und begründe in der Antwort die Gebotsübertretung. Allerdings sei in dem Korbanbeispiel die Reinheitsfrage gar nicht angesprochen. Daher lasse sich ein Zusammenhang von Anlaß, Vorwurf und V 9-13 nicht sicher nachweisen. Kümmel gibt diesen Weg, Streitgesprächsszene und Antwort V 9-13 zu verbinden, daher wieder auf, um "den Text (Mk 7,9-13) für sich allein zu betrachten"[24].

Einen neuen Weg aus dem Dickicht der Unstimmigkeit zwischen V 1.2.5 und den Antworten versucht Hübner[25], indem er die Frage der Gegner (V 5b-c) als leitend herausstellt: "Die ursprüngliche Überlieferung von Mk 7 beinhaltet wahrscheinlich eine Diskussion um die Autorität der Überlieferung der Ältesten"[26]. Seine Auslegung von Mk 7 löst sich von dem einseitigen Ansatz der Exegese, von der Situation oder dem Anlaß des Streitgesprächs auszugehen. Für die Entstehung der Überlieferung sei nicht das Problem von »Rein und Unrein« leitend gewesen, sondern die Auseinandersetzung um die παράδοσις. Die Gegnerfrage binde in auffallender Unstimmigkeit beides zusammen. Die Aporie in V 5b.c löse sich aber, verstehe man die Antwort als Angriff auf die Autorität der Pharisäer. Den roten Faden der Überlieferung von Gegenvorwurf und Antwort bilde die Frage der παράδοσις. Da V 8 als sekundärer Übergang erkannt werde[27], gehörten *V 5 und V 9-13a* (mit entsprechender Einführung, siehe V 6α) ursprünglich zusammen.

Hübners These argumentiert einseitig von der Antwort (V 9-13) her. Damit sind seine Ausführungen schon vom Ansatz her belastet. Sollte der Skopos von V 9-13 auf die Bestreitung pharisäischer Autorität zielen und eine selbständige Überlieferung der Verse undenkbar

---

23 Aufsätze I, 28f; Ders., Aufsätze II, 120 Anm. 18.
24 Die Zitate Aufsätze I, 29.
25 Gesetz 142-195.
26 A.a.O. 146.
27 Vgl. a.a.O. 144.

sein, so bedeutet dies dennoch nicht, daß V 9-13 ursprünglich mit V 5 verbunden waren. So wird bei Hübner[28] nicht überzeugend geklärt, wieso es in Mk 7 von der Reinheitsdiskussion ausgehend zum Angriff auf die Autorität der παράδοσις kommt. Seine Argumente sprechen mehr für den Stichwortanschluß einer sekundären Tradition als für eine formgemäße Überlieferung.

Die Annahme, V 9-13 habe die ursprüngliche Antwort des Streitgespräches gebildet, begründet Hübner[29] ferner damit, das formal parallele Beispiel für diese Komposition sei Mk 2,23-28. Hier zeige sich, daß der Anreihungsformel καὶ ἔλεγεν αὐτοῖς die ursprüngliche Antwort folge. Aber ebensowenig wie aus der markinischen Anreihungsformel der Schluß folgender sekundärer Überlieferung zu ziehen ist, ist die umgekehrte Folgerung zwingend[30]. Die (Hübner zufolge) weitere Parallelität, daß Mk 2,25f wie 7,6f nicht "die Antwort des historischen Jesus gewesen sein konnte"[31], ist für den jeweiligen Gang der Überlieferung ohne Relevanz, da eine *Form*gebung nachösterlichen Ursprungs ist.

Der hypothetische Charakter der These Hübners wird schließlich in der Rückführung des Streitgesprächs auf den historischen Jesus anschaulich. So habe eine Antwort Jesu nur die Vv 10a.11*.12.13a umfaßt und somit die scharfe Kritik gegen das Korbaninstitut enthalten[32]. Diese Kritik füge sich nicht nur von ihrer rechtlichen Seite in die Zeit Jesu gut ein[33]. Sie passe auch in die Gesamtverkündigung Jesu, da hier zugunsten der grundsätzlichen Aussage (Gott - Mensch) das Korbangelübde angeprangert werde[34], weil es gegen den λόγος τοῦ θεοῦ verstoße. Doch relativieren sich die Argumente, falls die Überlieferung mit denselben Gründen auf nachösterliche Kreise in Palästina zurück-

---

28 A.a.O. 146. Hübner begründet seine These damit, daß V 5b zu allgemein formuliert sei, als daß diese Frage ohne V 5c hätte überliefert werden können. Wieso aber greifen die Pharisäer zu diesem Beispiel?
29 A.a.O. 144f.
30 Siehe oben S. 42f.
31 A.a.O 144.
32 Siehe a.a.O. 157.
33 Vgl. a.a.O. 147-152.
34 Vgl. a.a.O. 152-155.

geführt werden kann, welche, der Intention jesuanischer Verkündigung folgend, gegen das Korbaninstitut polemisieren. Mit V 9 scheidet Hübner[35] gerade den Vers aus der ursprünglichen Überlieferung aus, der (nach seiner These) die Argumentation an den Vorwurf bindet. Er erhebt V 13a zum entscheidenden Argumentationsträger. Doch ist V 13a so fest und konkret im Korbanbeispiel verankert, daß ihm ursprüngliche Funktion nicht zukommen kann. Ein ursprünglicher Zusammenhang von V 5 und V 9-13 wird damit im höchsten Maße unwahrscheinlich. Die Polemik gegen das Korbaninstitut scheint nicht selbständig überlieferbar, jedoch ist sie als Begründung von V 9 in sich verständlich. Die Formulierung in der zweiten Person Plural entspricht der polemischen Funktion und der Form des Stückes V 9-13.

Die Versuche, ein Streitgespräch allein zum Thema »Überlieferung der Ältesten« nachzuweisen, haben also keine überzeugende Basis. Es bleibt zu prüfen, ob ein ursprünglicher Zusammenhang von *V 1f.5.15* zum Themenbereich »Rein und Unrein« wahrscheinlich ist.

Hübner[36] hat die Annahme, daß V 5 und V 15 ursprünglich eine Einheit gebildet haben, eigens untersucht und bestritten. Formgeschichtlich hält er jener Annahme entgegen, das Streitgespräch gipfele im Korbanbeispiel und finde darin seinen organischen Abschluß[37]. Dem aber widerspricht nicht nur, daß mit V 9-13 keine Lösung des Sachproblems geboten wird, sondern auch daß V 13a gegenüber V 9 deutlich abfällt. Gegen jene Annahme spreche aber vor allem der Widerspruch im Streitgespräch zwischen Unreinheit der Hände, welche V (2.)5 angesprochen sei, und Verunreinigung des Menschen, gegen welche sich V 15 richte[38]. Dieser Einwand ist nur wenig stichhaltig. Zum einen räumt Hübner[39] selbst ein, daß die Gedankenverbindung, Essen mit unreinen Händen mache die Speise unrein und diese verunreinige wiederum den Menschen, möglich ist und sogar belegt werden kann. Zum zweiten wird für ein die Vv (1f.)5.15 umfassendes Streitgespräch mit

---

35 A.a.O. 157.
36 Vgl. a.a.O. 159-165.
37 Siehe a.a.O. 164.
38 Vgl. auch Kümmel, Aufsätze II, 120f.
39 Vgl. a.a.O. 160-164.

sekundärer Komposition zu rechnen sein. Demzufolge ist die inhaltlich korrekte Fortführung vom Vorwurf zur Antwort nicht das Entscheidende, sondern der Sachverhalt, daß die Antwort auf den Vorwurf *antwortet*[40]. Drittens, auch z.B. Mk 2,27 antwortet nicht speziell auf das Ährenraufen am Sabbat, sondern auf den Vorwurf, das Sabbatverhalten entspreche nicht dem Erlaubten. Daraus ergibt sich die entscheidende Weichenstellung für die Analyse des Streitgesprächs in Mk 7.

Die beiden Themen »Überlieferung der Alten« und »Rein und Unrein« bilden nicht eine sich gegenseitig ausschließende Alternative, sondern stehen beide in einem, für die Entstehung des Streitgesprächs wesentlichen Zusammenhang. Dies bedeutet in bezug auf den Text, daß eine Auslegung des Streitgesprächs, die vom Anlaß der Gesprächsszene (zumal einer idealen Szene) ausgeht, jenen Zusammenhang unberücksichtigt läßt. Näher liegt es, V 15 auf seine Verstehensmöglichkeiten hin zu befragen.

Das selbständige Logion V 15 macht eine allgemeine Aussage im Rahmen des Reinheitsgebotes[41]. In dieser Ausrichtung entspricht es der Tendenz von Mk 2,27. Die Gesetzeskritik beider Logien fußt auf der prinzipiellen Gültigkeit des Gesetzes. Das Sabbatlogion versteht sich als Kritik an der Sabbatobservanz der Gegner, schafft das Sabbatgebot selbst aber nicht ab. Auch in 7,15 steht nicht die Unterscheidung von »Rein und Unrein« in Frage, sondern die Reinheitsvorschrift(en) als solche. Von hier aus ist der Vorwurf in V 5b zu verstehen, der auf die Überlieferung der Alten zurückgreift, also auf die die levitischen Reinheitsvorschriften ausführende Tradition[42]. Darin entsprechen sich der Vorwurf V 5b und die Antwort Jesu V 15. Im Gegensatz zu 2,24 (τί ποιοῦσιν τοῖς σάββασιν) konnte hier nicht auf die allgemeine Gemeindepraxis im Vorwurf verwiesen werden.

---

40 Dies gilt umso mehr, da uns erst Belege der rabbinischen Diskussion nach 70 n. Chr. zu Verfügung stehen, in welchen die eigentlichen Differenzierungen vorgenommen werden (siehe Brandt, Reinheitslehre 21.29-33; Neusner, Judentum 74-92).
41 Vgl. Lührmann, a.a.O. 84. Zur Frage nach dem ursprünglichen Sinn des Logions siehe unten S. 68-71.
42 So auch Klauck, Allegorie 262f.

Das ursprüngliche Streitgespräch Mk 7,(1f.)5.15

Zu der Gesprächsüberlieferung V 5b.15 wird ein konkreter Anlaß im Jüngerverhalten konstruiert, und zwar das Essen mit unreinen Händen. Die Gestaltung trägt in historisierender Tendenz ein *mögliches Beispiel* als Anlaß in V 5 ein. Diese Gestaltung von V 5 entspricht in formaler Hinsicht der Gestaltung des Vorwurfs in 2,24. Hier wie dort erfolgt der Vorwurf im Gegenüber zu der jüdischen Grundlage, von der aus die christliche Gemeindepraxis beanstandet wird[43]. Der Gedankengang besitzt weder in kompositioneller Hinsicht von V 15 zu V 5 noch umgekehrt in der Abfolge der Überlieferungseinheit einen Bruch[44]. Die Entstehung von 7,5-15 aus dem Logion V 15 heraus ist damit wahrscheinlich.

Die Herführung eines ursprünglichen Streitgespräches, das Mk 7,(1f.)5.15 umfaßt, wird in letzter Zeit[45] von Berger[46], Lambrecht[47] und Lührmann[48] vertreten. Lambrecht und Lührmann folgen in der Bestimmung des ursprünglichen Streitgesprächs Bergers Darlegung. Wie Berger bestimmen auch sie den Umfang des Streitgesprächs mit V 5c.15[49].

Bergers Untersuchung, speziell zu Mk 7, hat Hübner[50] einer scharfen, in der Sache teilweise zutreffenden Kritik unterzogen. Berger behauptet schon im Ansatz den jüdisch-hellenistischen Ursprung des Logions V 15. Hier hat Hübner[51] zu Recht Bergers Herführungsversuche abgelehnt. Damit fällt aufs Ganze gesehen Bergers traditionsgeschichtliche Hypothese. Auch kann Berger nicht überzeugend nachweisen, unter welchen Bedingungen V 5 und V 15 zusammengewachsen sind[52].

---

43 Dem ὃ οὐκ ἔξεστιν aus 2,24 korrespondiert formal das διὰ τί οὐ περιπατοῦσιν κατὰ τὴν παράδοσιν τῶν πρεσβυτέρων (7,5b).
44 Vgl. die inhaltliche Entsprechung der Stichworte κοινός - κοινόω, so auch Lührmann, a.a.O. 81 (vgl. ebd. Anm. 39).
45 Vgl. schon Haenchen, Weg 265ff; Schweizer, Markus 77f; Klauck, a.a.O. 262; Fiedler, Sünder 251.
46 Gesetzesauslegung (461-507) 461-483.
47 EThL 53, 1977, (24-82) 66-70.
48 A.a.O. 81ff; so auch Sand, SNTU 9, 1984, 18ff.
49 Vgl. Berger, a.a.O. 462ff.
50 NTS 22, 1975/76, 319-345.
51 A.a.O. 320.322f.
52 Berger, ebd., meint, das Thema der παράδοσις sei "möglicherweise" erst in Schicht II in V 5 eingetragen worden.

Lührmann[53] sieht Mk 7,5c (»Essen mit unreinen Händen«) in Kongruenz zu Mk 2,18; diese Entsprechung bestätige, daß ein ursprüngliches Streitgespräch nur die Frage nach dem konkreten Verhalten enthalten habe. Die "Generalisierung auf das Thema der »Überlieferung der Alten«"[54] gehöre nicht zum Grundbestand des Vorwurfs und sei erst sekundär unter Einfluß der Tradition von V 9-13 hinzugefügt worden. Diese Rekonstruktion des Traditionsverlaufs ist insofern nicht zwingend, als auch in 2,18 der Grund des Einwands (Johannesjünger fasten) im *Vorwurf* selbst genannt wird.

Die Gestaltung des Vorwurfs aus dem Logion V 15 heraus setzt eine judenchristliche Gemeinde voraus[55]. Diese Gemeinde verteidigt sich in der Reinheitsfrage mittels des Streitgesprächs gegen Angriffe jüdischer Gegner. Ob damit allerdings die ursprüngliche Intention des Logions getroffen wird[56], kann erst die Behandlung des ursprünglich selbständigen Logions zeigen[57].

V 15 stellt ein vormals isoliert umlaufendes Logion dar. Es ist im antithetischen Parallelismus gestaltet und in sich sinnvoll und verständlich. Die Annahme sekundärer Eingriffe ist möglich, wenn auch nicht zwingend. So hat man versucht, die pleonastisch wirkenden Glieder εἰσ- beziehungsweise ἐκπορευόμενον auszuscheiden[58]. Da τὰ ἐκ τοῦ ἀνθρώπου ein sinnvolles Element bildet, kann der Vermutung zugestimmt werden. Daß die beiden Glieder von Markus eingefügt wurden,

---

53 A.a.O. 81.
54 Ebd. Lambrecht, a.a.O. 41, bestimmt in der "Generalization" ein redaktionelles Bearbeitungselement (neben "Exemplation", "Public and Private", Jüngerunverständnis und "Introduction and Transition", vgl. a.a.O. 40-43).
55 Vgl. Lührmann, ebd. (und ebd. Anm. 38).
56 Hübner, a.a.O. 323, entgegnet Berger zu Recht, daß nicht erwiesen sei, daß der ursprüngliche Sinn des Logions in der Verunreinigung durch Berührung liege (vgl. Ders., Gesetz 165-168).
57 Siehe unten S. 70f.
58 Vgl. Lagrange, Markus 73f; Taylor, Markus 343; Merkel, ZRGG 20, 1968, 353f (für V 15a); Klauck, a.a.O. 260; anders Kümmel, Aufsätze II, 121f.

ist allerdings zu bezweifeln[59]. Der Hinweis auf markinisches Vokabular[60] ist hier nicht zureichend, da dem Verbum πορεύεσθαι nur in Mk 7 (neben 4,19!) übertragener Sinn zukommt[61]. Näher liegt es, daß die Bearbeitung auf V 5 hin erfolgte, also im Überlieferungsprozeß des Streitgesprächs stattfand. Außerdem ist vermutet worden, in V 15 ließe sich ein sekundärer Zuwachs erkennen[62]. Doch ist diese These schon als solche wenig wahrscheinlich. Die die Aussage tragende Struktur wäre damit aufgebrochen und ein Grundsatz, »nichts von außen des Menschen kann ihn verunreinigen«, ist ohne eigene Begründung wenig überlieferungswürdig. Denn die Aussage von V 15a erkennt die Möglichkeit (δύναται) der Verunreinigung an, gibt aber in ihrer kritischen Sicht nicht zu erkennen, worin ihr eigentlicher Sinn liegen könnte[63], nämlich letztlich in der Bestreitung einer Verunreinigung von außen her. Von der Einheitlichkeit des Logions V 15 (möglicherweise ohne εἰσ- und ἐκπορευόμενον) kann daher ausgegangen werden. Das Gewicht der Aussage liegt in der zweiten Hälfte, also im Gedanken der inneren Verunreinigung des Menschen. Daher ist Käsemanns bekanntes Votum nicht grundsätzlich zutreffend: "Wer bestreitet, daß die Unreinheit von außen auf den Menschen eindringt, trifft die Voraussetzungen und den Wortlaut der Thora und die Autorität des Moses selbst"[64]. Als Weisheits-

---

59 So auch Klauck, ebd.
60 Vgl. Hawkins, Horae 12; Lambrecht, a.a.O. 59 Anm. 127.
61 Vgl. Kümmel, a.a.O. 121.
62 Siehe Merkel, a.a.O. 352-360.
63 Dieses Argument kehrt Merkel, a.a.O. 359, gerade um zur Bestreitung der Einheit von V 15. Doch die paränetische Weiterführung ist sekundär. Würde V 15a tatsächlich die Kultthora im Ganzen aus den Angeln heben (a.a.O. 340), wäre erst recht die positive Lösung zu erwarten (so auch a.a.O. 353: "Es ist jedoch ... unvorstellbar, daß Jesus nur so nebenbei einige Kapitel der Thora annulliert haben könnte!"). Eine "Akzentverlagerung" (ebd.) legt sich nur nahe, wenn man die Einheitlichkeit von V 15 bestreitet. Der gemeinsame Argumentationshintergrund (vgl. in 2,27 die Schöpfungsordnung) liegt doch in bezug auf V 15 offensichtlich im Begriff des Unreinwerdens, nicht in der Thorakritik oder im Aufstellen eines "neuen Gesetzes" mit V 15b (a.a.O. 355). Aber wiederum bedingt V 15b den V 15a, vgl. dazu Kümmel, a.a.O. 129.
64 Käsemann, EVB I, 207; vgl. Klein, TRE 13, (58f) 59, 21-43.

70 Die Streit- und Schulgespräche (Analysen)

wort fußt V 15a gerade auf der Gültigkeit der Thora. Dem Wort geht es also - pointiert formuliert - ursprünglich gar nicht um die Bestimmungen der Thora, sondern darum, den eigentlichen Grund der Unreinheit offenzulegen. Wesentlich für den Gedankengang des Logions ist die wahre Reinheit des Menschen in seinem Inneren, dem Herzen[65]. Wir haben hier einen ähnlichen Vorgang wie in Mk 2,27 vor uns. Auch dort ist das ursprüngliche Ziel nicht die, wie auch immer geartete, Kritik am Sabbatgebot als solchem, sondern die Reflexion über die Schöpfungsordnung mit deren anthropologischen Implikation. Ebenso geht es dem ursprünglichen Weisheitswort in Mk 7,15 nicht um die Reinheitsthora als solche, sondern um die von Gott aufgestellte Reinheitsforderung mit deren anthropologischen Implikation[66]. Erst die Verwendung als Argument in der Auseinandersetzung mit dem Judentum verleiht dem Logion kritischen Sinn[67]. Es dürfte zu weit gehen, hier eine Abrogation der Reinheitsthora ursprünglich intendiert zu sehen. Vielmehr ist vom Achtergewicht des Logions her wahrscheinlich, daß das Logion der Kritik an der äußeren Reinheitsobservanz diente[68]. Erst daraus ergibt sich eine spätere konkrete Kritik, die einerseits zur Aufhebung der Reinheitsforderung, andererseits zur ethischen Ausweitung und Interpretation führte.

Das Logion selbst gilt der Forschung meist als authentisches Jesuswort[69]; allerdings vor allem unter der oben abgewiesenen Prämisse,

---

65 Vgl. Brandenburger, Das Böse 61f.
66 Auch U.B.Müller, ZThK 74, 1977, 438f, betont die Parallelität zu 2,27. Allerdings wird in Mk 7,15 nicht ausdrücklich auf die Schöpfungswirklichkeit angespielt. Für diese Annahme scheint mir das οὐδέν zu wenig aussagekräftig.
67 Zu den Deutungen siehe Merklein, Botschaft 96f.
68 Merklein, ebd., verweist auf die analoge Argumentation in Jes 1,10-17; Ps 50,7-23; 51,8-19; Prov 30,12. Zum Argumentationsgang vgl. ferner Lührmann, a.a.O. 83f.
69 Die Authentizität hat Kümmel, a.a.O. 117-129, mit einer ausführlichen Diskussion der Literatur (vgl. jetzt auch Lambrecht, a.a.O. 75-82) verteidigt (siehe dagegen Räisänen, JSNT 16, 1982, 79-100); vgl. noch Hübner, Gesetz 165-175. Grundsätzlich bestritten wird die Authentizität von Berger, a.a.O. 465-476 (siehe dazu kritisch

es setze generell die Reinheitsthora außer Kraft. Es kann nicht bestritten werden, daß sich im Umkreis Jesu die Reinheitsfrage grundsätzlich stellte; zwar weniger die Frage, ob das Essen unreiner Sachen erlaubt sei, dies ist eine Frage späterer Zeit (vgl. Apg 10,9-16; 11,5-10), als vielmehr die Frage des Umgangs mit Menschen, bei denen eine Verunreinigung nicht auszuschließen war[70]. Doch ist nicht dies das Problem des Logions. Vielmehr wird zu beachten sein, daß Mk 7,15 wie 2,27 auf den Gotteswillen Bezug nehmen. Die Frage der Reinheit wird im Gegensatz von Außen und Innen des Menschen gelöst. Im Inneren des Menschen erweist sich seine Reinheit vor Gott. Vor diesem Befund kann als sicher gelten, daß das Logion der Anschauung der Gemeinde über die Basileia-Verkündigung korrespondiert[71]. "Das entscheidende Problem ist jedoch das der fehlenden Wirkungsgeschichte des Wortes in der frühen Christenheit."[72] Soweit das Logion konkrete Wirkung zeigt im Sinne von V 18f und V 20ff, ist diese eine den ursprünglichen Sinn verdeckende Interpretation[73]. Im Negativschluß bestätigt sich dann das oben vertretene Verständnis der Aussage des Logions, von seinem Ende her. Dieser Gedanke läßt sich der Sache nach ohne weiteres aus der jüdischen Kritik herführen[74].

Die Annahme, das Streitgespräch sei aus dem Weisheitswort (V 15) heraus gestaltet worden, setzt voraus, daß das Logion als Argument in der christlichen Debatte verwendet wurde. Gegenstand dieser Debatte war nicht primär Lev 11, sondern die Kasuistik jüdisch-halachischer

---

Hübner, NTS 22, 1975/76, 337ff). Der Stil des Wortes (vgl. dazu Westerholm, Authority 82ff) zeugt von hohem Alter. Dennoch ist das Logion wohl nicht authentisch, siehe Brandenburger, ebd., und McEleney, CBQ 34, 1972, (431-460) 459 (aber in Abhängigkeit vom Alter der Streitgesprächstradition). Zur Authentizitätsfrage in bezug auf V 15 vgl. ferner Carlston, NTS 15, 1968/69, 94ff. Zur Beweiskraft von Lk 11,39-41par in dieser Frage siehe das zurückhaltende Urteil von Kümmel, a.a.O. 128f.

70 Vgl. Kümmel, a.a.O. 127f. Daß das Logion in die Situation des Wirkens Jesu hätte passen können, ist aber prinzipiell kein Nachweis für die Authentizität. Denn 2,16f zeigt nicht nur, daß die Tischgemeinschaft nicht unumstritten war (Carlston, ebd.), sondern auch daß in diesem Zusammenhang anders argumentiert worden ist.
71 Vgl. Mt 5,8; Apg 15,8f.
72 Räisänen, BEThL 59, 477.
73 Siehe besonders Röm 14,14-20; Apg 11,14f; vgl. zum Begriffsfeld Klauck, a.a.O. 265-268.
74 Vgl. Merkel, a.a.O. 355-359; Berger, a.a.O. 465-477.

Vorschrift. Den Anstoß zu solcher Auseinandersetzung bildet die auf Jesus zurückzuführende Forderung der Reinigung des Herzens angesichts der herandringenden Gottesherrschaft. Dieser Impetus trifft unmittelbar in das Zentrum der der Thoraüberlieferung vorbeugenden Gesetzgebung, d.h. in das Zentrum der παράδοσις τῶν πρεσβυτέρων. Ebenso wie dies für Mk 2,27 zu beobachten ist, führt die christliche Gemeinde das Logion in die Auseinandersetzung um die jüdische Stütze der jeweiligen Norm ein.

Dem *ursprünglichen Streitgespräch* (Vorwurf V 5b und Antwort V 15) ist die Schilderung des Jüngerverhaltens (»Essen mit unreinen Händen«) zugefügt worden. Sie dient dem Vorwurf als konkreter Anlaß[75]. Neben dieser direkten Funktion rückt nach den Ausführungen zu V 15 eine weitere Bedeutung der Anlaßschilderung in den Blick: Der banale Anlaß im »Essen mit unreinen Händen« wirkt im Vergleich zum Gegenstand des Streitgesprächs wie eine Karikatur der jüdischen Kasuistik. Mit der Anlaßgestaltung wird ein Bild entworfen, welches das kritische Verständnis, das dem Logion V 15 im Streitgespräch zukommt, zum Ausdruck bringt.

Das Jüngerverhalten (»Essen mit unreinen Händen«) wird sowohl in V 2 als auch in V 5c beschrieben. Gehen beide Schilderungen auf dieselbe Überlieferungsstufe zurück? Gegenüber der Formulierung in V 5c fallen die syntaktisch ungewöhnliche Konstruktion[76] von V 2 und der Gebrauch des Numerus von ὁ ἄρτος auf. Die Konstruktion in V 2 macht den Eindruck, aus V 5c entstanden zu sein. Der Plural (ἐσθίουσιν τοὺς ἄρτους) ist im Vergleich zu V 5c und im Sprachgebrauch selbst[77] problematisch. Er wird meist in Verweis auf 6,44 erklärt[78]. Jedoch wird an dieser Stelle einerseits φαγεῖν, nicht ἐσθίειν, verwendet. V 5c gebraucht andererseits den generischen Artikel. Gleicher Numerus in V 2

---

75 Siehe oben S. 68.
76 Vgl. Lohmeyer, Markus 139 Anm. 1; Grundmann, Markus 190; Lambrecht, a.a.O. 45; vgl. außerdem Black, Muttersprache (=Approach) 53.
77 Zum Gebrauch des generischen Artikels bei Appellativa siehe B-D-R § 252.
78 Siehe die oben Anm. 76 genannten Arbeiten.

wäre möglicherweise mißverständlich und hätte anaphorisch gedeutet werden können. Durch den Plural in V 2 wurde dieses mögliche Mißverständnis ausgeschlossen. Wären V 2 und V 5 zusammen auf gleicher überlieferungsgeschichtlicher Stufe als Anlaß zu V 15 gestaltet worden, wäre in beiden Versen *ein* Numerus zu erwarten[79].

Das Stichwort »Überlieferung der Alten« hat dazu geführt, daß Vv 6-13 in den Zusammenhang von V 5.15 eingeschoben wurden. Allerdings stellen Vv 6-13 keine geschlossene Einheit dar. Denn das Korbanbeispiel (V 9-13) besitzt in V 9 und V 13a eine eigene Rahmung[80]. Als polemisches Stück war es damit begrenzt überlieferungsfähig. Die offenbar fest gefügte Wendung »eure Überlieferung« in V 12a (vgl. auch V 11a) läßt an eine Verwendung in der Gemeindepolemik denken. Dennoch muß das Stück nicht aus einem fixierten Überlieferungszusammenhang herausgebrochen worden sein, sondern kann aufgrund seiner abgerundeten Struktur im Rahmen der Polemik gegen jüdische Gegner und gegen ihr Beharren auf der »Überlieferung der Alten« tradiert worden sein. Eine selbständige Tradition bildet ebenfalls V 6f[81]. Da im Markustext V 8 von V 6f zu V 9-13 überleitet, wird V 9-13 früher als die Gegnerpolemik V 6f dem Text zugewachsen sein. Darauf weisen die verallgemeinernde Bemerkung in V 13 und die Erläuterung der Korbanformel in V 11. Diese entsprechen ihrer explikativen Tendenz nach den Zufügungen in V 3f. Die in der Forschung häufig wahrgenommene Unstimmigkeit der Begriffe ἡ ἐντολὴ τοῦ θεοῦ in V 9 und ὁ λόγος τοῦ θεοῦ in V 13a in bezug auf V 10 ist innerhalb der Einheit V 9-13 nicht überlieferungs- oder literarkritisch zu lösen. Der allgemeine Vorwurf

---

79 Hypothetisch könnte auch eine Komposition von V 5c aufgrund der Situationsangabe angenommen werden, doch bleibt dann die Satzkonstruktion V 2 ungeklärt. Daß V 5b als alleiniger Vorwurf schwerlich vorstellbar sei (so Hübner, a.a.O. 146), halte ich allein nicht für überzeugend.

80 Die antithetische Struktur von V 9 beherrscht den ganzen Abschnitt. Nur V 10b (Ex 21,17; Lev 20,9) stört diese Struktur. Wahrscheinlich stellt die Zitation einen sekundären Eintrag dar (vgl. Hübner, ebd.; Gnilka, Markus I, 277) trotz seiner Nähe zum Masoretischen Text. Die Schwurformel V 11b wird ebenfalls sekundär sein.

81 Vgl. oben S. 61f und zum Hintergrund der Tradition unten S. 75ff.

wird dem Beispiel (Korban) vorangestellt. Das Beispiel ist in V 13a mit der Wiederholung des konkreten Falles, daß das Mosegebot zugunsten der eigenen Überlieferung aufgehoben wird, abgeschlossen. Daß sich in V 9 »eure Überlieferung« und »Gebot Gottes« gegenüberstehen, ist also in der Einheit von V 9-13 begründet. Mit dem Streitgespräch (V 5.15), in das die Tradition eingeschoben wurde, hat die Gegenüberstellung von Hause aus nichts zu tun. Der Zusammenschluß dieser Tradition mit dem Streitgespräch fand in der hellenistisch-judenchristlichen Gemeinde statt. Das Korbanbeispiel weist zwar sicher hohes Alter auf, aber die Kombination der beiden Überlieferungsstücke setzt den Konflikt zwischen Juden und Christen voraus.

Dem polemischen Stück V 9-13 wurde V 6f.8 vorangestellt, wobei V 8 die beiden Stücke verbindet. Bevor entschieden werden kann, ob in V 6-8 ein markinischer Einschub vorliegt, oder ob die Komposition von 7,1f.5.6-8.9-13 schon vormarkinisch erfolgte, ist das Zitat mit seinen Abänderungen für sich zu betrachten.

Innerhalb des Streitgespräches Mk 7,1-15 bildet V 6f die erste Antwort Jesu (ὁ δὲ εἶπεν αὐτοῖς) auf den Vorwurf V 5. Diese Antwort beinhaltet eine Polemik, wie der Ausdruck καλῶς ἐπροφήτευσεν zusammen mit der Kennzeichnung περὶ ὑμῶν τῶν ὑποκριτῶν verdeutlicht. Diese wird sodann in Form eines Schriftbeweises mit Jes 29,13 belegt (ὡς γέγραπται). Ein Vergleich zwischen MT, dem Jesaja-Targum (1 Q Jes[a]), der LXX-Wiedergabe und Mk 7,6b.7 ergibt eindeutig die Abhängigkeit des Markus-Textes von der LXX[82]. Die Veränderungen des Markus-Textes gegenüber Jes 29,13 (LXX) zeigen zwei Ausrichtungen. Einmal wird ὁ λαὸς οὗτος umgestellt und in die Aussage von Jes 29,13 (LXX) gezogen. Dadurch wird die Aussage negativ verschärft. Ebenso wird zum zweiten eine verschärfende Umdeutung durch die Umstellung von διδασκαλίας unter Streichung des καί von Jes 29,13fin (LXX) erreicht. Diese beiden Eingriffe in den LXX-Text markieren innerhalb des Streit-

---

[82] Siehe Lührmann, a.a.O. 80f; Lambrecht, a.a.O. 50f; Berger, a.a.O. 484ff; Haenchen, Weg 262; Schmithals, Markus I, 347.340; vgl. Johnson, Markus 132; Nineham, Markus 194f; Lane, Markus 248; vorsichtig Taylor, Markus 337f; dagegen Pesch, Markus I, 373.

gespräches Mk 7 entscheidende Interpretationsstränge. So korrespondiert die erste Verschärfung der im Streitgespräch durchgehenden Verbreiterung der polemischen Ausrichtung [V 3f.13b(4b!)]. Die zweite findet sich in der komprimierten These V 8 wieder und wird dort weitergeführt. Der Schriftverweis ist in sich insofern schlüssig, als der Gegensatz Lippen – Herz aus der LXX-Fassung beibehalten wird und den Heucheleivorwurf aus V 6a begründet. Die Eigenständigkeit und die abgerundete Komposition sprechen für die Annahme eines eigenen Traditionsstückes[83]. Hierauf weist auch die unabhängige, aber traditionsgeschichtlich nahe Parallele in der Anspielung auf Jes 29,13 in Kol 2,22.

An dieser Anspielung ist im Blick auf Mk 7 nicht nur die Verbindung zu Kol 2,8 interessant, sondern darüber hinaus kennzeichnet Jes 29,13fin (LXX) in seiner wörtlichen Wiedergabe (ohne Umstellung und unter Belassen des καί) die bekämpfte Gegnergruppe.

Nach Kol 2,8 vertreten die Gegner φιλοσοφία καὶ κενὴ ἀπάτη. Sie stützen sich auf die παράδοσις τῶν ἀνθρώπων und die στοιχεῖα τοῦ κόσμου[84], jedoch nicht auf Christus. Die Antipoden sind hier im Rückgriff auf Kol 2,2 τὸ μυστήριον τοῦ θεοῦ – die Einsicht dessen ist Christus – und die φιλοσοφία. Hierin stehen sich die »Überlieferung der Menschen« und »Christus« gegenüber. Von daher[85] ergibt sich jedoch (gegen Berger) keine Entsprechung zu Mk 7 im "Gegensatz von Überlieferung der Menschen und Gottes Gebot"[86]. Diese wird von Berger ohne nähere Begründung mittelbar dadurch behauptet, daß die Gegner im Kolosserbrief eine "Irrlehre jüdischen Ursprungs"[87], verträten[88]. Somit entspreche der "sensu malo" (Dibelius) gebrauchte Begriff »Überlieferung der Menschen« aus Kol 2,8 dem in Mk 7. Der Verbund von »Überlieferung der Menschen« und στοιχεῖα-Lehre in seinen Forderungen Kol 2,16-19.21 (vgl. insgesamt 2,8-23) deutet an, daß die Polemik des Verfassers des Kolosserbriefes sich gegen eine Häresie ausspricht,

---

83 Siehe oben S. 61.
84 Zum Hintergrund vgl. Schweizer, a.a.O. 147-163; zu Gal 4,3 vgl. Vielhauer, Aufsätze II, 183-195.
85 Zufolge Kol 2,2 als Erkenntnis des Geheimnisses Gottes, vgl. Schweizer, Kolosser 107.
86 So Berger, a.a.O. 471.
87 Ebd.
88 Vgl. den Exkurs bei Gnilka, Kolosser 163-170.

die zwar von jüdischen Vorstellungen beeinflußt ist, aber mysterienhafte Elemente in sich aufgenommen hat[89]. Im Vergleich von Mk 7,2. 5.6f.8.(9-13.15) mit Kol 2,8-23 tritt die gleiche *Argumentationslinie* hervor. Gegen die »Überlieferung der Menschen« wird mit Jes 29,13 (LXX) polemisiert unter der ausdrücklichen Warnung, sich nicht zu verunreinigen (V 21). Auch hier stehen Reinheitsvorschriften (δογματίζειν 2,20) im Hintergrund. Im Kolosserbrief dominiert die christologische These (εἰ ἀπεθάνετε σὺν Χριστῷ ... τί ὡς ... V 20 vgl. Röm 6,2.8 und 1 Kor 8,11; Röm 14,15), mit der die Gültigkeit der »Überlieferung der Menschen« bestritten wird[90]. Sieht man vom spezifischen Anlaß ab, so ergeben sich traditionsgeschichtlich analoge Züge zur Komposition Mk 7,5.6f.8.(9-13.15) und für die Argumentation in Mk 7 eine analoge Diskussionsgrundlage.

Zwei Sachverhalte erhellt der Vergleich mit der Häresiepolemik des Kolosserbriefes für die Komposition von Mk 7,1-15. Zum einen ist der Begriff παράδοσις τῶν ἀνθρώπων in der Gemeindediskussion vorgeprägt. Zum anderen: Jes 29,13 (LXX) stellt eine polemische Tradition der hellenistischen Gemeinde dar.

Im Blick auf die Verwendung von Jes 29,13 (LXX) sind darüber hinaus zu vergleichen: P.Egerton 2,2ʳ (ohne ὑποκριταί) im Anschluß an das Gespräch über die Steuerfrage mit Lk 6,36. Hier ist die Kenntnis der synoptischen Überlieferung vorauszusetzen[91]. Anders gestaltet sich die Frage der Abhängigkeit bei der Zitierung von Jes 29,13 (LXX) in 1 Klem 15,2 in gleichem (!) Zusammenhang. Dort wird die Verkürzung, wie Mk 7,6b (Jes 29,13a), durch die Gegenüberstellung von Herz - Lippen ohne Einfluß von Mk 7,6 par Mt 15,8 herbeigeführt[92]. 2 Klem 3,5

---

89 Vgl. Köster, Einführung 702, der zu dieser Stelle aber wohl zu einseitig die Gegnervorstellung des Galaterbriefes durch die des Kolosserbriefes interpretiert, vgl. dagegen Vielhauer, a.a.O. 190.

90 Die Nennung der Vorschriften V 21 bildet einen Einschub. V 22 und die Anspielung auf Jes 29,13b schließen gedanklich an V 20 (δογματίζειν) an. Dibelius, Kolosser 36, verdeutlicht dies mit einer Textumstellung in der Übersetzung; dies scheint aber zu gewaltsam (siehe Gnilka, a.a.O. 158).

91 Siehe dazu Vielhauer, Geschichte 648.

92 Die Änderung von ἀπέχει weist auf eine eigene Vorlage, auch für 2 Klem 3,5 (vgl. Köster, Überlieferung 22). Das Fehlen von Jes 29,13b entspricht der Aussageintention. Die Verkürzung zu Anfang ist problematisch, vgl. Köster, a.a.O. 21f.105; Hagner, Use 32.54. 171-174. Eine eigene LXX-Version als Vorlage des Zitates bei den Synoptikern und bei 1 Klem 15,2 läßt sich nicht überzeugend nachweisen. Die Formulierung mit ἄπεστιν ist jedenfalls nicht geklärt (vgl. die überarbeitete Form Clem.Al., Strom IV, 33,4).

ist unabhängig von 1 Klem 15,2; denn dem Verfasser war das Zitat selbst aus Jesaja bekannt und er ändert dementsprechend am Anfang[93]. Es ist deutlich, daß ein Vorwurf der Heuchelei nicht selten mit Jes 29,13 (LXX) begründet wird, wobei wohl in späterer Zeit auf den Gegensatz Herz - Lippen zugespitzt wird, wie er Jes 29,13 vorausgesetzt ist. Dadurch verschiebt sich die Aussagerichtung mehr in einen anthropologischen Bereich, der literarisch im Fehlen des »Nahens zu Gott« gründet.

Für den Zusammenhang von Mk 7,6f ist aus dem Vergleich ersichtlich, daß Jes 29,13 (LXX) in zweifacher Linie ausgewertet wird. Die eine findet sich in Kol 2,22 und Mk 7,8. Sie betrifft das Verhalten gegenüber bestimmter Überlieferung. Die andere bieten Mk 7,6 par und die außerkanonischen Parallelen. Sie begründen im Gegensatz von Herz und Lippen heuchlerisches Verhalten[94].

Mk 7,8 hat nicht nur textimmanent überleitende Funktion, sondern fußt in seiner Aussage auf einer vorgegebenen Terminologie[95]. Mk 7,6f gibt ein Argumentationsschema wieder, das der Gemeindedebatte entstammt. Die Heucheleipolemik war also der synoptischen Tradition schon vorgegeben. Die Komposition von Heucheleivorwurf und Jesaja-Zitat ist nicht markinisch. Denn in Mk 7,6f findet sich ein ὑποκριτής-Verständnis, wie es Matthäus ausbildet[96], aber nicht Markus vertritt[97]. Dennoch wird *Markus* diese Tradition in seine Komposition eingefügt

---

93 Statt des που von 1 Klem 15,2 steht ἐν τῷ Ἠσαΐᾳ. Knopf, Clemensbriefe 158, vermutet Einfluß von Mt 15,8. Aber ὁ λαὸς οὗτος ist ein zu schwacher Beleg für die Abhängigkeit, vgl. oben Anm. 92 und Köster, a.a.O. 21 Anm. 4 (z.St. ebd. 21f).
94 Vgl. noch Justin, Dial 78,11.
95 Dennoch war V 8 kein isoliertes Logion (siehe oben S. 61 Anm. 20 zu Hultgren, der sich gerade auf Kol 2,8-23 beruft); denn die Gegenüberstellung der Begriffe »menschliche Überlieferung« und »Gottes Gebot« sowie die sachliche Aussage (ἀφέντες ... κρατεῖτε) ergibt sich nur in Abhängigkeit von V 9-13. Allerdings begegnet der Sachverhalt (mit νόμος formuliert!) auch in TestLev 16,2; TestAsser 7,5; vgl. TestLev 14,4 (so Berger, a.a.O. 488ff neben anderen Belegen), Traditionseinfluß liegt aber nicht vor (vgl. gegen Berger, ebd., Hübner, NTS 22, 1975/76, 325-328).
96 Vgl. Wilckens, ThWNT VIII, 566; Strecker, Weg 137-143; Trilling, Israel 198-202.
97 Vgl. dazu unten S. 212f.229.

haben, nicht ein vormarkinischer Bearbeiter. Die Abänderung am Ende von V 7b kann nur (vgl. Kol 2,22) in Abhängigkeit von V 8 und darauf hin stattgefunden haben. V 8 versteht sich aber nur unter schriftlicher Vorlage von V 9-13. Ferner greift κρατεῖτε auf V 3f zurück. Hier wie dort ist κρατέω zwar terminus technicus (vgl. 2 Thess 2,15[98]; Apk 2,14.15), aber die Übereinstimmung von V 3f.8 im Text von Mk 7,1-15 weist auf dieselbe Hand. Die Erläuterungen in V 3f entsprechen wiederum den Erklärungen von V 2 (τοῦτ' ἔστιν ἀνίπτοις) und V 11 (in der Zitierung der Schwurformel). V 8 geht also auf eine Redaktionstätigkeit zurück, die die vormarkinische Überlieferung im Ganzen betraf. Hierin bildet die Parenthese V 3f den auffälligsten Eingriff. Zwar ist eine Erläuterung in dieser Breite (V 3f) im Markus-Evangelium singulär[99]. Aber stilistische und sprachliche Gründe sprechen für die Annahme markinischer Redaktionstätigkeit[100]. Dem Redaktor geht es nicht nur um die Erklärung des Sachverhalts. Er will vielmehr den Konflikt generalisierend zuspitzen. Der Konfliktsteigerung dienen die Verzeichnungen[101] in V 3a (καὶ πάντες οἱ Ἰουδαῖοι) und in der zweiten Hälfte

---

98 Vgl. Trilling, 2 Thess 128 (ebd. Anm. 549).
99 Dennoch ist V 3f keine Glosse (gegen Branscomb, Markus 122; Johnson, Markus 131) vgl. Aland, Studien 48.55; Niederwimmer, ZNW 58, 1967, 184f; Hengel, ZNW 60, 1969, 191f.
100 Taylor, Markus 335, verweist auf das erläuternde γάρ (vgl. Pryke, Style 126-135) und auf das markinische Vokabular mit κρατεῖν und παράδοσις (vgl. Hawkins, a.a.O. 10f; Hauck, Markus 7). Die in Mk 7 vorliegende Bedeutung von κρατέω [vgl. s.v. WB 887(2eβ); Michaelis, ThWNT III, 910f] begegnet nur noch 9,1, allerdings redaktionell, sonst nicht bei den Synoptikern (vgl. noch Lambrecht, a.a.O. 47 Anm. 73). Neirynck, Duality 89, zählt im Markus-Evangelium 20 Fälle "Negative followed by εἰ μή or ἐὰν μή", wobei er darunter nicht nur syntaktisch verschiedene Fälle, sondern auch umgekehrte Folgen subsumiert (wie z.B. 7,3.4). Zu den diversen syntaktischen und rhetorischen Möglichkeiten siehe B-D-R §§ 376, 1a.2; 480, 10. Auffallend bleibt aber die negative Ausdrucksform positiver Inhalte (vgl. Neirynck, ebd.). πυγμῇ ist ein Latinismus (vgl. Hengel, a.a.O. 197f); ἀπ' ἀγορᾶς muß nicht Semitismus sein (gegen Black, a.a.O. 54 vgl. WB 24 s.v. ἀγορά, und siehe Lambrecht, a.a.O. 47).
101 Vgl. Hengel, a.a.O. 196f.

Die Redaktionstätigkeit des Markus in Mk 7,1-15

von V 4 (καὶ ἄλλα πολλά ἐστιν ἃ παρέλαβον κρατεῖν ...). Dem korrespondiert die Verallgemeinerung in V 13b. Zwar könnte diese Verbreiterung des Korbanbeispiels auf V 9 hin gestaltet sein, aber von V 4b her ist der Bezug deutlich. So ist die Annahme, παρόμοια gehe als Hapaxlegomenon auf die Redaktionstätigkeit des Markus zurück, nicht zwingend - gleiche Unsicherheit gilt jedoch für eine Bearbeitung vor Markus. Allerdings verläuft die Suche nach möglichen sprachlichen Alternativen bei Markus und im Markus-Evangelium negativ, da weder ὅμοιος noch ἕτερος (ausgenommen 16,12) verwendet werden[102]. Im übrigen bietet der Vers typisch markinischen Stil[103], so daß eine Zuweisung von V 13b an die markinische Redaktion in Rückbezug auf V 4b naheliegt.

Die Erklärung in V 2 ist der Sache nicht voll angemessen, es wäre ἀκαθάρτοις zu erwarten[104], führt aber mit ἀνίπτοις schon auf V 3f hin. Dagegen bietet V 11 eine korrekte Terminologieklärung[105]. Der Unterschied zwischen den jeweiligen Einführungen (τοῦτ' ἔστιν - ὅ ἐστιν) trifft den Unterschied von Sinnwiedergabe und Übersetzung der Schwurformel, weist also nicht auf Erklärungen von verschiedener Hand[106].

---

102 Ein ἄλλα τοιαῦτα πολλά, etwa anlehnend an V 4 (vgl. 15,41), ist sachlich nicht möglich. Zum Vorkommen des Wortstammes siehe 4,30 (Trad.). Sprachlich kommt 4,33 der Formulierung in 7,13b nahe.
103 Wie die Stellung nach παρόμοια τοιαῦτα zeigt, wird πολλά in adverbialem Sinne, nicht als Akkusativ verwendet. Zu πολλά in adverbialem Sinn vgl. Zerwick, Untersuchungen 123; Taylor, Markus 34; Hawkins, a.a.O. 29; Allen, Markus 64; Pryke, a.a.O. 70ff, und das Vorkommen bei Markus 1,45; 3,12; 5,10.23.38.43; 6,20.34; 9,26; 15,3.
104 Vgl. schon Hauck, ThWNT III, 797, 23ff.
105 Vgl. Rengstorf, ThWNT III, 865. Zur Schwurformel vgl. Fitzmyer, JBL 78, 1959, 60-65; Derrett, NTS 16, 1969/70, 364-368.
106 Lührmann, a.a.O. 79, spricht die Erklärung V 11 dem Markus ab, da an dieser Stelle Detailkenntnisse vorlägen, die dessen allgemeiner Informationslage nicht entsprächen (mit Verweis auf Niederwimmer, a.a.O. 183f. ebd. Anm. 31). Für Mk 7,11 ist aber fraglich, ob diese Kenntnisse nur mittels einer vormarkinischen Tradition möglich sind, vgl. Jos Ant IV,73; Ap 1.167. Zum redaktionellen Gebrauch von ὅ ἐστιν vgl. 3,17; 5,41(?); 7,34(?); 12,42; 15,16.22.34.42.

Markus hat ebenfalls den Anfang des Streitgespräches bearbeitet. Der Beginn mit καὶ συνάγονται πρὸς αὐτόν ist gut markinisch[107]. Auch die Einführung der τινες τῶν γραμματέων ἐλθόντες ἀπὸ Ἱεροσολύμων geht auf die Hand des Redaktors zurück. Diese Verbindung der Schriftgelehrten mit Jerusalem weist auf das Passionsgeschehen voraus und entspricht darin dem Vorhinweis in Mk 3,22[108]. Die historische Möglichkeit eines Inspektionsrechts[109] steht diesem primären Darstellungsinteresse nicht entgegen. Fraglich ist aber, ob der Text dies bedenkt. Wohl kaum kamen Inspektoren aus Jerusalem, um die Reinheitspraxis der Jesusjünger zu überwachen[110].

Das Auftreten von Pharisäern kann schon der vormarkinischen Überlieferung angehört haben. Sie erscheinen als Repräsentanten der »Überlieferung der Alten«.

Die Darstellung, daß die Pharisäer das Jüngerverhalten beobachten, ist ähnlich wie 2,16 gestaltet. Auch in 2,16 entspricht die Schilderung wortgleich dem Vorwurf 2,16b (vgl. 7,2 mit 7,5). Sie wird ebenfalls mit ἰδόντες ὅτι eingeführt. Nur in 2,16 und 7,2 sind die Gegner als Beobachter dargestellt. In beiden Szenen bilden Pharisäer und Schriftgelehrte

---

107 Zu συνάγειν ("ein beliebtes markinisches Regiewort", Koch, Wundererzählungen 47 Anm. 5) siehe 2,2; 4,1; 5,21; 6,30.
108 Auch wenn die Feststellung, "that in Marc's conception the scribes have their normal residence in Jerusalem" (Lambrecht, a.a.O. 44, vgl. ebd. Anm. 62), zu weit greift - denn die Schriftgelehrten zählen zwar zu den tragenden Gruppen in Mk 14-16, werden aber in 14-16 nie allein genannt (vgl. 14,1.43.53; 15,1.31), ist die Lokalisierung in 3,22 und 7,1 auf das Passiongeschehen hin motiviert. Zum Syntaktischen in 3,22 vgl. Zerwick, a.a.O. 90. Die Begriffe καταβάντες und ἐλθόντες werden synonym gebraucht (zu καταβαίνειν vgl. red. 9,9). Will man in bezug auf die Angaben (mit Pesch, Markus I, 370) überhaupt von Konkretheit sprechen, so ist die Formulierung in 3,22 mit καταβάντες die konkrete und philologisch zutreffende, wogegen 7,1 die markinische Vorliebe für ἔρχεσθαι erkennen läßt. Zu τινες τῶν γραμματέων vgl. 2,6; 12,13 (2,16), wobei in 7,1 die Analogie zu V 2 beabsichtigt sein kann.
109 Vgl. Bultmann, a.a.O. 16; Grundmann, Markus 190; Pesch, Markus I, 213.370; Gnilka, Markus I, 279.
110 Vgl. Bultmann, a.a.O. 54f.

eine Front[111]. Dieser Vergleich und die Feststellung, daß der Vorwurf V 5(c) die Vorlage der Szenengestaltung bildet[112], legen nahe, auch V 2 auf die Redaktionstätigkeit des Markus zurückzuführen. Wenn aber V 1 weitgehend und V 2f im Ganzen von Markus gestaltet sind, dann ist anzunehmen, daß die vormarkinische Tradition erst mit V 5 beginnt[113]. Wie in 2,18a deckt Markus den Grund des Vorwurfs auf, mit Mk 7,3f allerdings weit umfangreicher. Die Ursachen hierfür liegen in der Sache.

Markus hat ebenfalls die Szene in V 14 gestaltet[114]. In V 14b verwendet er eine "traditionelle Weckformel"[115], die ein Offenbarungswort einleitet. Mit der ὄχλος-Szene gewinnt er die Basis, von der er die Jüngerbelehrung und das Motiv des Jüngerverständnisses einbringen kann. Diesem szenischen Aufbau liegt Mk 4,9-13 zugrunde[116]. Die Wiederaufnahme von V 15a[117] in V 18b.19 fußt auf eigener Tradition[118].

---

111 Zu οἱ γραμματεῖς τῶν φαρισαίων (2,16) siehe unten S. 86f.
112 Siehe oben S. 72.
113 So auch Klauck, a.a.O. 263f; Dannemann, Geschichtlichkeit 84. Markus hat die Gegnernennung, wenigstens καὶ οἱ γραμματεῖς, ergänzt.
114 Vgl. zu προσκαλεσάμενος 3,23; 8,1.34; 10,42; 12,43; 15,44. Zu πάλιν siehe unten S. 127. Der markinische Charakter von V 14 ist in der Forschung unumstritten, vgl. Lambrecht, a.a.O. 56f.
115 Vgl. Paschen, Rein 160-164. - Textkritisch sekundär ist V 16 (vgl. 4,23), vgl. Paschen, a.a.O. 160 Anm. 31; Pesch, Markus I, 378 Anm. a; Plummer, Markus 179; Hübner, NTS 22, 1975/76, 325; Lührmann, a.a.O. 76 Anm. 16; Metzger, Commentary 94f; Aland, Text 304 (anders: Berger, a.a.O. 479f.480f Anm. 1; Gnilka, Markus I, 275 Anm. 1; Taylor, Markus 344; Schmithals, Markus I, 343).
116 Zur Kritik an der Annahme eines hier vorliegenden rabbinischen Schemas (so Daube, Judaism 141-150 aufgenommen von J.Jeremias, Gleichnisse 97) vgl. Minette de Tillesse, a.a.O. 236f; Kuhn, a.a.O. 165f; Paschen, a.a.O. 156; gegen die Annahme einer vormarkinischen Komposition von 7,14-23 (so Marxsen, Exeget 13-28; Suhl, a.a.O. 79) vgl. Paschen, a.a.O. 156-160.
117 Zur Komposition des Abschnitts V 17-23 vgl. Lührmann, a.a.O. 85-92; Lambrecht, a.a.O. 63-66.
118 Vgl. Lambrecht, a.a.O. 63f.

Das Stück V 18b.19 wird nicht vormarkinisch zum Streitgespräch gehört haben[119]. Denn eine direkte Aufeinanderfolge zweier fast gleichlautender Logien (V 15.18b.19) ist in mündlicher Überlieferung wenig wahrscheinlich, obwohl ihnen verschiedener Sinn zukommt. Eher dürfte hier Markus V 18b.19 nach der Vorbereitung durch V 6, wo das Stichwort Herz schon begegnet, eingebracht und mit dem Einwurf am Ende (V 19fin)[120] wiederum mit der Reinheitsfrage aus dem Streitgespräch verbunden haben. Mit V 20 unterbricht Markus den (ihm möglicherweise) schon vorgegebenen Zusammenhang (ἔλεγεν δὲ ὅτι)[121] und umschließt die Vv 21f mit V 23. Wurde in V 18b.19 der erste Teil des Logions V 15 ausgeführt, so in V 20ff der zweite. Mit der Schlußrahmung (V 23) zeigt Markus an, daß er das Streitgespräch als thematische Erörterung von Rein und Unrein versteht. Seine polemisch verallgemeinernden und zum Schluß mehr und mehr aktualisierenden Eingriffe zeigen den Wandel der Reinheitsfrage von der konkreten Weisung der Überlieferung der Alten bis zur Speisefrage und der ethischen Verbreiterung des Themas. Der Gang der Überlieferung erhellt den Wandel der Überlieferungssituation. Das Herrenwort bildet die äußere Konstante, aus der heraus anfangs ein jüdisch-judenchristliches Problem zur Entscheidung gelangt (V 5), sodann die innerchristliche Frage zwischen Juden- und Heidenchristen eine Lösung erhält (V 9-13). Die von Markus ein- und in der Gemeindebelehrung ausgeführten Stücke spannen den Bogen des ihm vorgegebenen Streitgesprächs, der von V 15 (siehe V 14a) ausgehend den innergemeindlichen Bereich umgreift mit den Themen »Speisefrage« (V 14a) und »ethische Reinheit« (V 20ff)[122].

---

119 Anders Schweizer, Markus 77f.
120 Dieser Versteil ist weder vormarkinisch (so Paschen, a.a.O. 168-173; Pesch, Markus I, 378) noch eine Glosse (Hirsch, a.a.O. 69), sondern markinisch von V 18a abhängig (vgl. Lührmann, a.a.O. 85; Lambrecht, a.a.O. 62f und ebd. Anm. 139; Berger, a.a.O. 481).
121 Vgl. Lambrecht, a.a.O. 63 Anm. 139 gegen Paschen, a.a.O. 173, welcher mit vormarkinischer Herkunft rechnet.
122 "Gott fordert Ethos, nicht Ritus" (Böcher, TRE 8, 285,45).

2.2.1.3. Das Streitgespräch zur Tischgemeinschaft (Mk 2,15-17)

In der Abfolge des Markus-Evangeliums bilden 2,13-17[1] eine erzählerische Einheit. In Mk 2,13 wird ein Ortswechsel Jesu geschildert, Mk 2,18a setzt mit einer allgemeinen Bemerkung ein. Innerhalb dieser Texteinheit heben sich drei Szenen heraus: Lehr- (V 13), Berufungs- (V 14) und Mahlszene (V 15-17). Die Berufungsszene wird mit V 17c (καλέσαι) aufgenommen und darin mit der Mahlszene verklammert. Eine weitere Verbindung dieser Szenen bildet die Ortsangabe ἐν τῇ οἰκίᾳ αὐτοῦ. Innerhalb des Evangeliums stellt V 13 eine Übergangsbemerkung von 2,1-12 zu 2,14-17 dar. Der Form nach liegen mit der Berufungsgeschichte und mit dem Gespräch anläßlich des Gastmahls zwei verschiedene Einheiten vor, die sekundär miteinander verbunden sind. Fraglich ist, ob Markus die Berufungsszene analog zu 1,16-20 gebildet hat. Die Mahlszene (V 15ff) enthält demgegenüber fraglos vormarkinische Tradition. Doch schon der fehlende Bezug des ἐν τῇ οἰκίᾳ αὐτοῦ und die Doppelung von szenischer Darstellung und Formulierung des Vorwurfs (V 16) weisen auf eine Bearbeitung dieser Tradition hin. Von daher ist in der Analyse zuerst die markinische Redaktion in 2,13-17 aufzuzeigen und so die vormarkinische Tradition freizulegen.

Die markinische Verfasserschaft von V 13 gilt in der Forschung als unumstritten[2]. Die Formulierung zeigt typisch markinischen Stil

---

1 Zur Literatur siehe Pesch, Markus I, 169f.418 (L 13) und vgl. außerdem Trautmann, Handlungen 133-166; Hultgren, Adversaries 109ff. Van Iersel, BEThL 25, 212-232 und Pesch, FS Rigaux, 63-87 bieten jeweils einen guten Überblick über die ihnen vorliegenden Untersuchungen. Gegen den Lösungsvorschlag von Pesch (a.a.O. und ZNW 59, 1968, 40-56) siehe Fiedler, Sünder 120-129.

2 Vgl. K.L.Schmidt, Rahmen 82 und ebd. Anm. 2; Klostermann, Markus 24; Bultmann, a.a.O. 364.367; Taylor, Markus 201; Grundmann, Markus 79; Hengel, Nachfolge 91 Anm. 163; Haenchen, Weg 106; Schweizer, Markus 30; Schmid, Markus 63; Ernst, Markus 94; Kuhn, Sammlungen 89; Pesch, ZNW 59, 1968, 43; Ders., ZKTh 91, 1969, 3; Ders., Markus I, 162.164.169; Egger, Frohbotschaft 151ff; Thissen, Erzählung 54f; Hultgren, a.a.O. 161; Klauck, Allegorie 148; Trautmann, a.a.O. 136.

und markinisches Vokabular³. Innerhalb des Kontextes hebt sich V 13 dadurch heraus, daß einerseits V 14 recht hart an V 13 anschließt und andererseits die bestimmenden Elemente des Verses (θάλασσα; ὄχλος und διδάσκειν) im folgenden nicht mehr erwähnt werden. Diese Elemente bilden Schlüsselmotive der markinischen Darstellung⁴, wodurch sich auch inhaltlich herführen läßt, daß Markus V 13 gestaltet hat.

Obwohl der harte Anschluß (καὶ παράγων vgl. 1,16) eher gegen die Gestaltung der Berufungsszene von gleicher (des Markus') Hand spricht, wird seit Pesch gern markinische Verfasserschaft von V 14 vertreten⁵. Anlaß dieser Annahme ist die Analogie von 2,14 zu 1,16f. Jedoch beschränkt sich diese Analogie auf Formelemente, die sich auch im Schema alttestamentlicher Berufungsgeschichten finden⁶.

Bei Annahme markinischer Gestaltung von V 14 sind die Schwierigkeiten der Herführung von Person *und* Beruf des Levi zu lösen⁷. Die Person des Levi wird im Neuen Testament nur an dieser Stelle (par: Lk 5,27.29) genannt, taucht also auch nicht in der Jüngerliste (Mk 3,16-19) auf. Es mußte daher versucht werden, den Namen und Beruf

---

3 Siehe Trautmann, ebd., und vgl. Pesch, ZNW 59, 1968, ebd. Anm. 16; Klauck, ebd.

4 Zu διδάσκειν siehe 1,21f; 6,2.7.34; 8,31; 9,31; 10,1; 11,17; 12,14.35; 14,49 (jeweils redaktionell verwendet), zur Bedeutung innerhalb der markinischen Konzeption vgl. Schweizer, Aufsätze I, 95f; zu θάλασσα in Mk 1,14-8,26 siehe Koch, NTS 29, 1983, 150-154.161 Anm. 32, zu ὄχλος Ders., Wundererzählungen 65 Anm. 2.

5 Siehe Pesch, ZNW 59, 1968, 43ff (vgl. schon Ders., Naherwartungen 69); vgl. Ders., ZKTh 91, 1969, 3f; Ders., FS Rigaux, 85f; Ders., Markus I, ebd.; Thissen, a.a.O. 55f; Trautmann, a.a.O. 136ff; Hultgren, a.a.O. 161.171 Anm. 54; Grundmann, Markus 79; Klauck, a.a.O. 148; Fiedler, a.a.O. 127. Nicht eindeutig sind die Lösungen bei Schmahl, Die Zwölf 116, und Egger, a.a.O. 152 (ebd. Anm. 75).

6 Im einzelnen: Zusammentreffen des Berufenden und der Person, die berufen werden soll; deren Tätigkeit; Berufungswort und -handlung; sofortiges Befolgen, siehe 1 Reg 19,19f.21fin; Am 7,15 (und zum Motiv Ri 6,11ff); vgl. Hengel, Nachfolge 18-20; Schulz, Nachfolgen 101ff; und zu Mk 2,14 van Iersel, a.a.O. 215f; Eckert, EWNT II, 596; Gnilka, Markus I, 104.

7 Dem entgeht Schweizer, Markus 30, indem er mit "vermutlich" markinischer Gestaltung "aufgrund mündlicher Überlieferung" rechnet.

des Levi der Tradition V 15-17 zu entnehmen. Den Beruf habe Markus aus der Erwähnung der Zöllner V 15 gewonnen[8]. Der Name gehöre ursprünglich dieser Tradition an, an Stelle des im Zusammenhang sperrigen und unbestimmten αὐτοῦ in V 15a als Angabe des Hausbesitzers[9]. Gegen eine vormarkinische Erwähnung des Levi als Gastgebers in der Tradition von V 15-17 spricht jedoch, daß dieser in der Gastmahlszene keine selbständige Funktion erfüllt. Dieser Sachverhalt wäre im Markus-Evangelium einzigartig[10]. Positiv läßt sich also die redaktionelle Bildung von V 14 aus V 15a nicht erweisen. Daneben wird angeführt, V 14 habe als selbständige Tradition kein eigenständiges Gewicht[11]. Dieses Urteil ist nicht nur "zu geschmäcklerisch"[12], sondern auch unbegründet. Das παράγων steht nicht beziehungslos[13] in der Berufungsgeschichte, sondern eignet der Form[14]. Also liegt die Annahme am nächsten, Mk 2,14 sei die selbständige Überlieferung einer Berufungsgeschichte[15].

Die Berufungsgeschichte hat *Markus* dem Abschnitt V 15-17 vorangestellt und mit αὐτοῦ (V 15a) verbunden[16]. Weitere markinische Ein-

---

8 Siehe Pesch, ZNW 59, 1968, 44; Thissen, a.a.O. 59.
9 Siehe Pesch, ebd.; Ders., ZKTh 91, 1969, 3f; Ders., Markus I, 164; Thissen, a.a.O. 58; Trautmann, a.a.O. 137f.
10 Vgl. dagegen die Rolle des Bartimäus in 10,46-52; dort wird der Name der Tradition angehören (anders Bultmann, a.a.O. 228). Vgl. außerdem 5,22 und 10,35ff. Die Angabe in 14,3 dient einer der Passionsgeschichte eigenen präzisen Bestimmung des Geschehens. Von 14,3 aus kann man also nicht auf 2,15 zurückschließen (gegen Pesch, FS J.Schmid, 274; Ders., QD 63, 159; Ders., FS Rigaux, 72 Anm. 1; Trautmann, a.a.O. 137. 452 Anm. 1).
11 Vgl. Pesch, ZNW 59, 1968, 44; Ders., Markus I, 164.
12 Gnilka, Markus I, 104.
13 So Pesch, ZNW 59, 1968, 44 Anm.. 25.
14 Vgl. 1 Reg 19,19.
15 So schon K.L.Schmidt, a.a.O. 83, und jetzt van Iersel, a.a.O. 215f; Kuhn, a.a.O. 89; Zimmermann, Methodenlehre 177 (vgl. Ders., ThGl 53, 1963, 249f); Gnilka, Markus I, 104.110.
16 In der Sache ist nicht von Bedeutung, um wessen Haus es sich handelt (siehe Schmithals, Markus I, 166). Grammatisch ist der Bezug nicht zu klären. Im Gedankengang des Markus-Textes 2,14-17 ist das Haus des Levi gemeint, wie dies ebenfalls Lukas versteht und in Lk 5,29 verdeutlicht. Die Thesen, daß die Angabe von Mk 1,29-31 her zu verstehen sei (vgl. Schweizer, Markus 30; Theobald, BZ 22, 1978, 175; Malbon, NTS 31, 1985, 282-292) und auf Jesus be-

griffe werden in V 15b.c.16 vermutet. Sicher hat Markus aber V 15 nicht insgesamt entworfen[17]. Dagegen sprechen das καὶ γίνεται, das den Beginn einer selbständigen Einheit markiert[18], und das Nachklappen von V 15c (ἦσαν γὰρ πολλοὶ καὶ ἠκολούθουν αὐτῷ)[19]. Diesen Versteil hat Markus formuliert[20], denn in seiner syntaktischen Stellung erweist sich V 15c gegenüber V 15b als sekundär. Die Nachstellung von καὶ τοῖς μαθηταῖς αὐτοῦ fällt ebenfalls auf. Die Erwähnung der Jünger erhält zwar mit V 15c auch eine Ausführung[21]. Das πολλοί greift aber auch V 15b (πολλοὶ τελῶναι καὶ ἁμαρτωλοί) auf[22] und mit dem Nachfolgemotiv auf V 14 zurück. Die Jüngernennung ist also in V 15c nicht ausdrücklich vorausgesetzt[23]. Alles Gewicht liegt auf der Nachfolge. Von daher lag es für Markus nahe, im Blick auf den Aufbau seines Evangeliums die Jünger und den Kreis der Jesus Nachfolgenden hier auf »Viele« zu erweitern. Sollte das Auftreten der Jünger in V 16 der Tradition angehören, was nicht unwahrscheinlich ist[24], hätte Markus V 16 szenisch vorbereitet, indem er die Jünger in V 15b anfügte. Weitere Eingriffe sind in V 15 nicht festzustellen. In V 16a kann die Gegnernennung οἱ γραμματεῖς τῶν φαρισαίων von Markus stammen[25]. Hier-

---

zogen werden müsse (vgl. Klostermann, Markus 25; Lohmeyer, Markus 55) oder daß aus 2,15 eine Gastgeberrolle Jesu herauszulesen sei (Theobald, ebd.), hat innerhalb des Markus-Evangeliums keinen überzeugenden Anhalt.

17 Anders van Iersel, a.a.O. 217.
18 Siehe Pesch, ZNW 59, 1968, 44 (ebd. Anm. 21).
19 Außerdem wäre die Spannung des αὐτόν zu αὐτοῦ zu erklären, vgl. Thissen, a.a.O. 59.
20 Die Argumente sind zusammengestellt bei Trautmann, a.a.O. 139.
21 Vgl. K.L.Schmidt, a.a.O. 84; Klostermann, Markus 25; Taylor, Markus 205; Pesch, FS Rigaux, 69.72; Ders., Markus I, 163.165; Gnilka, Markus I, 106.
22 So Turner, JThS 26, 1925, 147; Schweizer, Markus 31; Schulz, a.a.O. 100; Theobald, a.a.O. 173. Auch in 1,16.22.38; 3,10.21.35; 6,14.31; 7,3 nimmt γάρ eine vorherige Sachaussage auf und begründet diese.
23 So auch Gnilka, Markus I, 104.106; Trautmann, ebd.; vgl. dagegen Pesch, FS Rigaux, 73; Ders., Markus I, 163 (Die Jüngernennung gehe auf einen vormarkinischen Redaktor zurück).
24 Vgl. Trautmann, ebd. und siehe unten S. 88f.
25 Nach Trautmann, a.a.O. 141.149, habe Markus möglicherweise nur τῶν φαρισαίων redaktionell eingetragen.

für spricht die Typisierung der Gegnerschaft in den Streitgesprächen. Die Schriftgelehrten treten 2,6 auf, ihre Lehre steht in 1,22 der neuen Lehre Jesu gegenüber. Im weiteren Verlauf des Evangeliums sind vor allem die Pharisäer die Gegner (2,18a, vgl. V 18b.24; 3,6). In 2,16 wird literarisch die Verbindung der Gegnergruppen hergestellt. Historizität gibt also die Gegnerbezeichnung nicht wieder[26]. Wesentlich im Blick auf die Tradition ist nicht die Bezeichnung der Gegner, sondern der Vorwurf, den die Gegner äußern.

Die zweifache, fast wortgleiche Aussage in der Feststellung V 16a und im Vorwurf V 16b legt die Annahme nahe, daß eine der beiden Formulierungen nachträglich gebildet wurde. Da die Jesusantwort eine Anfrage der Gegner voraussetzt, ist anzunehmen, daß V 16a dem Vorwurf[27] nachgebildet wurde. Auch hierfür ist markinische Redaktionstätigkeit wahrscheinlich[28]. Da V 15b.c den Gesamtzusammenhang der Tradition unterbrochen hat, nimmt Markus mit V 16a die Anfangsszene wieder auf. Dabei geht aber nicht nur der Inhalt der Beobachtung[29], sondern auch der Sachverhalt selbst (ἰδόντες) auf seine Redaktionstätigkeit zurück. Das gleiche Verfahren konnte schon an 7,1-4 beobachtet werden. Dort folgt die Ausführung der Beobachtung, hier geht sie ihr voraus. Markus ändert die Vorgabe des Vorwurfs, indem er ἐσθίει voranstellt und τελῶναι und ἁμαρτωλοί umstellt[30]. Durch die Voranstellung betont Markus die *Mahl*gemeinschaft. Mit der Umstellung der Mahlteilnehmer greift er auf 2,1-12 zurück. Zugleich werden hier die Antworten Jesu, besonders V 17c, vorbereitet.

Zur Herkunft der Jüngernennung in V 16 stehen sich zwei Auffassungen gegenüber: Da Markus die Jünger in V 15b eingebracht habe,

---

26 Anders Pesch, FS Rigaux, 76.78f.
27 Es handelt sich um einen Vorwurf in indirekter Frageform (siehe B-D-R § 300,2). Dagegen rechnet Thissen, a.a.O. 63 Anm. 60, in V 16 beide Male mit einem ὅτι-recitativum.
28 Vgl. Gnilka, Markus I, 104.
29 So Thissen, a.a.O. 64f.
30 Es ist unwahrscheinlich, daß Markus hier μετ' αὐτῶν ersetzt hat (gegen Pesch, FS Rigaux, 72).

so wird auf der einen Seite gefolgert, habe er sie auch in 2,16 eingetragen[31]. Die analoge Folgerung, beide Nennungen gingen auf dieselbe Traditionsstufe zurück, wird auf der anderen Seite angestellt[32]. Doch gehen diese Folgerungen über die Eigenart der Überlieferung in 2,15-17 hinweg. Denn die entsprechend der bisherigen Analyse verbleibende Tradition besitzt formgeschichtlich folgende Besonderheiten: Der Anlaß spielt in einem Haus, also außerhalb der Öffenlichkeit. Der Vorwurf betrifft das Jesusverhalten und ergeht an die Jünger. Ausdrücklich wird darauf verwiesen, daß Jesus den Vorwurf hört (ἀκούσας). Die Tradition besteht also aus zwei Szenen, der Gastmahlszene im Haus und der Gesprächsszene von Gegnern und Jüngern außerhalb des Gastmahls.

Diese Aufeinanderfolge zweier Szenen schließt die Gestaltung beider von einer Hand aus. Vielmehr ist die *Gastmahlszene* aus dem Vorwurf heraus entworfen. Vorwurf und Antwort Jesu (aus V 17b.c) bilden das ursprüngliche Streitgespräch. Es ist zwar darin einzigartig, daß der Vorwurf ein Verhalten Jesu zum Gegenstand hat. Aber er entspricht der Form darin, daß er *ausdrücklich* an die Jünger gerichtet wird, wie in den anderen Gesprächen Jesus ausdrücklich angesprochen wird[33]. Daß in 2,16 die Jünger ins Spiel kommen, hat seinen Grund in der Vorwurfsformulierung in der 3. Person Singular. Diese Formulierung ist aber offensichtlich durch die Antworten veranlaßt. V 17b ist darauf ausgerichtet, daß die Kranken des Arztes bedürfen; V 17c hat als ἦλθον-Wort die Person Jesu zum Inhalt. In diesem Streitgespräch stört das ἀκούσας die Aufeinanderfolge von Vorwurf und Antwort(en). In den anderen Gesprächen erfolgen Rede (Vorwurf, Angriff oder Frage) der Zeitgenossen und Gegenrede Jesu unmittelbar aufeinander. Sie sind nur durch die kurze Einführung »und er sagte« (oder ähnliches) miteinander verbunden. Das ἀκούσας steht aber sinnvoll an dieser Stelle, nimmt man an, mit V 15a*.b* sei die Szene »im Haus« dem Streitgespräch zugefügt worden. Dann ist der Geschehensablauf in sich stim-

---

31 So Gnilka, Markus I, 104.106.
32 So Pesch, FS Rigaux, 72.
33 Siehe als Ausnahme 2,6.

mig. Denn einerseits können die Gegner, die den Vorwurf erheben, nicht auch als Mahlteilnehmer, also im Haus, gedacht sein. Andererseits kann Jesus (im Haus!) nicht einen Vorwurf beantworten, der draußen erhoben wird[34] (vgl. dagegen 2,6.8). Daraus ergibt sich, daß die sekundäre Szenengestaltung mit ἐν τῇ οἰκίᾳ genaugenommen stört. Ihr wird in der Bearbeitung des Streitgesprächs zudem besondere Aufmerksamkeit gewidmet. Die Frage, warum die Gegner überhaupt den Vorwurf erheben können, wenn das Geschehen im Haus spielt, ist, da einseitig historisierend, der Überlieferung unangemessen. Vielmehr muß die Frage lauten: Warum spielt die Mahlszene gerade und ausdrücklich im Haus? Zur Gestaltung einer Szene hätte ohne weiteres genügt, den Tatbestand zu nennen: Jesus lag mit vielen Zöllnern und Sündern zu Tisch (vgl. Gal 2,12). Das Interesse der nachträglichen Szenengestaltung liegt also in der Betonung der Mahlgemeinschaft Jesu *im Haus*, nicht mehr nur in der Mahlgemeinschaft als solcher, wie sie das Streitgespräch wiedergibt. Dieser Befund legt die Annahme nahe, daß sich in V 15a.b das Bild der Hausgemeinde spiegelt[35], zumal in der Hausgemeinde[36] der Ort der Mahlgemeinschaft zu finden ist[37]. Die Szene in V 15a.b hat also einen deutlichen Bezug auf das Leben der Gemeinde.

Das Streitgespräch zur Mahlgemeinschaft begann ursprünglich mit dem Vorwurf V 16b. Er ist an die Jünger gerichtet und betrifft das Verhalten Jesu. Darauf erfolgt die Antwort Jesu (ὁ Ἰησοῦς λέγει αὐτοῖς). Das Streitgespräch ist nicht einheitlich konzipiert, sondern sekundär aus einem der Logien[38] entstanden[39]. Eine ursprünglich selbständige

---

34 Die Szene ist also unanschaulich, siehe Bultmann, a.a.O. 16 Anm. 3.
35 Auch Theobald, a.a.O. 169f, stellt von Mt 9,10 aus diese Verbindung her.
36 Vgl. zur Sache Klauck, MThZ 32, 1981, 1-15.
37 Vgl. Klauck, a.a.O. 8f; Ders., Hausgemeinde 56-60.
38 Anders Hultgren, a.a.O. 100f.
39 Zur Annahme, die Gastmahlszene sei von Markus gestaltet, ursprünglich gehe es um die Berufung (Dibelius, Formgeschichte 61 Anm. 1), vgl. Bultmann, a.a.O. 16 Anm. 4.

Überlieferung als Doppellogion schließt die Gattungsdifferenz zwischen V 17b und V 17c aus[40]. Welches Logion stellt die ursprüngliche Antwort dar? Beide Logien sind selbständig tradierbar[41]. Die Tendenz der Aussage von V 17b (Logion vom Arzt) gleicht der von 2,27 und 7,15. Die antithetische Struktur und die allgemeine Einsichtigkeit der Aussage entsprechen den ursprünglichen Antworten in den bisher besprochenen Streitgesprächen. Demgegenüber entspricht die christologische Argumentation äußerlich dem Charakter von 2,28 (vgl. außerdem 2,19b. 20). Dieses Bild legt es nahe, im Logion vom Arzt (V 17b) die ursprüngliche Antwort des Streitgespräches Mk 2,16b.17 zu bestimmen. Dies ist im einzelnen noch ergänzend zu begründen.

Die Aussage des selbständigen *Logions vom Arzt* (Mk 2,17b) hat zahlreiche Parallelen in der hellenistischen Literatur[42]. Zum einen sind hier Sentenzen zu nennen, die das Bild des Arztes oder das des Kranken betreffen.

Es ist auf Artemid, Onirocr 2,57; 3,39; 4,22 zu verweisen[43]. Sie zeigen Parallelität zu Mk 2,17b in ihrem Motiv (3,39), als Begründung der Ausgangsthese (3,39 Anfang) und zugleich in ihrer Struktur (4,22) innerhalb der Abhandlung, wieweit Traumanweisungen zur Heilung beitragen (2,57 LV!). Aus DC, Or ist auf 13,32; 27,7 hinzuweisen, wenn auch das Bild des Arztes dort negativen Nebensinn hat. Struktur und Motiv der Aussage von Mk 2,17b haben ihre Parallele in DC, Or 3,100. An dieser Stelle wird die Sache selbst ausgeführt, während 32,17 und vor allem 8,5 übertragenen Sinn haben.

---

40 So auch Klauck, Allegorie 152.
41 Für das Logion vom Arzt wird die Selbständigkeit nicht bestritten. Aber auch das ἦλθον-Wort ist isoliert umgelaufen, siehe Paulsen, EWNT II, 512 und unten S. 92f; vgl. dagegen Gnilka, Markus I, 104; Pesch, FS Rigaux, 75; Ders., Markus I, 166; Trautmann, a.a.O. 153.
42 Vgl. die Belege bei Wettstein I, 358f; Clemen, Religionsgeschichtliche Erklärung 229; Almquist, Plutarch 37; Klauck, a.a.O. 152ff. Siehe außerdem Braun, FS Fuchs, 100 Anm. 9; van Unnik, JBL 83, 1964, 27; Arens, Sayings 40 Anm. 63; Herrenbrück, Zöllner (Diss.) 242 Anm. 1.
43 Die daneben zu nennenden Belege Artemid, Onirocr 2,29; 4,45 betreffen das Traumbild des Arztes, das symbolhaft auf den συνήγορος in einem Gerichtsverfahren deutet.

Diesen Sachparallelen stehen Parallelen gegenüber, die dem Zusammenhang von 2,16b-17b analog argumentieren.

So kann zufolge DL II,70 gegenüber der Versuchung materiellen Reichtums für den Philosophen[44] Aristipp feststellen: καὶ γὰρ καὶ οἱ ἰατροὶ ... παρὰ ταῖς τῶν νοσούντων (θύραις)· ἀλλ' οὐ παρὰ τοῦτό τις ἂν ἕλοιτο νοσεῖν ἢ ἰατρεύειν (siehe aber auch II,69). In dieser Anführung fällt das Bild des Arztes und der Kranken aus dem Sachrahmen und zeigt polemisches Interesse (vgl. auch DL VI,6). Dem Logion 2,17b am nächsten kommen die Stücke, in denen der Philosoph seinen Fortgang nach erfolgreichem Werk begründet: Stob, Flor 13,43 (vgl. 46) und ähnlich Plut II,230 F; GnVat 37. In thetischer Form begegnet dieser Sachverhalt bei DC, Or 8,5.

Das Verständnis der Aussage Mk 2,17b in der Sache wird also auch in den Parallelen aus der griechischen Literatur überstiegen[45]. In der Argumentationsrichtung entsprechen die zuletzt genannten Parallelen dem Streitgespräch Mk 2,16b-17b. Ein Logion vom Arzt begründet die Zuwendung an Gruppen, die nicht das jeweilige philosophische Ideal erfüllen. Ebenso begründet Mk 2,17b die Mahlgemeinschaft mit Zöllnern und Sündern, die nach gängiger jüdischer Auffassung aus der Gemeinschaft ausgeschlossen sind. Diese Parallelen können also deutlich machen, in welcher Weise der Vorwurf Mk 2,16b aus dem Logion heraus gebildet wurde.

Allerdings besteht ein bezeichnender Unterschied zwischen den hellenistischen Parallelen und der Jesusantwort in 2,17b. Die Parallelen sind meist[46] vom Arzt (= Philosoph), nicht von den Kranken her formuliert. Diese Differenz klärt sich, wird der Argumentationszusammenhang bedacht. Dort, wo sich der Philosoph (Arzt)[47] zu verteidigen hat, wird von ihm her gesprochen. In Mk 2,17b bilden jedoch die Kranken das Subjekt. Dies bedeutet, daß Mk 2,17b vom Standpunkt der Kranken [= Gemeinde?] aus formuliert wurde. Hinsichtlich der Entstehung des

---

44 Vgl. zum Motiv Plut II, 4A.584A (vgl. Stoike, SCHNT 3, 262); GnVat 5.32.37; Vatic.Graec 633.119^v; Ottobon.Gr. 192f.278^r.
45 Vgl. zum Sinn "allgemeiner Wahrheiten" Bultmann, GuV III, 172.
46 Vgl. aber Artemid, Onirocr 2,54; 4,22.
47 Vgl. schon Plat, (Symp.) 189D

92 Die Streit- und Schulgespräche (Analysen)

Logions liegt die Annahme nahe, daß das Logion ein von der Gemeinde gebildetes Argument darstellt, also kein authentisches Jesuswort ist. Gegen diese Annahme greift das Unähnlichkeitskriterium nicht durch[48], da die Subjektdifferenz keinen eindeutigen Unterschied in der Argumentationsweise darstellt. Der Stil ist außerdem nicht ungewöhnlich[49].

Das selbständige Logion dürfte in Analogie zu griechisch-philosophischen Argumentationsmustern von der Gemeinde gebildet worden sein. In dieser legitimierenden Tendenz ist es grundsätzlich möglich, daß Mk 2,17b erst nachträglich in ein Streitgespräch 2,16b.17c eingeschoben wurde[50]. Ist diese Möglichkeit aber auch wahrscheinlich? Betrachten wir zur Klärung dieser Frage das ἦλθον-Wort 2,17c.

Das Logion[51] ist in sich abgeschlossen. Es war isoliert tradierbar und wurde auch so tradiert. Darauf weist das Vorkommen in 2 Klem 2,4; Just, Apol I, 15,8; Barn 5,9[52]. Das Logion ist in der Form eines

---

48 Gegen Pesch, FS Rigaux, 81 und besonders Klauck, a.a.O. 155f.
49 Weder Stil noch Vokabular des Logions weisen spezifisch semitische Prägung auf (anders Pesch, a.a.O. 82; Luck, ThWNT VIII, 312; Black, a.a.O. 196; J.Jeremias, a.a.O. 125 Anm. 1; Klauck, a.a.O. 155). Zum Stil vgl. Artemid, Onirocr 4,22 und B-D-R § 448,1; Schwyzer, Grammatik II, 578. Zum Vokabular vgl. die klassischen Belege zu ἰσχύοντες bei WB 758 s.v. ἰσχύω (so auch Klauck, ebd. Anm. 42); zu κακῶς ἔχοντες vgl. POxy VI,935,15; VI,938,5; VI,939,21; Epikt 1,11,4; PGenf 54,8; PFlor 230,24; vgl. ferner WB 660 s.v. ἔχω II,1; Moulton-Milligan, 270 s.v. ἔχω; a.a.O. 317 s.v. κακῶς.
1,32.34; 6,55 sind markinische Formulierungen (gegen Klauck, ebd.) trotz der Differenz zum hellenistischen νοσοῦντες (vgl. das einzige Vorkommen in 1 Tim 6,4).
50 Vgl. Pesch, a.a.O. 74f; Ders., Markus I, 164.166; Thissen, a.a.O. 199f Anm. 23; Trautmann, a.a.O. 153. V 17c halten für sekundär: Bultmann, Geschichte 16.96.167.176; van Iersel, a.a.O. 222f; Klostermann, Markus 27; Braun, Radikalismus II, 38 Anm. 1; Lohmeyer, Markus 56; Arens, a.a.O. 42; Fiedler, a.a.O. 126f; Thissen, a.a.O. 211f. Offen bleibt die Frage bei Merklein, Gottesherrschaft 200f; Gnilka, Markus I, 104f.
51 Zur Literatur vgl. besonders Arens, a.a.O. 28-63.
52 Obwohl der Gedanke in Barn 5,9 dem Zusammenhang angeglichen wird, bestätigt sich auch von dieser Stelle her das Eigenleben des Logions (vgl. Köster, Überlieferung 139.144f; Kuhn, a.a.O. 59 Anm. 38), während 2 Klem 2,4 von Matthäus abhängig ist (siehe Köster,

ἦλθον-Spruches gebildet. Die Parallelen machen auf die christologische Implikation aufmerksam (vgl. 1. Tim 1,15; Lk 19,10). Das Logion stellt kein authentisches Jesuswort dar, sondern wurde als rückschauende Selbstaussage Jesu gebildet[53]. Die Aussage ist vom Inhalt des Logions her bestimmt.

Die Bedeutung von καλεῖν in Mk 2,17c ist aus formkritischen Gründen nicht vom literarischen Kontext herzuführen[54]. Da καλεῖν sowohl in der Terminologie von Einladung als auch Berufung begegnet[55], kann das Verständnis nur vom Logion her erschlossen werden. In Mt 22,3 wird καλεῖν inhaltlich determiniert als Einladung in die βασιλεία. Dieser Horizont scheint in Mk 2,17c aber nicht mitgedacht zu sein. Vielmehr legen die Parallelen und die verwandten Aussagen Lk 19,10 und 1 Tim 1,15 nahe, das καλεῖν des Logions im Sinne von (be-)rufen zu verstehen. Im Logion wird also nicht messianisch in die Königsherrschaft eingeladen, sondern ein Zuspruch an »Sünder« proklamiert.

Der Ruf ergeht an die Sünder, gilt nicht den Gerechten. Der möglicherweise radikalen und problematischen Aussage hat Pesch die Spitze brechen wollen[56]. Das οὐκ - ἀλλά meine keinen Gegensatz, sondern sei als "dialektische Negation"[57] formuliert. Gegen diese Annahme sprechen das exkludierende οὐκ - ἀλλά in Mt 5,19; 10,34f (Lk 12,49-51) ebenso wie Mk 10,45 (Mt 20,28)[58]. Der Ruf gilt demzufolge ausschließ-

---

a.a.O. 71); vgl. noch Just, Apol I,15,8 (dazu Lk 5,32).
Da das in Mk 2,17c formulierte Motiv ebenfalls in Lk 15,7; 19,10; 9,56a v.l. und 1 Tim 1,15; Did 4,10 erscheint, wird in Mk 2,17c eher eine frühchristliche Gemeindetradition zu finden sein als der Archetypus der parallelen Aussagen.

53 Siehe Mt 11,19par. Vgl. Bultmann, a.a.O. 165.167; Ders., Theologie 46f; Braun, ebd., Haenchen, Weg 111; Arens, a.a.O. 50f (alt, aber nicht authentisch).344; Fiedler, a.a.O. 123; dagegen Pesch, FS Rigaux, 79; Ders., Markus I, 167.
54 So aber Pesch, Markus I, 167; Trautmann, a.a.O. 157f.161. Wenn das Logion auf die Mahlszene bezogen wird, liegt der Widerspruch offen: Jesus ist der Gast, nicht der Einladende.
55 Siehe WB 789 s.v. καλέω 1b.2; Schmidt, ThWNT III, 489 (z.St. Zeile 20); Eckert, EWNT II, 593.
56 Zur Kritik an Pesch, FS Rigaux, 63-87, siehe Fiedler, a.a.O. 123ff.
57 Siehe Pesch, a.a.O. 74; Ders., Markus I, 166; Arens, a.a.O. 49.
58 So auch Trautmann, a.a.O. 158.

lich den Sündern, nicht den Gerechten. Nimmt man Gemeindebildung des Logions an, scheint dieser Deutung entgegenzustehen, daß der Ruf die »Gerechten« selbst nicht berücksichtige. Jedoch gilt dieser Einwand nicht, bedenkt man, daß sich die Gemeinde, die sich selbst als gerechtfertigte Sünder versteht (vgl. Gal 2,15ff), in diesem Ruf an die Sünder konstituiert weiß (vgl. 1. Tim 1,15). Somit werden mit der Aussage des (ursprünglich selbständigen) Logions Mk 2,17c die »Gerechten« nicht herabgesetzt, sondern das Logion geht vom Wissen des zugekommenen Rechtseins aus. In seiner weiteren Verwendung kann das Logion die Funktion erfüllt haben, missionarisches Tun zu begründen. Diese Annahme setzt voraus, daß dem καλεῖν innerhalb der Aussage von V 17c besonderes Gewicht zugemessen wurde. Bei dieser Verwendung definieren sich die »Sünder« als diejenigen, denen der Ruf nahezubringen ist. Es ist von der Gemeinde her nur legitim, daß diese Aussage von V 17c als Ausdruck des eigenen Selbstverständnisses in eine Selbstaussage Jesu eingetragen wird, die auf Jesu Wirken zurückblickt.

Die christologische Ausrichtung des ἦλθον-Wortes (V 17c) hat einen anderen Charakter als das Logion vom Arzt (V 17b). Mk 2,17b legitimiert das beanstandete Verhalten, während V 17c dieses Verhalten vor allem christologisch begründet. Historisch ist es wenig wahrscheinlich, daß eine Gemeinde, die ein Streitgespräch tradiert, das in einer christologischen Begründung seinen Abschluß besaß, zusätzlich noch eine profan-weisheitliche Legitimierung eingeschoben hätte. Außerdem besteht eine Stichwortassoziation zwischen Vorwurf und ἦλθον-Wort (ἁμαρτωλοί). Daher liegt die Annahme nahe, daß V 17c an das Streitgespräch V 16b-17b angefügt wurde. Die christologische Ausrichtung gibt eine spätere Reflexionsstufe des Sachproblems (Tischgemeinschaft) wieder.

Als Antwort an die Gegner gibt ein christologisches Argument wenig Sinn. *Formgeschichtlich* wird die Beobachtung bestätigt, daß die ursprünglichen Streitgespräche ihre Klimax in einem profanen weisheitlichen Logion erreichen. Ebenfalls ist deutlich, daß das Streitgespräch V 16b-17b aus dem Logion V 17b heraus sekundär gebildet worden ist. Es stellt also eine sekundäre, nicht einheitliche Komposition dar[59].

---
59 Vgl. Bultmann, a.a.O. 16, 357; Lohmeyer, Markus 56; Haenchen,

Darin bildet V 16b.17a (ohne ἀκούσας) eine »ideale Szene« zu V 17b[60]. Eindeutiger könnte mit Hinweis auf Mt 11,19par; Lk 15,1 von einer typisierten Szene gesprochen werden[61]. Diesem Streitgespräch wurde die (Rahmen-)Szene »im Haus« (V 15a*.b*) zugefügt[62].

Die Überlieferungsstufe, an der das ἦλθον-Wort dem Streitgespräch zugewachsen ist, kann nach den Beobachtungen zur Entstehungsgeschichte der Gastmahlszene bestimmt werden. Mit dem ἦλθον-Wort nur V 17b erläutert zu sehen, bliebe zu blaß. Vielmehr bezieht sich die Aussage von Mk 2,17c auf das ganze Streitgespräch. Ging es der ursprünglichen Antwort um die Legitimierung der Tischgemeinschaft mit Zöllnern und Sündern, so wird die Pointe durch den Zusatz V 17c im Wirken Jesu begründet. Im Hinblick auf die Komposition ist daher von einem christologischen Kommentar des Ganzen zu sprechen[63]. Das ἦλθον-Wort gibt dem Streitgespräch eine Ausrichtung, die in der Situation der Hausgemeinde relevant ist. Es legitimiert nicht nur die Tischgemeinschaft mit Sündern, sondern vor allem und gerade die Berufung der Sünder in die Gemeinschaft.

Das Streitgespräch Mk 2,16b-17c wurde wahrscheinlich auf derselben Überlieferungsstufe durch die Rahmenszene (2,15a*.b* sowie die Angleichung ἀκούσας) und durch das ἦλθον-Wort ergänzt. Allerdings liegt kein unmittelbarer Grund vor, erst auf dieser Überlieferungsstufe

---

Weg 110; Kuhn, a.a.O. 58; Hultgren, a.a.O. 111; Fiedler, a.a.O. 122; Klauck, a.a.O. 156; dagegen Pesch, FS Rigaux, 76; Ders., Markus I, 167f; Trautmann, a.a.O. 154.

60 Thissen, a.a.O. 199, sieht in diesen Versen eine "nicht scenische Vorform" des Apophthegmas. Doch mit dem Gespräch wird auch eine Gesprächsszene aufgebaut (siehe dazu gleich). Schweizer, Markus 31, bemerkt: "V. 16b (und 17) dürfte also der Ursprung sein, aus dem die Szene V. 15.16a entstanden ist".

61 Anders Thissen, a.a.O. 200 Anm. 23.

62 Siehe oben S. 88f.

63 Ebenfalls in Barn 5,9 wird die Aussage kommentierend verstanden. Auch dort besteht eine Verbindung von Zusage und Kommen Jesu. In der Beschreibung der irdischen Wirksamkeit Jesu (Barn 5,8f) dient die Berufung der Apostel allerdings nicht dem Apostelthema, sondern im Zusammenhang des Sündermotivs (ὑπὲρ πᾶσαν ἁμαρτίαν ἀνομώτεροι, vgl. noch 1 Tim 1,12-15) dem Erweis der Gottessohnschaft.

mit der Einfügung der ἁμαρτωλοί zu rechnen. Die übergreifende Bezeichnung »Sünder« muß im ursprünglichen Streitgespräch nicht sekundär gegenüber der konkreten Bestimmung »Zöllner« sein[64]. Vielmehr zeigt Mt 11,19par(Q); Lk 15,1, daß diese Zusammenstellung formelhaft und typisierend auf Jesus angewandt wird[65]. Jedenfalls ist die Formel nicht deshalb auseinanderzureißen, weil mit dem *Zöllnergastmahl* authentische Jesusüberlieferung getroffen werde[66]. In der typisiert wiedergegebenen idealen Rahmenszene des Streitgesprächs bekommt der Ausdruck überlieferungsmäßig Sinn: Der Freund der Zöllner und Sünder hält mit diesen Tischgemeinschaft und erregt Anstoß. Hierin konnten die Gemeinde und der Trägerkreis der Überlieferung ihre Situation wiedererkennen.

Markus verbindet das Streitgespräch mit der Berufungsgeschichte 2,14 zu einem literarisch lockeren (αὐτοῦ V 15a), aber im Geschehensablauf festen Zusammenhang (siehe καλέσαι V 17c). Der Berufung des einen Zöllners folgt die Tischgemeinschaft mit vielen Zöllnern und Sündern und den Jüngern. Markus verknüpft das Streitgespräch mit dem Nachfolgethema, ohne dem Streitgespräch selbst dessen Eigenständigkeit zu nehmen. Vielmehr stellt er im erneuten Aufbau der Mahlszene das Eigengewicht des Konfliktfalles wieder her, indem er indirekt die Beobachtung der Schriftgelehrten der Pharisäer wiedergibt. Ja er hebt seinem Leser das Sachproblem in aktualisierendem Verfahren noch betont heraus, indem er ἐσθίει voranstellt und in der Umstellung der Mahlteilnehmer ἁμαρτωλοί unterstreicht.

---

64 So aber Pesch, FS Rigaux, 73; Ders., Markus I, 165.168; Thissen, a.a.O. 197; Klauck, a.a.O. 149 Anm. 7; Trautmann, a.a.O. 151f; vgl. demgegenüber Lohmeyer, Markus 54; Schweizer, Markus 31; Grundmann, Markus 79. Fiedler, a.a.O. 126, meint, in V 16a sei ἁμαρτωλοί sekundär eingefügt worden, in V 16b τελῶναι.

65 Vgl. J.Jeremias, ZNW 30, 1931, 295; Theobald, a.a.O. 184.

66 Gegen Pesch, FS Rigaux, 77f; Ders., Markus I, 167 (mit Verweis ebd. Anm. 14 auf Michel, ThWNT VIII, 97 Anm. 104); Trautmann, a.a.O. 160-166. Die Schwierigkeiten, wie der Ausdruck »Zöllner und Sünder« zu verstehen sei, ergeben sich besonders bei Annahme einer authentischen Überlieferung des Gesprächs. Zu der Spannung zwischen ἁμαρτωλοί und τελῶναι siehe J.Jeremias, a.a.O. 293-300; Donahue, CBQ 33, 1971, 39-61.

2.2.1.4. Das Streitgespräch zum Fasten (Mk 2,18-22)

Die Gliederung und die Form dieses Stückes sind in der Exegese[1] weitgehend unumstritten. Schwierigkeiten bereiten aber Sinn und Erklärung des Überlieferungsstückes. Die gängige Deutung des Streitgesprächs ist die Bultmanns[2], es handele sich um eine Fastenätiologie. Eine andere Deutung sieht weniger das Fasten gerechtfertigt, als vielmehr das Verhältnis zum Täuferkreis theologisch reflektiert[3]. Außerdem stellt sich das historische Problem[4] der Haltung der Urgemeinde gegenüber der jüdischen Fastensitte[5]. Vor der Deutung des Textes gilt es, den Entstehungsprozeß aufzudecken.

Das Streitgespräch ist klar gegliedert. Einer allgemeinen Information (V 18a) folgt das eigentliche Streitgespräch mit Vorwurf und Antwort Jesu zum Fasten (V 18b-20). Daran schließt eine weitere Antwort zum Thema »Alt und Neu« an. Diese zweite Antwort ist ein in sich abgeschlossenes Doppellogion, das dem Streitgespräch sekundär[6] zugewachsen oder zugefügt worden ist[7].

Die Information über das Fasten der Johannesjünger und der Pharisäer ist an den Hörer gerichtet[8]. Sie entspricht der Sache nach V 18c. Zudem bildet V 18b mit καὶ ἔρχονται einen guten Überlieferungsbeginn[9]. Die periphrastische Konstruktion in V 18a weist auf die Hand

---

[1] Zur Literatur siehe Pesch, Markus I, 178.428 (L 14); vgl. außerdem Hultgren, Adversaries 78-82; Wimmer, Fasting, besonders 85-101.
[2] Geschichte 17.
[3] Vgl. Roloff, Kerygma 228.
[4] Vgl. Thissen, a.a.O. (164-174) 167: "Der Zeitfaktor [bildet] in diesem Abschnitt das eigentliche Problem".
[5] Vgl. Apg 13,2f; 14,23; vgl. Schäfer, FS Wikenhauser, 145, und außerdem zum Hintergrund und der Umwelt Arbesmann, RAC VII, 447-493; Behm, ThWNT IV, 925-935; Billerbeck II, 241-244; IV, 77-114.
[6] Anders Waibel, QD 87, 76ff; Sand, SNTU 9, 1984, 14.
[7] Siehe dazu unten S. 105f.
[8] V 18a stellt keine vormarkinische Überleitung von der Mahlszene (2,15-17) zur Fastenthematik dar (gegen Pesch, Markus I, 171f, vgl. Thissen, a.a.O. 66f).
[9] Vgl. Pesch, Markus I, 171. Das Subjekt bleibt unbestimmt, vgl. dazu Turner, JThS 25, 1924, 378.

des Markus[10]. Außerdem hat Markus in den Vorwurf eingegriffen, indem er analog der Nennung der Johannesjünger die (historisch problematische)[11] Angabe »Pharisäerjünger« zugefügt hat[12].

Das ursprüngliche Streitgespräch beginnt ohne Zeit- und Ortsangabe in V 18b. Das Thema des Streitgespräches wird in dem Vorwurf formuliert[13]. Es geht darum, daß Johannesjünger fasten, Jesusjünger aber nicht fasten. Seit langem hat die Exegese erkannt, daß die Antwort auf diesen Vorwurf nicht einheitlich, sondern V 19b.20 gegenüber V 19a sekundär ist[14]. Denn eine sinnvolle Antwort auf den Vorwurf erfolgt nur, wenn das Nicht-Fasten verteidigt wird. Die ursprüngliche Antwort bildet also das Bildwort von den Hochzeitsgästen. Dieses Wort wirkt in seiner Zeitbestimmung eigenartig überladen. Die Aussage, daß Hochzeitsgäste nicht fasten können, benötigt die Zeitangabe nicht, sondern ist in sich verständlich[15]. Da V 19b.20 auf den Bräutigam abhebt, liegt es nahe, daß von dort her V 19a überarbeitet wurde. Schon V 19a soll auf das Ende der Hochzeitsfeier hinweisen[16]. Gegenüber dem Bildwort korrigiert V 19b.20 die Aussage von V 19a: *Fastenpraxis* wird *begründet*. Das Hochzeitsbild wird mit der Metapher »Bräutigam« (= Christus)[17] ausgedeutet und in V 20a verdeutlicht (ὅταν

---

10 Siehe unten S. 135 Anm. 32 (zu 2,6).

11 Schüler hatten nur die Schriftgelehrten, nicht die Pharisäer, vgl. Roloff, a.a.O. 224 Anm. 64; anders Rengstorf, ThWNT IV, 445f. Die Änderung in Mt 22,16 entspricht dem polemischen Interesse des Matthäus (vgl. Sand, Gesetz 64). Die Verbindung in Mt 12,27 von ὑμῶν mit φαρισαῖοι (V 24) ist literarischer, nicht sachlicher Herkunft.

12 "Eine schlechte Analogiebildung" (Bultmann, a.a.O. 17 Anm. 3).

13 Zum Fehlen einer Situationsangabe vgl. Bultmann, a.a.O. 17; Gilka, Markus I, 113.

14 Vgl. schon Wellhausen, Markus 18f; Albertz, Streitgespräche 9; Sundwall, Zusammensetzung 16f, und jetzt Hultgren, a.a.O. 79; Schmithals, Markus I, 179f; Gilka, Markus I, 111; Wimmer, a.a.O. 87; Merklein, Gottesherrschaft 164; Thissen, a.a.O. 193f.210 Anm. 48; Pesch, Markus I, 171.175.

15 Vgl. J.Jeremias, ThWNT IV, 1096,19f; Ders., Gleichnisse 49 Anm. 3; Jülicher, Gleichnisreden II, 187.

16 Vgl. Dibelius, Formgeschichte 62.

17 Zum Motiv vgl. J.Jeremias, ThWNT IV, 1094,19-1099,6; Klauck, a.a.O. 162ff.

ἀπαρθῇ ἀπ' αὐτῶν). Das ἐν ἐκείνῃ τῇ ἡμέρᾳ klappt nach, es wird sekundär sein[18]. Kuhn[19] hat darin mit Recht eine Tautologie bemerkt und die Wendung sinnvoll auf das wöchentliche Freitagsfasten bezogen[20].

Die sekundäre Bearbeitung von V 19a hat sich also in zwei Stufen vollzogen: Die erste dient der Rechtfertigung allgemeiner Fastenpraxis der Gemeinde. Sie begründet das Fasten mit dem Bräutigamsmotiv (Zusatz in 2,19a und von 2,19b.20 ohne »an jenem Tag«). Auf der zweiten Stufe der Bearbeitung wird eine *spezielle* Fastenpraxis gerechtfertigt. Das Motiv zu dieser Bearbeitung könnte in V 20a (ἀπαρθῇ κτλ.) vorgegeben sein.

Mit V 18b (ohne die Pharisäerjünger) und V 19a (ohne ἐν ᾧ ὁ νυμφίος μετ' αὐτῶν ἐστιν) liegt *das ursprüngliche Streitgespräch* vor. Der Vorwurf beanstandet das Nicht-Fasten der Jesusjünger. Er gilt aber nicht dem Fastenverhalten der Jesusjünger im allgemeinen, sondern nur im Gegensatz zu den Johannesjüngern. Schon Bultmann[21] hat aus diesem Grund angenommen, die Überlieferung sei von der Gemeinde aus dem ursprünglich isolierten[22] Bildwort gebildet worden[23].

Gibt V 18b aber eine ideale Szene zum Bildwort wieder, so ist deutlich, daß die die Szene bildende Gemeinde gegenüber dem Täuferkreis ihr Nicht-Fasten behauptet. Das Bildwort wird hier nicht ohne

---

18 Vgl. Kuhn, a.a.O. 63f.
19 A.a.O. 62 Anm. 79.
20 Vgl. Kuhn, a.a.O. 63-71; Hultgren, a.a.O. 81f; so schon Dibelius, ebd.
21 Geschichte 17.
22 Anders Thissen, a.a.O. 195 (ebd. Anm. 9), obwohl er den Sprichwortcharakter, vgl. Sukka 25[b]; T.Berakh 2,10(4); pSukka 2,53[a],18 bei Billerbeck I, 506 (b), für V 19a konzediert ("aber als Jesuslogion ist eine isolierte Tradierung von V 19a ganz unwahrscheinlich, da er für sich allein kaum verständlich ist"). Einen Beleg für die mögliche selbständige Überlieferung stellt die Redensart »Der Kestreus fastet« dar (Athenaios, VII, 307C innerhalb des 308A folgenden Dialogs; vgl. dazu Arbesmann, Fasten 5f).
23 Mit der Authentizität des Streitgespräches (V 18b.19a) rechnen dagegen Thissen, ebd.; Wanke, Kommentarworte 83; ähnlich Pesch, Markus I, 174 (Das alte Apophthegma beruhe auf "guten historischen Grundlagen"); Hultgren, a.a.O. 81.

Grund zur Bildung des Streitgesprächs geführt haben. Das Hochzeitsbild weist auf die Metapher eschatologischer Heilszeit[24]. Das Nicht-Fasten der Jünger definiert sich somit durch zwei Bedingungen: zum einen mit der Bildung des Streitgesprächs gegenüber dem Täuferkreis; zum anderen im Logion, aus dem Bewußtsein heraus, in das eschatologische Heilsgeschehen einbegriffen zu sein[25]. Das ursprünglich weisheitliche Logion bekommt im Streitgespräch eschatologischen Sinn, der das ursprüngliche Verständnis des Logions übersteigt. Das Streitgespräch bildet das Gegenüber ab von Fasten des Täuferkreises in Vorbereitung auf das Gericht und Nicht-Fasten der Jesusgemeinde in der Heilsgewißheit.

Genaugenommen folgt aus der vorausgehenden Beobachtung, daß Mk 2,19a* innerhalb des Streitgesprächs nicht eine generelle Stellungnahme zum Nicht-Fasten der Jesusjünger bildet, sondern eine *relative* Stellungnahme der Gemeinde zur Bußaskese des Täuferkreises. Die Gemeinde gibt mit der Tradierung des Streitgesprächs 2,18b.19a* nicht nur ihrer *Stellung* zum Täuferkreis Ausdruck, sondern vor allem auch ihrer Position gegenüber dessen Fastenpraxis. Dies bedeutet: Das Nicht-Fasten der Jünger, das die erste Antwort des Streitgesprächs erlaubt, geht nicht auf eine allgemeine Legitimierung der Fastenfreiheit durch den historischen Jesus zurück. Es ist vielmehr eine Rückprojektion der in der Gemeinde bestehenden Auffassung auf den irdischen Jesus.

Gegen die hier vorgetragene These könnte eingewandt werden, das Logion sei ein ursprünglich isoliert tradiertes »Bildwort«, das - in sich verständlich - das Fasten als sinnwidrig behaupte. Allerdings greift

---

24 Vgl. J.Jeremias, a.a.O. 1095,6ff; Klauck, a.a.O. 162ff.165f; Kümmel, Verheißung 70; Gräßer, Parusieverzögerung 120ff; Kuhn, Enderwartung 198f.
25 Roloff, a.a.O. (225-229) 226, sieht dagegen die historische Jüngerschaft reflektiert. Weil die Jünger in Gemeinschaft mit Jesus ständen, seien sie Hochzeitsgäste. Daher befreie die Gegenwart Jesu die Jünger vom Fasten. Mk 2,19a sei somit als Rätselwort zu verstehen (a.a.O. 227). Aber diese Deutung ist aus 2,19b.20 (νυμφίος) in 2,19a eingetragen, wie die (a.a.O. 229-234) folgenden Ausführungen zur Kontinuität innerhalb der Vv 19f zeigen.

dieser Einwand nicht, wenn die analogen Antworten in den Streitgesprächen zum Vergleich herangezogen werden. In 2,17.27; 7,15 bilden jeweils Weisheitsworte die Antworten. Diese Worte sind in sich verständlich, in ihrer Logik einsichtig. Zum Argument im Streitgespräch werden sie dadurch, daß ihnen Nebensinn zuerkannt wird, vielleicht auch einfach dadurch, daß sie der Jesusüberlieferung zugewiesen werden. Ebenso wird für Mk 2,19a eingeschränkt werden müssen, daß die Aussage des Bildwortes voraussetzt, daß sich die Überlieferungsträger mit den »Hochzeitsgästen« identifizieren. Dies bedeutet, in der Auseinandersetzung mit dem Täuferkreis, welche das Streitgespräch V 18b.19a* widerspiegelt, kam der Aussage des Logions der Nebensinn zu: »Wir sind Hochzeitsgäste, wir können daher *eurem* Fasten nicht folgen«.

Einen zweiten möglichen Einwand stellt die Annahme dar, Mk 2,19a sei ein authentisches Jesuslogion[26]. Daher sei auch das Nicht-Fasten der Jesusjünger eine authentische Praxis. Richtig ist, daß das Logion in semitischer Terminologie gehalten ist, also ein hohes Alter aufweist[27]. Einen schnellen Schluß stellt dagegen die Annahme dar, das Logion beziehe sich auf authentisches Geschehen: Das Logion hat ursprünglich ein Eigenleben geführt, und zwar als Weisheitslogion, als profanes Bildwort. So kann es auch(!) von Jesus benutzt worden sein[28]. Wenn es ein authentisches Logion sein sollte - was ich nicht für wahrscheinlich halte - so nicht in dem Sinne, den es erst im Streitgespräch hat: nämlich das Nicht-Fasten mit Verweis auf die angebrochene Heilszeit zu verteidigen. Die in Mk 2,19a verwandte Terminologie ist eine andere als die auf diesen Sachverhalt angewandte, z.B. in Mt 22,10[29].

---

26 Vgl. Kuhn, a.a.O. 199; Roloff, a.a.O. 223-229; einschränkend Merklein, a.a.O. 164 ("Einige Unsicherheiten sind allerdings nicht zu verschweigen").
27 Vgl. dazu Billerbeck I, 500-518; J.Jeremias, a.a.O. 1096 Anm. 40.
28 Vgl. Bultmann, a.a.O. 107 Anm. 1; a.a.O. 109.
29 Anders Pesch, Markus I, 173 Anm. 8, "nicht die Söhne des Brautgemachs, sondern des Hochzeitssaales (Mt 22,10)" seien gemeint. Die Terminologie zeigt aber einen deutlichen Unterschied zwischen beiden Stellen. Mit dem Verweis auf Mt 22,10 beruft sich Pesch auf die varia lectio (Nestle-Aland[26] entscheidet zu Recht für γάμος;

Die These, daß das Streitgespräch eine Debatte zwischen der christlichen Gemeinde und dem Täuferkreis widerspiegelt, wird durch einen Blick auf die synoptischen Texte bestätigt, die das Fasten betreffen. Vom Fasten ist in Mt 6,16ff und Mt 11,18f par die Rede (Mt 4,2 hat andere Voraussetzungen). Mt 6,16ff spricht das Verhalten beim Fasten an, muß also nicht herangezogen werden.

Dem Streitgespräch 2,18b.19a kommt Mt 11,18f par am nächsten. Mt 11,18f par[30] vermittelt als Sachinformation: Das Verhalten des irdischen Menschensohnes steht im Gegensatz zur Bußaskese des Täufers. Gegenüber dem Täuferfasten (Mt 11,18) erscheint Jesus als ἄνθρωπος φάγος καὶ οἰνοπότης (Mt 11,19). In beiden Aussagen liegt eine Verzeichnung vor. Jedoch ist beachtenswert, daß gerade das Fasten als Unterscheidungskriterium genannt wird. Obwohl die Gegenüberstellung von Täufer und Menschensohn in der Rede Jesu sachgegeben ist (Mt 11,17par) zeigt sich in der Gegenüberstellung in Q ein ähnlicher Sachverhalt, wie er auch dem Streitgespräch Mk 2,18b.19a zugrundeliegt: Gegenüber dem Täufer ist Jesus »ein Schlemmer und Säufer«. Aus der übereinstimmenden Zuspitzung der Differenz zeigt sich einerseits, daß sich Täuferkreis und christliche Gemeinde in ihrer Fasten-

---

vgl. dazu Metzger, Commentary 58). Die Belege s.v. νυμφῶν bei WB 1079; Moulton-Milligan 431 und Liddell-Scott 1185 decken in keiner Weise Peschs Deutung: Paus 2, 11,3 benutzt Νυμφῶν als Eigennamen gegenüber der »Pyraia« in klarer Trennung der Geschlechter (ταῖς γυναίξιν ἑορτάζειν παρείκασι – ἐνταῦθα ἐφ' αὐτῶν οἱ ἄνδρες ἑορτὴν ἄγουσιν). DC, Or 7,145 führt zwar in eine allgemeine Begrifflichkeit, aber auch hier weist der Kontext (7,142-152) auf die Bedeutung »Brautgemach«. Gleiches gilt für Heliodor 7,8,3 und PLond 3,964,19; vgl. daneben noch Herm, vis 4,2,1. Außerdem gibt die LXX חֻפָּה Joel 2,16; Ps 19(18),6 nicht mit νυμφῶν, sondern mit παστός wieder (vgl. noch 1 Makk 1,27; 3 Makk 1,19; 4,6). Demzufolge besitzt Mk 2,19a semitisierenden Stil und eine ursprünglich profane Terminologie, die mit dem Begriff »Hochzeitssaal« aus Mt 22,10 nicht gleichgesetzt werden kann. Zum Artikel vgl. 1 Makk 4,2(A); Ps 149,2(Σ).

30 Zum Zusammenhang zu Mt 11,19c par vgl. Wanke, a.a.O. 38f. Zum sekundären Charakter der Deutung Mt 11,18f par gegenüber V 17par siehe Lührmann, Redaktion 79; Zeller, BEThL 59, 403; anders Schönle, Johannes 75-79.

Die Diskussionslage des Streitgespräches Mk 2,18b.19a

praxis unterscheiden. Es ist andererseits zu beobachten, daß der Unterschied beider Gruppen in übertreibender Rede zum Ausdruck gebracht wird. Die ähnliche Konfliktlage zwischen Mk 2,18b.19a und Mt 11,18f wird noch deutlicher, wenn Mt 11,18a nicht die Sicht von pharisäischen Gegnern, sondern sinngemäß die Meinung der christlichen Gemeinde wiedergibt[31]. Hierfür spricht das folgende Wort, das auf das Kommen des Menschensohnes zurückblickt. Es zeigt nicht nur christliche Bearbeitung. Darüber hinaus ist aus dem Menschensohnwort zu schließen, daß trotz des verbindenden Gedankens in der Ablehnung beider, Johannes' und Jesu, sich der christliche Standpunkt behauptet hat. Die Titulatur schafft den Ausgleich für das anstößige Wort. Wenn aber die Darstellung des Gegensatzes zwischen dem Täufer und Jesus zur Übertreibung neigt, so bestätigt sich von Mt 11,18f her die Annahme, daß sich auch im ursprünglichen Streitgespräch Mk 2,18b.19a* Fasten und Nicht-Fasten in übertreibender Rede gegenüberstehen und somit V 19a* innerhalb des Streitgespräches nicht eine generelle, sondern eine relative Stellungnahme zur Frage des Fastens darstellt.

Vergleicht man ferner den Zusammenschluß von Mt 11,17 und V 18f mit Mk 2,18b.19a, so wird ersichtlich, daß der Unterschied, der im Bild der Kinder, die einerseits »aufspielen«, andererseits »Klagelieder anstimmen«, durchscheint[32], zwischen einerseits Jesuskreis und andererseits Täuferkreis dem vergleichbar ist, den das Bild der »Hochzeitsgäste« gegenüber den fastenden Johannesjüngern hervorhebt – wenn auch in Mt 11,17ff beide Kindergruppen unter dem Gesichtspunkt der sie gemeinsam treffenden Ablehnung zusammengefaßt werden.

---

31 In Mt 11,18f kann das Problem und der Gegensatz Mk 2,18.19a mitgedacht sein. In Q werden diese unter dem Gesamtskopus verwischt, "der Gegensatz [spielt] jetzt keine Rolle mehr" (Lührmann, a.a.O. 31). Zum Alter der Überlieferung Mt 11,18f vgl. Vielhauer, Aufsätze I, 125f. Außerdem kann man den Vorwurf »Schlemmer und Säufer« als einen Vorwurf von seiten des Täuferkreises verstehen, den der pharisäische Vorwurf vom Zöllnerfreund im Entstehungsprozeß überdeckte.

32 Vgl. dazu Stegemann, Ruf (Diss.) 149f.

Das ursprüngliche Streitgespräch ist durch die Zufügung in V 19a und die Anfügung von V 19b.20 in der Weise erweitert worden, daß nun nicht mehr das Nicht-Fasten verteidigt, sondern eine Fastenpraxis begründet wird. Der vorgenannten Analyse des Streitgesprächs zufolge spiegelt die Erweiterung nicht einen historischen Bruch wider zwischen Nicht-Fasten vor Ostern und Fasten nach Ostern. Für diese Annahme spricht zudem, daß uns Belege, die auf eine gelockerte Fastenpraxis in der urchristlichen Gemeinde hinweisen könnten, fehlen. Hätte Jesus das Fasten generell abgelehnt und wäre dies (auch noch) in einer Streitgesprächskonzeption verarbeitet worden, wäre wenigstens zu erwarten, daß die Überlieferungsträger des Logions nicht gefastet haben. Von diesem historischen Widerspruch her zwischen Aussage und Praxis ist es auch schwerlich möglich, sich auf das Kohärenzkriterium zu berufen, ganz abgesehen von terminologischen Schwierigkeiten.

Die Erweiterung des ursprünglichen Streitgesprächs erhellt, daß der ursprünglich historische Kontext, die Auseinandersetzung mit dem Täuferkreis, nicht mehr aktuell war. Die Streitgesprächsüberlieferung ist daher auf die bestehende Fastenpraxis[33] hin korrigiert worden,

---

33 Demgegenüber nimmt Schmithals, Markus I, 176, eine "bewußte"(!) Preisgabe der Fastensitte an, weil "in den Briefen des Paulus von einer christlichen Fastensitte nichts zu entdecken ist". Aber Röm 14,17; Kol 2,16 werden vor dem Hintergrund einer strengen Fastenobservanz (auf seiten jüdischer oder judaisierender Gruppen?) formuliert, gehen also nicht von einer absoluten Freigabe des Fastens aus. Aus dem weitgehenden Fehlen der Fastenproblematik bei Paulus kann nicht zwingend eine Fastenfreigabe gefolgert werden, sondern allenfalls, daß diese Problematik nicht (aktueller?) Diskussionsgegenstand war. Kol 2,21 zielt gegen die Nahrungsmittelaskese der Gegner, nicht auf ein allgemeines Fasten (gegen Roloff, a.a.O. 230). 1 Kor 7,5 und 2 Kor 6,5; 11,27 sind allerdings keine beweiskräftigen Belege für eine feste Fastensitte (gegen Pesch, Markus I, 175). Denn 1 Kor 7,5 spricht nicht davon, daß man sich des Essens enthalten solle. 2 Kor 6,5; 11,27 stehen in Katalogen von Peristasen, die νηστεῖαι (Plural!) sind Entbehrungen. Umgekehrt hat aber Mk 2,19b.20 auch nicht peristatischen Sinn (gegen Stegemann, a.a.O. 153-157). Die weitergehende Folgerung (vgl. Stegemann, ebd.), 2,20 habe Entbehrungen der Endzeit (analog 13,6.17.18f.24.32) im Blick, scheitert schon allein an der Formanalyse zu 2,20; denn weder V 20 noch eine Zwischenstufe des

Die Erweiterungen des ursprünglichen Streitgespräches 105

unter der Perspektive von Christusgegenwart und Christusabwesenheit. Das Nicht-Fasten wird vorösterlich datiert, die Fastenpraxis christologisch kommentiert. Die zweite Bearbeitung führt diesen Zug konsequent fort, indem jetzt eine bestimmte Fastenpraxis (»an jenem Tag«) verteidigt wird[34].

Das dem Streitgespräch folgende *Doppellogion 2,21f* war ursprünglich selbständig. Das zeigt zumindest EvThom 47. Die Parallelität des Doppellogions wird in V 22c mit der Quintessenz ("junger Wein in neue Schläuche") durchbrochen. V 22c wird also sekundär sein[35]. Überflüssig ist τὸ καινὸν τοῦ παλαιοῦ in V 21[36]. Allerdings bleibt V 22c noch innerhalb des Bildes (νέου), während dieses in V 21 mit der Einführung von "Alt und Neu" (statt ἄγνοιφος) verlassen wird[37]. Das Doppellogion handelt von der Unvereinbarkeit des Alten mit dem Neuen. Das Stichwort καινός weist innerhalb des Evangeliums zurück auf Mk 1,22.27. Von daher wird die Bearbeitung in V 21 von Markus stammen[38]. Allerdings ist nur schwer zu beurteilen, ob auch Markus selbst für den Anhang des Doppellogions (mit V 22c) an das Streitgespräch verantwortlich ist. Von der Quintessenz her kann der Anhang vormarkinisch mit der Einfügung von ἐν ἐκείνῃ τῇ ἡμέρᾳ erfolgt sein[39]. Sicher geht er nicht auf die Bearbeitung durch V 19b.20[40] zurück, denn das hieße gerade jungen Wein (Bräutigamsmotiv) in alte Schläu-

---

Entstehungsprozesses des Streitgespräches lassen Formkriterien einer apokalyptischen Belehrung analog derjenigen in Mk 13 oder eine "eschatologisch-apokalyptisch[e]" (a.a.O. 155) Färbung erkennen.

34 Siehe oben S. 98f.
35 Vgl. Hahn, EvTh 31, 1971, 362; Thissen, a.a.O. 206; Wanke, a.a.O. 83; Pesch, Markus I, 177; Gnilka, Markus I, 112f; Klauck, a.a.O. 169f; Cremer, Fastenansage 4f.
36 Siehe Hahn, ebd.
37 Vgl. Wanke, a.a.O. 84. Klauck, a.a.O. 169.172f, führt dagegen beide Einfügungen auf Markus zurück.
38 Vgl. Grundmann, Markus 88; Gnilka, Markus I, 113.
39 Vgl. Kuhn, a.a.O.72; ähnlich Wanke, a.a.O. 85, jedoch sei das Doppellogion (ohne die Zusätze) schon eine Ergänzung des ursprünglichen Streitgespräches.
40 Vgl. Kuhn, ebd.; Wanke, ebd.

che (jüdische Fastenpraxis) zu füllen. Es wird auch vermutet, das Doppellogion sei an V 18b.19a, an das ursprüngliche Streitgespräch, angefügt worden. Hätte aber dieser Komplex eine zweimalige Neugestaltung in mündlicher Überlieferung überstanden? EvThom 104.47 hat auf jeden Fall Doppellogion und Fastenfrage getrennt wiedergegeben[41]. Es ist aber markinischer Anhang möglich[42]. Das Doppellogion von Flicken und Wein entspricht der Kommentierung Mk 2,28. Dort erhält das Sabbatgebot ebenfalls eine neue Begründung mit dem Menschensohnlogion.

Markus hat dieses Streitgespräch am Anfang mit der allgemeinen Information sowie der Gegnernennung (Pharisäer) und am Ende bearbeitet. Verändern diese Bemerkungen auch das Streitgespräch selbst wenig, so sind sie doch für den Aufbau des Evangeliums von Wichtigkeit. Markus liegt offenbar daran, innerhalb dieses Teilabschnitts des Evangeliums, in dem er Jesus in dauerndem Konflikt mit Pharisäern und Schriftgelehrten darstellt, noch einmal die Neuheit der Lehre in Vollmacht aus 1,22.27 in Erinnerung zu rufen. Innerhalb dieses Teilabschnitts (2,1-3,6) bildet 2,18-22 tatsächlich ein Mittel- und Drehstück, jedoch nicht das einer vormarkinischen[43], sondern das der markinischen Komposition. Weitergehend wird behauptet werden können, Mk 2,18-22 sei ein konstitutiver und für Markus auch notwendiger Bestandteil des Lehrens Jesu in den Streitgesprächen.

2.2.1.5. Das Streitgespräch zur Sabbatheilung (Mk 3,1-6)

Der Abschnitt Mk 3,1-6[1] fußt auf einer selbständigen, in sich geschlossenen Überlieferung. In der Sache besteht zwar ein Zusammenhang

---

41 Unabhängig davon hat sich die Aussage in EvThom 47 verschoben (vgl. Hahn, a.a.O. 366f).
42 So Bultmann, a.a.O. 356; Kuhn, a.a.O. 89; Klauck, a.a.O. 169; vgl. noch Grundmann, Markus 88.
43 So aber Thissen, a.a.O. 164-176.
1 Zur Literatur siehe Pesch, Markus I, 197.428 (L 16) und vgl. Hultgren, Adversaries 82ff; Trautmann, Handlungen 278-318; Sauer, ZNW 73, 1982, 183-203; Doughty, ZNW 74, 1983, 161-181; Dunn, NTS 30, 1983/84, 395-415; Derrett, Bib. 65, 1984, 168-188.

Das Streitgespräch zur Sabbatheilung (Mk 3,1-6)

mit der Sabbatfrage V 24, aber eine innere oder vormarkinische Verbindung mit 2,23-28 kann man nicht annehmen[2]. Die Trennung von Tradition und Redaktion in diesem Abschnitt ist schwierig und umstritten. Diese Schwierigkeiten entstehen vor allem durch das Problem, daß die Textfassung von 3,1-6 eine Mischform von Wundererzählung und Streitgespräch darstellt. Dreh- und Angelpunkt der exegetischen Diskussion ist die umfochtene Beurteilung der Herkunft von 3,6[3]. Ist

---

2   Dagegen behaupten J.Jeremias, Theologie 265 (vgl. Ders., Abba, 245) und jetzt Pesch, Markus I, 187f; (vgl. Grundmann, Markus 95) einen Überlieferungszusammenhang zwischen 2,23-26 und 3,1-6. Diesem liege die Verbindung von Verwarnung (2,24), Anklage (3,2) und Beschlußfassung (3,6) zugrunde. Aber in V 24 erfolgt der Vorwurf nur indirekt gegen Jesus (vgl. den daher langen Argumentationsgang bei Pesch, Markus I, 180f), also stellt V 24 keine Verwarnung Jesu dar. Mk 3,2 hat seinen Bezug in 3,4 (so auch Pesch, Markus I, 189) und darin auch seine Funktion innerhalb des Textes 3,1-6. Zum ursprünglichen Zusammenhang von 3,6 mit 3,1-5 siehe gleich.
    Aus der Nennung derselben Gegnergruppe (zudem im Verbund mit einer anderen) folgt nicht notwendig ein Überlieferungszusammenhang. Im übrigen kann man gegen Pesch (Markus I, 188) einwenden, wieso die so »motivierten« (ebd.) Pharisäer nicht schon in 2,24 die Herodianer als Zeugen hinzunehmen (vgl. Peschs Analyse zu 7,1: Markus II, 370). Daß sich die Frage 3,4 auf 2,24 rückbeziehe und ironischer Sinn in diesem Bezug liege, ist ein Postulat. Außerdem ist Peschs überlieferungsgeschichtliche Folgerung aus der Formulierung der Erzählanfänge nicht überzeugend. Denn die Erzählanfänge in 2,13; 6,1; 8,27; 11,11 sind zwar tatsächlich markinisch gestaltet, was aber nicht heißen kann: Wo kein Ortswechsel vorliegt, bestehe ein Überlieferungszusammenhang.

3   Mit der vormarkinischen Herkunft von 3,6 rechnen Albertz, Streitgespräche 5; Roloff, Kerygma 63f; Kertelge, Wunder 83f; Schenke, Wundererzählungen 163-167; Maisch, Heilung 115f; Thissen, Erzählung 79ff; Pesch, Markus I, 188; Ernst, Markus 105; Hultgren, a.a.O. 153; Trautmann, a.a.O. 297 (ebd. Anm. 65).301. Markinische Verfasserschaft von V 6 vertreten seit Bultmann, Geschichte 9, und Dibelius, Formgeschichte 42 (vgl. a.a.O. 220); Kuhn, Sammlungen 19f; Koch, Wundererzählungen 50ff; Stegemann, Ruf (Diss.) 158; Dewey, Debate 46f; Gnilka, Markus I, 126; Schmithals, Markus I, 191f; Sauer, a.a.O. 185-189; Dunn, a.a.O. 399. Allein die Gegnernennung halten für Tradition Maisch, a.a.O. 120; Lohmeyer, Markus 67; Schenke, a.a.O. 165; Schweizer, Markus 36.

diese Frage gelöst, können auch die anderen Probleme der Textanalyse angegangen und beurteilt werden. Denn 3,6 bildet im Textverlauf die Pointe und den Höhepunkt des Abschnittes 3,1-6: Die Gegner fassen einen Todesbeschluß gegen Jesus. Ist 3,6 zum vormarkinischen Bestand der Erzählung zu rechnen, so ist die Herkunft der Bemerkungen im Text, die diese Aussage vorbereiten (vor allem in V 2.5), anders zu beurteilen, als dies unter der Annahme, daß Markus V 6 gestaltet habe, der Fall wäre. Auch die Frage nach der ursprünglichen oder vormarkinischen Form (Wundererzählung oder Streitgespräch) läßt sich nach der Zuordnung von V 6 an Tradition oder Redaktion entscheiden.

Mit formgeschichtlichen Argumenten vertritt vor allem Roloff[4] die These, V 6 sei integrativer Bestandteil der Tradition. Da sich der Abschnitt 3,1-6 einer genauen formkritischen Einordnung entziehe, liege es nahe, ihn als "eine weitgehend von lebendiger Erinnerung gestaltete Erzählung"[5] zu bestimmen. Die Überlieferungseinheit diene dazu, "die Gründe [zu] veranschaulichen, die zu der Verwerfung Jesu durch Israel geführt haben"[6]. Daher wäre 3,1-5 ohne V 6 "ein Torso"[7]. Zudem verstärke die Erwähnung der Herodianer den Eindruck der Historizität der Szene[8]. Denn die Nennung lasse sich nicht in die markinische Typisierung der Gegner einordnen[9].

Gegen diese Auffassung kann man einwenden, daß V 6 gegenüber 3,1-5 nachklappt. Dieses Nachklappen als "negativen Chorschluß"[10] zu interpretieren, läßt der Zusammenhang nicht zu. Denn V 6 bezieht sich auf V 4 (siehe V 4fin), nicht auf das Wunder. Ein Chorschluß gehört aber zum Inventar von Wundererzählungen, nicht zu den Formelementen eines Streitgespräches[11]. Daraus folgt, daß 3,6 gegenüber 3,1-5 zu-

---

4 Kerygma 63-74.
5 A.a.O. 64; vgl. Pesch, Markus I, 189.
6 Roloff, a.a.O. 73.
7 Pesch, Markus I, 188.
8 Vgl. Roloff, a.a.O. 64. Trautmann, a.a.O. 302f, nimmt an, daß die Gegnernennung von V 2 nach V 6 gezogen worden sei.
9 Dies sei eine "Notiz, die frei ist von der Schablone" (K.L.Schmidt, Rahmen 100), vgl. Kertelge, a.a.O. 83; Thissen, a.a.O. 88; Pesch, Markus I, 189.
10 Vgl. Kertelge, a.a.O. 85.
11 Zu Mk 12,17c, einem möglichen Gegenbeleg, siehe unten S. 217ff.

mindest sekundär ist[12]. Außerdem läßt sich an der Idealität der Wunder- und der Streitszene kaum zweifeln. Denn die Gegner gehen von der Wundermacht Jesu aus (unter Annahme der Historizität der Szene), um Jesus dann anklagen zu können - "all das klingt [doch] sehr unwahrscheinlich"[13]. Ebensowenig ist die Annahme einer Koalition von Pharisäern und Herodianern zumindest für die Zeit Jesu historisch wahrscheinlich, zum einen als solche[14], zum anderen gerade in der Sabbatfrage[15].

Für die traditionelle Herkunft von 3,6 könnte allein das Vorkommen von συμβούλιον διδόναι (Hapaxlegomenon bei Markus) und die Verwendung von ὅπως in finalem Sinn (ebenfalls im Markus-Evangelium singulär) sprechen[16]. Könnten diese Formulierungen, obwohl sie für Markus nicht typisch sind, noch die Annahme zulassen, Markus habe V 6 verfaßt[17], so scheint ein Vergleich mit den redaktionellen Bemerkungen 11,18; 12,12; 14,1f, die ebenfalls den Tod Jesu zum Ziel gegnerischen Planens (ἐζήτουν) haben, diese Annahme auszuschließen[18]. Denn ζητέω und συμβούλιον δίδωμι werden in ihrer Verwendung deutlich unterschieden. Diese Differenz relativiert sich allerdings, betrachtet man den Kontext der jeweiligen Bemerkungen. Denn 11,18; 12,12; 14,1 stehen im direkten Horizont des Passionsgeschehens, während 3,6 nur die Perspektive angeben kann, unter der die Auseinandersetzungen im Galiläateil des Evangeliums stehen. Außerdem sind die Pharisäer der markinischen Darstellung zufolge nicht im Besitz der politischen Macht, den Tod Jesu herbeizuführen, im Gegensatz zu den Mitgliedern des Synhedriums. Daher führt sich denn auch die Feststellung ad absurdum, "die Beurteilung der Pharisäer als 'Todfeinde' wird kaum von Markus

---

12 Thissen, a.a.O. 21f, bestimmt zwar wie Kertelge V 6 als einen negativen Chorschluß, sieht diesen aber erst durch den Sammlungsredaktor eingebracht.
13 Haenchen, Weg 123.
14 Vgl. nur Koch, a.a.O. 50.
15 Vgl. Schmithals, Markus I, 192; Sauer, a.a.O. 187.
16 So Schenke, a.a.O. 165; Thissen, a.a.O. 86.
17 Sauer, ebd. Anm. 25.
18 Siehe Maisch, a.a.O. 115; Schenke, a.a.O. 165f; Trautmann, a.a.O. 86.

stammen"¹⁹. Außerdem widerspricht dieser These die Warnung 8,15 und vor allem die Darstellung in 12,12f, daß Pharisäer (und Herodianer) von den Mitgliedern des Synhedriums (11,27) beauftragt werden, Jesus bei einem Wort dingfest zu machen (vgl. in direkter Darstellung 14,1f). Vor allem aber ist in diesem Vergleich die Steigerung von dem Todesbeschluß der Pharisäer 3,6 zu dem konkreten Plan der Hohenpriester und Schriftgelehrten (Verhaftung und Tod), der zufolge 14,1 nur noch ἐν δόλῳ ausgeführt werden kann, zu bedenken[20].

Über die Vermutung markinischer Verfasserschaft für 3,6 hinaus, die sich aus dem Vergleich mit 11,18; 12,12; 14,1f ergibt, kann die markinische Herkunft dieses Verses durch "massive Argumente"[21] gesichert werden: Erstens ist hierbei auf das Vokabular zu verweisen, das, die beiden Hapaxlegomena ausgenommen, typisch markinisch geprägt ist[22]. Zweitens bietet sich von der Kompositionstechnik her der Vergleich mit 10,22 an, wo Markus ebenfalls erst nachträglich den Gesprächspartner kennzeichnet. Drittens ist 3,6 nicht nur als Abschluß der Einheit 3,1-5, sondern auch als Abschluß eines literarischen Überlieferungszusammenhanges wenig sinnvoll[23]. Die Bedeutung von 3,6 ergibt sich innerhalb des Evangeliums in Hinblick auf das Passionsgeschehen und für sich im Zusammenhang der Vorverweise auf die Passion (3,22; 7,1; vgl. 3,19). Das Wirken Jesu erschließt sich für Markus von Anfang des Evangeliums an vom Kreuz her. Die Beobachtungen am Text, die Einordnung von 3,6 in den Kontext und die Konzeption des Evangeliums lassen die These traditioneller Herkunft des Verses unwahrscheinlich erscheinen.

Ist aber 3,6 markinisch, so können auch die entsprechenden, die Schlußbemerkung vorbereitenden Bemerkungen in *V 2* und *V 5* aus der Hand des Markus stammen. Hierzu ist jedoch zu klären, ob nicht V 2

---

19 Maisch, ebd.
20 Zudem ist ein Anklang an 15,1 offensichtlich, vgl. Gnilka, Markus I, 126.
21 Sauer, a.a.O. 187.
22 Siehe Sauer, ebd., Selbst Thissen, a.a.O. 87, und Schenke, ebd., rechnen mit markinischer Bearbeitung (ἐξελθόντες bzw. μετά mit Genitiv und εὐθύς).
23 Vgl. Dewey, a.a.O. 47; Sauer, a.a.O. 189.

oder V 5 notwendige Bestandteile der Erzählung bilden. Für V 2a wird man dies nicht bestreiten können[24]. Denn dieser Versteil enthält die Problemanzeige des Abschnitts (Heilung am Sabbat) und dient als Exposition für V 4 (λέγει αὐτοῖς). Allerdings impliziert παρετήρουν nicht einen so starken kritischen Aspekt, daß daraus und für den Zusammenhang notwendig V 2b folgt[25]. Vielmehr bereitet V 2b den V 6 vor, so daß für diesen Versteil die Annahme markinischer Herkunft das Wahrscheinliche ist. Für 3,1-5 stellen V 5a (καὶ περιβλεψάμενος αὐτοὺς μετ' ὀργῆς) und V 5bα (συλλυπούμενος ἐπὶ τῇ πωρώσει τῆς καρδίας αὐτῶν) ebenfalls entbehrliche Textteile dar. Für V 5a[26] ist ebenso wie für V 5bα[27] markinische Verfasserschaft angenommen worden. Beide Versteile auf Markus zurückzuführen, scheint auf den ersten Blick gewagt[28]. Denn συλλυπέομαι ist ein Hapaxlegomenon im Neuen Testament, ὀργή und πώρωσις sind Hapaxlegomena bei Markus. Jedoch gehört der Ausdruck πώρωσις τῆς καρδίας zur Terminologie der Aussagen von 6,52 und 8,17, in denen Markus das Unverständnis der Jünger hervorhebt. Die "Verstärkung des einfachen Verbums"[29] λυπέομαι zu συλλυπέομαι entspricht der herausgehobenen Konfliktsituation[30] in V 5a (μετ' ὀργῆς), die im Textganzen auf V 6 hinführt. Somit geht mit hoher Wahrscheinlichkeit V 5bα auf Markus zurück. In V 5a begegnet die für Markus nicht ungewöhnliche Wendung περιβλεψάμενος αὐτούς, deren redaktionelle Herkunft in 3,5 wahrscheinlich ist[31]. Ebenso wird das μετ' ὀργῆς

---

24 Anders Schmithals, Markus I, 192.
25 Vgl. Gnilka, Markus I, 126; Stegemann, a.a.O. 158; Sauer, a.a.O. 186; Doughty, a.a.O. 174; Schweizer, Markus 36.
26 Siehe Stegemann, ebd.; Gnilka, ebd.; Sauer, a.a.O. 190; Trautmann, a.a.O. 298.
27 Außer den in Anm. 26 genannten Arbeiten siehe Koch, a.a.O. 51; Schenke, a.a.O. 166; Hultgren, a.a.O. 82; Ernst, Markus 106; Doughty, ebd.
28 Pesch, Markus I,188; Thissen, a.a.O. 89, halten an der vormarkinischen Herkunft beider Versteile fest.
29 WB 1539 s.v. συλλυπέω; anders Stegemann, a.a.O. 159 Anm. 164.
30 Die Interpretation im Sinne einer gefühlsmäßigen Regung mitfühlender Trauer (so Lohmeyer, Markus 69 Anm. 5) stellt allenfalls einen Nebenaspekt heraus.
31 Siehe 3,34; 5,32; 9,8; 10,23; 11,11; Lk 6,10(par: Mk 3,5); bei Markus nur 5,32 und 9,8 traditionell.

auf Markus zurückgehen. Hier wird nicht die "pneumatische Erregung des Wundertäters" dargestellt[32], sondern die Diskrepanz zwischen der Frage Jesu und dem Schweigen der Zeitgenossen (V 4) zum Ausdruck gebracht. Denn der »Zorn« Jesu ist seiner sachlichen Qualität nach gegen die Zuschauer gerichtet, nicht gegen den Kranken, wie dies von dem »Mitleid« Jesu in 1,41; 6,34; 8,2 (vgl. 9,22) zu gelten hat. Ferner wird redaktionsgeschichtlich zu beachten sein, daß Markus auch in Kapitel 11f Gerichtsandrohung – nichts anderes ist in 3,5 mit ὀργή terminologisch impliziert[33] – und direkten Passionshinweis redaktionell einander folgen läßt. Diese Beobachtung legt ebenfalls markinische Verfasserschaft von 3,5a und 3,6 nahe. Schließlich spricht auch die Wortstellung in 3,5 gegen die vormarkinische Herkunft von μετ' ὀργῆς, wenn auf der anderen Seite περιβλεψάμενος als redaktionell (markinisch) eingestuft wird. Denn die Konstruktion μετ' ὀργῆς λέγει τῷ ἀνθρώπῳ ist syntaktisch nur schwer vorstellbar. Zu erwarten wäre eher λέγει τῷ ἀνθρώπῳ μετ' ὀργῆς.

Die markinischen Einschübe von V 5a und V 5bα dienen, wie deutlich geworden ist, der Darstellung des Konflikts zwischen Jesus und seinen Gegnern. Zu dieser Darstellung gehört ebenfalls das »Schweigen« der Umstehenden, das am Ende von V 4 genannt wird. Dieses Schweigen bildet die Voraussetzung für die herausgehobene, kritische Beleuchtung des Gegensatzes zu Anfang von V 5. Ob V 4fin für den Verlauf der Erzählung direkt notwendig ist, kann nur formkritisch entschieden werden. Das Schweigen versteht sich als Reaktion auf die Frage V 4. Die Darstellung einer Reaktion der Zuhörer gehört nicht zur Topik der Streitgespräche[34]. Denn die Streitgespräche beziehen ihre Wirkung aus dem Wort Jesu, nicht aus der Reaktion der Zuhörer, seien es die Gegner oder die Öffentlichkeit, die die Anerkennung der Aussage Jesu impliziert. Demzufolge liegt es nahe, auch V 4fin (οἱ δὲ ἐσιώπων) auf die Redaktion des Markus zurückzuführen[35].

---

32 So Pesch, Markus I, 189; Sauer, a.a.O. 197; Ernst, Markus 106.
33 Vgl. Stegemann, a.a.O. 165f.
34 Anders Bultmann, a.a.O. 66. Außer auf 3,4 verweist er auf 10,22; 12,17b; Lk 14,6; siehe dazu unten S. 218 und ebd. Anm. 61.
35 Vgl. 9,34; 14,61; 11,33 und vgl. Donahue, Christ 86; Hultgren, a.a.O. 82; Sauer, a.a.O. 190.

Was zu Anfang der Betrachtung des V 5 noch als Vermutung erschien, und zwar die markinische Herkunft von V 5a.bα, löst sich nun, indem V 4fin einbezogen wird, als Ausdruck der komplexen Redaktionstätigkeit des Markus in diesem Abschnitt: Markus hebt mit seiner Bearbeitung den Konflikt Jesu mit seinen Gegnern in zweifacher Weise heraus - natürlich in Vorbereitung und im Hinblick auf V 6. Zum einen zeigt sich der Gegensatz darin, daß die Gegner die Aussage Jesu - in V 4 als rhetorische Frage formuliert - nicht anerkennen wollen, sondern schweigen; dem entspricht das μετ' ὀργῆς (V 5a). Aus dieser Darstellung ergibt sich die direkte Verbindung zu V 6. Auf ihr Schweigen, also auf ihre implizite Leugnung hin, folgt der Zorn Jesu. Daß dieser Sachverhalt vor dem Horizont des zu erwartenden Gerichts zu verstehen ist, macht der terminus technicus ὀργή deutlich. V 5a formuliert also die kritische Interpretation des Sachverhalts. Demgegenüber hat zum anderen die Darstellung von V 5bα (συλλυπούμενος ἐπὶ τῇ πωρώσει τῆς καρδίας αὐτῶν) erklärende Funktion. Die Verhärtung ihrer Herzen verschließt den Gegnern, ebenso wie in 6,52; 8,17 den Jüngern, den Zugang zur Aussage Jesu in V 4, also im weiteren Sinne zum Verständnis der Verkündigung und Lehre Jesu (vgl. 4,11f). Die Verstockung ihrer Herzen liegt der markinischen Darstellung zufolge zum einen dem Handeln der Gegner zugrunde, das in V 6 einen Höhepunkt erreicht. Zum anderen wirkt diese Deutung zurück auf V 2.

Über diese Eingriffe des Markus, die die Pointe 3,6 vorbereiten, hinaus ist nur noch zu Beginn des Textes mit markinischer Bearbeitung zu rechnen, und zwar mit der Gestaltung von Mk 3,1a[36] und der

---

36 So Hultgren, a.a.O. 82.95 Anm. 68; Trautmann, a.a.O. 297; Sauer, a.a.O. 189; Doughty, a.a.O. 174f. Πάλιν und (εἰσ)ἔρχομαι sind markinische Vorzugsworte (vgl. 2,1.13; 7,31; 11,27; zu εἰσέρχομαι vgl. noch 1,21; 7,17.24; 8,26; 9,28; 11,11.15). Zur Überleitungsfunktion von πάλιν ferner 4,1; 5,21; 7,14; 8,1.13; 10,1.10.32. Mit Mk 3,1 nimmt Markus 1,21-29 auf (gegen Kertelge, a.a.O. 83 Anm. 272). Zufolge Schenke, a.a.O. 163, habe Markus zwar πάλιν in V 1a zugefügt, aber ein vorgegebenes τοῖς σάββασιν "als nach 2,23ff unnötig" gestrichen, so daß "das für die Erzählung unwichtige εἰς συναγωγήν stehengeblieben" sei. Mit demselben Recht wäre dann aber zu fragen, wieso τοῖς σάββασιν in V 2 erscheint und wieso Markus εἰς συναγωγήν überhaupt stehen läßt. Für diese Fragen ist offenbar

Zufügung von ἐκεῖ in V 1b[37]. Daß die gesamte Exposition des Textes (in V 1) von Markus bearbeitet wurde, kann vermutet werden[38]. Immerhin fällt die terminologische Differenz in der Krankheitsbeschreibung von V 1 (ἐξηραμμένην ἔχων τὴν χεῖρα) zu V 3 (τὴν ξηρὰν χεῖρα ἔχων) auf. Da in dem der Redaktion vorliegenden Text die Bestimmung in V 3 entbehrlich ist - denn V 2 wurde von Markus eingeschoben und führt so von der Exposition weg, kann angenommen werden, daß die Beschreibung aus der Exposition an diese Stelle in V 3 gerückt ist. Gestärkt wird die Annahme redaktioneller Gestaltung von V 1 an diesem Punkt durch die Beobachtungen, daß Markus auch sonst ξηραίνω liebt[39] und das Partizip ἐξηραμμένη auch in 11,20 redaktionell begegnet[40]

Die *vormarkinische Überlieferung* hat also mit einer Exposition, deren Reste in V 1b (und V 3) noch erkennbar und in V 2a erhalten sind, begonnen. Ferner hat sie V 3 (καὶ λέγει τῷ ἀνθρώπῳ· ἔγειρε εἰς τὸ μέσον) und die Jesusfrage V 4 umfaßt und mit V 5bβ-5fin geendet.

Die formgeschichtliche Frage, ob die Überlieferung eine Wundererzählung oder ein Streitgespräch darstellt, deckt sich mit der Frage, wie weit die Formelemente einer Wundererzählung innerhalb der Überlieferung bestimmend sind und ob diese Elemente in einem (früheren) Stadium der Überlieferung eine eigenständige Erzählung haben bilden können.

---

    das markinische Interesse an dem Rückbezug auf 1,21-29 ausschlaggebend, das sich erst nach der redaktionsgeschichtlichen Analyse erheben läßt, siehe dazu unten S. 125f. Schrage, ThWNT VII, 829 Anm. 212, schließt allerdings aus Lk 13,10 (vgl. a.a.O. 830,16ff), der Zusammenhang von Synagoge und Heilung sei den Evangelisten vorgegeben.
37 So Sauer, ebd.. Nach Thissen, a.a.O. 100, hat Markus ein ursprüngliches εἰς συναγωγήν durch ἐκεῖ ersetzt.
38 So Sauer, a.a.O. 189f, siehe dazu aber unten S. 116 nach Anm. 49.
39 Siehe 4,6; 5,29; 9,18; 11,20f und vgl. Lambrecht, BEThL 34, 299 Anm. 140.
40 Vgl. Sauer, ebd. Anm. 43.

Die vormarkinische Überlieferungseinheit in Mk 3,1-5

Jüngst hat Sauer[41] die These zu begründen versucht, in Mk 3,1-5 sei analog Mk 2,1-12 eine ursprünglich selbständige Wundererzählung durch ein Streitgespräch ergänzt worden. Die Beurteilung dieser These ist in gleicher Weise auf die Annahme anzuwenden, 3,1-5(6) stelle eine einheitliche Konzeption dar, in der "strukturell das Schema der Wundergeschichte dominiert"[42].

Im einzelnen wird zu prüfen sein, ob Sauers Behauptung, in 3,1b.5[43] liege eine von ihrer Topik her vollständige Wundererzählung vor, methodisch und in der Sache überzeugen kann. Im ganzen ist zu fragen, ob die von der Sabbatproblematik »befreite« Überlieferung als Jesusüberlieferung überhaupt überlieferungswürdig ist[44]. Zum ersten: Zweifellos enthält die Überlieferung in V 5 Heilungswort, -Vollzug und die Konstatierung der erfolgten Heilung. Daraus folgt aber nicht zwingend, daß ein ursprünglicher Chorschluß weggebrochen[45] und durch 3,6 ersetzt worden sei[46]. Denn die vormarkinische Überlieferung besitzt mit V 5fin einen sinnvollen[47], zu V 2 adäquaten Abschluß[48]. Postulat ist außerdem, zu Anfang der (angeblichen) Wundererzählung liege eine von ihren Bestandteilen her vollständige Exposition vor. Denn vom Auftreten des Wundertäters ist in V 1b nur dann die Rede,

---

41 A.a.O. 196-200. Vgl. noch Thissen, a.a.O. 217ff: R_S habe eine vormals selbständige Wundererzählung [V 1a (ohne πάλιν).5bβ-5fin] umgearbeitet, siehe dazu kritisch Trautmann, a.a.O. 307.

42 So Pesch, Markus I, 189. Die umgekehrte These, "the healing is subordinated in interest to the religious question at issue" (Taylor, Markus 220) hat Bultmann, a.a.O. 9, begründet, vgl. ferner Albertz, a.a.O. 11f; Dibelius, a.a.O. 52.

43 Zufolge Sauer, a.a.O. 199, stellt V 3 eine sekundäre Kombination von V 5 und V 1 dar. Wie in 2,5.11 markiere die Wiederholung des λέγει τῷ ἀνθρώπῳ die Nahtstelle des sekundären Einschubs, vgl. auch Dewey, a.a.O. 101.103.

44 Vgl. dazu Trautmann, a.a.O. 300f.

45 Gegen Dibelius, a.a.O. 42.52.

46 Gegen Thissen, a.a.O. 217f. Zum Problem eines "negativen Chorschlusses" siehe oben S. 108f.

47 Vgl. Koch, a.a.O. 50; Schmithals, Markus I, 199.

48 V 5 entspricht V 2a darin, daß der Vorwurf der Gegner eine die Autorität Jesu und die Aussage von V 4 bestätigende Antwort erhält (gegen Schenke, a.a.O. 165).

und dies auch nur implizit[49], wenn man der Textergänzung Sauers (καὶ εἶδεν τὸν ἄνθρωπον κτλ.) folgt. In 3,2-5 liegt aber kein Grund vor, ein ursprüngliches καὶ εἶδεν durch καὶ ἦν ἐκεῖ ἄωθρωπος κτλ. zu ersetzen.

Zum zweiten Einwand gegen die These, in 3,2-5 liege eine apophthegmatische Wundererzählung vor: Sauer[50] verweist darauf, daß die Wunderüberlieferung in 3,1b.5 zwar einen knappen Umfang besitze, dieser aber immerhin sogar etwas länger sei als der Umfang des vormarkinischen Bestandes von 1,29-31. Aber die Länge einer Überlieferungseinheit kann kaum über die »Möglichkeit«[51] oder Unmöglichkeit, daß die Einheit überliefert werden konnte, entscheiden. Daß ein biographisches Interesse in der Überlieferung von 3,1-5 vorliege, ist schon oben zurückgewiesen worden und trifft auch bei Sauer auf Ablehnung[52]. Für die Wundererzählung in Mk 1,29*-31 liegt der Überlieferungswert klar auf der Hand mit der Nähe zur Petrustradition[53] und mit der Nähe zur Hausgemeinde als dem zentralen Ort des Gemeindelebens. Aus der Überlieferung in 3,1b.5 ist Vergleichbares nicht zu erheben.

Ferner beobachtet Sauer[54] innerhalb der eigentlichen Erzählung von der Heilung "sprachliche Reminiszenzen" zu 3 Βασ 13,4-6. Diese »Vorgabe« spricht allerdings eher gegen die ursprüngliche Selbständigkeit als dafür. Sollte von 3 Βασ 13,4ff ein direkter Einfluß auf die Formulierung von Mk 3,1-5 ausgegangen sein, so ist auf jeden Fall überraschend, daß das primäre Erzählelement von 1 Reg 13,4ff, nämlich das Strafwunder, in Mk 3 keine Verwendung findet. Vielmehr macht der Vergleich wahrscheinlich, daß zwischen 3 Βασ 13,4ff und Mk 3,1.5 zwar eine terminologische Nähe besteht[55], diese aber zufälliger Art ist.

---

49 Dies wird von Sauer, a.a.O. 197, ausdrücklich konzediert.
50 A.a.O. 198; so auch Thissen, a.a.O. 217 Anm. 67.
51 Sauer, ebd.
52 Vor allem gegen Roloff, Kerygma, siehe oben S. 108f und Sauer, a.a.O. 185ff.
53 Vgl. Pesch, BiLe 9, 1968, 185.
54 A.a.O. 199f; so schon Lohmeyer, Markus 70.
55 Vgl. Pesch, Markus I, 189 Anm. 5; Gnilka, Markus I, 128. Derrett, Bib. 65, 1984, 168-188, versucht, 3,1-6 insgesamt von alttestamentlichem Hintergrund her zu verstehen.

Gegenüber der genannten Auffassung ist bemerkenswert, wie stark die Formelemente einer Wunderüberlieferung innerhalb der vormarkinischen Überlieferungseinheit hinter denen eines Streitgesprächs zurückbleiben[56]. Denn der Wundertäter und der Kranke, ja die Heilung selbst, spielen innerhalb der Überlieferung nur eine untergeordnete Rolle. Daher wird Jesus erst im nachhinein (αὐτόν) eingeführt. In dieser Anordnung der Szenerie entspricht Mk 3,1b.2a den Szenen auch anderer Streitgespräche (vgl. 2,24 und 2,18; 7,5). Denn ein Streitgespräch lebt von dem Gegenüber von Gegner(n) und Jesus. Die Szene bezieht ihr Gewicht aus der illustrativen Wirkung, mit der der Konflikt veranschaulicht wird. Das Auftreten des Kranken impliziert zwar die Frage der Heilung. Aber diese Szenerie wird nicht um ihrer selbst willen überliefert[57], wie das späte Auftreten des Wundertäters deutlich macht, sondern zur Illustration eines Sachproblems. In 3,1b.2a geht es also nicht primär um die Begegnung des Kranken mit dem Wundertäter, sondern um den Konflikt zwischen Jesus und seinen Gegnern anläßlich einer Heilung, im speziellen Fall am Sabbat. Wie in anderen Streitgesprächen ist das Verhalten Jesu Anlaß des gegnerischen Vorwurfs, in welchem das Sachproblem (Sabbatheilung) genannt wird.

Die Annahme einer sekundären Komposition der Heilungsszene in 3,1-5 wird außerdem dadurch wahrscheinlich, daß in der paganen Literatur des öfteren[58] die Heilung einer Hand berichtet wird. Diese Erwähnungen finden sich jeweils in Heilungssummarien, also jeweils im allgemeinen Rahmen. Diese Erscheinungsform von Heilungen einer verkrüppelten Hand legt für Mk 3,1-5 den Schluß nahe, daß hier eine allgemeine Heilung als ideale Szene verwendet worden ist[59]. Komposito-

---

56 Vgl. nur Roloff, a.a.O. 64, und den oft herangezogenen Vergleich aus dem Nazaräerevangelium (Hier. Mt.-Comm zu 12,13) ebd. Anm. 45. Die dort hervorgehobene soziale Komponente der Heilung (vgl. Theißen, Wundergeschichten 249) liegt in Mk 3,1-5 allerdings gerade nicht vor.
57 Gegen Tannehill, Semeia 20, 1981, 108.
58 Vgl. Tac, Hist IV, 81; Suet, Vesp. 7; Dio C 66,8 über Vespasian; Philostr, VA III, 39 (siehe Hengel, FS Siebeck, 344 Anm. 2; Schmithals, Markus I, 194).
59 Siehe Esser, Studien 118.

risch ist dies zudem ein Vorgang, der der synoptischen Tradition nicht fremd ist: In Q begegnet mit Mt 12,22f (9,32f) par Lk 11,14 eine ähnlich kurze Exorzismusdarstellung als Anlaß des Beelzebul-Vorwurfs.

Die Komposition von Mk 3,1-5 entspricht durchaus dem Entstehungsprozeß der Streitgespräche insoweit, als die Jesusantwort in einer angemessenen Szene veranschaulicht wird. Allerdings zeichnet sich das Gespräch in 3,1-5 in zweifacher Hinsicht durch seine eigene Art aus: Zum einen fehlt dem Gespräch der direkte Vorwurf oder die direkte Frage; zum anderen werden der szenische Rahmen (Auftreten des Kranken) und das Sachproblem selbst (V 2a) innerhalb der Überlieferung noch einmal aufgenommen und erhalten einen, neben dem Jesuswort zweiten Abschluß (V 5b.c). Beide Sachverhalte lassen sich dadurch erklären, daß die Komposition von 3,1-5 im schriftlichen Stadium stattgefunden hat. Denn einerseits ist eine Mischgattung, in der Elemente einer Heilungsszene mit denen eines Gesprächs eng verwoben werden, eher im schriftlichen Stadium wahrscheinlich. Andererseits weist der vormarkinische Text Indizien schriftlicher Komposition des Ganzen auf: Das Auftreten des Kranken und der Gegner, die freilich unbenannt bleiben, bilden eine Exposition[60], in der die Szene und das Sachproblem des Gespräches untrennbar verbunden sind.

Aus dieser Verdichtung von Szene und Sachproblem erklärt sich denn auch, daß statt des üblichen Vorwurfs in direkter Rede das Sachproblem indirekt innerhalb der Exposition genannt wird[61]. Diese Verschränkung der Formelemente (Exposition und Vorwurf) erzwingt die ausdrückliche Wiederaufnahme eines Teils der Eingangsszene mit V 3. Hierin ist zwar die Funktion "einer szenischen Vorbereitung"[62] für die Heilungstat V 5 erfüllt, aber diese erklärt sich nicht als topisches Element der Gattung[63]. Vielmehr wird innerhalb des Gesprächsverlaufs der Kranke erzählerisch als Demonstrationsobjekt des Jesuswortes ver-

---

60 Sauer, a.a.O. 199, rechnet dagegen mit einer zweiten Exposition in V 2a.
61 Gegen Roloff, a.a.O. 63, der meint, das Formelement (Vorwurf) fehle in 3,1-6.
62 Theißen, a.a.O. 70.
63 Vgl. Sauer, a.a.O. 197; anders Pesch, Markus I, 189.

wendet (vgl. 9,36). Die Aufnahme des Erzählfadens aus der Exposition hat also für das Gespräch dienende Funktion. Da das Jesuswort V 4, wie schon oft bemerkt[64], nicht direkt mit dem Kontext verbunden erscheint, sondern zu diesem eher in Spannung steht, ist V 3 auch vom direkten Fortgang der Erzählung her notwendig, um V 4 halbwegs zu integrieren. Diese Gestaltung zeugt von beabsichtigter Komposition. Die Darstellung in V 5b.c rundet den Abschnitt ab. In ihrer Funktion korrespondiert sie nicht nur V 2a, sondern auch dem Jesuswort V 4. Diese zweite Entsprechung besteht insofern, als die folgende Heilungstat die Entscheidung von V 4 exemplarisch vollzieht. In V 5b-c fließen damit Lehre und Wunder Jesu zusammen. Das Sachproblem Sabbatheilung kommt in Wort und Tat Jesu zur Lösung.

Hinter die literarische Form der Überlieferung ist eine Rückfrage möglich, und zwar die nach der ursprünglichen Selbständigkeit von Mk 3,4[65]. Zufolge der Analyse des vormarkinischen Textes stellt 3,4 eine ursprünglich selbständige Einheit dar. Das Logion übersteigt den Zusammenhang, indem es nicht nur auf die Sabbatkasuistik zielt[66], sondern die Frage nach dem Tun stellt[67]. Als sabbatkritisches Logion ist V 4 in sich verständlich und abgeschlossen. Daß die Frageform von V 4 dem Vorwurf in V 2 korrespondiere[68], ist also kein überzeugendes Argument für die Annahme einer einheitlichen Konzeption in 3,1-5. Denn zum einen erklärt sich die Frageform, dazu die der rhetorischen Frage, aus der Verwendung von V 4 in der lebendigen Debatte der Gemeinde, womit auch Bultmann rechnen könnte, wenn er V 4 als "Kampfwort" charakterisiert[69]. Zum anderen läßt die Kombination

---

64 Vgl. Roloff, a.a.O. 65; Thissen, a.a.O. 76; Hultgren, a.a.O. 83; Trautmann, a.a.O. 305; Pesch, Markus I, 193; Dewey, a.a.O. 102; Schmithals, Markus I, 196.
65 Seit Bultmann, a.a.O. 9, wird die Selbständigkeit von V 4 bestritten, vgl. vor allem Trautmann, a.a.O. 305f; Pesch, Markus I, 189. 195; ferner Hultgren, a.a.O. 83f; dagegen Sauer, a.a.O. 199.
66 Vgl. Joma 8,6 und die Diskussion bei Billerbeck I, 623-626; II, 487f; IV, 24f.
67 Vgl. Dautzenberg, Leben 159.
68 So Bultmann, ebd.
69 A.a.O. 158. Bultmann billigt den Kampfworten am ehesten zu, authentisch zu sein. Dies widerspricht aber seiner Annahme, daß

von Sabbatkasuistik und theologischer Grundlegung (»gut« - »böse«) in V 4 den Vorwurf von V 2 hinter sich. Die szenische Einkleidung bleibt hinter V 4 zurück, da das Gegenüber von »Gutes tun« - »Böses tun« und »Leben retten« - »töten« den Kontext des Wundergeschehens übersteigt. In diesem Sachverhalt liegt der Schlüssel zum Verständnis der Komposition. Denn das Sachproblem Sabbatkasuistik, das V 2 anspricht, wird nicht auf gesetzlicher, juristischer Basis gelöst, sondern theologisch von der Qualifikation des Handelns her: Die Sabbatfrage wird auf die entscheidende Sachfrage des Rechtverhaltens des Menschen vor Gott zugespitzt. Die Frage, die den Gestalter der Überlieferung bewegt, ist gar nicht die, ob die Heilung nicht doch erlaubt sein könnte. Die Frage ist schon in der Exposition - mindestens implizit - entschieden mit dem Auftreten des Kranken und der Darstellung des gegnerischen Verhaltens (V 2a), das aufgrund des weiteren Verlaufs des Abschnitts konstruiert wirkt. Die Frage, die der Gestalter in seiner Komposition reflektiert, ist vielmehr die nach der Begründung der Sabbatheilung, die in V 4 gegeben wird. Daher leuchtet ein, daß die Überlieferung folgerichtig mit der Heilungstat endet und enden muß.

Angesichts der bewußten Komposition in 3,1-5 sind über V 4 hinaus wohl kaum weitere traditionsgeschichtliche Rückfragen zu diesem Abschnitt sinnvoll. Allerdings wurden, wie Mt 12,11f par Lk 14,5 und Lk 13,15 zeigen, innerhalb der Jesusüberlieferung Sabbatheilungen Jesu tradiert[70]. In die Nähe dieser Tradition gehört in der Sache auch das Doppellogion 3,4. Auf der juristischen Ebene ist die Sabbatkasuistik für 3,4 nicht das Thema (vgl. dagegen die Argumentation von Mt 12,11 par Lk 14,5; Lk 13,15). Der Unterschied vor allem zu einem Logion wie Mk 2,27 ist oben schon dargelegt worden[71]. Für die Traditionsgeschichte von 3,1-5 läßt sich höchstens behaupten, daß der Gestalter neben 3,4 als Debattenwort, das formal juristisch als Gesetzeswort formu-

---

3,1-5 als organisches(!) Apophthegma von der Gemeinde gebildet worden sei (a.a.O. 9).

70 Vgl. dazu Trautmann, a.a.O. 284.

71 Siehe oben S. 48. Aus Mk 3,4 spricht jedenfalls nicht eine grundsätzliche Ablehnung des Sabbatgebotes (gegen Hummel, Auseinandersetzung 45), so auch Hultgren, a.a.O. 83.

liert ist (ἔξεστιν), Kenntnis dieser Sabbatheilungstradition hatte. Wie diese aussah, läßt sich nicht sicher beschreiben. Wie sie vermittelt wurde, ist aber möglicherweise aus dem Sitz im Leben des vormarkinischen Textes zu erheben.

Formgeschichtlich stehen sich 2,15-17 und 3,1-5 in ihrer vormarkinischen Gestalt recht nahe. In beiden Stücken gilt der Widerspruch der Gegner einem Verhalten Jesu. Angegriffen wird aber nicht die Vollmacht Jesu, wie dies in 2,7 der Fall ist, sondern eine Sachfrage[72] steht in beiden Stücken zur Lösung an: in 2,15-17 die Tischgemeinschaft, in 3,1-5 das Sabbatverhalten. Entspricht die vormarkinische Einheit Mk 3,1-5 auch der Form eines Streitgesprächs? Für diese Annahme spricht, daß das Auftreten von Gegnern und das die Sachfrage entscheidende Logion Formelemente eines Streitgesprächs darstellen. Für die Bestimmung als Streitgespräch ist entscheidend, ob Mk 3,1-5 einen Vorwurf als Formelement enthält. Die Frage, ob V 2aβ als Vorwurf zu verstehen sei, hat schon Bultmann bejaht[73], freilich ohne nähere Begründung. Offensichtlich haftet dem παρατηρέω in V 2a negativer Sinn an, der die Aussage des indirekten Fragesatzes verschiebt[74]. Die Darstellung von V 2a wäre also etwa so zu verstehen, wie auch in den anderen Streitgesprächen die Elemente aufeinanderfolgen: Die Gegner beobachten das Verhalten Jesu, die Heilungstat, und fragen daraufhin, »warum heilt er am Sabbat?«. Daß hier, für ein Streitgespräch untypisch, der Vorwurf in die Exposition gezogen und das Verhalten Jesu erst als Abschluß der Einheit eingebracht wird, läßt sich, wie oben beschrieben, aus der Doppelfunktion der Heilungstat, als Anlaß und als Vollzug der Aussage Jesu, begründen[75]. Der Text gehört seiner Form nach also zu den Streitgesprächen, im Blick auf die literarische Gattung hellenistischer Literaturformen ist er genauerhin den gemischten Chrien zuzurechnen[76]. Aufgrund des geringen Alters, das für die

---

72 So auch Hultgren, ebd.
73 Geschichte 9.
    Siehe WB 1234 s.v. παρατηρέω 1. Das Verb wird in Xen., Mem 3, 14,4, worauf WB verweist, in ironischem Sinn verwendet.
75 Vgl. Tannehill, ANRW II, 25.2, 1816.
76 Siehe unten S. 320f.326ff.

literarische Komposition einer Mischform anzunehmen ist, wird man die zweite Einordnung vorziehen dürfen; möglicherweise sogar im Aufbau gemischter Chrien das Vorbild der Konzeption von 3,1-5 erkennen können.

Aus dieser Bestimmung ergibt sich die Folgerung, daß die Entstehung des vormarkinischen Textes, also die Komposition von 3,1-5 aus 3,4 heraus, in griechischem Milieu stattgefunden hat[77]. Auch von der Aussage des Textes her läßt sich diese Zuordnung bestätigen. Überzeugungskraft und exemplarisches Gewicht hat 3,1-5 nur für christliche Adressaten[78]. Denn die Bestätigung der Worte Jesu durch die Heilungstat hat nur für christliche Hörer Relevanz. In diesem Zusammenhang ist dann aber auch fraglich, ob die - in dem vormarkinischen Text unbenannten - Gegner "orthodoxe Juden" repräsentieren, ob sich also 3,1-5 auf eine "christologisch-apologetische Auseinandersetzung" zurückführen läßt[79]. Dagegen spricht neben den genannten Argumenten[80] die Beobachtung, daß 3,4, für sich und in seiner Verwendung in diesem Abschnitt, die Sabbatkasuistik hinter sich gelassen hat, also die Gesetzlichkeit als solche angreift[81]. Angesprochen werden mit 3,1-5 *juden*christliche *Adressaten*. Für sie besitzt die Begründung und die bestätigende Ausführung der Heilungstat Beweiskraft.

Der Standpunkt des Gestalters der Geschichte ist der hellenistisch geprägten, heidenchristlichen Gemeinde zuzuordnen. Der konkrete Traditionsort des Textes ist daher die griechische Gemeinde. Daß in der

---

77 Bultmann, ebd., rechnet mit der Bildung des organischen Apophthegmas in der palästinischen Gemeinde, so auch Schenke, a.a.O. 168ff. Kertelge, a.a.O. 84, und Stegemann, a.a.O. 164, bestimmen eine hellenistisch-judenchristliche Tradition.
78 Vgl. Sauer, a.a.O. 200-203.
79 So vor allem Schenke, a.a.O. 168f (ebd. die Zitate) und auch Gnilka, Markus I, 129.
80 Dazu zählen: die besonderen Entstehungsbedingungen des Abschnittes, die positive Bestimmung des Adressatenkreises und vor allem der Sachverhalt, daß 3,1-5 ein praktisches Gemeindeproblem betrifft, nicht etwa die Vollmacht Jesu über den Sabbat (siehe oben S. 121 nach Anm. 72).
81 Vgl. Kertelge, ebd.; Pesch, Markus I, 196; Schmithals, Markus I, 195ff.

Tradition die "konkrete Auseinandersetzung zwischen heidenchristlichen Wundercharismatikern und strengen Judenchristen" nachwirkt, ist möglich[82]. Schließlich kommt die Komposition aus 3,4 heraus nicht zufällig zustande, sondern hat einen konkreten Anknüpfungspunkt. Allerdings weist die formgeschichtliche Einordnung des vormarkinischen Textes aus, daß 3,1-5 im Lehrgut[83] der heidenchristlichen Gemeinde seinen Sitz im Leben hat. Der Entstehungsort des Abschnitts ist mit dem Traditionsort von 3,4 gleichzusetzen. Bultmanns Bestimmung als "Kampfwort"[84] besteht zu Recht. Als Argument der christlichen Debatte gelangt es ins Überlieferungsgut. Die Formulierung im Stil eines Gesetzeswortes (ἔξεστιν) zeigt deutlich eine jüdische Herkunft. Der Zusammenhang mit dem Thema Sabbatheilung ist allerdings nicht nur literarisch, sondern auch traditionsgeschichtlich sekundär. Die Aussage 3,4 ist so generell gehalten, daß zwar zu erkennen ist, daß es sich um ein Debattenwort zur Sabbatkasuistik handelt, aber es ist nicht nachzuweisen, daß es ursprünglich konkret in die Situation einer Sabbatheilung gesprochen wurde. Daß dieses Wort später so verwendet wird, ist vorstellbar. Die Sprache von 3,4 steht griechischer Terminologie nahe (vgl. ἀγαθὸν ποιῆσαι - κακοποιῆσαι). Die Herkunft von 3,4 aus dem hellenistischen Judenchristentum ist also nicht ausgeschlossen[85]. Dennoch läßt sich im Blick auf Mt 12,11par nicht bezweifeln, daß die Aussage von 3,4 der Intention Jesu entspricht. Daß 3,4 ursprünglich nach außen gegen das Judentum gerichtet war, ist zwar möglich, aber wenig wahrscheinlich. Denn die Aussage überwindet nicht nur die legalistische Perspektive der Sabbatkasuistik, sondern setzt als Debattenwort wiederum den kritischen Konsens auf seiten der Adressaten voraus.

Markus versteht den Text von 3,1-5 in der Form, wie er ihm vorgelegen hat, als Streitgespräch zum Sabbat. Nach 2,23-27 bekommt das Sabbatproblem seine vierte Lösung innerhalb des Markus-Evangeliums. Nach dem Schriftargument in 2,25f, der schöpfungstheologischen (2,27)

---

82 Sauer, a.a.O. 202.
83 Vgl. Schmithals, Markus I, 199.
84 A.a.O. 158; siehe oben S. 119 bei Anm. 69.
85 Zur syntaktischen Formulierung siehe B-D-R § 245$_4$.

und christologischen (2,28) Begründung wird die Sabbatfrage in 3,1-5 fundamentaltheologisch entschieden. Damit ist aber nur der nächste Zusammenhang innerhalb der Evangelienkomposition beschrieben. Markus verwendet den Abschnitt darüber hinaus zur biographischen Darstellung, vor allem mit Hilfe von 3,6. Indem er 3,1-5 auf die Passion ausrichtet, verändert er die Perspektive des vorgegebenen Stückes. Nun trägt nicht mehr die Pointe der vormarkinischen Überlieferung das Gewicht, also die Entscheidung Jesu aus V 4, sondern die Auseinandersetzung Jesu mit seinen Gegnern. Der unvermeidbaren Diskrepanz, die letztendlich, wie in V 6 angedeutet wird, am Kreuz endet, unterwirft Markus die gesamte vormarkinische Darstellung. So gibt er dem kritischen Beobachten der Gegner (V 2a) durch seine Interpretation mit V 2b eine andere Funktion innerhalb der Geschichte. Das formtypische Element des Vorwurfs interpretiert Markus zum versucherischen bösen, "heimtückischen Belauern"[86] um. Den Gegnern liegt Markus zufolge an der Sachfrage, ob Jesus den Kranken am Sabbat heilen werde in der Perspektive des Anklagegeschehens von V 6. Dieser, schon am Anfang vollzogene Bruch zwischen den Gegnern und Jesus erklärt hinreichend ihr Schweigen, das der Frage Jesu folgt. Markus beläßt die Szene aber nicht auf der Ebene der Konfliktbeschreibung, sondern setzt sie mit V 5a.bα auch theologisch um. Das Verhalten der Gegner und von V 2b her auch ihr Vorgehen gegen Jesus in V 6 unterliegen dem Zorn und entsprechen der unbußfertigen Härte ihrer Herzen, ihrem Unglauben. Ihr Tun bringt Markus mit dem κακοποιῆσαι - ἀποκτεῖναι (V 4) in Verbindung und bezieht es auf ihr Handeln (vgl. ähnlich 12,12)[87]. So bringen die Pharisäer und Herodianer ihr 'Werk' schon in Galiläa auf den Weg. In 12,13 führen sie es in Jerusalem fort als Werkzeuge der Autoritäten des Synhedriums.

---

86 WB 1234 s.v. παρατηρέω 1. Der Deutungsvorgang entspricht den direkten Kennzeichnungen gegnerischen Verhaltens mit πειράζειν in 8,11; 10,2; 12,15 (so auch Pesch, Markus I, 189, aber dem vormarkinischen Bestand zugerechnet).

87 Gnilka, Markus I, 128, macht mit Recht auf die beiden Interpretationslinien aufmerksam, einerseits die der Tradition mit der Vergewisserung des Handelns am Sabbat, andererseits die der Redak-

Die Interpretation der vormarkinischen Überlieferung von 3,1-5 hat außerdem Abschlußfunktion. In 1,21-28; 2,1-12 und 3,1-6 begegnen jeweils Texteinheiten, in denen Wunder und Lehre Jesu verknüpft werden. Die Entsprechungen zwischen 1,21-28 und 3,1-6 zeigen, daß Markus mit seiner Interpretation eine einheitliche Richtung verfolgt, die die beiden Abschnitte als Anfang und Ende eines zusammenhängenden Sinnabschnitts des Markus-Evangeliums begreifen läßt[88]. Wie in 1,21.23 läßt Markus das Geschehen von Wunder und Lehre Jesu in der Synagoge, einem typischen Ort der Lehre Jesu, stattfinden. Führten dort Lehre und Wunder zur Akklamation des Publikums, so hier in 3,1-5 zum völligen Bruch der Gegner mit Jesus. War dort der Exorzismus am Sabbat öffentlicher Ausdruck seiner vollmächtigen Lehre, so ist hier die Sabbatheilung Begleitung der Lehre, die Jesus an das Kreuz führt: dort Akklamation, hier Schweigen und Todesbeschluß.

Innerhalb des Galiläa-Abschnitts des Markus-Evangeliums ist nun zu beachten, daß in 1,21-28 wie in 3,1-6 nicht nur die Themen »Wunder« und »Lehre« verbunden sind, also die Wundertat nicht selbständige Funktion erfüllt, sondern daß die Lehre jeweils gegenüber der Wundertat dominiert. Werden die Interpretationen von 1,21-28 und 3,1-6 auf der markinischen Ebene zusammengefaßt, so interpretieren sich beide Stücke gegenseitig. Zweck der markinischen Konzeption ist nicht, Jesus als Wundertäter darzustellen und zu bestätigen. Vielmehr richtet sich das markinische Interesse darauf, Jesus als vollmächtigen Lehrer zu schildern, dessen Vollmacht erfahrbares Ereignis wird[89]. Zugleich zeigen die gegenseitige Interpretation und die Stellung der beiden Stücke am Anfang und Ende des Galiläateils, daß die Vollmacht der Lehre

---

tion, der an der Charakterisierung des gegnerischen Handelns als eines Handelns aus Unglauben gelegen ist.
88 Vgl. Koch, NTS 29, 1983, 154f.
89 Deshalb wird von Markus als Ort des Geschehens in 3,1 die Synagoge eingetragen (siehe oben S. 113f Anm. 36). Thissen, a.a.O. 79 Anm. 100, hat die Meinung vertreten, wenn die Ortsangabe von Markus stammen sollte, müßte auch die Lehrtätigkeit Jesu genannt werden. Diese Nennung erübrigt sich aber für Markus, da er den Abschnitt im Ganzen als Lehre interpretiert, zu der das Wunder nur dienende Funktion einnimmt.

Jesu zu seinem Tod am Kreuz führt. In der Sicht des Markus sind Akklamation der Menge und Todesbeschluß der Gegner nicht nur formal, sondern auch in der Sache korrespondierende Glieder.

2.2.2. Die Streitgespräche zum Wirken Jesu

Die Texte Mk 2,1-12; 3,22-30; 11,27-33 können insofern auf eine Formkategorie zurückgehen, als in ihnen statt eines Vorwurfs ein Angriff den Gesprächsgang beherrscht. Sie sind außerdem untereinander dadurch verbunden, daß sie das Wirken Jesu, und zwar die Sündenvergebung auf Erden, seine Exorzismustätigkeit oder sein ταῦτα ποιεῖν, betreffen. Von daher versteht sich, daß sie im ganzen christologisch orientiert sind. Das Thema der Vollmacht Jesu spielt dementsprechend in zwei der drei Texte die tragende Rolle (2,1-12; 11,27-33).

Da das Vollmachtsthema eine besondere Perspektive in der christologischen Darstellung des Markus-Evangeliums bildet (vgl. 1,22.27), gilt der Untersuchung markinischer Redaktionstätigkeit in der Analyse von 2,1-12 und 11,27-33 ein besonderes Augenmerk. Überdies sind diese beiden Texte auch in anderer Hinsicht interessant: In 2,1-12 sind die Themen Wunder und Lehre, in 11,27-33 das Wirken Jesu und das Prophetenbild miteinander verbunden. Auch hierzu ist zu fragen, wieweit schon die Tradition diese thematische Doppelung (vgl. 3,1-5) enthält oder ob diese erst von Markus eingebracht wurde. Für die Konzeption des Evangeliums und die christologische Darstellung Jesu ist Mk 3, 22-30 ebenso beachtenswert. Der Ablehnung Jesu durch Verwandte und Gegner folgt innerhalb des Streitgesprächs deren Verurteilung, die im Zusammenhang der Lästerung des heiligen Geistes implizit christologisch bedingt ist (vgl. 1,10f; 9,7). Auch in 3,22-30 stoßen wie in 2,1-12 die Themen Wunder und Lehre aufeinander.

Nach der Trennung von Redaktion und Tradition ist die Frage nach der Form das besondere Anliegen der Analysen. Hierbei ist die Fragestellung leitend, ob sich wahrscheinlich machen läßt, daß die drei Streitgespräche eine eigene Formkategorie darstellen, wie dies (oben 2.1.) von dem äußeren Kriterium des »Angriffs« ausgehend behauptet

Die Vollmacht zur Sündenvergebung auf Erden (Mk 2,1-12) 127

wurde. Darauf aufbauend stellen sich die formgeschichtlichen Fragen nach Entstehung, Sitz im Leben und Trägerkreis der Form.

2.2.2.1. Die Vollmacht zur Sündenvergebung auf Erden (Mk 2,1-12)

Zu Anfang des Stückes[1] hebt sich der Rahmen deutlich ab. Umstritten ist aber, ob dieser nur V 1 oder auch Teile von V 2 umfaßt. Der nächste Schritt der Analyse betrifft die vormarkinische Tradition. Mit welchem Recht ist von einer Wunderüberlieferung zu sprechen? Sodann wird die Gesprächsszene auf Umfang, Tradition und Form hin untersucht, ferner wird die Gestaltung des Abschnitts 2,1-12 auf ihre Motive hin befragt. Schließlich wird die Stellung des Abschnitts innerhalb des Aufbaus des Markus-Evangeliums bestimmt.

Mk 2,1 macht den Eindruck einer Übergangsbemerkung von 1,45 her. Sprachliche und sachliche Gründe zeigen markinische Herkunft dieser verbindenden Bemerkungen: Die Wendung εἰσελθών entspricht markinischem Wortschatz[2], πάλιν ist eine bekannte Anreihungsformel des Markus[3], in gleicher Funktion das überleitende καί[4]. Die ungenaue Zeitangabe (δι' ἡμερῶν) ist für die folgende Wundererzählung bedeutungslos und dient der Überleitung von 1,45 zu 2,1.

Die Ortsangabe[5] hat in der Wundererzählung keinen Anhaltspunkt. Sie erinnert an 1,21. Mit ihr ist eine Klammer von 1,21 über 1,45 zu 2,1

---

1 Zur Literatur siehe Pesch, Markus I, 162.428 (L 12), und vgl. Hultgren, Adversaries 106-109; Trautmann, Handlungen 234-257; Klauck, BZ 25, 1981, 223-248.
2 Redaktionell in 1,21b. 45; 3,1; 5,39a; 7,17.24; 8,26; 9,28; 11,15.
3 "Eine Lieblingswendung des Markus" (K.L.Schmidt, Rahmen 78), siehe 2,13; 3,1.20; 4,1; 5,21; 7,14.31; 8,1.13; 10,1.10.24.32; 11,12; 15,12(?), vgl. noch oben S. 113 Anm. 36.
4 καὶ εἰσελθών markinisch in 1,21; 5,39a; 7,24; 11,15; vgl. auch 3,1; 7,17; 9,28; 11,1. καί verbunden mit ἐξέρχεσθαι redaktionell in 1,28; 2,13; 3,6; 6,1.12.34.54.
5 Zum redaktionellen Rückbezug der Ortsangabe vgl. Thissen, a.a.O. 48f.

gelegt. Die Spannung der Einschränkung aus 1,45b hebt ἠκούσθη umgekehrt auf[6]. Der Darstellung zufolge kommt die Öffentlichkeit (πολλοί) zu Jesus. Einzig ἐν οἴκῳ wird für den folgenden Zusammenhang benötigt. Hinter dieser Angabe steht also die Tradition[7].

Weitere Beobachtungen lassen auch in V 2 die Hand des Markus erkennen, nun aber nicht als Übergangs-, sondern als Rahmenbemerkung zur folgenden Erzählung. Auf markinische Redaktionstätigkeit weist ἐλάλει αὐτοῖς τὸν λόγον[8] wie in 8,32. Ein Hinweis auf Jesu Lehrtätigkeit findet sich schon in 1,22. Der Ansturm der Menge ist ein bekanntes Motiv des Markus[9]. Ebenso geht dessen Illustration auf Markus zurück[10]. Dieses Motiv unterstützt den Gang der folgenden Erzählung: V 2a.b betont und erläutert die Schwierigkeiten des Krankentransportes, der im folgenden zu einem ersten Gipfel in Szenerie und Spannungsablauf führt (V 5).

Mit V 3 beginnt die *Wundererzählung*, die Markus - ergänzt durch καὶ ἦν ἐν οἴκῳ / εἰς οἶκον[11] (V 1) - aus der Tradition übernommen hat.

---

6   1,45 ist redaktionell. Die Nachricht von Jesu Anwesenheit gelangt auch nach anderen redaktionellen Bemerkungen an die Öffentlichkeit, siehe 3,8.21; 5,27; 6,14a(16).55; 11,18; 12,18; vgl. noch 10,47.

7   Vgl. K.L.Schmidt, a.a.O. 78 (siehe noch unten Anm. 11). Wenn hier an 1,29 zu denken wäre, entspräche dies der markinischen Intention, Rückbezüge herzustellen.

8   Redaktionell auch in 4,33; 8,32. Zur Bedeutung innerhalb der markinischen Theologie vgl. Schweizer, Aufsätze I, 100 und Thissen, a.a.O. 300-338 (siehe zu diesem aber oben S. 30).

9   Zu diesem Motiv bei Markus siehe 2,13; 3,9.20; 4,1; 6,33.55; 9,15; 11,18; vgl. noch 1,28.33.39 und vgl. Koch, Wundererzählungen 46f. 74f; Ders., NTS 29, 1983, 164 Anm. 66. Zum Vorkommen von πολλοί in redaktionellem Zusammenhang siehe 3,10; 6,2.31.33; 9,26; 10,48; 11,8; zu συνάγω siehe 4,1; 5,21; 6,30; 7,1 (jeweils redaktionell). Zum markinischen Begriff διὰ τὸν ὄχλον in V 4 siehe 2,13; 3,9.20; 4,1.36; 5,21.24.31; 6,34.45; 7,14.17.33; 8,1.2.6.34; 9,14; 10,46; 11,18.32; 12,12.37.41; 15,8.11.

10 Markus illustriert den Zulauf der Menge auch in 1,45; 3,10.20; 4,1 (vgl. 1,27) mit einem durch ὥστε eingeleiteten infiniten Konsekutivsatz (siehe in traditionellem Zusammenhang 2,12; 4,32.37; 9,26; 10,8; 15,5). Zur ursprünglichen Bedeutung des Krankentransportes durch das Dach vgl. Jahnow, ZNW 24, 1925, 156f.

11 Siehe K.L.Schmidt, a.a.O. 78f; vgl. noch B-D-R § 205.

Die Erzählung 2,3-12 ist folgendermaßen strukturiert: V 3 nennt das Auftreten des Kranken, die Krankheit und die daraus resultierende Erschwernis. V 4 weist auf die Schwierigkeiten, zum Wundertäter zu gelangen, und beschreibt deren Überwindung. V 5a[12] beginnt eine Gesprächsszenerie, deren zwei Ebenen den jeweils verschiedenen Dialogpartnern entsprechen. Die erste setzt sich in V 11 fort, sie gehört der Wundererzählung an. Die zweite umfaßt mindestens V 6-10. Das Bindeglied beider Ebenen bildet V 5b.

Aus dieser Analyse der Struktur ergeben sich Folgerungen hinsichtlich der Form. Mit V 3-5a(b).11f[13] liegt eine in sich voll verständliche, unabhängige Wundererzählung vor. Von dieser Wundererzählung wird eine *Gesprächsszene* eingefaßt[14]. Das Ende dieser Gesprächsszene wird mit dem Wiederanschluß λέγει τῷ παραλυτικῷ (V 10c) markiert[15].

---

12 Zum Glaubensmotiv innerhalb der Wundererzählungen bei Markus siehe (4,40); 5,34; 10,52; 11,22; zu 2,5 vgl. Maisch, Heilung 71-76. In 2,5 ist der Glaube der Träger gemeint, allenfalls mittelbar wird mit αὐτῶν auch der Glaube des Paralytischen vorausgesetzt. Die "sehr viel schlichtere Folgerung", mit den Trägern identifiziere sich die Gemeinde (Klauck, a.a.O. 244), oder die, "die Gemeinschaft der Glaubenden trägt ihre (noch) schwachen Glieder mit" (Schmithals, Markus I, 149), gibt der Text nicht her.

13 Zuzüglich einer Ortsangabe, siehe oben S. 128.

14 Literarkritisch wurde die These von Wrede, ZNW 5, 1904, 354-358, begründet, vgl. noch Bultmann, a.a.O. 12ff (12 Anm. 1); Maisch, a.a.O. 21-48, und siehe unten S. 131 Anm. 22, 134 Anm. 30. Die Einheitlichkeit der ursprünglichen Überlieferung (siehe Albertz, Streitgespräche 7f; Dibelius, Formgeschichte 63f; Ders., ThR 1, 1929, 211) wird weiterhin vertreten von Kümmel, Theologie 40; Theißen, Wundergeschichten 165f; Schmithals, Markus I, 150; Ders., ZThK 77, 1980, 163; Berger, Exegese 29ff; Ders., Formgeschichte 307ff; vgl. ferner Branscomb, JBL 53, 1934, 55-59; Ders., Markus 45 und (wenig überzeugend) Mead, JBL 80, 1961, 348-354.

15 V 10c nimmt V 5a wörtlich auf. Außerdem besteht zwischen V 10 und V 11 ein stilistischer Bruch. Das in V 11 folgende σοὶ λέγω (in 5,41 traditioneller Bestandteil der Erzählung) und das Heilungswort (vgl. 1,25.41; 3,5; 5,8.41; 7,29.35; 9,25) entsprechen dem schon in Fortführung von V 5a Erwarteten (siehe dazu unten S. 133 Anm. 28). Gegen Maisch, a.a.O. 53f, ist das "Machtwort" (ebd.) σοὶ λέγω nicht notwendiger Bestandteil der Wundererzählung, sondern es kann auch dazu dienen, den Wiederanschluß an V 5a herzustellen

Demgegenüber ist ihr Anfang schwer erkennbar. Er wird in V 5b oder in V 6 bestimmt. Diese Frage entscheidet sich in der Beurteilung von V 5b. Formal formuliert V 5b einen Zuspruch. Er ist durch die Anrede τέκνον[16] und das aoristische Präsens ἀφίενται[17] gekennzeichnet. V 5b

(vgl. die Beobachtungen zur Kompositionstechnik innerhalb des Johannes-Evangeliums bei Robinson, Entwicklungslinien 229f).

16 Die Deutung, daß es sich hier um eine "vertrauliche Anrede" handele und daher "mein Kind" zu übersetzen sei (siehe WB 1600 s.v. τέκνον 2a; vgl. Schneider, EWNT III, 818 s.v. τέκνον; Reiser, WUNT 33, 157), ist nicht zwingend. Denn die von WB herangezogenen Belege bieten hierfür weder die entsprechende Grundlage noch eine überzeugende Analogie zu Mk 2,5b. In Vit.Aes. c. 60 steht die τέκνον-Anrede mit einer πατερίων-Anrede durch Aesop parallel. Ach. Tat VIII, 4,3 und Herodian I, 6,4 bieten keine Mk 2,5 analoge Sachverhalte, sondern es werden Familienverhältnisse vorausgesetzt und genannt (Sostratos, der Vater der Leukippe, gegenüber Kleitophon bzw. Poimeanus als Gatte der ältesten Schwester des Komodus gegenüber diesem als τέκνον καὶ δέσποτα). In Mk 2,5b liegt ein übertragener Sinn vor, jedoch offenbar außerhalb eines Lehrer-Schüler-Verhältnisses, das mit der typischen übertragenen Verwendung z.B. in 10,24 (τέκνα=Jünger) vorausgesetzt wird. Die Sprache von 2,5b ist traditionell, also formal in der Zusage und sachlich im Bereich der Sündenvergebung verhaftet. Lk 5,20 gleicht die literarische und sprachliche Unebenheit bei Markus mit ἄνθρωπε aus, in typischer Weise, wie Lk 22,58.60 (vgl. auch Lk 12,14) zeigen.

17 Diese Sprachform (aoristisches Präsens, gegen Cadbury, JThS 49, 1948, 57f) läßt an eine feste Verwendung denken. B–D–R § 320$_2$ zählt die seltenen Fälle dieser Sprachform auf. Dabei zeigt sich, daß diese Sprache einer vorgeprägten, formelhaften Verwendung entstammt, nicht einem literarischen Ursprung. Apg 9,34 ist vorlukanisch (gegen Weiser, Apostelgeschichte I, 239); denn die Verknüpfung mit der von Christus herkommenden Macht ist traditionell, wenn auch Lukas dieses Motiv ausbaut (vgl. 3,6; 4,10.30). Traditionelle Verwendung liegt möglicherweise auch in Apg 16,18 vor. Grammatisch handelt es sich in Mk 2,5a (par: Mt 9,2); Apg 9,34; 16,18; 26,1; Röm 16,21.23a.b um Fälle, die Koschmieder, Bestimmung 23-29, als "Koinzidenzfälle" bezeichnet. Die betreffende Handlung besteht "im Aussprechen des Satzes" (a.a.O. 23). Debrunner, IGF 48, 1930, 12f (so auch B-D-R, ebd.), betont dagegen die Punktualität der Handlung, siehe wiederum Koschmieder, a.a.O. 24, und dessen Entgegnung, IGF 53, 1935, 280-300. Das Perfekt in Lk 5,20.23, in das das aoristische Präsens von Mk 2,5b umgewandelt wird, versteht sich als resultatives Perfekt (vgl. auch die Zufügung

Der Zuspruch Mk 2,5b

sagt dem Kranken die Vergebung seiner Sünden zu. Gehört V 5b der Einheit der Wundererzählung an, so ist nach der Funktion des Verses innerhalb dieses Zusammenhangs zu fragen. Da der Zuspruch offenbar gerade keinen Glauben wecken will, gehört er in diesem Sinne nicht zum Inventar der Motive einer Wundererzählung[18]. Vielmehr ist die Wundererzählung auch ohne V 5b von ihrer Form her abgerundet und von den für eine Wundererzählung notwendigen Motiven her vollständig[19]. Weil der Zuspruch zwar auf V 5a zurückweist, aber ein neues Motiv darstellt, stört der Zuspruch innerhalb der Wundererzählung mehr als er weiterführt.

Der Zusammenhang von Heilung und Sündenvergebung (beziehungsweise Krankheit und Sünde) im Judentum[20] und in der gesamten Antike[21] wird von einer Anzahl Exegeten herausgestellt. Von daher wird die These vertreten, V 5b gehöre ursprünglich der Wundererzählung an und sei der Gesprächsszene in diesem Zusammenhang vorgegeben[22]. Die Stichwortverbindung (Sündenvergebung) habe die Anfügung von V 6-10 veranlaßt. Jedoch geht diese These einen Schritt zu weit. Sachliche Nähe bedingt nicht die Notwendigkeit einer ursprünglichen Verknüpfung mit der Wundererzählung.

---

von σοί), gegen Thyen, Studien 248 Anm. 6. Dies bedeutet, daß dem Lukas der formelhafte Charakter von Mk 2,5b nicht mehr bewußt war, vielleicht aber auch in anderer Sprachform, nämlich als Deklaration, bekannt war (vgl. Lk 7,48 nach V 47).

18 Gegen Theißen, a.a.O. 68. Formgemäß wäre hier θάρσει, wie Theißen (a.a.O. 68f) mit Recht auflistet. Zur Singularität des Zuspruchs Mk 2,5b siehe Herzog, Wunderheilungen 64; Betz, Lukian 156; vorsichtig Gnilka, Markus I, 96; Ders., FS Vögtle, 199f; Klauck, a.a.O. 231.
19 Siehe Koch, Wundererzählungen 47.
20 Vgl. Hahn, Hoheitstitel 43 Anm. 1; Böcher, Christus Exorcista 72. 78f; Ders., Dämonenfurcht 155f.
21 Vgl. Thyen, a.a.O. 242 Anm. 2.
22 So Hahn, a.a.O. 43 Anm. 2, 228 Anm. 2; Schenke, Wundererzählungen 154f; Trautmann, a.a.O. 236-243; von der Osten-Sacken, FS Conzelmann, 378; Klauck, a.a.O. 235f; Lohmeyer, Markus 53; Grundmann, Markus 73f; Schweizer, Markus 29; Pesch, Markus I, 156; Ernst, Markus 85.

Das vorangestellte τέκνον ἀφίενταί σου αἱ ἁμαρτίαι entspricht der Aussage von V 10. Anfang und Ende der Gesprächsszene sind damit deutlich angezeigt. Die Gesprächsszene ist in sich abgerundet und geschlossen. V 5b nennt den Anlaß vor der eigentlichen Exposition (V 6a)[23]. Diese Voranstellung ist zwar für ein Gespräch ungewöhnlich, erklärt sich aber als kompositioneller Kunstgriff, wenn die Gesprächsszene auf die Wundererzählung hin komponiert und in diese sekundär eingearbeitet worden ist. Der Zuspruch V 5b hat formelhaften Charakter[24]. Nicht anders sticht V 10 aus dem Zusammenhang. Das ursprünglich selbständige Menschensohnlogion[25] tritt noch deutlich hervor. Der Bruch zwischen V 9 und V 10 ist nur notdürftig gekittet (ἵνα δὲ εἰδῆτε ὅτι)[26]. Zwischen diesen beiden festgefügten Stücken (V 5b.10)

---

[23] Ähnlich aber auch DL I, 35fin.
[24] Siehe oben Anm. 16 und Anm. 17; vgl. Kee, Community 157f. V 5b ist kein authentisches Jesuslogion (gegen Klauck, a.a.O. 236. 241f; vorsichtig Pesch, Markus I, 158; Trautmann, a.a.O. 244-248). Es ist nicht einsichtig, wieso gerade das Überschießen der Überlieferung (V 2-5.11f) Historizität präjudizieren solle. Für Einzelinformationen (Ort, Namen odgl.) mag man dies noch für möglich halten, aber für eine unvermittelt einsetzende Zusage ist dies doch unwahrscheinlich. Denn die Texte der synoptischen Tradition erster Überlieferungsstufe zeichnen sich durch die erzählerische Umsetzung von Theologumena aus. Klauck, a.a.O. 241, schließt die Authentizität v.a. daraus, daß "das Verbindende zwischen Heilung und Vergebung die Nähe der Gottesherrschaft" sei. In diesen Zusammenhang gehört die Anwendung des Kohärenzkriteriums mit Lk 7,36-50; 15,11-32; 18,9-14; Mt 11,19par und Mk 2,15-17. Aber aus dem (in diesen Texten gezeichneten) Andringen der Basileia muß nicht zwingend geschlossen werden, daß Jesus vollzogene(!) Sündenvergebung zugesprochen habe (gegen Trautmann, a.a.O. 245). Basileiaverkündigung und Sündenvergebung sind verschiedene Motive und ihre Verbindung miteinander setzt theologische und christologische Reflexion voraus (siehe dazu Brandenburger, Frieden 36f; Ders., WuD 11, 1971, 43f).
[25] Vgl. Bultmann, a.a.O. 139; Schweizer, Aufsätze I, 71 Anm. 47; Tödt, Menschensohn 119f; Vielhauer, Aufsätze I, 121. Kertelge, FS Schmid, 211; Maisch, a.a.O. 46; Schmithals, Markus I, 152, bestreiten die ursprüngliche Selbständigkeit des Logions, vgl. dazu kritisch Koch, a.a.O. 50 Anm. 23.
[26] Gnilka, FS Vögtle, 198, sieht hier "fast den Eindruck [vermittelt], daß das Menschensohnwort auch nicht mehr an die Gegner, son-

entspinnt sich das Gespräch in überlegtem Aufbau. Dabei geht die Spannung deutlich auf V 10 hin. V 6a nennt die Gegner und führt sie ein. V 6b bildet mit V 8a den Rahmen, in dem sich die Gesprächsszene literarisch abspielt. V 7 gipfelt mit einem kurzen Auftakt (τί οὗτος οὕτως λαλεῖ) im Angriff der Gotteslästerung. Dem folgt eine sachliche Begründung. V 8 führt nun breit das übersinnliche Verstehensmotiv ein. Damit nimmt der Vers die Spannung, baut aber auch neue auf. V 9 greift über die Gesprächsszene hinaus. Er verbindet Gesprächsszene (V 5b-10) und Wundererzählung (Vv 3-5a.11f) in vermeintlicher Alternative und treibt so das Gespräch der Lösung in V 10 zu.

Die Gestaltung der Szene ist in der Sache und terminologisch geschlossen. Dem Wortfeld nach scheint sie fast einfallslos. Nur der Angriff der Gotteslästerung (V 7a) wird nicht ausdrücklich aufgenommen. Die Stringenz des Gespräches läuft allein zwischen den zwei Stützen (V 5b.10), die in einem kausalen Zusammenhang zueinander stehen, auf V 10 hin klimaktisch zu. Es zeigt sich so in Aufbau und Sprache eine besonders enge innere Verwobenheit der Vv 5b.6-8.9.10[27].

Die Funktion von V 9 als einer Brücke[28] von der Wundererzählung zum Menschensohnlogion über die Vollmacht zur Sündenvergebung auf Erden[29] spricht eindeutig für die schriftlich fixierte Vorlage der Wundererzählung.

---

dern an die Leser gerichtet ist" (vgl. Dormeyer, LingBibl 31, 1974, 80f; dagegen Theißen, a.a.O. 192; Klauck, a.a.O. 228). Mk 13,14b ist eine gattungsgemäße Deuteanweisung (siehe dazu Brandenburger, Markus 13, 50), Mk 2,10a hat also eine andere Form (gegen Klauck, a.a.O. 228; Hay, JBL 89, 1970, 71f).

[27] Maisch, a.a.O. 44f, verweist ferner auf die Bezugspunkte von Wundererzählung und Gespräch (αἱρόμενον V 3 - ἆρον V 9.11 - ἄρας V 12) sowie auf das seltene Vorkommen von κράβαττος und der Heilung eines Gelähmten innerhalb der synoptischen Tradition (vgl. noch Apg 3,1-10).

[28] Zugunsten der Annahme, V 5b sei der ursprünglich der Wundererzählung zugehörende Anlaß des Gespräches, könnte nun auch die abgerundete Komposition der Gesprächsszene vorgebracht werden, so Klauck, a.a.O. 235f. Aber analog Mk 5,41; Lk 7,14 ergäbe sich für die »Vorlage« (τέκνον,) σοί λέγω, ἔγειρε.

[29] Ließ V 9 eine Antwort ("Vexierfrage" Dibelius, Formgeschichte 63) auf literarischer Ebene noch offen (vgl. 3,4), so wird mit V 10

134   Die Streit- und Schulgespräche (Analysen)

Ein Einschub der Gesprächsszene 2,5b-10 wird von der überwiegenden Anzahl der Exegeten auf vormarkinischer Stufe angenommen[30]. Das Menschensohnlogion habe den Anstoß gegeben, die ursprüngliche Wundererzählung dahingehend zu interpretieren. Daß dieser Einschub vormarkinisch erfolgt ist, wird allerdings kaum eigens begründet. Will man nicht mit vormarkinischer Redaktion rechnen, legt die schriftliche Fixierung der Wundererzählung nahe, daß erst Markus den Abschnitt gestaltet hat. Zudem deutet die Komposition von Wundererzählung und Gespräch in den Bereich der Gesamtkonzeption des Evangeliums seit 1,21. Diese steht unter dem Thema Wunder und Lehre. Ließe diese Entsprechung noch vormarkinisches Stadium für den Zusammenhang 2,3-12 zu, so weist die inhaltliche Ausrichtung der Gesprächsszene im Thema der Vollmacht Jesu eindeutig auf den Redaktor[31]. Der Aufbau der Gesprächsszene entspricht der Abfolge anderer Gesprächsszenen innerhalb des Markus-Evangeliums: Die Gegner sprechen im Verborgenen, nicht offen; dem steht die Aufdeckung durch Jesus in der öffentlichen Äußerung gegenüber (vgl. 8,11; 10,2 mit 10,5 und [ausdrücklich] 12,13 mit 12,15; [ähnlich auch] 14,4 mit 14,6). Da auch stilistische und sprachliche Gründe nicht gegen den markinischen Ursprung der

---

   eine klare Entscheidung getroffen (vgl. Tannehill, FS Beardslee, 109f). Auch Zimmermann, Jesus Christus (122f. 129-135) 132f, betont diese Funktionsbestimmung von V 9.
30 So Bultmann, a.a.O. 12f; Hauck, Markus 32; Klostermann, Markus 22; Lohmeyer, Markus 50; Gnilka, Markus I, 96; Marxsen, Einleitung 114; Burkill, Revelation 127f; Higgins, FS Manson, 26ff; Budesheim, ZNW 62, 1971, 190ff; Kuhn, a.a.O. 54; Fiedler, a.a.O. 108f; Hultgren, a.a.O. 107f; Esser, Studien 116f; Thissen, a.a.O. 216. Taylor (Formation 66ff; Ders., Markus 191) rechnet mit einer ursprünglich selbständigen Überlieferung, deren Anfang und Ende weggebrochen sei.
31 Vgl. 1,21 mit 1,22; 1,23ff mit 1,27; 1,39. 1,21f bildet die Themaansage des folgenden Abschnitts (1,21-3,6), hat jedoch für 1,23-28 auch expositionelle Funktion.

Gesprächsszene[32] sprechen, wird letztlich die Annahme eines vormarkinischen Einschubs Mk 2,5b-10 unwahrscheinlich[33].

Zur weiteren Klärung kann ein Vergleich mit Mk 3,1-5 beitragen. Dort wird die Form der Wundererzählung der Kontroverse dienstbar gemacht und auf das Sachproblem ausgerichtet. Hier jedoch (Mk 2,1-12) bleibt die Form erhalten und wird sachlich anders pointiert[34]. Wie spät eine solche Bildung angesetzt werden kann, zeigen im Vergleich die Lukas-Parallele beziehungsweise die Analogbildungen zu Mk 3,1-5.

Die redaktionelle Komposition der Gesprächsszene baut auf zwei traditionellen Elementen auf, dem formelhaften Zuspruch der Sündenvergebung und dem Menschensohnlogion über die Vollmacht der Sündenvergebung auf Erden. Zugleich bilden Heilung und Sündenvergebung einen traditionellen Zusammenhang. Diese Verbindung ist noch in der hellenistischen Gemeinde gegenwärtig, wie der Hintergrund der Paränese in Jak 5,14f zeigt[35]. Dort wie auch in Mk 2,5b ist die Sünden-

---

32 Vgl. die umfassende Analyse von Koch, a.a.O. 49 (ebd. Anm. 20); ferner Pryke, Style 48f (V 7 rechnet er allerdings zur Tradition, a.a.O. 73 Anm. 4). Zum Gebrauch der coniugatio periphrastica mit εἶναι siehe redaktionell 1,22.33.39; 2,18; 10,32(bis); 14,49, in traditionellem Zusammenhang 1,6.13; 3,1; 4,38; 5,5.11; 9,4; 10,22; 14,4.40.54; 15,7.26.40(?).43.46 und vgl. neben den bei Koch, ebd. und a.a.O. 43 Anm. 7 genannten Arbeiten Turner, JThS 28, 1927, 349ff; Doudna, Greek 42.45ff; Pryke, a.a.O. 103-106; anders Pesch, BiLe 9, 1968, 189 (vgl. dagegen Thissen, a.a.O. 53 Anm. 34, 68 Anm. 71).

33 Mit Markus als dem Verfasser der Gesprächsszene 2,5b-10 rechnen Koch, a.a.O. 48ff; Johnson, Markus 55; Knigge, EvErz 18, 1966, 377 Anm. 6; Minette de Tillesse, Secret 117ff; Kee, a.a.O. 35f; Donahue, Christ 82. Auch Böcher, DtPfrBl 79, 1979, 434 erwägt diese Annahme.

34 Zu dieser "mit einem Minimum an Material" gestalteten Komposition, ähnlich 8,14-21; 10,23-27, siehe Koch, a.a.O. 50 Anm. 24. In Bergers (Exegese 97, vgl. a.a.O. 29f; Ders., Formgeschichte 308) Verwahrung gegen literarkritische Operationen an diesem Text tritt die Akzentuierung markinischer Redaktions- und Kompositionstätigkeit (von Berger ungewollt) deutlich zutage.

35 In Jak 5,14f steht die Krankenheilung innerhalb der Paränese themabestimmend im Vordergrund. Obgleich V 15b einen Nachtrag darstellt (siehe Dibelius, Jakobus 288), ist der Denkhorizont der Verbindung nicht zweifelhaft (vgl. a.a.O. 303). Zum Problem Exorzismus und Gebet siehe Mk 9,29.

vergebung nicht das eigentlich Überraschende oder Anstößige. Unter Annahme eines passivum divinum, auf das Mk 2,7 im Munde der Gegner anspielt, könnte sich der Zuspruch in einen traditionell jüdischen Argumentationsgang einfügen (Sir 38,9-15)[36]. Das Besondere ist aber in frühchristlicher Anschauung der Zuspruch der Sündenvergebung als solcher und, da er hier formelhaft erscheint, der feste Gebrauch dieses Zuspruchs im Leben der Gemeinde. Dieser liegt jedenfalls in Jak 5,15 vor (obgleich in diesem Zusammenhang von den Presbytern nicht mehr die Rede ist). Woher Markus diesen formelhaften Zuspruch übernimmt, kann nur vermutet werden. Sicher scheint wenigstens, daß der Zuspruch der Sündenvergebung der Gemeindepraxis entstammt. Als Sitz im Leben ließe sich für V 5b der Bereich der Taufe vermuten. Denn im neutestamentlichen Schrifttum bilden Taufe und Sündenvergebung einen primären Zusammenhang[37].

Die Denkvoraussetzung, die der in der Gemeinde praktizierten Form des Vergebungszuspruchs zugrundeliegt, erhellt das traditionelle *Menschensohnlogion*. Der Menschensohn wird von Markus[38] titular verstanden[39]. Dem Titel korrespondiert die Zuweisung einer Exousia. Die

---

36 Siehe die Belege bei Billerbeck I, 495; Thyen, a.a.O. 16-130, und vgl. Kuhn, a.a.O. 55ff; Klauck, a.a.O. 237-241.

37 Mit der Johannestaufe wird die Sündenvergebung vor dem andringenden Zorn Gottes zugesagt (Mk 1,4, vgl. in der Sache 1 Kor 6,11), nach frühchristlicher Anschauung wird sie im Taufakt vollzogen (Apg 2,38 vgl. 22,16; ferner Apg 5,31; 10,43; 13,38) und spielt mittelbar mit dem Taufgeschehen verbunden die konstitutive Rolle (so besonders Kol 1,12-14 und wohl auch Röm 6,2.10; vgl. im weiteren Zusammenhang 1 Joh 2,12). Auf die Verbindung von Sündenvergebung und Taufe weisen im Zusammenhang mit Mk 2,1-12 Schürmann, Lukas I, 286; Riesenfeld, Jésus transfiguré 327f; Kertelge, FS Schmid, 208f; Hartman, StTh 28, 1974, 44ff; Thissen, a.a.O. 188-191; Haenchen, Weg 105 (allerdings mit der Hypothek der Annahme einer vorauszusetzenden »doppelten Buße« belastet).

38 Vgl. Tödt, a.a.O. 118-121; Thyen, a.a.O. 242; Maisch, a.a.O. 101.

39 Zum titularen Gebrauch vgl. Vielhauer, a.a.O. 120ff; Lührmann, Redaktion 40f Anm. 6; Gnilka, FS Vögtle, 205f; Ders., Markus I, 101; Hooker, Son of Man 179.182.193; Conzelmann, Grundriß 153; Pesch, Markus I, 160. Den titularen Gebrauch bestritten J.Jeremias, ZNW 58, 1967, 165f; Colpe, ThWNT VIII, 433,12-22; Ders., ThRv 77, 1981, 361.

Korrespondenz bildet schon in der Tradition des Logions einen Kausalzusammenhang, die Vollmacht begründet den Hoheitsnamen (vgl. Dan 7,14 LXX). Der Aussage von Mk 2,10 zufolge bedeutet dies: Der Menschensohn ist in das Recht Gottes, Sünden zu vergeben, eingesetzt und dazu legitimiert, dieses Recht auf Erden auszuüben. Vor diesem Hintergrund kann sich die Gemeinde hinsichtlich ihrer Vergebungspraxis auf die Rechtsvollmacht des auf Erden wirkenden Menschensohnes berufen.

Im Vergleich zum Judentum unterscheidet sich die Aussage des Logions V 10 in zweifacher Hinsicht: Zum einen ist die Vergebung der Sünden außerhalb des Kultus dem Judentum fremd[40]. Zum anderen kennt das Judentum nicht die Übertragung der Sündenvergebungsvollmacht oder -funktion auf den Menschensohn[41]. Gesondert ist die These zu behandeln, der Sündenvergebung allein durch Gott stehe die Sündenvergebung durch den Menschensohn gegenüber[42]. Diese Auffassung hat zwar den Wortlaut und das Gegenüber von V 5 und V 7 für sich, beschreibt den Sachverhalt aber zu einseitig. Denn auch V 10 setzt das alleinige Recht Gottes nicht außer Kraft, sondern sieht dieses Recht an den Menschensohn vermittelt. Da zudem das Nebeneinander von V 7 und V 10 das tragende Element des Gesprächs darstellt, wird man die Funktion und Bedeutung von V 7 in diesem Zusammenhang eigens berücksichtigen müssen.

Die *Konzeption von Mk 2,1-12 bei Markus* läuft darauf hinaus, die christologische Reflexion des Sachproblems in der Heilung demonstrativ zu veranschaulichen (ἵνα δὲ εἰδῆτε ὅτι). Daneben wird allerdings noch ein zweiter Strang mit der Gegnerszene aufgebaut. Dieser ist textimmanent zu betrachten. Er reicht aber auch über Mk 2,1-12 hinaus. Die Gegner nehmen an dem Zuspruch (V 5b) Anstoß und äußern diesen in ihren Herzen beziehungsweise ἐν ἑαυτοῖς, d.h. im Verborge-

---

40 Gegen Hofius, FS Kraus, 115-127, und vgl. die oben Anm. 36 genannten Arbeiten und Belege.
41 Siehe die Diskussion bei Klauck, a.a.O. 238ff.
42 So Maisch, a.a.O. 101 (vgl. a.a.O. 78-81) und als markinische Akzentsetzung Doughty, ZNW 74, 1983, 166-169.

nen⁴³. In dieser Charakterisierung der Gegner kann das Motiv vom bösen Herzen eine Rolle spielen⁴⁴. Es ist nun aber beachtenswert, daß Jesus diese Gedanken der Gegner erkennt und offenlegt. Die Bedeutung dieser Darstellung erschließt sich von dem alttestamentlichen Motiv her, daß Gott das Herz des Menschen kennt, in das Innere des Menschen schaut⁴⁵. Dieses Verständnis legt sich zudem durch den Wortlaut von V 8 nahe, worin die Erkenntnis als pneumatische Erkenntnis hervorgehoben wird. Innerhalb der Gesprächsszene bildet das Motiv der Herzenskenntnis ein sinnvolles Darstellungselement auf V 10 hin: Neben der Vergebungsvollmacht besitzt Jesus auch die Gott eignende Fähigkeit, in das Herz des Menschen zu sehen⁴⁶.

Der Angriff der Gotteslästerung und seine Begründung (V 7) erfolgen, vom Standpunkt der Gegner aus betrachtet, zu Recht. Da aber

---

43 Die beiden Wendungen ἐν ταῖς καρδίαις und ἐν ἑαυτοῖς sind nur auf den ersten Blick Synonyma (so Klauck, a.a.O. 225). Ihr Nebeneinander sollte auf den tieferen Sinn hin bedacht werden, da das zweite ἐν ταῖς καρδίαις zudem Klammerfunktion einnimmt. Der erste Begriff spricht die Befindlichkeit der Herzen der Gegner an, und zwar daß das Innerste der Gegner böse sei. Demgegenüber meint der zweite Begriff (dem Motiv der Herzenskenntnis folgend) die Verborgenheit der Gedanken der Gegner.

44 Zum Motiv des »bösen Herzens« siehe allgemein Brandenburger, Das Böse 58-62; vgl. etwa 4 Esr 8,58, innerhalb des Markus-Evangeliums 3,5; 6,52; 7,6 (Jes 29,13 LXX).21; vgl. 8,17.

45 Siehe 1 Reg 8,39; 1 Sam 16,7; Ps 7,10; Jer 11,20; Sir 42,18f; PsSal 14,6 und vgl. Gnilka, FS Vögtle, 203f.

46 Mk 2,8 fußt also nicht zwingend (vgl. aber dagegen Joh 1,47) auf der θεῖος ἀνήρ-Vorstellung (gegen Bieler, ΘΕΙΟΣ ΑΝΗΡ I, 93f; Maisch, a.a.O. 123 vgl. Gnilka, FS Vögtle, 203f; Klauck, a.a.O. 232). Die θεῖος ἀνήρ-Vorstellung kennt als Gegenspieler den einzelnen, nicht die Gruppe (vgl. Bieler, a.a.O. 42ff und siehe DL II, 46). Daher nennt Bieler (ebd.) Judas als den Gegenspieler Jesu, wobei hier das Motiv der Verleumdung tragend sein wird (vgl. Auerbach, Mimesis 43ff). Das Kennen der geheimsten Gedanken (Bieler, a.a.O. 89f) ist für den göttlichen Menschen nicht in dem Mk 2,6 vorliegenden Sinn feindseliger Gesinnung belegt, sondern meint die Kenntnis von dem Menschen allgemein verborgenen Dingen (vgl. Bieler, a.a.O. 87ff; so Joh 4,12), der Zukunft (Joh 6,64) oder von geheimgehaltenen Dingen (Joh 4,17; so auch Philostr, VA I,19;

das Gewicht innerhalb des Gesprächs auf der Begründung V 7b liegt und zudem der Angriff im Gespräch nicht noch einmal aufgenommen wird, scheint die Bedeutung des βλασφημεῖ über den Gesprächsrahmen hinauszureichen. In diesem Zusammenhang sind zwei Sachverhalte von Belang: der eine, daß in 2,6 zum ersten Mal Gegner in dieser Funktion eingeführt werden, und der andere, daß sich der erste Angriff in 2,7 und der letzte in 14,64 entsprechen. Daraus läßt sich folgern, daß Markus eine Verbindung beider Angriffe beabsichtigt: Innerhalb der Kontroversen, die in 3,6 einen auf die Passion vorausweisenden Abschluß erreichen, ist es der erste Angriff, vor dem Hohen Rat der letzte.

Zur Gestaltung der Gesprächsszene hat Markus Formelemente der Streitgespräche aufgenommen. Allerdings hat er kein reines Streitgespräch geformt. Die *Bestimmung der literarischen Form* ist schwierig. Konstitutive Formelemente in den Vv 5b-10 sind: das Auftreten von Personen (V 6), die durch ihren Angriff und ihre Bezeichnung (V 7) als Gegner charakterisiert sind; innerhalb des Gespräches der Gegenvorwurf Jesu (V 8) und die christologische Kommentierung. Für die Form untypisch ist allerdings, daß die eigentliche Antwort Jesu mit einer aus der Gesprächsszene heraustretenden Bemerkung (ἵνα δὲ εἰδῆτε ὅτι) versehen wird. Dies geschieht zwar auch in 2,28 mit ὥστε, aber dort ist mit dem Sabbatlogion schon die Entscheidung des Sachproblems getroffen. Äußerlich liegt eine ähnliche Aufeinanderfolge auch in 2,9.10 vor. Die Frage in V 9 stellt eigentlich keine Alternative dar, sondern kündigt dem Leser die Entscheidung an. Versteht Markus diese Frage als die eigentliche Entscheidung, dann hat er mit 2,10a eine christologische Begründung wie 2,28 eingeführt. Im Formvergleich fällt auf, daß der Exposition der Gegner das Sachproblem vorangestellt wird. Freilich wird zu beachten sein, daß 3,22 (Exorzismustätigkeit) und auch 11,28 (ταῦτα ποιεῖν) jeweils ein Gesamtbild des Wirkens Jesu voraussetzen. Sie greifen insofern ebenfalls über den Rahmen des jeweiligen Gesprächs hinaus.

πάσας οἶδα φωνὰς ἀνθρώπων· οἶδα ... καὶ ὅσα σιωπῶσιν ἄνθρωποι, vgl. noch VA I,4 (fin); I,22, vgl. hierzu Petzke, Traditionen 175).

Ob in Mk 2,(5b.)6-10 die Form eines echten Gesprächs vorliegt, was Dibelius[47] bestreitet, ist eine zweitrangige Frage. Formkritisch ist nur von Bedeutung, daß Angriff und Entgegnung (direkte Rede!) erfolgen[48]. In ihren Formelementen steht die Gesprächsszene 2,5b-10 den Streitgesprächen sicher nahe. Man könnte in Anlehnung an die hellenistische Gattungsvorgabe der gemischten Chrie[49] von einer gemischten Kontroverse sprechen. Diese Bestimmung beträfe die Form von Mk 2,1-12 als der literarischen Einheit[50]. Eine Bestimmung als Lehrstück[51] dagegen scheint dem Menschensohnlogion V 10, der Klimax der Gesprächsszene, besonders Rechnung zu tragen. Sie ließe aber den Formelementen, die an ein Streitgespräch erinnern (Gegner, Angriff, Entgegnung), keinen Raum. Thematisch steht 2,1-12 der Vollmachtsfrage 11,27-33 nahe. Wie in 3,22 wird ein Angriff gegen Jesus selbst geführt, Legitimation gefordert (11,28). Insofern reiht sich 2,1-12 mit seinem Gesprächsgang V 5b-10 in die Untergruppe der Streitgespräche ein, die Jesus unter einen gegnerischen Angriff stellen - freilich als literarische Komposition. Mk 2,5b-10 ist also seiner Form nach einem Streitgespräch zum Wirken Jesu nachgebildet. So erfolgt mit V 9 formgemäß eine Gegenfrage (vgl. 11,30). Nicht formgemäß ist allerdings die Überleitung zum Menschensohnlogion und die Entscheidung im Logion

---

47 Formgeschichte 64; siehe dazu oben S. 11f.
48 Thissen, a.a.O. 52f, macht mit Recht darauf aufmerksam, daß bei Annahme eines vormarkinischen Einschubs Vv 6b.8a als markinisch anzusehen wären.
49 So Berger, Formgeschichte 85; Tannehill, ANRW II, 25.2, 1810 Anm. 44. Zu den gemischten Chrien siehe unten S. 320f.
50 Tannehill, a.a.O. 1810, bestimmt eine "hybrid objection-quest" story, indem er V 10 und V 11 gleichermaßen als eine Antwort auf den Angriff der Schriftgelehrten versteht (vgl. schon Bultmann, a.a.O. 12). Sicher liegt in der literarischen Gestalt eine hybride Form vor. Tannehill wertet jedoch die Dominanz der Gesprächsszene innerhalb der literarischen Einheit gänzlich ab, indem er den Abschnitt auf zwei Belange hin reduziert, auf die Not des Paralytischen und auf den Angriff der Schriftgelehrten. Dementsprechend versteht er die Heilung als den integralen Bestandteil des Abschnittes und negiert deren demonstrative Funktion.
51 So Maisch, a.a.O. 84f.

selbst. Der Form nach wäre der Schluß in V 9 zu erwarten, den das Menschensohnlogion christologisch kommentiert.

Die hier vorgelegte Analyse hat das markinische Interesse in den Vordergrund gestellt. Markus bedient sich zur Lösung des Sachproblems »Sündenvergebung« der Form des Streitgesprächs. Er versteht also diese Form in besonderer Weise als Mittel christologischer Explikation. Daher stellt er seine Komposition 2,1-12 an den Anfang der Auseinandersetzungen in Galiläa und die thematisch ähnlich gelagerte Frage 11,27-33 an den Anfang des Jerusalemaufenthalts. Markus interpretiert damit offenbar die jeweils folgende Darstellung der Wirksamkeit Jesu. Er bezieht aber zugleich die dem Streitgespräch in 2,1-12; 11,27-33 vorausgehende Darlegung mit ein. So steht 11,27-33 im Zusammenhang zum Tempelgeschehen des Markus-Evangeliums. In 2,1-12 führt Markus den Zusammenhang mit Kapitel 1 ein, indem er die Gesprächsszene auf die Wundererzählung hin konzipiert und in die Wundererzählung einfügt. Dieser Einbau ist durch den sachlichen Zusammenhang von Sünde und Krankheit bedingt. Wurde in 1,27 die Exorzismus-Darstellung in ein illustratives Gegenüber zur διδαχὴ καινὴ κατ' ἐξουσίαν (vgl. 1,22) gebracht, so wird nun in Mk 2,1-12 parallel der Sieg über die Krankheit als das Leichtere (εὐκοπώτερον) behauptet. Damit erreicht die Darstellung von Exorzismus- und Heilungstätigkeit vorerst ihren ersten Abschluß (angezeigt in dem Sammelbericht Mk 1,32ff.39, dem eigentlichen Zweck der Wirksamkeit 1,38 und dem Schweigebefehl, dessen Durchbrechung und dem Rückzug 1,44.45). Zeigte sich die Exousia also bisher nur mittelbar in der Wirksamkeit Jesu, so wird sie nun in 2,5b offengelegt und ihre Voraussetzung in V 10 direkt aufgedeckt. Dagegen werden in die Debattensituation (2,6) gerade die Gegner gestellt, von denen es heißt, ihnen eigne die Vollmacht nicht (1,22)[52]. Somit wird in Mk 2,1-12 zum Ausdruck gebracht, was schon akklamiert war (1,22.27). Im doppelten Darstellungsgang von Wunder und Lehre zeigt Markus die konkrete Manifestation der Vollmacht Jesu und deren Voraussetzung auf. Neben der Exousia-Proklamation durchzieht die (zwar schon zum Teil vormarkinisch verhaftete) Kenn-

---

52 Vgl. von der Osten-Sacken, FS Conzelmann, 378.

zeichnung der Heilungstätigkeit und die Erkenntnis der Dämonen (1,24 oder verhüllend 1,34) die Darstellung des Beginns der Wirksamkeit Jesu. Beide Stränge werden in 2,1-12 nicht nur in der Form gebündelt, sondern auch ihrer Aussage nach zum ersten Höhepunkt (vor 3,11) geführt: Jesus der Menschensohn hat Vollmacht und diese wird manifest in der Erscheinung des Wundertäters und Exorzisten. Zum Verständnis dieses Aufbaus bildet 2,9 das tragende Element in der Einschätzung der Wirksamkeit Jesu.

Das Sachproblem von Mk 2,1-12 als solches, und zwar die Sündenvergebung, hat seine Plausibilität in der Manifestation des christologisches Anspruches: Die Vollmacht äußert sich darin, daß Besessenheit und Krankheit behoben werden, manifest wird sie aber in der Behebung der Ursache von Besessenheit und Krankheit[53]. Da der Irdische mit Vollmacht ausgestattet ist, kann er das Recht auf Erden ausüben, und er ist darin als der Menschensohn legitimiert[54]. Es genügt an dieser Stelle also nicht, von einer (unbestimmten) Vollmacht zu sprechen. Damit läge im Markus-Evangelium keine Steigerung zu 1,22 vor. Vielmehr ist zu beachten, daß der Irdische mit dieser Vollmacht ein Recht ausübt, das in besonderer Weise Gott eignet, doch nicht in der Art, daß V 10 gegen V 7 ausgespielt wird, sondern so, daß V 7 die Aussagebasis für V 10 bildet. Aufgrund dieses Nebeneinanders wird

---

53 Siehe dazu Brandenburger, Frieden 37 Anm. 89 (= zuerst WuD 11, 1971, 44 Anm. 89), vgl. allgemein Ders., BiKi 37, 1982, 53.
Mk 2,1-12 und 2,13-17 stehen nicht in einer direkten sachlichen Perspektive, etwa in der, daß die in Mk 2,10 proklamierte Vollmacht sich in der Annahme von Zöllnern und Sündern manifestiere. Das verbindende Motiv bildet vielmehr mittelbar das Stichwort der »Sünde«.

54 Die traditions- und religionsgeschichtlichen Voraussetzungen der Aussagen vom gegenwärtigen Menschensohn bleiben im dunkeln (siehe aber dazu K.Müller, BZ 16, 1972, 161-187, BZ 17, 1973, 52-66; U.B.Müller, Messias). Für den Titel tragend ist in bezug auf Mk 2,10 die zuerkannte Vollmacht. Voraussetzung für dieses Zuerkenntnis ist die Erhöhung des Irdischen. Unter dieser Voraussetzung kann das Wirken des Irdischen für die Aussage von Mk 2,10 als zeichenhaft bestimmt werden. Erst mit der Erhöhung wird dem Irdischen die Vollmacht zuerkannt, auf die sich die Praxis der Gemeinde gründen kann.

von Markus auf die vom Irdischen ausgeübte Vollmacht und deren Herkunft eindeutig hingewiesen.

2.2.2.2. Das Streitgespräch zur Vollmacht Jesu (Mk 11,27-33)

Das Gespräch zur Vollmacht Jesu[1] Mk 11,27-33[2] wird in der Auslegung des öfteren als ursprünglich mit der Tempelreinigung überliefert gesehen[3]. Hierfür werden als Gründe vorgebracht: der parallele Zusammenhang im Johannes-Evangelium (2,13-22)[4], der fehlende konkrete Bezug des ταῦτα in V 28 bei selbständiger Überlieferung[5] und mittelbar die Redaktion des Markus zu Beginn in V 27[6], die nach dem Einbau von 11,20-25 nun wiederum zum Tempel zurückleiten müsse. Doch keiner dieser Gründe hält einer Überprüfung stand:

---

1 Die Bezeichnung des gesamten Abschnittes als eines "Streitgespräch[es] über die Vollmacht des Täufers" (Riesner, Lehrer 240) ist dem Inhalt des Gespräches unangemessen. Den Anstoß zu der Tradition von 11,27-33 gibt, soweit jetzt schon ersichtlich, nicht eine Auseinandersetzung über die Johannestaufe. Denn diese ist noch nicht einmal in V 30 strittig - sonst fehlte dem Gespräch die Pointe - und vom Gesprächsverlauf her sekundär.
2 Zur Literatur siehe Pesch, Markus II, 213 (L 73); vgl. ferner Albertz, Streitgespräche; Daube, New Testament 151-157.217-223; Burkill, Revelation 188-209; Beilner, Christus 174-182; Hultgren, Adversaries 68-75; Donahue, Christ 117-122; Mundla, Führer 4-40.
3 Bultmann, Geschichte 18.36, rechnet vorsichtig mit einer vormarkinischen Komposition, nicht mit einem ursprünglichen Zusammenhang, so auch Burkill, a.a.O. 200 Anm. 23.
4 Siehe Roloff, Kerygma 91; Hahn, Hoheitstitel 171 Anm. 3; Hultgren, a.a.O. 68; Mohr, Passion 81; Becker, Johannesevangelium I, 121f; Wellhausen, Markus 92; Lohmeyer, Markus 240 Anm. 1; Grundmann, Markus 316; Schweizer, Markus 130; Mundla, a.a.O. 7.
5 Vgl. neben den Anm. 4 genannten Literaturbelegen K.L.Schmidt, Rahmen 293 (aber abrückend 294); Taylor, Markus 468f; Johnson, Markus 193; Pesch, Markus II, 209.210; Mundla, a.a.O. 6.
6 Vgl. Becker, ebd.; Schweizer, Markus 130; Bundy, Gospels 433. Roloff, a.a.O. 93, bestimmt die Tempelreinigung als die formgemäße Situationsangabe des Gespräches, siehe dazu unten Anm. 10.

1. In Joh 2,18 handelt es sich um eine Zeichenforderung[7]. Der Form nach stehen sich Vollmachtsfrage und Zeichenforderung zwar nahe[8], können aber unabhängig voneinander literarisch einem (den Gegnern) anstößigen Geschehen folgen (vgl. Mk 8,11ff) - und zwar aus inhaltlichen Gründen. Die theologische Tragweite eines Geschehens wie das der Tempelreinigung läßt den Anschluß einer Legitimationsfrage als besonders geeignet erscheinen.

2. Die Forderung, das ταῦτα in V 28 müsse einen konkreten Bezug haben, ist Postulat[9]. Wie in Mt 11,25 kann man das ταῦτα in V 28 umfassend verstehen, und zwar in bezug auf das (Heils-)Handeln beziehungsweise Wirken Jesu[10]. Eine deutliche, im übrigen auch in-

---

7 Siehe Trocmé, NTS 15, 1968/69, 10; Shae, NT 16, 1974, 16f Anm. 1. Schon Bultmann, a.a.O. 18 Anm. 3, spricht von der "freilich umgestaltet[en]" Vollmachtsfrage. Mohr, a.a.O. 100-108, behauptet umgekehrt die johanneische Tradition als die gegenüber Markus unabhängige und ältere. Nicht überzeugend scheint mir die These Kleins, ZNW 67, 1976, 184, der Mk 14,55-58 aufgrund der Gegnernennung (in 11,27) "derselben Traditon" zuspricht.

8 Der Zeichenforderung in Joh 2,18 folgt durchaus formgemäß deren Ablehnung indirekt mit Hilfe der absurden Gegenforderung 2,19 ("in den ironischen Imperativ des prophetischen Stils gefaßt", Bultmann, Johannes 88), während solche in Mk 11,27ff durch die Bedingung in V 29 ermöglicht wird, siehe noch Trocmé, a.a.O. 11.

9 Siehe im Vergleich Plut II, 794F (πέμψαντος δὲ τοῦ πεισιστράτου πρὸς αὐτὸν καὶ πυνθανομένου τίνι πεποιθὼς ταῦτα πράττει, τῷ γήρᾳ, εἶπεν) mit der ausführlichen Darstellung (siehe den jeweiligen Zusammenhang) Plut I, Solon 31,1 (96B): ἐπὶ τούτοις δὲ πολλῶν νουθετούντων αὐτὸν ὡς ἀποθανούμενον ὑπὸ τοῦ τυράννου καὶ πυνθανομένων τίνι πιστεύων οὕτως ἀπονοεῖται, τῷ γήρᾳ, εἶπεν.

10 Dagegen Roloff, a.a.O. 91 Anm. 131 (mit Verweis auf Hahn, a.a.O., ebd.): "Das ταῦτα in Mk. 11,28 ist nicht mit dem ταῦτα in Mt. 11,25 zu vergleichen; während es dort sinngemäß um das göttliche Heilsgeheimnis geht, fordert Mk. 11,28 einen konkreten Anlaß als Bezugspunkt". Hahn spricht von einem "anderen Charakter" des ταῦτα in 11,28. Weder Mk 6,2, wo sich der Vergleich von der Sache her anbietet, noch 13,4, wo eine redaktionelle Verknüpfung vorliegt, werden überhaupt genannt; zu diesen Stellen siehe gleich. Roloffs These, das Streitgespräch finde in der Tempelreinigung seinen Anlaß (so, ohne V 18a, Albertz, a.a.O. 19; Sundwall, Zusammensetzung 71f), übersieht freilich, was das ταῦτα betrifft, daß in keinem

haltliche Parallele bildet Mk 6,2b. Hier stellt zwar Markus einen Bezug zu 6,1 her. Aber der mit der Überlieferung vorgegebene V 2b besaß keinen konkreten Bezugspunkt. Es liegt also nahe, daß auf der Ebene der Tradition auch in 6,2 (wie in 11,28) das Wirken Jesu mitgedacht und gedeutet wird[11]. Gegen die Notwendigkeit, einen konkreten Bezug herzustellen, spricht ebenfalls die Wiederaufnahme in V 28b (stellt man nicht den formalen Parallelismus höher als die inhaltliche Neuaussage), in der Jesusantwort V 29 und der abschließenden Antwort V 33.

3. Die markinische Redaktion in V 27, welche die Vollmachtsfrage im Tempel stattfinden läßt, spricht nicht notwendig dafür, daß das Geschehen auch ursprünglich im Tempel lokalisiert war[12]. Innerhalb der Vv 28-33 findet sich kein Hinweis auf den Ort der Handlung. Außerdem stellen auch die Gedanken der Gegner kaum historisch zutreffende Kalkulationen dar[13], sondern sind aus christlicher Sicht formuliert[14].

Mk 11,27-33 stellt also eine selbständige Texteinheit dar[15]. Ihr Anschluß ist zu Anfang und Ende jeweils klar eingegrenzt. Wird markinische Redaktionstätigkeit in V 27 schlechthin für möglich gehalten[16],

---

der Streitgespräche des Markus-Evangeliums das vorangestellte Handeln Jesu bzw. das der Jünger mit ταῦτα aufgegriffen wird. Vergleichbar wären allenfalls 2,8 (οὕτως und sachliche Wiederaufnahme); 2,16 (wörtliche Aufnahme); 7,5; und ferner 2,18; 2,24 (ἴδε). Zudem wäre bei Annahme dieser These der Zusammenhang innerhalb des Evangeliums zerrissen worden (so auch Howard, Ego 109) und der Sachgehalt der Tempelreinigung würde stark entwertet.

11 Zur weiteren Bestimmung des Verständnisses von ταῦτα in der Tradition und bei Markus siehe unten S. 157ff.
12 Gegen Pesch, Markus II, 209.
13 Siehe Schweizer, Markus 130.
14 Dies muß auch Pesch, ebd., zugestehen, indem er von einem (später urchristlich bearbeiteten) Befragungsprotokoll ausgeht.
15 So auch Bultmann, a.a.O. 18; Beilner, a.a.O. 181; Howard, Ego 109; Kremer, BiLe 9, 1968, 129.
16 Vgl. Donahue, a.a.O. 117.

so ist doch deren Umfang umstritten[17]. Markinischem Wortschatz und Stil entspricht V 27a[18]. Seinem Kompositionsprinzip entsprechend führt Markus das Geschehen wieder zurück nach Jerusalem, mit V 27b genauerhin in den Tempel[19]. Der Wechsel von Plural zu Singular (ἔρχονται - περιπατοῦντος αὐτοῦ) verrät nicht eine Nahtstelle zwischen Redaktion und Tradition[20]. Die Gegnergruppe wird mit den Mitgliedern des Synhedriums identifiziert. Um οἱ πρεσβύτεροι erweitert sind es die Gegner aus 11,18[21]. Auch in V 27b begegnen eindeutig markinisches

---

17 Howard, a.a.O. 110, hält zwar den V 27 insgesamt für markinisch, untersucht aber nur V 27a (siehe dann a.a.O. 115). Für den ersten Versteil wird die redaktionelle Herkunft in der Auslegung kaum bezweifelt, siehe Shae, a.a.O. 4f.

18 Siehe 6,1; 8,22; 10,1.46; 11,15 in gleicher Funktion redaktionell eingebracht. Daneben siehe innerhalb eines redaktionellen Zusammenhangs ἔρχεται, ἔρχονται in historischem Präsens 2,18; 3,20; 5,15(?). 35(? vgl. V 38); 12,18; vorgegeben vor allem in der Passionserzählung (14,17.32.37.41.66; und 16,2) und in 1,40; 2,3; 3,31; 5,22; 6,48. Zum historischen Präsens siehe Hawkins, Horae 28.113-118. Zu πάλιν siehe oben S. 113 Anm. 36.

19 Das Geschehen am dritten Tage ist gänzlich mit dem Tempel verbunden (vgl. 11,20 als Hinführung und 12,41; 13,1). Der Tempel ist dabei der Platz der öffentlichen Lehre Jesu innerhalb der Stadt (vgl. das Vorkommen von διδάσκειν und διδαχή 11,17.18; 12,14.35.38, jeweils redaktionell), worauf sich dann 14,49 bezieht.

20 So auch Bultmann, a.a.O. 369, aber unentschieden in der Analyse a.a.O. 18. Das Kommen Jesu schließt das Kommen der Jünger mit ein, Jesus aber wird (wie oft) allein gefragt. Die Nachfolge in die Passion ist ein markinisches Motiv. — Die Einführung des Plurals dient zwar der Fortführung des Evangeliums, steht aber zum Singular nicht in Spannung (vgl. in redaktionellem Zusammenhang 1,21.29; 5,1.2a; 8,22; 11,1.12; im Schnittpunkt von Tradition und Redaktion nur 10,46 und 11,15). Zur textgeschichtlichen Entwicklung siehe Bultmann, ebd.; K.L.Schmidt, a.a.O. 276. Das Zusammentreffen zweier Ortsangaben ist kein Generalindiz für die Trennung von Redaktion und Tradition, gegen Pesch, BiLe 9, 1968, 117; Shae, a.a.O. 5, vgl. noch oben S. 107 Anm. 2.

21 Schon Bultmann, a.a.O. 18, hat die Gegnernennung als markinisch bestimmt; siehe dagegen Shae, ebd. In V 27 wird die Gegnergruppe zu der in 14,43.53; 15,1 genannten komplettiert; vgl. auch 8,31 (markinisch), dazu im Rückverweis 12,12 mit 12,10f (die Gegner sind die von 11,27). Jedenfalls sind weder Abgesandte oder einzelne

Vokabular und der Stil des Markus[22]. Also geht V 27 insgesamt auf markinische Redaktionstätigkeit zurück[23]. Die ursprüngliche Überlieferung begann mit V 28 zeit- und ortsunabhängig[24].

Die in V 28 folgende Doppelfrage hat zwei Ausrichtungen, zum einen steht die Art der Vollmacht in Frage, zum anderen die Legitimierungsinstanz. Beide Fragen sind für und in sich abgeschlossen[25]. Allerdings scheint die zweite überladen.

(τινες siehe 2,6; 7,1 vgl. 7,2; 14,4; ferner 8,3; 9,1; 15,35) noch »amtliche« Befrager (gegen Johnson, Markus 193; Pesch, Markus II, 210) vorgestellt. Eine Deutung, die von einem ursprünglichen Zusammenhang von Tempelvorgehen und Vollmachtsfrage ausgeht, rechnet die Gegnernennung folgerichtig der Tradition zu (so aber nicht Roloff, a.a.O. 92). Für Schmithals, Markus II, 506, sind die Hohenpriester die ursprünglichen Fragesteller.

22 Das Verb περιπατεῖν tritt zwar gehäuft (2,9; 5,42; 6,48.49; 7,5; 8,24; 12,38 und 11,27), meist in traditionellem Zusammenhang, bei Markus auf, kann aber nicht mit dem Vorkommen von πάλιν gleichbewertet werden (gegen Gnilka, Markus II, 137), siehe zu V 27a. Zur Annäherung an Jesus mit πρός siehe in redaktionellem Zusammenhang 1,32.45; 2,13; 3,8.13; 4,1; 6,30; 7,1; 10,1; 12,13.18; dagegen vgl. Shae, a.a.O. 4.

23 Vgl. Beilner, a.a.O. 180f; Kremer, a.a.O. 130; zu Howard siehe oben Anm. 17.

24 Ob die Gegnernennung teilweise, etwa »die Schriftgelehrten«, schon der Tradition angehörte, läßt sich nicht mehr sicher entscheiden, zumal die Reihenfolge der Einzelgruppen des Synhedriums wechselt. Die Nennung in 11,27 hat als einzige innerhalb des Markus-Evangeliums eine Entsprechung (in 14,43). Für Markus sind jedenfalls die Querverweise im Text wichtig, weil sie die Anordnung des Stoffes an dieser Stelle in das Passionsgeschehen und auf dieses vorausweisend einbinden. Ob hier eine andere Gegnernennung verdrängt wurde, etwa die von Täuferanhängern (siehe Bultmann, a.a.O. 18 Anm. 2), ist von der Bestimmung des Entstehungszusammenhangs und des Sitzes im Leben für die Überlieferung abhängig.

25 Die beiden Fragen unterscheiden sich in ihrer Ausrichtung, nicht in der Annahme, Jesus besitze Vollmacht. Denn das Tun Jesu läßt zufolge beider Fragestellungen auf Vollmacht schließen. Das ἡ ἐξουσία αὔτη ist durch den ἵνα-Satz bestimmt (ἵνα epexegeticum, siehe B-D-R § 394,3; WB s.v. ἵνα II 2e), bezieht sich also nicht unbedingt auf ἐν ποίᾳ ἐξουσίᾳ. Demzufolge liegt auch kein parallelismus membrorum vor (gegen Black, Muttersprache 159; Shae, a.a.O. 5). Denn die beiden Fragen bilden keine Einheit, sondern

148 Die Streit- und Schulgespräche (Analysen)

Die erste Frage (V 28a) wird sprachlich aufgenommen in den Jesusantworten V 29 und 33, die zweite Frage (V 28b) in V 30 und V 31, da ἐξ οὐρανοῦ als Umschreibung des Gottesnamens gelten kann[26]. Die erste Jesusantwort (V 29) greift also beide Fragen auf, wobei die Klammer des zweimaligen ἀποκρίθητέ μοι (V 29.30b) künstlich wirkt. Die dargelegten Gedanken der Gegner (V 31ff) setzen aber nur noch an dem zweiten Teil der Jesusantwort (V 30) an. Die abschlägige, zweite Jesusantwort (V 33) nimmt den Faden der ersten Frage (V 28a) und des ersten Antwortteils (V 29) wieder auf. Werden diese beiden Fäden voneinander gelöst, so ist deutlich, daß die erste Frage (V 28a) und deren Fortführung (V 29.33) auf die zweite (V 28b) und auf die sich anschließende Gegnerfrage (V 30) angewiesen ist. Bei Streichung der ersten Frage (V 28a) und der von ihr sachlich ableitbaren Antworten (V 29.33) ergäbe sich ein geschlossenes, in sich verständliches Gespräch. Jedoch spricht gegen eine so abgegrenzte Form das Fehlen

---

gehen auf verschiedene Sachverhalte (siehe unten S. 152f). Eine Bedeutungsdifferenz könnte darin liegen, daß in der ersten Frage die Herkunft der Vollmacht selbst unbestimmt bleibt, während die zweite ein Übertragungsschema mitschwingen läßt wie in 3,15; 6,7 an die Jünger (jeweils markinisch). Allerdings denkt Markus an diesen Stellen an das Moment der Macht über die Dämonen (siehe unten S. 154). Wahrscheinlich ist mit den Fragen nicht an eine Lehr- oder Ordinationsvollmacht gedacht (gegen Daube, a.a.O. 217-223; Ders., JThS 39, 1938, 45-49; Billerbeck I, 859f; dagegen jetzt auch Riesner, Lehrer 240f). Auch gehören die Fragen nicht einer gerichtlichen Untersuchung an (gegen Pesch, Markus II, 208-212), siehe die Belege und Einwände bei Billerbeck I, 860, zu TestHiob 36-38 (vgl. die Verweise bei Pesch, Markus II, 209 Anm. 1; Schmithals, Markus II, 506) siehe unten S. 155f Anm. 57.

26 Entscheidend ist die Frage, ob ἐκ τοῦ οὐρανοῦ eine Antwort auf ἐν ποίᾳ ἐξουσίᾳ bilden kann oder ob diese Antwort besser zu τίς σοι ἔδωκεν ἐξουσίαν paßt in Umschreibung des Gottesnamens. Auf die erste Frage wäre analog Dan 4,26Θ ἐξουσία οὐράνιος möglich, dort als herrscherliche Macht verstanden, besser wäre der Genitiv (siehe WB 550 s.v. ἐξουσία 3). Mt 16,1 und Lk 11,16 ändern σημεῖα ἀπὸ τοῦ οὐρανοῦ Mk 8,11 in ἐκ τοῦ bzw. ἐξ οὐρανοῦ (Mt 12,38 ἀπὸ σοῦ!). Aber als Antwort auf die zweite Frage ist ἐκ/ἐξ auch nicht glatt, doch passender (vgl. Joh 3,27; 6,65); belegt ist παρά (siehe WB 1209 s.v. παρά I 3b) in Apg 9,14; 26,10 (siehe WB 551 a.a.O.).

einer abschließenden Antwort Jesu. Dies könnte durch die Zufügung der ersten Frage usw. ausgeglichen worden sein. Dennoch ist wenig wahrscheinlich, daß ein Gespräch Jesu über seine Vollmacht und daran anschließend breite Ausführungen über die Gedanken der Gegner ohne eine entscheidende Antwort Jesu, die seine Überlegenheit dokumentiert, überliefert wurden[27].

Bei genauer Betrachtung von V 31f lösen sich aber diese Schwierigkeiten. So fällt in V 32 der Wechsel von direkter zu indirekter Rede auf[28]. Es folgen zwei inhaltliche Aussagen, die das Gespräch selbst nicht betreffen, die aber in der Sache Intentionen markinischer Redaktionstätigkeit aufnehmen und deren Darstellungsweise entsprechen. So ist die Furcht vor der Menge in den Kapiteln 11f ein von Markus pointiert eingesetztes Motiv des Verhaltens der Gegner (11,18; 12,12 vgl. 14,2). Das auf Johannes angewandte Prophetenbild hat seine vorbereitende Entsprechung in Mk 6,15; 8,28[29], jeweils in Gegenüberstellung zu Jesus, dem der höhere Rang zukommt. Damit wird die Parallele zwischen der »Vollmacht« und der »Johannestaufe« verstärkt. Allerdings liegt der Vergleichspunkt im Ursprung der Vollmacht. Die Überlegenheit der Vollmacht Jesu ist vorausgesetzt und entspricht damit dem Vorläuferbild des Täufers bei Markus. V 33a führt die Gegnerüberlegungen konsequent fort[30]. Weder Stil noch Vokabular widersprechen einem markinischem Ursprung des erzählerischen Teils V 32-33a[31].

---

27 Die Einheitlichkeit der Überlieferung wird kaum mehr vertreten, anders Beilner, a.a.O. 181; Pesch, Markus II, 209.
28 An dieser Stelle liegt kein semitisierender Stil vor (nur mit Vorsicht Beyer, Syntax I,1, 97), siehe B-D-R § 470$_5$ mit Verweis auf Xen, An 7,1,39.
29 Siehe auch die Darstellung Mk 1,2-4; 6,18.20. Zur Vorstellung des Täufers als Propheten siehe Friedrich, ThWNT VI, 838-842; Becker, Johannes 41-46; Wink, John 15f; Shae, a.a.O. 8f.
30 Als Gegnerreaktion ist nach der breiten Ausführung ihres Abwägens ein Schweigen, etwa analog 3,4, nicht sinnvoll.
31 Zu ἐφοβοῦντο κτλ. siehe 11,18; 12,12, vgl. 14,2; zu ἅπαντες siehe 1,27 (markinisch) in der gleichen Funktion, Ausschließlichkeit darzustellen. εἶχον κτλ. ist möglicherweise ein Latinismus, siehe B-D-R § 397$_5$; Taylor, Markus 471, aber auch Papyrusverweis siehe WB

Schon Bultmann[32] hat auf einen Widerspruch zwischen V 30 und V 31 hingewiesen: Während die Frageformulierung V 30 auf einen Analogieschluß hinauslaufe, werde dieser in V 31 nicht mehr verstanden, denn nunmehr werde auf den Glauben abgehoben. In der Fortführung des Markus-Textes V 31 lautet nun die Analogie aus der Sicht des Erzählers: »Ebensowenig wie ihr ihm (Johannes) geglaubt habt, glaubt ihr nun mir«. Das Motiv des Unglaubens, das bei Markus eine beachtliche Rolle spielt, schwingt also in V 31 mit. Neben dieser theologischen Tendenz spricht auch die erzählerische Überleitung für Markus als den Verfasser von V 31[33].

Somit endet der traditionelle Bestand des Gesprächs mit der Gegenfrage V 30. Damit aber wird die Antwortbedingung V 29 sinnlos. Denn diese ist gerade auf εἷς λόγος hin formuliert, setzt also eine Antwort - zumindest in indirekter Rede (so hier) - voraus. Allerdings würde die Zuweisung dieses Verses (V 29) an die Redaktion ausgeschlossen, falls an dieser Stelle mit semitischem Stil zu rechnen wäre[34]. Daher wird gerne auf eine Zweistufentradition zurückgegrif-

---

659 s.v. ἔχω I 5. Zu V 33a siehe B-D-R § 420; zum historischen Präsens bei Markus siehe oben S. 146 Anm. 18.

32   Geschichte 18f.
33   Zu διαλογίζεσθαι im Markus-Evangelium vermittelt Shae, a.a.O. 6f, ein teilweise unzutreffendes Bild. Läßt man 2,6.8 beiseite, so steht 8,16fin innerhalb von 8,14-21 in einem so stark von markinischer Theologie geprägten Abschnitt, daß für die Verse die Annahme markinischer Verfasserschaft wahrscheinlich ist. In 9,33 stammt das Verb ebenfalls von Markus, denn das »Haus« ist ein markinisches Motiv der Jüngerbelehrung und die ὁδός bringt das markinische Verständnis des Weges zur Passion in Erinnerung (siehe demgegenüber das Jüngergespräch 10,35-40); das διαλέγεσθαι in 9,34 entstammt möglicherweise der Tradition. Aber gerade die Parallelität zu 2,6.8 spricht gegen eine vormarkinische Herkunft von 11,31, da sich der Unterschied in der Formulierung zwischen πρὸς ἑαυτούς und ἐν ἑαυτοῖς aus der Analogie zu ἐν ταῖς καρδίαις in 2,6.8 erklären läßt. Zu λέγειν πρὸς ἑαυτούς siehe 1,27; 10,26; in redaktionellem Zusammenhang noch 9,10.
34   So Pesch, Markus II, 210 Anm. 5; Shae, a.a.O. 6.12; Gnilka, Markus II, 137 Anm. 7 ("vermutlich"), siehe dazu unten Anm. 35.

fen, die diesem stilistischen Kriterium Rechnung tragen könnte. Jedoch ist das Stilkriterium kein eindeutiges, durchschlagendes Argument[35], zumal, was wenig bedacht wird, eine ausgeführte klassische konditionale Konstruktion der Dramatik der Gegenantwort abträglich wäre. Die Berufung auf Formparallelen ist ebensowenig überzeugend. In keinem Falle rabbinischer Debatten wird eine eindeutige Antwort zur Bedingung einer Auskunft erhoben[36]. Neben dem (oben abgewiesenen) stilistischen Argument sehe ich keinen Widerspruch gegen die Annahme markinischer Verfasserschaft der Bedingungsaussage[37].

Geht V 31-33 auf Markus zurück, so ist seine Hand unumgänglich auch in V 29 wirksam. Dann aber ist entsprechend der beiden Stränge innerhalb der sprachlichen Struktur des Abschnitts *die erste Frage* (ἐν ποίᾳ ἐξουσίᾳ ταῦτα ποιεῖς;) nach ihrer Herkunft zu hinterfragen. Hierfür reicht nicht aus, die traditionsgeschichtlich frühe Herkunft der zweiten Frage zu erweisen[38]. Innerhalb des Abschnitts liegt die erste Frage (V 28a) ihrer Intention nach auf der Linie der Ablehnung der Johannestaufe in V 31 (οὐκ ἐπιστεύσατε αὐτῷ). Vollmacht Jesu bedeutet innerhalb der synoptischen Tradition theologisch gekennzeichnete, von Gott kommende Rechtsvollmacht[39]. Das ταῦτα ποιεῖν impliziert diese Legitimierung. Ihr wird, wie die Frage zeigt, Ablehnung entgegengebracht, obwohl das Tun über die Vollmacht selbst Auskunft gibt[40]. Derselbe Bruch, den Bultmann zwischen V 30 und 31f feststellt, zeigt sich (vom Erzähler her) schon im Nebeneinander der beiden Eingangsfragen. Dieses Interpretationsmuster weist ebenfalls die Formulierung in Mk 6,2 auf. Beobachtungen, die an der Verwendung von doppelten

---

35 In V 30 handelt es sich um einen eigentlichen Imperativ, ebenso wie die Ankündigung des εἷς λόγος dies für den ersten Imperativ anzeigt. Somit liegt eine "weniger semitisch[e]" Stilform vor (Beyer, a.a.O. 252, aber gegen dessen Bestimmung, die von Mt 11,24 ausgeht).
36 Vgl. Howard, a.a.O. 111, und siehe unten S. 156 Anm. 58.
37 Markus hat auch die Klammer mit ἀποκρίθητέ μοι gesetzt.
38 So Hultgren, a.a.O. 69f.
39 Siehe dazu Foerster, ThWNT II, 565,16ff.
40 Solches Sprechen ist nur in der Rückschau möglich; demzufolge liegt hier kein authentisches Jesusgut vor.

Fragen in redaktionellen Zusammenhängen zu gewinnen sind, machen markinische Verfasserschaft für die erste Frage in 11,28 wahrscheinlich.

Die Annahme, die beiden Fragen seien in der Sache und daher traditionsgeschichtlich voneinander unterschieden, ist in der Auslegung nicht unumstritten[41]. Es handle sich hier um »eine Frage, doppelt in der Form, aber einheitlich in der Richtung«[42]. Dahinter steht die Auffassung, die Frage sei nur formal verdoppelt, erreiche sachlich aber im zweiten Glied ihre Klimax, und das zweite Glied könne so ohne das erste nicht existieren. Als schlagendes Beispiel für diese These gilt Mk 13,4: »Man kann auf das πότε gar nicht antworten, ohne σημεῖα anzugeben«[43]. Dem kann man entgegenhalten, daß in der Übergangsbildung die erste Frage die Tempelzerstörung einbezieht, ταῦτα und ταῦτα πάντα Verschiedenes meinen und formgemäß zwischen Termin und Zeichen zu unterscheiden ist[44]. Aus diesem Grund kann man eine Analogie zwischen Mk 13,4 und 11,28 ausschließen[45]. In 11,28 handelt es sich um zwei Fragen, deren einleitende Formulierungen im Wortlaut direkt nicht parallelisiert werden können. Ebensowenig überzeugt die Meinung, die zweite Frage sei die umfassendere, "auch wenn kein πάντα hinzugesetzt ist"[46]. Nicht zwischen den beiden ταῦτα in 11,28 liegt die Spannung, sondern zwischen ἐν ποίᾳ ἐξουσίᾳ und τίς σοι ἔδωκεν ἐξουσίαν. Die einzigen Fragen, mit denen hier ein Vergleich möglich ist, sind die in 6,2: Dem πόθεν τούτῳ ταῦτα folgt eine Doppelfrage - hier eine echte Doppelfrage, wie das Nebeneinander von σοφία und δυνάμεις

---

41 Von einem traditonsgeschichtlich einheitlichen Ursprung der beiden Fragen gehen aus: Roloff, a.a.O. 93ff; Kremer, a.a.O. 131; Gnilka, Markus II, 137. Die erste Frage halten für ursprünglich: Wendling, Entstehung 151f; Pesch, Naherwartungen 103; Howard, a.a.O. 112.112f Anm. 4. Die zweite Frage halten Hultgren, a.a.O. 69, und Shae, a.a.O. 11f, für ursprünglich. Zur Kongruenz von Frage(n) und Antwort(en) siehe oben S. 148f.

42 Lohmeyer, Markus 241 (siehe auch Neirynck, Duality 55; Shae, a.a.O. 11). Der Verweis auf Apg 4,7 (Shae, ebd. Anm. 1) überzeugt nicht, denn dort stehen (auch im Wortlaut) ἐν ποίᾳ δυνάμει und ἐν ποίῳ ὀνόματι parallel (Gleiches gilt für den Verweis auf Lidz Joh 77 Seite 82,24 bei Bultmann, a.a.O. 18 Anm. 2). Da aber ἐν ποίᾳ δυνάμει den Vorwurf aus Apg 3,12 (ὡς ἰδίᾳ δυνάμει) aufnimmt, doch nur ἐν ποίῳ ὀνόματι gedanklich fortgeführt wird, ist die sachliche Richtung nicht einheitlich.

43 Klostermann, Markus 133.
44 Zur Sache siehe Brandenburger, Markus 13, 95.
45 Gegen Neirynck, a.a.O. 54f.
46 Pesch, a.a.O. 103.

zeigt -, die Wunder und Lehre aufnimmt. Die vorangestellte Frage entspricht in ihrer Funktion der in Mk 1,27. Der Reaktion der Menge folgt die Frage »τί ἐστιν τοῦτο;«. Die kurzen Fragen haben jeweils Hinweischarakter auf die dann erfolgenden Feststellungen[47]. In der Tat sind sie eher Ausruf als Frage[48]. Dieser Tendenz entspricht die Spannung von Frage 1 zu Frage 2 in 11,28, nur darin abgewandelt, daß im Munde der Gegner eine positive Reaktion nicht möglich ist. Hier kann Markus aus sachlichen Gegebenheiten die Schwierigkeiten nicht wie in 6,1-6a durch das Nebeneinander von Zustimmung und Ablehnung lösen[49].

Das letzte Argument, das für den markinischen Ursprung der ersten Gegnerfrage spricht, stellt die Wiederaufnahme des Themas der Vollmacht innerhalb des Evangeliums dar. Das Thema selbst ist zwar in der Tradition vorgegeben, aber weder Ort noch Situation sind vorgeprägt. Der (traditionelle) Stoff der Überlieferung eignet sich jedoch nur wenig dazu, ihn am Anfang des Evangeliums zu verwenden. Dort ist nicht der Platz, eine Frage wie »τίς σοι ἔδωκεν ἐξουσίαν;« mit einer Antwort zuzulassen, die eindeutig auf Gott weist[50]. Die Frageintention selbst - aus der Sicht des Erzählers - fügt sich allerdings gut in die ἐξουσία-Darlegung von Kapitel 1f ein. Dort findet sich schon implizit die Gegenüberstellung von ἐξ οὐρανοῦ - ἐξ ἀνθρώπων in 1,22:

---

[47] Zur Struktur der doppelten Frage und zu der gleichen Funktion siehe 2,7, aber hier im Munde der Gegner: τί οὗτος οὕτως λαλεῖ; ... τίς δύναται ἀφιέναι ἁμαρτίας ...;

[48] Pesch, ebd., zu 6,2.

[49] Zur Exegese von Mk 6,1-6a siehe Pesch, Markus I, 325.430.452 (L 34) und vgl. die thematisch gesammelten Aufsätze in BZNW 40, besonders Gräßer, Bemerkungen, a.a.O. 1-37. Die erste (πόθεν) der drei Fragen findet bei Koch, Wundererzählungen 147-153, wenig Beachtung, sondern wird unter V 2b subsumiert (a.a.O. 151f). Das Problem sieht Gräßer, a.a.O. 20f, obgleich, wie sein Verweis auf 2,7 zeigt, nicht ausschließlich auf das Motiv des Epiphaniewunders abgehoben werden kann. Die folgende Doppelfrage ist der Tradition entnommen, siehe Koch, a.a.O. 151. Die Doppelfrage wird weitergeführt, wogegen die πόθεν-Frage der Illustration der Publikumsreaktion dient (gegen Mayer, BZ 22, 1978, 191-198, der die erste Frage der Tradition zurechnet; aber die Doppelfrage ist auch ohne die πόθεν-Frage verständlich).

[50] Anders Howard, a.a.O. 108.

ὡς ἐξουσίαν ἔχων καὶ οὐχ ὡς οἱ γραμματεῖς. Der vormarkinische Stoff von 11,27-33 liegt zwar auf der Linie der markinischen ἐξουσία-Interpretation des irdischen Wirkens Jesu, sperrt sich aber in seiner eindeutigen, offenen Aussage für den ersten Teil des Evangeliums.

Neben den Texten, in denen die Vollmacht Jesu qualifiziert wird, stehen die Texte, in denen Jesu Vollmacht auf die Jünger übertragen wird (3,15; 6,7). Diese sind aber klar unterschieden von denen zur Lehre Jesu. Es ist die Macht, Dämonen auszutreiben beziehungsweise die Macht über die unreinen Geister. Die Aussagen gehen insgesamt, mit Ausnahme von 2,10, auf Markus zurück. Sie zeigen, daß für Markus διδόναι ἐξουσίαν (6,7 beziehungsweise 3,15 ποιεῖν ἐξουσίαν ἔχειν) terminologisch nach zwei Seiten hin begrenzt ist: zum einen auf die Macht der Dämonenaustreibung, zum anderen - dies ist für 11,28 wichtig - als Begriff der Vollmachtsübertragung. Nach der Einschätzung der Vollmacht Jesu, die 1,22.27; 2,10 (vgl. auch 2,28) wiedergeben, läuft die zweite Frage in 11,28 diesem markinischen Verständnis zuwider. Markus muß also diese mögliche Deutung ausschließen. Er tut dies, indem er das Übertragungsmoment korrigiert. Für ihn ist es die Vollmacht, die Jesus durch Erhöhung zum Menschensohn zugekommen ist und die von da aus sein irdisches Wirken auszeichnet. Die erste Frage in 11,28 steht damit auf der Linie von 2,10 und entspricht dem Interesse des Markus, aus dem er 2,10 in sein Evangelium einfügt.

Zusammenfassend läßt sich somit feststellen, daß erstens die Struktur des Abschnitts 11,27-33 in seiner redaktionell terminologischen Fortführung der ersten Frage, zweitens die Aussagedifferenz von Frage 1 (V 28a) und Frage 2 (V 28b) und drittens die Behandlung der Vollmacht Jesu in seinem Wirken zu Beginn des Evangeliums im Vergleich der Formulierung von Frage 1 markinischer Theologie voll entsprechen. Folglich wird der Redaktor Markus der zweiten Frage in 11,28 die erste vorangestellt haben.

Die markinische Bearbeitung in 11,27-33 ist also äußerst intensiv: Orts- und Situationsangabe V 27 gehen ebenso auf Markus zurück wie die Kennzeichnung der Gegner in ihren Überlegungen. Markus hat auch die von der ersten Frage (V 28a) abhängigen Teile der ersten Jesusantwort (V 29) samt deren Klammerung mit den Imperativen gestaltet. Markus ist es auch, der die zweite Jesusantwort (V 33), die Pointe des Textes, einbringt. Die Tradition[51] gibt das Gerüst des von Markus bearbeiteten Textes vor: Einer kurzen Einfügung ungenannter Fragesteller folgt Frage 2 (V 28b) und die Jesusantwort (V 30) in Frageform mit dem intendierten Analogieschluß von der Johannestaufe her. Die Frage nach der Johannestaufe stellt keine selbständige Überlieferung dar und hat auch keine eigene Traditionsgeschichte.

Die *Form der Überlieferung* ist schwer zu bestimmen[52]. Sicher ist 11,28b.30 kein Schulgespräch[53]. Zwar wird eine Frage gestellt, aber keine Schulfrage wie etwa in 10,2; 12,14.23.28 (vgl. auch die Lehrfrage des Jünglings 10,17). Ebensowenig weist der Anfang der Tradition auf ein typisches Streitgespräch[54]. Denn die ursprüngliche Frage impliziert keinen Vorwurf. Bultmann[55] verweist daher auf den Schluß der Überlieferung. Die Jesusantwort ergehe in Frageform und habe darin ihre Formparallele in rabbinischen Debatten[56]. Jedoch erscheint dort keine Entscheidungsfrage als Bedingung[57], die die Antwort auf dem Wege

---

[51] Als ursprüngliche Tradition bestimmt Howard, a.a.O. 107-116, V 28a und V 30; Bultmann, a.a.O. 19; Gnilka, Markus II, 136f. halten V 28-30 für ursprünglich; Hultgren, a.a.O. 69f. bestimmt die traditionelle Einheit in V 27b.28b.29a.30 (ähnlich Shae, a.a.O. 10ff, allerdings ohne V 29aβ).

[52] Nach Howard, a.a.O. 112, ergibt sich "kein eindeutiges Bild"; freilich können die ebd. folgenden Authentizitätsfragen die formgeschichtliche Bestimmung nicht ersetzen.

[53] So auch Pesch, Markus II, 209. Auf die Bestimmung eines Schulgespräches läuft die Darlegung bei Daube, a.a.O. 151-157 (aufgenommen von Zimmermann, Methodenlehre 155) hinaus, siehe dazu kritisch Howard, a.a.O. 111 und siehe unten Anm. 58. Allerdings gab Daubes These Anlaß zu der weitreichenden Rekonstruktion eines der Tradition vorausliegenden ("pre-conflict-story-tradition") Schulgesprächs durch Shae, a.a.O. 13f; vgl. ferner Ernst, Markus 336.

[54] Die Bestimmung als Streitgespräch vertreten Albertz, a.a.O. 23 (mit 11,15ff); Bultmann, a.a.O. 18f; Grundmann, Markus 316; Hultgren, ebd. und a.a.O. 26; Shae, a.a.O. 10ff.

[55] Geschichte 42.

[56] A.a.O. 43ff; zu diesem Argument siehe unten Anm. 58.

[57] So auch Howard, a.a.O. 111. Eine nur vermeintliche Parallele bildet TestHiob 36,6 (vgl. dazu Rahnenführer, ZNW 62, 1971, 87). Denn

eines Analogieschlusses[58] bereits in sich trägt. Mit hypothetischen
Rekonstruktionen hat man versucht, eine Fortführung des Gesprächs
herzustellen[59]. Falls man aus Gründen der Form mit einer derartigen
ursprünglichen Gestalt des Gesprächs rechnet, müßten Gründe z.B.
redaktioneller Natur, wie das Messiasgeheimnis, für eine Streichung
des rekonstruierten Teiles und dessen Ersetzung wahrscheinlich gemacht werden[60]. Die Überlieferung selbst gibt jedenfalls keinen Anlaß

---

erstens kommt die Frage von Baldad, nicht von Hiob. Zweitens
geht es an dieser Stelle nicht um eine geforderte Bedingung, sondern die Frage gliedert das Gespräch. Zudem dient das Nichtwissen Baldads (38,4) nur der Darlegung des Sachproblems (siehe
38,5). [Zur Datierung siehe Schaller, Testament Hiobs (JSHRZ
III,3) 309-312; zur Stelle vgl. noch von Nordheim, Lehre I, 127.]
Die Gegenfrage in POxy 840 (vgl. den Verweis von Bultmann, a.a.O.
42) steht zum einen innerhalb des Gesprächs, nicht an seinem
Ende; zweitens stellt sie einen Gegenvorwurf dar (auf die Frage
Zeile 12f hin, τίς ἐπέτρεψεν σοι πατ<εῖν> τοῦτο τὸ ἁγνευτήριον;) und
drittens hat sie für den Fortgang des Gespräches und für dessen
innere Logik eine konstituive Funktion.

58 In Midr Qoh 1,7 (=Billerbeck I, 661; Bultmann, a.a.O. 43f) wird der
Analogieschluß zu Ende geführt und gesondert durchgespielt; zudem steht die Gegenfrage nicht am Ende des Gespräches. Diese
eher dem klassischen Dialog verwandte Typik zeigen u.a. ebenfalls Sanh 90b (=Billerbeck I, 895; Bultmann, a.a.O. 44); Sanh 65b
(= Billerbeck I, 861; Gnilka, Markus II, 136); Berakh 32b (=Billerbeck I, 278f); GnR 14(10c) (=Billerbeck I, 895f); Midr Qoh 5,10(27b)
(=Billerbeck I, 396). Für Sanh 101a (=Billerbeck I, 390) betrifft ein
Vergleich die Gegenfrage, nicht den Analogieschluß.

59 Vgl. Shae, a.a.O. 14. Allerdings besteht ein Unterschied zwischen
einem mit der Gegenfrage implizierten Gedanken (so die ebd.
Anm. 1 genannten Arbeiten) und der (tatsächlichen) ursprünglichen
Form, m.a.W. "daß die Verse 28-30 eine Fortsetzung erheischen"
(Gnilka, Markus II, 136), ist kein notwendig schlüssiges Argument
für eine Formrekonstruktion.

60 Möglich wäre immerhin, wovon ich nicht überzeugt bin, die Streichung und Ersetzung aufgrund der beabsichtigten Fortführung des
Evangeliums mit 12,1-12. Bei Shae, a.a.O., vermißt man eine entsprechende Diskussion und somit den positiven Erweis. Wie auch
immer, es bleibt als solches problematisch, mit einer weggebrochenen Überlieferung oder gar ihrer Streichung zu rechnen. Jedenfalls ist eine die Vv 28b.30 umfassende Tradition selbständig tradierbar und in sich sinnvoll.

zur Fortführung im rekonstruierten Sinne (vgl. die ursprüngliche Gestalt von 2,18b.19a). Bei solchen Rekonstruktionsversuchen steht eher der oftmals seit Bultmann als Axiom angesehene Vergleich mit rabbinischen Debatten Pate.

Allerdings erfolgt die Eingangsfrage aus einer kritischen Intention heraus. Die ursprüngliche, zweite Frage (V 28b) fragt nach der Berechtigung, nach einer Legitimation für das mit ταῦτα bestimmte Tun Jesu. In der Überlieferungseinheit stellen dieser Angriff, mit dem nach der Legitimation gefragt wird, und die Gegenfrage, durch die der Angriff abgewiesen wird, besondere Kennzeichen dar. Der Form nach sind diese beiden Elemente in V 28b.30 angelegt. Mk 11,28b.30 zählt damit zu der Gruppe der Gespräche, die ich »Streitgespräche zum Wirken Jesu« genannt habe. Die weitere formgeschichtliche Bestimmung der ursprünglichen Überlieferung 11,28b.30 erfordert die Untersuchung des ursprünglichen Bezuges des ταῦτα ποιεῖν. Da es sich um eine orts- und situationslose Überlieferung handelt, der Zusammenhang zur Tempelreinigung, den Joh 2 direkt herstellt, erst von Markus indirekt hergestellt wird, scheidet der nächste Kontext des Markus-Evangeliums für die Festlegung aus. Ebensowenig kann aber auch der nähere Textzusammenhang, etwa 11,1 im Sinne des messianischen Auftretens Jesu[61], den Weg weisen. Die ursprüngliche Überlieferung enthält kein Indiz, das die Ansiedlung am vorfindlichen Ort als traditionsgeschichtlich alt ausweist. Also entbehren alle Überlegungen, die eine Fixierung in Jerusalem oder innerhalb des Passionsgeschehens voraussetzen, der Basis. Die sicherste Grundlage zur *Bestimmung des ursprünglichen Sinnes von* ταῦτα ποιεῖν bietet die Überlieferung selbst mit dem Vergleich zwischen Johannestaufe und dem ταῦτα ποιεῖν Jesu. Da davon ausgegangen werden kann, daß die Gegnerfrage von der Entstehung der Überlieferung an mit der Legitimationsforderung verbunden war, also nicht selbständig existiert hat, kann der Vergleich mit der Johannestaufe für die Frage des ταῦτα ποιεῖν voll ausgeschöpft werden.

Bultmann[62] hat die Vermutung geäußert, das ταῦτα ποιεῖς der Vollmachtsfrage gehe ursprünglich "auf die Tauftätigkeit Jesu (bzw.

---

61 So Hultgren, a.a.O. 70f.
62 Geschichte 18 Anm. 2.

seiner Gemeinde)". Allerdings müßte dann - Bultmann postuliert konkreten Bezug des ταῦτα - eine ursprüngliche Exposition weggebrochen und verlorengegangen sein. Dies wäre möglich, da sich in der synoptischen Tradition kein Hinweis auf eine Tauftätigkeit Jesu findet. Es ist aber wenig wahrscheinlich, daß die Überlieferungsträger einerseits den Tatbestand rigoros getilgt hätten, also nicht nur im Zusammenhang mit Mk 11,28, andererseits aber der Analogieschluß mit der Johannestaufe (innerhalb der selbständig tradierten Überlieferungseinheit V 28b.30) auf dieser frühen Stufe bestehen geblieben wäre. Ferner erheben sich historische Bedenken gegen eine Tauftätigkeit Jesu[63]. Diesen Schwierigkeiten entzieht sich der Versuch von Shae[64], die Entstehung der Überlieferung auf eine Auseinandersetzung zwischen Täuferjüngern und Jesus über "Jesus' ministry" aufgrund seines zu Johannes verschiedenen Auftretens zurückzuführen. Sachgemäß ließe sich mit dieser Entstehungsthese die positive Aussage gegenüber der Johannestaufe gut aufnehmen. Aber ist auch die Spannung des Textes aufgenommen? Hätten die Johannesjünger einen der Ihren ("among whom Jesus himselfs was one"[65]) τίς σοι ἔδωκεν τὴν ἐξουσίαν ἵνα ταῦτα ποιῇς gefragt? Was Q (Mt 11,2f) positiv wiedergibt, wäre hier ins Negative und in einen deutlichen Gegensatz gezogen. Der Begriff ὁ ἐρχόμενος drückt Anerkenntnis aus, die Gegenfrage V 30 setzt diese nicht voraus (ἢ ἐξ ἀνθρώπων)[66]. Frage und Gegenfrage geben also eine andere Situation wieder als diejenige, die Shae vermutet. Doch beschreibt

---

63 Joh 3,22.26 und Joh 4,1 (freilich in 4,2 korrigiert) sind die einzigen Belege. Joh 3,22 ist wiederum eine von V 26 abhängige Überleitung des Evangelisten. Die Annahme einer Tauftätigkeit Jesu vor dessen eigentlichem Auftreten, von Joh 3,26 her begründet, ist historisch nicht zwingend (gegen Stauffer, Gestalt 57; J.Jeremias, Theologie 52f; Becker, Johannes 13f; Ders., Johannesevangelium I, 152f), vgl. Dibelius, Überlieferung 111; Schenk, NTS 29, 1983, 477f Anm. 26. Von der Vollmachtsfrage und dem hier verhandelten Problem her ist allerdings bezeichnend, daß Joh 3,27 auf den Täufer Jesus (und dessen Erfolg) zielend formuliert ἐὰν μὴ ᾖ δεδομένον αὐτῷ ἐκ τοῦ οὐρανοῦ (vgl. Joh 6,65).
64 A.a.O. 18; so auch Gnilka, Markus II, 137.140.
65 Shae, ebd.
66 Vgl. dagegen die Einebnung in der Paraphrase bei Shae, ebd.

Shae in der Bestimmung des ταῦτα ποιεῖν den richtigen Weg. Der ursprüngliche Sinn dürfte das gesamte Wirken Jesu, sein Auftreten betroffen haben, indem umfassend auf die gesamte Wirksamkeit Jesu zurückgeblickt wird. Dafür spricht einerseits das Imperfekt in V 30, rechnet man nicht mit einem Bezug auf die Taufe Jesu[67]. Bei Annahme der Historizität des Gespräches[68] wäre jedenfalls ein Rückblick auf die Taufe nicht anzunehmen. Viel eher ist darin die Analogie erkennbar, daß das Wirken (Tun) Jesu und die Johannestaufe, also das Wirken des Täufers, der Form der Überlieferung abgeschlossen, aber fortdauernd (im Leben der jeweiligen Gemeinschaft) vorausliegen. Hinzu tritt das Argument, daß andererseits ein Reden von der Vollmacht Jesu überhaupt erst nachösterlich möglich ist. Für die Überlieferung Mk 11,28b.30 ist die Vollmacht allerdings durch ἵνα ταῦτα ποιῇς bestimmt. Jedoch zeugt diese rückblickende Sichtweise von einer Qualifikation des ταῦτα ποιεῖν, die ebenso christologisch bestimmt ist wie die Zuweisung der Vollmacht selbst, nach der gefragt wird. Sind die Fragesteller in den Täuferanhängern richtig bestimmt, besteht eine die Frageintention beherrschende Spannung zum Auftreten Jesu. Kann ferner auf die Johannestaufe retrospektiv Bezug genommen werden, so liegt nahe, daß die Überlieferung aus der nachösterlichen Debatte in der Konkurrenzsituation zu dem Täuferkreis entstanden ist: Die Gemeinde wendet gegenüber dem Täuferkreis die Frage nach der von ihr dem Wirken Jesu zuerkannten Exousia im Analogieschluß (Johannestaufe) an. Die Überlieferung ist also von ihrer Formung an christologisch orientiert. Daß sich Jesus selbst solche Vollmacht ἐξ οὐρανοῦ zugestanden habe, ist unwahrscheinlich, eher auszuschließen. Eine innergemeindliche Auseinandersetzung ist nur in dem Rahmen anzunehmen, daß Täuferanhänger sich der Gemeinde angeschlossen haben. Für diese Gruppe in der Gemeinde hat die Johannestaufe eine besondere Bedeutung.

Daraus ergibt sich, daß die Überlieferung aus der christologischen Debatte (ἐξουσία) der Gemeinde stammt. Die thematische Nähe zur

---

67 So aber Lohmeyer, Markus 242; Grundmann, Markus 317f.
68 So Shae, a.a.O. 17f; Howard, a.a.O. 112f.115; Hultgren, a.a.O. 72f.

Konkurrenz des Täuferkreises spricht für eine judenchristliche Herkunft. Diesem Überlieferungsort entsprechen auch Stil und Sprache in V 28b.30[69]. Eine weitere Tradierung innerhalb judenchristlicher Gemeinden zur Auseinandersetzung gegenüber der Täuferbewegung ist nicht ausgeschlossen. Ferner ist aber zu beobachten, daß ein Gegenüber von Täuferkreis und christlicher Gemeinde überspielt, auf jeden Fall nicht genannt wird. Hier wird die Gegnerschaft also in ganz anderer Weise verarbeitet, als dies für die Tradition in Mk 2,18b.19a gelten kann. Diese andere Qualität der Spannung – sie besteht für die Fragesteller in V 28b zumindest unterschwellig – läßt an eine Diskussion eher innerhalb als außerhalb der Gemeinde denken. Dem entspricht, daß im weiteren Gang der Überlieferung der Verweis auf die Johannestaufe nicht so sehr in der Sache, sondern mehr vom Analogieschluß her verstanden wurde.

Die Tradition wurde also mehr und mehr christologisiert. Der *Sitz im Leben* der Überlieferung ist somit die innergemeindliche christologische Debatte einer Gemeinde, die das Auftreten des Täufers und dessen Funktion im Hinblick auf das Wirken Jesu einordnet. Diskussionen nach außen, zum Judentum hin, im Sinne einer Verteidigung des Vollmachtsanspruches Jesu, sind nicht anzunehmen. Die Überlieferung war dazu ungeeignet, da im Judentum von einer Ablehnung gegenüber dem Täufer ebenso auszugehen ist wie von der Ablehnung Jesus gegenüber[70].

Erst die *markinische Redaktion* stellt die Überlieferung in eine Debatte mit dem Judentum, wenn auch mit einigen Schwierigkeiten, das Gespräch annähernd historisch darzustellen (siehe die Überlegungen der Gegner V 31f). Darüber hinaus macht Markus die Überlieferung V 28b.30 seiner theologischen Konzeption zunutze, wie die Bearbeitung der Tradition im Hinblick auf die *Kontexteinbindung* zeigt.

Markus nimmt mit der Vollmachtsfrage das Tempelgeschehen auf. Darauf weist nicht nur die einleitende Überbrückung mit V 27a.b als

---

69 Siehe den ἵνα-Satz und die Umschreibung des Gottesnamens.
70 Vgl. das Argument, der Verfasser der Vv 31f habe den Analogieschluß "nicht mehr verstanden" (Bultmann, a.a.O. 18f).

Die Überlieferungseinheit und ihre Bearbeitung durch Markus 161

eigenes Kompositionselement, sondern auch die Komplettierung der Gegnergruppe. Dennoch grenzt er 11,27ff vom Tempelgeschehen ab, so in der Verschachtelung dieser Szene mit der Verfluchung des Feigenbaumes und der Glaubensbelehrung sowie in der Verlagerung des Geschehens auf den dritten Tag[71]. Obgleich das Tempelgeschehen noch präsent sein soll, beginnt mit 11,27 ein neuer (Unter-)Abschnitt. Für diesen besteht ein - in der Exegesegeschichte unter Einfluß von Joh 2 überbewerteter - lockerer Bezug zum Tempelgeschehen. Für Mk 11,27-33 wäre eine enge Verbindung mehr störend als nützlich[72], da sie ja auch in 12,9-12 leicht wieder anklingen und aufgenommen werden kann. Markus baut also das Gespräch abseits direkter feindlicher Haltung der Gegner[73] auf (vgl. dagegen 8,11; 10,2; 12,13.15). Auch die Frage τίς σοι ἔδωκεν τὴν ἐξουσίαν ταύτην ἵνα ταῦτα ποιῇς; entschärft Markus, indem er in der Zufügung offen, fast feststellend formuliert ἐν ποίᾳ ἐξουσίᾳ ταῦτα ποιεῖς; (vgl. 6,2). Nun kann es aber in seiner Jesusdarstellung nicht darum gehen, diese Frage und ihre Intention aufzunehmen und in eindeutiger Weise, ausdrücklich zu beantworten. Die Gegner müssen selbst zu einer Antwort kommen, überzeugt sein. Daneben unterliegt von der Christologie des Markus-Evangeliums her eine Beantwortung der Vollmachtsfrage dem Messiasgeheimnis[74], darf also auch im Munde der Gegner keine Aussage beinhalten[75]. In seiner Darstellung greift Markus deshalb zu dem schon öfter verwandten Mittel, direkt verborgene Überlegungen indirekt wiederzugeben[76].

Innerhalb der Jerusalemdarstellung ist kein Platz mehr zu kontroverser Situation. Vielmehr wird die Überlegenheit Jesu zum Ausdruck

---

71 Es handelt sich also um eine bewußte Kombination, nicht darum, daß Markus die zeitliche Unstimmigkeit "bewußt in Kauf genommen" habe (gegen Gnilka, Markus II, 137).
72 Vgl. die Überlegungen bei Haenchen, Weg 393, wie denn das Tempelgeschehen so folgenlos habe bleiben können und die Gegner nun zu ruhigem Fragen bereit sein können.
73 Siehe dagegen Schreiber, Theologie 87.
74 Auf diese Aussageabsicht des Markus heben besonders Haenchen, Weg 394ff, und Minette de Tillesse, Secret 152f, ab.
75 Siehe die Abwehr gegenüber der Anrede seitens der Dämonen 1,24f.32f; 3,11f.
76 Vgl. 2,6f; 5,28; 9,34; ähnlich 3,2; 8,16; 14,2.4f; 16,3.

gebracht (so die Gespräche 12,13-17.18-27 und auch 12,28-34). In ihren Überlegungen V 31f werden die Gegner Opfer ihrer eigenen Zwänge, die Markus schon vorher eingeführt hat. Die Ausführung des Prophetenthemas ist sachgegeben, hat für das Gleichnisgeschehen in 12,1-9 aber auch schon hinweisenden Charakter. Die Festlegung auf die Bedingungen einer Antwort nutzt Markus in V 33 doppelt. Er stellt nicht nur ein (mögliches) Schweigen, sondern gerade die Ausweglosigkeit der Gegner dar, bewahrt aber zugleich mit der Abweisung einer zweiten Jesusantwort das Geheimnis. Den Gegnern bleibt das Geheimnis damit nach der Darstellung des Markus verborgen. Den gleichen Zug trägt Mk 12,12. Auch dort zeigt Markus, daß die Gegner das Geheimnis nur auf sich beziehen, obwohl doch die eigentliche Aussage (von Markus verstärkt) schon in V 6 und vollends (in der Zufügung) V 10f zum Ausdruck kommt. Somit macht der Schluß des Abschnittes über die Vollmacht den Anschluß von Mk 12,1-11 erst möglich. Dort erfolgt die eigentliche Antwort. Durch seine Erhöhung (siehe V 10f) erhält der Irdische die Vollmacht und von daher offenbart sich die Würde seiner Gottessohnschaft[77].

2.2.2.3. Das Streitgespräch zur Exorzismustätigkeit Jesu (Mk 3,22-30)

Das Beelzebul[1]-Gespräch[2] begegnet jeweils in den drei synoptischen Evangelien (vgl. noch Mt 9,34). Die Übereinstimmungen zwischen Matthäus und Lukas untereinander und gegen Markus sind so groß, daß

---

77 Vgl. Wolff, ThLZ 102, 1977, 862; Berger, Formgeschichte 375.
1 Zum Begriff und dessen Herkunft vgl. Foerster, ThWNT I, 605f; Billerbeck I, 631-634. Zu der Vermutung, Beelzebul sei eine "im Blick auf Jesu Exorzismen geprägte abwertende Bezeichnung Jesu" (Pesch, Markus I, 213; siehe Limbeck, FS Schelkle, 31-42), siehe Ernst, Markus 118: "eine geistreiche, aber unwahrscheinliche Spekulation". Vgl. ferner Böcher, EWNT I, 507f.
2 Zur Literatur siehe Pesch, Markus I, 20f.429 (L 19); vgl. außerdem Hultgren, Adversaries 100-106; Klauck, Allegorie 174-185; Fuchs, Entwicklung.

damit gerechnet werden muß, wenigstens solange an der »klassischen« Zweiquellentheorie festgehalten wird[3], daß dieses Gespräch doppelt überliefert wurde[4].

Der Umfang des Q-Textes erschließt sich aus den gegenüber Markus übereinstimmenden Elementen in Mt 12,22-30 und Lk 11,14-23. Im einzelnen sind hierzu zu nennen: Das Gespräch hat in einer konkreten Exorzismusszene seinen Anlaß; im Angriff der Gegner wird Beelzebul mit dem Herrscher der Dämonen gleichgesetzt; die Jesusentgegnung erhält mit der Notiz, daß Jesus die Gedanken der Gegner erkennt, ihre szenische Motivierung (vgl. Mt 12,24 par Lk 11,15); die Formulierung des Wortes vom Reich stimmt gegen Markus bei Matthäus und Lukas fast überein; ebenso der Abschluß mit der Frage »πῶς σταθήσεται ἡ βασιλεία αὐτοῦ« und die Anführung von Mt 12,27f par Lk 11,19f und Mt 12,30 par Lk 11,23, die bei Markus keine Entspechung haben.

Aus diesem Vergleich ergibt sich, daß einerseits die der Logienquelle vorausliegende Tradition[5] des Beelzebul-Gesprächs nicht aus der Markus-Fassung zu gewinnen und daß andererseits die Q-Tradition nicht mit der vormarkinischen Tradition gleichzusetzen ist[6]. Denn weder ist eine redaktionelle Umarbeitung einer von der Markus-Tradition abhängigen Fassung noch eine Streichung der die Q-Tradition kennzeichnenden Elemente nachzuweisen.

Im Markus-Evangelium ist das Gespräch mit der Szene 3,20f.31-35 gerahmt. Dieses »sandwich arrangement«[7] bildet eine sekundäre Komposition, die näherhin als Kennzeichen markinischer Redaktionstätigkeit anerkannt ist[8]. Das Gespräch selbst stellt weder seiner Form

---

3   Siehe dagegen die Hypothese deuteromarkinischer Redaktion bei Fuchs, a.a.O. Die kompakt vorgelegte und mit Akribie erarbeitete These kann im ganzen nicht überzeugen, wenn nicht einerseits die Unterdrückung dieser Redaktion (oder wenigstens das Fehlen weiterer eindeutiger Spuren), andererseits die bleibende Geltung des Markus-Evangeliums überzeugend erklärt werden können.
4   Vgl. allein schon die Stellung des Abschnittes innerhalb des Matthäus-Evangeliums parallel zu Markus einerseits und innerhalb des Lukas-Evangeliums in der »großen Einschaltung« andererseits.
5   Zur Q-Tradition siehe Laufen, Doppelüberlieferungen 126-132.
6   So zuletzt Laufen, a.a.O. 126.427 Anm. 4.
7   Siehe Neirynck, Duality 133.
8   Vgl. von Dobschütz, ZNW 27, 1928, 193-198; Sundwall, Zusammen-

Die Streit- und Schulgespräche (Analysen)

noch seiner traditionsgeschichtlichen Entwicklung nach eine einheitliche Konzeption dar[9].

So hebt sich als erste Einheit *das eigentliche Streitgespräch* heraus mit dem Angriff der Gegner (3,22) und der Antwort Jesu (3,23-26) in den parallel gebauten Worten vom Reich und Haus (3,24f). Die Gegenfrage V 23b und das Logion V 26 (vgl. Mt 12,26 par Lk 11,18a) bilden ihrerseits eine Klammer um die Antwort, da beide in sachlicher Verbindung zueinander stehen. Dem folgt in V 27 das ursprünglich selbständige Bildwort[10] von der Überwindung des Starken, das zwar durch ἀλλά an die vorhergehende Argumentation angeschlossen ist, zu dieser aber in Spannung steht (vgl. ab τέλος ἔχει V 26). Eine weitere Einheit bildet das mit ἀμὴν λέγω ὑμῖν eingefügte zweiteilige Wort von der Lästerung des heiligen Geistes (3,28f). Am Schluß steht eine rückgreifende (ὅτι ἔλεγον) Rahmenbemerkung (3,30).

Angesichts dieser Fülle von Einzelformen und Elementen ist zu prüfen, inwieweit das Beelzebul-Gespräch, das hier vorerst auf Mk 3,22-26 eingegrenzt wird, schon im vormarkinischen Stadium erweitert wurde und ob markinische Eingriffe oder Veränderungen nachweisbar sind. Danach ist das Gespräch in seinem traditionellen Bestand näher zu analysieren.

Der Schluß des markinischen Textes (ὅτι ἔλεγον πνεῦμα ἀκάθαρτον ἔχει) *V 30* erinnert sowohl an V 22b (Βεελζεβοὺλ ἔχει) als auch an V 21 (ἐξέστη). Dieser Doppelbezug, der den Zusammenhang von V 22-29

---

setzung 32-35; Bultmann, Geschichte 365; Zerwick, Untersuchungen 132f; Schweizer, Aufsätze I, 97f; Kuhn, Sammlungen 200f; Neirynck, a.a.O. 36; Lambrecht, Redaktion 33 Anm. 4; Ders., NT 16, 1974, 252; Laufen, a.a.O. 149-153.

Speziell zur markinischen Herkunft der Komposition 3,20f/22-30/ 31-35 vgl. Albertz, Streitgespräche 114; Bultmann, a.a.O. 10; Dibelius, Formgeschichte 44 ("pragmatische Vorbereitung", siehe auch a.a.O. 225); Zerwick, a.a.O. 68.90; Haenchen, Weg 139f; Gnilka, Markus I, 144; Ernst, Markus 116; vgl. dagegen K.L.Schmidt, Rahmen 112f; Lohmeyer, Markus 80; Pesch, Markus I, 209ff; Crossan, NT 15, 1973, 85ff.

9 Vgl. Bultmann, a.a.O. 10.
10 Vgl. EvThom 35; siehe dazu Schrage, Verhältnis 90.

abschließt und mit V 31 an V 21 anknüpft[11], weist V 30 als markinisches Interpretament aus[12]. Im näheren Kontext interpretiert das ὅτι ἔλεγον (V 30) die Aussage von V 28f und macht sie in ihrem Zusammenhang erst verständlich[13]. Die Annahme, V 28f[14] stelle die Schlußaussage der vormarkinischen Einzelüberlieferung dar[15], kann insofern nicht überzeugen[16].

Vormarkinisch wurde dem Gespräch *V 27* angefügt[17]. Mit diesem ursprünglichen Bildwort erfogt nach den abweisenden, kritischen Worten in V 23-26 eine positive Aussage[18], nämlich die des Sieges Jesu über den ἰσχυρός. Daß dieses Wort und die Worte vom Reich und Haus verschiedenen Überlieferungsstufen angehören, ergibt sich aus der Beobachtung, daß die Aussagen einen jeweils anderen Reflexionsgrad des Problems »Herrschaft des Bösen« wiedergeben. Die Antwort V 23-26 versucht gegen den Angriff der Gegner implizit nachzuweisen, daß dieser zu Unrecht erhoben werde, da die Macht des Bösen demzufolge nicht weiter bestehen könne[19] (zu V 26fin vgl. unten). Demgegenüber zeigt V 27 gerade auf, daß Jesus die Macht des Bösen überwunden hat. Diese Gedanken sind nur dann miteinander zu vereinbaren, wenn beide Aussagen verschiedene Sichtweisen des Problems widerspiegeln: die eine, die den Angriff der Gegner ad absurdum führt,

---

11 Siehe Koch, Wundererzählungen 144.
12 Siehe Bultmann, a.a.O. 11; Grundmann, Markus 112; Haenchen, Weg 149; Crossan, a.a.O. 95; Hultgren, a.a.O. 102; Koch, a.a.O. 143f; Lührmann, Redaktion 34; Laufen, a.a.O. 153; Ernst, Markus 117.
13 Siehe Berger, Amen-Worte 41; Schenk, ZNW 70, 1979, 149f; vgl. schon Baumbach, Verständnis 33f.
14 Zur Diskussion um die ursprüngliche Fassung siehe Laufen, a.a.O. 154f.453f Anm. 210-213.
15 So Koch, a.a.O. 144; vgl. außerdem Lohmeyer, Markus 78; Lövestam, Spiritus Blasphemia 67; Gnilka, Markus I, 145f; Ernst, Markus 117.
16 Mit der Anfügung von V 28f durch Markus rechnen Bultmann, ebd.; Lührmann, ebd.; Hoffmann, Studien 150; Crossan, a.a.O. 94; Lambrecht, NT 16, 1974, 248; Laufen, a.a.O. 154.
17 Vgl. Bultmann, ebd.
18 So schon Albertz, a.a.O. 49; siehe Lührmann, a.a.O. 33; Koch, a.a.O. 143.
19 Siehe Albertz, a.a.O. 48; Laufen, a.a.O. 135; Gnilka, Markus I, 150; vgl. dagegen Pesch, Markus I, 215.

die andere, die die (für den Christen!) tatsächliche »Macht Jesu« und somit die Ohnmacht des Bösen begründet. Für die Überlieferung des Gespräches leuchtet ein, daß die Aussagen vom gespaltenen Reich und Haus die positive Aussage anziehen konnten[20].

Das eigentliche Gespräch (3,22-26) führt allerdings an seinem Ende mit der Wendung ἀλλὰ τέλος ἔχει (V 26) schon auf V 27 hin. Möglicherweise liegt hier eine die Anfügung von V 27 vorbereitende Ergänzung oder Umformung vor[21], ursprünglich gehörte V 26fin jedenfalls nicht zu V 24ff[22]. V 26 stellt als Schlußaussage die Entgegnung auf den Angriff in V 22 dar. Denn V 26 weist einen ähnlichen Aufbau auf wie die Worte vom Reich und Haus und argumentiert in seiner Aussage gleich, "bleibt [also] auf der Argumentationslinie von V. 24f"[23]. Im Gesprächsverlauf findet sich hier in der Anwendung der beiden Worte vom gespaltenen Reich und Haus die Pointe des Gesprächs[24]. V 26 gehört also von Anfang an zur Gesprächsüberlieferung[25]. Seine Aussage wird in Frageform mit V 23b schon vorweggenommen[26].

Ob die Frage 23b der Überlieferung zugefügt wurde, ist eigens zu entscheiden. Da V 23b mit V 26 eine Klammer um die beiden Logien V 24f bildet, ist eine Einfügung im schriftlichen Stadium, also erst durch Markus, am ehesten vorstellbar[27]. Hierfür spricht die markini-

---

20 Auf diese Tendenz macht auch Tannehill, ANRW II, 25.2, 1815, aufmerksam; vgl. ferner unten S. 170f.

21 Hultgren, a.a.O. 102, vermutet einen markinischen Eingriff (vgl. schon Jülicher, Gleichnisreden II, 223). Nach Laufen, a.a.O. 135, ist eher damit zu rechnen, daß V 26fin im Zuge der Anfügung von V 27 dem Streitgespräch angeschlossen wurde. Lohmeyer, Markus 79, bestimmt V 26fin als hellenistische Umfärbung (so auch Gnilka, Markus I, 150).

22 Anders Pesch, Markus I, 214f.

23 Koch, a.a.O. 143 Anm. 19.

24 Zur Konstruktion des Schlußverfahrens siehe B-D-R § 372, 1b$_2$; vgl. ferner Pesch, Markus I, 214; Gnilka, Markus I, 150.

25 Ernst, Markus 117, meint, die Anfügung von V 26 gehe "vielleicht" auf Markus zurück.

26 Vgl. Klostermann, Markus 37; Lohmeyer, Markus 79; Koch, a.a.O. 142; Laufen, a.a.O. 133f; Pesch, ebd..

27 Siehe Tannehill, Sword 179; Crossan, a.a.O. 90f; Gnilka, Markus I, 146; Hultgren, a.a.O. 102; Laufen, a.a.O. 154; Schmithals, Markus I, 222; Ernst, ebd.

sche Gesamtkomposition. Denn V 23b greift den zweiten Angriff aus V 22 (ὅτι ἐν τῷ ἄρχοντι τῶν δαιμονίων ἐκβάλλει τὰ δαιμόνια) auf, zeigt also an, daß im folgenden zu diesem Angriff Stellung genommen wird, während die Anfügung von V 28f ihrerseits durch V 30 als Entgegnung auf den ersten Angriff (V 22b) verstanden werden soll. Wenn nun aber Vv 28f von Markus angefügt wurden, denn gehen auch die Gliederungssignale, neben V 30 also auch V 23b, auf Markus zurück. Im übrigen ist die Antwort V 24-26 einheitlich konzipiert. Traditionsgeschichtlich kann von einer ursprünglichen Selbständigkeit der beiden Logien V 24f als Doppellogion ausgegangen werden[28].

Sekundäre Eingriffe weist der Beginn des Abschnitts auf. So geht die Gegnernennung insgesamt auf Markus zurück[29]. Sie gleicht der Identifizierung in 7,1 und zählt mit 3,6.19 und 7,1 zu den markinischen Verweisen auf das Passionsgeschehen. In diesem Rahmen bekommt die Aussage von 3,28f zusätzlich verschärfenden Sinn.

Eine nachträgliche Änderung stellt auch die Formulierung einer doppelten Anschuldigung mit Βεελζεβοὺλ ἔχει in V 22b dar[30]. Gegenüber der Q-Fassung (Mt 12,24 par Lk 11,15) ist sie sekundär, denn die Entgegnung erfolgt in Q (Mt 12,25f par Lk 11,15f) auf die Anschuldigung des Dämonenbündnisses hin[31]. Außerdem ist die Gliederung der Antwort mit V 23b und V 30, die auf die Doppelung in V 22 Bezug nimmt, markinischen Ursprungs. Ferner legt der Textverlauf von 3,20f

---

28 Die Selbständigkeit wird ebenfalls von Bultmann, a.a.O. 11, erwogen (vgl. a.a.O. 181 in Verbindung mit a.a.O. 96).
29 Siehe Bultmann, ebd.; Dibelius, a.a.O. 221; Grundmann, Markus 109; Taylor, Markus 238; Crossan, a.a.O. 88f; Hultgren, a.a.O. 102; Koch, a.a.O. 145; Laufen, a.a.O. 154; Gnilka, Markus I, 146. Dagegen rechnen Pesch, Markus I, 213, und Fuchs, a.a.O. 50f, mit der traditionellen Angabe einer Jerusalemer Inspektion. Aber selbst wenn diese Delegationsangabe als historische Erinnerung zu gelten hätte, wäre markinische Redaktion für 3,22 nicht ausgeschlossen (vgl. zu 7,1 oben S. 80).
30 Siehe Bultmann, ebd.; Lohmeyer, Markus 78; Schweizer, Markus 41; Koch, a.a.O. 142; Laufen, a.a.O. 133; Gnilka, Markus I, 145.
31 Gerade umgekehrt begründet Fuchs, a.a.O. 37ff, die Streichung (!) des ersten Vorwurfs mit der Zentrierung auf ein einziges Thema.

168   Die Streit- und Schulgespräche (Analysen)

zu 3,22 nahe, daß "die Wendung (B.ἔχει). . . zwischen dem Vorwurf der Besessenheit (V. 21) und dem des Teufelbündnisses (V. 22b) verbinden" soll[32]. Somit wurde V 22 wahrscheinlich im Zuge des »sandwich arrangement« mit 3,20f.22-30.31-35 von Markus verändert.

Ebenfalls markinisch ist die Regiebemerkung καὶ προσκαλεσάμενος αὐτούς[33], eine "typisch markinische Floskel"[34], und das folgende ἐν παραβολαῖς[35], das die Rede als Parabelrede, d.h. im Sinne des Markus als verhüllte Offenbarung (vgl. 4,11f.33f) kennzeichnet.

Die These, daß Markus zu Beginn seiner Überlieferung eine der Q-Fassung des Gesprächs analoge *Exorzismusnotiz* weggebrochen habe, ist zwar wenig umstritten[36]. Aber die Begründungen dieser Annahme sind eigens zu prüfen, vor allem im Hinblick auf die Entwicklung der Form. Für die Annahme könnte sprechen, daß jener konkrete Anlaß die Anschuldigung des Dämonenbündnisses in Q "ausgesprochen gut motiviert"[37]. Außerdem ließe sich das Fehlen damit begründen, daß Markus eine direkte Abfolge der beiden Angriffe in V 21.22 beabsichtigte[38]. Sicher nur ein Hilfsargument stellt die Meinung dar, Markus habe getrost auf die Exorzismusdarstellung verzichten können, da er schon zuvor mit 1,23-28.32ff.39; 3,11f Dämonenaustreibungen geschildert habe[39]. Aber mit keinem dieser Argumente läßt sich überzeugend

---

32 Bultmann, a.a.O. 11.
33 Siehe Bultmann, a.a.O. 356; Schweizer, Markus 41; Taylor, Markus 239; Minette de Tillesse, Secret 100 Anm. 2; Crossan, a.a.O. 89f; Koch, a.a.O. 145; Hultgren, a.a.O. 102; Laufen, a.a.O. 133.154; Gnilka, Markus I, 146; Fuchs, a.a.O. 55f; Ernst, Markus 117.
34 Schweizer, Aufsätze I, 97 Anm. 19; siehe 3,13; 6,7; 7,14; 8,1.34; 10,42; 12,43; 15,44.
35 Siehe Schweizer, a.a.O. 97f; vgl. ferner Crossan, a.a.O. 90 Anm. 1; Koch, ebd.; Pesch, Markus I, 210.214 ("könnte vom Evangelisten stammen"); Hultgren, ebd.; Fuchs, ebd.; Gnilka, ebd.; Schmithals, Markus I, 221.
36 Auf Ablehnung stieß diese Annahme bei Dibelius, a.a.O. 221; Haenchen, Weg 151f; Fuller, Wunder 87 Anm. 4; vgl. noch Fuchs, a.a.O. 37f Anm. 3.
37 Koch, a.a.O. 144, siehe schon Bultmann, a.a.O. 10 Anm. 2.
38 Vgl. Schweizer, Markus 41; Koch, a.a.O. 146; Laufen, a.a.O. 153; Gnilka, Markus I, 145; Ernst, Markus 117.
39 So Laufen, a.a.O. 133; Schmithals, Markus I, 221; ähnlich Bultmann, a.a.O. 10 Anm. 2.

nachweisen, daß die vormarkinische Überlieferung an einen konkreten Anlaß angeschlossen hat oder gar, daß "dieses (sc. Streitgespräch) ohne die Erwähnung eines Anlasses nicht verständlich wäre"[40]. Demgegenüber läßt sich mit dem Verweis auf die vormarkinische Überlieferung der Vollmachtsfrage sehr wohl wahrscheinlich machen, daß man ursprünglich eine Geschichte überliefern konnte, "die mit Bezugnahme auf eine Tätigkeit Jesu im allgemeinen begann"[41]. Außerdem zeigt zumindest der vormarkinische Beginn der Fastenfrage mit V 18b, daß Streitgespräche direkt mit dem Vorwurf einsetzen konnten[42]. Zwar teile ich die Meinung, die Bultmann[43] impliziert, daß man zwischen dem Anlaß im Jüngerverhalten und dem Anlaß im Wirken Jesu unterscheiden kann. Aber die Bedeutung der eine Überlieferung bildenden Gemeinde wird einseitig eingeschränkt, wenn der Vorwurf gegenüber dem Jüngerverhalten zwar aus diesen Bedingungen heraus als verständlich hingestellt wird (so z.B. 2,18b)[44], wenn aber ein Angriff gegen Jesus, dessen Motiv zudem in der Umwelt nachweisbar ist[45] und dem die Gemeinde auch ausgesetzt war[46], aus ebendiesen Bedingungen nicht aus sich heraus als verständlich erachtet wird. Ferner verschachtelt Markus auch in 5,21-24.25-34.35-43; 11,12-14.15-19.20-25; 14,1f.3-9.10f jeweils vormals selbständige Einzelüberlieferungen, ohne diese in ihrem Formbestand zu verändern. Zwar läßt sich mit diesem Argument nicht grundsätzlich die Möglichkeit bestreiten, daß der Einzelüberlieferung Mk 3,22ff ursprünglich eine Rahmenszene vorgeschaltet war. Aber die in den genannten Beispielen vorgeschalteten Regie-

---

40 Laufen, a.a.O. 132.
41 Vgl. Bultmann, a.a.O. 10.
42 So z.B. auch Bultmann, a.a.O. 17.
43 A.a.O. 10.
44 Siehe wiederum Bultmann, a.a.O. 17.
45 Vgl. zu Angriffen gegenüber Wundertätern Bieler, ΘΕΙΟΣ ΑΝΗΡ I, 83-86; Betz, Lukian 111ff; Thraede, RAC VII, 49ff; vgl. ferner Plut II, 394C.
46 Vgl. zu den späteren jüdischen Vorwürfen gegen Jesus Hengel, Nachfolge 44 Anm. 14 (allerdings besteht kein direkter Zusammenhang oder "Niederschlag" in bezug auf Mk 3,22, gegen ebd. 44). Darüber hinaus ist aus Mt 12,27fpar die Verwendung in einer konkreten Gemeindesituation erkennbar.

anweisungen zeigen, daß Markus an der szenischen Einkleidung auch innerhalb der Schachtelkomposition gelegen war.

Da die vormarkinische Tradition also wohl keine Exorzismusdarstellung enthalten hat, wird man Gleiches auch für die ursprüngliche, der Logienquelle und der Markustradition gemeinsam zugrundeliegende Fassung des Gesprächs annehmen können. Dann aber erhebt sich die Frage, wieso gerade der Q-Tradition eine Wundergeschichte vorangestellt wurde, neben Lk 7,1-10 par Mt 8,5-13 die einzige ihrer Art. Beide Erzählungen sind nicht nur untypisch für die Logienquelle, sondern auch von ihrer Form her in keiner Weise ausgeprägt[47]. In ihrem jeweiligen Zusammenhang haben beide Geschichten nur dienende Funktion. Da liegt die Annahme nahe, daß die Tradition erweitert wurde, um dem Gespräch selbst einen Anlaß - wenn auch in wenig konkreter Weise - zu geben, obgleich dieser den im Rahmen der in Q verarbeiteten Überlieferung der Form nach fremd war.

Nach der Abrenzung der vormarkinischen Überlieferung kann zur Frage nach deren *Form* übergegangen werden[48]. Zweifellos handelt es sich im weitesten Sinne um ein Streitgespräch. Näherhin ist aber zu beobachten, daß die Gegner mit ἐν Βεελζεβοὺλ τῷ ἄρχοντι τῶν δαιμονίων ἐκβάλλει τὰ δαιμόνια[49] nicht einen Vorwurf gegen Jesus aufgrund der Exorzismustätigkeit (vgl. dagegen Mk 3,2) erheben, sondern dessen Exorzismustätigkeit generell angreifen. Das Streitgespräch gilt somit nicht einem Sachproblem, sondern dem Wirken Jesu als Ganzem. Dementsprechend versucht die Antwort auch keine Einordnung der jesuanischen Exorzismustätigkeit, sondern führt den Angriff selbst ad absurdum: Wenn der Angriff der Gegner zuträfe, könnte der Satan - nach dieser Argumentation - keine Macht mehr besitzen, da sein Reich und Haus, ja er selbst, in sich gespalten wären.

---

47 Vgl. Lührmann, a.a.O. 32; Schulz, a.a.O. 206f.
48 Für die Formbestimmung des Gespräches ist die Prioritätenfrage der synoptischen Fassungen, d.h. welche der Überlieferungen der ursprünglichen Fassung am nächsten kommt, weitgehend ohne Relevanz, da im Kernbestand (Mk 3,22-26; Mt 12,24-26 par Lk 11,15. 17.18a) die Überlieferungseinheiten jeweils die gleichen Formelemente aufweisen.
49 Zur ursprünglichen Formulierung in Q siehe Laufen, a.a.O. 127f.

Diese Überlieferung (Mk 3,22-26) ist der Apologetik der christlichen Gemeinde in Auseinandersetzung mit jüdischen Gegnern (vgl. ἐν Βεελζεβούλ[50]) zuzuweisen[51]. Eine Änderung dieser Argumentationsrichtung wird in der Zufügung von V 27 (und der damit verbundenen Anfügung von V 26fin) sichtbar[52]. Die Anfügung der positiven Aussage gibt davon Ausdruck, daß die Gemeinde sich der Macht Jesu gegenüber der Bestreitung als der Macht vergewissert, die die Macht des Bösen bezwungen hat. Dies gilt nicht nur für den konkreten Fall der Dämonenaustreibung[53], sondern allgemein als Entmachtung des Teufels im Anbruch eschatologischer Zeit[54]. Insofern sind Mk 3,27 und das davon unabhängige[55], direkt am Exorzismus orientierte Logion Mt 12,28 par Lk 11,20 in ihrer Aussagetendenz kongruent[56]. Diese Wendung der Überlieferung ins Positive markiert die andere Verwendungsart: Das traditionell zur Selbstvergewisserung dienende Logion wird so aufgenommen, daß die Hörer denkend erkennen können, daß es Christus ist, der die Macht des Teufels gebrochen hat.

Legt der Zusammenhang des Logions mit dem Gespräch und erst recht die lukanische Tradition (ἰσχυρότερος) die Deutung des ersten Versteils auf die Person Jesu[57] nahe, so hat dies jedoch nicht unbedingt für die ursprüngliche und vormarkinische Verwendung zu gelten. Der Gedanke entstammt dem Denken der Weisheit (vgl. Jes 49,24f; PsSal 5,4f). Kol 2,15; 1 Joh 4,4 lassen die Vermutung zu, daß das Logion Mk 3,27 in seiner Verwendung (nur) implizit christologisch verstanden wurde, d.h. ursprünglich den Herrschaftsantritt auf den Sieg Gottes gründete. Insofern setzt die Zufügung von Mk 3,27 eine verstärkt christologische Interpretation des Logions voraus.

---

50 Vgl. Bultmann, a.a.O. 11.
51 Vgl. Bultmann, a.a.O. 51 Anm. 1.
52 Berger, Formgeschichte 47, sieht dagegen den apologetischen Charakter verstärkt.
53 Siehe dazu Böcher, Christus Exorcista 167.
54 Vgl. Brandenburger, Frieden 36f (zuerst WuD 11, 1971, 43ff).
55 Siehe Lührmann, a.a.O. 33; anders Laufen, a.a.O. 133.
56 Vgl. auch U.B.Müller, ZThK 74, 1977, 422.
57 Siehe Paulsen, EWNT II, 510.

Die *Interpretation durch Markus* läßt sich in drei Schritten erheben: zum einen im Hinblick auf das Beelzebul-Gespräch, zum anderen hinsichtlich der Komposition mit Mk 3,20f.31-35 und drittens in bezug auf das Ineinander der Interpretamente innerhalb der Gesamtkomposition von Mk 3,20-35.

Markus unterwirft das Beelzebul-Gespräch einer klaren Gliederung, indem er den ursprünglichen Angriff der Gegner verdoppelt, mit der Entsprechung zwischen 3,23b und 3,27 den ersten Teil der Antwort umschließt und mit 3,30 den zweiten Teil (3,28f) hiervon absetzt. Mit dieser Gliederung gibt er zugleich dem zweiten Teil das entscheidende Gewicht: Der Angriff der Gegner ist als Lästerung gegen den heiligen Geist zu verstehen. Diese Deutung impliziert eine doppelte Richtung. Zum einen ordnet Markus das Wirken Jesu, seine Exorzismustätigkeit, zumindest der Manifestation des heiligen Geistes zu. Ob Markus weitgehend die Perspektive von Mk 1,10 (dann Mk 3,27 nach 3,11 deutend) einbringen möchte[58], kann dahingestellt bleiben. Denn die zweite Interpretationsrichtung zeigt, daß Markus weniger an der Charakterisierung der Person Jesu als solcher gelegen ist, als vielmehr an dem Urteil über den Angriff dieser Gegner. Indem Markus durch seine Gegnerangabe in 3,22a die Perspektive des Passionsgeschehens einbringt und in diesem Zusammenhang die folgende Auseinandersetzung in den Rang der grundsätzlichen Bestreitung Jesu durch seine Gegner erhebt, hat 3,28f die ebenso grundsätzliche Funktion, die Haltung dieser Gegner Jesus gegenüber zu kennzeichnen. Die szenisch zwar unmögliche, aber innerhalb der markinischen Konzeption zutreffende Bemerkung προσκαλεσάμενος αὐτούς und die Jesusrede, gekennzeichnet als verhüllte Offenbarung, ἐν παραβολαῖς werden von der den Gesprächsrahmen übergreifenden Komposition mit 3,20f.31-35 verständlich.

Die Rahmenkomposition 3,20f.31-35 gibt ein für Markus zusammenhängendes Geschehen wieder: Der Angriff durch die οἱ παρ' αὐτοῦ, die gemäß V 31 als die nahen Verwandten Jesu zu erkennen sind[59], be-

---

58 Vgl. Laufen, a.a.O. 154f.
59 Zur Bedeutungsbreite des Begriffes παρ' αὐτοῦ siehe Cranfield, Markus 133; Taylor, Markus 236; Koch, a.a.O. 146 Anm. 37.

Die Interpretation des Streitgespräches durch Markus 173

gründet deren Abweisung. Diese Komposition[60] stellt ein aus V 35 entwickeltes[61] Apophthegma dar, das Markus in Grundzügen schon vorgegeben war. So wird man nicht alle mit dem οἶκος-Motiv verbundenen Elemente der Erzählung als redaktionell betrachten dürfen[62]. Das »Haus« ist zwar für Markus der Ort des Rückzugs und der esoterischen Belehrung[63], aber nicht offensives Trennungskriterium nach Mk 4,10ff.(33). Das »Haus« bildet für Mk 3,31-35 vielmehr unabdingbar die szenische Voraussetzung. Außerdem sind Reste einer Rahmung von V 35 in V 20f.31ff noch sichtbar[64], so daß nicht mit einer Gestaltung des Apophthegmas ausschließlich durch Markus gerechnet werden muß[65]. Hierzu sind die Hausszene (vgl. V 20a), das Kommen der Verwandten (vgl. V 31a.21a) mit dessen Begründung V 21fin und das ἔξω στήκοντες zu zählen. Im weiteren waren Markus die Vv 32b[66].c.33. 35 vorgegeben. Es kann nicht überraschen, daß Markus den Beginn der Tradition weitgehend umgestaltet hat[67], um den Angriff der Ver-

---

60 Mit dem Argument, daß V 31ff nicht mehr auf den Angriff V 21 Bezug nehme, läßt sich ein vormarkinischer Zusammenhang zwischen der Anfangsszene und V 31-35 nicht überzeugend bestreiten; denn V 21 bietet die szenische Grundlage für das V 31ff folgende Geschehen und dessen Aussage.
61 Vgl. Bultmann, a.a.O. 29; anders Dibelius, Formgeschichte 60. Gegen die Annahme der sekundären Entstehung des Apophthegmas aus V 35 stellt die Erwähnung von ἀδελφή kein schlüssiges Gegenargument dar (gegen Gnilka, Markus I, 147 Anm. 17). Denn in dem Logion V 35 wird der Kreis derjenigen beschrieben, die den Willen Gottes tun und damit zum Kreis Jesu zählen, es wird aber nicht auf den (fiktiven) biographischen Zusammenhang Bezug genommen. Das αἱ ἀδελφαί in V 32 ist textsekundär.
62 So aber Oberlinner, Überlieferung 154-159; Laufen, a.a.O. 151ff.
63 Vgl. schon Bultmann, a.a.O. 356ff; Minette de Tillesse, a.a.O. 242-248; Koch, a.a.O. 69f; Reploh, Lehrer 214ff.
64 Laufen, a.a.O. 152f, rechnet mit einer weitgehenden Umarbeitung eines nicht mehr nachweisbaren Rahmens.
65 Anders Lambrecht, a.a.O. 249ff.257f (siehe dazu kritisch Oberlinner, a.a.O. 176ff).
66 Da λέγουσιν einen unpersönlichen Plural darstellt, sind die Bezüge zwischen dem Kommen der Verwandten und dem Melden des Kommens eindeutig verteilt.
67 Mit markinischer Verfasserschaft von V 20f rechnen Dibelius, a.a.O. 44; Crossan, a.a.O. 83ff; Oberlinner, a.a.O. 154-176.

wandten zu exponieren und dem Angriff der Gegner aus Jerusalem gleichzuschalten[68]. So begegnen in V 20 gehäuft markinisches Vokabular[69] und redaktioneller Darstellungsstil des Markus[70]. Von V 20f[71] ausgehend hat Markus das Apophthegma szenisch weiter ausgebaut, um die Aussage von V 35 zu veranschaulichen. Die Erwähnung der Menge (ὄχλος) in V 32 geht ebenso auf sein Konto[72] wie die illustrative Angabe von V 34[73] mit dem V 35 verdeutlichenden ἴδε-Satz[74]. Die durch die Hausszenerie veranlaßte und schon in der Tradition enthaltene ἔξω-Angabe in V 31 kommt der markinischen Konzeption sicher

---

68 Zum Sachzusammenhang zwischen den Angriffen siehe Böcher, a.a.O. 73.
69 Hierzu zählt das συνέρχεσθαι und πάλιν (siehe oben S. 113 Anm. 36, 127 Anm. 3) zusammen mit dem Motiv des Andrangs der Menge, vgl. Taylor, Markus 235; Oberlinner, a.a.O. 159-164.
70 Vgl. 2,2; 6,31 und siehe oben S. 128 Anm. 9f.
71 Daß das οἱ παρ' αὐτοῦ in V 21a von Markus eingebracht wurde, kann (mit Koch, a.a.O. 146 Anm. 39) erwogen werden; καὶ ἔρχεται (V 31a) ist ein markinischer Neubeginn.
72 Siehe Oberlinner, a.a.O. 180; Gnilka, Markus I, 147 Anm. 16.
73 Siehe Gnilka, ebd., und zu περιβλεψάμενος oben S. 111f. Zu οἱ περὶ αὐτόν siehe 4,10. - Auch Oberlinner, a.a.O. 182f, erwägt die markinische Herkunft von V 34, verwirft sie aber, weil ein Fehlen des V 34 den "symmetrische[n] Aufbau der Perikope" zerstören würde. Diese These zur Struktur der vorgegebenen Überlieferung (siehe a.a.O. 184f) läßt sich aber nur halten, wenn im ganzen das Motiv und die Szenerie des »Hauses« und außerdem V 32fin (ζητοῦσίν σε) als redaktionell ausgeschieden werden. Diese Analyse bildet aber einen Zirkelschluß, indem die Zufügung von V 32fin mit der Gestaltung der Hausszenerie (V 20f) begründet (a.a.O. 181) und aufgrund der Entsprechung der beiden Sätze V 32/V 34 (ἰδού/ἴδε) vertreten wird (ebd.).
74 Vgl. dagegen V 32 (nicht nur ein einfacher Wortwechsel, gegen Larfeld, Evangelien 219). Zum Vorkommen von ἴδε bei Markus siehe 2,24; 11,21; 13,1.21(bis); 15,4.35; 16,6. Zwar ist allein aufgrund der Wortstatistik eine Entscheidung zum redaktionellen Gebrauch nicht möglich. Aber ἴδε erscheint neben dem Vorkommen bei Johannes (15-mal) im Neuen Testament am häufigsten bei Markus (9mal) und zudem über das ganze Evangelium verteilt (gegenüber Mt 25,20.22.25; 26,65 und Gal 5,2). Zur Verwendung im Markus-Evangelium vgl. Doudna, Greek 63ff.

entgegen[75]. Die Ablehnung Jesu durch seine Verwandten kommt damit zeichenhaft zum Ausdruck. Zwar entschlüsselt sich der tiefere Sinn der ἔξω-Angaben erst von 4,10ff.33f her, aber die Konzeption der sogenannten Parabeltheorie steht hier wenigstens implizit im Hintergrund[76]: Den Verwandten ist wie den Gegnern das Geheimnis der Königsherrschaft Gottes verschlossen. Die szenische Angabe in V 31a hat somit nicht nur Darstellungscharakter, sondern darüber hinaus symbolisches Gewicht: Die Verwandten stehen auch außerhalb der Offenbarungsgemeinschaft. Diese Deutung bestätigt sich schließlich darin, daß Markus den Zuhörerkreis in V 34 als οἱ περὶ αὐτόν bezeichnet. Er benutzt also dieselbe Benennung, die auch in 4,10 den engen Kreis der Jesusgemeinschaft neben den Jüngern beschreibt. Der Kreis der Zuhörer von V 34 gehört also – nach Markus – zu denen »Drinnen«, denen das Geheimnis der Gottesherrschaft gegeben ist (vgl. 4,11), die dem Willen Gottes in ihrem Tun folgen.

Diese Deutung erweist das γάρ[77] in V 35 als markinisch. Der Gegensatz von »Drinnen« und Verwandten wird nicht abgeschwächt[78], sondern aufrechterhalten, ja noch verstärkt. Denn indem Markus V 35 in kausale Beziehung zu V 34 stellt, macht er seinen Lesern aktualisierend deutlich, worin die Gemeinschaft mit ihrem Herrn besteht, nämlich im Tun des Willens Gottes.

In diesem Erzählzusammenhang ordnen sich die markinischen Interpretamente der Regiebemerkung und der Kennzeichnung von Mk 3,24-29 als Parabelrede ein. Wie in 7,14; 8,34 führt προσκαλεσάμενος αὐτούς auch in 3,22 die Lehrtätigkeit Jesu vor dem ὄχλος (vgl. 3,21.32) ein. Zugleich sind, wie ἐν παραβολαῖς ausweist, die in ihrer Ablehnung

---

75 Möglicherweise ist das ἔξω in V 32 redaktionell. Zum Verständnis des Handlungs- und Gesprächsablaufes ist es jedenfalls nach V 31 entbehrlich. Markus könnte es zur Betonung des Kontrastes zu V 34b in V 32 eingebracht haben.
76 Den Zusammenhang von 3,31-35 mit 4,10ff betonen Minette de Tillesse, a.a.O. 248; Laufen, a.a.O. 151f; Crossan, a.a.O. 96f, und vor allem Oberlinner, a.a.O. 214-238.
77 **Die Textbezeugung ist so stark, daß man das γάρ als ursprünglich ansehen muß (siehe Nestle-Aland[26] gegen Nestle[25]).**
78 Siehe dagegen Gnilka, Markus I, 152.

verstockten Verwandten und Schriftgelehrten aus Jerusalem in die Rede mit einbezogen. Von daher bringt Markus auch schon zu Anfang der Jesusantwort mit V 23 - nicht allein erst mit V 30 - zum Ausdruck, daß das nun Folgende und besonders V 28f auf Gegner und Verwandte zu beziehen ist.

Die markinische Interpretation innerhalb des Gesamtzusammenhangs von Mk 3,20-35 läßt somit zwei Perspektiven erkennen, eine kritische und eine positiv-katechetische. Zur kritischen Sichtweise zählen neben der Verbindung des Abschnitts mit der Passion (3,22a) das Zusammenbinden der beiden Überlieferungen in 3,20f.31-35.22-30 für sich und die vernichtende Charakterisierung (V 28ff) der Haltung der Gegner (Verwandte und Schriftgelehrte aus Jerusalem). Damit zeigt Markus den Gegensatz grundsätzlich auf, an den er in 6,1-6a und 7,1-23 wiederum anschließt. Die andere Sicht ist stark an der Person Jesu und der Beziehung zu seiner Gemeinde orientiert. Hierzu dienen die Interpretamente ὄχλος, ἔξω, das Motiv des Gegensatzes von Drinnen und Draußen, das Rufen von Menge und Gegnern, die Unterweisung ἐν παραβολαῖς und das die Gemeinde kennzeichnende, das Ganze abschließende Logion V 35. Von hier aus ergibt sich folgerichtig der Anschluß mit Kapitel 4.

2.2.3. Die Schulgespräche

Die nun folgenden Analysen haben die Schulgespräche zum Gegenstand. Für Mk 10,2-12 und Mk 12,13-17 ist diese Formbestimmung nicht unumstritten. Beide Gespräche handeln thematisch über Fragen der Gemeindepraxis (Ehescheidung und Steuer). Darin stehen sie den Streitgesprächen zu Fragen christlicher Lebenspraxis nahe. Die Anfangsfragen können aber als Schulfragen bestimmt werden (siehe oben 2.1.). So wird die Analyse im besonderen zu prüfen haben, welcher Kategorie die Form der vormarkinischen Überlieferung zuzurechen ist. Deutlicher tendiert Mk 12,18-27 zur Form des Schulgesprächs, aber auch hierfür wird die Analyse genauere Kriterien zur Formbestimmung erheben müssen.

Die Frage nach der Ehescheidung (Mk 10,2-11) 177

Die Reihenfolge der Analysen trägt diesen Zweifeln hinsichtlich der Formbestimmung Rechnung. Als erstes wird das Gespräch »über die Ehescheidung« analysiert. Dieses Gespräch scheint am ehesten auf der Grenze zwischen Streit- und Schulgespräch zu stehen. Der Abschnitt über die »Censusfrage« weist in anderer Weise mit der Demonstrationshandlung eine formgeschichtliche Eigenart auf. Schließlich wird das Gespräch behandelt, das von der »Frage nach der Auferstehung« seinen Ausgang nimmt. Die letzte Analyse gilt dem Gespräch zur »Frage nach dem höchsten Gebot«.

2.2.3.1. Die Frage nach der Ehescheidung (Mk 10,2-11)

Mit Mk 10,1 beginnt innerhalb des Aufbaus des Evangeliums deutlich eine neue Szene[1]. Das Motiv des Weges, das in 10,32 verdeutlichend auf die ὁδός in die Passion nach Jerusalem weist, beweist markinisches Interesse. Es liegt also die Annahme nahe, daß Markus 10,1 gestaltet hat.

Seit 8,27 befindet sich Jesus auf dem Weg nach Jerusalem. Seine öffentliche Wirksamkeit in Galiläa hat mit 8,26 ihr Ende gefunden. Die erste Aussage in Mk 10,1, Jesus komme nach Judäa und Peräa, markiert Stationen des weiteren Weges. Die zweite Aussage, Jesus lehre die mit ihm ziehende Menge, ist ebenso deutlich von markinischem Interesse gezeichnet wie die erste. Mit Recht wird sie zu den Lehrsummarien gezählt[2]. Diese Aussage über das Lehren Jesu ordnet die bis 10,32[3] folgenden Stücke inhaltlich ein. Mk 10,2-32 steht unter der Perspektive, Belehrungen der Menge darzustellen, die Jesus auf der ὁδός begleitet. In 10,32-45 erfolgt die Belehrung der Jünger, die Jesus nach Jerusalem nachfolgen. Dieses Nachfolgemotiv (auf der ὁδός) betont die letzte Szene in Jericho, dem Endpunkt des mit 8,27 begonnenen Weges. Mk 10,1 fügt sich dieser Einschätzung zufolge gut in den Aufriß des

---

1   Siehe zum Folgenden Koch, NTS 29, 1983, (145-166) 148f; Busemann, Jüngergemeinde 102-107 und vgl. schon Reploh, Lehrer 13-179; Egger, Frohbotschaft 155f.
2   Vgl. K.L.Schmidt, Rahmen 238; Egger, ebd.
3   Siehe Reploh, a.a.O. 178; Egger, a.a.O. 156; anders Busemann, a.a.O. 107.

Die Streit- und Schulgespräche (Analysen)

Evangeliums in 8,27-10,52 ein. Allerdings ist beachtlich, daß Markus mit 10,2-12 ein Streit- oder Schulgespräch, das einzige innerhalb von 8,27-10,46, in diesen Zusammenhang einbringt[4].

Mit Mk 10,2 beginnt die vormarkinische Tradition. Ihr Umfang und ihre Einheitlichkeit sind in der Forschung[5] umstritten. Eine Mehrheit unter den Exegeten bestimmt den Umfang der eigentlichen Überlieferungseinheit mit Mk 10,2-9. Diese habe Markus "ohne erwähnenswerte Eingriffe" übernommen[6]. Doch ist gegen die Bestimmung der Einheitlichkeit die Meinung vertreten worden, das ursprüngliche Gespräch habe nur aus V (1.)2.9 bestanden und sei von Markus durch die Schriftargumente V 3-8 (Dtn 24,1; Gen 1,27; 2,24) ergänzt worden[7]. Man wird davon ausgehen können, daß die Jüngerbelehrung V 10ff sekundär an V 9 angefügt wurde[8]. Ob diese Anfügung auf Markus zurückgeht[9], ist wiederum umstritten[10]. Ebenso divergieren die Meinungen in der Frage, ob V 11 schon vor der szenischen Einkleidung zur Jüngerbelehrung mit V 9 verbunden war[11] oder ob dieser Vers erst redaktionell von

---

4 Zur Frage einer vormarkinischen Sammlung in Mk 10 siehe oben S. 31f.
5 Zur Literatur siehe Pesch, Markus II, 126f (L 64) und vgl. Hultgren, Adversaries 119-123; Zmijewski, SNTU 9, 1984, 31-78.
6 So Gnilka, Markus II, 70. Zur Einheitlichkeit der Konzeption siehe schon Bultmann, Geschichte 26 (vgl. aber a.a.O. 48).
7 So Berger, Gesetzesauslegung (539-553) 552. Mit einer gesamtmarkinischen Komposition rechnen Wendling, Entstehung 127; Haenchen, Weg 338-341. Mit einer sekundären Komposition von 10,2-5. 6-8.9.10ff zu einer Sammlung, die Markus vorgelegen habe, rechnet Dibelius, Formgeschichte 223 (ähnlich Grundmann, Markus 269).
8 Siehe dagegen Daube, New Testament 143-150; Zimmermann, Methodenlehre 112f; zu diesen kritisch Kuhn, Sammlungen 165f.
9 So schon Albertz, Streitgespräche 40; Bultmann, a.a.O. 25; Sundwall, Zusammensetzung 63; vgl. außerdem Baltensweiler, Ehe 74f; Schweizer, Markus 110; Berger, a.a.O. 535f.561; Schmithals, Markus II, 441; Laufen, Doppelüberlieferungen 358f; Merklein, Gottesherrschaft 279; Ernst, Markus 287; Busemann, a.a.O. 111-114.217.
10 Einen vormarkinischen Zusammenhang bestimmen Suhl, Funktion 73; Kuhn, a.a.O. 165-168.189 (ohne εἰς τὴν οἰκίαν πάλιν); Pesch, Markus II, 119 (ohne πάλιν).
11 So Merklein, a.a.O. 280 (Der Zusammenhang von V 9 und V 11 war der Tradition "bekannt"); Busemann, a.a.O. 116f.

Markus mit V 12 ergänzt und (neuer Rechtssituation angepaßt) der Überlieferung zugefügt wurde¹².

Sicher ist aber hinter Mk 10,2-9 die ursprüngliche Einheit des Gespräches zur Ehescheidungsfrage anzutreffen. Ausgangspunkt der Traditionsbildung ist der "apodiktische theologische Grundsatz"¹³ V 9¹⁴. Aus 1 Kor 7,10 ist zu ersehen, daß eine selbständige Überlieferung von Mk 10,2 wahrscheinlich ist. Dieser Grundsatz (V 9) antwortet auf die Frage nach der Ehescheidung Mk 10,2. Demzufolge liegt in 10,2.9 die Grundstruktur des Gespräches vor. Frage (V 2) und Antwort (V 9) entsprechen einander¹⁵. Die apodiktische Aussage V 9 benötigt eine Herführung, wie sie in V 6-8 gegeben wird, nicht¹⁶.

Dennoch wird man weder diese Verse, die dem Schöpferwillen Ausdruck geben, noch Vv 3-5, die jüdische Rechtsübung reflektieren, von vornherein (nach Berger) der Hand des Markus zuweisen können. Innerhalb des Aufbaus des Abschnitts entsprechen V 3-5 beziehungsweise V 6-8 zwar chiastisch der Aussagestruktur von V 9a.b; so veranschaulicht Mk 10,3-5 das χωρίζειν der Ehe durch den Menschen, V 6-8 das συζευγνύναι Gottes¹⁷. Daraus kann aber eher gefolgert werden, daß nur V 3-5 von Markus zugefügt wurde¹⁸. Denn die Vv 6-8 sind im Gang des Gespräches als Hinleitung auf V 9a fester verankert als

---

12 Vgl. Bultmann, a.a.O. 140; Grundmann, Markus 272f; Delling, NT 1, 1956, 266; Baltensweiler, a.a.O. 66f; Schmithals, Markus II, 438; Gnilka, Markus II, 70; Ernst, Markus 287.
13 Merklein, a.a.O. 279.
14 Vgl. Dibelius, a.a.O. 223; Berger, a.a.O. 536; Schaller, FS J.Jeremias, 238 Anm. 45; Merklein, ebd.
15 Diese Feststellung setzt allerdings voraus, daß das οὖν in V 9 als sekundär ausgeschieden werden kann, siehe dazu unten S. 189f.192.
16 Siehe Mal 2,15. Zur Aussage, daß die Ehe von Gott gestiftet sei, siehe Billerbeck I, 803f und die Belege bei Berger, a.a.O. 536f.
17 Vgl. Berger, a.a.O. 537. Die chiastische Konstruktion beschränkt sich aber auf die Antwortteile und bezieht V 2 nicht mit ein (gegen Berger, ebd.). Wieso (ebd.) V 6 nicht zu V 7-8 gezogen wird, ist unverständlich; denn schließlich bildet die Erschaffung des Menschen ἄρσεν καὶ θῆλυ überhaupt die Voraussetzung für V 7, was wiederum ἕνεκεν τούτου ausdrückt.
18 So Haenchen, Weg 339, allerdings unter Einbeziehung von V 2 (ausschließlich aufgrund der markinischen Verfasserschaft von πειράζοντες).

die Vv 3-5, da diese wiederum mit V 5 eine eigene Aussagepointe besitzen. Falls aber festgestellt werden kann, daß in Mk 10,6-8 eine selbständige Tradition erhalten ist, also die Darlegung in diesen Versen von V 9 unabhängig ist, muß von da aus ihre Übernahme in die Gesprächsüberlieferung anders beurteilt werden.

Innerhalb der Textstruktur faßt V 9 die Aussagen von V 3-5 und von V 6-8 zusammen. Doch diese Aussagen divergieren: V 3-5 zielt auf die kritische Perspektive von V 5 und bildet, für sich betrachtet, keine Antwort auf die Frage von V 2, sondern stellt eine Reflexion über die Ehescheidungsfrage im Judentum dar. Dieser Abschnitt führt also einen Nebenaspekt ein, der über den Rahmen der Eingangsfrage hinausgeht. Demgegenüber ist V 6-9 streng auf die Frage V 2 ausgerichtet. Indem die Ehe von der Schöpfung hergeführt wird, ist V 9 vorbereitet, womit die grundsätzliche Frage V 2 ihre ebenso grundsätzliche Antwort erhält.

Die Analyse hat somit vor allem zu klären, welche Funktion V 3-5 und V 6-8 im Gang des Gespräches einnehmen. Ferner wird in diesem Zusammenhang zu untersuchen sein, ob und inwiefern die beiden Stücke der ursprünglichen Gesprächsüberlieferung angehören, d.h. die Frage ihrer Herkunft zu beantworten sein. Die Analyse kann davon ausgehen, daß V 2 und V 9 den Grundbestand des Gesprächs bildeten, wobei freilich zuvor der Beginn der vormarkinischen Überlieferung zu erheben ist. Außerdem ist das Logion V 11 traditionsgeschichtlich zu beurteilen und die Herkunft der Jüngerbelehrung V 10 und des Schlußlogions V 12 zu bestimmen.

Das προσελθόντες φαρισαῖοι[19] kann der markinischen Redaktionstätigkeit entstammen. Markus führt seine Szenen dadurch ein, daß Gesprächspartner oder handelnde Personen zu (πρός) Jesus kommen[20]. So ist auch προσέρχομαι in seinem Sprachgebrauch nicht ungewöhnlich[21].

---

19 Textkritisch besteht keine Veranlassung, die Worte auszuscheiden, gegen Baltensweiler, a.a.O. 44; Hultgren, a.a.O. 119f. Zum Fehlen bei den Textzeugen siehe Snodgrass, JBL 91, 1972, 378.
20 Siehe oben S. 146 Anm. 18; vgl. Gaston, Horae 59.
21 Vgl. die markinische Formulierung in 12,28 (siehe unten S. 249 Anm. 2).

Es entspricht dem Ansturm der Menge, wie er V 1 gezeichnet wird (συμπορεύονται ... ὄχλοι πρὸς αὐτόν). Aus diesen Gründen ist προσελ-θόντες hier als markinisch anzusehen. Anders kann man über die Herkunft von φαρισαῖοι in Mk 10,2 urteilen. Das Fehlen eines Artikels vor φαρισαῖοι ist im Markus-Evangelium singulär[22]. Obwohl sich Pharisäer als Gesprächspartner Jesu gut in die markinische Gestaltung der Streit- und Schulgespräche einfügen, wird ihre Nennung an dieser Stelle dem Markus schon vorgegeben sein. Dafür spricht, daß die Pharisäer nach 8,27 nur noch in diesem Stück und in 12,13 genannt werden[23]. In 12,13 zählen sie (mit den Herodianern) zu einer Gruppe der Hauptgegner Jesu im Evangelium. Ihre dortige Nennung ist also durchaus im Kontext begründet. In 10,2 dagegen kommt ihre Nennung nach der Aussage von 10,1 innerhalb des Aufbaus des Evangeliums überraschend. Denn die Pharisäer sind im Markus-Evangelium die Gegner des Galiläa-Teils, nicht die der Passion. Die Stellung, die ihnen gegenüber einzunehmen ist, hat Markus in 8,15 abschließend genannt.

Innerhalb des Gespräches sind Pharisäer die fingierten Fragesteller: Als Repräsentanten des offiziellen Judentums tragen sie die jüdische Anschauung zur Ehescheidung als Frage vor[24]. Die Frage als solche ist eine Gesetzesfrage und entsprechend mit ἔξεστιν eingeleitet (vgl. 12,14)[25]. Sie ist insofern konstruiert, als gerade das Gesetzesproblem mit Dtn 24,1-4 exemplarisch gelöst wird.

Wenn die Ehescheidung (vom Mann her) nicht strittig ist, ist die Qualifizierung der Frage mit πειράζοντες αὐτόν sachgerecht. Von der Fragestellung her ist diese Nennung des Motivs aber entbehrlich. Denn die Gesetzesfrage zielt auf eine klare Entscheidung, auf ein Ja oder Nein. Doch im Gang des Textes hat das πειράζοντες αὐτόν die besondere Funktion, auf V 3-5 hinzuleiten. Denn dort erfolgt ja gerade der Verweis auf die Grundlage der jüdischen Anschauung mit der »Erlaubnis« (ἐπέτρεψεν) Dtn 24,1-4, die dem Motiv der Frage auf seiten der Fragesteller als πειράζειν entspricht. Innerhalb des Evangeliums

---

22 Vgl. dagegen die Angaben in 2,16.18.24; 3,6; 7,1.3.5; 8,11.15; 12,13.
23 Varia lectio in 9,11.
24 Zum Stil der (indirekten) Frage siehe Zerwick, Untersuchungen 28.
25 Vgl. außerdem die Formulierungen in 2,24.26; 3,4; 6,18.

liegt mit dem πειράζοντες αὐτόν die gleiche Charakterisierung wie in 8,11 vor. Auch dort kennzeichnet es das Vorgehen der Pharisäer, zudem in dem gleichen Wortlaut. Außerdem erfolgt in Mk 12,15 der Vorwurf »τί με πειράζετε« gegenüber den Pharisäern und Herodianern im Munde Jesu. Überblickt man dieses Vorkommen von πειράζειν im Markus-Evangelium und betrachtet man die Funktion der Charakterisierung πειράζοντες αὐτόν innerhalb des Gesprächsganges von Mk 10,2-9, läßt sich weder die Zuweisung dieses Ausdrucks an die Tradition halten[26] noch behaupten, "mehr als eine Option wird man ... in Richtung Markusredaktion nicht anmelden können"[27]. Vielmehr ist das πειράζοντες αὐτόν als Eintrag der Redaktion des Markus wahrscheinlich[28]. Möglicherweise, so läßt sich vermuten, ist Markus zu dieser Kennzeichnung durch die Nennung der Pharisäer veranlaßt worden. Die vormarkinische Überlieferungseinheit wird also mit καὶ φαρισαῖοι ἐπηρώτων αὐτόν begonnen haben.

Der Gang des Textes nimmt nach der Gesetzesfrage in *Mk 10,3* einen überraschenden Verlauf. Denn der Frage nach dem Erlaubten (ἔξεστιν) stellt V 3 zum einen die Frage nach dem Gebotenen (ἐνετείλατο vgl. ἐντολή V 5) im Munde Jesu gegenüber. Zum anderen zielt V 3 auf den Hintergrund der Ehescheidungsfrage und charakterisiert diesen als ἐντολή. In den Fortgang des Gespräches fügt sich V 3 aber insofern ein, als eine Gesetzesfrage grundsätzlich ihre Antwort in der Thora, im Gebot des Mose, erhalten kann[29]. Unmittelbar wird nur dieser Aspekt der Gegenfrage im Gespräch fortgeführt, indem in V 5 das Gebot (Dtn 24,1) eine Beurteilung erfährt, während der Gegensatz von Erlaubtem und Gebotenem erst mit V 6 (δέ!) wieder aufgenommen wird. Es besteht also ein Bruch zwischen V 3-5 und V 6. Dieser Bruch ist so zu beurteilen, daß die Formulierung von V 3 die Antwort V 6ff

---

26 So Baltensweiler, a.a.O. 46f; vgl. Ernst, Markus 287 ("möglicherweise spätere Eintragung").
27 Busemann, a.a.O. 108f.
28 Vgl. Wendling, a.a.O. 127f; Lohmeyer, Markus 199; Grundmann, Markus 270; Schmithals, Markus II, 438; Hultgren, a.a.O. 120.
29 Vgl. Baltensweiler, a.a.O. 47. Es ist eine andere Frage, ob V 3 auch als Formelement der Gegenfrage in synoptischen Streit- oder Schulgesprächen entspricht (vgl. dazu unten S. 186).

voraussetzt. Denn die Gegenüberstellung von Erlaubtem und Gebotenem, die in V 3 intendiert wird, geht von der Antwort auf die Gesetzesfrage aus. Da aber die Gesetzesfrage sicher zum Grundbestand der Gesprächsüberlieferung zählt, ist die Klärung des Problems vor jüdischem Rechtshintergrund demgegenüber sekundär.

Auf die Gegenfrage nach dem Gebotenen (V 3) erfolgt die Antwort *V 4* mit einer durchaus vorsichtigen Einleitung ("Mose hat erlaubt ..."). Bezeichnenderweise antworten die Gegner gerade nicht auf die Frage, was von Mose *geboten* sei, sondern führen diese Frage wiederum auf ihre Gesetzesfrage zurück (ἐπέτρεψεν) und zitieren deren Grundlage. Allerdings ist diese Rückführung ohne weiteres berechtigt und folgerichtig, da schlechterdings ein »Gebot« die Ehescheidung betreffend gerade darin besteht, daß bei einer Ehescheidung unter bestimmten Bedingungen[30] der Ehefrau ein Scheidebrief auszustellen sei. Damit war der Frau die Möglichkeit der Wiederheirat gegeben[31]. Freilich hat das ἐπιτρέπειν (V 4) anderen Sinn: Dem Manne sei schlechthin erlaubt, die Ehefrau zu entlassen. Er habe ihr eine Scheidungsurkunde auszuhändigen und damit sei die Ehe gelöst. Mose habe dem Mann das Privileg-Recht eingeräumt, seine Frau jederzeit zu entlassen. Diese in V 3f schon enthaltene Divergenz zwischen Gebot und Erlaubnis erfährt mit der Beurteilung dieser ἐντολή als πρὸς τὴν σκληροκαρδίαν ὑμῶν ihre Folgerung: »Auf eure Herzenshärte hin[32] ist euch dieses Gebot gegeben« (V 5). Im Gang des Textes bedeutet dies, daß das Gebot, das pro se positiver Ausdruck der Gesetzgebung duch Mose ist, verfälscht wird, indem es zur Erlaubnis (ἐπιτρέπειν) heruntergespielt und seines eigentlichen Sinnes als ἐντολή entkleidet wird.

Die Deutung von *V 5* ist freilich umstritten[33]. Gegenüber dem hier vorgetragenen Verständnis, das Gebot selbst klage die Juden an,

---

30 Vgl. zur rabbinischen Diskussion über דבר ערות von Dtn 24,1 (LXX: ἄσχημα πρᾶγμα) die Belege bei Billerbeck I, 312-320 und Berger, a.a.O. 509-520.

31 Wenn V 3 so zu verstehen ist, daß nach dem Sinn des Mosegebotes gefragt wird, wird diese Schutzfunktion von Dtn 24,1 für die Ehefrau "geflissentlich übersehen" (Zmijewski, a.a.O. 39).

32 Zu πρός mit Akkusativ siehe B-D-R § 239₈; WB 1409 s.v. πρός 5a.

33 Vgl. zur Diskussion Zmijewski, a.a.O. 39-42.

wird der Sinn des Verses darin gesehen, daß Jesus dieses Gebot grundsätzlich abwerte: Es sei eine Konzession des Mose an sein Volk. Die Aussage von V 5 meine, "wegen eurer Herzenshärte" habe Mose dieses Gebot gegeben[34]. Sollte V 5 aber so verstanden sein[35], daß Mose mit Dtn 24,1(-4) eine Bestimmung zugestehe[36], die an sich nicht dem Willen Gottes entspreche, so ergeben sich für die Interpretation von Mk 10,5 im einzelnen und 10,3-5 im ganzen eine Reihe von Problemen. So läßt sich einwenden[37], daß eine Unterscheidung zwischen richtigen und "falschen"[38] Geboten an dieser Stelle postuliert ist. Nach Ez 20,25f und deren Auslegungstradition, worauf sich Berger[39] vor allem beruft, sind den Juden zwar προστάγματα οὐ καλά gegeben. In Mk 10,5 begegnet zum einen aber der Begriff der ἐντολή für Dtn 24,1. Eine grundsätzliche Abwertung des Gebotes findet also schon allein vom Begriff her in Mk 10,5 gerade nicht statt (vgl. dagegen Mt 19,8). Zum anderen steht Ez 20,25f in der Perspektive des Strafwillens Gottes. Dies ist aber offensichtlich in Mk 10,5 nicht intendiert. Denn in Mk 10,5 findet sich kein Indiz dafür, daß der Begriff σκληροκαρδία[40] hier meine, das Gebot sei zur Strafe gegeben, sondern der Begriff versteht sich

---

34 Diese Meinung wird exponiert von Berger, a.a.O. 538 und ebd. Anm. 1 (vgl. seinen Artikel ZNW 61, 1970, 1-47), vertreten. Seiner Auffassung folgen Gnilka, Markus II, 72; Fiedler, EWNT III, 607f; Hultgren, a.a.O. 122f; vgl. schon Klostermann, Markus 99; Suhl, a.a.O. 74ff; Schmid, Markus 186.

35 Grammatisch läßt sich die Frage, wie πρός mit Akkusativ an dieser Stelle zu verstehen sei, nicht entscheiden (gegen Berger, a.a.O. 541f Anm. 1). Zudem setzt Berger, a.a.O. 542 Anm. 1, seine Lösung voraus ("Nur wenn Markus so vorgeht, kann er Moses und Juden treffen").

36 Suhl, a.a.O. 74, spricht sogar von einer "'Notverordnung' des Mose" (vgl. a.a.O. 76), ähnlich schon Baltensweiler, a.a.O. 47 ("Notregelung").

37 Zur Kritik vgl. besonders Hübner, NTS 22, 1975/76, 329ff.

38 Berger, ZNW 61, 1970, 44.

39 A.a.O. 43-47 und Gesetzesauslegung 538.

40 Zum Vorkommen des Begriffes (vgl. Dtn 10,16; Jer 4,4; Sir 16,10) und dem damit verbundenen Motiv siehe die reiche Belegsammlung bei Berger, ZNW 61, 1970, 1-47; Ders., Gesetzesauslegung 268f. 538(f) Anm. 1; vgl. außerdem Behm, ThWNT III, 616,20-35; Fiedler, EWNT III, 606ff.

als Zeichen von Herzenshärte und von Verstocktheit, aus der sie (die Juden) die Gebote Gottes verlassen. In Mk 10,3-5 wiederum läßt sich die Deutung von V 5 als partielle Gesetzeskritik ebenfalls nur mit Mühe integrieren. Denn gerade wenn der Wechsel von ἐνετείλατο (ἐντολή) zu ἐπέτρεψεν in seinem Gewicht beachtet wird, läßt sich die Annahme nicht halten, "Jesus lehnt Dt 24,1ff als Konzession ab und stellt es als Gebot hin"[41]. Denn dieser Wechsel zielt ja darauf, wie diese ἐντολή, nach der in V 3 gefragt wird, von den Juden (= ὑμεῖς, also von den Pharisäern, nicht von Mose und auch nicht von den Juden damals) *interpretiert* wurde, nämlich als Erlaubnis. Daraus folgert V 5 dann in diesem, schon durch den Wechsel der Verben beabsichtigten Sinne: um *eure* Herzenshärte aufzudecken, hat *euch* Mose dieses Gebot geschrieben. Daß mit der Gesetzgebung von Dtn 24,1 durch Mose schon die Herzenshärte des Volkes am Sinai[42] einbezogen sei, weil es von einer gängigen Übung ausgehe[43], ist also in Mk 10,3-5 nicht mitgedacht. Vielmehr fällt mit 10,5 die Antwort der Gegner V 4 auf sie selbst zurück. Das Gebot selbst wird zur Anklage gegen ihre Herzenshärte[44].

Der Wechsel von Gebot und Erlaubnis in V 3f ist also beabsichtigt, um auf die Pointe des Wechselgespräches (V 5) hinzuleiten. Von

---

41 Berger, Gesetzesauslegung 541; vgl. schon Bornkamm, Aufsätze III, 57.

42 Vgl. Berger, a.a.O. 541f; Ders., ZNW 61, 1970, 1.

43 Vgl. Schmid, Markus 186. In der Sache ist diese Feststellung sicher berechtigt, denn Dtn 24,1-4 wird auf einen speziellen Rechtsfall angewandt, nämlich auf die Wiederverheiratung mit derselben Frau, nachdem sich der Mann von ihr geschieden hatte und die Frau wiederum verheiratet war. Dieser Entscheidungsrahmen setzt also die Scheidungspraxis als solche voraus. Aber dieses historische Bild läßt sich nicht auf Mk 10,5 übertragen. In Mk 10,5 geht es um die positiv ausgerichtete Gesetzgebung des Mose und die Praxis, die daraus erwachsen ist. Ernst, Markus 288, führt daher mit Recht die Autorität des Mose als die des Gesetzgebers gegen diese Interpretation an.

44 Vgl. Greeven, ZEE 1, 1957, 114f; Ders., NTS 15, 1968/69, 377f; Baltensweiler, a.a.O. 48f; Pesch, BiLe 9, 1968, 214f; Ders., Markus II, 122; Hummel, Auseinandersetzung 49; Schweizer, Markus 109; Zmijewski, a.a.O. 41f.

daher versteht sich auch, daß die Gegenfrage (V 3) und die Antwort (V 4) innerhalb der Darstellung des Gespräches gerade in dieser Verteilung auf Jesus und die Pharisäer erfolgen[45]. Von ihrer Aussage her (ἐνετείλατο) bietet zwar die Gegenfrage durchaus ein Argument. Denn sie setzt der ἔξεστιν-Frage entgegen, daß auf sie ein Gebot anzuwenden sei. Somit zielt sie von vornherein nicht auf eine Kritik an den Gegnern, sondern verweist positiv auf eine Antwort in der Thora. Aber die Funktion der Gegenfrage V 3 ist gerade eine andere als die Funktion der *Gegen*frage in anderen Streit- und Schulgesprächen. Denn die Gegenfrage bietet nicht selbst das Argument, das zur Lösung führt, sondern die Gegenfrage leitet nur zur Lösung hin: zum einen - worüber später zu handeln ist[46] - innerhalb des gesamten Gesprächs mit der Unterscheidung von Erlaubtem und Gebotenem auf V 6-9; zum anderen innerhalb von V 3-5 auf V 5. Die Gegner sollen sich selbst mit ihrer Antwort entlarven. Die Pharisäer sollen (mittelbar) selbst eingestehen, daß sie aus dem Gebot eine Erlaubnis, eine Rechtfertigung ihres *eigenen* Verhaltens und Entscheidens in der Ehescheidungsfrage gemacht haben.

Mit V 6-8.9 erfolgt die Antwort auf die ἔξεστιν-Frage von V 2. Diese Antwort ist deutlich mit δέ von dem vorherigen Zwiegespräch abgehoben[47]. Sie hat zwei Teile, einerseits die Darlegung des Sachverhalts (V 6-8) und andererseits den daraus zu folgernden (οὖν) Grundsatz (V 9). Die Ehefrage wird in V 6-8 auf ihre schöpfungstheologische Grundlage hin bedacht. Dies geschieht im Verweis auf Gen 1,27 und 2,24. Allerdings kann daraus nicht geschlossen werden, es werde hier wie in V 3ff auf Mose und Thora zurückgegriffen, um zu verdeutlichen, wie Dtn 24,1-4 zu verstehen sei[48]. Denn Mose und Thora werden in V 6-8 gar nicht genannt[49], sondern der bestimmende Verweis

---

45 Gegen Bultmann, a.a.O. 26, gehört V 3f eben nicht "ganz in den Mund der Gegner" (ebd.), sondern bereitet notwendig in Rede und Gegenrede die Kritik von V 5 vor.
46 Siehe unten S. 187ff.
47 Vgl. oben S. 182f.
48 So aber Zmijewski, a.a.O. 42.
49 So auch Moo, JSNT 20, 1984, 12.

liegt in dem ἀπὸ (δὲ) ἀρχῆς κτίσεως. Ebensowenig wird man annehmen müssen, mit V 6-8 werde Schöpfungsordnung gegen Gesetzesordnung *ausgespielt*[50]. Denn die Antwort erfolgt ja auf die ἔξεστιν-Frage, also auf eine Gesetzesfrage[51], hin. Auch steht nicht Genesis gegen Deuteronomium[52] oder die eine Schriftstelle (Gen 1,27; 2,24 als Einheit; siehe ἕνεκεν τούτου) gegen die andere (Dtn 24,1). Denn zum einen werden die Genesisverweise gar nicht als solche eingeführt, während in V 3f es durchaus eine bedeutende Rolle spielt (siehe V 5), daß hier ein Mosegebot erfragt wird. Zum anderen greift das Nebeneinander der Frage nach dem Erlaubten und dem Gebotenen in V 3f zwar auf V 6-8 über, erbringt aber je verschiedene Antworten, die ihrerseits miteinander vereinbar sind. Daß sich in der Sache eine Wertigkeit ergibt, ist inhaltlich begründet und folgt nicht aus der Struktur von Mk 10,3-8. Die Einzelteile der Antwort lassen sich selbständig verstehen und müssen nicht untereinander in eine Beziehung der Subordination gebracht werden. Denn die Kritik in V 5 betrifft - wie gezeigt - gerade nicht das Gebot Dtn 24,1, sondern die fälschliche Interpretation dieses Gebotes zur Erlaubnis.

Die *Antwort V 6-8* beruft sich auf die göttliche Schöpfungsordnung als das "von Anbeginn der Schöpfung" (ἀπ' ἀρχῆς κτίσεως)[53] geltende Recht Gottes. Unter dieser Perspektive steht das Folgende. Der Verweis auf den Anfang der Schöpfung gibt der ganzen Darstellung ihre argumentative Kraft und ihr Gewicht. Daß hierin Schriftzitate angeführt werden und sachgerecht damit auf beide Schöpfungsberichte zurückgegriffen wird, ist weniger von Bedeutung. Das eigentliche Argument liegt in dem ἀπ' ἀρχῆς κτίσεως als Ausdruck göttlicher Grundordnung. Damit ist aber die Gegenwart nicht in der Weise

---

50 So aber Suhl, a.a.O. 74; Gnilka, Markus II, 72f.
51 Hummel, a.a.O. 49, macht außerdem darauf aufmerksam, daß "im folgenden Vers 6 der Subjektwechsel zwischen Mose und Gott nicht deutlich gekennzeichnet" ist.
52 So aber Klostermann, Markus 99; Lohmeyer, Markus 200; Braun, Radikalismus II, 6 Anm. 1, 111 Anm. 2, 112; Grundmann, Markus 271f.
53 Die Wendung erscheint in der Weisheitsliteratur formelhaft geprägt, siehe Berger, a.a.O. 545f.

einbezogen, daß gesagt wäre, "Gott schafft den Menschen *immer* als Mann und Frau"[54]. Vielmehr wird man V 6 so verstehen müssen, daß die Zweigeschlechtlichkeit von Uranfang an in der Schöpfung gegründet und insofern bis in die Gegenwart (und darüber hinaus) als förderlich waltender Wille des Schöpfers zu erkennen ist[55]. An diesen Gedanken ist *V 7* (= Gen 2,24 LXX) eng angeschlossen. Die Aussage von V 7, daß der Mensch (sic!) deswegen seinen Vater und seine Mutter verlassen werde, erscheint in dieser engen Verbindung ebenfalls als Ausdruck der göttlichen Schöpfungsordnung im Sinne des förderlichen Willens Gottes. Die Integration der Ehe in die göttliche Schöpfungsordnung ist offenbar beabsichtigt. Darauf weist in aller Deutlichkeit die gegenüber Gen 2,24 LXX sachliche Uminterpretation des ἕνεκεν τούτου innerhalb des Zusammenhangs von Mk 10,6ff. Bezieht es sich in Gen 2,24 auf die Erschaffung Evas aus der Rippe des Adam, so wird mit Mk 10,7f Gen 1,27 so verstanden, daß schon mit der Erschaffung beider Geschlechter die Zusammenführung zu einem Fleisch von Gott gewollt ist[56]. Denn nach der Argumentation der mit ἕνεκεν τούτου verbundenen Zitate fußt Gen 2,24 auf der »Grundlage der Schöpfung« (ויסוד הבריאה)[57], wie Gen 1,27 auch CD 4,21 verwandt wird, das heißt: Die Ehe stellt eine göttliche Grundbestimmung von Anfang an dar. Grundsätzlich besteht in beiden Verwendungsarten (Mk 10,6ff/ CD 4,21) kein Unterschied[58]. Erst die folgenden Ausführungen - in

---

54 Pesch, BiLe 9, 1968, 215 (Hervorhebung von mir; im Original wird "den Menschen" [= zwingend αὐτούς?] hervorgehoben); so auch Zmijewski, a.a.O. 43.
55 Zu den Voraussetzungen dieser Interpretation siehe Brandenburger, Das Böse 19 und ebd. Anm. 24.
56 In der Zitatkombination wird vom allgemeinen zum konkreten argumentiert (ἄρσεν καὶ θῆλυ ἄνθρωπος - οἱ δύο), daher muß nicht zwingend auch schon V 6 konkret verstanden werden (gegen Berger, a.a.O. 547f). Wenig überzeugend ist die Auffassung, im Hintergrund der Zitatkombination (und des Verständnisses des ἕνεκεν τούτου) stehe die Vorstellung der Androgynität des Urmenschen und die Ehe sei daher der naturhafte Vorgang zur Wiedervereinigung von Mann und Frau (so Daube, ZNW 48, 1957, 126; Niederwimmer, Askese 45-50, siehe dagegen Berger, a.a.O. 550 Anm. 1).
57 Zur Bedeutung dieses Ausdrucks siehe Berger, a.a.O. 525f.
58 Vgl. Berger, a.a.O. 524(ff); anders G.Jeremias, Lehrer 98.

CD 5,1f die Anspielung auf Gen 7,9 und das Zitat von Dtn 17,17, in Mk 10,7f Gen 2,24 - verdeutlichen den Argumentationsrahmen[59], einerseits Einehe, andererseits die enge, gegenseitige[60] Verbindung von Mann und Frau. In beiden Stücken stellt Gen 1,27 die Basis der Argumentation. Ohne die Begründung mit Gen 1,27 fehlte beiden das entscheidende Gewicht[61].

Von der *Ehescheidungs*frage ist in V 6-8a noch keine Rede[62]. Erst mit der Folgerung (ὥστε) in *V 8b* wird diese Fragestellung ausdrücklich eingeführt: οὐκέτι εἰσὶν δύο ἀλλὰ μία σάρξ. Die futurische Formulierung von Gen 2,24 wird in V 8b zur Gegenstandsbeschreibung (εἰσίν): Die Ehe bildet eine unlösbare Einheit (μία σάρξ)[63]. An diese, in der Schöpfungsordnung gegründete Folgerung schließt V 9 mit οὖν, also wiederum folgernd, jetzt aber dem Stil nach apodiktisch, an. Dennoch wird man V 9 nicht als Rechtssatz im eigentlichen Sinne bezeichnen können, denn hier wird nicht aufgrund von Gesetz oder Gebot entschieden (wie in Mk 10,3-5), sondern theologisch, also das Gottesrecht im eigentlichen Sinne als Entscheidungsgrundlage herausgestellt. Die Ehe ist auf die Schöpfungsordnung gegründet, ist göttliche Grundbestimmung (V 9a). Ehescheidung stellt damit einen Verstoß gegen den Willen des Schöpfers dar.

Für sich betrachtet, also ohne das verbindende οὖν, bildet Mk 10,9 eine selbständige Einheit[64]. Auch Mk 10,6-8a wird als selbständige

---

59 Vgl. Braun, a.a.O. II, 111f; Isaksson, Marriage 58ff.
60 Vgl. die Wiedergabe des Zitates mit der Kürzung um κολλᾶσθαι κτλ.
61 Siehe Gnilka, Markus II, 73.
62 Siehe Busemann, a.a.O. 110.
63 Zum umfassenden Charakter der Aussage von V 8 siehe Schmithals, Markus II, 439.
64 Siehe oben S. 179f. Hultgren, a.a.O. 120, hat geltend gemacht, daß zum einen συζευγνύναι (V 9) und μία σάρξ (V 8) unterschiedliche Sichtweisen des Eheverhältnisses darstellen, zudem V 9 stärker als V 8 formuliert, und daß zum anderen V 9 als antithetischer Parallelismus der Form auch anderer selbständiger Logien entspricht. Auch aus diesen Logien, z.B. 2,17.27; 3,4; 12,17 (so auch der Verweis ebd.), spricht eine selbständige Autorität, die nicht auf die exegetische Herführung aus der Schrift angewiesen ist (gegen Zeller, Mahnsprüche 53).

Einheit zu betrachten sein. In die Debatte um die Ehescheidungsfrage findet sie durch die Deutung der Unauflöslichkeit der Ehe Eingang, welche 10,8b ausdrücklich interpretiert. In 10,8b und dem folgenden οὖν von V 9 ist somit die Nahtstelle beider Traditionen sichtbar[65]. In der exegetischen Literatur wird die Zitatkombination allerdings durchgängig auf die Ehescheidung bezogen und Gen 2,24 somit ausschließlich im interpretierenden Sinne von Mk 10,8b verstanden. Von Gen 1,27 aus scheint dieses Verständnis zwar berechtigt, daraus geht aber nicht zwingend ein Verbot der Ehescheidung hervor[66]. So wird auch mit Gen 2,24 außerhalb des Neuen Testaments ein Verbot der Ehescheidung nicht verbunden[67]. Daß die ursprüngliche, selbständige Einheit von 10,6-8a als Ehebelehrung zu verstehen ist, ergibt sich aber positiv durch die an Gen 2,24 angebrachten Interpretamente und die Rechtsverhältnisse, in welche die Zitatkombination einzuordnen ist.

Die Formulierung von Mk 10,7 zeugt von hellenistisch-jüdischer Herkunft. So ist die umfassende Interpretation von Gen 2,24 mit ἄνθρωπος nur auf der Grundlage der LXX möglich[68]. Daß es sich dabei um eine beabsichtigte Interpretation handelt, zeigt zugleich das Fehlen der auf den Mann zielenden Wendung καὶ προσκολληθήσεται πρὸς τὴν γυναῖκα αὐτοῦ aus Gen 2,24, die verschiedene Textzeugen ergänzen. Die über Gen 2,24 LXX hinausgehende Aussage betrifft also die Gleichstellung von Mann und Frau. In Mk 10,6-8a werden mit der Gleichstellung der Ehepartner hellenistische Rechtsverhältnisse voraus-

---

65 Nauck, ZNW 49, 1958, 134f. hat in der Abfolge von theologischer Erörterung und abschließender, daraus folgernder Ermahnung mit οὖν ein frühchristliches Schema vermutet.
66 Zur Auslegungstradition von Gen 1,27 siehe Berger a.a.O. 521-528.
67 Berger, a.a.O. (529-)533 zieht zum Thema »Ehescheidung« ApkMos § 42; Mal 2,15 und Sir 25,26 sowie rabbinische Belege heran. Apk Mos § 42f betrifft ausschließlich die Ehescheidung Evas von Adam (vgl. zu den Rabbinen a.a.O. 532); in Sir 25,26 wird die Ehescheidung nicht ausgeschlossen (so auch a.a.O. 531). Fraglich ist, ob Mal 2,15 gegen die Ehescheidung Gen 2,24 anwendet. Die von Berger, ebd., angeführten rabbinischen Belege geben, wie er selbst einräumt, römische Rechtsverhältnisse wieder.
68 Vgl. Kuhn, a.a.O. 190f; Berger, a.a.O. 547ff; Daube, New Testament 81, und ferner Thomas, NTS 24, 1977, 86f.

gesetzt. In dieser Voraussetzung ist die Einheit als Belehrung zur Ehe-, nicht zur Ehescheidungsfrage sinnvoll zu integrieren. Denn die Einheit begründet die Rechtsstellung der Frau in der Ehe schöpfungstheologisch: Von Anbeginn der Schöpfung schuf Gott sie männlich und weiblich. So ist zu vermuten, daß die Einheit in der hellenistisch-judenchristlichen Gemeinde entstanden ist und gegen die Geltung jüdischer Eheordnung verwendet wurde. Innerhalb der christlichen Gemeinde wird sie dann zum Lehrgut gezählt haben und so tradiert worden sein.

Aus der Funktion von V 8b, eine Brücke zwischen Ehe (V 6-8a) und dem Zusammenhang der Ehescheidungsfrage (V 9) zu bilden, ist ferner zu schließen, daß V 6-8 erst nachträglich zu V 9 hinzugetreten ist. Da V 3-5 ebenfalls eine in sich geschlossene Einheit darstellt und innerhalb des Gesprächsgangs von Mk 10,2-9 die Antwort V 6-8.9 schon voraussetzt, sind nun die Einzelelemente in den Entstehungsprozeß von 10,2-9 einzuordnen.

V 9 stellt die Keimzelle der Überlieferung dar, aus der heraus Gesprächsszene und Gesetzesfrage entworfen werden. Schon Bultmann[69] hat auf die besondere Stilisierung dieser Konstruktion aufmerksam gemacht. Die grundsätzliche Formulierung der Eingangsfrage setzt die Radikalität der Antwort V 9 schon voraus[70]. Denn nicht die besonderen Bedingungen der Ehescheidung, die im Judentum umstritten sind[71], sondern das Erlaubtsein der Ehescheidung steht generell in Frage. Da aber im zeitgenössischen Judentum die Ehescheidung seitens des Mannes der gängigen Rechtsübung entspricht[72], ist diese Frage nur dann sinnvoll gestellt, wenn von der generellen Ablehnung der Ehescheidung in der Antwort Jesu mit V 9 ausgegangen wird, das heißt, im Gesprächsverlauf die Ablehnung auch zu erwarten ist.

Die Analyse von V 3-5 hat ergeben, daß dieser Antwortteil seinerseits V 6-9 voraussetzt. Damit ist nicht unbedingt ausgeschlossen,

---

69 Geschichte 25f.
70 Siehe Berger, a.a.O. 540; Gnilka, Markus II, 70; Busemann, a.a.O. 109.
71 Vgl. dagegen Mt 19,3: κατὰ πᾶσαν αἰτίαν (19,9: μὴ ἐπὶ πορνείας). Siehe dazu Hummel, a.a.O. 51 Anm. 89; Strecker, Weg 131.
72 Vgl. Billerbeck I, 319f.

daß V 6-9 in die Überlieferung auf gleicher Stufe wie 3-5 eingefügt wurde. Allerdings ist die enge Verbindung des Schriftverweises V 7f mit V 9 (οὖν) zu beachten. Aber es ist nicht unwahrscheinlich, daß die Verbindung von V 6-8 und V 9 erst von Markus herbeigeführt wurde. Denn zum einen weist die Argumentation von V 6-8 in den hellenistisch-jüdischen Raum. Zum anderen belegt V 6-8 nicht nur V 9a, sondern hat über den Abschnitt zur Ehescheidung hinaus im Verlauf des Evangeliums seine Funktion.

Im Gesprächsverlauf schweift *V 6-8* eher ab. Denn daß die Eheleute von Gott unter ein Joch gespannt sind, ist ein Gedanke, der dem Judentum[73], insbesondere auch im hellenistischen Bereich[74], geläufig ist und nicht gesondert belegt werden muß[75]. Auch wenn die Zitatkombination von Gen 1,27 mit Gen 2,24 gegenüber einer Herleitung aus Gen 1,27 einen entscheidenden Gedankenfortschritt (ἕνεκεν τούτου) darstellt, führt sie im Zusammenhang mit der Ehescheidungsfrage nur einen Nebenaspekt ein, der zwar für die Situation der Ehefrau selbst bedeutungsvoll ist, von der Eingangsfrage V 2 aber wegführt.

Diese Belehrung über die Ehe hat demgegenüber vor allem innerhalb des Kontextes ihren Ort in der Gemeindeunterweisung, die mit 9,33 einsetzt. Die Darlegungen zu den Themen »Ehe« und »Kinder« werden in Mk 10,2-16 zusammengestellt[76]. Auch innerhalb des Abschnitts Mk 10,6-9 ist markinische Bearbeitung erkennbar. So deutet die Anfügung von V 8b mit ὥστε ebenso auf die Hand des Markus[77]

---

73 Siehe Billerbeck I, 803f; vgl. Baltensweiler, a.a.O. 50; Berger, a.a.O. 536f.
74 Vgl. Hultgren, a.a.O. 121.144 Anm. 100-102. Zum Stil, der ebenfalls an eine griechische Bildung des Satzes denken läßt, siehe Beyer, Syntax I,1, 167.
75 Anders Gnilka, Markus II, 70 ("Vers 9 ist ohne das vorausgegangene Schriftargument ganz unverständlich").
76 Daß es sich dabei nicht um einen nur assoziativen Zusammenhang handelt (vgl. Kuhn, a.a.O. 179; Ernst, Markus 291), hat Berger, a.a.O. 508, gezeigt.
77 Der Sache nach und auch grammatisch (mit Indikativ) steht diesem ὥστε das in Mk 2,28 am nächsten; auch dort redaktionell (siehe oben S. 52f).

wie die Verwendung des οὖν in V 9[78]. Daß die Zitate in V 6ff ebenfalls von Markus kombiniert wurden, wie dies Berger[79] vermutet, läßt sich nicht zweifelsfrei nachweisen. Denn die Zitatkombination ist als in sich geschlossene Einheit selbständig und als Belehrung über die Ehe tradierbar[80].

Für *Mk 10,3-5* ist wahrscheinlich, daß das Zwiegespräch von Markus eingebracht wurde. In seiner Aussagetendenz entspricht 10,5 den Zusätzen in 7,1-15. Wird 10,5 nämlich als Anklage verstanden, hat die Aussage von 10,3-5 den gleichen Gehalt, den auch 7,8 und 7,9-13 bieten: Anstelle des ursprünglichen Sinnes des Gebotes stellen die Gegner ihre Auslegung, d.h. im Zusammenhang von 10,3-5, ihr Verständnis des Gotteswillens (ἐντολή) als Erlaubnis hin. Ebenso bietet sich der mittelbare Vergleich zwischen 7,6f und 10,5 an. Das Gebot (Dtn 24,1-4) wird zur Menschensatzung, indem aus ihm nur der Vorteil des Mannes herausgelesen wird. Wie in 7,6f verwendet Markus auch in 10,3-5 eine ihm vorgegebene Tradition. Diese geht von dem in Mk 10,9 und auch in 1 Kor 7,10 vertretenen Verbot der Ehescheidung aus. Sie verteidigt diesen Grundsatz gegenüber Vorhaltungen, die sich auf die jüdische Rechtspraxis und damit auf Dtn 24,1ff berufen. Die sehr freie Wiedergabe von Dtn 24,1 und ihre Charakterisierung als Erlaubnis weisen die Tradition der innergemeindlichen Debatte zu[81].

Formgeschichtlich ist die ursprüngliche Tradition aus Exposition und Eingangsfrage in V 2 und der Antwort V 9 (ohne οὖν) ein Schul-

---

78 In gleicher Funktion begegnet οὖν in Mk 13,35; an dieser Stelle redaktionell (vgl. Pesch, Naherwartungen 200), was sich auch außerhalb des sprachlichen Befundes aus der Form und aus der Struktur von Mk 13 erweisen läßt (vgl. Brandenburger, Markus 13, besonders 126.130). In redaktionellem Zusammenhang findet sich οὖν auch in Mk 11,31 (siehe oben S. 149f) und möglicherweise in 12,9; unsicher ist Mk 15,12.
79 A.a.O. 545-550.
80 Siehe oben S. 189f.
81 Der semitisierende Stil des Verses weist möglicherweise auf eine Gemeinde in Syrien, vgl. zum Stil Berger, a.a.O. 539f.

gespräch[82]. Die Eingangsfrage stellt eine schulmäßig vorgetragene Gesetzesfrage dar. Bultmann[83] behandelt das Stück unter den Streitgesprächen. Jedoch ist das gegnerische Motiv der Fragesteller (V 2fin) erst von Markus eingetragen worden und gehört nicht der ursprünglichen Überlieferung an[84]. Daß hier Pharisäer als Fragesteller auftreten und eine Gesetzesfrage stellen, muß der Bestimmung als Schulgespräch nicht widersprechen. Denn die Grundstruktur der Überlieferungseinheit hinsichtlich ihrer Formelemente und die fiktive Benennung der Fragesteller sind voneinander zu unterscheiden. So setzt zwar die Schulfrage den Fragenden innerhalb des eigenen Kreises voraus, schließt aber nicht unbedingt eine Gegenmeinung auf seiten des Fragenden aus. Auf V 2 angewandt bedeutet dies: Die Gesetzesfrage fragt nach der Entscheidung eines umstrittenen Sachverhalts. Daraus folgt zweierlei: 1. Ihrer Intention nach stellt die Gesetzesfrage (V 2) eine Schulfrage dar. Denn der Lehrer wird gefragt. 2. Die Schulfrage in Form der Gesetzesfrage (V 2) setzt eine Diskussion über die Ehescheidung im Bereich der Fragesteller voraus. Bedenkt man diese formbedingten Folgerungen im Blick auf die in V 2 namentlich genannten Fragesteller, so ist wenig wahrscheinlich, daß die Nennung der Pharisäer der ursprünglichen Überlieferungseinheit angehört hat. Vielmehr kann man annehmen, daß die Fragesteller erst im Laufe des Überlieferungsprozesses namentlich als Pharisäer bezeichnet wurden. Ist diese Annahme zutreffend, so wäre an dieser Stelle die Tendenz greifbar, Pharisäer als Gegner Jesu auftreten zu lassen - eine Tendenz, die Markus in seiner Redaktionstätigkeit aufnimmt.

---

[82] Vgl. Pesch, Markus II, 120; Ernst, Markus 287; ferner Tannehill, ANRW II, 25.2, 1824.

[83] Geschichte 42. 50, so die überwiegende Meinung der Exegeten, vgl. nur Gnilka, Markus I, 70; Laufen, a.a.O. 349.581 Anm. 41, und Zmijewski, a.a.O. 34.

[84] Dies betont Schmithals, Markus II, 438 zu Recht. Er spricht daher von einem "Lehrgespräch über die Ehescheidung".

Die Jüngerbelehrung Mk 10,10-12

Daß das Schulgespräch in der Gemeinde entstanden ist[85], wird kaum noch bestritten[86]. Allenfalls kann Mk 10,9 in der Sache auf eine Weisung Jesu zurückgehen[87]. Allerdings besitzt die Q-Überlieferung von Mt 5,32a par höhere Wahrscheinlichkeit, ursprünglich[88] und authentisch[89] zu sein.

Nach der öffentlichen Belehrung über Ehe (V 6-8) und Ehescheidung (V 2-5.9) folgt nun *V 10-12* eine esoterische Belehrung der Jünger περὶ τούτου. Dieser Szenenwechsel wurde redaktionell von Markus eingetragen[90]. Der gesamte V 10 weist markinisches Vokabular auf[91]. In seiner Formulierung entspricht er der Einführung auch anderer markinischer Jüngerbelehrungen[92]. Inhaltlich ist der Ausdruck περὶ τούτου allerdings überraschend[93]. Denn V 11f nimmt keineswegs erneut unmittelbar zur Ehescheidungsfrage Stellung, sondern zum Problem der Wiederheirat, setzt aber den Grundsatz V 9 voraus. Trotz eines mittelbaren Zusammenhanges bleibt ein Widerspruch zwischen V 9 und V 11(f)[94]. Die Antwort des Schulgespräches hat die Scheidung ausgeschlossen[95], V 11 behandelt dagegen einen Fall von Wiederheirat, konzediert eine Scheidung, auch wenn die ganze Aussage konditional gehalten ist. Dieses Nebeneinander kann dadurch gelöst werden, daß V 11 als "Konzession an die Praxis"[96] verstanden wird. V 11 bietet dem-

---

85 Vgl. Gnilka, Markus II, 70; Pesch, Markus II, 120.
86 Historizität wird vertreten vor allem von Baltensweiler, a.a.O. 51ff; Hübner, Gesetz 61f; Zmijewski, a.a.O. 37f. Vgl. dagegen Merklein, a.a.O. 279.
87 Siehe Hultgren, a.a.O. 121.
88 Anders Schaller, a.a.O. 238 Anm.. 45, und schon Stauffer, Botschaft 74.
89 Hübner, ebd., hält sowohl Mt 5,32 als auch Mk 10,9 für authentisch.
90 Anders Kuhn, a.a.O. 167f.
91 Vgl. Reploh, Lehrer 179f; Busemann, a.a.O. 111f. Zum markinischen Stil siehe Zerwick, Untersuchungen 27f.
92 Vgl. Busemann, a.a.O. 113f; Riesner, Lehrer 237; Schmithals, Markus II, 438.
93 Vgl. Reploh, a.a.O. 180.
94 Anders Baltensweiler, a.a.O. 70.
95 Siehe Greeven, ZEE 2, 1957, 117; Bornkamm, Aufsätze II, 56f.
96 Merklein, a.a.O. 281.

zufolge eine Anwendung des theologisch begründeten Grundsatzes von V 9 auf die Praxis. Es hat den Anschein, als stehe eine Reflexion über den Grundsatz V 9 im Hinblick auf die vollzogene Ehescheidung im Hintergrund von V 11. Diese Vermutung bestätigt der Vergleich mit 1 Kor 7,10f. Auch hier begegnet die gleiche Abfolge von absolutem Verbot der Ehescheidung (1 Kor 7,10.11fin) und - parenthetisch gehalten - praktischer Anwendung auf die Wiederheirat, die wohl auch im Falle der Scheidung des Mannes zu gelten hätte. Im Hinblick auf Mk 10,2-9.11f erhellt der Vergleich mit 1 Kor 7,10f, daß die Zusammenordnung von Verbot der Ehescheidung und Verbot der Wiederheirat einem vorgegebenem Schema entspricht[97]. Dies gilt auch dann, wenn Paulus mit der Parenthese nicht eine traditionelle Anschauung wiedergeben sollte, sondern hier selbst zu einem konkreten Einzelfall Stellung nimmt[98]. Aus dem Vergleich kann man allerdings für V 9.11 überlieferungsgeschichtlich nicht folgern, daß diese Verse schon vormarkinisch verbunden gewesen seien. Grundsatz und praktische Anwendung nach einem verbreiteten Schema zusammenzuordnen, war auch für Markus naheliegend[99]. An dem περὶ τούτου ist möglicherweise erkennbar, daß Markus der Abfolge von V 9.11(f) in der Tat ein Schema zugrundelegt.

Mk 10,11 stellt einen durchaus selbständigen, von 10,9 unabhängigen Gedanken dar. Das Verbot der Ehescheidung (V 9) gehört zum alten, vielleicht sogar authentischen Bestand der Jesusüberlieferung, wie Mt 5,32a (Q) zeigt, und behält allgemeine Gültigkeit (vgl. 1 Kor 7,10f). Es liegt daher nahe, daß infolge dieses Verbots auch die Frage der Wiederheirat schon Geschiedener in die Diskussion geraten ist und entschieden werden mußte. Dies entspräche wiederum der Situation, die Paulus in 1 Kor 7,11 mit der Parenthese anzeigt. So kann sich nicht nur die Zufügung von Mt 5,32b erklären[100], sondern so wird auch die selbständige Tradierung des Logions Mk 10,11 wahrscheinlich[101].

---

97 Vgl. Merklein, a.a.O. 280; Busemann, a.a.O. 117.
98 Vgl. Conzelmann, 1 Korinther 144; Schrage, Einzelgebote 244f.
99 Gegen Merklein, a.a.O. 280f; Busemann, ebd.
100 Siehe Delling, NT 1, 1956, 268.
101 So erklärt sich auch die Formulierung des Satzes als eines kasuistischen Rechtssatzes (vgl. Delling, NT 1, 1956, 263f). Daß dieser

Das Logion V 11 begegnet in verschiedenen Fassungen mehrmals in der synoptischen Überlieferung (neben Mk 10,11 in Mt 19,9; 5,32b und Lk 16,18). In den vier Logien findet sich jeweils die gleiche Grundaussage: Wer seine Frau entlässt und eine andere heiratet, begeht Ehebruch. In Mk 10,11 (par Mt 19,9) und Mt 5,32 (par Lk 16,18) liegt eine Doppelüberlieferung vor[102]. Zur Beurteilung von Mk 10,11 kann die Frage, ob die Matthäus- oder die Lukas-Fassung das ursprüngliche Q-Logion wiedergibt[103], dahingestellt bleiben. In unserem Zusammenhang ist die von Schaller aufgeworfene These zu bedenken, daß Lk 16,18 gegenüber Mk 10,11 traditionsgeschichtlich sekundär sei. Dies begründet Schaller damit, daß zum einen generell die in Mt 5,32 und Lk 16,18 vertretene Rechtsauffassung, den Mann als ehebruchsfähig zu erklären, im jüdischen Raum unmöglich sei, zum anderen das ἐπ' αὐτήν am Ende von Mk 10,11 einen Aramaismus darstelle und so ursprünglich "im Bereich der christlichen Gemeinde Syriens" anzusiedeln sei. Wenn aber beide Aussagen (Q/Mk 10,11) als unjüdisch anzusehen sind, relativiert sich Schallers erste Argumentation. Freilich muß Schaller mit einer intensiven Rejudaisierung bei Matthäus rechnen (vgl. die genaue, aber damit umständliche Formulierung der Schuldzuweisung ποιεῖ αὐτὴν μοιχευθῆναι[104], der die direkte(!) Aussage μοιχᾶται folgt). Die Interpretation des ἐπ' αὐτήν aus V 11 ruft besonderen Widerspruch gegen Schallers These hervor.

Das ἐπ' αὐτήν am Ende des Logions der Markus-Fassung durchbricht die parallele Struktur der Aussage. In der Matthäus-Parallele (Mt 19,9) fehlt es. Zum Verständnis der Aussage ist das ἐπ' αὐτήν auch nicht notwendig (vgl. Lk 16,18)[105]; so kann ein analoges ἐπ' αὐτόν

Satz nicht Recht und Gesetz im eigentlichen Sinne (siehe zum doppelten Rechtsbegriff Brandenburger, Markus 13, 132-135) zuzuordnen ist, scheint mir sicher (siehe schon Schaller, a.a.O. 245).

102 Siehe Laufen, a.a.O. 343.

103 Zur Priorität von Mt 5,32b (freilich ohne die Unzuchtsklausel, vgl. Mt 19,9 gegen Mk 10,11) gegenüber Lk 16,18, siehe Merklein, a.a.O. 275f; Zmijewski, a.a.O. 51ff. Lk 16,18 halten für die ursprüngliche Q-Fassung: Delling, NT 1, 1956, 268; Schaller, a.a.O. 232ff; Laufen, a.a.O. 344ff.

104 Zmijewski, a.a.O. 53, meint, hier stehe Mk 10,11 (μοιχᾶται ἐπ' αὐτήν) im Hintergrund. Doch ist der Tatbestand von Mk 10,11 (Wiederheirat) in 5,32a nicht bedacht (vgl. Mt 19,9, wo Entlassung und Wiederheirat auch von Matthäus als *ein* Rechtsfall betrachtet werden).

105 Vgl. das Fehlen bei einigen Textzeugen, siehe dazu Schaller, a.a.O. 227 Anm. 3.

in V 12 fehlen. Die beiden Wörter sind also dem Logion gegenüber sekundär[106]. Denn von μοιχᾶται her ist hinreichend verständlich, daß der Ehebruch gegen die erste Frau gerichtet ist[107]. Da die Aussage von V 11 nur die erste Frau im Blick hat, kann sich das ἐπ' αὐτήν nicht auf ἄλλην beziehen[108]. Sinnvoll erklären läßt sich der Zusatz von ἐπ' αὐτήν nur innerhalb des Markus-Textes[109]. Zum einen stellt das ἐπ' αὐτήν die Ausgangsfrage der Pharisäer (V 2) in die Perspektive des Ehebruchs. Der Tatbestand der Ehescheidung wird in V 11 in der gleichen Ausdrucksweise beschrieben wie in V 2. Das Gewicht der Aussage des *ursprünglichen* Logions (auch ohne ἐπ' αὐτήν) liegt aber nicht darin, daß die Ehescheidung als solche Ehebruch bedeute, sondern darin, daß die Wiederheirat Ehebruch sei.

Markus verstand καὶ γαμήσῃ nach hellenistischer Rechtsauffassung als unwiderrufliche Besiegelung der Scheidung. Die Frage, ob dieser Zusatz im vormarkinischen und (vor-)lukanischen Stadium als "kasuistische Erweichung"[110] oder als Erklärung einer mit der Scheidung einhergehenden Folge eingefügt wurde, ist nicht eindeutig zu entscheiden, da sich Intentionen der Aussage nicht klar festlegen lassen. Stellt man die Frage allein vor dem Hintergrund jüdisch/judenchristlicher Bedingungen, ist das eine wie das andere wenig wahrscheinlich. Sollte einerseits mit der Scheidung immer auch die Wiederheirat intendiert sein[111], ist καὶ γαμήσῃ ἄλλην überflüssig (siehe Mt 5,32a). Gehört andererseits das Verbot der Ehescheidung zum festen Bestandteil der Jesusüberlieferung, geht die Kasuistik zur Wiederheirat[112] an diesem Grund-

---

106 Anders Zmijewski, a.a.O. 54ff und vor ihm schon Delling, a.a.O. 270. Sie rechnen ἐπ' αὐτήν zum Urbestand des Logions, der im Lauf der Überlieferung gestrichen wurde, "weil man ihre Absicht (sc. der beiden Worte) nicht mehr verstand" (Delling, ebd.). Vgl. ferner Schaller, a.a.O. 243f.
107 Siehe Laufen, a.a.O. 347f; Merklein, a.a.O. 276; Busemann, a.a.O. 115; Zmijewski, a.a.O. 51. 54f.
108 Schaller, a.a.O. 239-243 erklärt ἐπ' αὐτήν als Aramaismus und übersetzt "er treibt Ehebruch mit ihr".
109 Siehe Busemann, a.a.O. 115f.
110 Baltensweiler, a.a.O. 69.70 Anm. 76.
111 Siehe Greeven, a.a.O. 384; Kuhn, a.a.O. 163f; Reploh, a.a.O. 181; Laufen, a.a.O. 350.
112 So verstehen καὶ γαμήσῃ ἄλλην (ἑτέραν) Haenchen, Weg 338; Schaller, a.a.O. 243f; Baltensweiler, a.a.O. 62.

satz so stark vorbei, daß eine Diskussion, die Argumente wie Mk 10,6-8 hervorbringt, auszuschließen wäre. Außerdem ist es wenig sinnvoll, gerade zu dieser Kasuistik zu greifen, da doch schon mit der Entlassung die Scheidung vollzogen ist. Plausibel ist καὶ γαμήσῃ ἄλλην jedoch vor allem im Übergang in außerjüdische Rechtsverhältnisse, als der Grundsatz Ehescheidung = Ehebruch der anderern Rechtssituation anzugleichen war[113].

Durch den Zusatz von ἐπ' αὐτήν verändert Markus die ursprüngliche Aussagerichtung des Logions V 11. Denn V 11 formuliert nicht nur eine praktische Anwendung des Grundsatzes von V 9, sondern ist - im Zusatz von ἐπ' αὐτήν deutlich herausgehoben - im Zusammenhang mit dem Schulgespräch auch als Kritik am jüdischen Institut der Ehescheidung zu verstehen, da der Mann gegenüber seiner (ersten) Frau als schuldfähig erklärt wird. Im Rückbezug auf V 2 folgt daraus zwar nicht die völlige Verwerfung der jüdischen Ehescheidung, aber die Verwerfung der jüdischen Eheordnung, nach der die Wiederheirat zugelassen ist, ja mit der Trennung intendiert sein kann. Die in dieser Konsequenz verstandene Ehescheidung verstößt gegen das sechste Gebot (Ex 20,14; Dtn 5,18). Die Grundlage dieser Anschauung bilden neben Mk 10,9 die beiden Antwortteile des Schulgesprächs V 3-5.6-8, die als markinische Zusätze bestimmt wurden. Denn das in V 11 zugefügte ἐπ' αὐτήν entspricht der markinischen Darstellung im Schulgespräch. Die Bezeichnung der Ehescheidung als Ehebruchsvergehen ist, von V 11 her betrachtet, einerseits schon in V 3-5 präjudiziert: Wenn das Gebot Dtn 24,1(-4) allein aus der Sicht des Mannes als Erlaubnis zur Lösung einer Ehe verstanden wird und die Trennung damit vollzogen ist, ist der Gedanke, der Mann breche die Ehe gegenüber seiner ersten Frau, lediglich selbstverständliche Folgerung aus der kritischen Darlegung in V 3-5 in Verbindung mit V 9. Andererseits entspricht die schöpfungstheologische Bestimmung der Ehe der Ansicht, die Ehescheidung verstoße gegen das sechste Gebot. Denn der in V 6-8 nachgewiesenen Unlösbarkeit der Ehe (V 8a) korrespondiert das ἐπ' αὐτήν in V 11, das ja die erste Ehe im Blick hat. Somit interpretiert Markus von V 11 her

---

113 Vgl. Merklein, a.a.O. 277; Zmijewski, a.a.O. 52.

noch einmal das Schulgespräch und wahrt so die Stimmigkeit seiner Darstellung.

Das auf die Wiederheirat der Frau zielende Logion *Mk 10,12*[114] macht eine V 11 analoge Aussage. Die Abweichung in Form und Stil erweist V 12 gegenüber V 11 deutlich als sekundär[115]. Nachdem das redaktionelle Interesse des Markus an ἐπ' αὐτήν aufgezeigt wurde, ist deutlich, warum er in V 12 ein ἐπ' αὐτόν nicht ergänzt hat. Für ihn wäre es nicht nur eine überflüssige Sinnergänzung, sondern auch - anders als in V 11 - eine funktionslose Verdeutlichung. Denn V 12 steht nicht mehr im Reflexionskreis des Schulgesprächs, das ja speziell die jüdische Ehescheidungsfrage bedenkt. Die Aussage von V 12 hat eindeutig römisch-hellenistische Rechtsverhältnisse im Blick, indem sie Mann und Frau als gleichberechtigt ansieht[116]. Nach der Argumentation in Mk 10,6-8 ist dieser, zu V 11 parallele Abschluß folgerichtig und notwendig. Markus[117] berücksichtigt damit die in seiner Gemeinde herrschende Rechtsauffassung[118], die er schöpfungstheologisch mit V 6-8 begründet sieht.

Nach dieser Analyse bekommt die Einkleidung der Aussage von V 11f in eine Jüngerbelehrung einen den literarisch-historischen Rahmen des Evangeliums übersteigenden Sinn[119]: Das Schulgespräch gibt die bereits in der Vergangenheit ergangene Weisung zu Ehe und Ehescheidung. Zugleich ist diese Anweisung für Markus konkret auf die Gemeindesituation anwendbar. Diese aktualisierende Interpretation setzt

---

114 Zur textkritisch zu bevorzugenden Lesart siehe Gnilka, Markus II, 75f, gegen Kuhn, a.a.O. 161f.

115 Vgl. Beyer, a.a.O. 145; Schaller, a.a.O. 229 (und ebd. Anm. 7).

116 Zu der Diskussion um ein jüdisches Scheidungsrecht der Frau, die von Brooten, EvTh 42, 1982, 65-80 (vgl. Dies., EvTh 43, 1983, 466-478) entfacht wurde, und zur Verläßlichkeit der Belege (siehe schon Bammel, ZNW 61, 1970, 95-101), die historische Wahrscheinlichkeit der These zu belegen, siehe besonders Schweizer, EvTh 42, 1982, 294-300, und Weder, EvTh 43, 1983, 175-178, und vgl. schon Schaller, a.a.O. 229 Anm. 7.

117 Demgegenüber halten Schaller, a.a.O. 230, und Merklein, a.a.O. 276.280f, die Verbindung von V 11f vormarkinisch für möglich.

118 Vgl. Berger, a.a.O. 535f; Laufen, a.a.O. 360; Busemann, a.a.O. 118.

119 Vgl. Laufen, ebd.

Markus mit dem Kunstmittel der Jüngerbelehrung deutlich von der im Schulgespräch gegebenen Darlegung ab.

Der Abschnitt *Mk 10,2-12* besitzt einen komplexen *Gedankengang*, der nicht frei von Spannungen ist. Das ursprüngliche Schulgespräch (V 2.9) hat Markus mit zusätzlichen Argumenten, die er aus der Gemeindediskussion übernommen hat, zu einer umfassenden Darstellung ausgebaut. Grundlage dieser Darstellung bildet V 9. Die in den Gesprächsgang eingefügten Stücke V 3-5 und V 6-8 haben von dieser Stellungnahme her eine kritische und eine positive Ausrichtung. Die Auseinandersetzung über Dtn 24,1 entstammt der judenchristlichen Gemeindedebatte, erscheint aber im Kontext des Gespräches der Markus-Fassung als generelle Abrechnug mit dem jüdischen Institut der Ehescheidung und noch weitergehend (vgl. Mk 7,6f.8.9-13) mit dem jüdischen Gesetzesverständnis (Gebot - Erlaubnis). Die Spannung, die sich damit zu V 9 ergibt, daß nämlich mit V 5 Dtn 24,1 als Gebot aufrechterhalten und nicht abrogiert wird, in V 9 aber der Tatbestand als gegen Gott gerichtet verurteilt wird, läßt sich in zwei Richtungen hin auflösen: Zum einen in dem Zusammenhang von V 3-5, zum anderen in der Form von V 9. Indem V 5 die Gesetzes*praxis* von Dtn 24,1 dem Abfall der Juden vom Gesetz zuordnet (σκληροκαρδία), läßt die Aussage V 5 die Möglichkeit der Ehescheidung gelten. Das Herrenwort V 9 zeigt aber demgegenüber den wahren Gottes*willen* auf. Für Markus stehen V 5 und V 9 sodann in der Weise in Einklang, daß das Gebot (Dtn 24,1) den Juden zur Anklage wird, weil ihnen in ihrer Verstocktheit der im Jesuswort verkündete Gotteswille verschlossen bleibt. Positiv läßt Markus dieser Kritik die Grundlegung des Herrenwortes folgen, in der die Unauflösbarkeit der Ehe selbst aus der göttlichen Schöpfungsordnung hergeführt wird. In der Sache bedeutet dies: Ob Ehescheidung im rechtlichen Sinne erlaubt ist (ἔξεστιν), ist von Anfang der Schöpfung an (ἀπ' ἀρχῆς κτίσεως) festgelegt, oder grundsätzlich formuliert: Was Recht ist, wird in der Schöpfung konstituiert.

Die andere Spannung besteht zwischen dem apodiktischen Grundsatz V 9, mit dem jegliche Scheidung ausgeschlossen wird, und der auf die Praxis zielenden Anwendung V 11, die offenbar Ehescheidungsfälle in der Gemeinde voraussetzt. Diesen Verhältnissen trägt Markus

Rechnung und bewältigt die Spannung, indem mit V 11f die Trennung der Ehepartner zwar (implizit) konzediert wird, aber die Ehescheidung verboten bleibt. Die Scheidung unwiderruflich durch eine Wiederheirat zu besiegeln, verstößt gegen das sechste Gebot und verstößt - in der Sichtweise des Markus - gegen den Willen des Schöpfers, gegen den Grundsatz V 9, also gegen Gottes συζευγνύναι.

2.2.3.2. Die Censusfrage (Mk 12,13-17)

"Der vielverhandelte Text"[1] Mk 12,13-17 verdankt seine Beliebtheit zum einen dem Umstand, daß er einer der wenigen synoptischen Texte ist, die ein »politisches« Thema zum Gegenstand haben[2]. Zum anderen weist er erzählerische und anschauliche Elemente auf[3], die ihn von anderen Gesprächstexten des Markus-Evangeliums deutlich unterscheiden. Zu diesen Eigenheiten zählt die captatio benevolentiae in V 14 und die Verwendung einer alltäglichen Münze als Demonstrationsmittel[4]. Darin ist zumindest der Gesamttext *prima facie* für die Form nicht repräsentativ. So dürfte er nur bedingt einem allgemeinen Formvergleich zugänglich sein[5].

In der form- und traditionsgeschichtlichen Diskussion um diesen Text war Bultmanns[6] Analyse lange Zeit unangefochten. Bultmann hat

---

1 Hahn, Hoheitstitel 164 Anm. 4. — Zur Literatur siehe Pesch, Markus II, 229 (L 75); vgl. ferner Dibelius, Botschaft II, 177-180; Jason, LingBibl 41/42, 1977, 49-87; Güttgemanns, LingBibl 41/42, 1977, 88-105; Klemm, NT 24, 1982, 234-254; Crossan, Interp. 37, 1983, 397-401; Hultgren, Adversaries 41-44.75-78; Dewey, Debate; Mundla, Führer 41-70; Sand, EWNT I, 308.
2 Vgl. die Übersicht bei Schrage, Christen 30-41.
3 Klemm, a.a.O. 240-250, unterwirft die Erzählstruktur des Abschnitts einer eingehenden Analyse, womit er die Ansätze zu einer erzählanalytischen Betrachtung bei Derrett, Law 313-338, aufnimmt.
4 Siehe die Beiträge von Breymayer, LingBibl 13/14, 1974, 19-51, und Güttgemanns, a.a.O. 88-105.
5 Dieser Vorbehalt trifft besonders den Beitrag von Jason, a.a.O. 49-87.
6 Geschichte 25, jetzt wieder zu erhärten gesucht von Mundla, Führer 61ff.

Mk 12,13-17 als ein "einheitlich konzipiertes und ausgezeichnet geformtes Apophthegma"[7] bestimmt, das in V 17 seine Pointe[8] besitze. Nur in V 13 sei mit Redaktionstätigkeit des Markus zu rechnen. Diese Bemerkung zum vormarkinischen Beginn der Überlieferung ist so allgemein gehalten, daß hier eine genaue Abgrenzung vorzunehmen ist. Doch sind auch mit der formgeschichtlichen Bestimmung erhebliche Schwierigkeiten verbunden. Als Haupteinwand muß die Beobachtung gelten, daß die Pointe V 17a.b und die Szene einander nicht entsprechen[9]. Denn der zweite Teil der Pointe (V 17b) ist in V 13-16 kaum vorbereitet. Daß sich mit der Steuerzahlung unmittelbar die Frage des Gottesgehorsams stellt, ist in der Frageformulierung von V 14fin nicht angelegt[10]. Außerdem ist gegen Bultmanns Analyse vorzubringen, daß V 17 durchaus als ein selbständig tradierbares Logion angesehen werden kann[11]. Doch ist die gegenteilige Annahme, V 13-16 sei sekundär aus V 17a.b gebildet worden, ebenfalls unzureichend. Denn wiederum würde höchstens V 17a in V 13-16 aufgenommen. Schließlich bildet V 16fin nicht nur eine die Antwort vorbereitende Szene zu V 17a, sondern enthält, wenigstens erzählerisch, bereits selbst eine Antwort. Es sind also folgende Probleme des in Mk 12,13-17 vorliegenden Textes zu klären: Die Frage nach dem vormarkinischen Beginn der Überlieferung wird als erste zu lösen sein. In der Analyse des verbleibenden Textes werden zu verhandeln sein: zu V 14 einerseits Herkunft und Funktion der (sog.) captatio benevolentiae (V 14) im Blick auf die Fortführung des Gespräches und andererseits Funktion und Herkunft der Doppelfrage in V 14fin, ferner der Rückbezug der Reaktion Jesu in V 15a.b; und das Nebeneinander von V 16fin und V 17a.b.

Redaktionelle Bearbeitung findet sich sicher am Anfang des Textes[12]. Denn *V 13a* hat den Charakter einer Übergangsbildung von V 12

---

7   Ebd.
8   Vgl. Crossan, a.a.O. 397.
9   Vgl. Petzke, FS Conzelmann, 227.231ff.
10 Vgl. Schrage, a.a.O. 35f.
11 Vgl. Schrage, a.a.O. 32 Anm. 57; Berger, Gesetzesauslegung 576.
12 Siehe dagegen Pesch, Markus II, 225; Beilner, Pharisäer 131; aber weitgehend unumstritten, vgl. Schrage, a.a.O. 31f; Mundla, a.a.O. 42ff.

zur Fragestellung V 14. Darauf weist das unbestimmte ἀποστέλλουσιν, dessen Subjekt erst aus dem ferneren Kontext (11,27) zu identifizieren ist. Könnte dieser Sachverhalt auch unter der Annahme gelten, daß V 13a in der Tradition vorgegeben und als unpersönlicher Plural zu verstehen sei[13], so wird dieses aber unwahrscheinlich, wenn auf der anderen Seite das Objekt (Pharisäer und Herodianer) ausdrücklich angegeben wird. Die Pharisäer und Herodianer werden neben 12,13 noch in 3,6 genannt, wiederum in einem Zusammenhang, der auf das Passionsgeschehen weist. Von 12,13 aus könnte sie Markus dorthin eingetragen haben[14]. Allerdings ist diese Folgerung nicht zwingend. Sie stützt sich vielmehr auf die Annahme, Markus müsse zumindest in einem Fall eine vorgegebene Gegnerbezeichnung verwandt haben. Die Vermutung, die Herodianer seien mit der in 12,13-17 enthaltenen Tradition vorgegeben[15], kann sich auf das, freilich nur mittelbar zu erbringende Argument stützen, die Herodianer sollten hier als römerfreundlich gekennzeichnet werden[16], was jedoch der Tendenz des Mar-

---

13 Dagegen weist Pesch, ebd., V 13 der vormarkinischen Passionserzählung zu (siehe zu dieser a.a.O. 1-27 und dazu kritisch Neirynck, BEThL 60, 527-550). Ebensowenig dürfte Mk 12,13-17 in einer vormarkinischen Quelle dem Abschnitt 3,1-6 gefolgt sein (so Knox, Sources I, 10; Cook, Leaders 42), dagegen spricht schon allein die unterschiedliche Einführung der Gegner; in 12,13 sind sie Objekt der »Absendung«, in 3,6 Subjekt der Handlung.

14 So Gnilka, Markus II, 151.

15 So Gnilka, ebd.. Für redaktionell wird die Nennung der Herodianer in 12,13 von Lohmeyer, Markus 250, erachtet; Bennett, NT 17, 1975, 9-14, sieht in ihnen "a product of Mark's theological interests" (a.a.O. 13), darzustellen, daß Jesus und der Täufer der gleichen Gegnergruppe ausgesetzt sind.

16 Dies wäre auch in historisierender Deutung auf Herodes Antipas historisch zutreffend, vgl. Otto, PRE Suppl II, 202 (siehe besonders Zeile 5-10). Doch Markus muß die Bemerkung auch verstanden haben, sonst brächte er sie nicht noch einmal in 3,6 ein. Eher ist daher eine Deutung auf Herodes Agrippa I. wahrscheinlich, welcher dem Pharisäertum zugeneigt war. Die Negativzeichnung gründet in der Kenntnis der antichristlichen Haltung Agrippas I. (Apg 12; Jos Ant XIX, 331). Zum Ganzen siehe H.-F.Weiß, ThWNT IX, 40f; Mundla, Führer 66f. Zur Deutung Winters auf Agrippa II. siehe Weiß, a.a.O. Anm. 158.

kus-Evangeliums deutlich widersprechen würde (vgl. 15,39). Zu dieser Charakterisierung bietet Mk 12,13-17 aber keinen überzeugenden Anhaltspunkt. Zwar läuft die Frage im vorliegenden Zusammenhang auf eine mögliche antirömische Tendenz der Antwort hinaus, man solle keine Steuern entrichten. Es wäre aber auch die umgekehrte Folgerung angebracht, sollten die »Pharisäer« in V 13 dem vormarkinischen Bestand der Tradition angehören. Überzeugen kann demgegenüber die Erklärung, die in V 13 die Koalition von Pharisäern und Herodianern als das gegen Jesus gerichtete Bündnis der "religiös und politisch Mächtigen"[17] erblickt. Diese Interpretation deckt sich mit den anderen Texten des Markus-Evangeliums, die sich auf die Pharisäer und Herodianer beziehen (Mk 3,6; 8,15). Für Markus sind Pharisäer und Herodianer die Gegnergruppen, die in seiner Darstellung - und unabhängig vom Passionsgeschehen (8,15 und 12,13; hier die letzte Nennung der Pharisäer), aber mit deutlichem Bezug darauf (3,6; 12,12f) - durch besondere Feindschaft gegenüber Jesus gekennzeichnet sind. Diese übereinstimmende Tendenz der drei Nennungen in 3,6; 8,15; 12,13 legt es nahe, auch die Angabe 12,13 Markus zuzuschreiben. Die »Absendung« und die Rolle als Fragesteller wirken künstlich und erfüllen allein den Zweck von Mk 12,12 zu 12,14 überzuleiten. Da aber schließlich 12,12 als redaktionelle Bemerkung anzusehen ist[18] - hier ziehen sich die Gegner aus 11,27 zurück -, dürfte auch 12,13a auf die Redaktionstätigkeit des Markus zurückgehen[19]. Somit bestätigt sich die oben vom Textverlauf her getroffene Feststellung, V 13a sei eine Übergangsformulierung. Der Grund des Auftretens wird innerhalb des ἵνα-Satzes mit ἀγρεύειν, einem Hapaxlegomenon im Neuen Testament, beschrieben. Allerdings muß ein

---

17 Gnilka, Markus II, 151.
18 Anders Pesch, Markus II, 224f.
19 Redaktion und Tradition halten sich im häufigen Gebrauch von ἀποστέλλω im Markus-Evangelium (20-mal, siehe Taylor, Markus 153) die Waage. Zur Annäherung an Jesus mit πρὸς αὐτόν siehe unten S. 249 Anm. 2. Gegen Mundla, a.a.O. 43, liegt kein Stichwortanschluß an 12,2.3.5.6 vor, vgl. das häufige Vorkommen von ἀποστέλλω, das Verb erscheint in Mk 12 nicht in einheitlichem Sinn, zudem unter verschiedener Subjektangabe.

Hapaxlegomenon (vor allem eines für das ganze Neue Testament) nicht gegen die redaktionelle Herkunft sprechen, soweit es weite Verbreitung in der Koine aufweist[20] und sofern es einen Sachverhalt beschreibt, der sonst vom Redaktor nicht in anderer Begrifflichkeit formuliert wird[21]. Da sich der Vorgang (V 13b) zudem noch gut in den Kontext einpaßt (als Steigerung von V 12 ἐζήτουν αὐτὸν κρατῆσαι), ist auch für den letzten Versteil markinische Formulierung wahrscheinlich.

Mit V 14a beginnt die Markus vorgegebene Tradition (καὶ ἐλθόντες λέγουσιν αὐτῷ). Dieser Beginn ist unpersönlich formuliert, er nennt weder Ort noch Zeit. In V 14b-e folgt dem eine *captatio benevolentiae*. Diese wirkt breit überladen. Die Anrede διδάσκαλε in V 14b hebt sich von der Aussage der captatio benevolentiae (V 14c-e) ab. Die Aussage in V 14c-e ihrerseits ist durch γάρ gegliedert. Die Gegenüberstellung ist zwar formal parallel, inhaltlich aber synthetisch angelegt. Denn die Parataxe mit καί in V 14c wird im zweiten Teil der Aussage (V 14d.e) durch ἀλλά gesteigert. Die vier Glieder stehen sich chiastisch gegenüber: ἀληθὴς εἶ - ἐπ' ἀληθείας τὴν ὁδὸν τοῦ θεοῦ διδάσκεις und οὐ μέλει σοι περὶ οὐδενός - οὐ βλέπεις εἰς πρόσωπον ἀνθρώπων. Der synthetische Parallelismus und die kunstvolle Stellung lassen den Schluß zu, daß "der erste Satz der captatio ... in der begründenden Fortsetzung ... nur wiederholt" werde[22]. Allerdings steht das jeweils zweite Glied nicht pleonastisch. Vielmehr haben die Einzelglieder jeweils ihre eigene inhaltliche Ausrichtung (entsprechend der Bestimmung eines synthetischen Parallelismus').

Die Einleitung mit οἴδαμεν ὅτι und die Terminologie von V 14c-e lassen an eine vorgeprägte Formulierung denken[23], wobei zu klären

---

20 Vgl. WB 25 s.v. ἀγρεύω. Matthäus (22,15) und Lukas (20,20) verdeutlichen jeweils "Mark's ... primitive account" (Taylor, Markus 478).

21 Typisch markinisch ist πειράζοντες αὐτόν, so 8,11; 10,2, siehe oben S. 181f und unten S. 212f.228f; vorgegeben nur vom Satan 1,13, aber in anderem Sinn.

22 Schmithals, Markus II, 526; vgl. Klemm, a.a.O. 242, und schon Wendling, Entstehung 152.

23 Vgl. Kuhn, Enderwartung 26 Anm. 6; Schreiber, Theologie 202f; Klostermann, Markus 123.

ist, welchen, möglicherweise gemeinsamen, Hintergrund die einzelnen Wendungen in V 14c-e besitzen und wieweit die ganze Aussage (einschließlich der Abfolge ihrer Glieder) formelhaft ausgeprägt ist.

In der gleichen Funktion findet sich οἶδα/οἴδαμεν ὅτι verbreitet bei Paulus in der Einleitung vorgegebener Wendungen (Röm 2,2; 3,19; 6,9; 7,14; 8,22.28; 1 Kor 8,4; 2 Kor 4,14; 5,1; Gal 2,16), in 1 Joh 3 (Vv 2.5 vgl. V 14) und komprimiert in 1 Joh 5,18ff und im Johannes-Evangelium: Der Verwendung in Mk 12,14 analog sind Joh 3,2; 4,25.42; 11,22-24; vgl. 9,29.31; 16,30.

Die Begrifflichkeit von V 14c-e weist einen breiten hellenistisch-jüdischen Hintergrund auf. Dort dient sie freilich der Kennzeichnung Gottes. So findet sich die Aussage, Gott sei ἀληθής, in LXX[24] oder auch in TestHiob 4,11 (ausgeführt 43,13) und ähnlich Röm 3,4. In der Weisheit stammt die ἀλήθεια von Gott (Weish 3,6); die Gerechten und Frommen sind Söhne (in) der ἀλήθεια (TestJud 14,1; 24,3), sie lieben die ἀλήθεια (TestIss 7,5; TestD 2,1; 6,8), sie bewahren die Worte der ἀλήθεια (TestG 3,1; grHen 104,9), die Gottlosen verdrehen sie (grHen 104,10). Aber wer seinen Verstand in der Wahrheit hält, hat die Einsicht in das Gesetz Gottes (so in negativer Aussage TestJud 14,1). Für die Aussage in Mk 12,14 zeigt dieser Hintergrund, daß göttliche Attribute auf Jesus übertragen werden konnten[25]. Die von Gott her kommende ἀλήθεια ist an Jesus vermittelt. Daß man sich hier nicht mit einer Deutung auf "aufrichtig, ehrlich" begnügen kann[26] (trotz Neh 7,2 LXX ἀνὴρ ἀληθής), zeigt deutlich die paratakisch angefügte Ausführung in V 14c.d. Obwohl V 14d begründend (γάρ) eingefügt wird,

---

24 V 14 wird in der Exegeseliteratur kaum diskutiert, weder hinsichtlich seiner Herkunft noch seiner inhaltlichen Aussage nach. Meist begnügt man sich mit der Feststellung, daß eine captatio benevolentiae vorliege und diese der vormarkinischen Tradition angehöre. Wendling, Entstehung 152, und Gnilka, Markus II, 151, weisen den zweiten Versteil der Redaktionstätigkeit des Markus zu.

25 Siehe Bultmann, ThWNT I, 248,30-34. Häufiger ist ἀληθινός (siehe a.a.O. 249f).

26 So aber Bultmann, a.a.O. 249,3f; in dieser Bedeutung auch in Papyri, siehe PAmh II, 68,33; POxy 480,9; Syll 226,174; PMasp 4,4 (vgl. s.v. ἀλήθεια Preisigke, Wört I, 54; Moulton-Milligan 21).

sind V 14c und V 14d synonyme Aussagen: Vor Jesus gilt kein Ansehen der Person.

Den Gedanken, daß es kein Ansehen der Person gibt, drückt christliche Sprache mit dem Terminus προσωπολη(μ)ψία aus (siehe Röm 2,11; Eph 6,9; Kol 3,25; Jak 2,1; Polyk 6,1; vgl. Apg 10,34; 1 Petr 1,17; 1 Klem 1,3; Barn 4,12; aber auch TestHiob 4,8; 43,13)[27]. Das οὐ μέλει σοι περὶ οὐδενός ist dem βλέπεις εἰς πρόσωπον gegenüber stärker hellenistisch geprägt (vgl. Luk, De mortuorum 22,3)[28], hat aber mit diesem gleichen Ursprung. Das βλέπειν εἰς πρόσωπον bildet einen mit θαυμάζειν πρόσωπον und λαμβάνειν πρόσωπον synonymen Begriff[29]. Ist der Ausdruck in Mk 12,14 für unser Schrifttum auch singulär, so entstammt er doch demselben Hintergrund[30], wie die genannten sinnverwandten Termini zeigen, welche vor allem in LXX und im außerkanonischen Schrifttum begegnen[31]. Diese Begriffe kennzeichnen die Unparteilichkeit (meist in Verbindung mit der Unbestechlichkeit) Gottes in seinem Richter-Sein.

---

27 Zum Begriff und seiner Herführung siehe WB 1429. Zu dem neutestamentlichen und diesem vorausliegenden Sprachgebrauch und Vorstellung siehe Lohse, ThWNT VI, 780f; Bassler, Impartiality. Zum Problem bei Paulus schon Braun, Gerichtsgedanke 48ff. Unabhängig von der Frage des hellenistisch-jüdischen Ursprungs (Lohse, a.a.O. 780,36f; Rahnenführer, ZNW 62, 1971, 76) findet der Begriff seine spezifische Ausprägung im Neuen Testament.
28 Diesen Verweis bietet schon Klostermann, Markus 123.
29 Siehe Lohse, a.a.O. 780,29ff.
30 Vgl. dagegen WB 285 s.v. βλέπω 5, "jem(an)d(e)m auf d(as) Gesicht sehen = jem(an)ds Urteil berücksichtigen", und ebd. 1430 s.v. πρόσωπον 1cβ.
31 Aus der Fülle der Belege siehe Dtn 10,17; 2 Chr 19,7; Sir 35(32),12ff; Jub 5,16; 21,4; 30,16; 33,18; PsSal 2,18 (vgl. 2,8); TestHiob 43,13; 4,7f; äthHen 63,8; syrBar 13,8; 44,4; AntB 20,4; das Motiv findet sich auch Aboth IV,22 (=Billerbeck IV, 1107, vgl. Billerbeck III, 79f); 3(1) Esr 4,39 (οὐκ ἔστιν παρ' αὐτῇ λαμβάνειν πρόσωπα), zum Problem siehe Pohlmann, Studien 44ff). Vgl. noch Philo, SpecLeg IV,177; Jos 72; Mut 232; Decal 40ff; SpecLeg IV,70f; I,307f; VitMos II, 238-241, bei Philo begegnet meist das Motiv; zur philonischen Interpretation vgl. Bassler, a.a.O. 77-119. Das Motiv findet sich auch bei der Annahme Auserwählter, siehe Gen 19,21 (Abraham); Jub 5,19 (Noah); siehe noch zur Unparteilichkeit des Weisen Hi 32,21; Prov 28,21 (αἰσχύνεται πρόσωπα!). Vgl. ferner bei Berger, ZNW 68, 1977, 237f Anm. 32 spätere Belege.

Die neutestamentliche Verwendung behält den Gerichtshorizont bei (so Röm 2,11[32]; Apg 10,34 in der Heilsmitteilung an die Völker[33]), bezieht den Gerichtshorizont aber auch mehr und mehr in den Gemeindebereich (Jak 2,1.9; Kol 3,25; vgl. auch Gal 2,6 und in anderer Weise Jud 16)[34] und in den personal-christlichen Bereich ein (Eph 6,9).

Innerhalb dieser Weiterführung des Gedankens eines unparteiischen Gerichts wird nachpaulinisch die Unparteilichkeit Gottes auf den erhöhten Herrn übertragen, so am deutlichsten Eph 6,9[35]. In dieser Tendenz ist die Zuschreibung unparteiischen Urteils an Jesus in Mk 12,14 einzuordnen: Die Projektion der Richterprädikation auf den Irdischen, daß sein Urteil ein unparteiisches Urteil darstellt, ist eine Folge der Erhöhungsvorstellung. Im späteren Schrifttum verselbständigt sich das Motiv der Unparteilichkeit und wird zur unmittelbaren Gemeindeverpflichtung innerhalb der Gemeindezucht (siehe Did 4,3; Barn 19,4)[36], wenn auch das Wissen um das unparteiische Handeln Gottes nicht verlorengeht (Did 4,10; Barn 19,7).

Vor dem angezeigten Hintergrund fehlt der Aussage in Mk 12,14d (οὐ ... βλέπεις εἰς πρόσωπον ἀνθρώπων) der profane Sinn, der hinter V 14b (οὐ μέλει σοι περὶ οὐδενός)[37] noch zu vermuten war. Somit steht V 14c-e als Ganzes in der Perspektive der Vorstellung vom unvoreingenommenen Gericht und Rechtsspruch. Erst von daher entsprechen sich die Aussagen von V 14d und V 14e, daß Jesu Lehre des Weges Gottes als »ἐπ' ἀληθείας« zu klassifizieren sei. Damit verliert ἐπ' ἀληθείας den Sinn einer Art Beteuerungsformel [vgl. Lk 4,25; 22,59; Apg 4,27; 10,34; Dan 2,8 (LXX;Θ).9.47Θ; Hi 9,2; 19,4; 36,4; Jes 37,18; Tob 8,7; aber ähnlich Dan 8,26 LXX], sondern bezeichnet die Wahr-

---

32 Zu dieser Stelle siehe Bassler, NT 26, 1984, 43-58.
33 Vgl. dazu die Anwendung auf Israel äthHen 63,8; syrBar 13,8; 44,4; AntB 20,4; ähnlich 4 Esr 14,32.
34 Siehe auch Ps-Phokylides 10 (μὴ κρῖνε πρόσωπον), vgl. dazu Walter, JSHRZ IV,3 198 Anm. zu 10c und van der Horst, Sentences 118.
35 Siehe auch Barn 4,12.
36 Anders 1 Klem 1,3.
37 Die Konstruktion μέλει περὶ τινός ist "nicht unklass(isch)", siehe B-D-R § 176,3. Die Kennzeichnung des Kynikers in Luk, De mortuorum 22,3, er kümmere sich um nichts, bildet keine eindeutige Parallele, da an dieser Stelle οὐδενός neutrisch zu verstehen ist (es sei denn, man deutet 12,14 auch neutrisch, so Derrett, a.a.O. 314).

haftigkeit der Lehre (vgl. 12,32), wozu Jer 23,28 entsprechenden Hintergrund anbietet, des von Gott geforderten Wandels (ὁδὸς τοῦ θεοῦ)[38].

Aus diesen Beobachtungen folgt formgeschichtlich, daß in Mk 12,14c-e eine in sich geschlossene Überlieferungseinheit vorliegt. Traditionsgeschichtlich sind die Vorstellungen vom Richter- und Lehrer-Sein eine Verbindung eingegangen, mit der der Irdische in 12,14 prädiziert wird. Zu der Annahme, daß der zweite, mit γάρ eingeleitete Teil der Aussage sekundär zu V 14c getreten sei, besteht kein überzeugender Anlaß. Denn in V 14d.e erfolgt erst die eigentliche Spitze der Aussage, auf die hin V 14c vorbereitend, aber nicht pleonastisch angelegt ist[39]. Ein Unterproblem der traditionsgeschichtlichen Analyse von V 14b-e stellt die Herkunft der Anrede διδάσκαλε in V 14b dar. Der Anrede entspricht die Kennzeichnung Jesu in V 14, die in V 14e, im ἐπ' ἀληθείας διδάσκειν ihre Klimax erreicht. Doch ist daraus nicht zu folgern, daß die Anrede in V 14b mit V 14c-e eine Überlieferungseinheit bilde. Denn der Beginn der Aussageeinheit von V 14c-e ist deutlich mit οἴδαμεν ὅτι markiert. Die Anrede V 14b ist also sekundär zur Aussage V 14c-e getreten. Sie könnte mit der Doppelfrage V 14fin verbunden gewesen sein. Ein Bearbeiter der Tradition hätte dann V 14c-e zwischen Anrede und Doppelfrage geschoben. Allerdings ist diese Hypothese wenig wahrscheinlich. Denn die Anrede paßt weit besser nach der Prädikation »ἐπ' ἀληθείας διδάσκεις«.

Formgeschichtlich bildet die captatio benevolentiae (V 14c-e) nicht den Bestandteil eines Streit- oder Schulgespräches, sondern stellt eine selbständige Einheit dar. Außerdem wird sie im Fortgang des Textes Mk 12,14fin-17 nicht mehr ausdrücklich aufgenommen und ist im

---

38 Vgl. Ψ 50(51),15, ähnlich 3(1) Esr 9,48; Apg 18,25f; zum Ausdruck siehe Gen 18,19; 2 Βασ 22,22; Ψ 36(37),5; 2 Βασ 22,31; Sir 2,25; Weish 5,7; Ψ 94(95),10; 4 Esr 14,31; 7,79; 9,9; zum Hintergrund vgl. syrBar 3,13; Tob 3,5. Im 4 Esr wird der Ausdruck meist (doch siehe oben) als Ausdruck für das (verborgene) Walten Gottes verwendet (4 Esr 3,31; 4,2.4.10f; 5,34.40; 12,4), siehe hierzu Brandenburger, Verborgenheit Register s.v. (außerdem noch a.a.O. 63 Anm. 14); siehe Ders., Fleisch 151f, zur Einsicht in den Weg Gottes.
39 Siehe oben S. 206 (zur Struktur von V 14c-e).

Blick auf die Fortführung des Abschnitts nicht notwendig. Aus diesen Gründen liegt die Annahme nahe, daß die captatio benevolentiae erst nachträglich dem Gespräch zugefügt wurde.

Das Gespräch - im engeren Sinn - beginnt mit der *Doppelfrage* am Ende von V 14. Die mit ἔξεστιν eingeleitete Frage ist eine Gesetzesfrage. Sie fragt nach dem Gebotenen, nach der dem Gesetz entsprechenden Haltung. In diesem Sinn wird im Markus-Evangelium ἔξεστιν durchgängig verwendet (so in 2,24; 3,4; 6,18; 10,2 vgl. 10,3; sowie 2,26). Von der Fragestellung in V 14fin her ist im folgenden eine klare Entscheidung der Gesetzesfrage zu erwarten. Demgegenüber zielt die zweite Frage mit der ausdrücklich formulierten Alternative δῶμεν ἢ μὴ δῶμεν auf eine Lehrunterweisung[40]. Diese Fragestellung korrespondiert also der in V 14b-e vorgebrachten Kennzeichnung Jesu als des wahren Lehrers. So kann vermutet werden, die zweite Fragestellung sei der Gesetzesfrage ebenfalls sekundär zugefügt worden, da ja die captatio benevolentiae nachträglich in das Gespräch eingebracht wurde. Diese Vermutung kann am Fortgang des Gespräches gesichert werden. Denn das zunächst Folgende begründet das Erlaubtsein der Steuerzahlung und bietet nicht alternative Möglichkeiten an. Der Doppelfrage des Markus-Textes folgt also keine Lehrdebatte, sondern im Zuge einer Demonstrationshandlung, und zwar im Vorweisen der Münze, eine eindeutige Entscheidung. Die Darstellung in 12,14-16 ist nur darin schlüssig, daß aus der Demonstrationshandlung die Antwort geschlossen werden kann. Bild und Aufschrift der Münze geben gerade auf die ἔξεστιν-Frage, also auf die Gesetzesfrage, zwingend Antwort, weil aus ihnen selbst das Entrichten zu folgern ist. Die zweite Frage (δῶμεν ἢ μὴ δῶμεν) wird demgegenüber in V 17a.b beantwortet. Hier wird ein Grundsatz genannt, der der Frage an den Lehrer entspricht.

Bevor die Antworten gegeben werden, wird eine Reaktion Jesu erzählerisch in V 15a vorbereitet und in V 15b ausdrücklich wiedergege-

---

40 Nichts anderes meint die Deutung von "theoretisch - praktisch" in der Forschungsgeschichte seit Meyer, Markus und Lukas 159 (siehe die Verweise bei Neirynck, Duality 55 Anm. 183); vgl. noch Ernst, Markus 345; Mundla, a.a.O. 47.

ben. Allerdings ist nicht deutlich, worauf V 15a.b zu beziehen ist. Hierzu bietet der Text drei Möglichkeiten. Erstens könnte V 15a.b inhaltlich auf die Frage V 14 und den Fortgang des Gesprächs (V 15c.16) bezogen werden; zweitens auf die captatio benevolentiae und als deren Abweis (vgl. 10,17f) verstanden werden; drittens könnte V 15a.b dem ἀγρεύειν λόγῳ (V 13) korrespondieren. Um hier zu einer Entscheidung zu gelangen, sind ὑπόκρισις und πειράζειν als Bezeichnung des Gegnerverhaltens begrifflich und in ihrem Nebeneinander in V 15a.b zu klären.

Nur noch in 7,6 findet sich die Charakterisierung der Gegner als ὑποκριταί, die dann mit dem Zitat aus Jes 29,13 (LXX) ausgeführt wird. Aufgrund der Komposition von Mk 7 durch Markus ist diese Charakterisierung tatsächlich berechtigt: Anstelle des Gebotes Gottes steht bei »ihnen« die menschliche Überlieferung in Geltung (7,8). Diese Kennzeichnung könnte in dem in 12,14-16 erzählten Geschehensablauf intendiert sein, und zwar in dem Sinne »Ihr könnt ja Denare (mit dem Kaiserbild) vorweisen, was soll also eure Frage nach dem Census?«, oder V 14b-e soll dem Anfang des Textes gemäß als heuchlerisch verstanden werden[41]. Denn die captatio benevolentiae ist ja dann so verwendet, daß sie von den Fragestellern nur vorgeschoben, also nur »ἐν δόλῳ«[42] vorgebracht wird. Die Verbindung des Vorwurfs der ὑπόκρισις mit einem πειράζειν Jesu (Mk 12,15 par: Mt 22,18, dort zusammengezogen) ist auf jeden Fall singulär in den Evangelien. Im Hinblick auf die Verwendung des Begriffs »ὑπόκρισις« ist dies auch wenig verwunderlich. ὑπόκρισις bezeichnet eher eine allgemeine Haltung[43], während πειράζειν auf ein Verhalten Jesus gegenüber Anwendung findet. Mit πειράζειν charakterisiert Markus öfter Anfragen der Gegner (8,11; 10,2; in traditionellem Zusammenhang: 1,13). Dementsprechend liegt es nahe, das πειράζειν (Mk 12,15b) auf die Frage der Gegner (V 14fin)[44] zu bezie-

---

41 Das Gegenüber von ἀλήθεια und ὑπόκρισις findet sich auch TestB 6,5.
42 Vgl. in der Textüberlieferung die Einfügung bei W (Θ) $f^{1.13}$ 28. (565.700), siehe Mk 14,1.
43 Daher wird sich V 15a gerade nicht auf das ἀγρεύειν (V 13) beziehen, gegen Mundla, a.a.O. 44.67.
44 Vgl. Best, Temptation 32.

hen und die ὑπόκρισις (V 15a) auf die heuchlerisch vorgetragene captatio benevolentiae. Außerdem ist aber zu beobachten, daß in parallelen Fällen bei Markus die feindselige Einstellung und deren Aufdeckung ausdrücklich aufeinander folgen. Dies bedeutet, daß diese Aufeinanderfolge ein Schema darstellt[45]. Somit liegt die oben genannte Verbindung von V 15b zu V 13fin (ἀγρεύειν λόγῳ) näher[46]; freilich ist die Aufdeckung schon in V 15a (εἰδὼς αὐτῶν τὴν ὑπόκρισιν) vorbereitet.

Demzufolge kann man annehmen, daß V 15a.b sekundär in den Zusammenhang eingedrungen ist[47]. Denn der Rückbezug sowohl auf V 13 als auch auf V 14b-e ist nur möglich, wenn diese dem Abschnitt schon angehören. Sollte sich V 15a.b aber auf die Frage V 14fin beziehen, so wäre das eine (V 15a) wie das andere (V 15b) eine unangemessene Reaktion. Denn die Charakterisierung der Fragesteller als Gegner Jesu stammt, wie die Analyse von V 13 ergeben hat, von Markus.

Die Doppelfrage 12,14fin erhält mit V 15c-16 und V 17 zwei Antworten. V 15c-16 hat erzählerischen Charakter, V 17 ist demgegenüber eine Antwortsentenz, wie sie auch in den anderen Gesprächen formgemäß begegnet. Innerhalb der Doppelfrage ließ sich die Lehrfrage (δῶμεν ἢ μὴ δῶμεν;) als Zufügung zur Gesetzesfrage (ἔξεστιν δοῦναι κῆνσον καίσαρι ἢ οὔ;) erweisen. Von dieser Fragestellung her entspricht die Antwort V 15c-16 der Gesetzesfrage, die Antwort V 17 der Lehrfrage. Daß auch in dieser Abfolge eine sekundäre Komposition vorliegt, wird die weitere Analyse des Textes zeigen.

Die Aufforderung φέρετέ μοι δηνάριον ἵνα ἴδω und deren Durchführung οἱ δὲ ἤνεγκαν (V 15c.16a) läuft folgerichtig auf eine *Demonstrationshandlung* zu. Mit Hilfe der Münze soll ein Sachverhalt *ad oculos* demonstriert werden. Daß die Darstellung nur darauf ausgerichtet sei, daß die Fragesteller einen Denar bei sich tragen, ist müßige Interpretation, die mit dem Gang des Gesprächs selbst nichts zu tun hat[48].

---

45 Vgl. Mk 2,6f mit 2,8; 3,2 mit 3,5; 8,11f; 10,2 mit 10,5; ferner 9,14.15.
46 Vgl. Seesemann, ThWNT VI, 35,15ff; Baumbach, Verständnis 41 (gegen Robinson, Geschichtsverständnis 58.72).
47 Vgl. Schrage, a.a.O. 32 Anm. 57.
48 So etwa Gnilka, Markus II, 152. Die umgekehrte Folgerung, "Jesus selbst hat sie (sc. die Münze) nicht bei sich. Er ist »arm«" (Grundmann, Markus 327), verkennt ebenfalls den Gang des Textes.

Schließlich baut das Folgende ja nicht darauf auf, daß Jesus die Münze sieht, sondern darauf, daß die Münze selbst zum Demonstrationsobjekt werden kann[49]. Die rekonstruierte Gesprächsszene weist somit eine stringente Abfolge auf: Einführung der ungenannten Fragesteller (vgl. V 14a) - Frage (ἔξεστιν δοῦναι κτλ. V 14fin) - Überleitung (etwa: καὶ λέγει αὐτοῖς) - Aufforderung (φέρετέ μοι δηνάριον V 15c) - und das Wechselgespräch (nach neuerlicher Einführung Jesu) mit der Demonstrationshandlung (V 16). Die Darstellung führt am Ende die Fragesteller zur Antwort. Vom Demonstrationsobjekt (Denar) wird die Antwort abgeleitet. Die Gesetzesfrage nach der Steuer ist durch die Münze selbst gelöst. Kaiserbild und Aufschrift belegen vor aller Augen, daß durch den Umgang mit dem gängigen Zahlungsmittel die Steuerfrage schon längst beantwortet ist[50]. Indem die Fragesteller ständig

---

49 Vgl. das analoge Verfahren in 9,19.20. Die »demonstratio ad oculos« setzt das Bringen oder Vorzeigen des Denars, nicht aber das ausdrückliche ἵνα ἴδω voraus (gegen Klostermann, Markus 124; zum redaktionellen Ursprung siehe Giblin, CBQ 33, 1971, 526), vgl. die Lukasparallele (Lk 20,20-26), in welcher die Überlieferung insgesamt einer Straffung unterzogen wird. Derrett, a.a.O. 333, bringt ἵνα ἴδω mit V 14 in Verbindung, was im Gegensatz zueinander "comically" erscheine. Zur Erklärung des Sachverhaltes kann man das Geschehen als Demonstration der *Kaiser*-Münze verstehen, womit das unparteiische Urteil (V 14) vom Text her seine Bestätigung erhalten könnte. Aber von der Erzähltechnik her liegt die Erwägung näher, daß V 15a (ὁ δὲ εἰδώς) und ἵνα ἴδω einander entsprechen, so daß die beiden Verse eine analoge erzählerische Einführung in dem »Sehen« Jesu besitzen. Für die Deutung des Abschnittes ergeben sich daraus aber keine weiterreichenden Folgerungen.
50 Eine bislang wenig beachtete Parallele des ἡ εἰκὼν καὶ ἡ ἐπιγραφή bietet DC Or 31,61 (Mussies, SCHNT 2, 79), allerdings in der Deutung »Standbild (vgl. im Kontext DC Or 31,57ff) und Inschrift«. Der zu Mk 12,16 parallele Wortlaut ist insofern überraschend, als ἡ ἐπιγραφή in dem Zusammenhang nicht zuvor angelegt ist (vgl. DC Or 31,59fin). Spielten Bild und Aufschrift der Münze in Mk 12,16 vielleicht nur eine symbolische, nicht direkt zu übertragende Rolle? Jedenfalls stehen Bild und Aufschrift in 12,16 für die politische Macht (vgl. auch die Verwendung der Kaisermünze als Symbol politischen Schutzes, Philostr, VA I, 15). Insofern wird mit der Wendung »ἡ εἰκὼν καὶ ἡ ἐπιγραφή« auf den Kaiser und seine Macht angespielt. Aber damit ist nicht das Gegenüber von Kaiser - Gott

mit dem Denar umgehen, akzeptieren sie auch die politische Realität, und zwar den Kaiser als Inbegriff politischer Autorität. Daß damit die Fragesteller »überführt«[51] würden oder ihre Frage ad absurdum geführt werde, ist ein Urteil, das sich nur vom Kontext des Markus-Textes herleiten läßt. Auf die Frage, ob der Census zu entrichten sei, ist die Antwort in V 16 ohne weiteres sinnvoll.

Mit ὁ δὲ Ἰησοῦς εἶπεν wird eine weitere Antwort Jesu (*V 17*) angeführt. Die Gliederung der Alternative (Kaiser – Gott) mit καί ist umstritten. Eine Gegenüberstellung der beiden Aussageteile mit καί ist ungewöhnlich, eher könnte ein Nebeneinander gemeint sein. Der erste Teil der Aussage, dem Kaiser zu geben, was ihm zusteht, entspricht der Antwort von V 16. Jedoch ist daraus kein traditionsgeschichtlicher Schluß zu ziehen, etwa der, daß der zweite Teil gegenüber dem ersten sekundär sei[52]. Von der Aussage her könnte das Umgekehrte möglich sein. Dies lassen aber die Strukturierung mit καί und die sachliche Reihenfolge (Kaiser – Gott) nicht zu. Das Verständnis des καί als καί adversativum an dieser Stelle[53] hat dogmatische Voraussetzung. Das Logion

---

im Blick, das V 17 bietet. Denn immerhin ist es doch beachtlich, daß die Antwort allgemein gehalten ist und das eigentlich anstößige Problem der Göttlichkeit des Kaisers ausgespart bleibt (gegen Klemm, a.a.O. 247-254). Zur Münze selbst siehe Stauffer, Botschaft 101f. - Gegen die Bestimmung einer ursprünglich selbständigen Demonstrationserzählung (so Rist, JR 16,1936, 317-331, mit dem Vergleich zwischen Mk 12,14f und PEg 2 und unter der Annahme, den beiden Texten liege dieselbe Tradition zugrunde) spricht vor allem, daß PEg 2 ein späteres Überlieferungsstadium wiedergibt, so besonders ersichtlich aus dem Wortlaut und der sachlichen Vorentscheidung der Fragesteller (τὰ ἀν⟨ή⟩κοντα). Zudem zeigt die Umbildung der captatio benevolentiae im Wortlaut und in ihrer inhaltlichen Beziehung die Abhängigkeit von synoptischen Texten (vgl. die Aufnahme von Mk 7,6f) und deren Weiterführung in späterer Zeit.

51 So Petzke, a.a.O. 230; Gnilka, Markus II, 152.
52 Ohnehin wäre dann zu fragen, ob ein Apophthegma mit dem Abschluß allein in V 17a überhaupt als Jesusgut(!) überlieferungswürdig ist.
53 So schon Dibelius, a.a.O. 178f; Bornkamm, Jesus 108 (aber kein Parallelismus ironischer Art, vgl. zur Struktur oben S. 213; betont herausgearbeitet von Hengel, Macht 20, vgl. Ders., Gewalt 41.

selbst bietet ebensowenig wie die Szene dazu Anhalt. Vielmehr bilden die beiden (καί) Aufforderungen in V 17 eine Einheit[54]. Demzufolge wäre das Nebeneinander von V 16 und V 17 als sekundäre Kombination zu bestimmen. Hierfür spricht nicht nur, daß der zweite Teil von V 17 in 12,13-16 nicht ausgeführt wird[55], sondern auch die Terminologie von V 17 mit ἀποδίδωμι, wogegen in Mk 12,14 jeweils δίδωμι für den Vorgang des Steuerentrichtens verwendet wird. Die Verwendung von ἀποδοῦναι in den sachlich verwandten Aussagen bei Plut II, 736C[56] und in Röm 13,7 lassen es außerdem fraglich erscheinen, daß in Mk 12,17 von vornherein ausschließlich[57] auf die Steuerzahlung abgezielt wird[58].

---

54 Die Zufügung in EvThom 100 ("und was mein ist, gebt mir") ist ebenfalls kein Argument für eine sekundäre Anreihung des zweiten Gliedes in V 17. Denn allein schon syntaktisch zeigt sich der sekundäre Charakter, indem der Parallelismus der Glieder durchbrochen wird. Zur Deutung dieser Zufügung siehe Menard, Thomas 201f.

55 Siehe aber unten S. 225f zur Verbindung mit V 14.

56 Der Text steht im Prolog zum 9. Buch der Tischreden (Quaest Conv), welche nach den Vorstellungen des Textes am Musenfest zu Athen gehalten wurden (zur Frage der Authentizität siehe Ziegler, PRE XXI, 886f). Der Abschnitt begründet das Überschreiten der gewöhnlichen Anzahl von zehn Fragen: "ἔδει (γάρ) πάντα ταῖς Μούσαις ἀποδοῦναι τὰ τῶν Μουσῶν καὶ μηδὲν ἀφελεῖν ὥσπερ ἀφ' ἱερῶν, πλείονα καὶ καλλίονα τούτων ὀφείλοντας αὐταῖς".

57 So aber Gnilka, Markus II, 153 (ebd. Anm. 21).

58 Strobel, ZNW 47, 1956, 87f Anm. 112-115 (vgl. noch Ders., ZNW 55, 1964, 58-62), hat die Belege umfassend unter der Fragestellung von Röm 13,7 gesammelt. In Röm 13,6 wird der klassische Terminus τελεῖν (WB 1605 s.v. τελέω 3) verwendet. Dem folgt in V 7 ἀποδιδόναι, nun aber nicht mehr allein auf φόρος bezogen (dazu siehe Wolter, EWNT II, 1346f). Eine direkte, literarische oder andere Abhängigkeit von Mk 12,17 besteht nicht (siehe Petzke, a.a.O. 225f Anm. 12). Demzufolge suggeriert der Begriff ἀποδίδοναι nicht ausschließlich Steuerzahlung, sondern drückt umfassend die Verpflichtung zum Geben im Sinne einer Gegengabe aus (vgl. in Plut II, 736C das ἔδει κτλ.). Dieser Sinn zeigt sich ebenfalls schon Xen., Mem 2, 2,10 (vgl. noch Ψ 49,14; Sir 18,22; 1 Klem 52,3) in der Verbindung εὐχὰς ἀποδιδόναι τῷ θεῷ (vgl. dazu WB 178f s.v. ἀποδίδωμι 1). Allerdings (mit Käsemann, Römer 346) dürfte Röm 13,7 ebenfalls auf den Staat, nicht auf Gott zu beziehen sein (gegen die Einwände von Schrage, a.a.O. 61 Anm. 132; Wilckens, Rö-

Die Terminologie macht vielmehr wahrscheinlich, daß in Mk 12,17 eine Sentenz vorliegt, die "wohl auf allen Sprachgebieten verbreitet sein" wird[59]. Aus dem fehlenden inhaltlichen Bezug von V 17a.b zum Gespräch anläßlich der Censusfrage und der terminologischen Unstimmigkeit zwischen V 14fin und V 17a folgt, daß V 17a.b dem Gespräch nachträglich angefügt wurde. V 17a.b als solcher stellt ein selbständiges Logion dar. Das Verständnis seiner Aussage ist, wie die verschiedenen Deutungen der exegetischen Literatur zeigen[60], nur im historischen Kontext genau einzugrenzen. Daher lassen wir diese Frage vorerst auf sich beruhen und kommen später im Rahmen der historischen Einordnung des Logions auf sie zurück.

In *V 17fin* erfolgt auf die Antwort Jesu eine bestätigende Reaktion. Die Einordnung dieser Reaktion in form- und traditionsgeschichtlicher Hinsicht ist nicht einfach. Denn eine Bestätigung der Entscheidung Jesu gehört weder zur Topik synoptischer Streit- und Schulgespräche, noch stellt sie innerhalb des Textes 12,13-17 primär eine Reaktion auf das Herrenwort V 17a.b dar[61]. So bestätigt sich auch von V 17fin her, daß das Logion V 17 nachträglich dem Gespräch V 14-16 zugefügt wurde. Denn wenn V 17a.b zu dieser Einheit gehört hätte,

---

    mer III, 38), denn πᾶσιν hat zwar versimmanent auch seine Bezugspunkte (siehe das viermalige τῷ), ist aber gleichermaßen von den λειτουργοί (V 6) her zu verstehen und findet im Neueinsatz V 8 seine Entsprechung. Der Sinn eines ausdrücklichen Zurückgebens bildet für Mk 12,17 nicht die Basis der Argumentation (so schon Dibelius, a.a.O. 177; anders Stauffer, a.a.O. 104f; Schweizer, Markus 134; Grundmann, Markus 327; Lohmeyer, Markus 253).

59   Almquist, Plutarch 43; vgl. noch in gnomischer Form Sextus 20.
60   Eine Übersicht der Deutungen bietet Klemm, a.a.O. 245f.
61   Anders Bultmann, a.a.O. 66f. Mk 3,4 entspricht dem Gesprächsverlauf und der Weiterführung durch Markus in 3,5. Lk 14,6 (vgl. Lk 14,4 par: Mk 3,4) stellt eine redaktionelle Abschlußformulierung dar (vgl. Mk 10,24 in gleicher Funktion). An diesen Stellen geht es wie in 11,33 nicht eigentlich um den "Eindruck" (ebd.) der Worte Jesu, sondern um dessen Überlegenheit. Die Reaktion ist für die jeweilige Texteinheit entbehrlich. Demgegenüber resultiert in der redaktionellen Komposition 10,22 die Reaktion des Jünglings aus der Spannung von Forderung Jesu und Besitz, an die Markus den Abschnitt weiterführend anknüpft (vgl. unten S. 231).

wäre er von genügender Schlagkraft. Eine Reaktion erübrigte sich (siehe 12,27; 11,33fin; 10,9; 8,12; vgl. 12,37). Schlagend wirkt in den Schul- und Streitgesprächen das Wort; es bedarf keiner gesonderten Reaktion. Das Gespräch 12,14ff mit der Demonstrationshandlung Jesu kommt jedoch darin zum Ziel, daß der Analogieschluß mit Hilfe der Münze zumindest von den Fragestellern als zutreffend anerkannt wird. Diese Funktion erfüllt V 17fin.

Allerdings könnte die Reaktion in V 17 auch redaktionellen Ursprungs sein. Doch spricht die Verwendung von ἐκθαυμάζειν gegen diese Annahme. Das Verb ist ein Hapaxlegomenon im Neuen Testament. In der Sprache des hellenistischen Judentums ist es verbreitet. Dort aber ist der Sprachgebrauch recht fest geprägt als Terminus intensiver Bewunderung[62]. In diesen Fällen verwendet Markus ἐκπλήσσομαι[63] (odgl.) bezogen auf die Lehrtätigkeit Jesu[64], ebenfalls im weiteren Zusammenhang des Wunderwirkens[65] und im Hinblick auf konkretes Epiphaniegeschehen[66]. Somit ist eine redaktionelle Bildung des Abschlusses mit V 17fin nicht eindeutig zu erweisen, eher auszuschließen[67]. Gehört

---

62 Siehe Sir 27,23; 43,18; 4 Makk 17,17; Philo, Som 2,70. Vgl. auch Lohmeyer, Markus 253 Anm. 2; aber (gegen WB 476 s.v. ἐκθαυμάζω) ist es nicht ausschließlich "im Sinne widerwilliger Bewunderung" (ebd. mit Verweis auf Sir 27,23) zu verstehen, siehe Sir 43,18.

63 Siehe Mk 1,22; 6,2a; 7,37 (in redaktioneller Bearbeitung); 10,26 gegenüber 10,24 (θαμβέομαι); 11,18.

64 Mk 1,22; 11,18; 10,24.26; vgl. 12,37b.

65 Vgl. 5,20 gegenüber der stilgemäßen Reaktion 5,15; in anderer Weise 6,2a mit 6,2b.

66 Vgl. 9,6.15; 10,32.

67 Anders Donahue, Interp. 32, 1978, 381; Ders., JBL 101, 1982, 573 (ebd. Anm. 36). Die von Hultgren, a.a.O. 76, herangezogenen Belege (1,27.45; 5,20; 12,34b.37b) haben ausnahmslos tragende Bedeutung für den Aufbau des Evangeliums oder enthalten redaktionelle Motive (1,45). Für Mk 12,17fin hingegen läßt sich eine derartige, dem redaktionellen Interesse entsprechende Funktion nicht erkennen. Zudem findet sich in Mk 12,17fin kein eindeutiger Hinweis auf markinische Terminologie. Selbst wenn Markus an dieser Stelle den Sieg über Pharisäer und Herodianer hat andeuten wollen (in Jerusalem, über die Gegner des Galiläateiles des Evangeliums usw.), so läßt sich aus dieser Annahme nicht zwingend die redak-

Die Reaktion Mk 12,17fin 219

V 17fin also dem Gespräch V 14-16 an, so sind als Subjekt des ἐκθαυμάζειν die Fragesteller von V 14a vorauszusetzen. Dann kann man aber hier nicht von einem "Chorschluß" sprechen, wie dies für V 17fin bisweilen getan wird[68]. Dennoch läßt sich nicht bestreiten, daß die Vv 14-16 erzählerische Elemente enthalten, die als solche an Formelemente von Wundererzählungen erinnern, und zwar die Aufforderung, eine Münze vorzuweisen[69], die Frage nach Aufschrift und Bild sowie der Abschluß in V 17fin. Doch sind diese, im weitesten Sinne vergleichbaren Formelemente ästhetischer und struktureller Art. Eine Übereinstimmung zwischen der Gestalt von Mk 12,13-17 und der Form von Wundererzählungen besteht nicht. Vielmehr begegnen in dem Gespräch zur Censusfrage Formelemente, die dem Erzählgut zuzurechnen sind, um den Lösungsweg zu veranschaulichen. Diese Erzählzüge können aber nicht hoch bewertet werden, da das Wechselgespräch in V 16 deutlich das Gewicht trägt. Das Gespräch verliert nicht an Wirkung, streicht man die Aufforderung einen Denar vorzuzeigen und denkt man sich die Frage in der Form: »τὸ δηνάριον, τίνος ἡ εἰκὼν αὕτη (κτλ.)«[70]. Die Demonstrations*darstellung* dient also dem erzählerischen, nicht

---

tionelle Herkunft von 12,17fin herführen, sondern allenfalls die Stellung des Abschnittes zu Anfang der folgenden Jerusalemer Gespräche erklären.

68 So Luz, FS Conzelmann, 369; Petzke, a.a.O. 190; U.B.Müller, NTS 27, 1981, 173.
69 Vgl. mutatis mutandis 9,19; 10,49; (oder auch) 3,3.
70 Siehe die Straffung schon in Lk 20,24. In EvThom 100 stellt das Zeigen eines Goldstückes (in der Eingangsszene) die Demonstration dar (gegen Gnilka, Markus II, 152 Anm. 13). Da EvThom 100 von der synoptischen Tradition abhängig ist (siehe Schrage, Verhältnis 189-192.190), ist das Fehlen des Wechselgesprächs zu klären. Dieses Fehlen wird formbedingt sein. Denn die im Thomasevangelium anzutreffende apophthegmatische Struktur ist wesentlich knapper gestaltet als die bei den Synoptikern. So fehlen doppelte Gesprächsgänge, so daß das Ganze auf das entscheidende Logion zugespitzt wird. Ausnahmen könnten EvThom 13; 22; 60 bilden. Aber diese drei Gespräche werden je für sich durch ihren Offenbarungsgehalt zusammengehalten. EvThom 60 bietet auch Demonstrationsgeschehen, freilich in übertragener Deutung.

dem inhaltlichen Interesse. Sie ist direkt nicht integrativer Bestandteil des Gesprächs[71]. Für die Anschaulichkeit des Gesprächs ist sie aber dennoch sinnvoll, um in seinem Gang einen illustrativen Hintergrund zu schaffen an Stelle etwa des Schriftverweises, der im folgenden Gespräch mit 12,19 geboten wird[72].

Der vorangehenden Analyse zufolge grenze ich den *Umfang der vormarkinischen Überlieferungseinheit* folgendermaßen ein: Sie umfaßt V 14a mit einer kurzen Exposition, die Gesetzesfrage (ἔξεστιν) V 14fin, die Antwort Jesu mit der Demonstrationsdarstellung und dem Wechselgespräch (V 15fin.16) und die Reaktion der Fragesteller (V 17c). Die Tradition ist in sich verständlich und auch ohne V 17a.b sinnvoll abgeschlossen.

Das Alter der Überlieferung dieses ursprünglichen Gespräches und des Logions V 17 sind jeweils unabhängig voneinander zu beurteilen. Im Hinblick auf die exegetische Diskussion stellt sich die Frage, ob in den verschiedenen Traditionen jeweils mit authentischem Material zu rechnen ist oder ob diese von der Gemeinde gebildet wurden.

Rechnet man in der exegetischen Literatur[73] mit einer einheitlichen und authentischen Überlieferung der Vv (13.)14-17, so beruft man sich häufig auf die knappe Bemerkung Bultmanns[74]: "An Gemeindebildung zu denken, liegt m.E. kein Grund vor". Gnilka[75] trägt in seiner Beur-

---

71 Daher scheiden die von Bultmann, a.a.O. 45f, zu Mk 12,13-17 genannten Formanalogien als Parallelen aus. Bei diesen ist die Demonstration zum Vollzug des Gesprächsganges notwendig. Daneben läßt sich vom Demonstrationsobjekt als solchem wohl nicht soweit absehen, daß Kaiserbild und z.B. die Sonne (vgl. Sanh 39a) zu parallelisieren wären. Auch sind die Fragen anderer Art als die in V 14.

72 Hinsichtlich ihrer Plausibilität sind eine Demonstrationsdarstellung (12,15f) und ein Schriftverweis vergleichbar, aber hinsichtlich ihrer Funktion innerhalb der Antworten Jesu in Streit- oder Schulgesprächen sind sie nicht unmittelbar vergleichbar (anders Giblin, a.a.O. 521; vgl. ebd. Anm. 31). Denn die Schriftargumente (auch jenes in 12,19) besitzen jeweils für sich Autorität.

73 So zuletzt Mundla, a.a.O. 61 (vgl. ebd. Anm. 120).

74 Geschichte 25.

75 Markus II, 154.

teilung der Historizitätsfrage beiden Bestandteilen der Überlieferung (Censusfrage und Logion) Rechnung, indem er für V 17 und für die Gesprächsszene die Authentizität getrennt begründet. Methodisch sind seine Begründungen teilweise fragwürdig. So spricht die Formwerdung eines Apophthegmas aus einem Logion heraus nicht für die Historizität des Herrenwortes[76]. Die Authentizität müßte immanent für das Herrenwort begründet werden. Im weiteren kann das Argument, das die Historizität der Gesprächsszene nachweisen soll, nicht überzeugen: "Auch die überlieferte Szene von der Steuermünze, die dann *nur* stilisiert (!) worden wäre, paßt durchaus in das Wirken Jesu hinein"[77]. Denn zum einen *muß* nicht vorösterlich sein, was (auch) in das Wirken und Leben Jesu paßt. Zum anderen spricht die Stilisierung einer Szene eher für Gemeindebildung als für die Annahme, hier sei authentische Überlieferung bewahrt worden.

Das *Problem der Censusfrage* kann im palästinischen Bereich verhandelt worden sein. Dennoch ist zu beachten, daß weder Tempelsteuer (vgl. Mt 17,24-27) noch Anklänge an zelotische Bestrebungen[78] in dieser Szene erscheinen oder herauszulesen sind. Die Kaisermünze hat symbolische Bedeutung. Sie stellt das gängige Zahlungsmittel und die gängige Steuermünze dar. Der Analogieschluß vom Umgang mit dem Zahlungsmittel zum Entrichten der Steuer, der in V 15c-16 gezogen wird, ist auch außerhalb Palästinas gültig. Also fehlt von der Sache her in dieser Szene ein eindeutig und ausschließlich auf Palästina weisendes Indiz. Daß das Problem im Judentum seinerzeit virulent war, da das Zahlungsmittel das Kaiserbild trug und damit als Kultsymbol gelten konnte, stellt für die ursprüngliche Tradition nicht das Problem dar[79]. Dennoch weist die Tatsache, daß in V 14 (mit ἔξεστιν) eine Ge-

---

76 So aber Gnilka, ebd. ("Daß wir es hier mit einem authentischen Jesuswort zu tun haben, ist daraus zu erschließen, daß Jesuslogien wiederholt zu apoftegmatischen Geschichten geführt haben").
77 Gnilka, ebd. (Hervorhebung von mir).
78 Gegen die Implikation bei Hengel, Zeloten 199f. Auch wenn die Fragesteller in der Tradition benannt sein sollten (was ich nicht für wahrscheinlich halte, siehe oben die Analyse zu V 13), gibt es im Text kein Anzeichen für die Deutung auf "Pharisäer des linken Flügels" (Ders., Gewalt 43).
79 Siehe oben S. 214f Anm. 50.

setzesfrage formuliert wird, auf einen judenchristlichen Hintergrund der Überlieferung.

Röm 13,6f zeigt mittelbar, daß das Steuerzahlen wenigstens nicht unumstritten ist. Jedoch ist dort die Sachfrage mit den Begleitumständen der Erhebung und des Eintreibens (V 6b) verbunden, so daß der Anstoß der Debatte möglicherweise nicht von der Steuer, sondern von diesen Begleitumständen ausgeht.

Wie der übrige Evangelienbefund ausweist, spielt die Frage des Steuerzahlens in der Jesusüberlieferung keine besondere Rolle. Diese Frage stellt sich erst der Gemeinde, wobei für die Gemeinde in Jerusalem zelotische Anfragen unterstellt werden können. Bleibt man aber nahe am Überlieferungsgut von 12,14-16, so ist deutlich, daß der Umgang mit der Kaisermünze die Basis der Argumentation darstellt. Zwar ist das Demonstrations*geschehen* nicht notwendiger Bestandteil der Überlieferung, die Darstellung fußt aber auf dem Umgang mit der Münze[80]. Aus der ursprünglichen Überlieferung spricht die Gemeinde, die sich angesichts der eschatologischen Situation dem Staat gegenüber mittelbar loyal verhält[81] und mit den kaiserlichen Münzen umgeht. Hinter der Überlieferung steht nicht eine politische Anschauung für oder gegen den Kaiser, Zahlen oder Verweigerung der Steuer. Vielmehr spricht daraus die These, daß so, wie in der jetzigen Lage weiterhin mit dem Geld umgegangen wird, auch die Verpflichtung zur Steuerzahlung besteht.

Die *Authentizität* des *Logions* wird in der Literatur kaum bestritten[82]. Die Annahme, daß in V 17a.b ein authentisches Logion anzutref-

---

80 Die erzählerische Funktion der Münze wird in der Auslegung meist zugunsten des Logions V 17a.b abgewertet, besonders wenn man in V 13 mit ursprünglich unbenannten Fragestellern rechnet. Oder die Funktion wird allenfalls als Polemik verstanden, wenn man die genauere Benennung der Gegner in V 13 ganz oder teilweise der Tradition zuweist, in dem Sinne, daß lediglich gezeigt werden solle, daß die Gegner sich selbst und ihre Frage ad absurdum führen. Vgl. oben S. 214f.

81 Mk 10,42ff stellt die Gemeinde staatlichem Mißstand gegenüber und zeigt, welche Position die Gemeinde gegenüber der staatlichen Gegebenheit grundsätzlich einnimmt.

82 Vgl. Mundla, a.a.O. 61; Schmithals, Markus II, 524.

fen sei, wird vor allem damit begründet, daß sich die Gegenüberstellung »Kaiser – Gott« mit der Betonung des zweiten Gliedes gut in die βασιλεία-Verkündigung Jesu einfüge[83]. Zur Beurteilung dieser These ist von der Gegenüberstellung »Kaiser – Gott«, die in 12,17 formuliert wird, auszugehen[84]. Im gängigen ethischen Imperativ[85] des frühen Christentums wird diese Gegenüberstellung deutlich greifbar (siehe 1 Petr 2,17 im Zusammenhang von 2,13-16). Dazu bildet Prov 24,21f eine entfernte Parallele. Für 1 Petr 2,17 gilt es freilich, den Grundsatz 1 Petr 2,17a πάντας τιμήσατε zu beachten. Daraus folgt die Forderung der Bruderliebe und die zu erwartende Haltung, die gegenüber Gott φόβος und τιμή gegenüber dem König als das ihnen jeweils Zustehende fordert. Eine solche Trennung zweier Bereiche liegt freilich in Mk 12,17 nicht vor. Denn in der paratakischen (καί) Konstruktion von 12,17 ist für den Leser deutlich, welches Glied den Ton trägt: Die Forderung Gottes ist die umfassende. Fügt sich diese Deutung gut in die Verkündigung der Gottesherrschaft Jesu ein, so ist die Forderung, die dem Kaiser zukommen soll, damit doch nur schwer in Einklang zu bringen. Zum einen ist die Forderung des Kaisers der Forderung Gottes untergeordnet. Aber diese Frage ist innerhalb der Verkündigung Jesu, wenigstens der verfügbaren Überlieferung nach, ebensowenig der Kritik unterworfen, wie die für Israel drückende Herrschaft des Kaisers. Zum zweiten ist von dem sicheren Befund auszugehen, daß in die Verkündigung Jesu gerade die hineingezogen werden, denen nach jüdischer Auffassung nicht die Herrschaft Gottes zukommt, sondern sein Zorn. Mag die These einer (nach moderner Meinung) unpolitischen Verkündigung Jesu auch einseitig und übertrieben formuliert sein, so ist doch deutlich, daß die Jesusüberlieferung dem Problem »Kaiser – Israel« keinen Raum gibt. Drittens läßt die Verkündigung von der andringenden Gottesherrschaft diese Frage gerade hinter sich. Herrschaft Got-

---

83 Eine Übersicht der vorgelegten Deutungen bei Mundla, a.a.O. 51-54.56-60.
84 Gegen Derrett, a.a.O. 323-335, ist eine Verwendung von Koh (7,29) 8,2 nicht vorauszusetzen, vgl. dazu die kritische Analyse von Klemm, a.a.O. 250-253.
85 Vgl. Röm 13,7; 1 Tim 2,2; Tit 3,1.

tes bedeutet schließlich die Aufhebung aller menschlichen Herrschaft (vgl. Mk 10,42ff).

Also wird das Logion Mk 12,17a.b auf Gemeindebildung zurückgehen. Das Logion hat seinen Sitz im Leben in der innergemeindlichen Debatte. Ihr gehören auch die in Röm 13,7 aufgeführten Forderungen an, denen der Christ gegenüber dem Staat unterliegt, sowie die Weiterentwicklung und die Fortbildung des Grundsatzes in der Argumentation, wie ihn Mk 12,17a.b formuliert[86]. Die weitere Stufe der Entwicklung zeigt sich sodann innerhalb der Haustafel 1 Petr 2,13-17, indem die Abhängigkeit des Geforderten vom Willen Gottes behauptet wird.

Ihrer *Form* nach stellt die ursprüngliche Überlieferungseinheit ein Schulgespräch[87] dar, obwohl ein abschließendes Logion fehlt. An dessen Stelle tritt die Akklamation der Fragesteller, die durch ihre Bewunderung die Entscheidung als zutreffend anerkennen. Formkritisch betrachtet besitzt dieses Schulgespräch das besondere Merkmal, daß

---

86 Gegen Goppelt, Aufsätze 217 ["Röm 13,7 dürfte unmittelbar in Anlehnung an Jesu Wort (sc. Mk 12,17) formuliert sein"]. Die Gemeinde, die Mk 12,17 formuliert hat, hat sich in der gleichen geschichtlichen Situation befunden und diese angesichts der Hoffnung auf das (nahe) Eschaton bedacht. Aber in Mk 12,17 spiegelt sich nur eine Argumentationsbasis wider, welche in Röm 13,1f (wie in Röm 13,12f) auf einen theologischen Grund gestellt wird. Also hat das Wort zur Kaisersteuer im Sinne einer Denkvoraussetzung dem Abschnitt Röm 13,1-7 die Lösung mittelbar vorgegeben, ihm aber nicht "das Gesicht" gegeben (gegen Goppelt, ebd.).

87 So auch Giblin, a.a.O. 514-517; Pesch, Markus II, 225; Gnilka, Markus II, 151; Mundla, a.a.O. 50. Gegen die Bestimmung eines Streitgespräches, die Bultmann, a.a.O. 50; Hultgren, a.a.O. 42ff. 75ff, vertreten, sprechen verschiedene Gründe: 1. Eine "gegenteilige Auffassung der Kontrahenten" wird nicht genannt (vgl. Gnilka, ebd.); 2. Das für synoptische Streitgespräche charakteristische Element des Vorwurfs fehlt; 3. Die Gesetzesfrage V 14fin stellt eine Schulfrage dar (siehe oben S. 211; zu 10,2 S. 194); 4. Rabbinische Gespräche bieten keine überzeugende Formparallele (siehe oben Anm. 71). – Im Blick auf den Gesamtabschnitt Mk 12,13-17 spricht Tannehill, ANRW II, 25.2, 1822f, von einer "testing inquiry" (nicht von einer »objection story«!) wegen der bei Markus herausgehobenen feindlichen Einstellung der Fragesteller in V 13.15a.b.

der Lehrer oder Weise durch einen Analogieschluß die Fragesteller selbst zur Antwort bringt.

Von dieser schulmäßigen Antwort rückt V 17a.b ab. Hier erfolgt die Antwort formgemäß durch ein Logion, das die Lehrentscheidung bringt. Gegenüber dieser Schlußantwort verblaßt (siehe die Einfügung von V 17a) die ursprüngliche Tradition zur Hinführung auf das Schlußlogion. Nun geht es nicht mehr um das Erlaubtsein der Steuerzahlung, sondern um eine ethische Weisung, die mit dem sekundär angefügten δῶμεν ἢ μὴ δῶμεν erfragt worden ist. Damit ist eine Lehrfrage formuliert, deren Antwort (V 17a.b) zunächst innerhalb des Sachzusammenhangs der Censusfrage begriffen werden kann, diesen aber überschreitet. Außerdem gilt es zu beachten, daß Lehrfrage und Antwort (V 17a.b) der in V 14 angesprochenen Kennzeichnung Jesu als des wahrhaftigen Lehrers entsprechen. Zudem deckt diese Kennzeichnung mittelbar die Forderung ab, Gott zu geben, was Gott zukommt, indem dessen Worten zu folgen ist, der den Weg Gottes ἐπ' ἀληθείας lehrt.

Diese Aussage von V 17 entspricht also ihrem Charakter nach und von ihrem allgemeinen Verständnis her den drei Ergänzungen der captatio benevolentiae mit der Anrede διδάσκαλε (V 14b-e) und der zweiten Frage (V 14fin), die in der Analyse als sekundär erkannt wurden. Davon unabhängig ist die markinische Bearbeitung der Tradition zu sehen, die Fragesteller als Gegner zu charakterisieren. In diesen Zusammenhang gehört auch die Frage, auf welcher Stufe der Entstehung des Textes das Motiv zur captatio benevolentiae als »Versuchen Jesu« interpretiert wurde. Die *Ergänzungen der ursprünglichen Tradition* in den Entstehungsprozeß des Textes einzuordnen, ist Aufgabe der folgenden Darlegung.

Die Verwendung der *Anrede* διδάσκαλε ist, wie die Analyse gezeigt hat, von der Aussage der captatio benevolentiae unabhängig. Sie wurde aber möglicherweise durch das διδάσκεις in V 14e angeregt. Allerdings ist die Anrede innerhalb des Markus-Evangeliums aus Jüngerpassagen und - damit verwandt - im Munde des reichen Jünglings bekannt[88];

---

88 Redaktion in 10,17.20; 10,35; 12,19.32; 13,1. Zu 10,17.20 siehe Busemann, Jüngergemeinde. Für Mk 10,20 gesteht dieser eine "Option

nur in Ausnahmefällen handelt es sich dabei um Tradition[89]. Da außerdem zum einen eine Häufung der Anrede in Kapitel 9-13 auftritt, andererseits der Gebrauch der Anrede sich nicht auf die Jünger (9,17; 10,17.20) beschränkt und zum dritten ein starkes redaktionelles Interesse an διδάσκειν und διδαχή festzustellen ist[90], liegt es nahe, auch die Anrede in 12,14b auf Markus zurückzuführen. Markus kennzeichnet also das Wirken Jesu auch in Jerusalem als Lehren (vgl. 12,19.32.35.38; 11,17), indem er die Anrede in 12,14b einbringt.

Die *captatio benevolentiae* bildet eine selbständige Tradition[91]. Sie kann von einem vormarkinischen Bearbeiter vor das eigentliche Gespräch gestellt oder von Markus mit der Anrede διδάσκαλε der vormarkinischen Überlieferung zugefügt worden sein. Allerdings findet sich außer dem Rückbezug von V 15a.b im Text selbst kein Hinweis, der eine vormarkinische Komposition von captatio benevolentiae und Schulgespräch annehmen ließe. Die captatio benevolentiae hat ihren positiven Sinn zwar auch innerhalb des Abschnittes (wie in jedem anderen Stück!), bekommt aber eine übergreifende Bedeutung und speziellen Sinn erst vom Kontext des Evangeliums her.

In den drei Gesprächen 12,13-34 sprechen die Fragesteller Jesus jeweils nicht nur mit »διδάσκαλε« an (V 14.19.32), sondern im ersten und letzten dieser Gespräche wird das Lehren Jesu auch ausgeführt und charakterisiert: in 12,14 innerhalb der captatio benevolentiae als ἐπ' ἀληθείας τὴν ὁδὸν τοῦ θεοῦ διδάσκειν, in 12,32 ἐπ' ἀληθείας λέγειν, also wiederum mit dem Schlüsselbegriff aus 12,14e. Zwar ist für 12,32

---

für Markusredaktion" zu (a.a.O. 96), für die Anrede in 10,17 bestreitet er die markinische Herkunft (a.a.O. 91f). Da aber im Text nur ἀγαθέ mit V 18 weitergeführt wird, wäre die Herkunft von διδάσκαλε und ἀγαθέ in V 17 getrennt zu prüfen. Siehe dazu noch unten S. 230-233.

89 Mk 4,38; 9,17(?); vgl. 5,35.
90 Vgl. Schweizer, Aufsätze I, 95. Gegen Riesner, Lehrer 252, liegt bei Markus kein Grund zu der Annahme vor, daß zwischen der Anrede als Lehrer und dem Lehren Jesu als solchem unterschieden werden müsse. In Mk 12,14 bringt erst die Ausführung V 14c-e die Anrede in die Nähe einer Hoheitsbezeichnung.
91 Siehe oben S. 206ff.

die Zustimmung des Schriftgelehrten schon in der Exposition (V 28) vorbereitet, aber im Gesprächsverlauf 12,29ff kommt die Feststellung der Wahrhaftigkeit des Lehrens ebenso überraschend, wie sie in 12,14 erfolgt. So ist anzunehmen, daß Markus die drei Gespräche in Mk 12 durch die beiden Feststellungen 12,14c-e und 12,32 verklammert hat[92]. Daß dem Redaktor Markus dabei 12,14c-e schon mit dem Schulgespräch 12,14fin-16 verbunden vorlag, ist wegen der formgeschichtlichen Differenz beider Einheiten wenig wahrscheinlich. Die captatio benevolentiae stellt Markus in erster Linie aus kompositionstechnischen Gründen vor das eigentliche Gespräch. Daß sich außerdem der Inhalt des Gesprächs für die Verwendung der captatio benevolentiae an dieser Stelle besonders eignet, ist in zweiter Linie zu bedenken.

Die Kennzeichnung Jesu, die Markus in das Schulgespräch einbringt, und die Form der zweiten Frage in V 14 (δῶμεν ἢ μὴ δῶμεν) entsprechen einander. Es liegt somit nahe, daß Markus diese Frage der Gesetzesfrage zugefügt hat. Auf die Vorliebe des Markus für den Stil der Doppelfrage hat Neirynck[93] hingewiesen. Somit ist auch für die Doppelfrage in V 14fin markinische Verfasserschaft wahrscheinlich[94]. Darüber hinaus zeigt sich für die Komposition von 12,14-16 mit V 17 in der Formulierung der Doppelfrage das gleiche Bearbeitungsschema wie in 11,28; 13,4. Auch dort bindet die Doppelfrage die Teile der Antwort auf der syntaktischen Ebene zusammen[95].

Gehen die einander entsprechenden Ergänzungen in V 14 auf das Konto der markinischen Redaktion, so wird auch die diesen entsprechende Anfügung von V 17a.b dieser Redaktionstätigkeit zuzurechnen sein. Die Analyse des Textes hat gezeigt, daß einerseits mit dem Gespräch die Antwort V 17b nicht gedeckt ist. Andererseits betreffen

---

92 Siehe dazu Dewey, Debate 158 (aufgenommen von Donahue, JBL 101, 1982, 571).
93 Duality 54-57.
94 Schon Klostermann, Markus 124, sieht die zweite Frage "im Stil des M(ar)c(us)"formuliert.
95 Vgl. das der Funktion nach ähnliche Verfahren in 2,9 für Wundererzählung und Gesprächsszene, in 12,24; 3,22 und ferner 3,4.

die Schlußantworten der drei Gespräche in Mk 12 jeweils das Gottesverhältnis[96]. Also kann in der Ergänzung mit V 17a.b ein 12,13-17 übergreifendes redaktionelles Interesse namhaft gemacht werden. Der Text erhält so eine stilgemäße Schlußantwort Jesu. Dazu umklammert Markus die ursprüngliche Antwort der Tradition, die weitgehend erzählerisch erfolgt, mit der (zweiten) Frage und dem Logion.

Dieser, im ganzen positiv ausgerichteten Bearbeitung des Traditionsstückes durch Markus steht die kritische Sichtweise gegenüber, aus der heraus V 13 (markinisch) und V 15a.b ergänzt werden. Daß beide Ergänzungen auf derselben Bearbeitungsstufe erfolgten, also von Markus eingebracht wurden, ergibt sich nicht unmittelbar aus der Aufeinanderfolge der Textpassagen. Immerhin wäre es vorstellbar, daß V 15a.b als jeweilige Einzel- oder Gesamtaussage zur Kennzeichnung der Pharisäer und Herodianer geeignet erschien und so die Verwendung dieser Gegnergruppe als Fragesteller veranlaßt hat. Allerdings wäre dann schon im Überlieferungsprozeß eine Umdeutung des Gesprächs zur spannungsvollen Debatte vorauszusetzen, wozu die vormarkinische Tradition keine Indizien hergibt. Beachtet man demgegenüber, wie innerhalb des Markus-Evangeliums das Motiv von Heuchelei der Gegner und das Motiv ihres πειράζειν verwendet werden, so ist auch in V 15a.b die Hand des Markus zu erkennen. Außerdem wird zu beachten sein, welche Funktion die kritische Zeichnung der Fragesteller und ihres Verhaltens innerhalb des Textes besitzt und welche den Text übergreifende Wirkung von V 15a.b auf den Hörer ausgeht.

Aufdeckung der Heuchelei und der ausdrückliche Vorwurf mit τί με πειράζετε entsprechen dem Interesse und Vorgehen des Markus in der Bearbeitung auch anderer Debatten zur Kennzeichnung einer Konfliktsituation. Eine solche Situation hat Markus schon in der Eingangsszene mit der Gegnernennung (siehe 3,6; vgl. 8,15) und mit der Verwendung des scharfen Begriffes ἀγρεύειν gezeichnet. V 15b trägt somit der Einleitung (V 13) Rechnung. Das Erkennen der Heuchelei der Gegner bezieht Markus in seiner erzählerischen Überarbeitung auf die captatio benevolentiae V 14. Jedoch sind die Bezüge, die in V 15a.b zusam-

---

96 So auch Donahue, a.a.O. 565f. 571; Stock, Bib. 59, 1978, 506.

menlaufen, nicht klar voneinander zu trennen, sondern die Charakterisierung als Heuchelei und das πειράζειν setzen V 13fin und V 14 (captatio) gleichermaßen voraus (vgl. PEg 2, dort in dem Nebeneinander einer captatio und des Zitates von Jes 29,13 LXX). Gegenüber Pharisäern und Herodianern entspricht die in V 15a.b geschilderte Reaktion Jesu der Charakterisierung der Gegner auch anderer Gesprächssituationen des Markus-Evangeliums, paßt sich also gut in das im Evangelium gezeichnete Gegnerbild ein. Daß Markus in 12,15b den Vorwurf des πειράζειν Jesus in den Mund legt (vgl. demgegenüber 8,11; 10,2), hat seinen Grund zum einen in der Zeichnung der Anfangsszene, wo er mit ἀγρεύειν τῷ λόγῳ auf das Passionsgeschehen verweist (im Anschluß an 12,12). Zum anderen überschneiden sich in 12,13-15 zwei redaktionelle Darstellungsweisen, mit denen er Konfliktszenen interpretiert: die Korrespondenz von feindlicher Absicht der Gegner und Aufdeckung dieses Motivs durch Jesus sowie die Charakterisierung der Handlungsweise der Gegner als Heuchelei. Zum dritten hebt Markus die Kennzeichnung Jesu als des wahrhaftigen Lehrers aus V 14 mit dem Abweis in V 15b deutlich hervor. Die captatio benevolentiae ist damit geschickt in den Kontext eingebettet. Denn die negative Charakterisierung der Handlungsweise der Gegner wird durch die Aussage von V 14 bestätigt. Die Würdigung Jesu, die sie vorbringen, wird nicht deshalb abgewiesen, weil ihre Aussage unzutreffend wäre, sondern weil das Motiv, das zur Würdigung in diesem Abschnitt führt, zu verwerfen ist. Die Funktion der captatio benevolentiae in Mk 12,14 geht somit über den Rahmen des Textes hinaus[97]. Denn die Verwendung der captatio benevolentiae und ihre Abweisung beabsichtigen die positive Stellungnahme des Hörers zur captatio – obwohl oder gerade weil (vgl. 4,11f) sie in dem Text als eine Heuchelei der Gegner bezeichnet wird[98]. Im Hintergrund dieser Verwendung steht der ursprüngliche

---

97 Auch Derrett, a.a.O. 314, macht auf die herausgehobene Stellung von 12,14 im Kontext aufmerksam ("preamble"), indem er annimmt, es handele sich um "a construct, a fabricated entity, intended to prepare the reader for what follows, a clever and accurate fabrication" (ebd.).
98 Vgl. dazu Güttgemanns, a.a.O. 90f.

Sinn der absoluten, vorgeprägten Einheit, wie er oben dargelegt wurde: Der in das unparteiische Richterwalten eingesetzte Herr ist der wahrhaftige Lehrer, welcher die Gemeinde in den allein wahren Wandel einführt. Indem Markus in 12,32 noch einmal diese Würdigung aufnimmt, macht er deutlich, daß die drei Gespräche in Mk 12 vom Hörer oder Leser als Ausdruck wahrhaftigen Lehrens Jesu verstanden werden sollen.

Dieses Vorgehen des Markus in 12,13-17 bildet aber keinen Einzelfall. Denn auch in 10,17f findet sich die Abfolge von Würdigung Jesu und Abweis dieser Würdigung, allerdings dort ohne eine Erwiderung, wie sie in 12,15 vorliegt. Denn die zuvor in 10,17 geschilderte Proskynese deutet auf das Motiv des Fragstellers hin, Lehrunterweisung zu erhalten, wogegen in 12,13 die feindliche Gesinnung der Fragesteller herausgehoben wird. Darin unterscheiden sich die beiden Stücke 10,17f und 12,13ff deutlich voneinander. Markus hat beide Gesprächsanfänge in verschiedener Weise, aber in gleicher Form gestaltet. Vor das eigentliche Gespräch stellt er die Würdigung des Lehrers Jesus, womit er dem Hörer die Perspektive anzeigt, in der das Folgende zu verstehen ist.

Die markinische Verfasserschaft dieser Zusammenstellung in 10,17f ist allerdings umstritten. Da 10,17-21 als Lehrgespräch aus unserer Untersuchung ausgeschieden wurde und nicht ausführlich behandelt wird, ist an dieser Stelle im Rahmen eines Exkurses auf das Nebeneinander von 10,17 und 10,18 einzugehen. Die Beobachtungen an diesem Text können die Redaktionstätigkeit des Markus in 12,13-17 zusätzlich klären.

Die vormarkinische Herkunft von 10,17f mit Proskynese, Anrede und Erwiderung Jesu hat Berger[99] ausführlich begründet. Seine Darlegung verdient deshalb besondere Beachtung, weil Berger unter der Topik des »göttlichen Boten« die drei Topoi Proskynese, Würdigung und Abweis form- und religionsgeschichtlich einzuordnen versucht. Nach Berger legt der Verfasser des Traditionsstückes 10,17-21 Wert auf die beschränkende Charakterisierung Jesu als eines göttlichen Boten, der nichts von sich selbst aus hinzufüge. Doch beruht diese These auf einer nicht überzeugenden Abgrenzung des vormarkinischen

---

99 Gesetzesauslegung 396-402.

Der Vergleich zwischen Mk 12,13ff und 10,17f

Traditionsstückes mit 10,17-21a. Denn zum einen wird mit V 21a ein Neuansatz markiert und zum anderen ist V 21a keine sinnvolle Schlußaussage. Daß das ἠγάπησεν αὐτόν (V 21a) "quasi-hoheitliches Tun"[100] bezeichne und damit den Lehrbescheid abschließe[101], ist Postulat. Denn diese Wendung paßt sich gut in der Fortgang des Gespräches ein und bietet das dem λυπούμενος (V 22) korrespondierende Glied. Einen formgemäßen Abschluß erreicht das vormarkinische Traditionsstück erst mit V 21b, dem Markus die Pointe V 22 anfügt, und zwar den Umstand, daß es sich um einen Reichen handele.

Doch auch die redaktionsgeschichtliche Darlegung Bergers zu 10,17ff scheint mir fraglich. Er vertritt die Meinung, 10,17f scheine im Markus-Text dem Gespräch gegenüber peripher und ohne Interesse[102]. Die der Tradition wichtige Kennzeichnung Jesu sei von Markus übernommen worden, ohne von diesem noch in ihrem eigentlichen Sinn verstanden zu werden. Dieser eigentliche Sinn sei in 10,18 ausgedrückt, nämlich daß der göttliche Bote unverfälscht und ohne Zusatz die Weisung Gottes weitergebe. Gegen die Bestimmung von V 18 spricht nicht nur die vermeintliche Abgrenzung der Tradition, sondern auch die durchaus sinnvolle Funktion von V 18 im Kontext. Die Aussage von V 18 verweist auf den einen ἀγαθός. Der Fortgang des Textes macht ferner deutlich, daß sich V 18 auf den Gesetzgeber bezieht[103]. Daraus folgt für die Aussage von V 18: Der eine ἀγαθός ist der eine Gesetzgeber (vgl. im hellenistischen Judentum Philo, Decal 176, auch dort indirekt: μόνων ἀγαθῶν αἴτιος, κακοῦ ... οὐδενός[104]). Dieser Aspekt gibt aber der Aussage von V 18 vor der Anführung der sozialen Gebote in

---

100 Berger, a.a.O. 398.
101 So Berger, a.a.O. 397f. Dazu paßt nicht so recht die Beschränkung der Funktion des göttlichen Boten auf die zusatzlose Weitergabe. Denn die Mitteilung der Lehre beschränkt sich ja gerade nicht nur auf die Übermittlung der Gebote, oder etwa (in TestXII) auf die Übermittlung des Liebesgebotes, sondern setzt diese voraus und expliziert die Gebote an der Geschichte. Zu Bergers Verweis auf 2 Sam 15,4-6 (a.a.O. 398) ist gesondert auf die dort vorliegende negative Kennzeichnung des Verhaltens (Absaloms) hinzuweisen.
102 Siehe a.a.O. 401 und ebd. Anm. 1 und 2.
103 Vgl. die Belege bei Berger, a.a.O. 399. Allerdings ist für Jak 4,11.12 der Zusammenhang von νομοθέτης und κριτής tragend, siehe in V 11 den Beginn der Ermahnung (zu ebd. Anm. 2).
104 Die Denkvoraussetzung bei Philo ist also möglicherweise differenzierter, als sie bei Berger, ebd. (und dem folgend Pesch, Markus II, 139), erscheint: Weil Gott der einzige Gute ist (Philo, Mut 7; Som 1,149) gilt er auch als Urheber des Guten, und nicht umgekehrt, "als Urheber der Gebote ist Gott der Gute" (Berger, ebd.).

V 19 durchaus eine sinnvolle Funktion. Denn mit der Formel εἰ μὴ εἷς ὁ θεός wird auf das erste Gebot angespielt[105], das gegenüber dem Katalog in V 19 als fehlend empfunden wurde. Die Anspielung schafft hier also eine bedeutende Ergänzung. Gegen Berger folgt daraus, daß mit V 18 nicht über das Problem der Gebotsübermittlung reflektiert wird, sondern indirekt die Gebotsanführung von V 19 ergänzt wird. Daß V 18 gegenüber dem eigentlichen Gespräch sekundär ist, zeigt die Form des Abschnitts. Die Abfolge von Gebotsanführung und zusätzlicher Folgerung weist eine geschlossene Struktur auf. Sie entspricht dem Gespräch in 10,2-12. V 18 schießt darin über den Gesprächsrahmen hinaus. Für die Annahme, daß in V 18 markinische Redaktionstätigkeit vorliegt[106], spricht, daß in 10,18 mit εἰ μὴ εἷς ὁ θεός die gleiche Terminologie in vergleichbarer Funktion verwendet wird wie in 2,7. Auch dort geht es nicht um ein Gegenüber von Gott und Menschensohn, das einem Gegenüber Gott - göttlicher Bote in 10,18 vergleichbar wäre. Sündenvergebung durch Gott wird nicht bestritten, sondern positiv die Vollmacht, Vergebung auszusprechen, dem Menschensohn zugeschrieben. Ebenjener Sachverhalt drückt sich auch in 10,18 aus und kommt ebenso indirekt zum Ausdruck. Mit der Gebotsanführung wird zugleich auf den einen Urheber der Gebote verwiesen. Innerhalb des Textes ist außerdem zu berücksichtigen, daß die Erwiderung V 18 allein durch die Anrede in V 17 im Gesprächsgang verankert ist, die wiederum von der Proskynese V 17b abhängig ist. Damit ist aber auch von der Komposition des Gesprächsbeginns her die markinische Redaktionstätigkeit wahrscheinlich. Die These wird weiter dadurch bestätigt, daß am Ende des Gesamtzusammenhangs in V 27 noch einmal V 18 aufgenommen wird. Denn dem »Gutsein« allein Gottes entspricht in der Aussagerichtung, dem Charakter nach und von seiner Ausschließlichkeit her das πάντα ... δυνατά bei Gott innerhalb der redaktionell komponierten Jüngerbelehrung. V 18 und V 27 legen sich als eine Klammer um den gesamten Abschnitt 10,17-27. Die Formulierung der Anrede V 17 und die Einfügung der Abweisung V 18 sind also ausgesprochen überlegt erfolgt. Einerseits werden die sozialen Gebote auf ihren Urheber zurückgeführt. Andererseits wird die Grundlage für die Aussage von V 27 schon in V 18 gelegt: Das ewige Leben zu erlangen ist allein durch Gott ermöglicht. Damit paßt sich die Einfügung von V 18 gut in die markinische Gesamtkomposition des ganzen Abschnittes ein und

---

105 So in der neueren Literatur besonders ausgeführt von Schmithals, Markus II, 451f.

106 Gegen Busemann, a.a.O. 91f, kann man einwenden, daß λέγειν mit Akkusativ ebenfalls in 8,27.29; 12,37; 14,71 begegnet, im Markus-Evangelium also nicht singulär ist. Auf die Fragepartikel allein läßt sich die Bestreitung markinischer Herkunft von V 18 nicht gründen. Zur Anrede V 17 siehe oben S. 225f.

Die aktualisierende Interpretation des Schulgespräches 233

entspricht dem redaktionellen Aussageinteresse. Darüber hinaus ordnet Markus die Anrede V 17 seinem christologischen Darstellungsinteresse unter. Die Bezeichnung als διδάσκαλος ἀγαθός entspricht der Kennzeichnung des göttlichen Lehrers, welche der Darstellung ab 8,34 zugrundeliegt. So erweist sich die Würdigung in V 17 als geschickt eingebrachte Charakterisierung Jesu, deren Abweisung eine notwendige Funktion im Blick auf die Fortsetzung sowohl mit V 19 als auch mit V 27 hat. Sie verstärkt aber zudem rückwirkend die Bedeutung der Prädikation Jesu in V 17. Also steht 10,17f keineswegs isoliert und bedeutungslos innerhalb des Markus-Textes. Vielmehr stellt Markus die Funktion Jesu als die des göttlichen Lehrers sowie die Ermöglichung eines Eintretens in die βασιλεία in die entscheidende Perspektive, nämlich die der Alleinwirksamkeit Gottes.

In 10,17f und 12,13ff ist also die gleiche Kompositionstechnik des Markus anzutreffen, vor das eigentliche Gespräch, aber schon mit diesem verbunden, eine Kennzeichnung Jesu in Form einer Würdigung durch den Fragesteller einzuführen und diese mit Hilfe ihrer Abweisung im Munde Jesu im Blick auf die Hörer besonders wirksam hervorzuheben. Daneben umklammert Markus mit der Kennzeichnung Jesu größere Abschnitte seines Evangeliums zu einem Sinnganzen.

Mit vormarkinischen Zusätzen ist für die ursprüngliche Tradition des Gesprächs zur Censusfrage nicht zu rechnen. Vielmehr gehen die in der Analyse festgestellten Ergänzungen auf Markus zurück. Wie aber ist diese Redaktionstätigkeit des Markus in 12,13-17 insgesamt zu beurteilen?

Indem Markus der ursprünglich auf die Steuerfrage bezogenen Antwort die zweite, im Duktus allgemein gehaltene folgen läßt, zeigt sich, daß die Steuerfrage nicht mehr als begrenztes Problem empfunden wurde, sondern daß damit die Stellung der Gemeinde zum Römischen Reich überhaupt berührt war. Diese Frage war nicht mehr mit dem Verweis auf den Denar zu lösen, sondern bedurfte grundsätzlicher Entscheidung.

Die umfangreiche und zweifellos gelungene[107] Bearbeitung der Überlieferung durch Markus gibt hinreichend Auskunft über die Schwierigkeiten, diese Lösung überzeugend darzulegen. Darin spielt der im Evangelium als captatio benevolentiae erscheinende V 14 die maßgeb-

---

107 Siehe die syntaktische Analyse von Crossan, a.a.O. 397ff.401.

liche Rolle. Der wahrhaftige, unparteiische Lehrer, der ohne Ansehen der Person urteilt, gibt der markinischen Gemeinde seine Weisung. Hier gilt es zu beachten, wie geschickt Markus den Gerichtshorizont einführt und diesen mit der Vorstellung vom Amt des Lehrers verbindet. Vor diesem Hintergrund bekommt das (von Markus eingefügte) Logion V 17a.b eine eigens herausgehobene Qualifizierung als unbedingt gültige Weisung. Die Gerichtsperspektive verstärkt also das Gewicht der Aussage von V 17a.b. Die übrige Redaktionstätigkeit des Markus erklärt sich aus dem Bestreben, den Fortgang des Evangeliums zu akzentuieren. So werden Pharisäer und Herodianer als Gegner eingeführt, womit Markus die Wirksamkeit und die Passion Jesu miteinander verbindet. Aus ihrem Munde wird die Kennzeichnung Jesu (V 14) als das Versuchen Jesu erkannt, ein Motiv, das im Evangelium schon vorher gegnerisches Verhalten kennzeichnete. Aus dieser breiten Vor- und Nachbereitung der Jesuskennzeichnung folgt die Notwendigkeit, die Szene, wie oben gezeigt, neu zu strukturieren. Die Intention dieser Bearbeitung entspricht dem Interesse des Markus, Jesus im Jerusalemer Tempel als wahrhaftigen Lehrer darzustellen, der sich auch den Gegnern gegenüber, welche auf seinen Tod sinnen, als der überlegene Lehrer erweist.

2.2.3.3. Die Frage nach der Auferstehung (Mk 12,18-27)

Der Text Mk 12,18-27[1] ist nach vorne und rückwärts abgeschlossen. In sich weist er eine deutliche Gliederung von Exposition, Frage und Antwort auf. Die Exposition (V 18) nennt die Sadduzäer als Gesprächspartner Jesu (πρὸς αὐτόν) und gibt in einer kurzen kommentierenden Bemerkung schon vor dem eigentlichen Gespräch das Thema an (V 18b). Die Schulfrage (V 23a) schließt sich an ein breites Fallbeispiel (V 19-22) an. Die Jesusantwort (V 24-27) hat drei Teile. Zum ersten

---

1   Zur Literatur siehe Pesch, Markus II, 234f (L 76); vgl. außerdem Hultgren, Adversaries 123-131; Stemberger, Kairos 15, 1973, 238-266; Mundla, Führer 71-109.

Die Frage nach der Auferstehung (Mk 12,18-27)   235

erfolgt ein umfassender Vorwurf[2] (οὐ πλανᾶσθε) in V 24. Dem ist begründend (γάρ) eine Explikation angeschlossen. Danach ist mit περὶ δέ ein Neuansatz gegeben, der die Antwort V 25 von V 26(f) trennt, also den zweiten Teil der Antwort Jesu von ihrem dritten Teil. Dieser erhält seinen Abschluß durch die Feststellung πολὺ πλανᾶσθε (V 27b), die auf V 24 zurückgreift. Die drei Teile der Jesusantwort (V 24.25.26f) werden nicht nur äußerlich durch den Vorwurf des Irrens verklammert, sondern sind auch inhaltlich aufeinander bezogen. Darin nennt V 24 umfassend die Argumente. Die Sadduzäer irren, es fehlt ihnen an Schriftkenntnis und sie kennen die Kraft Gottes nicht. Am Ende (V 27b) wird der Vorwurf des Irrens gegenüber den Sadduzäern noch verstärkt (πολύ) wiederholt. Außerdem wird der Vorwurf der Unkenntnis der Schrift(en) mit der ausdrücklichen Anführung (ἐν τῇ βίβλῳ Μωϋσέως ἐπὶ τοῦ βάτου) einer Schriftstelle aufgenommen und der Topos der Kraft Gottes mit dem Auferweckungsgeschehen gefüllt.

Die Klammerung der Argumente (V 24a.27b) und die inneren Bezüge der Antwortteile auf V 24 geben den Eindruck, die Antwort Jesu im vorliegenden Text sei sekundär komponiert worden. Außerdem spricht der Neueinsatz mit V 26 für diese Annahme. Ferner ist im formkritischen Vergleich unwahrscheinlich, daß die ursprüngliche Überlieferung zwei gleichwertige Argumente enthalten habe. Diese Zweifel an der einheitlichen Komposition des Nebeneinanders von V 25 und V 26f können im einzelnen erhärtet werden. So erscheint in V 26 eine entscheidend andere Terminologie als in V 25 - hier ist nicht von Auferstehung, sondern von Auferweckung die Rede. Diese Differenz schließt eine traditionsgeschichtliche Einheit von V 25 und V 26 aus. Nun könnte dagegen eingewandt werden, das *Auferweckungs*geschehen entspreche gerade der Anschauung von der »Kraft Gottes«[3]. Hier müsse also Gottes Handeln herausgehoben werden[4]. Jedoch ist damit die Stimmig-

---

2   Siehe Böcher, EWNT III, 236.
3   Vgl. Röm 4,17; Hebr 11,19 und ferner Röm 4,24; Phil 3,10; Hebr 5,7.
4   Siehe Mundla, a.a.O. 95; vgl. auch Pesch, Markus II, 233 Anm. 10 [Allerdings ist die folgende Annahme methodisch fragwürdig: "Sofern (sic!) die ganze Antwort auf Jesus zurückgeführt werden

keit der Entsprechung V 24/26, nicht die Einheitlichkeit der Tradition V 25.26f erwiesen. Ferner geht es in V 26 um die Begründung des »Daß« der Auferstehung, nicht mehr um das (durch die Frage V 23 intendierte) »Wie«. Also ist in V 26 eine andere Diskussionslage als in V 25 angeschlagen, und erst recht als in V 23, wo das »Daß« unbestritten ist. Diesem Wechsel entspricht die erneute Redeeinführung in V 26 mit περὶ δέ. Die Zugehörigkeit von V 26f zur Tradition in 12,19-23. 24.25 kann man somit ausschließen. Demzufolge liegt die Kombination zweier Traditionsstücke vor[5].

Vom Inhalt her könnte man noch weiter gehen und V 18.26f als inhaltliche Konklusion betrachten[6]. In V 18 wird von den Sadduzäern behauptet, sie leugneten die Auferstehung, also das »Daß« der Auferstehung. Dem könnte V 26f entgegnen, indem die Auferweckung(!) aus der Schriftstelle und dem Wesen Gottes hergeführt wird. Es wäre also möglich, daß die Kommentierung V 18 und die Jesusantwort V 26f auf eine Überlieferungsstufe beziehungsweise einen Bearbeiter zurückgehen.

Kann V 26f (und möglicherweise die Kommentierung in V 18) aus der 12,18-27 vorausliegenden Tradition ausgeschieden werden, so sind die verbleibenden Verse auf ihre Einheitlichkeit hin zu untersuchen. Wenn V 24 thetisch die Antwort V 26f vorausnimmt, liegt nahe, daß dieser Versteil sekundär dem Vorwurf V 24 hinzugetreten ist, also V 26f ergänzt wurde. Jedoch könnte V 24b auch den Anschluß von V 26f veranlaßt haben[7]. Damit stellt sich die Frage der Einheitlichkeit von V 24 grundsätzlich.

---

    kann, ist im semitischen Text am ehesten mit Wechsel der Terminologie zu rechnen", ebd.].

5 Vgl. Bultmann, Geschichte 25; Schweizer, Markus 141; Hultgren, a.a.O. 124; Gnilka, Markus II, 156f. Für die Einheitlichkeit der Tradition ist jetzt wieder Mundla, a.a.O. 72ff eingetreten (so auch Lohmeyer, Markus 256; van Daalen, TU 102, 243; Pesch, Markus II, 230; Ernst, Markus 348).

6 Aber die Verse bilden kein selbständiges Apophthegma, gegen Crum, Gospel 25 vgl. Bultmann, Geschichte ErgH 24.

7 So Mundla, a.a.O. 73.

Die Frage οὐ πλανᾶσθε bildet das den V 24 tragende Element[8]. Von hier aus wird der Vers syntaktisch aufgebaut. Außerdem lag dieser Vorwurf in Frageform schon der Anfügung V 26f vor, wie V 27 zeigt. Von dem οὐ πλανᾶσθε sind sowohl διὰ τοῦτο als auch μὴ εἰδότες abhängig. Allerdings ist darin das Verständnis der Aussage nicht eindeutig und so auch in der Exegese umstritten[9]. Daß sich μὴ εἰδότες auf das Folgende bezieht, ist deutlich. Denn zumindest der Vorwurf, den Gesprächspartnern fehle es an Schriftkenntnis, läßt eine Fortführung erwarten und kann nicht auf V 19 bezogen werden. Unklar und in der Auslegung umstritten ist demgegenüber der Bezug von διὰ τοῦτο. Bezieht es sich auf das Vorausgehende, auf das Fallbeispiel mit der Abschlußfrage oder auf das Folgende?

Die Schwierigkeit, das διὰ τοῦτο in diesem Zusammenhang zu verstehen, löst sich darin, daß das Irren der Sadduzäer das Element bildet, das die Struktur des Gesamttextes beherrscht. Das διὰ τοῦτο ist also nicht nur im engeren Zusammenhang der *Gespräch*steile, sondern im Rahmen des ganzen Abschnitts 12,18-27 zu verstehen. Zum einen setzt die syntaktische Struktur von V 24 inhaltlich voraus, daß das »Irren« als eigenständiger Vorwurf den Sadduzäern gegenüber angewandt wird. Dieser Vorwurf ist zwar mit den beiden partizipial angefügten Vorwürfen kausal verbunden. Aber in diesem Verhältnis sind diese dem ersten untergeordnet, wofür das διὰ τοῦτο ein Indiz gibt. Andererseits ist der Vorwurf innerhalb des Abschnitts 12,18-27 auf die kommentierende Kennzeichnung der Sadduzäer zu beziehen (λέγουσιν ἀνάστασιν μὴ εἶναι). Denn weder an der Fallkonstruktion noch an der Institution der Leviratsehe üben die Antworten Kritik. Vielmehr kann der eine Vorwurf, daß sie die Schriften und die Macht Gottes nicht kennen, den eigentlichen Vorwurf begründen (διὰ τοῦτο), daß die Sadduzäer mit ihrer Auferstehungsleugnung in die Irre gehen. Zudem wird

---

[8] Gegen Lohmeyer, Markus 256, beherrschen weder vom Inhalt noch vom Gesamttext her die beiden Vorwürfe der Unkenntnis die Antwort in V 24.
[9] Siehe die Diskussion bei Suhl, Funktion 69. Grammatisch ist die Konstruktion nicht zu entscheiden, siehe Braun, ThWNT VI, 245,6ff.

zu beachten sein, daß die auf V 24 folgenden Antworten wenigstens implizit den Auferstehungsglauben voraussetzen und das Fallbeispiel von der Auferstehung in einer inhaltlichen Modifizierung ausgeht. Daher ist für die Erklärung und den Bezug des διὰ τοῦτο hinsichtlich der Sadduzäer nicht zuvorderst auf V 25 zu verweisen: Hier werde erst "rein technisch eine Aussage über die neue Seinsweise der Auferstehenden ... gemacht"[10]. Das »Irren« der die Auferstehung leugnenden Sadduzäer liegt nicht darin, daß sie die Vorstellung als Ganzes ablehnen. Daneben bezieht sich V 25 aber im näheren Kontext auf die Fallkonstruktion von V (19.)20-23, speziell auf die Endfrage. Die Zentralstellung von V 24 für die Gliederung des Abschnittes bestätigt sich also auch darin, daß V 24 den Bezug des διὰ τοῦτο offen, gerade in der Schwebe läßt. So ist auf die irrige Auffassung der Auferstehungsleugnung ebenso zu schließen wie auf die irrige Anschauung am Ende des Fallbeispiels. Für die diachronische Auswertung folgt aber, daß sich der Vorwurf des πλανᾶσθαι auf die Fragesteller bezieht, die die Konstruktion V (19.)20-23 vorbringen, und dieser Vorwurf seine Begründung in V 25 erhält. Das διὰ τοῦτο ist dementsprechend entbehrlich, also sekundär. Eine klare Feststellung "wegen dieser törichten Konklusionen"[11] ist erzwungen, da sie die Ambivalenz der Bezüge des Satzes διὰ τοῦτο zu V 18 und V 24b übergeht.

Das Geschick des Bearbeiters, der διὰ τοῦτο in die Frage οὐ πλανᾶσθε einbringt, zeigt sich in Folgendem: Der Bearbeiter verwandelt die ursprünglich direkte Frage mit ihrer sachgemäßen, möglichen Begründung, die eine Debatte um den Seinszustand der Auferstehenden eröffnen könnte, in eine rhetorische Frage mit ihren von διὰ τοῦτο abhängigen Vorwürfen. Duch die Bearbeitung ist nun aber eine Fortführung unmöglich gemacht, die eine Auseinandersetzung über die Existenzweise der Auferstehenden und über die Auferstehung selbst enthielte. Der Bearbeiter, der διὰ τοῦτο in V 24 einsetzt, geht also vom vorliegenden Abschnitt aus.

Es bleibt für die Untersuchung von V 24 die Frage zu entscheiden, ob der zweite mit εἰδότες eingefügte Versteil schon dem ursprüng-

---

10 Suhl, ebd.
11 Suhl, ebd., siehe schon Klostermann, Markus 126.

lichen Vorwurf οὐ πλανᾶσθε angehörte. Für den ursprünglichen Bestand spricht nur, daß dadurch der Anschluß von V 26f veranlaßt sein könnte. Für eine sekundäre Anfügung von V 24b spricht allerdings der Zusammenhang von V 24a und V 25 neben den genannten Gründen (Anschluß von V 26f und in V 24b notwendig vorausgesetzte Ausführung). Der Vorwurf οὐ πλανᾶσθε und V 25 sind durch das begründende γάρ fest miteinander verbunden. V 24b unterbricht diesen Zusammenhang. Denn das begründende γάρ könnte zwar zu μηδὲ (εἰδότες) τὴν δύναμιν τοῦ θεοῦ gezogen werden, entspräche aber diesem Vorwurf nicht tatsächlich. Denn von dem Wirken Gottes ist in V 25 nur indirekt die Rede, indem die Auferstehungswirklichkeit mit ὅταν ἐν νεκρῶν ἀναστῶσιν vorausgesetzt wird.

Die erkennbaren Eingriffe in die Tradition betreffen nach der Analyse des Textes das Thema des »Daß« der Auferstehung (V 18. V 24a (διὰ τοῦτο).b.26f). Die *ursprüngliche Tradition* hat aus Fallbeispiel V (19.)20-23, Antworteinführung und Frage V 24a (οὐ πλανᾶσθε) und deren Begründung (γάρ) mit V 25 bestanden. Die Verbindung beider Themen zu der einen Antwort stellt ein Bearbeiter der ursprünglichen Tradition durch die Zufügungen in V 24 und die Kommentierung in V 18b her. Ausgangspunkt seiner Bearbeitung ist der von ihm angefügte Antwortteil V 26f. Dieser Antwortteil wird nicht als literarisches Traditionsstück, sondern als Debattenargument existiert haben[12].

Obwohl schon Bultmann[13] nur vorsichtig für die Zugehörigkeit der *Sadduzäernennung* zur ursprünglichen Tradition plädiert hat, gilt die traditionelle Herkunft in der Exegese des Abschnittes als unbestritten. So wird zwar auf das tradtionell bekannte, typische Erscheinungsbild der Sadduzäer als Auferstehungsleugner verwiesen (Jos Ant XVIII, 16f; Bell II,8,14; vgl. Apg 23,8; Bell II,164-168), eine darauf aufbauende sekundäre Gegnernennung aber nicht erwogen[14]. Eine solche Erwägung

---

12 Bultmann, a.a.O. 25.
13 Ebd. Zu den Argumenten siehe gleich im Text. Kaum weitere Beachtung hat das Argument gefunden, daß "nicht wahrscheinlich [ist], daß die Sadduzäer gerade den Auferstehungsglauben der Gemeinde als Angriffspunkt gewählt haben sollten" (ebd.).
14 Vgl. als Beispiel Mundla, a.a.O. 72.

kann unabhängig von einer möglichen redaktionellen Herkunft der Ausführung in V 18b erfolgen. Denn daß die Sadduzäer in der Auferstehungsfrage erscheinen, setzt nicht die Kenntnis politischer Konfrontation oder ihrer Rolle für das Passionsgeschehen, sondern ihrer Haltung als Auferstehungsgegner voraus. Ferner wird das indirekte Argument vorgebracht, die Sadduzäer gehörten deshalb zur ursprünglichen Überlieferungseinheit, weil ihre dortige Erwähnung "nicht ersetzbar wäre"[15]. Dies wird einerseits im Zirkelschluß mit der historisch aufweisbaren Auferstehungsleugnung durch die Sadduzäer begründet, andererseits mit der Bejahung der Auferstehungshoffnung durch die Pharisäer, die als (offenbar) einziger(?) Ersatz zur Verfügung gestanden hätten. Völlig übergangen wird in einer derartigen Überlegung die Bedeutung der Gegneridentifikation in ihrer Typik innerhalb des Markus-Evangeliums. Pharisäer, Schriftgelehrte, Herodianer, Hohepriester (nicht als Sadduzäer identifiziert!) bekommen ihre typische Prägung entweder aus der zeitgenössischen Situation von Überlieferung und Evangelium (so die erste Gruppe), oder sie erhalten sie aus ihrer Rolle im Passionsgeschehen, wo ihre Kennzeichnung vielleicht schon traditionell einer gewissen Typisierung unterliegt. Darin sind diese Gegnergruppen als die den Tod Jesu beschließenden und herbeiführenden Gegner gekennzeichnet. Daneben rücken besonders die Pharisäer und daneben auch die Schriftgelehrten in die Position der Repräsentanten orthodox-jüdischer Anschauung. Historisierend werden sie also zu Gegenspielern des Lehrers Jesus (ausgeführt in Mt 23; im Ansatz Mk 8,15). Von einer historischen, gar authentischen Rolle wird soweit abgesehen, daß ihnen eine spezifische eigene Kennzeichnung fehlt. Wo ihr Verhalten oder ihre Anschauung charakterisiert wird, bleibt dies im allgemeinen - wie in Mk 7,3f in besonderer Deutlichkeit (V 3a), so auch in 12,18. Wichtig ist dabei also nicht die Identifizierung, sondern die der Lehre Jesu zuwiderlaufende Anschauung. Diese Anschauung erhält entsprechende Repräsentanten ganz allgemeiner Art, Schriftgelehrte und Pharisäer (Mk 7,1.5), oder, wenn möglich, Träger spezieller Art, so die Sadduzäer in

---

15 K.Müller, Schüler-FS Schnackenburg, 7; zu diesem auch das Folgende.

12,18. Daß die Sadduzäer hier eingebracht werden, liegt an ihrer bekannten Rolle als Auferstehungsgegner. Die Gemeinde oder der Bearbeiter konnte deren Haltung historisierend in die Szene der Auferstehungsfrage einbringen. Sollte die Feindschaft zwischen Sadduzäern und Jesus historische Erinnerung bewahrt haben, so ist doch unerklärlich, weshalb sie gerade nur hier in der Auferstehungsfrage erhalten wäre. Zudem zeigt das Markus-Evangelium an keiner Stelle, daß ursprüngliche Gegnernennungen durch andere ersetzt wären. Es ist vielmehr zu erkennen, daß ursprünglich unbestimmte Fragesteller oder Gegner historisierend - unter welchem (ihrem Auftreten zeitgemäßen) Prämissen auch immer - identifiziert wurden.

Die sekundäre Nennung der Sadduzäer in V 18 ist ferner aus dem Überlieferungsstück selbst mittelbar zu begründen. Die Fallkonstruktion wird in rabbinischer Spitzfindigkeit vorgetragen. Darin sind die Weisungen der Leviratsehe[16] und die abschließende Frage - wohl nicht unbedingt eine Fangfrage - die entscheidenden Antipoden. Demzufolge wird davon auszugehen sein, daß das Mosegebot gegen die Auferstehung ausgespielt wird. Denn dem Fallbeispiel selbst fehlt die kritische Färbung[17]. Sie kann nur von V 18 her eingetragen werden. Daß solche

---

16   Da es um das Mosegebot als solches geht, ist die Frage unerheblich, ob das Gebot der Leviratsehe noch absolut in Geltung gestanden hat, so auch Gnilka, Markus II, 158. Gegen Hultgren, a.a.O. 126, ist 1 Kor 7,19 hier nicht impliziert.

17   Gnilka, Markus II, 156, liest mit seiner Übersetzung von ἐν τῇ ἀναστάσει ὅταν ἀναστῶσιν (X 1010. 1195. 1242. 1365. 2148; 1344 ἀναστῶσι) in die Wendung einen kritischen Sinn hinein ("einen skeptischen Unterton", a.a.O. 158, so auch Grundmann, Markus 333; "ironischen" Ton, Gnilka, a.a.O. 156f Anm. 1). Aber der hypothetische Konditionalis ist für ὅταν kaum zu belegen (siehe WB 1165 s.v. ὅταν; B-D-R §§ 371. 454). Im Blick auf die Weiterführung in V 25 wäre zudem in V 23 eine deutliche(re) Markierung zu erwarten. - Aber vor allem ist die Ursprünglichkeit der genannten Lesart keineswegs gesichert. Vielmehr zeigt die Textgeschichte die Abhängigkeit jener Lesart von Mt 22,28 (damit temporaler Sinn für ὅταν) und von Mk 12,25. Mit ἐν τῇ ἀναστάσει bieten B C* L Δ Ψ die ursprüngliche Lesart. Alle folgenden Varianten stehen direkt oder indirekt unter Einfluß von Mt 22,28 (ἐν τῇ ἀναστάσει οὖν): D W 892; von diesen abhängig oder beeinflußt einerseits Θ f^1 28.565. 700. 1071

Fragen diskutiert werden, zeigen Spuren in der jüdischen Literatur[18]. Die Einzelheiten unterliegen einer gewollten Zuspitzung. So erinnert die Siebenzahl der Männer (und die Erwähnung ihres Todes) an Tob 3,8; 6,14; 7,11 (vgl. 3,15), ohne hier Abhängigkeit zu behaupten. Die Betonung des Sterbens der Brüder, ohne Nachkommen zu hinterlassen, der Folge der Brüder (ἔλαβεν αὐτήν) und des Sterbens der Frau gegen Ende des Beispiels haben die in V 19 angesprochene Institution der Leviratsehe als gemeinsamen Hintergrund. Die Darstellung läuft auf die Person der Witwe hinaus, diese ist Gegenstand der Frage V 23. Eine solche Fallkonstruktion fußt aber kaum auf einer Leugnung der Auferstehungshoffnung, sondern setzt diese Hoffnung gerade voraus. Basis der Fallkonstruktion ist jedoch wohl nicht "eine *primitive* Hoffnung ... , die in der Auferstehung *lediglich* eine Fortdauer des Lebendigseins in dieser Welt erblickt"[19]. Diese Deutung setzt voraus, daß die rabbinische[20] Anschauung a priori als primitiv angesehen wird[21].

---

unter Zufügung von ὅταν ἀναστῶσιν (V 25) (f^{13} bietet dazu die Variante ὅταν οὖν ἀναστῶσιν ἐν τῇ ἀναστάσει), andererseits C² 33. 1253 ἐν τῇ οὖν ἀναστάσει (vgl. Mt 22,28 v.l.), zu diesen haben A K Π 1009. 1079. 1216. 1230. 1241. 1546. 1646 . 2174 wiederum ὅταν ἀναστῶσιν aus V 25 angefügt. Diese Variante ist die Voraussetzung jener Lesart, auf die sich die kritische Interpretation Gnilkas stützt.

18 Vgl. Jos Ant XVII, 339ff; Jos Bell II, 114ff; die Belege bei Billerbeck I, 887ff; vgl. noch Lohmeyer, Markus 256 Anm. 2.
19 Suhl, a.a.O. 68 (Erste Hervorhebung von mir). Es trifft zu, daß die Vorstellung von der Existenzweise der Auferstandenen verbreitet Gegenstand des Volksglaubens (siehe dazu Stemberger, a.a.O. 239), "der populären niederen Eschatologie" (Volz, Eschatologie 401) ist; vgl. als deutliches Beispiel Gnr 95,1 (siehe dazu Schubert, BZ 6, 1962, 212).
20 Vgl. dazu Wahle, Kairos 14, 1972, 290-302; Braun, Radikalismus II, (48-53 Anm. 1) 52; Ders., Qumran I, 71; Stemberger, a.a.O. 238-266. Siehe als Parallele zu V 23 die (Stemberger, ebd.) genannten Texte mit deren Eingangsfrage im sachlichen Unterschied zu 1 Kor 15,35 und zu der dualistischen Vorstellungsbreite, welche die apokalyptische Literatur bereitstellt (siehe hierzu Brandenburger, Fleisch 78ff).
21 Zur Verbreitung der vorauszusetzenden Anschauung siehe Billerbeck I, 888 und die Belege ebd. 888f. Zu den Voraussetzungen siehe Schubert, a.a.O. 177-214.

Denn die Fallkonstruktion und besonders die Frage, auf die sie zuläuft, fußen zum einen jedenfalls auf der Bejahung der Auferstehung[22]. Zum anderen basieren sie auf der jüdisch-rabbinischen Vorstellung eines Weiterlebens der Auferstandenen in irdischer Weise[23]. Gerade diese letzte Vorstellung soll mit der Fallkonstruktion und der Frage ad absurdum geführt werden. Gegen diese Vorstellung wird das (ungenau, aber sachgemäß zitierte) Mosegebot gestellt. Von daher ergibt sich, daß die Fallkonstruktion und die daraus resultierende Frage mit ihrem vorauszusetzenden Hintergrund allgemein jüdischer Auffassung entsprechen. Sie stehen aber der Auferstehungsleugnung und der Auffassung der Sadduzäer fern, ja haben damit wenig zu tun[24].

Die *Überlieferungseinheit* 12,18c.19-23.24*.25 ist einheitlich konzipiert[25]. Die Fallkonstruktion ist in sich geschlossen, die Antwort (V 25) schließt ungebrochen an die Frage (V 23) an.

---

[22] Zur Gegenprobe lege man sich die Frage vor, ob sich aus dem Fallbeispiel die Bestreitung der Auferstehung als solche herauslesen ließe, wenn die Sadduzäer in der Exposition fehlten.

[23] Wenn auch die Rabbinen ihre besondere Aufmerksamkeit der Vorstellung vom Bleiben der Seelen in der messianischen Zwischenzeit widmen, läßt sich die Verbreitung der Vorstellung vom materiellen Weiterleben in der Endzeit nach der Wiedervereinigung von Leib und Seele doch nicht bestreiten, vgl. Wahle, a.a.O. 291-309.

[24] Vgl. Lohmeyer, Markus 256 ("Der schwache Punkt der Frage liegt ... in der Eigentümlichkeit des vorausgesetzten Auferstehungsgedankens", vgl. Billerbeck I, 888). Auch Hoffmann, TRE 4, 451,48-452,3, betont diese Spannung zwischen der historisch zu erhebenden Anschauung der Sadduzäer und der Fallkonstruktion in V 20ff.

[25] Aber eine Komposition aus einer V 25 zugrunde liegenden Sentenz ist nicht wahrscheinlich (siehe im pseudepigraphen Titus-Brief, NTApo 93). Vielmehr wird hier Argument gegen Argument gestellt. Davon unabhängig ist die Frage zu behandeln, ob das Logion (V 25) nicht nur eine selbständige Fortexistenz führte (siehe Just, Dial 81,4; PsJust, Resurr. 3), sondern auch vormals, ursprünglich selbständig tradiert wurde (siehe Hultgren, a.a.O. 124f). Ist das zweite nicht eindeutig zu bestreiten, so wird man für das erste jedoch den späteren Zusammenhang der Anführung als Herrenwort beachten müssen. Die Gegenposition in der Vorstellung materieller Auferstehung ist überwunden und steht nicht mehr zur Debatte. Das Logion gehört nun in anderer Funktion, als dies ursprünglich der

Die Aussage über die Auferstandenen (V 25) steht in einer Reihe mit apokalyptischen Auffassungen[26], ist aber, wenn auch vereinzelten, rabbinischen Auffassungen nicht fern[27]. Dennoch gibt es zur Annahme, hier läge ein innerjüdisches Diskussionsstück vor, das nachträglich christianisiert wurde[28], keinen Grund. Vielmehr geht das Überlieferungsstück auf die innergemeindliche Debatte zurück, in der die Anschauung leiblicher Fortexistenz abgewiesen wird. Es ist vom Argumentationshorizont her deutlich, daß es sich um eine Debatte mit jüdischen Bestreitern handelt. Allerdings läßt sich nicht eindeutig entscheiden, ob diese auf eine innergemeindlich judenchristliche Diskussion oder auf eine Debatte der judenchristlichen Gemeinde mit jüdischen Zeitgenossen zurückgeht. Das zweite scheint wahrscheinlich, da die Aussage der Fallkonstruktion trotz vereinzelter anderer Belege einer verbreiteten jüdischen Anschauung entspricht. Ob die Tradition in jüdisch-palästinischem[29] oder jüdisch-hellenistischem[30] Raum entstanden ist, läßt sich ebensowenig eindeutig entscheiden. 1 Kor 15,35ff zeigt wenigstens, daß die Sache selbst in der Debatte stand, wenn

---

    Fall gewesen sein dürfte (siehe dazu Bultmann, a.a.O. 51), zum apologetischen Gut der Gemeinde. Daß sich die Argumente verselbständigen, zeigt ferner Just, Dial 80,4.

26 ÄthHen 51,4; 104,6; syrBar 51,10; anders Suhl, a.a.O. 68 Anm. 4. Zu äthHen 104,6 vgl. die textkritischen Bedenken von Stemberger, Leib 43; zu grBar 10,2-7 siehe Fischer, Eschatologie 77f.

27 Für das vielzitierte Beispiel bBer 17a ist nicht eindeutig, ob es auf die messianische Zwischenzeit angewandt wird (Billerbeck I, 890), somit also auf die Welt der Seelen, auf die der geistigen Genüsse (Wahle, a.a.O. 299) oder auf die ewige Endzeit zu beziehen ist, "da ja die Seele ohne Leib sich der irdischen Genüsse nicht erfreuen kann" (Wahle, ebd.). Jedoch hat Stemberger, Kairos 15, 1973, 238-266, dargelegt, daß die rabbinische Vorstellung über die "künftige Welt" im ganzen nicht einheitlich, sondern differenziert zu verstehen sei (vgl. die Belege a.a.O. 264f). Von daher kann er für bBer 17a feststellen: "Hier ist jedoch kein Hinweis darauf gegeben, daß der Ausspruch die Welt der Seelen vor der Auferstehung, nicht die Auferstehungswelt selbst meint" (a.a.O. 263).

28 So Kegel, Auferstehung 68.

29 Vgl. Gnilka, Markus II, 157.

30 Vgl. Hoffmann, TRE 4, 452,12.

Die Bestimmung der Form von Mk 12,18-25   245

auch dort auf anderer Stufe und in anderer Diskussionslage. Auch die Antwort V 25 (Pneumawesen!) spricht eher für die zweite als die erste Festlegung (vgl. schon vorpaulinisch 1 Kor 15,50a).

Die *formgeschichtliche Einordnung* der Tradition (12,19-23.24a.25) gestaltet sich nicht einfach und ist umstritten[31]. Für das Vorliegen eines Streitgespräches könnte sprechen, daß innerhalb der Überlieferungseinheit zwei Anschauungen aufeinander treffen[32], die durch den Gegenvorwurf des Irrtums (V 24a) deutlich voneinander abgehoben werden. Dieser Formbestimmung gegenüber sollte bedacht werden, daß V 24a.25 der Funktion nach ein Korrektiv zu V 23 darstellt, also weniger den Konflikt hervorhebt[33]. Demzufolge ist eher an ein Schulgespräch zu denken. Denn im Zusammenspiel von Frage (V 23) und Gegenvorwurf (V 24a) ist nicht das Element des Gegenvorwurfs leitend, sondern der Aufweis des Irrtums, welcher durch V 25 überwunden, also durch Lehre beseitigt werden soll (vgl. 1 Kor 15,33f; 15,36). Für das Vorliegen eines Schulgespräches spricht zudem die Form der Frage V 23. Vom Charakter der Fallkonstruktion (V 19-22) her liegt keine Fangfrage vor. Allenfalls wird man V 23 als herausfordernde, Widerspruch aufweisende Frage verstehen können. In diesem Falle ist aber die Art der Entgegnung entscheidend, welche dem eben Gesagten zufolge auf die Form des Schulgespräches weist. Dem literarischen Wortlaut der Frage V 23 fehlt eine feindselige, gegnerische Haltung, in dieser Gestalt handelt es sich um eine Schulfrage. Der Zweck des Schulgesprächs ist die Lehrentscheidung, welche infolge einer Diskussion (vgl. V 24a) um die Auferstehung erfolgt. Das Schulgespräch wird der hellenistisch-judenchristlichen Gemeinde entstammen (vgl. V 25).

---

31 Meist wird 12,18-27 als Streitgespräch angesehen, so Bultmann, a.a.O. 51; Albertz, Streitgespräche 24f; Mundla, a.a.O. 83. Zufolge Pesch, Markus II, 230; Minette de Tillesse, Secret 155, handelt es sich um ein Schulgespräch; Berger, a.a.O. 183, bestimmt ein Lehrgespräch.

32 Vgl. Gnilka, Markus II, 157.

33 Tannehill, ANRW II, 25.2, 1801, bestimmt von daher Mk 12,23 und 12,18.26f (vgl. schon Semeia 20, 104) als Bestandteile einer "correction story", sieht diese aber von der Situation der Sadduzäerangabe her so überformt, daß eine hybride "testing correction" vorliege.

Die folgenden Argumente *V 26f*, die später angefügt wurden, zeigen deutlich ihren Ursprung in der hellenistischen Gemeinde aus Judenchristen[34]. Ein äußeres Indiz stellt die Verwendung des LXX-Textes von Ex 3,6 dar. Aber auch die Denkvoraussetzung der Argumentation entstammt dem hellenistischen Judentum[35]. Die Väter sind im Kontext von Mk 12,26 als Auferweckte gedacht, sie leben bei Gott[36]. Daher[37] kann im Zusammenhang festgestellt werden, Gott sei nicht Gott der Toten, sondern der Lebenden. Dieses letzte, an sich tragende Element der Argumentation, zu dem die bekannte Schriftstelle Ex 3,6[38] den Beweis erbringt, hat den Gedanken der Auferweckung der Glaubenden als mittelbare Voraussetzung. Die Väter sind die »Prototypen der Gerechten«[39]. Die Offenbarungsaussage an Mose belegt in ihrer bleibenden

---

34 Gnilka, Markus II, 156f, weist einerseits die ursprüngliche Tradition in V 18-25 der judenchristlich-palästinischen Gemeinde zu, andererseits die V 26f einer "hellenistisch-judenchristlichen Tradition" (ebd. 157). Aber beide Argumentationen liegen einander wohl doch näher, als eine strenge Trennung ihrer Traditionsbereiche dies vermuten ließe.

35 Dreyfus, RB 66, 1959, 213-224, hat die Belege gesammelt vorgelegt; eine Übersicht bieten Pesch, Markus II, 234, und Hultgren, a.a.O. 126-130.

36 Siehe 4 Makk 16,25; 7,19, von daher auch in bezug auf die Märtyrer 4 Makk 5,37; 13,17; 18,23, vgl. Hoffmann, Toten 87-94; Billerbeck I, 892; weitere Belege bei Volz, Eschatologie 267f. Zu den Begriffen »Väter« und »Gerechte« in diesem Denkhorizont siehe Cavallin, Life 206-210.

37 Ellis (NTS 10, 1963/4, 274-279), van Daalen (TU 102, 241-245) und Lane (Markus 429f) kehren diese Folgerung um: Weil Gott (aufgrund seiner Macht über die Scheol [Ellis, ebd.]) ein lebendiger Gott sei, lebten die Väter bei Gott. Aber die Argumentation in V 26 folgt aus der Selbstoffenbarung Gottes an Mose als des Gottes der (verstorbenen) Väter (siehe noch unten Anm. 42).

38 Zitiert wird die Parasche. Ex 3,6 ist geläufiges Formelgut, siehe nur AssMos 3,9; Jub 45,3 und weitere Belege bei Dreyfus, a.a.O. 216-220.

39 Vgl. innerhalb der urchristlichen Interpretation gegenwärtiger Auferstehung (der Glaubenden = der Gerechten) im Taufgeschehen Röm 6,10; 14,8; Gal 2,19; in diesem Zusammenhang steht auch der Zusatz in Lk 20,38. Zur Sache siehe Brandenburger, WuD 9, 1967, 16-33.

Gültigkeit mit zeitlichem Abstand zum Tod der Väter die soteriologisch verstandene Aussage über das Wesen Gottes[40], welche die Auferweckung der Glaubenden impliziert[41]. Daß die Aussage, Gott sei Gott der Lebenden, in dieser Form soteriologisch verstanden wird, zeigt den zweiten Kunstgriff in der Argumentation. Die Aussage, die im Alten Testament den Machtbereich Gottes auf die Lebenden beschränkt sieht (vgl. Ps 6,6; 30,10; 88,6.11ff; 115,17 [=Ψ 113,26]; Jes 38,18)[42], dient hier der Argumentation unter Voraussetzung der den Tod überwindenden Auferweckung: Die Treue Gottes, die dort als mit dem Tod abbrechend beklagt wird, wird mit Mk 12,27 im Auferstehungszusammenhang als gültig erwiesen. Den Verstehensrahmen dafür bilden die Vätergeschichte und deren Kontinuität zur Gemeinde der Glaubenden.

In welche Diskussionslage der Text V 26f spricht, ist nicht klar. Deutlich ist nur, daß V 26f gegen Auferstehungsleugner (vgl. V 26a) gerichtet ist. Daß die Auferstehungshoffnung zum Problem werden konnte, zeigen die paulinischen Stellungnahmen in 1 Thess 4,13ff(16f) und 1 Kor 15,18-58, die in jeweils verschiedenen Situationen der Gemeinden ihren Anlaß haben. Zur Einordnung von Mk 12,26f sind zu erwägen: Die Verwendung der Form eines Schriftbeweises ist gegenüber Juden (innerhalb und außerhalb der Gemeinde) sinnvoll. Auf eine Diskussion innerhalb der Gemeinde weisen der Kontinuitätsgedanke und

---

40 Zum Gang der Argumentation siehe Berger, Auferstehung 386f Anm. 512 und jetzt Ders., Formgeschichte 102.

41 Von der Argumentationslage her ist klar, daß unter οἱ νεκροί ausschließlich die Glaubenden verstanden werden.

42 Siehe die Belege bei Schmithals, Markus II, 536; Grundmann, Markus 334; Haenchen, Weg 411. Für das AT wird mit diesen auf frühe Belege hingewiesen (vgl. noch Sir 17,27), erst spätere (Am 9,2; Hos 13,14; Mi 11,7f; Prov 15,11; Ps 139,8) lassen die Erweiterung des Herrschaftsbereiches Jahwes auf die Unterwelt erkennen. Aber mit diesem Gedanken wird in Mk 12,27 gerade nicht argumentiert (siehe oben Anm. 37). Insofern begegnet in Mk 12,27 ein jüdisches und der Apokalyptik entstammendes Motiv ("Treue Gottes", siehe Hoffmann, a.a.O. 338ff), das aber spezifisch christlicher Deutung unterworfen worden ist.

die Gottesaussage, auf die die Argumentation (V 26f) zugespitzt wird, hin[43].

Die Zufügung von V 26/27a erfolgt mit der Einfügung des V 24b, welcher innerhalb des Abschnittes den Gesprächsgang strukturiert, auf einer Stufe[44]. Indem der Bearbeiter V 27 als Ausdruck der δύναμις τοῦ θεοῦ in V 24b kennzeichnet, verwendet er einen vorgeprägten Denkrahmen. Für diesen stellt die Auferweckung Jesu Christi und von daher die Auferweckung der Glaubenden einen Krafterweis Gottes dar[45]. Doch wird anders als in 1 Kor 15,12-19 die Auferweckung Christi nicht ausdrücklich verwandt. Sie ist für einen Text nach dem Stadium von 1 Thess 4,14 und 1 Kor 15 sichere Gegebenheit[46], kann aber im Rahmen einer Evangelienerzählung nicht genannt werden.

Gnilka[47] hat vermutet, V 24b.26f sei vormarkinisch in das Schulgespräch eingetragen worden. Jedoch entsprechen dieser Bearbeitung Kompositionsschemata, die auch sonst im Evangelium auftreten. Am Beispiel der Doppelfrage in 11,28 habe ich gezeigt, daß Markus es liebt, proleptisch die im folgenden gebotene Lösung anzumerken. In V 24b.c bestimmen dieses Schema terminologische Gegebenheiten, denen von V 26f her entsprochen wird. Der Vorwurf mangelnder Schriftkenntnis steht in einer Reihe mit den Vorwürfen aus 2,25; 7,6.8f.13; 10,5. Die Umklammerung der Antwort Jesu durch eine verstärkende Wiederholung (V 27b) ist aus Mk 7,13 bekannt. Aus diesen Gründen ist es wahrscheinlich, daß die Zufügung von V 24b.26f auf Markus zurückgeht.

---

43 Demgegenüber vermutet Gnilka, Markus II, 157, "die Griechen" als Adressaten der Vv 26f.
44 Vgl. Wendling, Entstehung 153; Gnilka, Markus II, 156.
45 Siehe oben S. 235 Anm. 3.
46 Gegen Braun, ThWNT VI, 945,15ff; R.Meyer, THWNT VII, 51 Anm. 103, und jene Auslegung, welche an dieser Stelle seit Lohmeyer, Markus 257, "ein ausgezeichnetes Beispiel des Rabbinentums Jesu" erkennt. Denn gerade die Belege bei Billerbeck I, 893-895, zeigen zwar auf den ersten Blick eine analoge Argumentation (Schriftbeispiel - Deutung der Auferstehung, so etwa im Grundsatz bSanh 90b), aber dort begegnet nicht das Schlußverfahren über eine prototypische Deutung der Erzväter als der Gerechten.
47 Markus II, 156.

2.2.3.4. Die Frage nach dem höchsten Gebot (Mk 12,28-34)

Der Abschnitt Mk 12,28-34[1] ist durch Bemerkungen an seinem Anfang und an seinem Ende in den Evangeliumsverlauf eingebunden. V 28a.b schließt an die vorausgehende Debatte zur Auferstehungsfrage an. Die Überleitung ist von markinischen Sprach- und Stilelementen durchsetzt[2].

Die Schlußbemerkung V 34c steht in Spannung zu der positiven Würdigung in V 34b. Von V 34b her kommt "der Eindruck der Antworten Jesu, der den Fragern den Mut zu weiteren Fragen nimmt"[3], überraschend[4]. Versteht sich die Bemerkung aber als Abschluß der drei Gespräche in Mk 12,13-34, wird mit ihr die Überlegenheit der Lehre Jesu über die seiner jüdischen Zeitgenossen herausgestellt[5]. Außerdem bildet 12,34c eine Regiebemerkung zur Gesamtwirksamkeit Jesu im Evangelium: Es sind nun nur noch die Jünger, die Jesus außerhalb des eigentlichen Passionsgeschehens fragen[6]. Somit wird V 34c auf Markus zurückgehen[7].

1 Zur Literatur siehe Pesch, Markus II, 249 (L 77); Gnilka, Markus II, 162. Vgl. außerdem Merklein, Gottesherrschaft 100-104 (106); Hultgren, Adversaries 47-50; Mundla, Führer 110-223; Ambrozic, Kingdom 177-182.

2 Zur Vorliebe des Markus für den anreihenden asyndetischen Partizipialstil siehe Rudberg, CN 12, 1948, 3-7; Hartman, CN 19, 1963, 15-20; Neirynck, Duality 82ff; Reiser, Syntax 158ff. Zu προσελθών vgl. 1,31; 6,35; 10,2; 14,35.45 sowie die Verbindungen von ἔρχεσθαι mit πρὸς αὐτόν 1,40.45; 2,3.13; 3,8; 10,1; 11,27; 12,18; vgl. 5,15; 6,48.51 und ferner 1,32; 3,31; 4,1; 6,30; 7,1; 11,7; 12,4.13. Zu συζητεῖν siehe 1,27; 8,11; 9,10.14.16 (jeweils redaktionell).

3 Wolter, EWNT III, 874.

4 Vgl. dagegen 9,32.

5 Bornkamm, Aufsätze III, 42, sieht diese Funktion durch das inhaltliche Gewicht des Gespräches gedeckt: "Hier ist eine letzte Wahrheit gesprochen, über die hinaus es nichts mehr zu sagen gibt" (so auch Kuhn, FS K.G.Kuhn, 304). Versteht man V 34c nach V 34b in dieser Weise, wären doch weitere Gespräche über diesen "richtigen Weg" (ebd.) zu erwarten (vgl. Suhl, Funktion 87 Anm. 83; Mundla, a.a.O. 229).

6 13,4 vgl. 13,1. Auch in 14,3-9 werden Jünger als die vorgestellt, die ihrem Unwillen Ausdruck geben (vgl. 14,7).

7 Darauf weisen auch die doppelte Negation und das Verb, siehe

Die Würdigung und die Belobigung des Schriftgelehrten in V 34a.b entsprechen dem Gesprächsverlauf *V 32f.* Demzufolge dürften V 34a.b und V 32f zusammengehören. In diesem Abschnitt V 32-34b stehen sich V 32b und V 34a.b korrespondierend gegenüber. Das Lob des Schriftgelehrten gegenüber Jesus und die ausdrückliche Belobigung, die dem Schriftgelehrten zukommt, bilden eine Klammer um den zweiten Gesprächsgang. In V 32 ist die Parallelität zu der captatio benevolentiae von 12,14 so offenkundig[8], daß sich der Schluß nahe legt, 12,32b sei 12,14 nachgebildet. Da Markus in 12,14, wie gezeigt[9], eine vorgeprägte Formulierung übernimmt, geht V 32b auf seine Redaktionstätigkeit zurück[10]. Somit steht der zweite Gesprächsgang V 32-34 insgesamt im Verdacht redaktioneller Bildung[11]. Denn V 32f wiederholt die Jesusantwort, indem die Aussage von V 29f fast wortgleich, im Wortlaut nur leicht variierend aufgenommen wird. Außerdem wird in V 33 auf Hos 6,6 LXX (vgl. 1 Βασ 15,22) zurückgegriffen. Von ihrem Hintergrund her gehören die Vv 32-34 und insbesondere deren Gesetzesverständnis in den Bereich des hellenistischen Judentums[12]. Von

---

dazu Mundla, a.a.O.126 (mit den Belegen ebd. Anm. 92). Auch falls man annimmt, in 12,13-(34)44 liege eine vormarkinische Gesprächssammlung vor, die in V 34c einen ersten Abschluß erreiche, käme dieser Abschluß dem Redaktor sehr gelegen. Die Spannungen zwischen V 34a.b (oder dem gesamten Gesprächsverlauf) und V 34c blieben aber weiterhin ungeklärt. - Sicher ist V 34c nicht zu 12,35-37 zu zählen (gegen Daube, New Testament 167), denn der Neueinsatz in V 35 ist evident.

8   V 32f wirkt wie eine Ausführung des τὴν ὁδὸν τοῦ θεοῦ διδάσκειν aus V 14.
9   Siehe oben S. 206-210.
10 Markus verwendet καλῶς auch in 7,6.9; 12,28 in bezug auf Lehrentscheidungen.
11 Vgl. Wendling, Entstehung 153; Suhl, a.a.O. 88f; Berger, Gesetzesauslegung 183ff; Fuller, FS Conzelmann, 323f. Einen einheitlichen, aber sekundär komponierten vormarkinischen Corpus, der mindestens V 28c-34b umfaßt habe, bestimmen Bornkamm, a.a.O. 43; Burchard, FS J.Jeremias, 46.55; Merklein, a.a.O. 101; Gnilka, Markus II, 163f; Mundla, a.a.O. 110-126.
12 Vgl. Bornkamm, a.a.O. 40ff; Burchard, a.a.O. 51.55ff; Fuller, ebd.; Berger, a.a.O. 192-201.

daher ist diese Aussage aus dem Munde eines Schriftgelehrten - historisch gesehen - unpassend[13]. In der literarischen Abfolge bilden die Vv 32-34 einen zusammenfassenden Kommentar zu V 29-31.

V 32b nimmt V 29 (= Dtn 6,4 LXX), die Zitierung des Sch^{e}ma, auf - allerdings in besonderer Weise: Dtn 6,4f wird auseinandergerissen, Dtn 6,4 nur noch stichwortartig und in Kombination (καί) mit Ex 8,6 LXX[14] wiedergegeben. Das Fehlen des Gottesnamens beziehungsweise seine (Ex 8,6 LXX: κύριος) Ersetzung durch αὐτοῦ[15] (siehe auch V 33) weisen V 32b als Bearbeitung des Voraufgehenden aus[16]. Dieser Sachverhalt läßt sich also nicht im Sinne einer Historisierung so verstehen, daß der Gottesnamen im Munde des Schriftgelehrten vermieden werde[17] (vgl. 2,7). Wie die Zitatkombination in V 32b ist auch die Aufnahme des Liebesgebotes in V 33 vom Wortlaut der LXX abhängig und weist in ihrer inhaltlichen Ausrichtung (V 33c) ebenfalls in den hellenistisch-jüdischen Bereich.

Dtn 6,5 und Lev 19,18 werden zugunsten der Fortführung mit περισσότερόν ἐστιν grammatisch angeglichen und parataktisch (καί) zusammengezogen. Diese Umarbeitung setzt für die Gebote ihre vorherige Zitierung voraus. Diese werden zum einen gegenüber der Vorlage

---

13 Siehe Mundla, a.a.O. 174.
14 Da es sich um eine im Diasporajudentum verbreitete und dort herausgehobene Aussage handelt (siehe Berger, a.a.O. 192f und ebd. jeweils Anm. 1), ist die eindeutige Bestimmung der Zitation schwierig. Vom Textbestand her steht Mk 12,32 Ex 8,6 LXX (vgl. noch Jes 45,21f) näher, da Aquila Dtn 4,35 unter Paralleleinfluß geändert haben kann (vgl. Dtn 4,39 LXX ἔτι statt ἄλλος wie auch 3 Βασ 8,60). Bergers Annahme, daß das καί aus Dtn 4,35 mitzitiert werde, ist nicht überzeugend (vgl. Dtn 4,39). Denn diese Annahme und seine These, der Zitation liege Dtn 4,35 A zugrunde, erfolgen unter Voraussetzung der Annahme (siehe a.a.O. 199ff), die Schrift sei mit Hilfe eines Analogieschlusses in Mk 12,32 benutzt worden.
15 Das gleiche Verfahren ist innerhalb des Textverlaufs für Dtn 4,35 und Dtn 4,39 vorauszusetzen; also ist die Annahme direkter Zitierung auch von daher nicht zu stützen (gegen Berger, a.a.O. 193; Pesch, Markus II, 242).
16 Vgl. Berger, ebd.; Pesch, ebd.
17 So aber Klostermann, Markus 128; Lohmeyer, Markus 259 Anm. 3; Taylor, Markus 488; Mundla, a.a.O. 139.

V 30f wiederum verkürzt wiedergegeben, indem die Possessiva gestrichen werden. Diese Streichung ist dadurch veranlaßt, daß jeweils substantivierte Infinitive gesetzt werden. Der Sinn der Aussage läßt dort keine Possessiva zu. So wird der Personalbezug der Gebote aus V 29ff eliminiert. Zum anderen ist die Vorlage von V 29ff daran zu erkennen, daß ψυχή zusammen mit διάνοια durch σύνεσις ersetzt werden.

Die Abwertung der Kultgebote nimmt Traditionen auf, die in 1 Βασ 15,22 und Hos 6,6 LXX fußen und im Diasporajudentum verbreitet sind[18]. Dem Wortbestand nach steht 1 Βασ 15,22 näher, der Aussage nach Hos 6,6. Allerdings wird Hos 6,6 nicht geradewegs in direkter Abwandlung über die Begriffe aus Hos 6,6, also ἔλεος = Liebesgebot und ἐπίγνωσος = σύνεσις, Pate gestanden haben[19]. Diese Hypothese, die Bearbeitung sei auf dem Wege eines Analogieschlusses erfolgt, wird zwar dem Vergleich von Mk 12,33 mit Hos 6,6 (LXX) gerecht, geht aber an der Spitze der Aussage innerhalb des Abschnittes 12,28-34 vorbei. Sachlich werden nämlich in der Ergänzung von V 29-31 durch V 32-34 die Gebote dem Hauptgedanken in V 33c, der Überlegenheit der Gebotsbefolgung über den Kult, unterworfen[20]. Die Ersetzung von

---

18 Vgl. Ψ 39,7; 50,18; Mi 6,6; Jes 1,11; Jer 6,20; 7,21 und weitere Belege bei Berger, a.a.O. 194f. Zum Hintergrund der ebd. angeführten Qumran-Belege siehe Braun, Qumran II, 221.
19 So aber Berger, a.a.O. 194.196 (Anm. 1 und Anm. 2); vgl. 199.
20 Obwohl μείζων (V 31c) und περισσότερον (V 33c) als Parallelen verstanden werden könnten, läßt sich die Aussage im Munde des Schriftgelehrten nicht als herausgestellte Abschwächung von V 31c begreifen (gegen Mundla, a.a.O. 204f.226). Denn die Aussage als solche trägt das Gewicht, nicht ein Vergleich mit der Antwort Jesu. Bleibt die Aussage des Schriftgelehrten auch im Rahmen des Judentums, so ist doch das Verständnis des markinischen Abschnittes klar: Die Jesusantwort wird aufgenommen und übersteigert. Die Aussage des V 31c ist von der Intention der Vv 32f nicht betroffen. Das Besondere an dieser Darstellung des Gespräches mit einem Schriftgelehrten ist gerade, daß die Feststellung der Menge aus Mk 1,22 - daß Jesus wie einer der Vollmacht habe, lehre, nicht wie die Schriftgelehrten - aufgebrochen und eben nicht verklauseliert zum erneuten Ausdruck gebracht wird. Ferner, wenn in dem Gesprächsverlauf tatsächlich eine Abschwächung vorläge, wie sollte dann V 34b zu erklären sein? Mundla, a.a.O. 205, wiegt diese (demzufolge entstehende) Spannung mit Historizitätserwägungen

ψυχή und διάνοια durch σύνεσις ist darin gegenüber V 30 das Neue und von der Kompositionsarbeit her das offene Problem. Sucht man (wie Berger) die Lösung über die ἐπίγνωσις θεοῦ aus Hos 6,6 LXX und deren semantische Nähe zu σύνεσις (Mk 12,33), wäre zu zeigen, wieso jener Terminus in Mk 12,33 nicht verwendet wird. Denn das Substantiv begegnet zwar nicht in den Synoptikern und bei Johannes, aber Markus selbst verwendet das Verb von Jesus (2,8) beziehungsweise den πολλοί (6,33.54) und entnimmt es der Tradition (5,30). Jeweils zeigt das Verb tiefergreifendes Verständnis: Es gilt Jesus in seinem »Erkennen« der verborgenen Gedanken der Gegner und den Massen, die ihn als Lehrer (vgl. 6,34) und Wundertäter (vgl. 6,55) »erkennen«. Das Substantiv wäre entsprechend der syntaktischen Konstruktion in 12,33 möglich. Spezifischer verwendet Markus allerdings συνιέναι. Er benutzt es selbständig im Zusammenhang seiner Konzeption von Messiasgeheimnis und Jüngerunverständnis (Mk 4,9.12; 7,14 [vgl. Jes 6,9]; 6,52; 8,17.21). Wie es auf die Jünger und die »draußen« in kritischem Sinn angewandt wird, trägt es im ganzen die Deutung rechten Verhaltens. In diesem Sinne wird das Substantiv in 12,33 als Inbegriff von ψυχή und διάνοια verstanden. In der markinischen Terminologie stellt σύνεσις[21] die adäquate Ausdrucksweise für die rechte Erkenntnis dar – auch außerhalb christologischer Deutung (aber siehe gleich). Selbst wenn Markus (oder seine hier verwendete Tradition) Hos 6,6 LXX direkt gedeutet haben sollte, wäre ἐπίγνωσις im Rahmen markinischer Begrifflichkeit unangemessen[22].

---

    auf: "Wird Jesus dem Schriftgelehrten auch nicht ganz zugestimmt haben können, so erkennt er doch die Richtigkeit seiner Teilantwort (sic!) an". In der Paraphrase wird dem folgend die kommentierende Überleitung von Mk 12,34a zur Aussage Jesu: "Er (sc. Jesus) spendet ihm (sc. dem Schriftgelehrten) höchstes Lob: Er habe νουνεχῶς geantwortet. ... Dann fährt Jesus fort(!): οὐ μακρὰν εἶ ...".
21 Zu den Denkvoraussetzungen siehe den Artikel von Conzelmann, ThWNT VII, 886-894, und Mundla, a.a.O. 171ff.
22 Zwar hat Berger, a.a.O. 196f Anm. 1, erneut nachgewiesen, wie nahe σύνεσις und ἐπίγνωσις zueinander stehen, aber im markinischen Sprachgebrauch sind beide Begriffe jeweils für sich eindeutig besetzt.

Nimmt man die Eingangsformulierung in V 32 nun in die beobachtete kommentierende Bearbeitung mit hinein, so rundet sich das Bild. Hier findet sich 12,14 mit kräftigem Verweis (ἐπ' ἀληθείας) ausgeführt. Der »Weg Gottes« hat im Doppelgebot seine Entsprechung. In gleicher Weise bekräftigt das Bekenntnis des einen Schriftgelehrten die Antwort Jesu. Daß Markus in der Zitation σύνεσις einbringt, ist nicht schlechthin "ohne ... selbständige Bedeutung"[23], sondern lenkt von der Gottesliebe zugleich zu dem Motiv, den Sohn zu erkennen. Diese Deutung wird von Markus auf die Spitze geführt, indem er die interpretierende Regiebemerkung V 34a und die Feststellung V 34b, der Schriftgelehrte sei nicht fern vom Reich Gottes, einbringt[24]. Seine Deutung hat Markus in V 32f angelegt: zum einen das Verständnis (νουνεχῶς) der ὁδὸς τοῦ θεοῦ im Doppelgebot und damit die fehlende Möglichkeit, mittels des Kultes in die Herrschaft Gottes einbegriffen zu sein, und zum anderen das rechte Erkennen (σύνεσις) der Liebe zu Gott, das sich im Bekenntnis zu dem einen Lehrer Jesus manifestiert.

Ist die postive Zeichnung des *einen Schriftgelehrten* im Abschnitt selbst auch schon zu Anfang (V 28a.b) angelegt, so ist sie doch von der kritischen Kennzeichnung der Gruppe im Gesamtevangelium her auf den ersten Blick überraschend und fällt so aus diesem Rahmen. Allerdings läßt sie sich als Anliegen der Redaktion erklären und ist nicht notwendig ein vorgegebener Bestandteil des Abschnitts. Innerhalb des Evangelienaufbaus sind Schriftgelehrte nicht nur die ersten Gegner Jesu, sondern ihre Lehre wird als die διδαχή herausgehoben, welche der Lehre Jesu antipodisch gegenübersteht. Ferner sind die

---

23 So aber Conzelmann, a.a.O. 892,2.
24 Auf den an dieser Stelle vorliegenden uneschatologischen Gebrauch gehe ich nicht näher ein, siehe dazu Mundla, a.a.O. 204-214. Es wird zu bedenken sein, daß in V 34 die Herrschaft Gottes nicht Verkündigungsinhalt ist. Für die Deutung von V 34 ist entscheidend, daß die Nähe zur βασιλεία und damit das Wissen um den Heilswillen Gottes (vgl. 12,14 und V 28 πάντων) zum Ausgrenzungskriterium werden. In diesem Sinne wird die βασιλεία nicht angesagt, sondern erscheint als Realität (gemäß eines aktualisierenden Schlußverfahrens, das Markus auch in bezug auf 3,35 anwendet, siehe oben S. 173-176).

Schriftgelehrten die Repräsentanten, die in den Passionsverweisen innerhalb des Galiläa-Teils des Markus-Evangeliums präsent sind. Wo sie mit anderen Gruppen auftreten, machen sie sich deren Vorwurf bis zum Tötungsbeschluß zu eigen und rücken mit diesen - nicht nur aus formalen Gründen (Dualität der Szene: Meister - Gegner) - zusammen. Meist wird ihre Charakterisierung von der Gesamtzeichnung als Gegnergruppe überformt. Eine besondere Betonung der Gegnerschaft der Schriftgelehrtengruppe zu Jesus kommt also dort zum Ausdruck, wo diese mit anderen Gegnern zusammen genannt wird (2,16; 7,1.5; 8,31; 10,33; 11,27 sowie innerhalb der Passionserzählung). Der Vergleich zwischen 12,38ff und 7,6-13 zeigt hier den Unterschied. Wo es um die Lehrmeinung geht, wird ein anderer Ton angeschlagen (1,22; 9,11; 12,35). Dieser hebt ausdrücklich nicht auf eine Feindschaft, sondern auf Verschiedenheit ab und sucht die Überzeugung (hier hinein gehören die Nennung in 2,6, wenn auch 2,10a mehr aus der kommentierenden Funktion des Redaktors zu verstehen ist). Schließlich sind es bezeichnenderweise Schriftgelehrte, die in 9,14 mit den Jüngern debattieren und deren Unfähigkeit zum Exorzismus derjenigen der Jünger entspricht.

In den Rahmen der Gruppenbezeichnung bei Markus gehört auch eine indefinite Ausgrenzung mit τινες. Aber die Bezeichnung εἷς τῶν γραμματέων in 12,28a läßt sich so gerade nicht verstehen. An dieser Stelle steht der eine Schriftgelehrte offenkundig nicht für die Gruppe, sondern als eine bestimmte, besonders hervorgehobene Einzelperson. Andernfalls könnte nicht 12,35-40 mit der kritischen Zeichnung *der* Schriftgelehrten folgen. Der Bestimmung als Einzelperson entspricht der Gebrauch von εἷς auch im übrigen Evangelium[25]. Ist somit deutlich, daß Markus den einen Schriftgelehrten als Einzelperson versteht, bleiben die Möglichkeiten, daß Markus hier ein ursprüngliches Indefinitpronomen durch εἷς ersetzt (vgl. Lk 10,25) oder ein vorgegebenes εἷς (vgl. 10,17) durch τῶν γραμματέων näher bestimmt habe (wie 10,22b). Diese Entscheidung fällt mit der Frage zusammen, ob die Tradition schon von der Frage eines Schriftgelehrten oder aber von der Frage eines unbestimmten Fragstellers ausgeht.

---

25 Vgl. die jeweilige Näherbestimmung 5,22 (Jairus); 9,17 (Vater); 10,17 (siehe 10,22); ferner weniger deutlich 14,66 und implizit 14,47.51.

Erweist sich die Bezeichnung als Schriftgelehrter im Markus-Evangelium begründet, liegt es nahe, die Hand des Markus hinter der Näherbestimmung zu vermuten. Denn Vv 32ff zeigen, daß Markus in besonderer Weise an dem Motiv von Lob und Bestätigung liegt. Daß die Gesetzesfrage einem Schriftgelehrten angemessen sei, ist ein ambivalentes Argument, mit dem sich auch die Angaben in den Lukas- und Matthäus-Fassungen relativieren[26]. Zu einer Klärung des Auftretens des einen Schriftgelehrten und seiner Kennzeichnung in Mk 12,28-34 führen die Aussagen zu Anfang des Evangeliums. Markus rundet seine Komposition ab, indem er am Ende der Gespräche Jesu einen Schriftgelehrten auftreten läßt. Ferner ist aber Mk 11f so von der Darstellung Jesu als des überlegenen Lehrers geprägt, daß im Blick auf die Publikumsakklamation in 1,22 eine Hervorhebung notwendig erscheint. Dies erreicht Markus einerseits mit dem jeweiligen Anerkenntnis (καλῶς) in V 28.32. Er steigert es andererseits (im dritten Schritt) mit der wiederholenden und kompensierenden Aussage der Vv 32f, denen die Bestätigung durch den Lehrer in V 34a.b folgt. Für Markus hat es also durchaus sein Gewicht, von einem einzelnen Schriftgelehrten zu sprechen. Es erfolgt nicht nur die Wiederholung und ausweitende Konzentration der Lehre Jesu in diesem Falle (12,29ff) aus dem Munde dieses Schriftgelehrten. In Blick auf den Anfang des Evangeliums zeigt sich zudem eine Öffnung der Aussage von 1,22, die für die Diastase in 1,22 den Ausgleich herbeiführt[27]. So nimmt Markus in

---

26 Einerlei, ob gegen die Priorität des Markus-Textes die Q-Tradition oder eine eigene Markustradition als ursprünglich angenommen wird (siehe dazu unten S. 263ff). geht das Auftreten eines νομικός in Lk 10,25 auf die lukanische Redaktionstätigkeit zurück (vgl. 7,30; 11,45.46.52; 14,3). In Mt 22,35 ist νομικός textlich unsicher. Die Markusnennung eines Schriftgelehrten würde nach Mt 22,34 stören. Daher ist νομικός in Mt 22,35 wohl auch besser adjektivisch zu verstehen; zur Diskussion vgl. Mundla, a.a.O. 117.

27 So auch Kuhn, a.a.O. 304 (so schon Bornkamm, a.a.O. 37.42f) ohne Verweis auf 1,22, siehe zum Ganzen oben S. 254 Anm. 24. Gerade ein Schriftgelehrter bestätigt die Lehre Jesu. Daß 12,28-34 im Horizont der Gerichtsankündigung gegen die Jerusalemer Autoritäten zu interpretieren sei, ist mir (mit Kuhn, a.a.O. 306f.308f) unzweifelhaft. Aber die Aussage von V 34b, die für Markus schon allein

12,34a.b zwar nicht die Aussage von 1,22 zurück. Aber die Übereinstimmung Jesu mit dem einen Schriftgelehrten zeigt, daß auch einem Schriftgelehrten die βασιλεία offensteht, nicht verschlossen ist. Somit bestätigt sich auch vom Ende des Abschnitts in V 34b das Bild, das sich für die Schriftgelehrtengruppe im Ganzen des Markus-Evangeliums ergibt (siehe 4.2.). Markus zeichnet die Schriftgelehrten nicht als Vertreter einer Gegnergruppe, welche Jesus unvereinbar gegenübersteht. Vielmehr ermöglicht Markus mit seiner Darstellung den Ausgleich über den Gegensatz der Lehre hinweg.

Redaktionskritisch betrachtet könnte eine in der Tradition vorgegebene Nennung des Schriftgelehrten Markus ein willkommener Anlaß zur Ausdeutung gewesen sein[28]. Jedoch sehe ich gegen die markinische Herkunft dieser Nennung kein überzeugendes Argument aufgeboten. Vielmehr erreichen die Gespräche von Mk 11f in 12,28-34 mit der Frage nach der ἐντολὴ πρώτη ihren Höhepunkt[29]. Diese Frage ist einem

---

    von der Begrifflichkeit her tragend ist, macht deutlich, daß diesem einen Schriftgelehrten das Heilsgeschehen Gottes offensteht. Gegen Berger, a.a.O. 201, ist aber nicht die Übereinstimmung mit der Lehre Jesu (im Sinne von Röm 2,28, zufolge Bornkamm, a.a.O. 43) der entscheidende Faktor, der die Aussage von V 34b zuläßt, sondern die Erkenntnis, daß Jesus aus göttlicher Vollmacht (1,22) der eine Lehrer (12,14!) ist. Nicht die Lehre als solche, sondern die theologische Deutung des Lehrers, dem es zu folgen gilt, ist das Kriterium, das hinter V 34b steht. Vgl. dazu die Feststellung Schrages von anderer Warte aus, "daß sich Jesu Lehre nicht so von seiner Person trennen läßt, wie die Lehre des Pythagoras von der Person des Pythagoras" (EvTh 42, 1982, 243). Die christologische Abzweckung läßt sich m.E. für Mk 12, 28-34 nicht von der Hand weisen (gegen Bornkamm, ebd., wenn auch dessen Darlegung, die sich wohl gegen Fuchs, Fragen 1-20, richtet, in dieser Richtung seine Berechtigung hat). Was dem Schriftgelehrten noch fehlt (vgl. οὐ μακράν ...), ist gerade die die Erkenntnis des einzigen, göttlichen Lehrers übersteigende Erkenntnis der Person Jesu (gegen Stock, Bib. 59, 1978, 497f.508).

28 Vgl. Mundla, a.a.O. 229f.
29 Demgegenüber zeigt die lukanische Bearbeitung eine andere Interpretationsrichtung. Lukas ist nicht mehr in erster Linie am Gesetz als solchem, sondern an dessen Anwendung interessiert. Daher gliedert er die Frage in seinen »Reisebericht« unter dem Leitmotiv der praktischen Unterweisung ein (siehe Lk 10,29-37).

Schriftgelehrten unter bestimmten Traditionsbedingungen adäquat[30]. Sie wäre aber ebenso einem anderen Fragesteller zuzuschreiben, ähnlich der ursprünglichen Tradtion in 10,17. Daneben zeigt sich Markus auch in den anderen Gesprächen in Kapitel 11f an der Identifizierung der Fragesteller interessiert. Wird einerseits die vollkommene Übereinstimmung zwischen Jesus und *einem* Schriftgelehrten, andererseits dessen Nähe zur βασιλεία τοῦ θεοῦ in einem weiteren Schritt herausgestellt, so erscheint die Ausnahme als teilweise Aufhebung der Gegnerschaft, welche das Evangelium beherrscht[31]. Die Überlegenheit des Lehrers, die in 12,17.27.28 bisher von Markus nur indirekt zum Ausdruck gebracht wurde, erhält nun ihre explizite Bestätigung, indem auf die Kennzeichnung Jesu 12,14 und implizit auf die Andersartigkeit der Lehre gegenüber der Lehre gerade dieser Gruppe (1,22) zurückgegriffen wird. Wie in 12,17 die Pharisäer Anerkennung zollen, so hier der eine Schriftgelehrte. Wird nun als letztes die Auffassung vertreten, das Markus-Evangelium und Markus selbst wiesen im übrigen "spezifisch hellenistisch-jüdische Tendenzen" nicht auf[32], so trifft die Beobach-

---

30 Die Rabbinen kennen die Unterscheidung verschiedener Wertigkeit im Sinne eines ersten Gebotes nicht (vgl. Nissen, Gott 330-342). Wenn es um die Zusammenfassung des Gesetzes geht, handeln sie im Rahmen ethischer Grundsätzlichkeit unter Einfluß von hellenistisch vorgeprägter Popularphilosophie. Zum bekannten Beispiel der "Goldenen Regel" (bShab 31a) in der Verwendung bei Hillel siehe Nissen, a.a.O. 389-399, und insgesamt a.a.O. 389-416. Die Frage nach dem ersten Gebot als solche setzt Traditionsbedingungen des hellenistischen Judentums voraus, wozu die Antwort (Einzigartigkeit Gottes) mit reichem Parallelmaterial vergleichbar ist. Aber auch der Bezug auf das Gebot der Nächstenliebe als die sekundäre Fortführung paßt in den Bereich hellenistisch-jüdischer Anschauungen (vgl. zum Ganzen Berger, a.a.O. 143-151).

31 Daß "Markus sonst über die Schriftgelehrten so positiv nicht denkt" (Burchard, a.a.O. 46), ist kein überzeugendes Argument gegen die markinische Bearbeitung. Denn erstens geht es hier um eine Einzelperson dieser Gegnergruppe. Zweitens bringt Markus, auch wenn er eine weitgehend geschlossene Tradition von V 28b-34b übernommen hätte, ein Korrektiv seiner im übrigen Evangelium gegebenen Darstellung an, zudem in der exponierten Endstellung des Gespräches.

32 Kuhn, a.a.O. 301 Anm. 11.

tung eher die Tradition als die Redaktion. Es ist unstrittig, daß in V 32-33 komprimiert Einzelüberzeugungen dem hellenistisch-jüdischen Bereich entnommen werden, die dort weit verbreitet waren und grundsätzlicher Natur sind. Eine Übernahme ins Evangelium kann dem Redaktor von daher mit dem gleichen Grad an Wahrscheinlichkeit zugetraut werden, wie sie der Tradition im vormarkinischen Stadium zugeschrieben wird.

Die dem Redaktor Markus *vorgegebene Überlieferung* umfaßt somit 12,28c-31[33] mit vorangestellter Exposition, die einen im näheren nicht genannten Fragesteller auftreten läßt. V 31c hat für die Tradition inklusiven Charakter zur Eingangsfrage. Mit V 31c wird die Divergenz von Frage (ποία ἐστὶν ἐντολὴ πρώτη πάντων;) und Antworten (πρώτη - δευτέρα) im μείζων τούτων ἄλλη ἐντολὴ οὐκ ἔστιν aufgelöst. Diese Klammer mutet literarisch an, kann aber als Abschluß ebenso in mündlicher Überlieferung gebildet worden sein. Die Inklusion wird man aus formalen Gegebenheiten erklären können, möglicherweise aber auch als Spur einer Bearbeitung der Überlieferung. Wenn es sich in 12,30 und V 31 um die sekundäre Kombination zweier Gebote handelt[34], wird hier die Verklammerung sichtbar[35]. Allerdings ist die Annahme einer sekundären Kombination in 12,28c-31 mit der unausräumbaren Hypothek belastet, daß deren primäre Tradition, soweit sie V 28c.30 umfaßt, als Jesusgut innerhalb der christlichen Gemeinde nicht überlieferungswürdig sei[36]. Aber das Herausragende der Überlieferung ist gerade die Kombination selbst, nicht das Bekenntnis zur monotheistisch ausgerichteten Gottesliebe. Wenn auch V 31c beide Gebote nebeneinan-

---

33 Vgl. zum Hintergrund der Überlieferung Mundla, a.a.O. 143-173, und die in ihrer Art anders vorgehenden Analyse von Berger, a.a.O. 56-176, sowie die umfassende Untersuchung durch Nissen, a.a.O.
34 Gegen Fuller, a.a.O. 323, ist wenig wahrscheinlich, daß die ursprüngliche Fassung eines Doppelgebotes auseinandergerissen wurde zur Formulierung eines doppelten Gebotes, um so mehr, als V 32f deutlich sekundär diese Trennung auflöst. Gleiches gilt zu Neuhäusler, Anspruch 115, der die Vv 32f für ursprünglich hält.
35 Vgl. Berger, a.a.O. 189f.
36 Siehe Gnilka, Markus II, 163; Mundla, a.a.O. 123 (gegen Berger, a.a.O. 183f.189f).

der ordnet, besteht doch kein Zweifel, daß πρώτη - δευτέρα auch eine Rangordnung festlegt. Jedoch liegt schon hier ein deutlicher Hinweis auf eine sekundäre Zusammenstellung. Die Frage nach der ἐντολὴ πρώτη erhält im hellenistisch-jüdischen Bereich innerhalb der unbestrittenen Rangfolge der Gebote mit dem Gebot der Gottesliebe ihre selbständige Antwort[37]. Anders kann es mit der Frage ἐντολὴ πρώτη πάντων stehen, der alten crux interpretum. Entscheidet man sich so, daß πάντων für πᾶσων stehe[38], ist die Schwierigkeit nicht gelöst. Denn auf die Frage, welches das erste aller Gebote sei, paßt die Zitierung zweier Gebote schlecht.

Die Frage V 28c und ihre Antworten werden nur dann verständlich, wenn die Frage nicht auf eine Rangfolge der Gebote abzielt, unter πάντων also "in einem weiteren Sinne alles, was Gottes Willen entspricht"[39], verstanden wird. Dieses Verständnis der Frage in V 28c zeigt starke Anklänge an die spätere rabbinische Szene Shab 31ᵃ. Ebenfalls die Frageintention entspricht der grundsätzlichen Ausrichtung der Antwort Hillels mit Hilfe der sogenannten Goldenen Regel[40]. Wenn auch andere Szenen, besonders Sifr. Lev 19,18, dieser generellen Tendenz nicht entsprechen, so zeigt sich gerade für Hillel der hellenistische Einfluß[41]. Für die synoptische Überlieferung sind diese Berührungen möglicherweise so auszuwerten: Die besondere Betonung des Schᵉma mit dem Gebot der Gottesliebe hat seinen Sitz im hellenistisch-jüdischen Bereich. In der Binnensituation von christlicher und jüdischer Gemeinde ist dessen Geltung selbstverständlich. Röm 13,9; Gal 5,14; Jak 2,8 (Mt 19,19) sprechen in ebensolche Binnensituation und zitieren - wie oftmals im Vergleich zu Mk 12,28-34 festgestellt - al-

---

37 Siehe Philo, Decal 52.65 und weitere Belege bei Berger, a.a.O. 190; Mundla, a.a.O. 149f; vgl. Burchard, a.a.O. 54f.
38 So Haenchen, Weg 412; Grundmann, Markus 334; Schmithals, Markus II, 538 (siehe jeweils die Übersetzung).
39 Berger, a.a.O. 189. In diesem Sinne siehe auch später Herm, mand 1,1 (mit πιστεύειν verbunden).
40 Siehe dazu Nissen, a.a.O. 390-399.
41 Siehe Nissen, a.a.O. 390-415, und vgl. außerdem die Belege bei Bousset-Greßmann, Religion 138; Billerbeck I, 357.460. Zur Aqiba-Szene siehe Nissen, a.a.O. 282-292.400f.

lein das Gebot der Nächstenliebe. Dieses gehört also zum eigentlichen Bestand frühchristlicher Gemeindeunterweisung.

Für die *Überlieferungsgeschichte* von Mk 12,28-31 ergeben sich daraus diese Folgerungen: Handelt es sich in V 29-31 um eine sekundäre Kombination zum doppelten Gebot der Liebe zu Gott und zu dem Nächsten, so liegt es nach den genannten Beobachtungen im Bereich des Wahrscheinlichen, daß nicht V 31 zu V 30 trat, sondern das Gebot der Nächstenliebe durch das Gebot der Gottesliebe ergänzt und mit dem Bekenntnis zum εἷς θεός verbunden wurde. Daß in V 29-31 eine sekundäre Kombination vorliegt, zeigt V 31c. Diese Schlußbemerkung gleicht die Unstimmigkeit zwischen Frage (ἐντολὴ πρώτη) und Antwort (πρώτη - δευτέρα) aus. In der Binnensituation einer (juden-) christlichen Gemeinde bildet das Gebot der Nächstenliebe die adäquate Antwort auf die Frage nach dem höchsten Gebot. Erst als die Überlieferung aus diesem Binnenbereich heraustrit, wird das Gebot der Gottesliebe dem der Nächstenliebe unter der Fragestellung des höchsten Gebotes vorgeordnet. Was vorher selbstverständliche, ungenannte Voraussetzung war, ist jetzt ausdrücklich zu nennen. Das Zusammenkommen beider Gebote trägt also der Gemeindesituation Rechnung, in welcher die Gemeinde gegenüber dem Hellenismus das Bekenntnis zu dem einen und einzigen Gott und das Gebot, ihn zu lieben, als höchste Forderung erhoben hat. In diesem Überlieferungsstadium von Mk 12,28ff setzt ein komplizierter Prozeß ein, der das Gebot der Nächstenliebe den religionsgeschichtlichen Voraussetzungen, die das hellenistische Judentum stellt, angleicht. Daß dabei auf Dtn 6,4f zurückgegriffen wird, ist durch die Eingangsfrage nach der ἐντολὴ πρώτη veranlaßt, die das Bekenntnis zum Monotheismus als Antwort in diesem Überlieferungsbereich voraussetzt. Das dort in der Zitierung von Dtn 6,4f folgende Gebot der Liebe zu Gott stellt die Brücke zur ursprünglichen Überlieferung der Nächstenliebe her[42]. Die Zusammenordnung

---

42 Zufolge Berger, a.a.O. 190 (siehe auch Merklein, a.a.O. 102), wurde Dtn 6,4 sekundär (Markus) V 30f zugefügt, womit im weiteren die Formbestimmung begründet wird (Berger, a.a.O. 190f). Aber bei dieser Annahme bleibt fraglich, erstens ob die Bekehrungssituation in ihrer Anknüpfung an die Proselytenunterweisung des

der beiden Gebote, das der Liebe zu Gott und das der Liebe zum Nächsten, entspricht dem Schema von εὐσέβεια und φιλανθρωπία[43] und hat dieses zur Voraussetzung[44]. Handelt es sich um eine überlieferungsgeschichtlich sekundäre Kombination, so bildet Mk 12,29-31 nun eine traditionsgeschichtliche Einheit mit klarer Gliederung (πρώτη - δευτέρα) und einer der Ausgangsfrage entsprechenden Abrundung (V 31c).

Der *Entstehungsprozeß* der in 12,28-34 enthaltenen Tradition stellt sich also so dar: Die mündliche Überlieferung bestand aus der Gesprächsszene von der Eingangsfrage nach dem höchsten (πρώτη) Gebot und der Antwort mit dem Gebot der Nächstenliebe. Diese Überlieferung dürfte im Milieu frühchristlicher Gemeindeunterweisung fest ver-

---

Diasporajudentums innerhalb der Markusgemeinde entscheidend zu der für Matthäus und Lukas angenommenen differiert; zweitens ob Markus ausdrücklich mit Bekenntnisanklang das Sch^{e}ma zitiert (siehe zum Problem Zitation oder Bekenntnis ebd. Anm. 1); drittens ob Markus den eigentlichen Imperativ im ἄκουε ᾽Ισραήλ "sah" (ebd.). So muß Berger zugestehen, daß "sich dieser Text (Dtn 6,5) als Formulierung des Hauptgebotes geradezu angeboten" habe (ebd.). Markus ist zwar auch an anderer Stelle an dem Bekenntnis zu dem einen Gott interessiert (siehe 2,7 veranlaßt durch βλασφημεῖ, 10,18 durch ἀγαθέ). Aber die dort angewandte Bearbeitungsweise unterscheidet sich von der in Mk 12,29 und erklärt nicht die ausgeführte Zitierung des Sch^{e}ma. Für Markus wäre vielmehr das analoge εἷς ὁ θεός zu erwarten, das er in V 32 andeutet, wenn auch durch V 29 begünstigt.

43 Natürlich ist die Zusammenordnung bei Philo nicht ganz dieselbe wie die von Dtn 6,5 und Lev 19,18, siehe Gnilka, Markus II, 167; Mundla, a.a.O. 225 (vgl. a.a.O. 150-156); Moo, JSNT 20, 1984, 33 Anm. 27. Aber der Zusammenordnung in V 30f liegt kein methodisches Prinzip der Schriftauslegung zugrunde, sondern das Bekenntnis zu dem einen Gott und das Gebot der Nächstenliebe werden nach dem bekannten, im Hellenismus beheimateten Prinzip höchster Sittlichkeit miteinander verbunden, ebenso wie in TestIss 5,2; 7,6 (siehe dazu Mundla, a.a.O. 215f und ebd. Anm. 638). Bezeichnend ist also die Systematik des Denkens, siehe dazu Bornkamm, Aufsätze IV, 92f.

44 Vgl. Berger, a.a.O. 142-176; Merklein, a.a.O. 103.

haftet gewesen sein. Das Gebot der Nächstenliebe, das dort die Sozialgebote im Gesetz zusammenfaßt[45] beziehungsweise als wichtigstes Gebot verstanden wird[46], wird innerhalb der Ausformung der Jesusüberlieferung auf Jesus zurückgeführt. Das Jesuswort wird im Trägerkreis frühchristlicher Missionare auf hellenistischem Boden unter Anlehnung an hellenistisch-jüdisches Gedankengut rezipiert und der neuen Situation entsprechend überarbeitet. Leitend hierfür war das Bekenntnis zu dem einen Gott. Entsprechend der Fragestellung wird es als das erste Gebot zitiert im Rückgriff auf den traditionellen Text von Dtn 6,4. Das Gebot der Liebe zu Gott (Dtn 6,5) tritt, der Abfolge in Dtn 6,4f entsprechend, hinter das Bekenntnis zu dem einen Gott und, durch die Stichwortassoziation begünstigt, vor das Nächstenliebegebot. Diese Zusammenstellung entspricht formal dem überkommenen Prinzip höchster Sittlichkeit in der vollkommenen Erfüllung des Gotteswillens. Das schwierige Verständnis der ἐντολὴ πρώτη πάντων zeigt sich damit in seiner ganzen Ambivalenz, sowohl im Sinne des vornehmsten Gebotes aller Gebote als auch in der Summe des höchsten Gebotes von allem. Durch die Klammerung mit V 31c wird diese Ambivalenz im Sinne doppelter Gebotssetzung literarisch aufgefangen.

Die synoptischen Parallelen zeigen gegenüber dieser vormarkinischen Fassung die Konzentrierung auf ein Doppelgebot hin, wie es schließlich auch Mk 12,32f zu formulieren weiß. Auf die schwierige Quellenlage ist hier nur in bezug auf deren grundsätzliche Probleme einzugehen, da sie jüngst im ganzen einer prüfenden Analyse unterworfen wurde[47]. Für die Formanalyse ist zudem allein die Frage nach der ursprünglichen Tradition beziehungsweise einer möglichen, der vormarkinischen Tradition vorausliegenden Einheit von Interesse. Das Verhältnis der Parallelen zueinander wird entweder mit ihrer Abhängigkeit vom vorliegenden Markustext[48] im Sinne einer strengen Handha-

---

45 Siehe Röm 13,9.8-10; Gal 5,14; vgl. Jak 2,8; ferner Mt 19,19.
46 Siehe Jak 2,8.
47 Siehe Mundla, a.a.O. 110-119. Zutreffend beschreibt er diesen Tummelplatz der Hypothesen synoptischer Quellenkritik mit "tot auctores quot opiniones!".
48 Siehe Albertz, Streitgespräche 26.34; Zimmermann, FS Schlier, 61f; Laufen, Doppelüberlieferungen 89; Schneider, Lukas I, 47; Mundla, a.a.O. 119.

264   Die Streit- und Schulgespräche (Analysen)

bung der Zweiquellentheorie erklärt oder damit, daß noch eine weitere Tradition aus Q oder Lukas-Sondergut Verwendung fand[49] oder daß alle drei Synoptiker einen eigenen Text beziehungsweise eine gegenüber der vormarkinischen Tradition ursprüngliche Überlieferung benutzt haben[50].

Am stärksten weichen Matthäus und Lukas jeweils darin von Markus ab, daß sie die Gesprächsszene kritisch interpretieren, indem sie eine Konfliktsituation zeichnen[51]. Beide weisen darin je für sich topisches oder aus dem Markus-Evangelium bekanntes[52] Material auf. Es fehlen die positiven Kennzeichnungen des Fragestellers, die der Markustext bietet. Selbst Mk 12,34c erscheint an je anderer Stelle[53]. Letz-

---

49 Siehe Bultmann, a.a.O. 21; Kuhn, a.a.O. 301 Anm. 11; Berger, a.a.O. 203; Hultgren, a.a.O. 48f; Pesch, Markus II, 245f; vgl. Haenchen, Weg 413; Beilner, Pharisäer 133f; Grundmann, Markus 335f.

50 Mit drei Fassungen rechnet Lohmeyer, Markus 257; mit redaktioneller Gestaltung der Markus-Überlieferung und je Sondertraditionen für Matthäus und Lukas Suhl, Funktion 89. Nach Vorgang von Bornkamm, Aufsätze II, 43f, nimmt Lührmann, Redaktion 32 Anm. 1, ältere Varianten der vormarkinischen Tradition an (siehe dazu kritisch Burchard, a.a.O. 41); Burchard, ebd., bestimmt eine unabhängige Lukas-Fassung. Priorität der Matthäus-Fassung vertritt Fuller, a.a.O. 320ff.

51 Der Reihenfolge bei Markus entsprechend verknüpft Matthäus mit Hilfe der Konfliktdarstellung den Abschnitt mit der Sadduzäerfrage und bringt die Pharisäer ins Spiel. Zum Neueinsatz in Lk 10,25 siehe Fiedler, Formel 37; Schramm, Markus-Stoff 91f; außerdem ist ἀνίστημι ein lukanisches Vorzugswort. In bezug auf die Gestaltung der Streitsituation zeigt Matthäus größere Nähe zu Markus, da hier Jesus antwortet, wogegen Lukas durchaus formgemäß (siehe nur Mk 10,3f) den νομικός antworten läßt.

52 Mit (ἐκ)πειράζων leiten Matthäus wie Lukas zur Steuerfrage zurück - aber in je anderer Weise: bei Matthäus mit der kritischen Deutung (vgl. Barth, WMANT 1, 71) bei Lukas mit der Darstellung des Lehrers. Ähnlich der Vorgehensweise des Markus in 10,2-12; 11,27-32; 12,13-17 betreffen die Änderungen, die zu einem angeblichen (so in der Kritik zutreffend Pesch, Markus II, 246) Streitgespräch führen, vor allem den Gesprächsrahmen, nicht das Gespräch selbst.

53 Matthäus beschließt mit der Bemerkung seine Darstellung der Jerusalemer Gespräche (Mt 22,46). Lukas bringt die Bemerkung wie Markus vor der Davidsohnfrage (Lk 20,40).

teres und weitere Indizien zeigen aber, daß Matthäus wie Lukas den Markustext kannten[54]. Mk 12,32f im Munde des Schriftgelehrten fällt der kritischen Interpretation des Fragestellers als eines Gegners zum Opfer. Ebenso werden Anfangsfrage und Antwort Jesu unter je eigenem Interesse der Redaktion umformuliert[55] und gestrafft[56]. Am deutlichsten zeigt dies die Lukas-Fassung: Lukas fügt die Überlieferung nicht nur an einer anderen Stelle in sein Evangelium ein, sondern gibt ihr auch einen anderen Zusammenhang als Vorspann zu Lk 10,29-37[57]. Der gegenseitigen Übereinstimmung zwischen Matthäus und Lukas in der Nennung eines νομικός liegt ebenfalls keine gemeinsame Tradition zugrunde[58]. Markus repräsentiert also die ursprüngliche Tradition. Die Abweichungen in den synoptischen Parallelen können als jeweils eigene redaktionelle Bearbeitungen des Markustextes verstanden werden.

Der *Form* nach stellt die ursprüngliche Tradition ein Schulgespräch dar[59]. In seiner redaktionellen Bearbeitung erweitert Markus

---

54 Vgl. Zimmermann, a.a.O. 62; vgl. noch Lk 10,28 mit Mk 10,34; Lk 20,39f mit Mk 12,28.34.
55 In der Eingangsfrage umgeht Matthäus die Schwierigkeit des πάντων aus eigenem theologischen Interesse (vgl. Mt 22,40). Lukas will auf den Wandel hinaus (siehe Lk 10,28-37) und gleicht daher die Frage Lk 18,18 (Mk 10,17parr) entsprechend an.
56 Für Matthäus ist die Zitierung von Dtn 6,4 von seiner Einleitungsfrage und dem Folgenden her entbehrlich. Lukas streicht von seinem praktischen Anliegen her. Die Zusammenstellung des doppelten Gebotes zu einem Doppelgebot läßt sich ebenfalls als je eigene Bearbeitung des Markustextes verstehen: Matthäus bricht die πρῶτον-δευτέρα - Gliederung nicht auf, bindet aber durch die Gleichsetzung (δευτέρα δὲ ὁμοία αὐτῇ) beide Gebote enger als Markus zusammen. Lukas rückt die beiden Gebote auch syntaktisch zueinander. Vgl. die weiteren Argumente in bezug auf den Einfluß und die Vorprägung in der Wiedergabe des Doppelgebotes bei Mundla, a.a.O. 131-138 (im einzelnen auch zu Thomas, NTS 22, 1976, 205-214, ebd. 135f).
57 Vgl. Mundla, a.a.O. 114-117.
58 Siehe oben S. 256 Anm. 26.
59 So auch Mundla, a.a.O. 142f, mit der Mehrzahl der Exegeten, allerdings bei anderer Abgrenzung der Überlieferungseinheit (vgl. aber dagegen die Einwände Bergers, a.a.O. 184). Literarisch kommt der Markus-Text einem (Kurz-)Dialog nahe, zumindest kann man ihn dialogartig nennen (so Berger, ANRW II, 25.2, 1304), wozu gerade die komprimierende Wiederholung und die weitertreibende Spitze

die Tradition, indem er durchaus formgemäß vor der Schlußbemerkung mit einem Jesuswort schließt.

---

in V 32f passen. Gegen Berger, Gesetzesauslegung 184, kommt jedoch dem Lehrer der Darstellung in 12,28-34 zufolge nicht "Klugheit und Weisheit" im Denkhorizont von Witz und Schlagfertigkeit zu, auch entzieht sich der Lehrer Jesus in 12,29ff nicht einer Fangfrage (gegen Berger, ANRW II, 25.2, 1105). Zu der seit Bultmann, a.a.O. 53, vertretenen Auffassung, Matthäus habe ein Streitgespräch geformt (so auch Hultgren, a.a.O. 49) siehe oben S. 264 Anm. 52. Auch in der Bestimmung einer literarischen Gattung ist die Ausrichtung der Gesprächsgänge konstitutiv (Den Begriff "Motivation", Mundla, a.a.O. 143, halte ich dagegen für problematisch, weil er den Gesprächsrahmen mit einbezieht). Der literarischen Darstellung in Schul- (und Lehr-)Gesprächen geht es primär um die Vermittlung des Jesusgutes. Diese Vermittlung wird nicht durch die Gegnerkennzeichnung oder die (kritische) Einordnung der Fragesteller erreicht, sondern durch das Gesprächsgeschehen als solches. Insofern ist die Abhebung der Form der Streitgespräche gegenüber der der Schulgespräche, welche Bultmann, ebd., vorgenommen hat, neu zu bedenken.

3. DIE FORM DER STREIT- UND SCHULGESPRÄCHE

Nach den oben gegebenen Analysen der einzelnen Überlieferungseinheiten stellt sich nun die Aufgabe, die Einzelergebnisse in der Formanalyse zusammenzufassen. Zugleich dient die Formanalyse der Korrektur, Bestätigung oder Vertiefung der zu Anfang der Untersuchung (2.1.) vorgestellten Arbeitshypothese und der dort vermuteten Abgrenzung der Gesprächsformen von Streit- und Schulgesprächen.

3.1. Die Form der Streitgespräche

Zur Frage nach den Elementen, welche die Form der Streitgespräche konstituieren, haben wir einführend (2.1.) festgestellt: Die Streitgespräche besitzen verschiedene Darstellungs- und Formelemente. Wesentlich und bestimmend für die Form sind Vorwurf und Antwort. Ebenso notwendig, aber nicht formbestimmend wirken die Exposition (mit dem Auftreten von Fragestellern) und die verbindenden Überleitungen innerhalb des Gesprächsganges.

Welche Bedeutung hat aber die Schilderung eines Anlasses zu Beginn eines Streitgespräches? Bei Bultmann stellen diese Schilderungen ein Klassifizierungsmerkmal dar. In den Gattungsbestimmungen durch Dibelius und Hultgren werden die Schilderungen als unentbehrliche Bestandteile der Paradigmen beziehungsweise der conflict stories angesehen. Aber schon bei der Betrachtung der äußeren Struktur der Streitgespräche erheben sich Zweifel an dieser Einschätzung[1]. Es legt sich vielmehr der Eindruck nahe, daß neben der *Gesprächsszene* (Ex-

---

1 Siehe oben S. 12f.

position, Vorwurf und Antwort) eine *zweite Szene* gestaltet wird. Im Unterschied zu der Gesprächsszene bezeichne ich diese Szene als *Rahmenszene*. Die durch die Gesprächsszene repräsentierte Form nenne ich *Grundform* gegenüber der späteren Form, in welcher Markus die Überlieferungseinheiten in sein Evangelium einfügt[2]. Zur Klärung des Eindrucks, insgesamt seien zwei Szenen gestaltet worden, betrachten wir im folgenden den Zusammenhang von Rahmenszene und Gesprächsszene näher.

3.1.1. Die Grundform der Streitgespräche

Die Rahmenszene ist in Gestalt einer Situationsschilderung des Verhaltens Jesu oder des Verhaltens der Jünger der Gesprächsszene vorangestellt. In der Rahmenszene erfolgt eine knappe Beschreibung dieses Verhaltens, wie die Fälle Mk 2,15; 2,23; 7,2 (vgl. auch Mt 12,22.23a par Lk 11,14f) zeigen. Diese Rahmenszenen sind den Streitgesprächen angemessen, da sie dem Hörer den folgenden Konflikt vor Augen führen. Im einzelnen werden in den Rahmenszenen konkrete Einzelübertretungen jüdischer Lebensordnung dargestellt. Allerdings erweist sich für das Streitgespräch die Evidenz des vorangestellten Konfliktgeschehens erst darin, daß sich dieses Geschehen und der Konfliktpunkt beziehungsweise die Antwort des Gesprächs einander entsprechen. Dies bedeutet, die Rahmenszene ist aus dem Konfliktpunkt und seiner Lösung in der Antwort Jesu verständlich, nicht aber unbedingt die Antwort Jesu zwingend aus der Szene[1].

Bultmanns Bezeichnung einer "ideale(n) Szene"[2], welche den Redeakt der Zeitgenossen mitumfaßt, geht über diese Frage der gegensei-

---

2 Berger, Gesetzesauslegung 580, spricht in bezug auf 2,16f; 12,13-17 von einer "Urform", die nur das Logion und die Frage der Pharisäer enthalten habe.

1 Eine andere Frage ist die, ob die Szenendarstellung einerseits der Antwort oder andererseits dem Vorwurf auch im einzelnen entspricht, vgl. Berger, a.a.O. 578 (10.), und siehe dazu unten S. 287ff.

2 Geschichte 40.

tigen Entsprechung hinweg. Mit der Auffassung, die Idee werde aus dem Herrenwort heraus in der Szene veranschaulicht[3], sieht Bultmann die Konkretion des Gespräches durch die Gemeinde herausgestellt. Dies bleibt unbestritten. Aber wenn Anlaß, Exposition und Vorwurf als szenische Einheit betrachtet werden, kommt der Stimmigkeit zwischen Rahmenszene und Gespräch keine Beachtung zu. Gegen diese Betrachtungsweise spricht jedoch, daß die Rahmenszene durch das Auftreten einer dritten Person(engruppe) (z.B. von Gegnern oder Fragestellern), welche im Gesprächsverlauf dominiert, durchbrochen wird[4]. Ebenfalls ohne Bedeutung für Bultmanns Betrachtung ist die Frage, wieweit sich Rahmenszene und Vorwurf direkt entsprechen. Hierzu kann man beobachten, daß der Vorwurf die Situationsbeschreibung nur teilweise und auch nur in Einzelfällen aufnimmt. Allein in Mk 7,5 wird auf die Rahmenszene mit dem erläuternden Vorwurf κοιναῖς χερσὶν ἐσθίουσιν τὸν ἄρτον konkret Bezug genommen[5]. Der konkrete Konfliktpunkt wird schon in der Rahmenszene genannt (7,2). In 2,15-17 zeigt sich zwar eine Entsprechung zwischen der Rahmenszene 2,15 und dem Vorwurf 2,16c in der Sache, aber keine konkrete Entsprechung. Denn in 2,15 sind die Zöllner und Sünder die Handelnden (συνανέκειντο τῷ Ἰησοῦ), der Angriff erfolgt aber gegen das Verhalten Jesu. Der Vorwurf wäre der Szene adäquat, bezöge er sich auf V 15a, zielte er also auf das Betreten des Hauses des Zöllners. Dem aber entspricht nicht das ausdrückliche ἐσθίει (V 16).

Diese Beobachtungen legen die Vermutung nahe, daß die Schilderung eines Anlasses in dem Verhalten der Jünger oder Jesu ein selbständiges Element gegenüber der Gesprächsszene bildet. Diese Schil-

---

3   A.a.O. 48 Anm. 3.
4   Bultmann, a.a.O. 335, verweist in diesem Zusammenhang auf das Gesetz der "szenischen Zweiheit". Aber in den von Bultmann (a.a.O. 43-46) angeführten Formanalogien fehlen Rahmenszenen, in denen Dritte auftreten. In hellenistischen Stücken sind solche Rahmenszenen nach meinen Beobachtungen sehr selten (siehe unten den Exkurs).
5   Obwohl 7,2 (der vorgelegten Analyse zufolge, siehe oben S. 79f) von Markus stammt, wird die Rahmenszene von Mk 7 in die Überlegungen einbezogen, da der Vorwurf 7,5 diese Szene beinhaltet.

derung und damit die Komposition einer Rahmenszene erfolgt auf die Gesprächsszene hin. Den Rahmenszenen gemein ist ihre Tendenz, das Gespräch in einer konkreten Situation des Wirkens Jesu zu verankern. Den Ausgangspunkt dieser historischen Fixierung bildet in der Regel die Antwort Jesu, deren Gnomik (Aussagekraft) in der Rahmenszene veranschaulicht wird[6]. In *diesem* Sinne kann die Gestaltung der Rahmenszenen als »ideal« bezeichnet werden.

Ist aber ein Streitgespräch auch ohne die Rahmenszene überlieferbar? Die Formulierung des jeweiligen Vorwurfs scheint dagegen zu sprechen. In 2,24 wird direkt auf das Jüngerverhalten Bezug genommen (ἴδε) und außerdem, wie wohl auch in 7,5, auf das Verhalten der Jünger zurückgegriffen (τί ποιοῦσιν beziehungsweise διὰ τί ἐσθίουσιν). Der finiten Verbform fehlte also der Bezug, wäre das Streitgespräch ohne die Rahmenszene überliefert worden. Allerdings ist die Rahmenszene selbst, wie oben gesagt, auf das folgende Streitgespräch hin angelegt. In dieser Gestaltung beziehungsweise im Überlieferungsprozeß könnte auch die Formulierung des Vorwurfs der Szene angeglichen worden sein. Für diesen Vorgang spricht die erst sekundäre Einfügung in Mk 7,5, durch welche die ursprüngliche Frage nach der »Überlieferung der Alten« mit dem Thema »Rein und Unrein« verbunden wurde. Die Grundform der Streitgespräche wird also mit der Exposition der Fragesteller begonnen haben. Diese Form hat sich (wohl mehr aus sachlichen Gründen) noch in 2,18; 2,16b und 7,5 erhalten. Unserer Analyse zufolge ahmt Markus auch an diesen Stellen die um eine Rahmenszene erweiterte Form des Streitgespräches mit 2,18a. 16a und 7,2 nach.

Ein Blick in die Forschung, gerade auf die Autoren, welche den erzählerischen Charakter der Überlieferungsstücke, die ich Streitgespräche nenne, betonen, erbringt in der traditionsgeschichtlichen Frage, wie das Zusammenkommen von Anlaß und Vorwurf zu klären sei, kein befriedigendes Ergebnis. Indem Hultgren[7] die Bedeutung des narrativen Materials für die Streitgespräche herausstellt, geht seine

---

6 Siehe Berger, a.a.O. 577 (7.)
7 Siehe dazu oben S. 9f.

Betonung zu Lasten der Pointe des Gespräches in der Antwort Jesu. Hultgren und auch Tannehill[8] unterlassen es, die Selbständigkeit der wiedergegebenen Gespräche gegenüber deren situativen Rahmenszenen zu untersuchen. Daher fragen sie auch nicht nach Motiven, die möglicherweise zur Gestaltung des Anlasses geführt haben. Dibelius nimmt zwar die Bedeutung der Rahmenszene auf, wenn er die Stücke als Paradigmen bezeichnet und diese dem Erzählstoff der Evangelien zuordnet. Aber auch er hinterfragt nicht - von seinem methodischen Ansatz her nicht überraschend - das Fehlen einer direkten Entsprechung zwischen dem situativen Konfliktgeschehen und dem Wort Jesu im Paradigma. Wo diese Frage für Dibelius unvermeidlich wird, eliminiert er die Rahmenszene aus dem Entstehungsprozeß der Komposition, indem er annimmt, sie sei markinisch gestaltet (so z.B. für Mk 2,13-17 und 7,1-5)[9]. Anders könnte Dibelius auch einen paradigmatischen Charakter dieser Stücke nicht behaupten[10].

Die Grundform der Streitgespräche gründet in der knappen, skizzenhaften Darbietung einer Gesprächs*szene*. Die Elemente sind beschränkt auf notwendige Regiebemerkungen, ohne besondere Aussagekraft, aber von unerläßlichem Darstellungswert für den Aufbau der Gesprächsszene. Sie verbinden jeweils Rede und Gegenrede, jedoch ohne die Spannung im Aufbau des Gespräches zu steigern. So dient auch die Exposition nur dazu, Fragesteller einzuführen. Entscheidend für die Gesprächsszene ist das Auftreten der Fragesteller, nicht deren (namentliche) Kennzeichnung als Gegnergruppe. Die Gesprächsszene schließt mit der Antwort Jesu. Reaktionen der Fragesteller werden in der Regel nicht genannt.

Im Streit*gespräch* selbst stehen sich der Vorwurf und die Antwort in direkter Rede gegenüber. Diese Verwendung direkter Rede ist stilgemäß. Nur innerhalb der Komposition von 3,1-5 (im schriftlichen Stadium) erfolgt der Gegnervorwurf in indirekter Rede, obgleich auch hier in Korrespondenz zu 3,4 die direkte Rede zu erwarten wäre. Aber im Interesse einer erzählerischen(!) Straffung und Verdichtung erscheint Mk 3,2 als kompositioneller Kunstgriff.

---

8 Vgl. oben S. 14-17.
9 Vgl. Dibelius, Formgeschichte 61 Anm. 1 (zu 2,14-17) und a.a.O. (222f) 223 (zu 7,1-15).
10 Siehe a.a.O. 224.

Die Gesprächsszene lebt von dem direkten Kontrast von Rede und Gegenrede, wenn auch die Jesusantwort den Höhepunkt der Szene und des Gespräches bildet. Für die Gesprächsszene ist aber nicht wichtig, *daß* Jesus den Vorwurf der Gegner abweist, sondern *was* er diesem Vorwurf entgegenhält. Daher braucht, erstens, die Exposition die Fragesteller nicht zu benennen und daher fehlt, zweitens, in den Streitgesprächen die Darstellung einer Reaktion.

Die Spannung im Streitgespräch entsteht durch das Gegenüber von Vorwurf und Antwort, durch den Kontrast der Argumente. Der Vorwurf beanstandet die Gemeindepraxis und beruft sich direkt (2,24; vgl. 7,5) oder implizit (2,16.18; 3,2) auf die geltende Verhaltensnorm der Fragesteller (ὃ ἔξεστιν). Die Antwort setzt eine allgemein einsichtige Sentenz dagegen. Die Form der Streitgespräche bindet also nicht nur die Sentenz an ein Sachproblem. Der Vorwurf gibt der Antwort nicht nur das Stichwort, sondern der Vorwurf ist ein eigenständiges Formelement, welches das Gegengewicht zur Antwort schafft.

Die Komposition eines Streitgespräches zu seiner Grundform setzt eine Debattensituation voraus. Die Formulierung eines (gegnerischen) Vorwurfs ist nur da naheliegend, wo das eigene Verhalten der Kritik ausgesetzt ist. Insofern trifft in bezug auf die Grundform Bultmann das Richtige, wenn er den Sitz im Leben für die Streitgespräche mit Apologetik (d.i. Selbstbehauptung) und Polemik (d.h. in offensiver Funktion) bezeichnet. Da sich der Vorwurf in seiner Begründung auf die jüdische Gesetzespraxis beruft, ist Bultmann hinsichtlich der Grundform auch darin zuzustimmen, daß die Gemeinde ihre Position mit Hilfe der Streitgespräche in der Distanz gegenüber jüdischen Bestreitungen behauptet. Um hier eindeutige Begründungen zu liefern, werden in den nächsten Arbeitsschritten die beiden Formelemente Antwort und Vorwurf näher betrachtet.

3.1.1.1. Die ursprünglichen Antworten

Die Feststellung, daß Vorwurf und Antwort ein Streitgespräch konstituieren, wurde von den Darstellungselementen der Streitgespräche her getroffen. Wieweit läßt sich diese Auffassung auch *formgeschichtlich* halten? Für die sekundären Kompositionen ist die Formgestaltung deutlich. Den Grundbestand bilden in der Regel Sentenzen (Mk 2,17.19a. 27; 3,4; 7,15). Der Sentenzcharakter zeigt sich formal in dem parallelen Aufbau der Logien, inhaltlich in deren zugänglichen Einsichtigkeit. Die Sentenzen sind isoliert tradierbar und unabhängig vom Streitgespräch aussagekräftig. Ihre Form ist die des Weisheitswortes. Ein Logion wie 2,27 steht auf der Grenze, sofern es in der Komposition des Streitgesprächs als Gesetzeswort, in seiner isolierten Aussage als Weisheitswort zu betrachten ist. In den Weisheitsworten wird die Grundlage ordnungsgemäßer Wirklichkeit geklärt. Demzufolge liegt der Vorgang nahe, daß auch mit Weisheitsworten zum Gesetz Stellung genommen wird. Daher können Weisheitsworte innerhalb der Streitgespräche die Norm einer bestimmten Lebens- oder Gesetzesfrage bilden. Die Kennzeichnung der Logien als Weisheitsworte gibt aber nur den Ort an, dem die Logien von ihrer Struktur und ihrem Motivhintergrund her zuzurechnen sind. In ihrer isolierten Form dienen die Logien von Haus aus nicht der Begründung einer bestimmten Praxis. In dieser Funktion erscheinen sie erst in den Streitgesprächen. Voraussetzung zur Bildung der Streitgespräche ist also, daß die Weisheitsworte schon als *Argumente* Verwendung fanden. Diese Verwendung setzt wiederum ein Sachproblem voraus, das mit Hilfe des Weisheitswortes gelöst wird oder gelöst werden konnte. Insofern ist es richtig, daß die Argumente vor den Geschichten existiert haben[1].

Bevor die Logien aber Argumente innerhalb der Jesusüberlieferung wurden, waren sie Weisheitsworte oder einfach Sprichworte. Für Mk 2,19a scheint mir diese Auffassung sicher. Dagegen hatte das Logion vom Arzt 2,17b, wie die Parallelen zeigen[2], schon seinen Sitz im Leben als Argument im Umgang mit diskreditierten Personen. Dieses Logion verrät in seiner Form aber weiterhin den Sprichwortcharakter[3]. Der

---

1 Siehe Bultmann, a.a.O. 48f.
2 Siehe oben S. 90f.
3 So erklärt sich die, im Motiv schon vorgezeichnete (siehe Klauck, Allegorie 152f) allegorische Deutung des Arztes auf Jesus (siehe dazu Böcher, TRE 8, 283,35ff). Diese Deutung hat ihren Ursprung in der Vorstellung vom heilenden Handeln Gottes und erreicht ih-

Gedanke, daß der Sabbat um des Menschen willen geschaffen ist, ist ebenfalls vorgeprägt, dies aber nicht in kritischer Linie dem Gebot gegenüber, sondern im affirmativen Einklagen der Schöpfungsordnung[4]. Das schwierige Wort in 7,15 hat, wie wir gesehen haben[5], als ursprünglich abgelöstes Logion nicht den banalen Sinn[6], der es auf die Frage der Reinheit von Speise oder Händen im Streitgespräch (7,5.15) einschränkt, sondern es entstammt einer Beobachtung der Korrelation von Außen- und Innenaspekt des Menschen in seiner Reinheit vor Gott.

Diesen Weisheitsworten ist ihre argumentative Richtung gemeinsam[7]. Der äußere Anstoß, die Logien als Argumente zu verwenden, besteht sicher in der Debattensituation der christlichen Gemeinde, sich gegenüber jüdischen Vorwürfen und Bestreitungen verteidigen zu müssen. Der innere Anstoß, gerade diesen Logien die apologetische Kraft zuzuschreiben, geht von der unmittelbar einsichtigen Folgerung der Aussage dieser Logien aus. Seinen Ausgang nimmt das Argument nicht von der Gesetzeskritik im Sinne von Gesetzesfreiheit[8], sondern die

---

ren Endpunkt in einem Verständnis, das Ign, Eph. 7,2 bietet (»Einer ist Arzt«), vgl. Paulsen, Briefe des Ignatius 33. In diese Entwicklung paßt auch die Vorstellung, die z.B. Plut I, 1010D wiedergibt (ἰατρὸς ὑπ' αὐτοῦ τοῦ δαίμονος δεδόσθαι), siehe außerdem Plut II, 761E (siehe Martin, SCHNT IV, 503). Die Bildung des Argumentes Mk 2,17b hat von zwei Verständnisweisen her ihren Ausgang genommen. Die eine hat ihre Wurzel in der üblichen Verwendung der Aussage mit der apologetischen Abzweckung, die auch in der paganen Literatur vertreten wird. Die andere Verständnisweise erhellt die durch die Gemeindebildung des Logions verschobene Verstehensachse im Vergleich zu den (S. 90f) genannten Parallelen: Die Bildung des Logions gründet in der Zuwendung Jesu an seine Gemeinde und zugleich in dem Verständnis der Gemeinde, daß sie ihrerseits dieser Zuwendung als Gemeinschaft der κακῶς ἔχοντες bedarf.

4 Siehe oben S. 46ff.
5 Siehe oben S. 68ff.
6 So z.B. Schmithals, Markus I, 343.
7 Siehe oben S. 70.
8 Gegenüber U.B.Müller, NTS 27, 1981, (158-185) 158 Anm. 1a, unterscheide ich in anderer Weise zwischen gesetzeskritischer und gesetzesfreier Haltung: Als gesetzeskritisch sehe ich ein Gesetzesverständnis an, in dem das Gesetz auf seinen wahren Sinn hin be-

Gültigkeit des Gesetzes wird als bleibend vorausgesetzt und auf dieser Grundlage wird die eigentliche Forderung formuliert. Die Gemeinde greift auf die allgemeine Grundlage der gesetzlichen Bestimmung zurück, welche die Norm, von der her der Vorwurf erfolgt, umfaßt. So kann sie sich auf die Schöpfungsordnung in der Behauptung ihrer Sabbatpraxis berufen. Den Forderungen der »Überlieferung der Alten« tritt sie mit der Forderung des reinen Herzens entgegen. Schließlich wird in der näheren Auseinandersetzung mit dem Täuferkreis auf die Divergenz von Heilszeit und Fasten verwiesen. Immer ist es die allgemeine Sentenz, die dem Sachproblem gegenüber zur Anwendung kommt. Entscheidend ist ihre Aussagekraft, ihre Gnomik. Diese Argumente zeichnen das Bild eines in weisheitlicher Reflexion sich bezeugenden Lehrers.

Form*geschichtlich* lag die Keimzelle der Form vermutlich in dieser Verwendung der Logien als weisheitlicher Argumente und deren Rückführung auf den historischen Jesus. Die Formgebung zur Gesprächsszene und die Tradierung des so gebildeten Streitgespräches binden diese Argumente möglicherweise zum Zwecke einer apologetischen Verwendung. Insofern ist es vielleicht tatsächlich "ein Zufall, daß Herrenworte wie Mk 4,21; Mt 5,13; 7,3f.9f.16; Lk 6,39 isoliert geblieben sind"[9]. Jedoch sollte bedacht werden, daß die Argumente der Streitgespräche, wie anfangs schon beobachtet, auf die Betrachtung der ordnungsgebenden Wirklichkeit zurückgehen. Die Tendenz, mit der Argumente zu Sachproblemen zusammengefaßt wurden, bedeutet eine Interpretation der (jüdisch) vorgegebenen Ordnung. Die Argumente in den Streitgesprächen setzen also (noch) kein neues Recht[10]. Dazu kommt es, soweit es die Streitgespräche betrifft, erst im Rückgriff auf christologische Begründungen (Menschensohn). Dies ist aber dann ein Binnenvorgang innerhalb der christlichen Gemeinde, der sich vom Ort

---

dacht, dieser herausgestellt und so zu vollziehen aufgegeben wird. Demgegenüber reflektiert die gesetzesfreie Haltung die Bedeutung des Gesetzes als solche und erweist darin ihre Unabhängigkeit vom Gesetz.

9 Bultmann, a.a.O. 49.
10 Vgl. in anderem Zusammenhang Brandenburger, Markus 13, 131-135.

(Sitz im Leben) der Entstehung und der Tradierung der Grundform der Streitgespräche entfernt hat und wohl auch von diesen unabhängig einsetzt.

3.1.1.2. Die Gegnerfrage als Vorwurf

Im Blick auf die Abfassung der Gegnerfrage lassen sich unterscheiden: einerseits die Beschreibung der jüdischen Anschauung, andererseits die Adressierung in der Frageform und drittens die Steigerung durch die Formgebung in der Art eines Vorwurfs.

Die *Beschreibung der jüdischen Anschauung*, auf welcher der Vorwurf gründet, ist weitgehend allgemein gehalten: Die Johannesjünger fasten. Näheres (Wann? In welcher Weise? Warum?) wird offen gelassen, vielleicht vorausgesetzt. Die Frage zur Sabbatpraxis erhält die undifferenzierte Kennzeichnung ὃ οὐκ ἔξεστιν. Hier ist auch Mk 7,5 zu nennen, und zwar die Frage nach dem οὐ περιπατεῖν κατὰ τὴν παράδοσιν τῶν πρεσβυτέρων. Im Vorwurf 2,16 wird die Grundlage nicht eigens formuliert. Diese unkonkrete Darstellung vermittelt den Eindruck, die jüdische Anschauung, auf welcher der Vorwurf fußt, stelle eine Pauschallinie dar, während der speziellen Anschauung als solcher wenig sachliches Interesse zukomme. Die Bildung eines Vorwurfs setzt aber voraus, daß eine sachliche Füllung der Pauschale mitgedacht oder vorausgesetzt wird. Wie weit in der weiteren Tradierung dieser Verstehensrahmen verlassen wird, zeigt z.B. die Zufügung 2,19b.20. Allerdings ist hinsichtlich des primären Stadiums der Überlieferung einsichtig, wieso die Front, der gewehrt wird, nicht näher differenziert werden muß. Denn da sie noch existent ist, kann sie pauschal angefochten werden. Diese Sachlage ändert sich erst, als das Streitgespräch als Argumentationsmuster im Disput oder ähnlichem verwendet wurde. Die Überlieferung wurde jetzt nicht nur angewendet gegen eine Pauschallinie, sondern die christliche Gemeinde verhandelt nun auch in ihrem Innern die Streitfragen. In diesem (späteren) Stadium wird die Pauschallinie durch Zufügungen verstärkt (Rahmenszene) oder in eine andere Diskussionslage gezogen (z.B. Fastenfrage). Darin wird ein Prozeß erkennbar, in welchem die pauschale Anschauung als solche belassen wird, aber an dieser durch interpretative Zusätze Veränderungen angebracht werden. Die undifferenzierte Kennzeichnung der (seitens der christlichen Tradenten) gegnerischen Anschauung spricht für die Künstlichkeit der Gesprächsszene. Damit wird freilich nicht bestritten, daß Auseinandersetzungen im Wirken Jesu hier nachgewirkt haben können. Formgebung und Sachkennzeichnung aber gehen auf eine bewußte Bildung zurück. Die Eigenaussage der Gegnerfragen erhellt die Entstehungssituation der Streitgespräche. Dieser Zusammenhang wird genauer eingrenzbar durch die Bestimmung der inhaltlichen Struktur der Gegneraussagen.

Von der sprachlichen Form her stellen die Gegneraussagen *Fragen* dar, näherhin sind sie Fragen nach einer Begründung (ὅτι 2,16[1]; διὰ τί 2,18 auch 7,5; τί[2] 2,24[3]). Die Frage nach einer Begründung setzt in der Sache voraus, daß das beanstandete Verhalten dem Verhaltensrahmen des Fragestellers nicht entspricht beziehungsweise diesem widerspricht. Dies zeigen vor allem die Fälle, in denen der Verhaltensrahmen in der Negation umschrieben wird (2,18.24; 7,5).

Ferner wird mit dem in der Gegnerfrage aufgezeigten Verhaltensrahmen auch dessen Grundlage mitgenannt. Die Gegnerfrage stellt einen *Vorwurf* dar, indem sie mangelnde oder fehlende Legitimierung feststellt. Aus diesem Charakter der Gegnerfrage folgt, daß mit der Antwort die Lebenspraxis, die der Norm der Gegner nicht entspricht, seitens der Tradenten legitimiert werden soll.

---

1 In diesem Sinne ändern Matthäus und Lukas in διὰ τί. Zu dem Problem, wie das ὅτι in 2,16 zu verstehen sei, siehe oben S. 87 Anm. 27 und vgl. zur Diskussion Van Iersel, BEThL 25, 215; Thissen, Erzählung 63 Anm. 60. Vgl. dazu Lohmeyer, Markus 56 Anm. 1: "Die einfache Aussage, eingeleitet durch ein ὅτι recitativum, würde auch nur als implizite Frage zu verstehen sein, abgesehen davon, daß sie in der Situation ungeschickt formuliert wäre".
2 Anders van Leeuwen-Boomkamp, REG 39, 1926, 328f.
3 Das ἴδε mit Interrogation entspricht markinischem Stil (siehe Fiedler, Formel 23); Markus verstärkt also die Tendenz der Frage.

Terminologisch kommt die Bezeichnung »Vorwurf« der Einordnung durch Tannehill[4] nahe. Er stellt für die Streitgespräche den prägenden Charakter des "stimulus" (innerhalb des Verhältnisses von stimulus und response[5]) als "objection"[6] (Einwand)[7] heraus. Aber diese Bezeichnung setzt den umfassenden Rahmen eines mehrgliedrigen Gespräches voraus, in welchem mit Argument und Gegenargument einer Problemlösung näher zu kommen versucht wird. Zudem wird in den Streitgesprächen nicht nach einem »Verhalten« ("attitude") gefragt, sondern dieses wird (gerade) hinterfragt. Gefragt wird also nach einer bestimmten Verhaltensnorm, welche sodann in der Antwort Jesu formuliert wird.

In der Polarität der beiden Darstellungselemente Vorwurf und Antwort, die für die Form der Streitgespräche zu Fragen christlicher Lebenspraxis konstitutiv sind, spiegelt sich der Konflikt einem Sachproblem gegenüber wider.

Zusammenfassend ist für die Streitgespräche zu Fragen christlicher Lebenspraxis folgende *Grundform* erkennbar:

1. Den äußeren Rahmen des Streitgesprächs bilden eine Gesprächsszene aus wenigen knappen Regiebemerkungen mit einer Exposition (Auftreten einer stilisierten, in der Regel nicht namentlich gekennzeichneten Gruppe) und der jeweiligen Redeeinführung.

2. Konstitutiv für die Grundform sind Vorwurf und Antwort. Der Vorwurf enthält zwei Bestandteile, eine Begründungsfrage nach der Legitimation eines bestimmten Verhaltens und (damit verbunden) die Feststellung der Unvereinbarkeit dieses Verhaltens mit der geltenden Ordnung, auf welche sich die Fragesteller berufen. Demzufolge setzt der Vorwurf Gegner als Fragesteller voraus.

3. Die Antwort auf diese Begründungsfrage erfolgt in knapper Form,

---

4   Siehe Semeia 20, 1981, 12 Anm. 5; 107f; Ders., FS Beardslee, 196 Anm. 4; Ders., SBL.Sem.Pap. 1980, 52f.
5   Siehe oben S. 14f und vgl. Tannehill, ANRW II, 25.2, 1793; Ders., Semeia 20, 1981, 5f (1.33).
6   Siehe oben S. 16f und vgl. Tannehill, ANRW II, 25.2, 1813f; Ders., Semeia 20, 1981, 5 (1.32).
7   In diesem Sinne auch Pesch, Markus I, 164.171.179f.368 ("Einspruch"), vgl. auch a.a.O. 189.372 ("Interpellation"/"Interpellanden").

sachlich allgemein einsichtig, in der Regel unter Verwendung einer Sentenz.

Nicht zur Grundform zählt die *Rahmenszene*, die der Gesprächsszene voransteht und dem Vorwurf als konkreter Anlaß dient. Der im weiteren Sinne »apophthegmatische Charakter« der Streitgespräche, wie ihn Bultmann versteht, eignet also nicht der Grundform. Dennoch stellt auch die Grundform ein Apophthegma (im Sinne Bultmanns) dar. Denn ein ursprünglich isoliertes Logion wird von einer Gesprächsszene umrahmt[8].

Wenn die Gesprächsszene mit Vorwurf und Antwort nicht nur ein Zwischenstadium der Überlieferung darstellt, sondern die Grundform einer Überlieferungseinheit, stellt sich die Frage nach dem Entstehungsgrund und den Traditionsbedingungen dieser Grundform.

3.1.1.3. Der Sitz im Leben der Grundform der Streitgespräche

Die Eingrenzung der Streitgespräche auf Streitgespräche zu Fragen christlicher Lebenspraxis läßt begrifflich Vorentscheidungen mitschwingen. Diese werden im folgenden unter Einbeziehung der Untersuchungen von Kuhn und anderen[1] näher begründet.

---

8   Auch Thissen, Erzählung 199f Anm. 23, vermutet auf der Basis von 2,16f und 2,24.27 einen sekundären Charakter der Rahmenszene ("Rahmenangaben", a.a.O. 199 Anm. 23). Aber Thissen bedenkt nicht hinreichend, daß Vorwurf und Antwort samt entsprechender, knapper Einführung als solche eine Gesprächsszene darstellen. Statt dieser formgeschichtlichen Struktur meint er, in "diesen kontrastierenden Logien ... sehr reale Jesusüberlieferung" (ebd.) erkennen zu können. Aber der Vorwurf wird nicht von einem Logion gebildet, sondern ist in der Regel von der das Streitgespräch abschließenden Sentenz abhängig und von daher verständlich. Dementsprechend geht die Komposition einer Gesprächsszene (aus der Sentenz heraus) auf die Gemeinde zurück. Ob und wieweit sich hierin überhaupt authentische Jesusüberlieferung erhalten hat, ist eine andere Frage, siehe dazu unten S. 289ff.
1   Siehe Kuhn, Sammlungen 95-98.226ff; U.B.Müller, NTS 27, 1981, 158-185. Vgl. noch Köster, Entwicklungslinien 112 Anm. 10. Keine

Die Streitgespräche behandeln *Fragen christlicher Lebenspraxis*. Der von Bultmann[2] verwendete Ausdruck "Gesetzesfragen" ist den Texten nicht angemessen. Denn weder diskutieren die Argumente, welche in der Grundform der Streitgespräche Anwendung finden, die Auslegbarkeit jüdischer Gesetzesvorschriften noch wird ein Weg innerhalb dieser Vorschriften für das eigene Verhalten begründet. Vielmehr erhält der Umgang mit jüdischen Vorschriften eine eigene Grundlage.

Bultmann sah in den Streitgesprächen die Haltung der Gegner ad absurdum geführt; denn wo vom jüdischen Standpunkt aus Argumente eigener Art erwartet werden, läuft der Vorwurf ins Leere. Es erfolgt freilich auch keine Bestreitung des jüdischen Gesetzes, sondern der eigene Begründungsanspruch wird unter Berufung auf den irdischen Jesus behauptet. Die Grundform der Streitgespräche setzt dennoch eine gesetzeskritische Haltung der Gestalter und Tradenten voraus. Im Gegnervorwurf wird nicht nur die Gemeindepraxis beanstandet, sondern von den christlichen Gestaltern ausdrücklich auf die jüdische Verhaltens- beziehungsweise Gesetzesnorm verwiesen. Den ursprünglichen Antworten der Streitgespräche liegt eine gesetzeskritische Haltung zugrunde, indem sie Argumente bieten, die unabhängig vom Gesetz verwendet werden. Der Sache nach gehören die Logien der hellenistisch-jüdischen Tradition an. Wie läßt sich auf Grund dieser Beobachtungen der Sitz im Leben der Überlieferungseinheiten bestimmen?

Die Streitgespräche sind auf *Debatten mit jüdischen Gruppen* zurückzuführen. In These und Gegenthese spiegeln sie Diskussionen der Gemeinde wider, welche die Position der Antwort behauptet. Die Streitgespräche sind also aus einem apologetischen Interesse im Sinne einer Selbstklärung gegenüber jüdischen Vorwürfen entstanden beziehungsweise gebildet worden. Aus dieser Funktion erklärt sich zum einen, daß die Sachprobleme der Auseinandersetzung in der Form eines gegnerischen Vorwurfs genannt werden. Zum anderen wird von der Funk-

---

    der Untersuchungen versucht, über die Markus direkt vorliegende Überlieferung hinaus einen Befund zu erheben. Das Problem als solches erkennt U.B.Müller, aber auch er bestimmt Korrekturen nur an den (nach seiner Meinung authentischen) Logien.

2   Geschichte 40.

Der Sitz im Leben der Grundform

tion her erkennbar, wieso in den Streitgesprächen gerade Grundtypen christlicher Lebenspraxis behandelt werden: Umgang mit Sündern, Fastenpraxis, Sabbatobservanz, Überlieferung der Alten. Die Gemeinde steht mit ihrer Lebensführung im Konflikt zur geltenden jüdischen Ordnung. Sie beruft sich hierfür auf Worte Jesu.

Für die *zeitliche und geographische Einordnung* ist zu fragen, ob solch ein Konflikt schon für die urchristliche Gemeinde in Palästina vorstellbar ist. Es steht außer Frage, daß eine Lebenspraxis, wie sie in den Streitgesprächen vertreten wird, der Sache nach auf das Verhalten Jesu zurückgehen kann. So werden Fälle des Sabbatbruches, Auseinandersetzungen über die Fastenpraxis vorgekommen sein, und auch der Ausdruck »Freund der Zöllner und Sünder« wird einen authentischen Hintergrund haben. Damit ist aber die Begründung dieser Haltung in den Antworten der Streitgespräche zeitlich nicht festzulegen. Die Antworten in den Streitgesprächen begründen die Lebenspraxis der Gemeinde nicht mit authentischen Logien, wie wir gesehen haben (3.1.1.1.), sondern mit von der Gemeinde aufgenommenen oder gebildeten Weisheitsworten. Ist auch für die Formbestimmung der Ursprung der Logien irrelevant, so begrenzt doch die Herkunft der Antworten die historische Frage, wann mit der Entstehung der Streitgespräche zu rechnen ist. Die Nähe der Logien zu hellenistischen und hellenistisch-jüdischen Parallelen, läßt an die hellenistisch-judenchristliche oder hellenistische Gemeinde denken.

In den Streitgesprächen werden unter der apologetischen Zielsetzung die Argumente zu einer Gesprächsszene ausgestaltet, wodurch eine fest umrissene Überlieferung entsteht. Jetzt ist nicht mehr nur das Argument Aussageträger, sondern auch die Korrespondenz zwischen dem Vorwurf und dem die Entscheidung tragenden Logion. Der Vorwurf setzt die jüdische Lebenspraxis und die Kenntnis der jüdischen Gesetzesvorschriften voraus. Von daher dürfte der Entstehungsort der Überlieferungen in der hellenistisch-judenchristlichen Gemeinde zu finden sein[3].

---

3   Dagegen bestimmt U.B.Müller, a.a.O. 180f. als Traditionskreis die galiläische Heidenmission unter besonderer Berufung auf die Men-

Von der Einordnung der Überlieferungen her deuten die Streitgespräche in ihrer Grundform auf *Auseinandersetzungen um die eigene Lebenspraxis*, d.h. um den Weg im Horizont jüdischer Ordnung. Dennoch verschärfen die Streitgespräche nicht den Konflikt, sondern versuchen für den Bereich ihrer Tradenten durch ihre fundamentalen Begründungen die Lösung des Konflikts. Die Grundform der Streitgespräche hat ihren Sitz im Leben also nicht in der Polemik im Sinne offensiver Abwehr. Dies zeigt sich auch darin, daß den Streitgesprächen in ihrer Grundform eine offensive Ausrichtung der Art, die 7,9-13 am deutlichsten ausdrückt, fehlt. Eine solche Polemik spielt sicher *auch* eine Rolle in der Auseinandersetzung der (juden-)christlichen Gemeinde gegenüber jüdischen Bestreitungen, sie zeigt sich von früh an, was das Alter des Stückes 7,9-13 wahrscheinlich macht, aber Polemik eignet nicht der Grundform der Streitgespräche. Vielmehr beherrscht ein *apologetisches Anliegen* die Grundform. Die Frontstellung gegenüber der jüdischen Ordnung wird hier nicht betont, sondern die eigene Lebenspraxis wird geklärt und verteidigt. Die Grundform wird nicht von der Abwehr jüdischer Gegner bestimmt, d.h. sie ist in ihrer Funktion nicht nach außen gerichtet. In diesem späteren Stadium wird eher die Apologetik mit der Polemik verbunden worden sein. Denn dort wird eine Argumentation vorausgesetzt, welche konkret aus der Kritik an der jüdischen Anschauung und an deren Gesetzesverständnis resultiert. Dagegen legen die Grundform und der Stoff der Streitgespräche die Annahme nahe, daß die Apologetik nicht in der direkten Auseinandersetzung mit jüdischen Gegnern, sondern im innergemeindlichen Bereich Verwendung gefunden hat.

---

schensohnlogien in Mk 2,10.28. Aber ist die Menschensohnargumentation im Sinne der Logien schon in diesem Kreis überzeugend nachzuweisen? Zählt die Vorstellung vom gegenwärtig wirkenden Menschensohn nicht eher zum späteren Überlieferungsgut, gehört sie also nicht eher einer Stufe an, auf der (wie die markinische Konzeption zeigt) die Titel austauschbar werden? M.E. bestätigt sich auch von der Entwicklung der christologischen Prädikationen her die formanalytische These, daß die Menschensohnargumentation, die Mk 2,28 (und 2,10) verwendet wird, nicht der Grundform angehört hat und auch nicht in dieser Zeit verwendet wird.

Der Sitz im Leben der Grundform

Die Grundform der Streitgespräche wird von einer Gruppe getragen, die einerseits (jüdischen) Vorwürfen und der Bestreitung ihrer Lebenspraxis ausgesetzt ist, die sich aber andererseits dieser Vorwürfe und Bestreitungen mittels hellenistischer Argumentationsmuster zu erwehren weiß. Diese Traditionsverwendung weist nicht in Diskussionen geschulter jüdischer Gelehrsamkeit, beispielsweise der Synagoge, sondern in die Konfliktsituation zwischen jüdischer und christlicher Gemeinde. Die Streitgespräche behandeln Sachprobleme, welche durch die äußerlich auffälligen Unterschiede hinsichtlich der Lebenspraxis zwischen der traditionell-jüdischen Heimatgemeinde (oder der Konkurrenz gleicher Herkunft, z.B. des Johanneskreises) und der missionierten Christen angezeigt werden[4]. Hierzu gehört der Umgang mit den Heiden, den die Überlieferung von der Tischgemeinschaft mit Zöllnern und Sündern veranschaulicht und verteidigt, die gelockerte Sabbatpraxis und das Problem der Überlieferung der Alten[5].

---

4 Gegen diese Annahme könnte eingewandt werden, eines der besonderen Sachprobleme, die Beschneidungsfrage, werde in keinem der (bei den Synoptikern vorliegenden) Streitgespräche verhandelt. Aber zum einen ist diese Frage gegenüber den Sebomenoi nicht relevant. Zum anderen ist eine solche Diskussionslage nur schwer innerhalb der synoptischen Tradition in das Wirken Jesu zurückzuprojizieren (anders als z.B. die Tischgemeinschaft, Heidenmission odgl.); dies geschieht erst später (siehe EvThom 53).

5 Dieser Annahme scheint sich das Fastengespräch zu entziehen. Aber die Analyse der ursprünglichen Antwort (2,19a) konnte erhellen, daß sich die Gemeinde in der Debattensituation mit Hilfe des Logions gegen den Täuferkreis und dessen Fastenübung abgrenzt. Eine Konkurrenz zwischen Täuferkreis und christlicher Gemeinde ist eine begründete Vermutung (siehe Böcher, SNTU 4, 41 Anm. 102). So haben sich in Apg (18,24ff) 19,1-7 Spuren des Täuferkreises erhalten. Die Ansetzung der Geschichte in Ephesus ist allerdings redaktioneller Herkunft. Die Erzählung ist von Apg 18,24 her ursprünglich "an jedem beliebigen Ort lokalisierbar (je näher bei Palästina umso besser)" (Conzelmann, Apostelgeschichte 119). Auch wenn Apg 18,24-19,7 sehr viel stärker lukanisch bearbeitet sein sollte, als die Exegese bislang annahm, wofür Wolter, ZNW 78, 1987, 49-73, bedenkenswerte Gründe vorgebracht hat, kann Lukas diesen Abschnitt im Horizont auch(!) der historischen Konkurrenzsituation zwischen Täuferkreis und Gemeinde gestaltet haben.

Der im Voraufgehenden erhobene Traditionsort läßt sich von *Paulus* her erhellen[6]. Wenn Paulus zugeben kann, kein Herrenwort zu Verfügung zu haben (1 Kor 7,12.25.40), und er sich andererseits auf Herrenworte beruft (1 Kor 7,10; 9,14, vielleicht auch 1 Thess 4,15), liegt die Annahme nahe, daß die Argumentation mit Hilfe von Herrenworten üblich ist. Allerdings lassen es sowohl die Inkongruenz zwischen dem synoptischen Überlieferungsgut und der bei Paulus begegnenden Herrenworte als auch die paränetische Aufnahme verschiedener Logien des synoptischen Gutes, ohne daß sie auf Jesus zurückgeführt werden, wahrscheinlich erscheinen, daß die Anbindung der Argumentation an den irdischen Jesus sich noch im Prozeß befindet. Daß sich Paulus auf Herrenworte beruft, zeigt auf jeden Fall an, daß Herrenworte in der antiochenischen Theologie eine Rolle gespielt haben. Die Argumentation mit Herrenworten muß also nicht notwendig auf die Verteidigung der Heidenmission gegenüber der galiläischen Gemeinde weisen, wie dies U.B.Müller[7] annimmt. Im Blick auf die weitere Formentwicklung, die offenbar weithin im judenchristlichen Milieu geschieht[8], liegt es nahe, an Syrien zu denken[9]. In diesen Bereich gehört möglicherwei-

---

6   Zum Problemfeld »Paulus und die Jesustradition« vgl. in diesem Zusammenhang U.B.Müller, NTS 27, 1981, 158-185; Walter, NTS 31, 1985, 498-522.

7   A.a.O. 165ff.173-182, und siehe dazu oben S. 281f Anm. 3.

8   Vgl. die Darstellung in den Rahmenszenen und die polemischen Abschnitte, die den Streitgesprächsüberlieferungen zugefügt worden sind.

9   U.B.Müller sieht in den Mahlgemeinschaften mit Heidenchristen "eine kurze Episode für die antiochenische Gemeinde" (a.a.O. 172; vgl. a.a.O. 165 Anm. 23). Nach dem in Gal 2,11f geschilderten Zwischenfall sei diese Praxis aufgegeben worden und die Judenchristen, soweit sie überhaupt noch in Antiochien vertreten waren, seien zur strengen Praxis zurückgekehrt (a.a.O. 172f). Gegen diese Vermutung über den Fortgang aufgrund des antiochenischen Zwischenfalls sprechen m.E. vor allem zwei Gründe: 1. hebt Paulus in seiner Darstellung den Vorfall - und wohl auch historisch korrekt - heraus. Für unsere Frage (in bezug auf Entstehungsort, Formentwicklung und Traditionsverwendung) scheiden somit die Gräko-Palästiner gerade wegen ihrer immer noch die Praxis beherrschenden Anbindung an Jerusalem aus (so selbst Müller, a.a.O. 165 Anm. 23); 2. richtet sich die Darstellung des Paulus gegen ein

se auch das Streitgespräch zum Fasten in seiner Grundform mit der Abgrenzung gegen den Täuferkreis.

Ort der Auseinandersetzung kann der Synagogenverband sein: Judenchristen verteidigen ihre Lebensführung gegenüber jüdischen Angriffen unter Berufung auf die im Logion zum Ausdruck kommende Haltung Jesu. In dieser Funktion handelt es sich zwar um innerjüdische synagogale Auseinandersetzungen, aber unter deutlicher Ausrichtung auf den Kreis der Sebomenoi. In dieser Situation treffen die weisheitlichen Logien das Denken des Adressatenkreises. Allerdings muß nicht an eine direkte Konfrontation gedacht werden. Die Vorwürfe der Streitgespräche lassen eher an verbreitete, d.h. gängige und damit indirekte Vorwürfe der jüdischen Synagoge gegen die Christen denken (vgl. Apg 18,4ff). Weniger wahrscheinlich scheint mir die Annahme einer Debatte zwischen Judenchristen und hellenistisch-judenchristlichen Missionaren zu sein, also einer Debatte analog der in Apg 11,1-3 (vgl. Gal 2,11f) dargestellten (vgl. Apg 10,28) Situation. Diese Annahme wäre eher der für Mk 2,17c vorgestellten Situation adäquat. Nach 1 Thess 2 haben Auseinandersetzungen im frühen Christentum stattgefunden. Dieser Kulmination in der Verfolgung gehen frühere Konflikte voraus (vgl. Gal 1,14). So bietet Gal 2,11ff (vgl. Apg 10,28; 11,1-3) ein Beispiel der Debatte, die wahrscheinlich über den Einzelfall hinausgeht (vgl. den Hintergrund der Anklage durch Diasporajuden gegen Stephanus Apg 6,8-15)[10].

Ferner hat Luz[11] mit Recht auf die undeutliche Gegnerkennzeichnung in den Streitgesprächen aufmerksam gemacht. Diese bekommt dann ihren ungekünstelten Sinn, wenn in den Streitgesprächen gängige Vorwürfe indefiniten Gegnern zugeschrieben werden, die ursprünglich nicht als Pharisäer oder Schriftgelehrte bezeichnet worden sind. Hier kommen dann die Vorwürfe zum Tragen, die in der Gemeindesituation von jüdischen Gegnern erhoben wurden, nicht im direkten Wi-

---

von Jerusalem beeinflußtes Judaisieren mit Berufung auf das Gesetz, nicht gegen Judenchristen im allgemeinen.
10 Siehe unten S. 305f und zur Literatur U.B.Müller, a.a.O. 164f.
11 FS Conzelmann, 368f.

derstreit, sondern in Aufnahme jüdischer Vorwürfe und Bestreitungen. Die Entgegnung unter Berufung auf den irdischen Jesus ist ein Problem, das seine Lösung im Stellvertretungsbewußtsein der Tradenten findet[12]. Erst die Zufügungen und Bearbeitungen der Streitgesprächsüberlieferung geben Hinweise auf die direkte außer- und innergemeindliche Debatte, in denen die Jesusüberlieferung in dieser Form Verwendung fand.

3.1.2. Die Entwicklung zur Form der vormarkinischen Überlieferung

Über die Grundform der Streitgespräche, die von Vorwurf und Antwort gebildet wird, hinaus sind die ursprünglichen Überlieferungen durch *Rahmenszenen* erweitert worden. Die Analyse der Grundform hat für die Rahmenszenen eine sekundäre Bearbeitung während des Überlieferungsprozesses der Streitgespräche vermuten lassen. Die Rahmenszenen der Streitgespräche verankern die Gesprächsszene im Wirken Jesu. Sie dienen also der *historischen Fixierung der Überlieferung*. Die Analyse der Redaktion der Streitgespräche hat ergeben, daß Markus diesen Prozeß nachgestaltet, indem er die im Vorwurf angezeigte Rahmenszene in 2,16a.18a; 7,2 eigens ausbaut.

Die wenigen anderen vormarkinischen Eingriffe in die ursprüngliche Überlieferung betreffen die *Antworten* Jesu. Im einzelnen sind 2,19b.20; 2,17c und 7,9-13 den Streitgesprächen zugewachsen oder zugefügt worden. Diese weiteren Antworten der Streitgespräche haben verschiedenen Inhalt. Sie korrigieren oder verdeutlichen die ursprünglichen Antworten (2,17b; 2,19a; 7,15), sie haben aber weder gemeinsame Form noch eine gemeinsame Ausrichtung innerhalb der Streitgesprächsüberlieferung. Für das ἦλθον-Wort (2,17c) und die Korrektur des Fastenlogions mit 2,19b.20 könnte zwar eine einheitliche Bearbeitung unter einer christologischen Perspektive vermutet werden[1], aber dies wäre

---

12 Siehe dazu U.B.Müller, a.a.O. 165f (im Rückgriff auf Lk 10,16; vgl. Mt 10,40) und ebd. Anm. 24f.
1 So Thissen, Erzählung 209-214, für die Ergänzungen 2,17c.19b.20.

eine rein formale Einordnung der Erweiterungen. In 2,19a ist der Sachzusammenhang schon vorgegeben, in 2,17c wird er neu eingebracht. Mk 2,17c ist ein selbständiges Logion, 2,19b.20 auf 2,19a hin komponiert. 2,17c gilt der Schilderung der Person Jesu, 2,19b.20 der Situation der Gemeinde.

3.1.2.1. Die Rahmenszenen der Streitgespräche

Einen Anlaß des Streitgesprächs im Sinne einer Rahmen-*Szene* besitzen die Überlieferung des Sabbatgesprächs 2,23-28 in V 23 und die der Tischgemeinschaft 2,15-17 in 2,15a.b. Zu 2,16; 2,18 und 7,5 ist der Anlaß (nach den vorgelegten Analysen) im Vorwurf enthalten. Dennoch ist der dort jeweils vorausgesetzte Anlaß bei der Behandlung der erweiterten Form der Streitgespräche mitzubedenken. Daß es im Überlieferungsprozeß der Streitgespräche 7,5.15 und 2,16f nicht zur Ausformung einer echten Szene kommt, hat seinen Grund darin, daß hier im Vorwurf selbst ein Anlaß erwähnt wird.

Zur *Gestaltung der Rahmenszene* ist eine formgeschichtliche Überlegung zu bedenken. Die Rahmenszenen durchbrechen das Gesetz »szenischer Zweiheit«, auf das schon Bultmann hingewiesen hat[1]. Dieses Gesetz hat offenkundig in den wesentlichen Formelementen der Streitgespräche (Vorwurf und Antwort) seine Entsprechung. Wollten die Überlieferungsträger einen Anlaß tradieren, mußten sie ihn so an die Form binden, daß einerseits die szenische Zweiheit innerhalb der Gesprächsszene erhalten bleibt und andererseits der Anlaß selbst zum Tragen kommt. Dafür bot aber nur der Vorwurf des Streitgesprächs entsprechenden Raum. Die Schwierigkeit ist noch in 2,24 erkennbar. Denn nur an dieser Stelle wird im Vorwurf (mit τί) keine eigentliche Begründungsfrage gestellt, sondern im Verbund mit V 23 (ἴδε) auf die Rahmenszene Bezug genommen[2]. In dieselbe Richtung weist die Bear-

---

25f.28 unter der christologischen Perspektive von Scheitern (2,19), Erniedrigung (2,15ff) und Erhöhung (2,28) Jesu (a.a.O. 213); vgl. noch oben S. 29.
1 Geschichte 345, siehe oben S. 269 Anm. 4.
2 Dies gilt unabhängig von der Frage, ob Markus ἴδε ergänzt hat

beitung der ursprünglichen Überlieferung von 2,16b.17a.b. Das vorliegende Streitgespräch ist szenisch angeglichen worden: Das Geschehen im Haus und das Streitgespräch mit seinem Vorwurf (der an die Jünger gerichtet ist, aber gegen Jesus vorgebracht wird) und der Antwort Jesu wird durch die Ergänzung von ἀκούσας (V 17a) szenisch verbunden.

Zu einer Rahmen*szene* wurde der Anlaß eines Streitgesprächs also erst von sekundärer Hand ausgestaltet. Damit brachte der Gestalter die Gesprächsszene in eine konkrete, anschauliche Situation (Rahmen), die das Streitgespräch lebendiger erscheinen läßt[3]. Die nächste Frage wird nun sein, wieweit der Anlaß des Streitgesprächs mit dem Vorwurf verbunden war. Folgt man der Lösung Bultmanns und rechnet man mit einer »idealen Szene« von Jüngerverhalten und Vorwurf, ist noch nicht erwiesen, daß in den Vorwurf nicht nachträglich ein Anlaß eingetragen wurde, also daß die ideale Szene des Anlasses zum Grundbestand des Streitgesprächs gehört hat. Der Vorwurf des ursprünglichen Streitgesprächs könnte, nur die eigene Verhaltensnorm (der Gegner) behauptend, z.B. gelautet haben: »Warum tun deine Jünger am Sabbat, was nicht erlaubt ist?« oder »Warum wandeln sie nicht nach der Überlieferung der Alten?«. Die Entstehung der Streitgespräche könnte also in zwei Stufen abgelaufen sein. Die erste bestand im Aufbau einer Gesprächsszene, in der dem Jesuslogion ein Vorwurf entgegengestellt wird; die zweite in der Einfügung einer Situationsangabe. Für diese Vermutung spricht, daß das Jesuslogion in allen Streitgesprächen, auch in 7,5b.15[4], auf den allgemeinen Vorwurf antwortet, aber nicht auf die Situationsangabe im Jüngerverhalten Bezug nimmt. Außerdem spricht für unsere Vermutung die Komposition von 2,18.19a, wo gerade das *allgemeine* Verhalten der Jünger im Gegensatz zu den Johannesjüngern hinterfragt wird. Ebenso geht es in 2,15 [Tischgemein-

---

(siehe oben S. 56 und S. 277 Anm. 3 oder ihm dieser demonstrative Einwurf vorgegeben war.

[3] K.Müller, Judentum 92f, beobachtet ein ähnliches Verfahren im Zuge der Autorenbenennung in rabbinischen Streitgesprächen (mit Verweis auf Eckart, Untersuchungen).

[4] Siehe oben die Analyse S. 65f.

schaft] nicht um die konkrete Situation im Hause - diese Szene ist zu 2,16 sekundär gestaltet[5] -, sondern um ein allgemeines und offenbar typisches Verhalten Jesu. Ließe sich nachweisen, daß die Rahmenszene den allgemeinen Vorwurf der Gegner voraussetzt, wäre eine zweite Überlieferungsstufe wahrscheinlich zu machen[6], auf welcher das Jüngerverhalten beziehungsweise das Verhalten Jesu (2,15a.b) eingetragen oder zugefügt wurde.

Zuvor ist aber auf die Auffassung einzugehen, daß den Rahmenszenen historische Erinnerung(en) oder sogar authentisches Überlieferungsgut zugrundelägen. Von daher sei auf eine historische Situation im Leben Jesu zurückzuschließen. Gerade die einzelne konkrete Situation der Gesprächsszene spreche für deren Historizität. Es sei daher "schwer einzusehen, warum man (sc. die Gemeinde) gerade auf dieses ziemlich ausgefallene Beispiel [des Ährenraufens und andere] gekommen sein soll"[7].

Jedoch lassen sich die vermeintlich banalen Szenen als bewußte Kompositionen erklären. Mit dem Ährenraufen am Sabbat oder dem Essen mit unreinen Händen begehen die Jünger eine zwar geringfügige, aber doch eine Übertretung der jüdischen Norm[8] (vgl. den Wortlaut des Vorwurfs ὃ οὐκ ἔξεστιν beziehungsweise οὐ περιπατεῖν κατὰ τὴν παράδοσιν τῶν πρεσβυτέρων). Trotz dieses objektiven Sachverhaltes werden weder Mk 2,23 noch 7,(2.)5 auf ein typisches oder einzelnes (authentisches) Verhalten der Jünger zurückgehen. Dieser Auffassung wird besonders von Pesch[9] eine Reihe von Argumenten entgegengehalten. Die Überlieferungen zeichneten sich 1. durch palästinisches Kolorit aus, 2. durch "semitische Sprachfärbung" und 3. durch einen "individuell-konkret-einmaligen ... Streitanlaß"[10]. Die beiden ersten Argu-

---

5   Siehe oben die Analyse S. 88f.
6   Ähnlich auch Thissen, Erzählung 199f Anm. 23, siehe dazu oben S. 279 Anm. 8.
7   Nach Haenchen, Weg 122 (zu Mk 2,23).
8   Zum ersten siehe Billerbeck I, 617f; zum zweiten vgl. Hübner, Gesetz 160-164.
9   Markus I, 183.
10   Ebd.

mente weisen nicht auf eine historische Situation, sondern auf die Herkunft der Überlieferungsträger. Jedoch läßt nicht jede "semitische Sprachfärbung" notwendig auf Palästina schließen. Zum 3. Argument: Das konkret Einmalige des Streitanlasses von 2,23 [Ährenraufen] kann nicht für die Historizität der Szene sprechen, wenn sich "als zutreffende Voraussetzung (des Ährenraufens) bestätigen läßt", "daß Jesus und seine Jünger arme Wanderprediger waren"[11]. Denn wenn es sich tatsächlich um eine typische Situation handelte, ist wahrscheinlich, daß die Gemeinde diese Szene gebildet hat. So gibt der Anlaß in 2,15a.b [Tischgemeinschaft] ebenso wie der in 2,16b ein typisches Verhalten wieder. Dieser Situation kommt nicht dadurch Authentizität zu, daß sich Gründe finden lassen, wieso mehrere (oder sogar viele) Zöllner anwesend sein können[12]. Entscheidend ist hier die Typik der Situation, nicht das Konkrete einer Einzelszene. Nicht anders liegt der Fall für 7,(2.)5c. An dieser Stelle wird offenbar ein allgemeines Verhalten geschildert, kein konkretes[13].

Zudem kann man die Plausibilitätsfrage stellen, wieso denn nur die Jünger die Ähren raufen, nicht auch Jesus[14]. Schließlich ist - bei Annahme der Authentizität der Überlieferung - überraschend, daß sich der Vorwurf 2,24 gegen das Ährenraufen der Jünger richtet, nicht

---

11   Pesch, ebd., mit Verweis auf Theißen, Aufsätze 95f. Dieser hingegen meint, die Bedürftigkeit der Wanderprediger weise auf den realen Hintergrund der Szene, die eine "typische(!) Situation gewesen sein" (a.a.O. 95) dürfte. Zu dem Problem, ob in der Szene bei Markus überhaupt das Hungermotiv eine Rolle spielt, siehe oben S. 44.
12   Siehe oben S. 86f.
13   Zufolge Pesch, Markus I, 370, sei in 7,2 das »einige der Jünger« "wieder merkwürdig konkret formuliert". Ebd. Anm. 1 weist er aber gesondert auf die Möglichkeit hin, diese Angabe typisierend zu verstehen.
14   Die Darstellung dieses Sachverhaltes ist bis ins einzelne hinein merkwürdig: Jesus geht durch die Saatfelder, die Jünger gehen eigens ihren Weg. Wieso werden Jesusverhalten und das der Jünger so deutlich voneinander getrennt? Die Annahme, daß der Gemeinde "eine Kritik an Jesus unerträglich schien", sie daher die Kritik auf die Jünger beschränkt habe (so Haenchen, Weg 122 Anm. 4), wird durch 2,16f und die Sabbatheilungen widerlegt.

aber dagegen, daß Jesus und die Jünger am Sabbat verbotene Wegstrecken zurücklegen[15]. Die Szene zum Streitgespräch 2,24.27 betont also offenbar die Banalität des Jüngerverhaltens und nicht den Sabbatbruch als solchen. Denn wenn die Gegner diffizile Sabbatvorschriften zum Ährenausraufen kennen, wäre bei ihnen erst recht die Kenntnis eines so gängigen Verbotes, wie das des unerlaubten Gehens am Sabbat, zu vermuten.

Als letztes wird die Historizität der Rahmenszenen (und damit der Streitgespräche selbst) immer wieder[16] mit dem Argument verteidigt, daß Jesus nach dem Verhalten der Jünger gefragt werde und dieser deren Verhalten legitimiere. Da die Rahmenszenen aber, wie wir eben gesehen haben, besonderen Wert auf das Verhalten der Jünger legen und an Jesu Verhalten wenig (2,23) oder gar kein Interesse (7,2.5c) haben, liegt es vollkommen außerhalb ihrer Intention, "sich wesentlich wirkungsvoller [mit 2,23] auf die Sabbatverletzungen Jesu selbst"[17] zu berufen. Vielmehr gelingt der Analogieschluß über die Entsprechung: Jünger = Gemeinde. Daß das Verhalten der Schüler Rückschlüsse auf den Meister erlaube, spricht weder für eine historische Erinnerung an das Jesus-Jünger-Verhältnis[18] noch ist es ausschließlich auf rabbinische Verhältnisse[19] beschränkt. Die Komposition der Rahmenszene fußt vielmehr in diesem Sachverhalt. Denn daß das Verhalten der Gemeinde Rückschlüsse auf ihren Meister zuläßt, berechtigt die Gemeinde, ihr Verhalten (über das Verhalten der Jünger) auf Jesus zurückzuführen. Werden in Mk 2,16 (zur Tischgemeinschaft) die Jünger gefragt, so bestätigt dies nur das Bild.

---

15 Siehe Billerbeck II, 590-594.
16 Vgl. Roloff, Kerygma 55; Daube, NTS 19, 1972/73, 1-15; Pesch, Markus (jeweils z.St.); Riesner, Lehrer 431.
17 Roloff, ebd.
18 Das konstitutive Element eines rabbinischen Lehrer-Schüler-Verhältnisses, nämlich der Schulbetrieb, fehlt dem Verhältnis Jesu zu seinen Jüngern den Schilderungen der Synoptiker zufolge (vgl. zu den Unterschieden Rengstorf, ThWNT IV, 447-452). Auch die umfangreiche Untersuchung Riesner, Lehrer, kann diesen Nachweis nicht überzeugend erbringen.
19 Vielmehr stammt das Autorisierungsschema aus dem Hellenismus, siehe Rengstorf, a.a.O. (417-431) 421,40-428,5.440,27-442,41.

Das Interesse der Gemeinde, der Rahmenszene beziehungsweise dem Anlaß des Streitgespräches eigenes Verhalten zugrundezulegen, läßt sich für 2,15a.b.16b.18; 7,(2.)5c sicher erweisen. An diesen Stellen wird jeweils auf ein allgemeines oder auch typisches[20] Verhalten der Gemeinde Bezug genommen. Anders als in den genannten Fällen wird in 2,23 ein konkretes (am Sabbat!) Verhalten geschildert. Tatsächlich ist dieser Vorfall so banal, daß man ihn hätte kaum frei erfinden können. Man könnte ihn aber bewußt konstruieren. Nach Motiven dieser Konstruktion einer Rahmenszene aus dem Logion heraus ist bisher in der Exegese nicht gefragt worden, obwohl diese auch positiv im Falle der Gemeindebildung eines Anlasses interessante Rückschlüsse zuläßt. Wird ein typisches Verhalten geschildert, so erübrigt sich die Frage, wieso es gerade zu dieser Ausgestaltung kommt (vgl. 2,16b)[21]. Jedoch war es für die Gemeinde sicher nicht typisch, "am Sabbat ährenraufend durch die Felder zu gehen"[22]. Falls die Gemeinde aber die Antwort Jesu (V 27)[23] veranschaulichen wollte, wird sie nicht eine Situation schildern, die einen klaren Sabbatbruch darstellt. Das Anliegen von V 27 liegt nicht in der Beseitigung des Sabbatgebotes, sondern in der Kritik an der strengen Sabbatobservanz[24]. Um dies darzustellen, bedarf es einer Szene, welche sich im eigenen Rahmen kritisch der Observanz gegenüberstellt. Diesem Interesse wird eine szenische Ausmalung von Dtn 23,26 [»Wenn du in das Kornfeld deines Nächsten kommst, so darfst (magst) Du mit der Hand Ähren abreißen.«] gerecht. In diesem Sinne wird man die Rahmenszene Mk 2,23 zu verstehen haben. Dabei ist nicht notwendig die Kenntnis der Schriftstelle, sondern die Kenntnis der Sache vorauszusetzen. Wie nahe die im Sinne von Dtn 23,26 gebildete Szene einer Veranschaulichung des Sabbat-

---

20   Auch in 2,18 liegt dem Vorwurf eine gegenüber den Johannesjüngern typische Praxis zugrunde, siehe oben S. 99f.102f.
21   Freilich kann man die Bildung der Rahmenszene V 15a.b, die herausstellt, daß die Tischgemeinschaft "im Haus" stattfindet, wiederum nach ihrem Darstellungsmotiv hinterfragen, siehe unten S. 296f.
22   So Haenchen, Weg 122 Anm. 4 (gegen Bultmanns Konzeption).
23   Siehe oben S. 44.
24   **Siehe oben S. 46ff.**

logions V 27 kommt, zeigt die bezeichnende Parallelität zwischen der Szene und dem antithetischen Aphorismus, mit welcher das Verhalten der Jünger dem διὰ τὸν ἄνθρωπον zufolge Dtn 23,26 entspricht[25]. In dieser Parallelität bekommt die ausgefallene Szene ihr positives Gewicht. Die Antwort Jesu, die den Vorwurf ad absurdum führen soll, ist in ihrer Tendenz schon in der Rahmenszene veranschaulicht. Gerade weil in Mk 2,23 von Hunger keine Rede ist, liegt die Annahme nahe, daß es der Szene um die Karikierung der Sabbatobservanz, hier mit Hilfe einer Dtn 23,26 entsprechenden Ausgestaltung, geht: Was grundsätzlich um des Menschen willen erlaubt ist, muß auch am Sabbat erlaubt sein. In der Kombination mit V 24 erscheint dieser Aspekt polemisch verstärkt durch die mißverständliche, zumindest zweideutige Formulierung des Vorwurfs in V 24 (ὃ οὐκ ἔξεστιν).

Wenn auch der verbotene Weg am Sabbat einen weiteren Sabbatbruch darstellt, ist doch nicht nur aus dem folgenden Vorwurf, sondern auch aus der Formulierung der Szene deutlich, daß das Ährenraufen der Jünger das anstößige Verhalten darstellen soll. Syntaktisch trägt nämlich das Partizip (τίλλοντες) das Aussagegewicht[26]. Allerdings ist damit zwar in der Sache das Verständnis der Szene geklärt und der weitere Gang des Gespräches gesichert, aber nicht die auffällige Formulierung in der Vertauschung von Infinitiv und Partizip geklärt. Die Lösung liegt in der Gesamtkonzeption der Szene mit dem Nebeneinander vom Gehen Jesu und dem der Jünger[27].

Im Aufbau des szenischen Rahmens (Mk 2,23) wird dieses sachliche Nebeneinander von Zeit- und Ortsangabe am Anfang und Konfliktpunkt am Ende verteilt. Damit werden die szenischen Akzente gestei-

---

25 Vgl. dazu schon von Rad, 5. Buch Mose 106: "Aber die dt. Prediger haben eben nicht nur rechtliche Stoffe behandelt: Ähnlich verhält es sich vielleicht mit der Bestimmung über »Mundraub«, in der sich wohl eher eine humane Sitte ausspricht und nicht eine Rechtsordnung im engeren Sinne des Wortes".
26 Siehe B-D-R § 339$_5$.
27 Zum Nebeneinander von πορεύεσθαι und ὁδο(ν)ποιεῖν vgl. Ri 17,8. Daneben siehe in verschiedener Bedeutung Jes 62,10 und in übertragenem Sinn Ψ 79,10. Zum Bedeutungswandel siehe Liddell-Scott 1198 s.v. ὁδοποιέω.

gert. Da παραπορεύεσθαι und ὁδὸν ποιεῖν der Szene nur als Gerüst zugrunde gelegt werden, kommt ihnen kein in der Sache anstößiges Gewicht zu: Sie werden der Szenenspannung untergeordnet. Die Rahmenszene in 2,23 ist also vom Sabbatlogion her nicht nur gestaltet, sondern in dieser Gestaltung von überlegtem Aufbau.

Ähnlich wie der Szenengestaltung 2,23 eine polemische Tendenz zugrunde liegt, die die jüdisch-pharisäische Observanz karikiert, beruft sich auch die Gestaltung in 7,5c auf einen kleinlichen[28] Vorfall[29]. In beiden Fällen geht es nicht um die Übertretung von Gesetz oder »Überlieferung der Alten« als solche. Vielmehr reflektiert die Gemeinde ihre Praxis und ihre Haltung zu Gesetz und Überlieferung. Hinter dem Anlaß steht also jeweils exemplarischer Sinn. In 2,16b.18b wird die Gemeindepraxis im Vorwurf typisiert, in 2,23 und 7,5c exemplifiziert. Anliegen der Gemeinde ist es in allen Fällen, ihre Praxis auf Jesus zurückzuführen. Er hat sie zu ihrer Praxis und, soweit es Mk 2,23 und 7,5c betrifft, zu ihrer Haltung legitimiert. Thematisch betreffen 2,23f.27 und 7,5.15 nicht nur die Gemeindepraxis, sondern auch das Verständnis der Gemeinde von Gesetz (ὃ οὐκ ἔξεστιν) und Überlieferung der Alten (οὐ περιπατοῦσιν κατὰ τὴν παράδοσιν τῶν πρεσβυτέρων). Der Vorwurf in 2,24 und 7,5b ist in der Sache ähnlich typisiert wie der in 2,16b und 2,18b. Die Gegner der Streitgespräche machen Jesus für charakteristische Übertretungen haftbar. Wenn sich *die Gemeinde* mit dem Streitgespräch nach außen hin gegenüber jüdischen Vorwürfen verteidigt, dann ist ihre Berufung auf die Haltung *der Jünger* sachgegeben.

Wieso aber wurde diese Haltung in 2,23 und 7,5c im Tun der Jünger exemplarisch veranschaulicht? Die Karikierung der jüdischen Vorschrift in polemischer Ausrichtung hat in der Apologetik von 2,24.27 oder 7,5b.15 keinen Platz. Rahmenszene (beziehungsweise Anlaß des

---

[28] Das Besondere der Szene ist ja im Blick auf den Vorwurf gerade nicht *was* die Jünger essen, sondern *wie* die Jünger essen.

[29] Der Anlaß des Streitgespräches weicht nicht nur geringfügig von der pharisäischen Praxis ab, vgl. Berger, Gesetzesauslegung 578 (10.), sondern der Anlaß als solcher führt in Verbindung mit seiner Darstellung diese Praxis und die Observanz ad absurdum.

Vorwurfs) und Logion bergen mit ihrer Ausrichtung auf die jüdische Observanz einen entscheidenden Unterschied in sich. Die Logien (2,27 und 7,15) negieren nicht die Vorschrift als solche, sondern interpretieren und fassen Gesetz beziehungsweise Überlieferung der Alten neu. Dies bedeutet: Die Logien argumentieren weiterhin auf dem Boden der jüdischen Vorschrift, diese wird nicht abrogiert. Dagegen steht im Hintergrund der Szene – beziehungsweise der Anlaßgestaltung – ein Bruch mit Sabbatvorschrift und Überlieferung der Alten. Hier wird nicht nur das Logion illustriert, Sabbatgesetz und Überlieferung der Alten christlich (Jüngerszenen!) umgedeutet, sondern Gemeindepraxis gegen die jüdische Norm gerichtet in Szene gesetzt. In diesen verschiedenen Ausrichtungen sind zwei Gestalter am Werk, nicht nur einer, der eine ideale Szene in Vorwurf und Anlaß bildete. Traditionsgeschichtlich, nicht literarisch, liegt ein Bruch zwischen der Formulierung des allgemeinen Vorwurfs und der Gestaltung einer Rahmenszene (beziehungsweise der Nennung eines Anlasses) zum Streitgespräch aus Vorwurf und Antwort. Daß hier ursprünglich ein allgemeiner Vorwurf erfolgte, ist nicht unwahrscheinlich, wie Hübner[30] meint, sondern gerade wahrscheinlich. Denn die Streitgespräche in 2,16 und 2,18 nehmen ebenfalls ihren Ausgang von thematischen Fragen (Tischgemeinschaft und Fasten), nicht von speziellen Anlässen. Die Streitgespräche lösen Sachprobleme, keine Einzelfälle. Wenn Streitgespräche apologetisch innerhalb des Gemeindebereiches verwendet werden, werden sie kaum im Analogieschluß auf eine ähnliche Situation im Wirken Jesu verwiesen haben, sondern auf die Entscheidung Jesu in der Sache. Den allgemeinen Vorwurf zu veranschaulichen, die *Jünger* verletzten die jüdische Norm, gibt im Traditionsgang also dort besonderen Sinn, wo das Jüngerverhalten selbst für die Traditionsverwendung von Bedeutung ist, das heißt: dort, wo die Polemik in ihrem offensiven Abwehrcharakter, der sich im Anlaß ausdrückt, verstanden werden konnte. Die um eine Rahmenszene erweiterten Streitgespräche haben ihre Funktion sowohl im Disput mit jüdischen Bestreitern als auch in der Debatte innerhalb der Gemeinde. Nach außen hin hat sich die Gemeinde mit der

---

30 Gesetz 146.

Haltung der Jünger identifiziert und auf die Entscheidung Jesu (in der Antwort auf den allgemeinen Vorwurf) berufen können. Für die innergemeindliche Debatte interessierte aber in besonderer Weise auch das Jüngerverhalten.

Eine andere Tendenz, aber gleiche Verwendung zeigt die Rahmenszene in 2,15a.b (καὶ γίνεται κατακεῖσθαι τὸν Ἰησοῦν ἐν τῇ οἰκίᾳ, καὶ πολλοὶ τελῶναι καὶ ἁμαρτωλοὶ συνανέκειντο αὐτῷ). Die Szene führt die Tischgemeinschaft »im Haus« auf das Verhalten Jesu zurück. Hier wird aber kein banaler Konfliktfall polemisch vorgetragen, sondern eine bestimmte Gemeindesituation in dem Wirken Jesu verankert. Der Verband der Hausgemeinde (οἰκία) wird auf den irdischen Jesus zurückgeführt. Dieser durch die Szenengestaltung und die Angleichung der Gesprächsszene betonte Nebensinn hat wiederum nur für die christlichen Tradenten Bedeutung. Eine Verwendung des durch die Rahmenszene erweiterten Streitgespräches kann man, zumindest hypothetisch, in der Hausgemeinde vermuten. Für die Bestimmung der Rahmenszene liegt mit Mk 2,15a.b demzufolge auf der Hand, daß den Rahmenszenen das Verhalten der Gemeinde und deren Situation, jedoch nicht konkrete historische Erinnerungen zugrunde liegen. Ferner zeigt sich, daß die Rahmenszenen eine bewußte Gestaltung voraussetzen, für die verschiedene Motive namhaft gemacht werden können.

Nach diesen Ausführungen ist der oben angedeutete und in der Betrachtung der Form gesicherte *Gang der Überlieferung* wahrscheinlich. Die Entstehung der Streitgespräche vollzog sich in zwei Stufen. Auf der ersten kommt es zur Bildung der Grundform eines Streitgespräches in Gestalt einer Gesprächsszene (bestehend aus Exposition, Vorwurf und Antwort). Auf der zweiten Stufe erfolgt die Erweiterung der Grundform, indem die Gemeindepraxis mit dem Anlaß im Jüngerverhalten wiedergegeben und so im Wirken Jesu verankert wird. Dieser Tendenz folgt auch Markus, indem er die Streitgespräche in konkrete Einzelszenen des Wirkens Jesu einzubinden versucht (siehe 2,16a. 18a; 7,2)[31]. Ihm geht es allerdings allein um die historische Fixierung

---

31 Das gleiche Interesse spielt auch in 2,14f eine Rolle (ἐν τῇ οἰκίᾳ αὐτοῦ), obgleich die Komposition von Berufungsszene und Mahlge-

des Anlasses, wie die wortgetreue Aufnahme des jeweiligen Einzelvorwurfs ausweist. Eine polemische Note, die die vormarkinische Gestaltung des Anlasses beherrschen kann, fehlt in der markinischen Rahmengestaltung, obwohl auch Markus, wie 7,3f zeigt, Verzeichnungen anzubringen weiß.

3.1.2.2. Die Erweiterung der Antworten Jesu in den Streitgesprächen

Die Zusätze der Antworten Jesu in den Streitgesprächen haben für die formgeschichtliche Betrachtung nur mittelbare Bedeutung. Denn mit 2,17c; 2,19b.20 und 7,9-13 werden die Antworten der Streitgespräche in ihrer Form nicht ergänzt, sondern in ihrer Ausrichtung verändert und bisweilen korrigiert.

Den äußerlichen und auch in der Sache hervorstechendsten Eingriff bildet die Begründung des Fastens in 2,19b.20 (samt der Bearbeitung von V 19a durch die Zeitangabe). Dieser bedeutet aber nur gegenüber der Aussage von V 19a [Hochzeitsgäste können nicht fasten] eine "radikale Skoposverschiebung"[1]. Innerhalb des Streitgespräches öffnet die Erweiterung die enge Thematik des Täuferfastens zur Begründung *allgemeiner*, christlich zu deutender Fastenpraxis. Daneben schützt sie die Streitgesprächsüberlieferung 2,18b.19a vor einem Mißverständnis. Gemeint ist nicht die Mißdeutung, daß Jesus grundsätzlich die Jesusjünger vom Fasten befreit habe und die Gemeinde sich daher jetzt auch von der Fastenpraxis emanzipieren könne. Zu einer solchen Interpretation gibt das historische Bild der Fastenpraxis in der Urgemeinde und im Urchristentum keinen Anlaß. Vielmehr schützt die Korrektur das Streitgespräch (2,18b.19a) vor dem Mißverständnis, Freudenzeit ermächtige die Gemeinde zum Enthusiasmus, im Bild gesprochen: zur ausschweifenden Freude der Hochzeitsleute. Hierzu paßt, daß die korrigierende Aussage zur deutenden Ansage des Bräutigams ausgestaltet wird: Die Jünger werden fasten, aber nicht in as-

---

meinschaft von dem theologischen Anliegen des Markus, dem Nachfolgemotiv (siehe 2,15c), beherrscht wird.
1 Roloff, Kerygma 224.

ketischer Übung (wie die Johannesleute), sondern aus der Freude heraus, denn sie sind und bleiben als Hochzeitsgäste in der eschatologischen Heilszeit begriffen (vgl. Mt 6,16ff). Die Erweiterung in V 19a und ihre Ausdeutung mit V 19b.20 bezieht also die Situation der judenchristlichen Gemeinde nach zwei Seiten hin ein: in der Proklamation der Heilszeit und in dem Hinweggenommensein des diese Heilszeit begründenden Bräutigams. Sie beläßt der Aussage in V 19a ihren Sinn: Grundsätzlich können Hochzeitsleute nicht fasten. Daher gilt die Freigabe des Fastens aber mit der Ansage des Fastens durch Christus zeitlich konditioniert. Jedoch deutet nichts darauf hin, daß ὅταν ἀπαρθῇ ἀπ' αὐτῶν die Zeit der Entrückung Jesu meine, sondern die Wendung zielt ohne Nebensinn auf die Zeit, in der der Bräutigam hinweggenommen sein wird. Damit wird im Gang der Überlieferung die Auseinandersetzung mit dem Täuferkreis verlassen. Die Erweiterung steht in der Diskussion innerhalb der hellenistisch-judenchristlichen (νυμφίος vgl. 2 Kor 11,2) Gemeinde[2]. Hierbei wird aber nicht die Wiedereinführung des Fastens legitimiert[3], sondern vielmehr das Fasten gegenüber allgemeiner jüdischer Frömmigkeitsübung christologisch begründet. Zwar wird - durch die später mißverständliche Freigabe des Fastens (V 19a) veranlaßt - mit der rückprojizierten Fastenansage des Bräutigams die Zeit der Gemeinde gedeutet. Dabei ist aber nicht gesagt, welcher Art dieses Fasten sein soll - von Trauerfasten ist keine Rede (ὅταν!). Entscheidend ist vielmehr: Die Fastenpraxis

---

2   Das allgemeine Gegenargument, Mk 2,19b.20 gehöre nicht in die Debattensituation zwischen Juden- und Heidenchristen (so vor allem Roloff, a.a.O. 232f), ist nicht zwingend. Denn die Debatte erfolgt nicht nur und nicht ausschließlich zwischen zwei gleichsam monolithischen Blöcken, sondern mit dem Argument 2,19b.20 wird der Unterschied zwischen jüdischem und christlichem Fasten begründet, und zwar christologisch. Diese Debattensituation setzt einen Prozeß der inneren Ablösung vom Judentum voraus. Dies bedeutet, auch wo sich die Gemeindepraxis äußerlich nicht wesentlich von der des Judentums unterscheidet, fußt sie auf einer anderen Grundlage.

3   Gegen Kuhn, Sammlungen 70 Anm. 105; Gräßer, Parusieverzögerung 44f (2,19b.20 legitimiere "eine sich nach und nach in den Gemeinden wiedereinstellende Fastenpraxis").

Die Erweiterung der Antworten

gründet sich auf die Aussage des irdischen Jesus. Formal und in der Funktion handelt es sich um die gleiche Begründungsintention wie 2,28, wo die Sabbatpraxis nicht einschränkend, sondern christologisch erweiternd auf den Menschensohn gegründet wird. Die Gemeinde weiß sich also nach dem Tod des Irdischen auf sein Recht zu beziehen. Darin liegt die Bedeutung für die Jetztzeit und die Situation der Gemeinde. Erst die spätere Ausdeutung (V 20fin) legt das Gewicht auf die ὅταν-Wendung und begründet damit das Fasten »*an jenem Tag*« ätiologisch[4]. Dies ist wohl eine junge, aber vormarkinische Interpretation, die sich vom ursprünglichen Verständnis der Bearbeitung entfernt hat, historisch aber wohl zudem vom Judentum geschieden ist (vgl. die Zufügung von V 21f[5]).

Christologische Begründungsfunktion besitzt ebenfalls das ἦλθον-Wort Mk 2,17c. Die Gemeinde begründet ihre Gemeinschaft mit den Sündern (=Heiden) im Kommen Jesu, das in übertreibender Rede den Sündern gilt. Dies schließt, wie oben vermutet wurde[6], ihren Auftrag ein, die Sünder in ihre Gemeinschaft hereinzunehmen. Historisch gesehen bedeutet dies, mit der um das ἦλθον-Wort erweiterten Streitgesprächsüberlieferung verteidigt die Gemeinde sowohl die von ihr betriebene Heidenmission als auch ihre Gemeinschaft mit den Heiden christologisch.

Die Tendenz der Einfügung von Mk 7,9-13 in das Streitgespräch (7,5.15) ist sehr viel schwieriger zu bestimmen, als dies auf den ersten Blick scheint. So sind im Gesprächsgang leicht die Stichworte des Vorwurfs erkennbar, doch bleiben Unstimmigkeiten innerhalb der Komposition.

Äußerlich betrachtet bildet die Zufügung (7,9-13a) eine Polemik gegen die Gegner des Streitgesprächs. Sie ist in Form eines Gegenvorwurfs gestaltet und behauptet, die Gegner setzten das Gebot Gottes

---

4 Daß in Did 8,1 (in polemischer Absetzung) vom zweimaligen Fasten die Rede ist, spricht nicht gegen die These einer Ätiologie des Freitagsfasten. Vielmehr zeigt 2,20fin, daß der Fastentag (oder die Fastentage) als Problem diskutiert werden (vgl. Kuhn, a.a.O. 69).
5 Vgl. Steinhauser, Doppelbildworte 58-62.
6 Siehe oben S. 105f.

zugunsten der Überlieferung der Alten außer Kraft: Statt des Gebotes Gottes steht "eure Überlieferung" in Geltung (vgl. die Klammer V 9.13a)[7]. Die inhaltliche Funktion dieser Zufügung in das Streitgespräch (V 5.15) wird von deren Tradition her geklärt werden müssen. Denn es genügt nicht, die Anfügung auf den Stichwortanschluß oder die thematische Ordnung des Streitgesprächs im Begriff »παράδοσις« zurückzuführen. Damit erklärt sich der Kompositionsvorgang, aber nicht die Aussage der Überlieferung Mk 7,5-9.13a.15. In diesem Überlieferungsbestand wirkt zumindest der Begriff ἡ ἐντολὴ τοῦ θεοῦ störend, zumal er nicht wortgerecht dem Schlußsatz des Korbanbeispiels (ὁ λόγος τοῦ θεοῦ) korrespondiert. Ferner stört er den Gesprächsgang, da dem Begriff »παράδοσις« (V 5) im Gegenvorwurf der Begriff »ἐντολή« gegenübergestellt wird. Dieser Störfaktor fällt stärker ins Gewicht, sollte der Vorwurf schon den Anlaß (Essen der Jünger κοιναῖς χερσίν) enthalten haben. Dann folgte die Gegenüberstellung nicht aus dem Vorwurf[8]. Der Abschnitt Mk 7,9-13a ist eine in sich geschlossene Einheit: Neben dem parallelen Aufbau[9] und der geschlossenen Rahmung (V 9.13a) bindet die Antithetik von Μωϋσῆς εἶπεν - ὑμεῖς δὲ λέγετε das Stück zusammen und macht es isoliert überlieferungsfähig. Diese innere Abgeschlossenheit des Stückes und das sachliche Übersteigen des Vorwurfs bestätigen die Analyse des Überlieferungsganges. Auch die von der Überlieferungsgeschichte des Streitgespräches abgelöste Betrachtung führt also zu einer isolierten Einheit von V 9-13a. Allerdings schränkt die feste Formulierung in der 2. Person Plural unser Urteil insofern ein, als 7,9-13a zwar eine selbständige Tradition gebildet haben kann, die aber im Überlieferungsprozeß, nicht literarisch, von einem festen Sitz im Leben abhängig ist. Auf diese Situation weist zuvorderst die Formulierung in der 2. Person Plural und inhaltlich die sachliche Antithetik von Mosewort und Ausführung. Die Einheit hat ihren Sitz im Leben in der Polemik im Sinne der offensiven Abwehr.

---

7   Die polemische Funktion wird durch das (singuläre) absolute παρεδώκατε noch verstärkt.
8   Vgl. Lührmann, WuD 16, 1981, 78 (zu V 8).
9   Siehe oben S. 73f.

Die Erweiterung der Antworten 301

Worauf antwortet aber diese Polemik? Schließlich wird die Gemeinde nicht von ungefähr jüdischen Gegnern - von denen handelt ja die Antithetik (»Mose - ihr«) - vorwerfen, die Überlieferung der Alten an die Stelle des Gebotes Gottes zu stellen. Angemessen antwortet die Polemik nur auf einen gegen die christliche Gemeinde gerichteten Vorwurf, das Gebot Gottes zu verletzen. Dagegen behauptet die christliche Gemeinde ihr ungebrochenes Verhältnis zum Gesetz mittelbar damit, daß nicht sie die ἐντολὴ τοῦ θεοῦ außer Geltung setze, sondern gerade die Juden mit ihrer Hochachtung der Überlieferung. Die grundsätzliche Polemik (V 9) wird exemplarisch (γάρ) mt dem Korbanbeispiel belegt. Dem Gesetz, hier als Wort Gottes (»Mose hat gesagt«) bezeichnet, steht eine Ausführung gegenüber (»Ihr aber sagt«)[10].

Der Kompositionsprozeß von V 9-13a in das Streitgespräch 7,5.15 wird von V 15a[11] ausgegangen sein. Dem einseitigen Verständnis und der Betonung von V 15a wird der christliche Anspruch entgegengehalten, die Thora keineswegs außer Kraft zu setzen, sondern auf den Grundsinn des Gesetzes Gottes zurückzuführen. Damit bestätigt sich nicht nur die oben vorgetragene Annahme, das ursprüngliche Streitgespräch sei in V 5.15 zu bestimmen, sondern auch daß die bestimmende Aussage des Weisheitslogions per Achtergewicht dem zweiten Teil zu entnehmen ist. Schließlich scheint nach der Bestimmung des Lebenszusammenhangs von V 9-13 ebenfalls eher wahrscheinlich, daß der konkrete Anlaß des Vorwurfs erst nach der Einfügung dieses Stückes dem Streitgespräch zugefügt wurde, also die ursprüngliche Formulierung des Vorwurfs nur nach der Geltung der Überlieferung der Alten fragte. Die Funktion dieser Einfügung, die ihrer polemischen Ausrichtung nach auf jüdische Vorwürfe zielte, ist in der innergemeindlichen Debatte vorstellbar, obwohl der Erweiterung spezifisch christologische Züge fehlen.

---

10   Siehe Billerbeck I, 711-717.695-701; Rengstorf, ThWNT III, 860, 39-864,35. Berger, Gesetzesauslegung 493; Lührmann, a.a.O. 79 Anm. 26; Lambrecht, EThL 53, 1977, 54f; (vgl. Schmithals, Markus I, 347f), machen mit Recht darauf aufmerksam, daß hier weder ein Gelübde allgemeiner Art noch ein spezielles Gebot gemeint ist (gegen den Verweis auf Num 30,2f bei Kümmel, Aufsätze I, 29f; Hübner, Gesetz 152f).
11   Zum Folgenden vgl. die Analyse von V 15(a) oben S. 68ff.

Für die vormarkinische Erweiterung der Antworten Jesu in den Streitgesprächen ergeben sich folgende Folgerungen: Die erweiterten Streitgespräche setzen historisch ein neues Überlieferungsstadium voraus. Mit der Erweiterung dient das jeweilige traditionelle Streitgespräch der Klärung im neuen Problemfeld. Der Anstoß, ein Streitgespräch in seiner Sachaussage zu korrigieren, ist vermutlich von der innergemeindlichen Debatte über die im Streitgespräch überlieferte Antwort Jesu ausgegangen.

3.1.2.3. Der Sitz im Leben und der Trägerkreis der vormarkinischen Streitgespräche

Im Vergleich zur Grundform der Streitgespräche tritt in der vormarkinischen Form das *Gemeindeinteresse* stärker hervor:
1. Die Rahmenszenen geben den Streitgesprächen einen Anlaß, in dem sich die Gemeinde mit den Jüngern und deren Verhalten identifizieren konnte.
2. Aus der Komposition der Rahmenszene erschließt sich aber auch ein (gegenüber der Grundform) anderer Verwendungsbereich der Streitgespräche. Eine Gemeinde, die das Jüngerverhalten als begründendes Beispiel für die Argumentation heranzieht, hat offenbar Disputanten im Blick, die diese Basis teilen können. Also weist der Anlaß der Streitgespräche eher auf eine innergemeindliche als auf eine außergemeindliche Debatte.
3. Im Anlaß werden die Streitgespräche stärker historisch gebunden, als dies innerhalb der Grundform geschieht. Die Verankerung im Wirken Jesu gibt der Verwendung der Streitgespräche jetzt nicht nur autoritative, sondern über eine bloße historische Fixierung hinausgehende christologisch legitimierende Kraft. Dieser Sachverhalt überschneidet sich mit der weiteren Bearbeitung der Streitgespräche, in der die christologische Begründungstendenz Bedeutung erhält (Mk 2,17c.19b. 20). Christologische Argumente geben nur für die gemeindliche Diskussion Sinn, nicht nach außen hin, etwa gegenüber direkten jüdischen Angriffen oder Vorwürfen[1].

---

1 Vgl. Kuhn, Sammlungen 84.96; Luz, FS Conzelmann, 369; U.B.Mül-

Die Beobachtungen, die an der Grundform der Streitgespräche gemacht wurden, weisen auf eine Debatte im hellenistisch-judenchristlichen Bereich. Die vormarkinische Form der Streitgespräche könnte auf Diskussionen innerhalb der hellenistisch-judenchristlichen Gemeinde zurückgehen. Hierauf weist zumindest die Erweiterung von 2,15-17 mit der Legitimierung im christologischen Logion. Geht es also um Auseinandersetzungen zwischen Juden-und Heidenchristen[2]? Diese Lösung könnte die Argumentation von 2,19b.20 (νυμφίος) und 7,9-13 (Gesetz - Überlieferung) nahelegen. Jedoch weist die Tendenz der Zufügungen in eine diffenenzierte Richtung: In 2,19b.20 und 7,9-13 wird nicht eine gesetzesfreie Position (2,19a; 7,15a) verteidigt, sondern dieses mögliche Verständnis gerade korrigiert. Die Einfügungen von 2,17c und 2,19b.20; 7,9-13 würden also einander nicht entsprechen. Ein anderes Bild ergibt sich, verteidigt sich der Trägerkreis in der hellenistisch-judenchristlichen Gemeinde gegen Judenchristen, die sich eine stärkere Bindung an das Judentum bewahrt haben. Die Kontrahenten der Traditionsträger wären als Christen zu bestimmen, die die jüdische Fastensitte teilen, in strenger Observanz den Sabbat halten, die Auslegung der Thora im Sinne jüdischer Überlieferung befolgen und dem Umgang mit Heiden (und erst recht der Heidenmission) ablehnend gegenüberstehen. Die Traditionsträger, also die Kreise, die sich mit den Streitgesprächen verteidigen, ihr Verhalten und ihre Haltung den Sachproblemen gegenüber legitimieren, wären sodann in Judenchristen zu sehen, die innerlich mit dem Judentum gebrochen haben. Diese führen ihre Praxis, auch dort, wo sie jüdischer Übung gleicht (Fasten, Sabbat), auf den irdischen Jesus zurück (Anlaß im Jüngerverhalten). Sie legitimieren diese Praxis nicht mehr nur mit weisheitlichen Herrenworten, sondern auch mit christologisch reflektierenden Argumenten. Gegen eine Verwendung der Streitgespräche (in ihrer erweiterten Form) im Binnenraum des Judenchristentums scheint die dem Streitgespräch zugefügte Polemik Mk 7,9-13a zu sprechen. Hier scheint die Polemik nicht nur per se, sondern auch in der Komposition des Streitgespräches

---

ler, NTS 27, 1981, 181.
2 So Kuhn, a.a.O. 98.

304   Die Form der Streit- und Schulgespräche

gegen das außergemeindliche Judentum gerichtet zu sein. Aber gegenüber judaisierenden Judenchristen, die zumindest ihren festen Anhalt an Jerusalem besaßen, ist die Polemik mit dem Korbanbeispiel ebenso angemessen[3]. Überdies ist von ihnen der Vorwurf zu erwarten, die sich den Heiden zuwendenden Judenchristen setzten das Gesetz außer Kraft.

Daß mit 7,9-13 gerade eine polemische Tradition, keine christologische eingebracht wird, liegt in der Sache begründet, und zwar in dem möglichen Mißverständnis von V 15a. Mk 7,9-13 erhellt die Position der (Streitgespräche verwendenden) Gemeinde. Mk 7,9-13 behauptet gerade keine gesetzesfreie Position, wie sie in Antiochien vertreten wurde[4], sondern eine bewußt gesetzeskritische. Allerdings deutet die

---

3   Anders U.B.Müller, a.a.O. 182 (aufgenommen bei Breytenbach, Nachfolge 324). Aber die Formulierung in der 2. Person Plural (7,6.8.9.11.12.13) weist auf den Sitz im Leben innerhalb der Gemeinde, d.h. auf die Funktion der Stücke (7,6f.9-13) im Sinne offensiver Abwehr (Polemik), nicht notwendig auf außergemeindliche Gegner.

4   Sicher besteht zwischen Paulus und der antiochenischen »Theologie« ein Unterschied. Paulus gibt dem, was in Antiochien vertreten wurde, die wesentliche Ausprägung. Worum es in unserem Zusammenhang geht, läßt sich folgendermaßen skizzieren: Antiochien ist eine, wenn auch bedeutende, Ortsgemeinde unter mehreren in Syrien. Hier gibt es Unterschiede in bezug auf deren theologisches Profil. Sowenig man die paulinische Theologie mit der von Antiochien gleichsetzen kann, sowenig ist die antiochenische Theologie mit der der anderen syrischen Gemeinden gleichzusetzen. Antiochien ist offenbar stärker hellenistisch geprägt als andere Gemeinden in Syrien, die sich stärker jüdischen Vorstellungen und jüdischer Praxis verpflichtet zeigen (siehe die Erwägungen zu Mk 2 bei Kuhn, a.a.O. 98). Hier muß nicht zwingend an die galiläische Heidenmission gedacht werden (anders U.B.Müller, a.a.O. 180f; Schmithals, Paulus 25f; Kasting, Anfänge 90ff). Eine Gemeinde, die ihre Gründung dieser judenchristlichen Mission verdankt, wird ein anderes Gesetzesverständnis vertreten als z.B. Antiochien. Demgegenüber zeigt sich in den Streitgesprächen schon eine solche innere Differenz zum Judentum, daß die galiläische Heidenmission als Traditionsträger ausscheidet. Vgl. noch oben S. 280-286. Zum Verständnis der Begriffe »gesetzesfrei«/ »gesetzeskritisch« siehe oben S. 274 Anm. 8.

Polemik in 7,9.13a nicht auf eine beabsichtigte Abgrenzung gegenüber der heidenchristlichen Haltung zum Gesetz. So wird die Meinung bestätigt, die gesetzesunabhängige Argumentation der Streitgespräche (2,17b.19a.27; 3,4; 7,15) nicht von der antiochischen Haltung abzusetzen. Wenn die Bestimmung zutreffen soll, daß die Überlieferung der Grundform der Streitgespräche in Syrien stattgefunden hat, so ist im Blick auf Mk 7 zu prüfen, ob an diesem Ort die entsprechende, das Gesetz beanspruchende Haltung vorausgesetzt werden kann. Der historischen Erwägung stehen die zwei indirekten Andeutungen Apg 6,14b; Gal 1,14 zur Verfügung[5]. Sollte sich in der Anklage gegen Stephanus, wenn auch nicht eine authentische, so doch historisch zuverlässige Kennzeichnung der Hellenisten durch Diasporajuden (V 9) erhalten haben[6], so wurde anfangs von den »Hellenisten« die Änderung der ἔθη ἃ παρέδωκεν Μωϋσῆς vertreten[7]. In die gleiche Richtung weist die Darstellung des Paulus, wenn dieser seine Verfolgung der Gemeinden (wohl in Syrien)[8] mit seinem Eifer für die πατρικαὶ παραδόσεις in Zusammenhang bringt[9]. Darin wird nicht einfach auf eine grundsätzlich gesetzesfreie Haltung der verfolgten Gemeinden angespielt[10], sondern eindeutig auf deren Ablehnung der mündlichen Überlieferung des Gesetzes[11]. Läßt sich in irgendeiner Weise die Trägerschaft der Streitgesprächsüberlie-

---

5 Phil 3,5f.7-11 ist für die Frage nach der Haltung der von Paulus verfolgten Gemeinden weniger aussagekräftig als Gal 1,14.
6 Siehe Weiser, Apostelgeschichte I, 171; U.B.Müller, a.a.O. 164.
7 Vgl. Hengel, NTS 18, 1971/72, 27f.
8 Vgl. U.B.Müller, a.a.O. 167.
9 Zum Doppelaspekt der Aussage, einerseits das Gegenüber zu dem Evangelium, andererseits die Entsprechung in der Beschreibung der Pharisäer, siehe Lührmann, Galater 31f. Mußner, Galater 80, sieht hier die Thora selbst im Blick, da Paulus "gegenüber den heidenchristlichen Lesern seines Briefes ... nicht scharf zu differenzieren" brauche zwischen dem Zaun um die Thora und der Thora selbst. Aber Paulus nimmt die Unterscheidung vor! Denn schon allein die Bezeichnung ζηλωτής bringt zum Ausdruck, "daß Paulus vor seiner Bekehrung gegen christliche Beeinflussung immun war" (ebd.).
10 Anders U.B.Müller, a.a.O. 167f; Schrage, ZThK 60, 1963, 197f.
11 Vgl. Strecker, FS Käsemann, 483f.

ferung innerhalb des Neuen Testamentes festmachen, dann sind am ehesten in Apg 6,14b und Gal 1,14 Spuren dieser Haltung zu erkennen[12]. Daß sich hinter der Streitgesprächsüberlieferung möglicherweise der Stephanuskreis verberge, kann man vermuten. Neben der Zuschreibung von Apg 6,14 an Stephanus fehlen jedoch verläßliche Belege. Die sogenannten "Gräkopalästiner" (Johannes-Markus, Petrus, Silas-Silvanus)[13] werden als Trägerkreis allerdings ausscheiden müssen. Denn sie öffneten die Gesetzesverbindlichkeit zwar für die Heiden, aber wegen ihrer Abhängigkeit von Jerusalem ist eine aktive Verteidigung einer Haltung, welche eine äußere Ablösung und einen inneren Bruch vom Judentum voraussetzt, auf ihrer Seite unwahrscheinlich.

Verglichen mit der Grundform haben wir in der vormarkinischen Form der Streitgespräche recht ortsfeste Überlieferungen vor uns (Syrien). Die Verwendung und damit in gleicher Weise die Funktion der Einzeltraditionen haben sich aber gewandelt. Die apologetische Zwecksetzung innerhalb der Gemeinde bleibt zwar erhalten, d.h. weiterhin dienen die Streitgespräche der Selbstklärung und Vergewisserung der Lebensführung. Aber daneben bekommen die Traditionen einen offensiven Charakter, der sich in der Einbeziehung einerseits polemischen Materials und andererseits theologischen Reflexionsgutes (2,19b.20; 2,17) ausdrückt. Die Gemeinde legitimiert nicht mehr nur ihr Verhalten, sondern vergewissert sich mit der Überlieferung der (erweiterten) Streitgespräche auch ihrer Grundlage.

Markus hat diese Überlieferung in sein Evangelium übernommen und mit weiteren Traditionen ergänzt (Mk 2,25f; 7,6f; 2,28; vgl. 3,1-5). Diese Traditionen verraten deutlich eine andere Diskussionslage, nämlich die von stärker hellenistisch geprägten judenchristlichen Gemeinden. Mk 2,25f rechtfertigt den Gesetzesbruch Davids (vgl. Lev 24,5-9), Mk 7,9 fußt auf der Gesetzesbetrachtung nicht mehr traditioneller Geltung, sondern grundsätzlich zu rechtfertigender Lockerung. Die Polemik Jes 29,13 (LXX) in Mk 7,6f ist, wie Kol 2,22 gezeigt hat, in der hellenistischen Gemeinde (unabhängig von Mk 7) ebenfalls verbrei-

---

12 Auf den Zusammenhang zwischen Apg 6,14 und den Streitgesprächen verweisen auch Schille, Apostelgeschichte 177; Hengel, ZThK 72, 1975, 192-196.
13 Vgl. Hengel, FS Cullmann, 59.

tet. Für 3,1-5 ist hellenistisch-judenchristlicher Ursprung wahrscheinlich. Eine deutlich judenchristliche Argumentation zeigt dagegen Mk 2,28 (vgl. 2,10). Die Logien vom irdisch wirkenden Menschensohn sind traditionsgeschichtlich späte Analogiebildungen, ähnlich dem ἦλθον-Wort in 2,17c. Die Gründung der Gemeindepraxis auf die christologische Entscheidungsinstanz (der Vollmacht) des (irdischen) Menschensohns, setzt eine Haltung voraus, die nun auch äußerlich mit dem Judentum gebrochen hat und gesetzesfreie Praxis übt. Mit dem Menschensohnlogion legitimieren Judenchristen gegenüber judaisierenden Christen ihre Haltung in der christlichen Gemeinde. Ort dieser Traditionen können dieselben syrischen Gemeinden sein, die auch die Streitgespräche tradieren. Dann hätten wir für diese von Markus übernommenen Traditionen ein späteres Legitimationsstadium anzunehmen.

Wichtig ist aber, die Argumentationsrichtung dieser Traditionen zu beachten. Die christologische Argumentation mit der Vollmacht des irdischen Menschensohnes ist nur innerchristlich sinnvoll. Das Davidbeispiel und Jes 29,13 (LXX) waren wohl anfangs nach außen gerichtet. Sie sind zwar auch in der innergemeindlichen Debatte vorstellbar - aber dies bleibt unsicher, im Gegensatz zu der Herkunft von 7,9-13. Ähnliches gilt für 3,1-5. Markus hat also neben den innerchristlich verwendeten Streitgesprächen anderes Traditionsmaterial zur Verfügung. Dieses hat er aus der Sachdebatte entnommen, wahrscheinlich aus den Diskussionen einer hellenistisch-judenchristlichen, gesetzesfrei lebenden Gemeinde.

3.2. Die Sonderform: Die Streitgespräche zum Wirken Jesu

Dieser Gruppe von Streitgesprächen sind eigentlich nur zwei Stücke des Markus-Evangeliums zuzuweisen: Mk 3,22-30; 11,27-33. Der vorgelegten Analyse von Mk 2,1-12 zufolge wurde die Gesprächsszene, die die Vv 5b-10 bilden, von Markus gestaltet. Dennoch sollte Mk 2,1-12 nicht völlig aus der Formbetrachtung herausgenommen werden. Denn der Aufbau der Gesprächsszene legt die Annahme nahe, daß Markus in V 5b-10 nicht voraussetzungslos tätig war. Vielmehr hat er von V 10 ausgehend ein Gespräch konzipiert, das Formelemente der Streitgespräche zum Wirken Jesu enthält. Obwohl die gesamte Szene von der Gegnerdarstellung (vgl. 2,7 mit 14,64) beherrscht wird, bewahrt

Markus in der Struktur die Formelemente. Die Schwierigkeit, die sich aus seiner kompositorischen Absicht, Wunder und Lehre zu verbinden, ergibt, löst er nicht ungeschickt: Zwar ist es für ein Streitgespräch untypisch, daß ein Wort Jesu den Anlaß stellt, dies gleicht er aber dadurch aus, daß er den Zuspruch an den Kranken szenisch in den Rahmen der Wundererzählung hinein setzt. Wenn Markus mit den Stilgesetzen seiner Überlieferung derartig vertraut ist, daß er sie frei anwendet, so kann das zwei Gründe haben: Entweder entwirft er die Form nach einer Vorlage oder die Formgebung ist in seiner Gemeinde so lebendig, daß sie ihm von daher bekannt ist. Beide Lösungen sind möglich, betrachtet man die intensive Bearbeitung, die Markus an 3,22-26, aber vor allem 11,28b.30 anbringt. Wieweit die Formgebung bis in die Überlieferungsstufe des Markus hinein reicht, kann erst nach der Formuntersuchung entschieden werden.

Die *äußere Form* der vormarkinischen Einzelüberlieferung von Mk 3,22-26; 11,28b.30 folgt dem Schema von Angriff und Antwort Jesu. Gegner werden nicht benannt, sondern, wie in den anderen Streitgesprächen durch den Vorwurf, hier durch den Angriff charakterisiert. Wie in der Grundform der Streitgespräche zu Fragen christlicher Lebenspraxis enthalten die Streitgespräche zum Wirken Jesu keinen konkreten Anlaß des Gesprächs. Die Jünger werden nicht genannt. Im übrigen Aufbau entsprechen die Streitgespräche einander.

> Nach diesen Beobachtungen stellt es womöglich ein Wagnis dar, diese Streitgespräche als Sonderform von den Streitgesprächen zu Fragen christlicher Lebenspraxis zu unterscheiden, mit anderen Worten: Ist eine Unterscheidung, wie sie oben (2.1.) in Form einer Arbeitshypothese vorgetragen wurde, möglich, nötig oder gar zwingend? Besteht ein Unterschied zwischen den beiden Gruppen von Streitgesprächen im Blick auf den Vergleich von Vorwurf und Angriff? Oder: Wird dieser Unterschied auf der Ebene der Tradition nur eingetragen? Wieweit stimmen Sitz im Leben und Trägerkreis der beiden Formen überein oder unterscheiden sie sich voneinander?

Im Gegensatz zu den Streitgesprächen der ersten Gruppe betreffen die Streitgespräche zum Wirken Jesu keine Sachprobleme im engeren Sinn. Sie behandeln ferner keine Frage, die strenggenommen die

Lebens- oder Gesetzespraxis der Gemeinde aufwirft[1]. Vielmehr ist für die Streitgespräche zum Wirken Jesu eine Debatte vorauszusetzen, in der die Gemeinde ihren Herrn gegenüber *Angriffen* verteidigt[2]. Allerdings hat das Leben der Gemeinde und ihre Praxis mittelbar die Entstehung der jeweiligen Einzelüberlieferung beeinflußt. Denn die Entstehung der Überlieferung setzt jeweils voraus, daß die christliche Gemeinde ihre Fähigkeit zum Exorzismus und die göttliche Vollmacht (ἐξ οὐρανοῦ) ihrem Herrn zuschreibt. Am ehesten ist hierbei an die frühchristliche Verkündigung zu denken; aber darüber hinaus auch, wie wir an 11,28b.30 gesehen haben, an eine Situation, in der sich die Gemeinde für ihr Tun auf die Vollmacht Jesu beruft (vgl. auch 2,10). Hinsichtlich der Entstehung der Einzelüberlieferungen ist zwischen den Formelementen »Vorwurf« und »Angriff« zu unterscheiden. Der Vorwurf betrifft direkt das Verhalten der Gemeinde, der Angriff die Bindung an ihren Herrn.

Dieses Bild gelangt zu größerer Schärfe, bedenkt man die *Überlieferungssituation* der Form. Einen deutlichen Anhaltspunkt bietet die Zufügung von V 27 an die Einzelüberlieferung in 3,22-26. In dem Vorgang, den Abweis des Angriffs von V 23-26 durch V 27 zu ergänzen, spiegelt sich nicht mehr eine Konfliktsituation wider. Vielmehr vergewissert sich die Gemeinde in V 27 der Macht Jesu gerade über den »Starken«. Konkreter Hintergrund hierfür wird nicht nur die (Heil ansagende) Verkündigung über den Exorzisten sein, sondern vor allem auch die exorzistische Tätigkeit der Gemeinde ἐν τῷ ὀνόματι Ἰησοῦ Χριστοῦ τοῦ Ναζωραίου (vgl. Apg 4,10). Im Stadium der Zufügung von V 27 gehört die Einzelüberlieferung nicht mehr dem apologetisch verwendeten Überlieferungsgut an, sondern dient der christologischen Reflexion.

Zwischen diesen beiden Polen von Apologetik und christologischer Reflexion kann der *Sitz im Leben,* also die Funktion der Form der

---

[1] Siehe ähnlich auch Hultgren, Adversaries 88.
[2] Zum Beelzebul-Gespräch anders Hultgren, a.a.O. 105f.133.176 (vgl. a.a.O. 193 Anm. 1), da dieser das Gespräch von 3,28f [Lästerung wider den heiligen Geist] her interpretiert, womit der Aussage von V 22-26 weniger Beachtung zukommt.

Streitgespräche zum Wirken Jesu bestimmt werden. Daß sich der Sitz im Leben so stark ändert, ist in der Thematik der Streitgespräche begründet. Die Formanalysen von 3,22-26 und 11,28b.30 haben ergeben, daß beide Einzelüberlieferungen ein hohes Alter besitzen. Den Trägerkreis der Überlieferung bildeten Judenchristen. Die Antworten weisen jeweils darauf hin, daß sich die Überlieferungsträger nach außen hin verteidigen. Mk 3,24-26 sind allgemein einsichtige Bildworte. Mk 11,30 argumentiert gegenüber dem Angriff des Täuferkreises mit Verweis auf das Wirken des Täufers. Die Weitergabe dieser Überlieferungen bedingt eine andere Verwendung der Form. Als (oder wo) weder die Konkurrenz mit dem Täuferkreis noch der Konflikt mit dem außergemeindlichen Judentum weiterhin aktuell waren, werden die Überlieferungen anders angewendet, da sie in ihrer ursprünglichen Funktion funktionslos geworden sind. Sie sind nun Ausdruck des vollmächtigen Wirkens Jesu. Damit bekommt die christologische Prägung, die der Form der Sache nach anhaftet, ausschließliche Bedeutung für die Verwendung der Überlieferung. Historisch geht mit diesem Stadium die Überlieferung in das Lehrgut der Einzelgemeinde ein. Es ist damit zu rechnen, daß es sich um eine rein judenchristliche Gemeinde handelt[3].

Aus diesem Wandel des Sitzes im Leben erklärt sich, wieso diesen Streitgesprächen keine Rahmenszene beigegeben wurde. Nicht die konkrete Situation, die ein Problem exemplarisch darstellen soll, ist hier wichtig. Vielmehr ist die Kenntnis des Wirkens Jesu vorausgesetzt. Seine Wundertätigkeit und sein Handeln ordnet die Gemeinde mit Hilfe der Einzelüberlieferungen ein. Hier erfolgt sodann eine christologische Explizierung, wie sie die Anfügung von 3,27 darstellt, oder eine Einordnung des Wirkens Jesu z.B. von der Johannestaufe her.

Die beiden Gruppen von Streitgesprächen sind also darin miteinander verwandt, daß sie zu Anfang ihrer Verwendung apologetisch ausgerichtet sind. Ihr früherer Traditionsort ist aber nicht weiter einzugrenzen, als daß es sich um judenchristliche Überlieferungsträger handelt. In das Judenchristentum weist auch die weitere Verwendung

---

3 Vgl. nur die sprachliche Gestalt der Angriffe von 3,22 und 11,28b.

als Gemeindeüberlieferung⁴, wobei hierzu 3,27 (ἰσχυρός)⁵ und möglicherweise auch 2,10 die einzigen Anhaltspunkte liefern. Obwohl sich also feststellen läßt, daß die beiden Gruppen von Streitgesprächen untereinander Verwandtschaft zeigen, sind sie doch in ihrer Art und ihrem Aufbau verschieden.

Daher halte ich die Ausgrenzung der Streitgespräche zum Wirken Jesu als Sonderform aus der Gruppe der Streitgespräche für möglich. Ob die Unterscheidung nötig erscheint, entscheidet sich in der Frage, ob erstens eine Unterscheidung zwischen Angriff und Vorwurf in der vorgeführten Art zwingend ist, und zweitens darin ob der Wechsel innerhalb der Funktion der Form eine Ausgrenzung nötig erscheinen läßt.

Die Untersuchung des Menschensohnlogions Mk 2,10 hat ergeben, daß hier christologischer Titel und Vollmacht zur Sündenvergebung auf Erden aufeinander bezogen sind und sich gegenseitig bedingen⁶. Insofern haben die Streitgespräche zum Wirken Jesu und dieses Logion einen vergleichbaren Argumentationshintergrund. Wenn Markus in die Wundererzählung Mk 2,(1f.)3-5a.11f eine Gesprächsszene hineinkomponiert, die zum einen der Form von Streitgesprächen zum Wirken Jesu folgt, zum anderen ein Logion zum Ausgangspunkt hat, das dem gleichen Überlieferungsgut entstammt, so ist wahrscheinlich, daß in der Gemeinde des Markus diese Form noch lebendig ist. Von hier aus kann auch deutlich werden, wieso Markus gerade zur Christologie seines Evangeliums neben dem Gottessohntitel (1,11; 9,7; 15,39)⁷ darstellende Form bevorzugt⁸. Das Verständnis der Person Jesu ergibt

---

4   Vgl. Hultgren, a.a.O. 175f.
5   Vgl. Grundmann, ThWNT II, 403,25-404,9.
6   Siehe oben S. 136f.
7   Vgl. dazu Vielhauer, Aufsätze I, 199-214 (gegen die religionsgeschichtlichen Folgerungen vgl. Burkill, Aufsätze 262 Anm. 115). Zum Gebrauch des Titels siehe ferner 14,61; 3,11 und 5,7; außerdem 13,22.
8   Siehe dazu Lührmann, WuD 14, 1977, (26-50) 35. Vgl. dagegen im speziellen Fall, wie Matthäus das Beelzebul-Gespräch der Davidsohn-Christologie unterwirft (Mt 12,22-37).

sich für Markus häufig aus der Relation innerhalb der Evangeliendarstellung. Diese Verstehensvoraussetzung wird innerhalb der Verwendungsweise der Streitgespräche zum Wirken Jesu durch die Gemeinde schlaglichtartig beleuchtet. Die Aufeinanderfolge von Angriff und Antwort hat ihre apologetische Funktion verloren, behauptet ihren Sitz im Leben der Gemeinde als christologische Reflexion und dient in dieser Funktion der christologischen Darstellung innerhalb des Markus-Evangeliums.

3.3. Die Form der Schulgespräche vor der Bearbeitung durch Markus

Die Analyse der Schulgespräche des Markus-Evangeliums (Mk 10,2-12; 12,13-17.18-27.28-34) hat ergeben, daß Markus die Einzelüberlieferungen, die dieser Form zuzurechnen sind, in weit stärkerem Maße bearbeitet hat als dies bisher[1], speziell auch von Bultmann[2], angenommen wurde. Trotz dieser redaktionellen Bearbeitung, die in den meisten Fällen auf vorgegebenes Material zurückgreift[3], bleiben die Grundeinsichten der formgeschichtlichen Einordnung der Schulgespräche durch Bultmann[4] an vielen Punkten bestehen.

Wenigstens im Blick auf den Aufbau besteht eine unbestreitbare Verwandtschaft zwischen Schul- und Streitgesprächen, über Bultmann hinaus sind die Übereinstimmungen ebenso herauszustellen, wie die Differenzen zu betonen sind. Denn erst die *formspezifische* Beurteilung kann vor der einseitigen Festlegung schützen, daß von den Streitgesprächen her die Schulgespräche formgeschichtlich bestimmt werden. Also sind die Unterschiede in der Form aufzuzeigen, die sich si-

---

1 Vgl. Hultgren, Adversaries, der die Gespräche freilich als Conflict Stories bestimmt, und Mundla, Führer (a.a.O. 82f bestimmt dieser 12,18-27 als Streitgespräch).
2 Geschichte 20-26.
3 Siehe zu 10,3-5.6-8 oben S. 186-193; zu 10,11f siehe oben S. 195-202; zu 12,14c-e siehe oben S. 206-210; zu 12,17a.b siehe oben S.215ff. 222ff; zu 12,26f siehe oben S. 246ff; zu 12,32f siehe oben S. 250ff.
4 A.a.O. 56ff.

cher nicht auf das Motiv der Fragesteller (gutwillig - feindlich) einengen lassen[5].

Der *Aufbau* der Schulgespräche ist mit der Grundform der Streitgespräche und der Form der Streitgespräche zum Wirken Jesu vergleichbar. Auch hier ist für die Form ein knapper Gesprächsgang in seinen Formelementen, und zwar echte Frage und Antwort, konstitutiv. Die echten Fragen sind Schulfragen. Im einzelnen sind sie als Gesetzesfragen (10,2; 12,14) mit ἔξεστιν formuliert oder Schulfragen zu besonderen Problemen (12,23: Auferstehung; 12,28: »Höchstes Gebot«). Sie beinhalten in keinem Fall einen Vorwurf oder Angriff der Fragesteller, sondern legen ein Gesetzes- oder relogiöses Problem zur Entscheidung vor.

Zugleich zeigen die Schulfragen deutlich, daß sie aus dem Binnenraum an den Lehrer gerichtet werden und daß sie eine Entscheidung fordern. Dies macht den Unterschied zu Lehrfragen in Lehrgesprächen (vgl. 9,38; 10,17; 10,35 und, wie gezeigt, 12,14fin)[6] aus: Die Lehrfragen sind zum einen auf die Belehrung funktional ausgerichtet und zum anderen werfen Lehrfragen nicht Sach- oder Gesetzesprobleme auf.

Der Entstehungsprozeß der Schulgespräche ist ein anderer als der der Grundform der Streitgespräche: Die Schulgespräche sind bis auf eine Ausnahme (10,2.9)[7] einheitlich konzipiert[8]. Die Antwort ist in allen Stücken von der Frage abhängig. Im Gegensatz zum Streitgespräch ist die Antwort eines Schulgesprächs nicht überlieferungsfähig, wird sie von der Schulfrage oder ihrem Sachkontext getrennt. Dies bedeutet für die Beurteilung der Schulgespräche: Den Anstoß zur Bildung

---

5 So aber Mundla, a.a.O. 306 (vgl. a.a.O. 19.50.82f.142f).
6 Vgl. vor allem Mk 12,28 mit der Parallele Lk 10,25: Aus der Gesetzesfrage wird eine ethische, das Handeln betreffende Frage. Zum verschiedenen Sitz im Leben von Schul- und Lehrgesprächen siehe unten. Trotz der Unterschiede ist die Grenze zwischen Schul- und Lehrgespräch fließend, zumindest im literarischen Stadium (vgl. die Doppelfrage in 12,14, siehe dazu oben S. 211).
7 Siehe oben S. 193f. Trotz seiner ursprünglichen Selbständigkeit gehört das Logion V 9 in den Sachbereich der Schulfrage 10,2.
8 So schon Bultmann, a.a.O. 56f.

gab nicht die Autorisierung oder Legitimierung eines bestimmten Verhaltens. Der Ausgangspunkt der Form ist auch nicht unbedingt ein bestimmtes Logion, das apologetisch zu gebrauchen war[9]. Vielmehr veranlaßt die jeweilige Schulfrage, die das Problem gesetzlicher oder religiöser Art nennt, die Entstehung der Form. Daß hier vorösterliche Überlieferung bewahrt wurde, ist möglich, war aber im Einzelfall nicht nachzuweisen[10].

Der Entstehungsbereich der Schulgespräche liegt klarer, als dies für die Streitgespräch zu sehen war, im hellenistischen Judenchristentum. Die Fragen wie die Antworten haben sich schon soweit von Anschauungen des palästinischen Judentums entfernt, daß eine Bildung der Einzelüberlieferungen nur unter Einfluß hellenistisch-jüdischer Anschauung wahrscheinlich ist. Die Form der Schulfragen, ihre Formulierung und ihr Charakter, zeigen aber ohne weiteres jüdischen Ursprung. Die Antworten weisen genauer in das hellenistisch-jüdische Christentum. Thematisch gleichen die Schulfragen im einzelnen Fragen, zu denen auch Paulus Stellung genommen hat, auch wenn hier die Entscheidungen im Einzelfall anders ausfallen[11]. Für diese Andersartigkeit der Lösung ist aber wohl die jeweilige Ausrichtung der Gemeindediskussion verantwortlich. Am deutlichsten war dies für 12,28b und für die ursprüngliche Antwort des Nächstenliebegebotes (Röm 13,9; Gal 5,14; Jak 2,8) zu erkennen. Aber auch die anderen Schulgespräche gehören in diesen Bereich.

Soweit wir sehen können, entstammt die Form des Schulgesprächs der Sachdebatte der frühen Gemeinde. Diese sucht ihren Standpunkt z.B. im Blick auf die Ehe und Ehescheidung, Steuerforderung, Auferstehungsweise und Festlegung des dem Willen Gottes entsprechenden Gebotes. Mit Hilfe dieser Form bewahrt die Gemeinde Entscheidungen, die ihre Autorisierung als Jesusüberlieferung besitzen. Die Schulgespräche haben ihre Funktion nicht nach außen, etwa zum Judentum

---

9   Auch 10,9 ist nicht apologetisch, sondern paränetisch ausgerichtet.
10 Siehe oben S. 195 (zu 10,9). 220ff (zu 12,13-16.17). 244f (zu 12,19-23. 24a.25). 261 (zu 12,28.31).
11 Siehe oben S. 196.224.245.260f.

hin. Ebensowenig dienen sie polemischen Zwecken. Ein Schulgespräch kann in seiner literarischen Verwendung freilich auch polemische Funktion besitzen[12]. Die vormarkinischen Überlieferungen jedoch bieten für eine derartige, ausschließliche Funktionsbestimmung keinen Grund. Die erkennbare Verwendung liegt darin, daß die die Überlieferung tradierende Gemeinde sich der Entscheidung im Jesusgut vergewissert. Der Unterschied zu den Streitgesprächen in der Verwendung und damit des Sitzes im Leben ist deutlich. Selbst der Vorwurf des πλανᾶσθε in 12,24 ist in der ursprünglichen Überlieferung nicht polemisch, sondern durch die Sache bedingt zu verstehen. Auch die Demonstrationsdarstellung in 12,13-16 ist nicht polemisch gemeint, wie die Reaktion V 17c zeigt.

Dem entspricht die Darstellung Jesu in den Schulgesprächen. Die Schulfragen werden an den Lehrer Jesus gestellt. Dabei ist unerheblich, daß er auch als »Lehrer« angesprochen wird.

Die Funktion der Form der Schulgespräche ergibt sich aus den vorherigen Beobachtungen. Die Verwendung und die Behandlung der Fragen in der Briefliteratur zeigen, daß die Schulgespräche in der Unterweisung ihren Sitz im Leben haben.

Diese Bestimmung wird durch die von Markus zusätzlich angefügten Argumente bestätigt. Markus fügt die Argumente zwar auch aus thematischem Interesse in sein Evangelium ein. Doch handelt es sich dabei gerade nicht um ursprünglich selbständige Logien, sondern um Sachargumente zum Problembereich der Schulfragen. Demzufolge besitzen diese Argumente zwar eine eigene Geschichte in einer bestimmten Problemlage, werden aber nicht selbständig tradiert. Sie gehören also in einen engen, sachbezogenen Bereich. Daraus ist zum einen zu folgern, daß die Schulfragen zwar einzelne Lösungen gefunden haben, die mit den Antworten der Schulgespräche festgehalten werden. Zum anderen bedeutet dies aber auch, daß die Probleme, die die Schulfragen behandeln, weiterhin diskutiert werden und von anderem Ansatz her Lösungen erhalten. Für die Auswahl des von Markus verwendeten Stoffes ergibt sich daraus ein Bild, das mit dem der Verwendung sekundärer Antworten in den Streitgesprächen vergleichbar ist. Markus entnimmt der Jesusüberlieferung (seiner Gemeinde?) zu den vorgegebenen Sachbreichen weitere Argumente. Also wählt er aus und deckt

---

12 Siehe oben S. 265f Anm. 59.

so ein Problem mit den ihm zu Verfügung stehenden Lösungen ab. Doch wissen wir weder, ob Markus alle ihm vorliegenden Lösungen verwendet, noch was an Schulfragen und Schulgesprächen, über die im Evangelium verhandelten Stoffe hinausgehend, dem Markus vorgelegen hat.

Exkurs: Zum Problem der Formanalogie in der Umwelt

Bultmann[1] hat die Form der Streit- und Schulgespräche mit der Form der rabbinischen Schuldiskussion verglichen. Er ist dabei zu dem Ergebnis gekommen: "Es ist die gleiche Art zu argumentieren hier wie dort"[2]. Dagegen hat in jüngster Zeit besonders Neusner[3] vom Studium der rabbinischen Literatur her Einspruch erhoben. Kritisch und ablehnend äußert sich auch Hultgren[4].

Von der Form her besteht ein Unterschied zwischen den rabbinischen Debatten und den Streit- und Schulgesprächen[5], obwohl auch eine Nähe festzustellen ist[6]. Diese formale Ähnlichkeit muß jedoch nicht auf formgeschichtlichen Einfluß schließen lassen[7], sondern kann weit wahrscheinlicher durch die gleichen Entstehungsbedingungen veranlaßt sein[8]. Außerdem ist gegen Bultmann vorzubringen, daß seine Bestimmung des »Sitzes im Leben«, für die Streit- *und* Schulgespräche in zweierlei Hinsicht nicht überzeugen kann: Zum einen ist bei den

---

[1] Geschichte 42-46 (zu den Streitgesprächen). 56 (zu den Schulgesprächen). Vgl. noch Fiebig, Erzählungsstil 64.
[2] A.a.O. 46.
[3] Siehe Neusner, Traditions III, 78-100; Ders., SJLA 13, 115-120. Zu den Streit- und Schulgesprächen siehe Traditions III, 78-83; Porton, Semeia 20, 1981, 81-99.
[4] Adversaries 32f.
[5] Vgl. auch Schneider, NTS 29, 1983, 321f.
[6] Siehe Hultgren, a.a.O. 32; er nennt die direkte Rede, die Entscheidung im Schlußwort, die konkrete Charakterisierung der Parteien, Gegenfrage und Schriftargument.
[7] Vgl. Hultgren, a.a.O. 33.
[8] Siehe Neusner, Traditions III, 99f. und vgl. Fischel, SHR 14, 407-411; Smith, JBL 82, 1963, 169-176; Berger, ANRW II,25.2, 1040 (ebd. Anm. 2).

Exkurs: Zum Problem der Formanalogie

Rabbinen die Grenze zwischen Streitgespräch und Schulgespräch deutlich gezogen[9]. Zum anderen, wenn Streit- und Schulgespräche auf den gleichen Sitz im Leben zurückgingen, wäre analog der rabbinischen Gegebenheiten auch für die Überlieferungsträger der Streit- und Schulgespräche ein intakter Lehr- beziehungsweise Schulbetrieb vorauszusetzen[10]. Dafür finden sich in den vormarkinischen Einzelüberlieferungen aber keine Hinweise.

Dibelius[11] hat die These vertreten, die »Paradigmen« seien in Analogie zu den Chrien hellenistischer Literatur gestaltet. Auch diesen Formvergleich hat Hultgren einer kritischen Betrachtung unterzogen und ebenfalls abgelehnt. Hultgren zufolge bilden die »conflict stories« eine eigenständige Gattung (»a new style«)[12] innerhalb der neutestamentlichen Überlieferung[13]. Insofern nimmt Hultgren die These von Dibelius auf[14], obgleich er den Formvergleich mit den Chrien (und rabbinischen Debatten) ablehnt[15]. Vor kurzem hat Berger[16] gegen alle bislang vertretenen Thesen die Formanalogie von Streit- und Schulgesprächen zu Apophthegmata und Chrien bekräftigt. Sehr viel weitreichender, als Dibelius dies tat, stellt Berger[17] sogar die Identität beider Gattungen fest: Streit- und Schulgespräche seien als Apophthegmata beziehungsweise Chrien anzusehen[18] und hätten als solche ihren Platz innerhalb der hellenistischen Gattungen[19].

Aus der skizzierten Forschungslage ergibt sich, daß im folgenden dem Formvergleich der Streit- und Schulgespräche mit Apophthegma

---

9   Siehe Neusner, SJLA 13, 100ff; Ders., Traditions III, 80; vgl. auch Stemberger, Einleitung 60f.
10 Zur Entwicklung des rabbinischen Streitgesprächsgenus siehe Eckart, Untersuchungen 52ff.
11 Formgeschichte 149-164.
12 Hultgren, a.a.O. 39, mit Verweis auf Wilder, Language 12.
13 Siehe Hultgren, a.a.O. 35f.39f; vgl. auch Minette de Tillesse, Secret 114f.
14 Vgl. Dibelius, a.a.O. 160.
15 Siehe Hultgren, a.a.O. 39.
16 ANRW II, 25.2, 1092-1110.1305-1310.
17 A.a.O. 1308ff.
18 Siehe jetzt die Behandlung in: Formgeschichte 80-93.
19 Siehe Berger, ANRW II, 25.2, 1305.

und Chrie besondere Aufmerksamkeit zu widmen ist. Dabei soll aber Bultmanns Bestimmung der Einzelüberlieferungen nicht völlig aus dem Blick kommen. Schließlich ist seine Einordnung unter die Apophthegmata und deren Untergliederung in der formgeschichtlichen Forschung weitgehend unangefochten geblieben, sofern Bultmann im Grundsatz (gegen Dibelius) gefolgt wird. Der Vergleich mit der hellenistischen Gattung von Apophthegmata oder Chrien ist also nach zwei Seiten hin offen: zum einen in der Frage der formalen Gestalt, die Bultmann mit seiner Bezeichnung »Apophthegmata« beschrieben hat und zum anderen in der Frage nach der Art der Darstellung in ihrer Konsequenz auf die Bestimmung des Sitzes im Leben und des Trägerkreises der Überlieferungen.

Die Beobachtung eines komplizierten Entstehungsprozesses der Streitgespräche und der eingehenden redaktionellen Bearbeitung vor der Einfügung der Texte in das Evangelium legt methodisch nahe, den Analogievergleich auf die verschiedenen Überlieferungsebenen anzuwenden. Man wird sich nicht damit zufrieden geben können, daß Formanklänge und eine nicht eindeutige Rückführung der »conflict stories« bei Hultgren bedeuten, daß die christlichen Autoren "von den vorhandenen Formen oder Kategorien beeinflußt oder inspiriert (!) werden konnten, die sie dann aufgrund ihrer Glaubenssituation modifizierten"[20]. Mit dieser Entscheidung beschränkt Mundla seine Darlegung vorschnell auf die inhaltliche Ausprägung der Texte[21]. Vielmehr ist auch die (vorliterarische) Form zum Analogievergleich heranzuziehen. Denn gerade sie kann die Bedingungen der Formwerdung beleuchten. Damit ist aber zugleich gegenüber einem Vergleichsverfahren Skepsis geboten, bei dem synthetisch der Evangelientext gegen den außerneutestamentlichen Text gesetzt wird[22].

---

20 Mundla, Führer 306.
21 Daraus ergibt sich eine Engführung in der formkritischen Bestimmung auf "das Moment des Konflikts": "Der Unterschied zwischen Streit- und Schul- oder Lehrgespräch besteht nicht so sehr in der Form ..., als vielmehr in der Intention der Fragenden" (Mundla, ebd.).
22 Siehe dagegen das Forschungsprojekt von Tannehill und vgl. die Semeia 20, 1981, gesammelten Aufsätze von Alsup, Robbins, Nas-

Exkurs: Das Problem der Formanalogie

Die Untersuchung der Streit- und Schulgespräche des Markus-Evangeliums hat ergeben, daß die jeweilige Form ausgesprochen fest geprägt ist. Die Topik hat für die Form konstitutiven Charakter. Sie besteht im Blick auf die Streitgespräche im Zusammenhang von Vorwurf (oder Angriff) und Antwort, im Blick auf die Schulgespräche im Zusammenhang von Schulfrage und Lehrantwort. Die Kennzeichnung der Fragesteller, die Nennung ihrer Motive, eine Charakterisierung Jesu und die Ausmalung der Gesprächssituation sind nicht nur literarisch, sondern auch formgeschichtlich sekundär.

Der Vergleich von Apophthegmata und Chrien mit der neutestamentlichen Form gestaltet sich keineswegs problemlos. Denn Apophthegma und Chrie sind nahe miteinander verwandt und nicht eindeutig voneinander abzuheben[23]. Dies gilt wenigstens für ihre Verwendung und Ausformung in der populären, hellenistischen Literatur (Plutarch, Diogenes Laertius [DL], Philostrat, V.A. VII-VIII), die den synoptischen Evangelien am nächsten kommt[24]. Die Schwierigkeiten liegen besonders darin begründet, daß der terminus χρεία seiner Herkunft nach einen Fachbegriff der Rhetorik darstellt[25] und auf eine bestimmte Form von Literaturgattung angewandt wurde[26].

---

sen(-Poulos), Vanderkam, Perkins, Stroker und Tannehill; vgl. die früheren Veröffentlichungen SBL.Sem.Pap. 1978/2, 1-46 (Alsup, Nassen, Robbins, Stroker); Breech, SBL.Sem.Pap. 1977, 257-271; Nassen, SBL.Sem.Pap. 1977, 273-278; Vanderkam, SBL.Sem.Pap. 1977, 279-284.

23 Vgl. Kürzinger, BZ 21, 1977, 156. Zahlreiche Beispiele finden sich bei von Wartensleben, Begriff 31-118; Wachsmuth, FS 36.Philologen-Versammlung 1-36; Sternbach, Gnomologium Vaticanum (GnVat); Hock/O' Neil (Hgg.), Chreia (1986); vgl. außerdem das reichhaltige Material bei Diogenes Laertius und Plutarch (hier besonders II, 776A-779C; II, 172A-207; II, 208A-236E) sowie Luk, Demonax.

24 Vgl. Schmidt-Stählin, Geschichte II, 40; zu den Unterschieden siehe Spencer, Study 77-81; Dibelius, Formgeschichte 157.

25 Vgl. Lausberg, Handbuch 536-540 (§§ 1117-1120); Hollerbach, Bedeutung 74-81; Spencer, a.a.O. 99-125; zum Apophthegma Spencer, a.a.O. 126-168.

26 Vgl. Buchanan, BEThL 109, 502f.

Theon, Hermogenes und Aphthonius unterscheiden übereinstimmend drei Typen von Chrien: λογικαί, πρακτικαί, μικταί[27]. Neben dieser Unterscheidung von der Klimax einer Chrie steht die Kategorisierung vom Anfang der Chrie her, die exemplarisch Quintilian vorgenommen hat[28].

Im Blick auf die Form der Streit- und Schulgespräche ist die Charakterisierung der Chrie, wie sie innerhalb des rhetorischen Lehrbetriebes verwendet wird, zu berücksichtigen. Was aber an dieser Stelle stärker ins Gewicht fällt, ist die Bedeutung von Chrie und Apophthegma als verwandte Gattungen der hellenistischen Literatur. Beide sind zunächst einzugrenzen[29], um eine Basis zum Formvergleich zu erhalten.

Ihrer Form nach besitzt die *Chrie* zwei konstitutive Kennzeichen. Sie stellt erstens einen Kurzdialog zu einem bestimmten Anlaß dar[30]. Dieser ist an eine bestimmte Persönlichkeit, den Philosophen oder

---

[27] Theon, Progymnasmata 5 (Spengel, Rhetores II, 97, 11f); Hermogenes, Progymnasmata 3 (Spengel, a.a.O. 5, 27f); Aphthonius, Progymnasmata 3 (Spengel, a.a.O. 23, 3f). Vgl. dazu Gemoll, Apophthegma 5; Spencer, a.a.O. 99-133 (zu Gemoll zutreffend a.a.O. 90f Anm. 5); Köpke, Gattung 4; von Wartensleben, a.a.O. 2f; Hirzel, Dialog I, 145; Lausberg, a.a.O. 537-540 (§§ 1118-1120); Hollerbach, a.a.O. 76f und 75 Anm. 2; ferner Berger, ANRW II, 25.2, 1093.

[28] Zur Differenz und zu den Übereinstimmungen mit der Einleitung bei Theon siehe Schissel, Hermes 68, 1933, 245-248. Berger, ANRW II, 25.2, 1094; Ders., Formgeschichte 82, macht diese Einleitung vom Anfang her zur Grundlage seiner Behandlung.

[29] Zur Literatur siehe Spencer, a.a.O. 88 Anm. 1. 169f Anm. 1; Hollerbach, Bedeutung; Berger, ANRW II, 25.2, 1092-1110 und die Bibliographie a.a.O. 1092 (leider fehlen die Arbeiten von Spencer und Hollerbach); de Labriolle, RAC I, 547ff; Wehrli, Gnome; Köpke, Gattung; Fischel, a.a.O. 501-505 und oben S. 319 Anm. 22. Dibelius, a.a.O. (150-164) 150-154 lehnt sich in seinen Ausführungen zur hellenistischen Gattung stark an von Wartensleben, Begriff, an. Was zu ihr gesagt wird, gilt ferner für Dibelius analog. Berger, a.a.O., bietet einen guten Überblick über die Formgeschichte, allerdings ohne ausdrücklichen Rückgriff auf die Literatur und ohne eine ausgesprochene Auseinandersetzung mit der Literatur, soweit nicht der neutestamentliche Bereich betroffen wird (vgl. a.a.O. 1104-1110).

[30] Siehe von Wartensleben, a.a.O. 4.

Weisen gebunden. Die Chrie erreicht zweitens ihre Klimax in einer Gnome beziehungsweise Sentenz oder Handlung, welche die Persönlichkeit charakterisiert. Die Chrie ist also von der Sentenz (sententia) zu unterscheiden[31]. Die Sentenz enthält im allgemeinen weder einen konkreten historischen Bezug noch die Bindung an eine bestimmte Persönlichkeit, d.h. in der Regel ist die Sentenz anonym[32]. Der Inhalt einer Sentenz ist allgemeiner Art, Ausdruck allgemeiner Reflexion im weitesten Sinne. Gnomisches Material findet thematisch und funktional zahlreiche Verwendung[33]. So bedeutet es nur noch einen kleinen Schritt, die Normativität einer gnomischen Aussage dadurch zu legitimieren, daß sie einer bestimmten Persönlichkeit zugeschrieben wird, die diese Norm typisch darstellt[34]. Dieser Schritt wird äußerlich in der Form des Apophthegmas sichtbar[35].

Die *Form des Apophthegmas* folgt in der Regel dem Schema von Frage und Antwort ("ἐπερωτηθείς[36] ... ἔφη/εἶπε")[37]. Die Frage wirft

---

31 Zur Eingrenzung siehe Quint, Inst. Orat VIII, 5, 3, und vgl. Hermogenes, Progymnasmata 4 (Spengel, Rhetores II, 7f); Aphthonius, Progymnasmata 4 (Spengel, a.a.O. 25ff).

32 Vgl. Horna, PRE. Suppl 6, 75.

33 Siehe Spoerri, KP 2, (823-829) 823ff und Berger, ANRW II, 25.2, 1059-1066.

34 Siehe Wilamowitz-Moellendorff, Lesebuch I, 1, 32: "... man dachte, wenigstens des Verfassers und die Authorität eines weisen Mannes erhöhte den Wert des Wortes: die γνώμη ist ἀπόφθεγμα". Zur Ambivalenz zwischen der Normativität einer Aussage und der Zuweisung an eine bestimmte Persönlichkeit in der Chrienkomposition vgl. Lausberg, Handbuch 536f (§ 1117); siehe auch Sen., Ep.mor. 77 (besonders 4).

35 Im Blick auf die Terminologie ist die Grenze zwischen der Sentenz und dem Apophthegma freilich nicht immer deutlich. Winkelmann, Lexikon der Antike 46, definiert die Apophthegmata als "Sinnsprüche", obwohl er sodann präzisiert: "in bestimmter Situation treffend formulierte Aussprüche" (siehe auch Aristot, Rhet 1394b,31-1395a,2).

36 In gleicher Weise kann das Apophthegma mit πυνθάμενος, πυνθαμένου etc. beginnen (z.B. DL I, 77.86; VI, 31.32) oder ἐρομένου (Luk, Demonax 39), ἐρωτήσαντος (Plut II, 8E).

37 Xen, Mem 3, 13.14 bietet klassische Beispiele, ebenso neben vielen anderen Belegen Plut I, 86; II, 21E; Stob., Flor 17,31; 21,9; 22,38; 34,15; 43,89; 68,34; DL I, 51.59.69.77; V, 17.33; VI, 4.8.56.67.68. Vgl.

das Sachproblem auf, zu welchem in der folgenden Antwort Stellung genommen wird. Die Fragesteller bleiben meist unbenannt[38]. Betrachtet man allein die formale Entwicklung, führt die weitere Ausgestaltung von dem Apophthegma zu der Chrie. Denn von dem einfachen Frage-Antwort-Schema weicht die χρεία λογική gerade darin ab, daß sie von einem Einzelfall ihren Ausgang nimmt[39]. Allerdings läßt sich nicht eindeutig nachweisen, jedenfalls nicht aus den literarischen Quellen, daß eine derartige Entwicklung von der Sentenz über das Apophthegma zur Chrie auch tatsächlich stattgefunden hat[40]. Doch muß dies weder gegen eine Entwicklung im mündlichen Stadium sprechen noch kann daraus generell die These einer fortschreitenden Entwicklung innerhalb der Form der Streit- und Schulgespräche bestritten werden[41]. Die Stufe, auf welcher sich die hellenistische Gattung und die synoptische Form vergleichen lassen, ist die der literarischen Fixierung. Das Markus-Evangelium steht darin näher an der mündlichen Überlieferung als beispielsweise ein Diogenes Laertius. Markus schöpft nachweislich aus mündlichen Quellen, Diogenes Laertius rezipiert dagegen schon literarisch fixierte und ausgesprochen strengen Gestaltungsgesetzen unterworfene Traditionen[42]. Wenn aber Sentenzen, Apophthegmata und Chrien gesammelt werden, wird man vermuten dürfen, daß im mündlichen Stadium auch in der griechischen Welt das Bestreben bestand, besonders treffende oder typische Aussprüche (Sentenzen) personal zu binden[43]. Ein Anzeichen dafür ist zumindest, daß

---

zur Form Horna, PRE. Suppl 6, 75; Gemoll, a.a.O. 2; Spencer, a.a.O. 84-87; Berger, ANRW II, 25.2, 1093; Ders., Formgeschichte 82; Klauser, RAC I, 545.

38 Es gibt aber auch eine Tendenz, Fragesteller zu identifizieren, siehe nur den genannten Beleg Plut II, 8E (Gorgias).
39 Siehe besonders Berger, ANRW II, 25.2, 1093.
40 Vgl. aber z.B. Luk, Demonax 12 (allerdings nicht von der Sentenz her formuliert, sondern von der Frage her); DL VI, 29 mit II, 30, oder: Eine Gnome (DL VI, 28) erscheint als Chrie (in der Thales-Überlieferung I, 34).
41 So aber Spencer, Study 219.
42 Siehe zu der Tradition über Diogenes von Sinope von Fritz, Quellenuntersuchungen.
43 Siehe Rudberg, SO 14, 1935, 25.

Exkurs: Zum Problem der Formanalogie 323

dieselben Sentenzen, Apophthegmata und Chrien verschiedenen Philosophen zugeschrieben werden können[44]. Ein anderes Indiz besteht darin, daß Formelemente zwischen Apophthegma und Chrie wechseln können. So kann ein Vorwurf, der freilich in den hellenistischen Gattungen ausdrücklich mit ὀνειδιζόμενος bezeichnet wird[45], sowohl ein Apophthegma als auch eine Chrie einleiten. Die Differenz besteht darin, daß die Chrie den Einzelfall zum Anlaß hat. Ferner wäre es verwunderlich, daß eine Gattung, die im Elementarunterricht der Rhetoren oder Grammatiker eine bedeutende Rolle spielte[46], nicht auch die Entstehung und Entwicklung der literarischen Gattung beeinflußt hätte, mit dem Unterschied zur synoptischen Tradition, daß die griechische Gattung strengeren Regeln unterworfen war[47], als dies für die Jesusüberlieferung zu gelten hat[48].

Schließlich ist im Vergleich der Form von synoptischen Streit- und Schulgesprächen und der griechischen Gattung der Apophthegmata und Chrien noch ein letztes zu bedenken. Chrien verdanken ihren Namen und ihre typische Ausprägung dem Kynismus[49]. Ihrer ursprünglichen Bedeutung[50], nützliche Lebensweisheit zu vermitteln, bleiben

---

44 Vgl. dazu von Fritz, a.a.O. 50-54ff; Rudberg, a.a.O. 24f.
45 Siehe DL V, 17; VI, 56.58.63 und die Aufstellung bei Berger, ANRW II, 25.2, 1097f. Vgl. ferner Plut II, 776B; DL V, 21 (πρὸς τὸν αἰτιασάμενον).
46 Siehe Marrou, Geschichte 298.327f.
47 Dies gilt im Blick auf die gegenwärtige Diskussion besonders für den Stil direkter Rede in der Evangelienüberlieferung und der indirekten Rede und Darstellung (Gen.abs.!) in der hellenistischen Gattung. Vgl. dazu die Position von Auerbach, Mimesis 48f, besonders von Hultgren, a.a.O. 39, zum Differenzmerkmal erhoben (dagegen Spencer, a.a.O. 443 Anm. 2). Die klassische Literatur bedient sich schon allein aufgrund ihrer sprachlichen und rhetorischen Gewandtheit mehr der indirekten Konstruktion, während die synoptischen Evangelien ähnlich der populären Literatur dieser Zeit den lebendigen Stil wörtlicher Rede bevorzugen. Vgl. ferner von Wartensleben, a.a.O. 4-6; Hollerbach, a.a.O. 143.
48 Vgl. die bekannte Position K.L.Schmidts, Aufsätze 37-130.
49 Siehe von Fritz, PRE. Suppl 6, 88; vgl. Colson, CIR 35, 1921, 150f; Haight, Use 3.
50 Siehe dazu insgesamt Hollerbach, Bedeutung.

sie bis in spätere Zeit verbunden; freilich nicht, um historische Überlieferung zu konservieren[51]. Wenn später innerhalb der Progymnasmata, wie wir gesehen haben, weiterhin auf ihren Nutzen abgehoben wird, so scheint wohl hierin ein Schlüssel dafür zu liegen, daß Apophthegma und Chrie sich zwar unterscheiden, obgleich sie sich in ihrer Form stark ähneln. Im Blick auf die Form der Streit- und Schulgespräche ist aber darüber hinaus aufschlußreich, daß die Bindung an den konkreten Einzelfall (innerhalb der Chrie) die Verwendbarkeit der Tradition fördert.

Innerhalb der Literaturgattung ist auf eine weitere Verwandtschaft zu verweisen, und zwar auf die von Apophthegma/Chrie und Apomnemoneuma. Ein Apomnemoneuma bezeichnet "eine durch Erinnerung überlieferte, in Erzählungsform mitgetheilte Rede oder Aussage"[52]. Darin zeigt sich für das Apophthegma die Ausrichtung auf überraschende Antworten, welche die Eingrenzung auf Witz- und anekdotenhafte Erzählungen rechtfertigen könnte[53]. Demgegenüber scheint sich die Chrie dem Begriff gemäß stärker auf den usuellen Nutzen zu beschränken, also stärker ihrer Verwendungsweise gemäß geformt zu sein, daher die Verdeutlichung des Einzelfalles[54]; hier können ebenso-

---

51 Von ihrer Entstehung her eignet Chrien nicht die allein konservierende Überlieferungspflege (siehe nur DL VI, 31; Sen., Ep.mor. 33,7), so aber Riesner, Lehrer 60f, im Blick auf die Überlieferungssituation des Markus-Evangeliums. Auch die Untersuchung von von Fritz, Quellenuntersuchungen, ist zum Teil einseitig am historischen, »echten« Gehalt in bezug auf die Person des Diogenes interessiert.

52 Köpke, Gattung 4 (im Unterschied zu den Hypomnemoneumata) vgl. auch Berger, ANRW II, 25.2, 1245ff. Vgl. ferner von Fritz, PRE. Suppl 6, 88; Klauser, RAC I, 545.

53 Am deutlichsten zeigt dies die »Philogelos« genannte Sammlung (vgl. aber die von Dibelius, Formgeschichte 152f, zitierten Stücke!), doch hier schon weiterentwickelt unter der Sachordnung personaler Charakteristika. Insgesamt vgl. Köpke, Gattung 8; Horna, PRE. Suppl 6, 76 ("Immer gehört zum Apophthegma der χαριεντισμός, die ἀστειότης, die urbanitas", folgend Belege); aber dagegen von Fritz, PRE. Suppl 6, 89; Fischel, SHR 14, 373, und siehe Luk, Demonax 50 im Auftakt zu einer Chrie.

54 Vgl. dazu Hollerbach, a.a.O. 143: "eine Anwendung von etwas Allgemeingültigem auf etwas Besonderes".

Exkurs: Zum Problem der Formanalogie

gut Schlagfertigkeit und Witz zum Tragen kommen[55]. In späterer Zeit wird der Begriff der »Chrie« umfassender gehandhabt. Die Chrie tritt so unter die Apomnemoneumata und konnte auch das Apophthegma vereinnahmen[56].

Da sich zwischen dem Apophthegma und der Chrie kein eindeutiger Unterschied in der Form erkennen läßt, liegt es nahe, sie nach ihrer Verwendung zu unterscheiden. In diesem Sinne sind die knapp formulierten Geschichten, in denen die Sentenz von einem Rahmen umgeben wird, als Apophthegmata zu bezeichnen[57]. Im Blick auf die synoptischen Streit- und Schulgespräche (und die Biographischen Apophthegmata) läßt sich also Bultmanns Bezeichnung dieser Stücke als Apophthegmata[58] bestätigen. Allerdings ist auch der Verweis von Dibelius[59] auf die Chrie nicht von der Hand zu weisen. Beide Annahmen sind darin zur Deckung zu bringen, daß die Chrie einen Typos innerhalb der Form des Apophthegmas darstellt. Überlieferungen mit lehrhafter Tendenz, die auf den Weisen, in unserem Fall auf den Lehrer Jesus, ausgerichtet sind, entsprechen dem Chrientypos.

Daraus ergibt sich die *These*, daß die Streitgespräche in ihrer Grundform und die Schulgespräche nach dem Schema des Apophthegmas aufgebaut sind. Die erweiterte Form der Streitgespräche und die literarischen Bildungen der Streitgespräche dagegen entsprechen stärker dem Typos der Chrie. Dennoch, meine ich, ist weder die Form des Streitgesprächs noch die des Schulgesprächs mit der Gattung von Apophthegma oder Chrie identisch.

---

55 Siehe oben Anm. 53 und die schöne Chrie Luk, Demonax 35.
56 Siehe Theon, Progymnasmata 5 (Spengel, Rhetores II, 96, 20ff); Hermogenes, Progymnasmata 3 (Spengel, a.a.O. 5,1), vgl. dazu Berger, ANRW II, 25.2, 1093.
57 Schneider, NTS 29, 1983, 322 (333 Anm. 13), vertritt die Meinung, in der Chrie sei die Aussage wichtiger als die Person des Sprechenden. Aber zum einen ist die Bindung an den Einzelfall wesentlich, zum anderen darf nicht unbeachtet bleiben, daß die Verwendungsweise des Apophthegmas breiter ist.
58 Siehe Bultmann, Geschichte 8f.
59 Siehe Dibelius, Formgeschichte 150-160.

Zum einen ist in der Grundform der Streitgespräche und in der Form der Schulgespräche das Schema von Frage und Antwort prägend, und zwar in konstitutiver Entsprechung von Vorwurf (oder Angriff) oder echter Frage und Antwort. Außerdem ist der Vorwurf im Apophthegma oder in der Chrie an den Weisen gerichtet und betrifft ihn daher selbst, nicht seine Schüler und deren Verhalten. Demgegenüber gleichen echte Fragen in den Apophthegmata den Schulfragen der synoptischen Schulgespräche. Die Kongruenz der Formen wird aus den Antworten ersichtlich[60]. In der Chrie ist die Schlagfertigkeit oder der Witz der Antwort bestimmend[61]. Dort ist dies darin sachgerecht, daß der Kyniker gerade in dieser Weise typisiert wird. In den synoptischen Gesprächen geht es dagegen um die Lehrmitteilung in der Antwort. Diese Darstellung ist stärker vom Inhalt als von der Form abhängig[62]. Dennoch liegt hierin ein weitreichender Unterschied. Die Chrie zielt, wenn auch nicht ausschließlich[63], auf die Darstellung des Philosophen und des philosophischen Ideals, die Streit- und Schulgespräche dagegen beherrscht die Antwort in der Sache. Die Darstellung der Überle-

---

60 Siehe die Beispiele bei Berger, ANRW II, 25.2, 1097, er listet ebd. ausschließlich Apophthegmata auf. DL VI, 69: ἐρωτηθεὶς τί κάλλιστον ἐν ἀνθρώποις, ἔφη, παρρησία. DL VI, 5: ἐρωτηθεὶς τί μακαριώτατον ἐν ἀνθρώποις, ἔφη, τὸ εὐτυχοῦντα ἀποθανεῖν, aber siehe auch DL VI, 7: ἐρωτηθεὶς τί τῶν μαθημάτων ἀναγκαιότατον; τὸ περιαιρεῖν, ἔφη, τὸ ἀπομανθάνειν.

61 Siehe die Beispiele bei Berger, ANRW II, 25.2, 1097f. Die Liste ließe sich vermehren, siehe DL VI, 56 ὀνειδιζόμενος ποτε ἐπὶ τῷ παραχαράξαι τὸ νόμισμα, ἔφη; ἦν ποτε χρόνος ἐκεῖνος ὅτ' ἤμην ἐγὼ τοιοῦτος ὁποῖος σὺ νῦν· ὁποῖος δ' ἐγὼ νῦν, σὺ οὐδέποτε und zum gleichen Thema die dort folgende Antwort. Aber vgl. auch die Thales zugeschriebene Chrie DL I, 35: οὐδὲν ἔφη τὸν θάνατον διαφέρειν τοῦ ζῆν, σὺ οὖν, ἔφη τις, διὰ τί οὐκ ἀποθνήσκεις; ὅτι, ἔφη, οὐδὲν διαφέρει (vgl. zur Form die Voranstellung von Mk 2,5b). Freilich erscheint die Differenz deutlich zwischen der Antwort 2,17 im Bild des Arztes und dem Gesprächsgeschehen Mk 2,16f. Der Argumentationsbereich ist zwar der gleiche. Aber es geht dem Wort in 2,17 nicht um die Schlagfertigkeit Jesu, sondern um die Deutung der Bezeichnung von ἰσχύοντες und κακῶς ἔχοντες.

62 Vgl. Dibelius, Formgeschichte 156.

63 Vgl. nur Gigon, LAW 586.

genheit Jesu ist nicht von Bedeutung, wenigstens nicht für die Form der Einzelüberlieferung. Es zählt vielmehr die Entscheidung in der Sachfrage.

Jene Tendenz verstärkt sich zwar mit der Ergänzung der Grundform der Streitgespräche durch Rahmenszenen. Der Form nach werden die Einzelüberlieferungen mit dem Einzelfall (im Jüngerverhalten) verbunden. Aber diese Bindung an den Einzelfall hat für die Streitgespräche eine andere Bedeutung als für die Chrien. In den Chrien dient der einzelne Vorfall dazu, den Kyniker zu typisieren, seine Schlagfertigkeit darzustellen[64]. Weder die Form der Streit- und Schulgespräche noch ihre Verwendung ist durch die Frage veranlaßt, *wie* sich Jesus gegenüber dem Vorwurf, Angriff oder der Frage verhalten hat. Vielmehr geht es in dieser Form gerade darum, *was* er dem Angriff oder Vorwurf entgegensetzt beziehungsweise auf die Frage antwortet[65]. Dem entspricht der andere Sachverhalt, daß in der Chrie der Einzelfall eine konstante Größe darstellt, die Antwort dagegen variieren kann[66]. Die Sentenzen geben ebenfalls ein typisches Verhalten z.B. des Diogenes von Sinope wieder (vgl. Mk 2,15-17), zeigen aber doch immer wieder den Unterschied im Inhaltlichen. Die hellenistische Form dient der Darstellung des Weisen und seines Ideals, die synoptische der apologetischen Begründung der Praxis.

Der Vergleich zwischen der synoptischen Form und der hellenistischen Literaturgattung zeigt also, daß die Form der Streit- und Schul-

---

64 Vgl. die Chrien in DL VI, 57-62.
65 Anders Berger, ANRW II, 25.2, 1105: "Das epideiktische und das symbuleutische Element kommen hier wie(!) bei der griechischen Chrie zusammen. ... Die grundsätzliche Ausrichtung auf Jesus als den einzigen Lehrer kommt hier zusammen mit der symbuleutischen Nützlichkeit für die Gemeinde".
66 Siehe etwa in der Diogenes-Tradition die viel verwendete Szene, daß Diogenes in der Öffentlichkeit (ἐν ἀγορᾷ oder ἐν τῇ στοᾷ) sein Essen einnimmt (DL VI, 2.58.61; siehe GnVat 175.196), eine typische Szene, wie DL VI, 69 zeigt. Ebenso ist der Komplex von Szenen zu nennen, in denen Diogenes sich selbst als κύων bezeichnet oder von anderen so bezeichnet wird (vgl. DL VI, 33.40.45.46.60.61; Stob., Flor 3, 13.44; GnVat 194, dort weitere Belege).

gespräche in ihrer äußeren Struktur tatsächlich als einerseits apophthegmatisch und andererseits als chrientypisch bezeichnet werden kann. Der Vergleich zeigt jedoch auch den grundlegenden Unterschied in der Darstellung und der Verwendung der verglichenen Stücke. Daraus ist zum einen zu folgern, daß die Form der Streit- und Schulgespräche einen Zusammenhang mit den hellenistischen Literaturgattungen aufweist. Zum anderen führt die Beobachtung aber auch dahin, daß sich die Formgebung selbständig vollzogen hat und nicht den Gesetzen hellenistischer Literatur und Rhetorik unterworfen war[67]. Historisch sind diese Folgerungen so zu veranschaulichen, daß die frühchristlichen Gestalter der Überlieferung zwar Kenntnis von Einzel-Apophthegmata und -Chrien hatten und so die Gattung in der Gestaltung der Jesusüberlieferung nachvollzogen. Insofern, meine ich, wurden -sie nicht nur von der hellenistischen Gattung »inspiriert«, sondern haben bewußt den Zweck verfolgt, die Gattung zu imitieren[68]. Sie verändern die Struktur der Gattung nicht, verwenden sie aber in zweifacher Weise als eigene Ausdrucksform[69]: Zum einen, indem sie mit Hilfe der Form ihre *Haltung* auf Jesus zurückführen und damit der Form die Funktion inhaltlicher Autorisierung geben; zum anderen dadurch, daß sie Jesus ihrem Publikum gegenüber als Weisheitslehrer, nicht als Weisen darstellen[70]. Dieses Zweite ist zwar mit der Formgebung initiiert, doch inhaltlich durch die Antworten bestimmt. Indem Jesus sich auf die Schöpfungsordnung (Mk 2,27; 10,9), auf die schöpfungsgegebene Wirklichkeit (Mk 2,17[!]; 7,15) oder auf das Gesetz im allgemeinen Sinn (Mk 3,4; 12,31) beruft, unterscheidet sich die Darstellung,

---

67 Zu diesem Formzwang innerhalb der Gattung siehe Rudberg, SO 14, 1935, 27ff.
68 Dieser Zug tritt in der literarischen Formgebung stärker hervor. In Mk 3,1-5 und 2,5b-10 (durch Markus) gehen hellenistische Gattung und synoptische Überlieferung eine auffällige Verbindung ein. Daher wurde die Form dieser Texte in Anlehnung an die gemischte Chrie bestimmt.
69 Siehe oben S. 317 zu Hultgren.
70 Der kritische Zug der Chrie (oder des Apophthegmas), "die Umwertung der Werte", ist also von eminent anderer Qualität (gegen Berger, ANRW II, 25.2, 1106).

die in der Form der Streit- und Schulgespräche gegeben wird, deutlich von der Darstellung in Apophthegma und (besonders) Chrie. Am nächsten kommen sich beide Darstellungen dort, wo die Antworten auf die allgemeine Erfahrungswelt zurückgreifen (Mk 3,22-26; 2,19a; auch 2,17b). Aber dort sind die Antworten nicht auf den Lehrer, sondern auf die Tradenten (oder auch Hörer) bezogen. Der hellenistischen Gattung liegen inhaltliche Antworten ferner, die mittels eines Anaolgieschlusses gegeben werden (Mk 11,30; 12,14-16)[71], obwohl das Schlußverfahren selbst freilich nicht der Weisheit vorbehalten ist. Das Bild des Offenbarungslehrers in 12,18-27 ist deutlich weisheitlich und hat der Form nach keine Parallele in der hellenistischen Gattung[72].

---

71 Auch in 11,27-33 geht es Markus nicht darum, wie sich Jesus der Vollmachtsfrage entzieht. Die Darstellung des Gesprächs der Gegner (und damit auch die Antwortbedingungen) dienen zum einen der Gegnerdarstellung (Furcht vor der Menge), zum anderen der christologischen Darstellung im Blick auf die Fortführung mit Mk 12,1-12.

72 So auch Berger, ANRW II, 25.2, 1105f. Vgl. aber Aune, SCHNT 4, 67, mit dem Vergleich zwischen Mk 12,13-17.18-27.28-34 und den "agnostic wisdom stories".

4. DIE STREIT- UND SCHULGESPRÄCHE INNERHALB DES MARKUS-EVANGELIUMS
Zusammenfassende Beobachtungen zur Redaktionstätigkeit des Markus

4.1. Die markinische Interpretation der Streit- und Schulgespräche

Markus hat die Einzelüberlieferungen der Streit- und Schulgespräche intensiv redaktionell bearbeitet. Die Betrachtung dieser Redaktionstätigkeit und damit verbunden die Behandlung der markinischen Interpretation muß über die Untersuchung der redaktionstechnischen Mittel des Markus hinausgehen. Zu fragen ist nach den Interpretamenten, die die Form selbst betreffen oder in der Verwendung der Form zum Ausdruck kommen.

Die Streit- und Schulgespräche haben für Markus besondere Darstellungsfunktion. Darauf weist schon allein, daß Markus Streit- und Schulgespräche nur vor der Passionserzählung verwendet. Hierbei ist nicht nur die Konzentration der Form in 2,1-3,6 und 12,13-34 zu beachten, sondern auch die Verwendung als Einzeltexte in 3,22-30; 7,1-23; 10,2-12; 11,27-33 in der Funktion, die sie jeweils umgebende Darstellung zu deuten. Zudem ist zu beobachten, daß vor 8,27-9,1 bis auf eine Ausnahme (11,27-33) nur Streitgespräche begegnen, danach nur Schulgespräche.

Das Verständnis der Form der Streit- und Schulgespräche im Markus-Evangelium hat besondere Bedeutung für die kritische Darstellung der Gegner Jesu. Die Gegnerdarstellung des Markus-Evangeliums wird bis auf wenige Ausnahmen (8,11.15; 1,22; 12,38) von den Streit- und Schulgesprächen getragen (2,25f; 7,6f) und von dem Konfliktgeschehen, das mit der Nennung in den Expositionen der Texte verbunden ist. Die Streit- und Schulgespräche treiben den Konflikt Jesu mit seinen

Gegnern bis nach Jerusalem voran (siehe 3,6.22; 7,1). Die Darstellung des Konflikts, der zum Passionsgeschehen führt, geht also über den Charakter einer "ausführliche[n] Einleitung" zur Passionsgeschichte (Kähler) hinaus.

Konfliktpunkt zufolge dieser Darstellung ist die *Lehre* Jesu (siehe 1,22-3,6 und den Bezug von 14,49 auf Kapitel 11f). In diesem Zusammenhang ist bemerkenswert, daß die Streit- und Schulgespräche selbst nie ausdrücklich als Lehre bezeichnet werden. Markus kennzeichnet sie - auf der historischen Ebene seiner Darstellung - als συζητεῖν (12,28). Auf der aktualisierenden Ebene seines Evangeliums will er demgegenüber die Streit- und Schulgespräche als gegenwärtige Lehre verstanden wissen. Dies zeigen die angefügten Belehrungsszenen in 7,17-23; 10,10ff (vgl. 3,20f/31-*34f*), die auf das Verständnis der Lehre »damals« für »heute« zielen. Indirekt kommt diese Perspektive, die Markus den Streit- und Schulgesprächen gibt, darin zum Ausdruck, daß er in die Situation des Evangeliums die Themen Nachfolge und Heidenchristentum verbindend einfügt (siehe 2,13-17). In diesem Zusammenhang sind ferner die Anfügungen von 12,17.26.32f zu beachten, die jeweils die Antwort Jesu in die Diskussionslage der (markinischen) Gemeinde hinein sprechen lassen.

Streit- und Schulgespräche werden von Markus außerdem zur Darstellung der Person Jesu verwendet. *Zum einen* stehen sie mit der Wunderüberlieferung auf einer Stufe (2,1-12; 3,22-30, vgl. 3,1-5.6). Für Markus gehören sie zusammen und bilden eine Einheit. Das Verhältnis von Wunder und Lehre zueinander läßt sich näher bestimmen: In 2,1-12 und 3,22-30 interpretieren *Streitgespräche zum Wirken Jesu* die Wundertätigkeit. Versteht sich also die Wundertradition von der Lehrüberlieferung her (vgl. noch 6,1-6a; 8,14-21)? Im Evangeliumsverlauf trifft dies zu, doch nicht für die christologische Darstellung. Denn in 1,21 bis 3,6 verbindet Markus nicht nur Wunder und Lehre und ordnet diese nicht nur einander zu. Vielmehr stellt er Wunder und Lehre unter das Thema der Vollmacht Jesu. Insofern bilden Streitgespräche zum Wirken Jesu im Markus-Evangelium *eine* christologische Darstellungsform. Dieser Sachverhalt kann nicht verwundern, da die Formanalyse ergab, daß diese Form innerhalb ihrer Verwendung christologisch verstanden wurde. Markus hätte nur den Charakter der Form in seinem Evangelium zur Anwendung gebracht. Daß hier jedoch eine spezielle Verwendung vorliegt, zeigen die Interpretamente, die Markus den Einzelüberlieferungen jeweils zufügt: Durch 3,28f ordnet Markus den Angriff der Gegner als Lästerung des heiligen Geistes und als unvergebbare Sünde ein. In 11,31f erscheint das vollmächtige Wirken in der Perspektive des vom Himmel gesandten Propheten. In 2,1-12 interpretiert Markus die Wundertätigkeit Jesu im Blick auf den auf Erden wirkenden Menschensohn. Markus nimmt also nicht nur die Intention und den Charakter der Form auf, sondern verwendet die Streitgespräche zum Wirken Jesu auch dazu, seine Darstellung des Wirkens Jesu in die Christologie des Evangeliums einzuordnen.

Zum anderen werden die *Streitgespräche zur christlichen Lebenspraxis* christologisch interpretiert. Auch in dieser Form ist die Richtung der Interpretation Markus schon vorgegeben (2,19b.20; 2,17c). Doch ist es wiederum Markus, der der Interpretation den einheitlichen Rahmen gibt. So deutet er die Sabbatüberlieferung mit der Anschauung des auf Erden wirkenden Menschensohnes (wie 2,10), greift nun aber über 2,10 hinaus, indem er die Motive von Gericht (3,5, vgl. 7,6f) und Passion (3,6; 7,1) in die Interpretation einbezieht.

Zum dritten unterliegen die *Schulgespräche* einer christologischen Interpretation. Diese handhabt Markus sehr viel direkter als die der Streitgespräche. In 12,14.19.32 wird Jesus als »Lehrer« bezeichnet. Der Zusammenhang der drei Nennungen wirkt gegenseitig interpretierend. So ist deutlich, daß Markus mit der Einfügung der captatio benevolentiae in 12,14 zugleich die folgenden Texte als Lehre des Weges Gottes ἐπ' ἀληθείας interpretiert. Auch in den Schulgesprächen führt Markus die Intention der Form christologisch modifizierend fort. Jesus ist nicht nur *der* Lehrer schlechthin, sondern der in den Weg Gottes eingeweihte Offenbarungsmittler (siehe noch 10,5).

Dieser Überblick zeigt die Gesichtspunkte, unter denen Markus Streit- und Schulgespräche in seinem Evangelium verwendet[1]. Die Streit-

---

1   Hummel, Auseinandersetzung 53ff, erhellt die christologische Bedeutung der Streit- und Schulgespräche innerhalb des Markus-

und Schulgespräche sind für Markus Lehrüberlieferungen, dienen der Gegnerdarstellung und sind Mittel der christologischen Interpretation. Trotz dieser Vielfalt der Interpretationsaspekte beläßt Markus den Einzelüberlieferungen ihre Aussage und ihren Charakter. In der Frage der Formverwendung weiß er zu differenzieren - und auch zwischen der Form des Streitgesprächs und dessen Sonderform zu unterscheiden.

4.2. Das Gegnerbild in den Streit- und Schulgesprächen des Markus-Evangeliums

Die Formanalyse der Streitgespräche hat ergeben, daß der Vorwurf oder Angriff das notwendige konstitutive Element dieser Form darstellt. In diesem Formelement wird der Konfliktpunkt der jeweiligen vormarkinischen Überlieferung genannt. Innerhalb des Gesprächsverlaufs ist damit eine Auseinandersetzung eingeleitet. Daß es sich bei den Gesprächspartnern Jesu um Gegner handelt, ist aus ihrer Äußerung (des Vorwurfs oder Angriffs) hinreichend deutlich. Diese Gegner namentlich zu benennen, ist für das Gespräch selbst nicht unbedingt notwendig.

Bei Markus vermitteln die Streitgespräche demgegenüber einen anderen Eindruck[1]. Hier werden die Gegner in allen Texten namentlich

---

Evangeliums von der Analyse der matthäischen Bearbeitung her, Minette de Tillesse, Secret 112-115.156-162, speziell 158.160, von der Differenz zu rabbinischen Gesprächen (so auch Hultgren, Adversaries 33) und von der Bedeutung der Streit- und Schulgespräche für die Konzeption des Markus-Evangeliums her. Luz, FS Conzelmann, (367-371) 370f, nimmt die eben genannten Untersuchungen, wenn auch in Beschränkung auf die Streitgespräche, zwar auf, wendet die Ergebnisse aber ausschließlich auf die vormarkinische Tradition an (vgl. in gleicher Weise Thissen, Erzählung 116-146; U.B. Müller, NTS 27, 1981, 170.179f u.ö.; Mundla, Führer 308).

1   Zur Darstellung der Gegner in den Streit- und Schulgesprächen des Markus-Evangeliums vgl. Bultmann, Geschichte 54ff; Klijn, NT 3, 1959, 259-267; Weber, JBR 34, 1966, 214-222; Hultgren, Adversaries 181f; Luz, FS Conzelmann, 368f; von der Osten-Sacken, FS

gekennzeichnet². Gegner Jesu in den Streitgesprächen sind die Pharisäer[3] oder Schriftgelehrte[4], manchmal auch beide Gruppen gemeinsam[5]. Daß hinter der Gegnerbenennung eine bestimmte Absicht steht, ist an den Schulgesprächen erkennbar. Bei Markus erscheinen auch dort die Gegner der Streitgespräche als Fragesteller, obwohl den Fragen als Schulfragen ihrer Intention nach eine feindliche Motivation fernliegt[6]. Außerdem treten die Gegner in den meisten Streit- und Schulgesprächen im Kollektiv auf. Es sind entweder *die* Pharisäer[7], *die* Schriftgelehrten[8] oder einige dieser Gruppe(n)[9]. Die einzige Ausnahme bildet 12,28(.32), aber dort wird der Fragesteller auch nicht als Gegner dargestellt. Dieser Durchgang durch die Streit- und Schulgespräche bei Markus legt die Vermutung nahe, daß die Gegnerbenennung in diesen Texten einem gewissen Schematismus unterliegt[10]. Was hier von den Gegnern gesagt wird, ist allgemeiner Natur, an keiner Stelle werden die Gegner näher charakterisiert[11].

Conzelmann, 378ff; Smith, in: Neusner, Politics 156f; Cook, Treatment 29-51.

2 In allen Streit- und Schulgesprächen werden die Gegner als Repräsentanten des Judentums dargestellt, nicht allgemein als die Juden (siehe aber 7,3f).

3 Siehe 2,24 und außerdem 2,18 (im Verbund mit den Täuferjüngern); 3,6 (im Verbund mit den Herodianern).

4 Siehe 2,6 (τινες τῶν γραμματέων); 3,22 (οἱ γραμματεῖς)

5 Siehe 2,16; 7,1.5 (vgl. aber 7,3 [die Pharisäer und alle Juden]); und außerdem 11,27 (zusammen mit den Gegnern der Passionserzählung).

6 Siehe 10,2; 12,13; vgl. 12,18.

7 Siehe 2,18a.24; 3,6; 7,1.3.5; vgl. 2,16.18b.

8 Siehe 3,22; 7,5; vgl. 2,16; 11,27.

9 Siehe 2,6; 7,1; 12,13; vgl. 10,2. Auch in 12,18 ist die Gruppe gemeint. Die Wendung οἱ σαδδουκαῖοι ..., οἵτινες wäre mißverständlich, weil das Relativpronomen sowohl allgemein demonstrativ als auch selektiv aufgefaßt werden könnte (siehe zum Gebrauch des Relativpronomens B-D-R § 293), vgl. die Änderungen in Mt 22,23 und Lk 20,27.

10 Vgl. Luz, a.a.O. 368f.

11 Etwas konkretere Angaben finden sich nur in 7,11, aber an dieser Stelle durch die Sache bedingt. In den Expositionen der Texte überwiegt die pauschale, zuweilen polemische Darstellung.

Daraus folgt für die Untersuchung, daß im Markus-Evangelium nicht ein historisches Bild der Pharisäer gegeben wird, weder in ihrer Erscheinungsform zur Zeit Jesu noch in ihrem Kontakt zu Jesus gegeben wird. Genauere historische Informationen fehlen oder sind historisch unwahrscheinlich - jedenfalls für 30 n. Chr. (siehe die Angaben in 3,6; 12,13 vgl. 8,15). Dies bedeutet freilich nicht, daß in dieser im Blick auf die Zeit Jesu »unhistorischen« Darstellung nicht eine dem Markus gegenwärtige Gegnerschaft durchscheinen kann. Nach der Darstellung des Markus-Evangeliums bleiben die Gegner als geschichtliche Gruppe(n) zwar im dunkeln. Aus den Streit- und Schulgesprächen läßt sich aber ein Gegner*bild* erheben. Dazu sind die in den Texten vermittelten Informationen im Blick auf ihre Aussagekraft zu überprüfen. Nach dem Ergebnis der Analyse der markinischen Redaktionstätigkeit[12] ist deutlich, daß der Zeichnung des Gegnerbildes in den Streit- und Schulgesprächen auf der redaktionellen Ebene breiter Raum zukommt. Hierbei sind insbesondere auch die Informationen über die Gegner außerhalb der behandelten Texte bedenkenswert. Da die Gegnergruppen klar voneinander unterschieden werden, bietet es sich für das konkrete Vorgehen an, diese auch einzeln zu behandeln. Ein Vergleich der jeweiligen Darstellung der Gegnergruppe wird zeigen, ob der unterschiedlichen Benennung auch ein eigenes Gegnerbild zuzuordnen ist.

Es bleibt sich gleich, mit welcher Gruppe begonnen wird. Da die *Pharisäer* am häufigsten in den Streit- und Schulgesprächen genannt werden[13] und im übrigen Evangelium nur 8,11.15 (siehe noch 9,11 v.l.) erscheinen, bietet es sich an, ihr Erscheinungbild im Evangelium zuerst zu erheben[14].

Die Pharisäer sind bei Markus die typischen Gegner. Denn sie äußern die Vorwürfe in den Streitgesprächen (nur 7,5 mit den Schriftge-

---

12 Möglicherweise vormarkinisch ist die Nennung der Pharisäer (sic!) nur in 7,5 und in 10,2 - und auch nur dort! In 10,2 gehörten sie zudem nicht der ursprünglichen Überlieferungseinheit an. Zu diesen Nennungen siehe oben S. 80.180f.194.

13 Siehe 2,16.18.24; 7,1.(3.)5; 8,11; 10,2; 12,13.

14 Zur Literatur siehe H.-F.Weiß, ThWNT IX, (11.)12 (und den Nachtrag ThWNT X/2, 1288f); Ders., SSAW.PH 110/2, 94 Anm. 2; vgl. noch Luz, Jud. 38, 1982, 229-246.

lehrten zusammen). Sie werden aber kaum deutlich gekennzeichnet. Dort, wo dies doch zu geschehen scheint (2,18), ist ihre Verwendung sicher nicht ursprünglich - oder allgemein polemisch gehalten (7,3.11). Ihre besondere Kennzeichnung im Markus-Evangelium bildet ihre Feindschaft gegenüber Jesus: Sie versuchen ihn (8,11; 10,2; 12,13.15), vor ihnen ist zu warnen (8,15). Kennzeichnend ist ebenfalls ihre Verbundenheit mit den Herodianern (12,13 vgl. 8,15). Mit diesen zusammen fassen sie den ersten Todesbeschluß im Evangelium (3,6), obwohl keine der beiden Gruppen im Passionsgeschehen Mk 14-16 eine Rolle spielt (vgl. ihre letzte Nennung 12,13).

Daß die Pharisäer schon in der vormarkinischen Tradition mit den Gegnern identifiziert werden[15], ist nach den vorgetragenen Analysen unwahrscheinlich. An keiner der Stellen, an denen die Pharisäer in der Rahmenszene genannt werden, konnte die Gegnerbezeichnung als eindeutig ursprünglich angenommen werden. Auch die Warnung 8,15 entspricht deutlich dem Interesse des Markus. Die schematisch starre Rolle der Pharisäer als Repräsentanten jüdischer Gesetzespraxis wird durch Einzeleingriffe wie 7,3 und 2,18 von Markus tendenziell noch verstärkt.

Allerdings ist es nicht möglich, allein Markus für die Pharisäernennungen verantwortlich zu machen. Vielmehr gibt es für die negative Qualifizierung der Pharisäer auch historische Voraussetzungen. Unzweifelhaft stand der historische Jesus wie die erste Gemeinde im teilweisen Widerstreit zur jüdischen Gesetzespraxis[16]. Allerdings ist für die Zeit Jesu weder eine einheitliche pharisäische Gruppe[17] noch deren

---

15 Hultgren, a.a.O. 182f, hält nur die Gegnerangabe in 3,22; 7,1; 12,13 für markinisch, die in 10,2 für nachmarkinisch.
16 Vgl. H.-F.Weiß, SSAW.PH 110/2, 91-131; Ders., ThWNT IX, 41,29 bis 45,32.
17 So das Ergebnis der differenziert vorgetragenen formgeschichtlichen Analyse rabbinischer Quellen von Neusner. Die Grundlegung seiner These findet sich in Neusner, Traditions I-III und im Ergebnis komprimiert Ders., Politics; vgl. außerdem Ders., Kairos 14, 1972, 57-70; Ders., ZThK 76, 1979, 292-309; Ders., Jud 38, 1982, 194-214 (mit Avery-Peck); Ders., Judentum, besonders 41-111.

beherrschende Stellung im Judentum nachzuweisen[18]. Sollten aber aufkommende antipharisäische Tendenzen[19] in solcher Stärke bis zu Markus hin bewahrt worden sein, so muß doch verwundern, daß diese in der Überlieferung der Streitgespräche keine Spuren hinterlassen haben. Mk 8,15 gehört zur vormarkinischen Tradition, ist aber wegen seiner Zusammenstellung mit der ζύμη Ἡρώδου sicher nicht alt. Da Markus in 3,6 und 12,13 die gleiche Zusammenstellung als Gegnergruppierung verwendet, muß er eine fest umrissene Vorstellung dieses Zusammenhanges gehabt haben. Er verwendet diese Zweiergruppe zwar in seinem Evangelium so, daß sie das Gegengewicht zu den Gegnern des Passionsgeschehens bilden. Aber diese Konzeption ist wohl erst eine Folge seiner Einschätzung. Die Verbindung beider Gegnergruppen wird dadurch erklärbar, daß hierin eine Reaktion auf die antichristliche Haltung des Herodes Agrippa I. zugunsten der Pharisäer[20] erfolgt ist. Das gleiche gilt für den Fall, daß in Mk 8,15 die Herodeswarnung erst von Markus zugefügt sein sollte.

Die Warnung vor den Pharisäern (vgl. Lk 12,1) könnte der Tradition angehören. Dieser Annahme steht jedoch die Formulierung βλέπετε ἀπό entgegen, die, wie 12,38 und die entsprechenden Warnungen in Mk 13,5.9.23.33 zeigen, eine eigenständige markinische Ausdrucksweise darstellt.

Die übrigen Pharisäerangaben bei Markus (außer 3,6; 8,15; 12,13) sind weniger als antipharisäische Reaktion zu begreifen. Vielmehr sind die Pharisäer dort Repräsentanten des Judentums, das der Verkündigung Jesu ablehnend, feindlich und verstockt (3,5) gegenübersteht. Dies zeigt sich zunächst darin, daß die Pharisäer bei Markus die bevorzugten Gegner der Streitgespräche zu Fragen christlicher Lebenspraxis sind[21]. Von

---

18 Siehe H.-F.Weiß, ThWNT IX, 37f.
19 Vgl. Burkill, NT 3, 1959, 34-55; Antijudaismus liegt im Markus-Evangelium nicht vor (gegen Baarlink, ZNW 70, 1979, 160-193).
20 Siehe oben S. 204 Anm. 16.
21 Die Streitgespräche zu Fragen christlicher Lebenspraxis behandeln Sachprobleme, die auch (unter anderen Problemstellungen) für die rabbinische Diskussion typisch sind. Aber dieser Vergleich beruht auf einem eher zufälligen Ergebnis. Denn die christliche Gemeinde hat sich in bestimmten Fragen vom Juden-

dieser Verwendung der Bezeichnung läßt sich die Verbindung zu einem unpolemischen Bild der Pharisäer herstellen (vgl. Gal 1,13f; Phil 3,5f): Sie sind Hüter des Gesetzes, also der jüdischen »Lebens«-Praxis[22]. Zugleich ist damit erklärt, wieso die Pharisäer häufig und zudem fast[23] ausschließlich im Galiläa-Teil des Markus-Evangeliums erscheinen.

So könnte der vordergründige Eindruck entstehen, die Pharisäer hätten für Markus mit dem Passionsgeschehen nichts zu tun; oder auf das Geschick Jesu bezogen: Für Markus hätten die Auseinandersetzungen mit den Pharisäern nicht die entscheidende Rolle gespielt. Dieser Eindruck täuscht aus zwei Gründen: Denn erstens läßt sich erklären, wieso Markus die Pharisäer gerade nur vor dem eigentlichen Leidensgeschehen (Mk 14-16) auftreten läßt, und zweitens gestaltet Markus sein Pharisäerbild in eigener Weise aus, so daß die Pharisäer – ebenso wie die Jerusalemer Gegner – nach seiner Darstellung für das Geschick Jesu Verantwortung tragen.

Zum ersten: Die Pharisäer werden in der ursprünglichen Fassung der Passionsgeschichte nicht genannt. Vielmehr erscheinen hier die Hohenpriester, die Schriftgelehrten und die Ältesten als die verantwortlichen Gegner. Markus ändert diese ursprüngliche Darstellung. Die Pharisäer und ihre Feindschaft Jesus gegenüber sieht Markus im Lichte der Passion, auch wenn sie an diesem Geschehen nicht direkt beteiligt sind. Denn nach seiner Darstellung sind die Pharisäer immer schon die Gegner, die die Tötung Jesu betreiben (3,6; 7,1; 12,12f). Daher schließt er mit 3,6 die Zusammenstellung der Streitgespräche zu Anfang des Evangeliums ab: Die Pharisäer fassen hier schon Jesu Tod in den Blick (συμβούλιον ἐδίδουν) und haben von vornherein nichts anderes vor (3,2: παρετήρουν αὐτόν ... , ἵνα κατηγορήσωσιν αὐτοῦ). Bei ihrem letzten Auf-

---

tum entfernt aufgrund einer zunächst belanglos scheinenden anderen Praxis, die zu einer Frage des status confessionis geriet. Dieser Gegensatz wird aber nicht um seiner selbst überliefert, sondern die Überlieferung der Streitgespräche ist orientiert am jeweiligen Sachproblem als solchem.

22 Zu der thematischen Aufgliederung der rabbinischen Gesetzestradition vgl. Neusner, Traditions III, (286-300) 287ff.
23 Siehe 12,13 und 10,2.

treten im Evangelium (12,13) werden sie nicht anders dargestellt. Es ist gekennzeichnet durch ihr ἀγρεύειν. Im Kontext von 12,12 sind sie nur die Abgesandten der Passionsgegner (aus 11,27). Doch ist ihr ganzes Tun darauf gerichtet, Jesu habhaft zu werden. Mit dieser Darstellung wird der Eindruck vermittelt, Markus habe mit der Pharisäernennung auf der historischen Ebene ein Gegengewicht zur Gegnerdarstellung der Passionserzählung beabsichtigt. Wenn sich aber in der Koalitionsschilderung in 3,6 und 12,12 von Pharisäern und Herodianern die Reaktion auf frühchristliche Vorgänge fassen läßt (siehe oben), dann ist eine aktualisierende markinische Tendenz erkennbar: Die Gegner der Gemeinde waren auch die todbringenden Gegner Jesu[24]. Diese begannen ihr Tun schon in Galiläa und begleiteten das Wirken Jesu bis nach Jerusalem mit ihrer feindlichen Absicht.

Zum zweiten ist die Charakterisierung der Pharisäer durch Markus im jeweiligen Zusammenhang der Texte näher zu betrachten. Markus stellt die Pharisäer und ihr Verhalten als »böse« dar. Ihr Herz ist böse (7,6)[25], ihr Verhalten ist das der Heuchelei (12,15). Den Pharisäern fehlt von Grund auf die rechte Einsicht in das Wesen des Gesetzes (10,5)[26] und überhaupt Schriftkenntnis (2,25). Die Pharisäer versuchen Jesus (8,11; 10,2 vgl. 12,15), wie er sonst nur vom Satan versucht wird (1,13)[27]. Selbst in der Alternative guten oder bösen Tuns (3,4) entscheiden sie sich in der Darstellung des Markus (3,5) für das Böse. So geht von ihnen bleibend böse Wirkung (ζύμη) aus, vor der die Gemeinde (Jünger)

---

24 Zu den Verstehensvoraussetzungen dieser Tendenz siehe Mk 12,1-9 und vgl. 1 Thess 2,15f.
25 Vgl. Brandenburger, Das Böse 61.
26 Vgl. außerdem 7,8f.13. Die Verallgemeinerung V 13 weist zurück auf die ebenso allgemeine Feststellung V 3; sie zielt also auch auf die Pharisäer.
27 Vgl. zum Sachgehalt des Motivs (Satan = der Böse schlechthin) Brandenburger, a.a.O. 72-77. Gegen die Auffassung, welche Robinson (Geschichtsverständnis, besonders 58f) entwickelt hat, daß die Gegner in den Streitgesprächen Gestalten des satanisch Bösen seien innerhalb der Konzeption "eines kosmischen Kampfes" (ebd.), der "die eschatologische Herrschaft Gottes einleitet" (a.a.O. 48), siehe Baumbach, Verständnis 51f; Brandenburger, Frieden 37.

gewarnt wird (8,15). Die Voraussetzung, daß sich im Verhalten der Pharisäer das Böse manifestiert, erklärt das Vorgehen des Markus, in den Expositionen der Streit- und Schulgesprächstexte neben der Benennung auch ihr Verhalten Jesus gegenüber in verschiedenem Maße zu deuten. Denn in dem Tun der Pharisäer liegt das von Grund auf Böse ihrer Einstellung auf der Hand[28]. Sie stellen sich gegen den zuvor erwiesenen (1,22.27; 2,10; 11,27-12,11), mit Vollmacht ausgestatteten Lehrer (3,6; 12,13). Anderes kann aber – nach der Bearbeitung des Markus – auch nicht dort gelten, wo sie Fragesteller sind (10,2; 12,13). Hier führt nach Markus nicht Wißbegier zur Frage, sondern ihr versucherisches Tun, das dem bösen Herzen entspringt[29].

Dieses Bild rundet sich, nimmt man die Pharisäernennungen außerhalb der Streit- und Schulgespräche in den Blick, also 8,11-13.15. Hier erscheinen die Pharisäer nicht mehr als Fragesteller zu Gesetzesproblemen im weitesten Sinne, sondern im Zusammenhang von Fragen, die die Person Jesu angehen. In der Zeichenforderung ist dies zweifellos der Fall. Von ihrem Kontext her ist 8,15 als eine Warnung vor christologischer Fehleinschätzung zu verstehen.

Die Pharisäer sind also für Markus keineswegs nur die Gegner der Streitgespräche. Sie sind vielmehr die Feinde, die Jesus und sein Wirken fortwährend belauern. Diese kritische Darstellung hält Markus in dauernder Spannung. In 3,6, nach der offenen Auseinandersetzung, bringt er den Todesbeschluß ein. In 8,11 und 10,2 trägt er in die Einzelüberlieferung das Motiv des Versuchens ein. In 12,13 bündelt er die Motive, die er in der Kennzeichnung der Pharisäer verwendet hat (siehe 12,15).

Bilden die Pharisäer die Gegnergruppe bis Jerusalem, so die *Schriftgelehrten* die Gegnergruppe, die sowohl im Galiläa- als auch im Jerusalemteil des Evangeliums präsent ist[30]. Betrachtet man das Vorkom-

---

28 Vgl. Berger, Gesetzesauslegung 11-28.
29 Zu den Voraussetzungen vgl. Brandenburger, EKL I, 161.
30 In seiner Gegnerdarstellung verklammert Markus aber auch die Teile seines Evangeliums. Die Pharisäer als Gegner des Galiläateiles, die in 8,15 abschließend verurteilt werden, treten noch einmal in Jerusalem auf (12,13); die Schriftgelehrten, die innerhalb des Je-

men der Gegnernennungen im gesamten Evangelium, so werden die Schriftgelehrten am häufigsten genannt. Freilich ist ihre Erwähnung in der Passionserzählung vorgegeben, wogegen ihre Erwähnung in Mk 2-12 meist auf Markus zurückgeht[31] und von der in Mk 14-16 zu unterscheiden ist[32].

Geht es um Schrift- und Lehraussagen, sind die Schriftgelehrten in der Darstellung des Markus die Gegner Jesu[33]. Im Gegensatz zur »neuen« Lehre Jesu, sind sie die Repräsentanten der »alten« Lehre. In diesem Sinn erfolgt die Gegenüberstellung in 1,22, ihre Zitierung in 9,11 und 12,35 und ihr Auftreten in 2,6. Obwohl die Schriftgelehrten in 3,28f (indirekt) und 12,38ff (direkt) verurteilt werden, sind sie nicht die eigentlichen Widersacher Jesu, sondern die Vertreter der alten Lehre. In diesem Bild der Schriftgelehrten bildet das im literarischen Zusammenhang auffällige und nicht bruchlose Nacheinander von 12,34 und 12,35-40 keinen Widerspruch.

Die Schriftgelehrten stellen außerdem die Verbindung zur Passionserzählung her. Markus weist mit ihrer Erwähnung in 3,22 und 7,1 auf Jerusalem und damit auf die Passion hin. Sie gehören zu den Gruppen des Synhedriums. Innerhalb der Passionserzählung treten sie zwar nur noch im pauschalen Verbund der Gegner auf, fehlen aber auch nie.

---

rusalemteiles analog verurteilt werden (12,38ff), treten im Galiläateil gerade als Jerusalemer Schriftgelehrte auf (3,22; 7,1). Ein entsprechendes Darstellungsmotiv dürfte (natürlich neben anderen Motiven!) auch der Nennung der dem Synhedrium zugehörenden Gruppen in 8,31; 10,33 einerseits und dem Auftreten dieser Gruppen in 11,18.27 andererseits zugrunde liegen, womit Markus wiederum die Gegnergruppen des Passionsgeschehens in den zweiten Teil des Evangeliums einführt.

31 Siehe 1,22; 2,6.16; 3,22; 7,1.5; 9,14 (vgl. das analoge συζητεῖν der Pharisäer mit Jesus in 8,11); und 12,28.(32); vgl. außerdem 8,31; 10,33; 11,18.27. Möglicherweise der Traditon gehört die Nennung der Schriftgelehrten in 9,11; 12,35 und wahrscheinlich in 12,38 an.
32 Vgl. 14,1.43.53; 15,1.31.
33 Siehe zum Folgenden die Darlegung oben S. 254-259. Zur Bedeutung der Schriftgelehrten im Markus-Evangelium vgl. noch Trocmé, Formation 76-80.

Die Rolle der Schriftgelehrten in den Streit- und Schulgesprächen des Markus-Evangeliums ist eine andere als die der Pharisäer. Diese symbolisieren die typischen Feinde, während sich die Gegnerschaft der Schriftgelehrten, wo sie als alleinige Gruppe auftreten, auf die Lehrauseinandersetzung beschränkt. Doch ist die Lehre Jesu in der christologischen Konzeption des Markus nicht von der Person Jesu zu trennen. Daher sind die Schriftgelehrten die Gegner in den christologisch orientierten Streitgesprächen 2,5b-10; 3,22(-30); 11,27(-33) und daher werden christologische Fragen im Widerpart zu ihrer Lehre gelöst (1,21-28; 9,11; 12,35). In der Überlegenheit Jesu, welche die Streitgespräche in der Lehrauseinandersetzung auch und vor allem mit den Schriftgelehrten zur Darstellung bringen, erweist sich für Markus die Vollmacht des Irdischen. Aufgrund dieser Vollmacht stellt die Lehre eine neue Lehre dar, die anders als die der Schriftgelehrten (οὐχ ὡς οἱ γραμματεῖς) tiefes Erstaunen (καὶ ἐξεπλήσσοντο) hervorruft (siehe 1,22).

Zusammenfassend ergibt sich, daß Markus den Streit- und Schulgesprächen durch die Zeichnung seines Gegnerbildes ein formal und inhaltlich zu unterscheidendes Interpretationsgepräge gibt. Die Gegner beleben die Streit- und Schulgespräche. Ihr Auftreten allein markiert Konfliktgeschehen. Diese Interpretationsmöglichkeit setzt Markus in den meisten Gesprächen ein. So gibt die Art seiner Bearbeitung zu erkennen, daß er auch den ursprünglichen Schulgesprächen Streitcharakter zu geben sucht. Damit kommt die Typik seiner Gegnerzeichnung gerade bei den Schulgesprächen am deutlichsten zum Ausdruck. Diese Charakterisierung entspricht dem an den Streitgesprächen zu beobachtenden Bestreben, die Pharisäer als Typos des Bösen auftreten zu lassen. Erweckt Markus mit 3,6 und den weiteren Passionshinweisen 3,22 und 7,1 auch den Eindruck, das Konfliktgeschehen führe zur Tötung Jesu, so zeigt seine Gegnerkennzeichnung, daß die Gesetzes- oder Lehrkonflikte zum Tode führen, sofern in ihnen die Zwangsläufigkeit dieses Geschehens im Gegenüber von Gut und Böse angelegt ist.

LITERATURVERZEICHNIS

Abkürzungen für Reihenwerke, Zeitschriften und Lexika werden nach Siegfried Schwertner (Zusammensteller), TRE. Abkürzungsverzeichnis, Berlin 1976 (IATG^2), verwendet. Außerdem gelten die a.a.O. IX-XVIII angegebenen Siglen sowie das Abkürzungsverzeichnis des ThWNT (X/1, Stuttgart 1974, 53-85).

Ferner bedeuten:

B-D-R	Blass, Friedrich - Debrunner, Albert - Rehkopf, Friedrich, Grammatik des neutestamentlichen Griechisch, Göttingen ^{14}1976.
BET	Beiträge zur biblischen Exegese und Theologie
Billerbeck	Strack, Herrmann L. - Billerbeck, Paul, Kommentar zum Neuen Testament aus Talmud und Midrasch. I-VI (ab V hg. von Joachim Jeremias), München 1922-1961.
EKK	Evangelisch-Katholischer Kommentar zum Neuen Testament
FzB	Forschung zur Bibel
ÖTK	Ökumenischer Taschenbuchkommentar zum Neuen Testament
SBL	Society of biblical literature (Sem.Pap. = Seminar Papers)
SNTU	Studien zum Neuen Testament und seiner Umwelt
WB	Bauer, Walter, Griechisch-Deutsches Wörterbuch zu den Schriften des Neuen Testaments und der übrigen urchristlichen Literatur, Berlin ^{5}1971.

zu den Quellen:

DC	Dion Chrysostomos
DL	Diogenes Laertius
GnVat	Gnomologium Vaticanum
PEg	Papyrus Egerton

Monographien werden mit dem Namen des Autors und einem Titelstichwort zitiert, in der Regel mit dem ersten Substantiv des Titels, falls nicht anders im Literaturverzeichnis hervorgehoben; die Kommentare zum Markus-Evangelium mit dem Stichwort »Markus«, entsprechend auch die Kommentare zu anderen biblischen Schriften; Aufsätze (und Artikel) mit dem Fundort.

In das Literaturverzeichnis ist nur die Sekundärliteratur aufgenommen, Quellen und Hilfsmittel lassen sich in Einleitungswerken und Handbüchern leicht verifizieren.

KOMMENTARE

a. Zum Markus-Evangelium

Allen, Willoughby C., The Gospel According to St. Mark with Introduction and Notes, London 1915.

Barclay, William, The Gospel of Mark, Edinburgh ^{3}1958.

Branscomb, Harvie, The Gospel of Mark (MNTC 2) London ^{6}1952.

Carrington, Philip, According to Mark. A Running Commentary on the Oldest Gospel, Cambridge 1960.

Cole, Robert Alen, The Gospel According to Mark (TNTC) Michigan 1961.

Cranfield, Charles E.B., The Gospel According to St. Mark (CGTC) Cambridge ^{4}1974.

Ernst, Josef, Das Evangelium nach Markus (RNT) Regensburg $^{1(6)}$1981.

Gnilka, Joachim, Das Evangelium nach Markus I.II (EKK II) Neukirchen 1978/1979.

Goguel, Maurice, L' Évangile de Marc, Paris 1909.

Gould, E.P., A Critical and Exegetical Commentary on the Gospel According to St. Marc (ICC) Edinburgh ^{10}1961.

Grant, Frederick C., The Gospel According to St. Mark (IntB) New York 1951.

Grundmann, Walter, Das Evangelium nach Markus (ThHK 2) Berlin ($^{5(6)}$1973) $^{7(8)}$1977.

Haenchen, Ernst, Der *Weg* Jesu. Eine Erklärung des Markus-Evangeliums und der kanonischen Parallelen (STö 2/6) Berlin 1968.

Hauck, Friedrich, Das Evangelium des Markus (ThHK 2) Berlin 1931.

Holtzmann, Heinrich J., Die Synoptiker (HC I/1) Leipzig ^{3}1901.

Hunter, Archibald M. The Gospel According to St. Mark (TBC) London ^{8}1967.

Johnson, Sherman E., A Commentary on the Gospel According to St. Marc (BNTC) London ^{3}1977.

Kleist, James A., The Gospel of St. Mark, New York 1936.

Klostermann, Erich, Das Markus-Evangelium (HNT 3) Tübingen ^{4}1950.

Lagrange, Marie-Joseph, Évangile selon S. Marc (EtB) Paris ^{5}1929.

Lohmeyer, Ernst, Das Evangelium des Markus (KEK I/2) Göttingen ^{17}1967. ErgH. (hg. v. Gerhard Saß) ^{3}1967.

Loisy, Alfred, L' Évangile selon Marc, Paris 1912.

Meyer, Heinrich August Wilhelm, Handbuch über die Evangelien des *Markus und Lukas* (KEK I/2) Göttingen ^{5}1867.

Montefiore, Claude G., The Synoptic Gospels I, London ^{2}1927.

Moule, Charles F.D., The Gospel According to Marc, New York 1965.

Nineham, Denis Eric, The Gospel of St. Marc (PNTC) London 1963.

Pesch, Rudolf, Das Markusevangelium I.II (HThK II) Freiburg ^{4}1984/^{3}1984.

Rawlinson, A.E.J., St. Marc, London 1925.

Schmid, Josef, Das Evangelium nach Markus (RNT 2) Regensburg ^{5}1963.

Schmithals, Walter, Das Evangelium nach Markus I.II (ÖTK 2) Gütersloh 1979.

Schniewind, Julius, Das Evangelium nach Markus (NTD 1) Göttingen ^{6}1952.

Schweizer, Eduard, Das Evangelium nach Markus (NTD 1) Göttingen (^{4}1975) $^{5(15)}$1977.

Taylor, Vincent, The Gospel According to St. Mark, London ^{2}1966.

Weiß, Bernhard, Das Marcusevangelium und seine synoptischen Parallelen, Berlin 1872.

Ders., Die *Evangelien* des Markus und des Lukas (KEK I/2) Göttingen ^{9}1901.

Weiß, Johannes, Das Evangelium nach Markus, Göttingen ^{3}1917.

Wellhausen, Julius, Das Evangelium Marci, Berlin ^{2}1909.

Wohlenberg, Gustav, Das Evangelium des Markus (KNT 2) Leipzig ^{3}1930.

b. zu anderen Schriften des Alten und Neuen Testaments

Balz, Horst - Schrage, Wolfgang, Die "Katholischen" Briefe. Die Briefe des Jakobus, Petrus, Johannes und Judas (NTD 10) Göttingen ^{12}1980.

Becker, Jürgen, Das Evangelium nach Johannes I.II (ÖTK 4) Gütersloh ^{2}1984.

Brox, Norbert, Der erste Petrusbrief (EKK XXI) Neukirchen 1979.

Bultmann, Rudolf, Das Evangelium des Johannes (KEK II) Göttingen ^{10}1968. ErgH. 1968.

Conzelmann, Hans, Die Apostelgeschichte (HNT 7) Tübingen ^{2}1972.

Ders., Der erste Brief an die Korinther (KEK V) Göttingen 1969 (1981).

Dibelius, Martin, An die Kolosser. An die Epheser. An Philemon (HNT 12) Tübingen ^{3}1953.

Gnilka, Joachim, Der Kolosserbrief (HThK X,1) Freiburg 1980.

Goppelt, Leonhard, Der Erste Paulusbrief (hg. v. F. Hahn) (KEK XII,1) Göttingen ^{8}1978.

Haenchen, Ernst, Die Apostelgeschichte (KEK III) Göttingen $^{7(16)}$1977.

Käsemann, Ernst, An die Römer (HNT 8a) Tübingen ^{3}1974.

Lohse, Eduard, Die Briefe an die Kolosser und an Philemon (KEK IX,2) Göttingen ^{2}1977.

Lührmann, Dieter, Der Brief an die Galater (ZBK 7) Zürich 1978.

Mußner, Franz, Der Brief an die Epheser (ÖTK 10) Gütersloh 1982.

Ders., Der Galaterbrief (HThK IX) Freiburg ^{3}1977.

Rad, Gerhard von, Das fünfte Buch Mose. Deuteronomium (ATD 8) Göttingen 1964.

Schille, Gottfried, Die Apostelgeschichte des Lukas (ThHK V) Berlin ^{2}1984.

Schnackenburg, Rudolf, Der Brief an die Epheser (EKK X) Neukirchen 1982.

Schneider, Gerhard, Das Evangelium nach Lukas (ÖTK 3) Gütersloh 1977.

Schweizer, Eduard, Der Brief an die Kolosser (EKK XII) Neukirchen ^{2}1980.

Ders., Das Evangelium nach Matthäus (NTD 2) Göttingen ^{2}1977 (^{3}1981).

Stöbe, Hans Joachim, Das erste Samuelbuch (KAT) Neukirchen ^{2}1973.

Weiser, Alfons, Die Apostelgeschichte. Kapitel 1-12 (ÖTK 5,1) Gütersloh 1981.

Wilckens, Ulrich, Der Brief an die Römer I-III (EKK VI) Neukirchen 1978-1982.

MONOGRAPHIEN UND AUFSÄTZE

Abrahams, Israel, Studies in Pharisaism and the Gospels I-II, Cambridge 1917/1924.

Achtemeier, Paul J., Mark as Interpreter of the Jesus Traditions: Interp. 32, 1978, 339-352.

Aichinger, Herrmann, Quellenkritische Untersuchung der Perikope vom Ährenraufen am Sabbat. Mk 2,23-28 par Mt 12,1-8 par Lk 6,1-5, in: Jesus in der Verkündigung der Kirche (hg. v. A. Fuchs) (SNTU 1) Linz 1976, 110-153.

Aland, Kurt, Glosse, Interpolation, Redaktion und Komposition in der Sicht der neutestamentlichen Textkritik, in: Ders., Studien zur Überlieferung des Neuen Testaments und seines Textes (ANTT 2) Berlin 1967, 35-57 [= in: Apophoreta. FS Ernst Haenchen (BZNW 30) Berlin 1964, 7-31; revidiert].

Ders./Aland, Barbara, Der Text des Neuen Testaments. Einführung in die wissenschaftlichen Ausgaben sowie in Theorie und Praxis der modernen Textkritik, Stuttgart 1982.

Albertz, Martin, Die Botschaft des Neuen Testaments I-II, Zollikon-Zürich 1947.

Ders., Die synoptischen Streitgespräche. Ein Beitrag zur Formengeschichte des Urchristentums, Berlin 1921.

Almquist, Helge, Plutarch und das Neue Testament. Ein Beitrag zum Corpus Hellenisticum Novi Testamenti (ASNU XV) Uppsala 1946.

Alsup, John E., Toward a pronouncement story typology in Plutarch's Moralia: SBL.Sem.Papers. Annual Meeting 1978/2, 1-10.

Ders., Type, Place and Function of the Pronouncement Story in Plutarch's Moralia: Semeia 20, 1981, 15-27.

Ambrozic, Aloysius M., The Hidden Kingdom. A Redaction - Critical Study of the References to the Kingdom of God in Mark's Gospel (CBQ.MS 2) Washington 1972.

Arbesmann, Rudolf, Art.: Fasten: RAC VII, Stuttgart 1969, 447-493.

Ders., Das Fasten bei den Griechen und Römern (RVV 21,1) Gießen 1929.

Arens, Eduardo, The ἦλθον-Sayings in the Synoptic Tradition. A historico-critical investigation (OBO 10) Freibung 1976.

Auerbach, Erich, Mimesis. Dargestellte Wirklichkeit in der abendländischen Literatur (SD 90) Bern 1946,⁶1977.

Aune, David E., Septem sapientium convivium (Plutarch Moralia), in: SCHNT 4, Leiden 1978, 51-105.

Avery-Peck, Alain J., siehe Neusner, Jacob.

Baarlinck, Heinrich, Zur Frage nach dem Antijudaismus im Markusevangelium: ZNW 70, 1979, 166-193.

Bacciochi, Samuele, From Sabbat to Sunday: A Historical Investigation of the Rise of Sunday Observance in Early Christianity, Rome 1977.

Baltensweiler, Heinrich, Die Ehe im Neuen Testament. Exegetische Untersuchung über Ehe, Ehelosigkeit und Ehescheidung (AThANT 52) Zürich 1967.

Bammel, Ernst, Mk 10,11f und das jüdische Eherecht: ZNW 61, 1970, 95-101.

Banks, Robert, Jesus and the Law in the Synoptic Tradition (MSSNTS 28) Cambridge 1975.

Barth, Gerhard, Das Gesetzesverständnis des Evangelisten Matthäus, in: Bornkamm, Günther - Ders. - Held, Heinz Joachim, Überlieferung und Auslegung im Matthäusevangelium (WMANT 1) Neukirchen ⁶1970, 54-154.

Bartsch, Hans-Werner, Zur Problematik eines Monopoltextes des Neuen Testaments. Das Beispiel Markus 2, Vers 15 und 16: ThLZ 105, 1980, 91-96.

Bassler, Jouette M., Divine Impartiality. Paul and a Theological Axiom (SBL.Diss.Ser. 59) Chico 1982.

Dies., Divine Impartiality in Paul's Letter to the Romans: NT 26, 1984, 43-58.

Baumbach, Günther, Das Verständnis des Bösen in den synoptischen Evangelien (ThA XIX) Berlin 1963.

Beare, Francis Wright, The Earliest Records of Jesus, Oxford 1964.

Ders., "The Sabbath was Made for Man?": JBL 79, 1960, 130-136.

Ders., Sayings of the Risen Jesus in the Gospel Tradition: An Inquiry into their Origin and Significance, in: Christian History and Interpretation (FS John Knox), Cambridge 1967, 161-181.

Becker, Jürgen, Das Gottesbild Jesu und die älteste Auslegung von Ostern, in: Jesus Christus in Historie und Theologie (FS Hans Conzelmann), Tübingen 1975, 105-126.

Ders., Johannes der Täufer und Jesus von Nazareth (BSt 63) Neukirchen 1972.

Beernaert, Mourlon, Jesus controversé. Structure et théologie de Marc 2,1-3,6: NRTh 95, 1973, 129-149.

Behm, Johannes, Art.: ἐσθίω: ThWNT II, Stuttgart 1935, 686-693.

Ders., Art.: νῆστις κτλ.: ThWNT IV, Stuttgart 1942, 925-935.

Ders., Art.: σκληροκαρδία: ThWNT III, Stuttgart 1938, 616.

Beilner, Wolfgang, Christus und die Pharisäer. Exegetische Untersuchung über Grund und Verlauf der Auseinandersetzungen, Wien 1959.

Bennett, W.J. (Jr.), The Herodians of Mark's Gospel: NT 17, 1975, 9-14.

Benoit, Pierre, Les épis arrachés (Mt 12,1-8 par), in: Exégèse et Théologie III, Paris 1968, 228-242 (=StBibFr 13,1962/63, 76-92).

Berger, Klaus, Die Amen-Worte Jesu. Eine Untersuchung zum Problem der Legitimation in apokalyptischer Rede (BZNW 39) Berlin 1970.

Ders., Die Auferstehung des Propheten und die Erhöhung des Menschensohnes. Traditionsgeschichtliche Untersuchungen zur Deutung des Geschickes Jesu in frühchristlichen Texten (StUNT 13) Göttingen 1976.

Ders., Exegese des Neuen Testaments. Neue Wege vom Text zur Auslegung (UTB 658) Heidelberg 1977.

Ders., Formgeschichte des Neuen Testaments, Heidelberg 1984.

Ders., Hellenistische Gattungen im Neuen Testament, in: ANRW II, 25.2, 1031-1432.1831-1885 (Register).

Ders., Die *Gesetzesauslegung* Jesu. Ihr historischer Hintergrund im Judentum und im Alten Testament. Teil I: Markus und Parallelen (WMANT 40) Neukirchen 1972.

Ders., Hartherzigkeit und Gottes Gesetz. Die Vorgeschichte des antijüdischen Vorwurfs in Mc 10,5 : ZNW 61, 1970, 1-47.

Ders., Neues Material zur "Gerechtigkeit Gottes": ZNW 68, 1977, 266-275.

Ders., Die königlichen Messiastraditionen des Neuen Testaments: NTS 20, 1974, 1-44.

Ders., Zum Problem der Messianität Jesu: ZThK 71, 1974, 1-30.

Ders., Zu den sogenannten Sätzen heiligen Rechts: NTS 17, 1970/71, 10-40.

Best, Ernest, The Temptation and the Passion. The Markan Soteriology (MSSNTS 2) Cambridge 1965.

Betz, Hans Dieter, Jesus as Divine Man, in: Jesus and the Historian. FS E.C.Colwell, Philadelphia 1968, 114-133.

Ders., Lukian von Samosata und das Neue Testament. Religionsgeschichtliche und paränetische Parallelen (Ein Beitrag zum Corpus Hellenisticum Novi Testamenti) (TU 76) Berlin 1961.

Ders., Plutarch's Theolgical Writings and Early Christian Literature (SCHNT 3) Leiden 1975.

Ders., Plutarch's Ethical Writings and Early Christian Literature (SCHNT 4) Leiden 1978.

Beyer, Klaus, Semitische Syntax im Neuen Testament. Band I. Satzlehre Teil 1 (StUNT 1) Göttingen 1962.

Bieler, Ludwig, ΘΕΙΟΣ ΑΝΗΡ. Das Bild des "Göttlichen Menschen" in Spätantike und Frühchristentum, I-II 1935/36 (Nachdruck Darmstadt 1967).

Bieritz, Karl Heinrich/Kähler, Christoph, Art.: Haus III. Altes Testament/ Neues Testament, Kirchengeschichte, Praktisch-theologisch: TRE 14, Berlin 1985, 478-492.

Bietenhardt, Hans, Sabbatvorschriften von Qumran im Lichte des rabbinischen Rechts und der Evangelien, in: Hans Bardtke (Hg.), Qumran-Probleme. Vorträge des Leipziger Symposions über Qumran-Probleme vom 9. bis 14. Oktober 1961 (SSA 42) Berlin 1963, 53-74.

Björck, Gudmund, Drei Markus-Stellen (CN I) (ASNU 2) Uppsala 1936, 1-7.

Ders., HN ΔΙΔΑΣΚΩΝ. Die periphrastischen Konstruktionen im Griechischen (SHVU 32,2) Uppsala 1940.

Black, Matthew, Die Muttersprache Jesu. Das Aramäische der Evangelien und der Apostelgeschichte (BWANT 115) Stuttgart 1982 [= Ders., An Aramaic Approach to the Gospels and Acts, Oxford ^{3}1967 (deutsche Übers.; die Seitenverweise sind für beide Ausgaben identisch)].

Blank, Reiner, Analyse und Kritik der formgeschichtlichen Arbeiten von Martin Dibelius und Rudolf Bultmann (Th.Diss. 16) Basel 1981.

Böcher, Otto, Art.: Βεελζεβούλ: EWNT I, Stuttgart 1980, 507f.

Ders., Christus Exorcista. Dämonismus und Taufe im Neuen Testament (BWANT 96) Stuttgart 1972.

Ders., Art.: Dämonen IV. Neues Testament: TRE 8, Berlin 1981, 279-286.

Ders., Dämonenfurcht und Dämonenabwehr. Ein Beitrag zur Vorgeschichte der christlichen Taufe (BWANT 90) Stuttgart 1970.

Ders., Aß Johannes der Täufer kein Brot (Luk VII.33)?: NTS 18, 1971/72, 90-92.

Ders., Art.: πλανάω κτλ.: EWNT III, Stuttgart 1983, 233-238.

Ders., Lukas und Johannes der Täufer: SNTU 4, 1979, 27-44.

Ders., Markus 2,1-12. Predigthilfe zum 19. Sonntag nach Trinitatis. 21. Oktober 1979: DtPfrBl 79, 1979, 443.

Ders., Das Neue Testament und die dämonischen Mächte (SBS 58) Stuttgart 1972.

Boobyer, G.H., Mark II, 10a and the interpretation of the healing of the paralytic: HThR 47, 1954, 115-120.

Bornhäuser, K., Zur Perikope vom Bruch des Sabbats (Matth 12,1f; Mark 2,23-3,6; Lk 6,1ff.): NKZ 33, 1922, 325-334.

Bornkamm, Günther, Das Doppelgebot der Liebe, in: Ders., Geschichte und Glaube I. Gesammelte *Aufsätze III* (BEvTh 48) München 1968, 37-45 [= Neutestamentliche Studien für Rudolf Bultmann (BZNW 21) Berlin ²1957, 85-93].

Ders., Ehescheidung und Wiederverheiratung im Neuen Testament, in: Ders., Geschichte und Glaube I. Gesammelte *Aufsätze III* (BEvTh 48) München 1968, 56-59.

Ders., Enderwartung und Kirche im Matthäusevangelium, in: Ders. - Barth, Gerhard - Held, Heinz Joachim, Überlieferung und Auslegung im Matthäusevangelium (WMANT 1) Neukirchen ⁶1970, (11) 13-47 (überarbeitet; zuerst in: The Background of the New Testament and its Eschatology. FS Charles H. Dodd, 1956, 222-260).

Ders., Art.: Evangelien, formgeschichtlich: RGG³ II, 749-753.

Ders., Art.: Formen und Gattungen II. Im NT: RGG³ II, 999-1005.

Ders., Jesus von Nazareth, Stuttgart ¹⁰1975 (Urban TB 19).

Ders., Wandlungen im alt- und neutestamentlichen Gesetzesverständnis, in: Ders., Geschichte und Glaube II. Gesammelte *Aufsätze IV* (BEvTh 53) München 1971, 73-119.

Bousset, Wilhelm - Greßmann, Hugo, Die Religion des Judentums im späthellenistischen Zeitalter (HNT 21) Tübingen ³1926.

Brandenburger, Egon, Adam und Christus. Exegetisch-religionsgeschichtliche Untersuchung zu Röm. 5,12-21 (1.Kor 15) (WMANT 7) Neukirchen 1962.

Ders., Art.: (Anthropologie 2.) Nt.liche Anthropologie: EKL I, Göttingen 1985, 159-163.

Ders., Die Auferstehung der Glaubenden als historisches und theologisches Problem: WuD 9, 1967, 16-33.

Ders., *Das Böse.* Eine biblisch-theologische Studie [ThSt(B) 132] Zürich 1986.

Ders., Einheit der Kirche-Einheit der Menschheit. Ein Studiendokument der Komission für Glauben und Kirchenverfassung. Eine neutestamentliche Untersuchung: ÖR 19, 1970, 418-431 [= in: Zum Thema Eine Kirche-Eine Menschheit (redigiert von Josef Scharbert), Stuttgart 1971, 105-124].

Ders., Fleisch und Geist. Paulus und die dualistische Weisheit (WMANT 29) Neukirchen 1968.

Ders., Frieden im Neuen Testament. Grundlinien urchristlichen Friedensverständnisses, Gütersloh 1973.

Ders., Art.: Gericht Gottes III. Neues Testament: TRE 12, Berlin 1984, 469-483.

Ders., Grundlinien des Friedensverständnisses im Neuen Testament: WuD 11, 1971, 21-72.

Ders., Himmelfahrt Moses, in: JSHRZ V,2, Gütersloh 1976, 57-84.

Ders., *Markus 13* und die Apokalyptik (FRLANT 134) Göttingen 1984.

Ders., Paulinische Schriftauslegung in der Kontroverse um das Verheißungswort Gottes (Röm 9): ZThK 82, 1985, 1-47.

Ders., Perspektiven des Friedens im Neuen Testament: BiKi 37, 1982, 50-60.

Ders., Das Recht des Weltenrichters. Untersuchung zu Matthäus 25, 31-46 (SBS 99) Stuttgart 1980.

Ders., Σταυρός, Kreuzigung Jesu und Kreuzestheologie: WuD 10, 1969, 17-43.

Ders., Die Verborgenheit Gottes im Weltgeschehen. Das literarische und theologische Problem des 4. Esrabuches (AThANT 68) Zürich 1981.

Brandt, W., Jüdische Reinheitslehre und ihre Beschreibung in den Evangelien (BZAW 19) Gießen 1910.

Branscomb, Harvie, Mark 2,5 "Son Thy Sins are forgiven" JBL 53, 1934, 53-60.

Braun, Herbert, Art.: πλανάω κτλ.: ThWNT VI, Stuttgart 1959, 230-254.

Ders., Erwägungen zu Mk 2,23-28 par. in: Entscheidung und Solidarität. Beiträge zur Theologie, Politik, Literatur und Erziehung. FS Johannes Harder, Wuppertal 1973, 97-101.

Ders., Gerichtsgedanke und Rechtfertigungslehre bei Paulus (UNT 19) Leipzig 1930.

Ders., Gott, die Eröffnung des Lebens für die Nonkonformisten. Erwägungen zu Markus 2,15-17, in: FS Ernst Fuchs, Tübingen 1973, 97-101.

Ders., Jesus. Der Mann aus Nazareth und seine Zeit (Gütersloher TB 70) Gütersloh 1973.

Ders., Art.: ποιέω κτλ.: ThWNT VI, Stuttgart 1959, 456-483.

Ders., Qumran und das Neue Testament I.II, Tübingen 1966.

Ders., Art.: Salomo-Psalmen: RGG³ V, Tübingen 1961, 1342-1343.

Ders., Spätjüdisch-häretischer und frühchristlicher Radikalismus. Jesus von Nazareth und die essenische Qumransekte (BHTh 24) Tübingen ²1969 (1². Das Spätjudentum; 2². Die Synoptiker).

Ders., Der Sinn der neutestamentlichen Christologie: ZThK 54, 1957, 341-377.

Breech, Earl, Stimulus - Response and Declaratory. Pronouncement stories in Philostratus: SBL.Sem.Papers. Annual Meeting 1977, 257-271.

Breit, Herbert, Die Predigt des Deuteronomisten, München 1933.

Breymayer, Reinhard, Zur Pragmatik des Bildes. Semiotische Beobachtungen zum Streitgespräch Mk 12,13-17 ("Der Zinsgroschen") unter Berücksichtigung der Spieltheorie: LingBibl 13/14, 1972, 19-51.

Breytenbach, Cilliers, Nachfolge und Zukunftserwartung nach Markus. Eine methodenkritische Studie (AThANT 71) Zürich 1984.

Brooten, Bernadette, Konnten Frauen im alten Judentum die Scheidung betreiben? Überlegungen zu Mk 10,11-12 und 1 Kor 7,10-11: EvTh 42, 1982, 65-80.

Dies., Zur Debatte über das Scheidungsrecht der jüdischen Frau: EvTh 43, 1983, 466-478.

Brückner, M., Die Petruserzählungen im Markusevangelium: ZNW 8, 1907, 48-65.

Buchanan, Georg Wesley, Chreias in the New Testament, in: Joël Delobel (Hg.), Logia. Les paroles de Jésus - The sayings of Jesus (BEThL 109) Leuven 1982, 501-505.

Budesheim, Thomas L., Jesus and the Disciples in Conflict with Judaism: ZNW 62, 1971, 190-209.

Bultmann, Rudolf, Art.: ἀλήθεια κτλ.: ThWNT I, Stuttgart 1933, 239-251.

Ders., Die Erforschung der synoptischen Evangelien, Berlin ⁵1966.

Ders., Das christliche Gebot der Nächstenliebe, in: Ders., GuV I, Tübingen ⁶1966, 229-244.

Ders., Die Geschichte der synoptischen Tradition (FRLANT 29) Göttingen ¹1921; ⁸1970. ErgH. (bearbeitet v. Gerd Theißen/Philipp Vielhauer) Göttingen ⁴1971.

Ders., Jesus (Gütersloher TB 17) Gütersloh ³1977.

Ders., Theologie des Neuen Testaments, Tübingen ⁷1977 (= 1953, ⁶1968; hg. v. Otto Merk).

Ders., Allgemeine Wahrheiten und christliche Verkündigung, in Ders.: GuV III, Tübingen ³1965, 166-177 (= ZThK 54, 1957, 244-254).

Ders., Art.: Literaturgeschichte, biblische: RGG² III, Tübingen 1929, 1675ff. 1680ff.

Ders., Art.: Evangelien, gattungsgeschichtlich: RGG² II, Tübingen 1928, 418-422.

Bundy, Walter Ernest, Jesus and the first three *Gospels*. An Introduction to the Synoptic Tradition, Cambridge 1955.

Burchard, Christoph, Das doppelte Liebesgebot in der frühen christlichen Überlieferung, in: Der Ruf Jesu und die Antwort der Gemeinde (FS Joachim Jeremias), Göttingen 1970, 39-62.

Burger, Christoph, Jesus als *Davidssohn*. Eine traditionsgeschichtliche Untersuchung (FRLANT 98) Göttingen 1970.

Burkill, T.A. Should Wedding Guests Fast? A Consideration of Mark 2,18-20, in: New Light on the Earliest Gospel. Seven Markan Studies, London 1972, 39-47 (zitiert: Aufsätze 39-47).

Ders., Strain on the Secret, in: Ders., Mysterious *Revelation*. An Examination of St. Mark's Gospel, Ithaca N.Y. 1963, 117-142.

Ders., Antijudaism in St. Mark's Gospel: NT 3, 1959, 34-55.

Ders., The Formation of St. Mark's Gospel, in: Ders., New Light on the Earliest Gospel. Seven Markan Studies, London 1972, 180-264 (zitiert: Aufsätze 180-264).

Busemann, Rolf, Die Jüngergemeinde nach Markus 10. Eine redaktionsgeschichtliche Untersuchung des 10. Kapitels im Markusevangelium (BBB 57) Bonn 1983.

Bussmann, Wilhelm, Synoptische Studien I, Halle 1925.

Cadbury, Henry James, A Possible Perfect in Acts IX,34: JThS 49, 1948, 57f.

Cancik, Hubert, Bios und Logos. Formgeschichtliche Untersuchungen zu Lukians »Demonax«, in: Ders., (Hg.), Markus-Philologie. Historische Untersuchungen zum zweiten Evangelium (WUNT 33) Tübingen 1984, 115-129.

Carlston, Charles, The Things that defile (Mark VII,14) [!] and the Law in Matthew and Mark: NTS 15, 1968/69, 75-96.

Casey, Maurice, Son of Man. The interpretation and influence of Daniel 7, Edinburgh 1979.

Cavallin, Hans Clemens Cäsarius, Life After Death. Paul's Argument for the Resurrection of the Death in I Cor 15. Part I: An Inquiry into the Jewish Background (CB.NT 7: 1) Lund 1974.

Ceroke, Christian P., Is Mk 2,10 saying of Jesus?: CBQ 22, 1960, 369-390.

Chadwick, Art.: Florilegium: RAC 7, 1969, 1131-1160.

Clemen, Carl, Die Himmelfahrt Moses, APAT II, 311-331 (Nachdruck Darmstadt 1975).

Colpe, Carsten, Art.: ὁ υἱὸς τοῦ ἀνθρώπου: ThWNT VIII, Stuttgart 1969, 403-481.

Ders., Neue Untersuchungen zum Menschensohnproblem: ThRv 77, 1981, 353-372.

Colson, F.H., Mark 11,27 and Parallels: JThS 25, 1924, 71f.

Ders., Phaedrus and Quintilian I.9.2.: ClR 33, 1919, 59-61.

Ders., Quintilian, the Gospels and Christianity: ClR 39, 1925, 166-170.

Ders., Quintilian I.9 and the »Chria« in Ancient Education: ClR 35, 1921, 150-154.

Conzelmann, Hans, Gegenwart und Zukunft in der synoptischen Tradition: ZThK 54, 1957, 277-296 (= Ders., Theologie als Schriftauslegung. Aufsätze zum Neuen Testament. BEvTh 65, München 1974, 42-61).

Ders., Geschichte des Urchristentums (GNT 5) Göttingen ²1971.

Ders., Grundriß der Theologie des Neuen Testaments, München ²1968.

Ders., Literaturbericht zu den synoptischen Evangelien: ThR 37, 1972, 220-272; ThR 43, 1978, 3-51. 321-327.

Ders., Die Mitte der Zeit. Studien zur Theologie des Lukas (BHTh 17) Tübingen ⁶1977.

Ders., Art.: συνίημι κτλ.: ThWNT VII, Stuttgart 1964, 886-894.

Ders.-Lindemann, Andreas, Arbeitsbuch zum Neuen Testament, Tübingen ⁵1975.

Cook, Michael J., Mark's treatment of the Jewish Leaders (NT.S 51) Leiden 1978.

Cremer, Franz Gerhard, Die Fastenansage Jesu. Mk 2,20 und Parallelen in der Sicht der Patristischen und Scholastischen Exegese (BBB 23) Bonn 1965.

Crossan, John Dominic, Mark 12: 13-17: Interp. 37, 1983, 397-401.

Ders., Mark and the Relatives of Jesus: NT 15, 1973, 81-113.

Crum, J.M.C., St Mark's Gospel. Two Stages of its Marking, Cambridge 1936.

Cullmann, Oscar, Die Christologie des Neuen Testaments, Tübingen ⁴1966.

Daalen, D.H. van, Some observations on Marc 12,24-27: TU 102 (StEv IV) Berlin 1969, 241-245.

Daniel, Constantin, Les "Hérodiens" du Nouveau Testament sont-ils des Esséniens?: RdQ 6, 1967/69, 31-53.

Ders., Nouveau arguments en faveur de l' identification des Hérodiens et des Esséniens: RdQ 7, 1970, 397-402.

Dannemann, Ruth, Geschichtlichkeit und Wunder im Markusevangelium. Eine Studie zu Mk (6:30) 8:27; 9:1, Ph.Diss. Claremont (Graduate School) 1981 (Mikrofilm).

Daube, David, Evangelisten und Rabbinen: ZNW 48, 1957, 119-126.

Ders., ἐξουσία in Mark I 22 and 27: JThS 39, 1938, 45-59.

Ders., The New Testament and Rabbinic Judaism (Jordan Lectures in Comparative Religion II) London 1956.

Ders., The earliest structure of the Gospel: NTS 5, 1958/59, 180-184.

Ders., Responsibilities of Master and Disciples in the Gospel: NTS 19, 1972/73, 1-15.

Dautzenberg, Gerhard, Sein Leben bewahren. Ψυχή in den Herrenworten der Evangelien (StANT 14) München 1966.

Debrunner, Albert, Sprachwissenschaft und klassische Philologie: IGF 48, 1930, 1-25.

Dehn, Günther, Der Gottessohn. Eine Einführung in das Evangelium des Markus, Hamburg ⁶1953.

Delling, Gerhard, Das Logion Mark. X 11 (und seine Abwandlungen) im Neuen Testament: NT 1, 1956, 263-274.

Delorme, Jean, Die Lektüre und ihr Text, in: Volp, Rainer (Hg.) Zeichen. Semiotik in Theologie und Gottesdienst, München 1982, 19-47.

Derrett, J. Duncan M., Christ and the Power of Choice (Mark 3,1-6): Bib. 65, 1984, 168-188.

Ders., ΚΟΡΒΑΝ, Ο ΕΣΤΙΝ ΔΩΡΟΝ: NTS 16, 1969/70, 364-368.

Ders., The Teaching of Jesus on Marriage and Divorce, in: Ders., *Law* in the NT, London 1970, 363-388.

Dewey, Joanna, Marcan Public Debate. Literary Technique Concentric Structure, and Theology in Mark 2:1 - 3:6 (SBL Diss. Ser 48) Chico/Ann Arbor 1980.

Dies., The literary structure of the controversy stories in Mark 2:1 - 3:6: JBL 92, 1973, 394-401.

Dibelius, Martin, Die Formgeschichte des Evangeliums, Tübingen ^{6}1971 (= ^{3}1959).

Ders., Zur Formgeschichte der Evangelien: ThR.NF 1, 1929, 185-216.

Ders., Geschichte der urchristlichen Literatur I.II (ThB 58) München (1926) 1975 (Nachdruck).

Ders., Rezension: Soden, Hermann von, Hat Jesus gelebt? (u.a.): ThLZ 35, 1910, 545-552.

Ders., Rom und die Christen im ersten Jahrhundert in: Ders., *Botschaft und Geschichte* II (Gesammelte Aufsätze hg. von Günther Bornkamm), Tübingen 1956, 177-228.

Ders., Die urchristliche Überlieferung von Johannes dem Täufer (FRLANT 15) Göttingen 1911.

Ders.-Fiebig, Paul, Rabbinische und evangelische Erzählungen. Eine Diskussion: ThBl 11, 1932, 1-12.

Dietzfelbinger, Christian, Vom Sinn der Sabbatheilungen Jesu: EvTh 38, 1978, 281-298.

Dietzinger, Walter, Zum Liebesgebot Mk XII,28-34 und parr: NT 20, 1978, 81-83.

Dihle, Albrecht, Die Goldene Regel. Eine Einführung in die Geschichte der antiken und frühchristlichen Vulgärethik (SAW 7) Göttingen 1962.

Dobschütz, Ernst von, Zur Erzählerkunst des Markus: ZNW 27, 1928, 193-198.

Dodd, Charles H., The dialogue form in the Gospels: BJRL 37, 1954/55, 54-67.

Doeve, Jan Willem, Jewish hermeneutics in the synoptic Gospels and Acts, Assen 1953.

Donahue, John R., Are You the Christ? The Trial Narrative in the Gospel of Mark (SBL Diss. Ser 10) Missoula, Montana 1973.

Ders., Jesus as the Parable of God in the Gospel of Mark: Interp. 32, 1978, 369-386.

Ders., A neglected factor in the theology of Mark: JBL 101, 1982, 563-594.

Ders., The Tax collectors and sinners. An attempt at identification: CBQ 33, 1971, 39-61.

Dormeyer, Detlef, "Narrative Analyse" von Mk 2,1-12: LingBibl 31, 1974, 80f.

Doudna, John Charles, The Greek of the Gospel of Mark (JBLMS 12) Philadelphia 1961.

Doughty, Darrel J., The Authority of the Son of Man (Mk 2,1-3,6): ZNW 74, 1983, 161-181.

Dreyfus, F., L' argument scripturaire de Jésus en faveur de la résurrection des morts (Marc 12,26-27): RB 66, 1959, 213-224.

Dschulnigg, Peter, Sprache, Redaktion und Intention des Markus-Evangeliums. Eigentümlichkeiten der Sprache des Markus-Evangeliums und ihre Bedeutung für die Redaktionskritik (SBW 11) Stuttgart 1984.

Dunn, James D.G., Mark 2.1-3.6: A bridge between Jesus and Paul on the question of the law: NTS 30, 1983/84, 395-415.

Easton, Burton S., A primitive Tradition in Mark, in: Studies in Early Christianity (hg. S.J.Case) New York - London 1928, 85-101.

Ebeling, H.J., Die Fastenfrage (Mk 2,18-22): ThStKr 108, 1937/38, 387-396.

Eckart, Karl Gottfried, Untersuchungen zur Traditiongeschichte der Mechilta, Diss. Berlin 1959.

Eckert, Jost, Art.: καλέω κτλ., in: EWNT II, Stuttgart 1981, 592-601.

Egger, Wilhelm, Frohbotschaft und Lehre. Die Sammelberichte des Wirkens Jesu im Markusevangelium (FThSt 19) Frankfurt 1976.

Ders., Nachfolge als Weg zum Leben. Chancen neuerer exegetischer Methoden dargelegt an Mk 10,17-31 (ÖBS 1) Klosterneuburg 1971.

Ellis, Earle E., Jesus, the Sadducees and Qumran, in: NTS 10, 1963/64, 274-279.

Ders., New Directions in Form Criticism, in: Jesus Christus in Historie und Theologie (FS Hans Conzelmann), Tübingen 1975, 299-315.

Esser, Dietmar, Formgeschichtliche Studien zur frühchristlichen Literatur unter besonderer Berücksichtigung der vita Apollonii des Philostrat und der Evangelien. Diss. Bonn 1969.

Fascher, Erich, Die formgeschichtliche Methode. Eine Darstellung und Kritik. Zugleich ein Beitrag zur Geschichte des synoptischen Problems (BZNW 2) Gießen 1924.

Fiebig, Paul, Der Erzählungsstil der Evangelien im Lichte des rabbinischen Erzählungsstils untersucht, zugleich ein Beitrag zum Streit um die "Christusmythen" (UNT 11) Leipzig 1925.

Ders., Rabbinische Formgeschichte und Geschichtlichkeit Jesu, Leipzig (1931).

Fiedler, Peter, Die Formel "und siehe" im Neuen Testament (StANT 20) München 1969.

Ders., Jesus und die Sünder (BET 3) Frankfurt 1976.

Ders., Art.: σκληροκαρδία, in: EWNT III, Stuttgart 1983, 606-608.

Fischel, Henry A., Studies in Cynism and the Ancient Near East: The Transformations of a Chria, in: Religious in Antiquity (FS Erwin Ramsdell Goodenough) (SHR XIV) Leiden 1968, 327-411.

Fischer, Ulrich, Eschatologie und Jenseitserwartung im hellenistischen Diasporajudentum (BZNW 44) Berlin/New York 1978.

Fitzmyer, Joseph A., Aramaic Qorban inscription from Jebel Hallet et - Turi and Mk 7,11/Mt 15,5: JBL 78, 1959, 60-65 (= in: Ders., Essays on the Semitic Background of the New Testament, Missoula/Montana 1974, 93-100).

Foerster, Werner, Art.: ἐξουσία: ThWNT II, Stuttgart 1935, 559-571.

Ders., Art.: Βεεζεβούλ: ThWNT I, Stuttgart 1933, 605-606.

Frankemölle, Hubert, Kommunikatives Handeln in Gleichnissen Jesu. Historisch-kritische und pragmatische Exegese. Eine kritische Sichtung: NTS 28, 1982, 61-90.

Ders., Jahwebund und Kirche Christi. Studien zur Form- und Traditionsgeschichte des "Evangeliums" nach Matthäus (NTA.NF 10) Münster 1974.

Fridrichsen, Anton, Einige sprachliche und stilistische Beobachtungen (CN I) (ASNU 2) Uppsala 1936, 8-13.

Friedrich, Gerhard, Art.: προφήτης κτλ.: ThWNT VI, Stuttgart 1959, 829-863.

Fritz, Kurt von, siehe Horna, Konstantin.

Ders., Quellenuntersuchungen zu Leben und Philosophie des Diogenes von Sinope (PhS 18,2) Leipzig 1926.

Fuchs, Albert, Die Entwicklung der Beelzebulkontroverse bei den Synoptikern. Traditionsgeschichtliche und redaktionsgeschichtliche Untersuchung von Mk 3,22-27 und Parallelen, verbunden mit der Rückfrage nach Jesus (SNTU.B 5) Linz 1980.

Fuchs, Ernst, Was heißt: "Du sollst deinen Nächsten lieben wie dich selbst?", in: Ders., Zur Frage nach dem historischen Jesus, Tübingen ²1965, 1-20.

Fuchs, Ottmar, Funktion und Prozedur herkömmlicher und neuerer Methoden in der Textauslegung: BN 10, 1979, 48-69.

Fuller, Reginald H., Das Doppelgebot der Liebe. Ein Testfall für die Echtheitskriterien der Worte Jesu, in: Jesus Christus in Historie und Theologie (FS Hans Conzelmann), Tübingen 1975, 317-329.

Ders., The Foundations of the New Testament Christology, New York 1965.

Ders., Die Wunder Jesu in Exegese und Verkündigung (Theologische Perspektiven) Düsseldorf ²1968.

Gaston, Lloyd, Horae synopticae electronicae. Word Statistics of the Synoptic Gospels (SBibSt 3) Missoula 1973.

Gemoll, Wilhelm, Das Apophthegma. Literarhistorische Studien, Wien 1924.

Giblin, Charles Homer, "The Things of God" in the question concerning tribute to Caesar (Lk 20:25; Mk 12:17; Mt 22:21): CBQ 33, 1971, 510-527.

Gigon, Olof, Art.: Chreia, in: LAW, Zürich-Stuttgart 1965, 586.

Gils, Félix, "Le sabbat a été fit pour l'homme et non l'homme pour le sabbat" (Mc II,27): RB 69, 1962, 506-523.

Gnilka, Joachim, "Bräutigam" - Spätjüdisches Messiasprädikat?: TrThZ 69, 1960, 298-301.

Ders., Das Elend vor dem Menschensohn (Mk 2,1-12) in: Jesus und der Menschensohn (FS Anton Vögtle), Freiburg 1975, 176-209.

Ders., Die Verstockung Israels. Isaias 6,9-10 in der Theologie der Synoptiker (StANT 3) München 1961.

Goppelt, Leonhard, Art.: πεινάω κτλ.: ThWNT VI, Stuttgart 1959, 12-22.

Ders., Die Freiheit zur Kaisersteuer (zu Mk 12,17 und Röm 13,1-7), in: Ders., Christologie und Ethik (*Aufsätze* zum Neuen Testament) Göttingen 1968, 208-219.

Ders., Theologie des Neuen Testaments (hg. v. Jürgen Roloff) (UTB 850) Göttingen ³1981.

Gräßer, Erich, Jesus in Nazareth (Mc 6,1-6a). Bemerkungen zur Redaktion und Theologie des Markus, in: Erich Gräßer - August Strobel - Robert Tannehill - Walter Eltester, Jesus in Nazareth (BZNW 40) Berlin 1972, 1-37.

Ders., Das Problem der Parusieverzögerung in den synoptischen Evangelien und in der Apostelgeschichte (BZNW 22) Berlin ³1977.

Ders., Rezension: Suhl, Alfred: Die Funktion der alttestamentlichen Zitate und Anspielungen im Markusevangelium: ThLZ 91, 1976, 667-669.

Ders., Die Naherwartung Jesu (SBS 61) Stuttgart 1973.

Grant, Frederick C., The Growth of the Gospels, New York 1933.

Grassi, Joseph A., The five loaves of the High Priest. (Mt XII,1-8; Mk II, 23-28; Lk VI,1-5; I Sam XXI,1-6): VT 7, 1964-65, 119-122.

Greenspoon, Leonhard, The Pronouncement Story in Philo and Josephus: Semeia 20, 1981, 73-80.

Greeven, Heinrich, Ehe nach dem NT: NTS 15, 1968/69, 365-388.

Ders., Zu den Aussagen des Neuen Testaments über die Ehe: ZEE 1, 1957, 119-125.

Grimm, Werner, Die Verkündigung Jesu und Deuterojesaja (ANTI 1) Frankfurt ²1981 (Haupttitel ¹1976: Weil ich dich liebe).

Grobel, Kendrick, Formgeschichte und Synoptische Quellenanalyse (FRLANT 53) Göttingen 1937.

Grundman, Walter, Art.: ἰσχύω κτλ.: ThWNT III, Stuttgart 1938, 400-405.

Güttgemanns, Erhardt, Offene Fragen zur Formgeschichte des Evangeliums. Eine methodologische Skizze der Grundlagenproblematik der Form- und Redaktionsgeschichte (BEvTh 54) München ²1971.

Ders., Narrative Analyse des Streitgesprächs über den "Zinsgroschen": LingBibl 41/42, 1977, 88-105.

Gundry, Robert Horton, The Use of the Old Testament in St. Matthew's Gospel. With special reference to the messianic hope. (NT.S 18) Leiden 1967.

Haacker, Klaus, Neutestamentliche Wissenschaft. Eine Einführung in Fragestellung und Methoden, Wuppertal 1981.

Ders., Ehescheidung und Wiederverheiratung im NT: ThQ 151, 1971, 28-38.

Hagner, Donald Alfred, The Use of the Old and New Testament in Clement of Rome (NT.S 34) Leiden 1973.

Haight, Elizabeth M., The Roman Use of Anecdotes in Cicero, Livy and the Satirists, New York 1940.

Hahn, Ferdinand, Die Bildworte vom neuen Flicken und vom jungen Wein (Mk 2,21f. parr): EvTh 31, 1971, 357-375.

Ders., Christologische Hoheitstitel. Ihre Geschichte im frühen Christentum (FRLANT 83) Göttingen ³1966.

Ders., Methodologische Überlegungen zur Rückfrage nach Jesus, in: Rückfrage nach Jesus. Zur Methodik und Bedeutung der Frage nach dem historischen Jesus (hg. v. K. Kertelge) (QD 63) Freiburg ²1977, 11-77.

Hamerton-Kelly, R.G., Pre-existence, wisdom and the Son of Man. A study of the idea of pre-existence in the New Testament (MSSNTS 21) Cambridge 1973.

Hartman, Lars, Testimonium Linguae. Participial Constructions in the Synoptic Gospels (CN 19) Lund 1963 (1-56).

Ders., Baptism "Into the Name of Jesus" and Early Christology. Some tentative Considerations: StTh 29, 1974, 21-48.

Hartmann, Gerhard, Der Aufbau des Markusevangeliums (NTA 17,1/3) Münster 1963.

Hauck, Friedrich, Art.: κοινός κτλ.: ThWNT III, Stuttgart 1938, 789-810.

Hawkins, John C., Horae Synopticae. Contributions to the study of the Synoptic Problem. Oxford 1899.

Hay, Lewis S., The Son of Man in Mark 2,10 and 2,28: JBL 89, 1970, 69-75.

Heinemann, Isaac, Art.: Humanitas: PRE Suppl. 5, Stuttgart 1931, 282-310.

Held, Heinz Joachim, Matthäus als Interpret der Wundergeschichten in: Günther Bornkamm - Gerhard Barth - Ders., Überlieferung und Auslegung im Matthäusevangelium (WMANT 1) Neukirchen ⁶1970, 155-287.

Hengel, Martin, Christus und die Macht. Die Macht Christi und die Ohnmacht der Christen. Zur Problematik einer "politischen Theologie" in der Geschichte der Kirche, Stuttgart 1974.

Ders., Gewalt und Gewaltlosigkeit. Zur "Politischen Theologie" in neutestamentlicher Zeit, Stuttgart 1971.

Ders., War Jesus Revolutionär? Stuttgart 1970.

Ders., Judentum und Hellenismus. Studien zu ihrer Begegnung unter besonderer Berücksichtigung Palästinas bis zur Mitte des 2. Jh.s v. Chr. (WUNT 10) Tübingen ²1973.

Ders., Mc 7,3 πυγμῇ: Die Geschichte einer exegetischen Aporie und der Versuch ihrer Lösung: ZNW 60, 1969, 182-198.

Ders., Christologie und neutestamentliche Chronologie. Zu einer Aporie in der Geschichte des Urchristentums, in: Neues Testament und Geschichte. Historisches Geschehen und Deutung im Neuen Testament (FS Oscar Cullmann) Tübingen 1972, 43-67.

Ders., Zwischen Jesus und Paulus. Die "Hellenisten", die "Sieben" und Stephanus (Apg 6,1-15; 7,54-8,3): ZThK 72, 1975, 151-206.

Ders., Nachfolge und Charisma. Eine exegetisch-religionsgeschichtliche Studie zu Mt 8,21f. und Jesu Ruf in die Nachfolge (BZNW 34) Berlin 1968.

Ders., Probleme des Markusevangeliums, in: Peter Stuhlmacher (Hg.), Das Evangelium und die Evangelien. Vorträge vom Tübinger Symposium 1982 (WUNT 28) Tübingen 1983, 221-265.

Ders., Die Ursprünge der christlichen Mission: NTS 18, 1971/72, 15-38.

Ders., Die Zeloten. Untersuchungen zur jüdischen Freiheitsbewegung in der Zeit von Herodes I. bis 70 n. Chr. (AGJU I) Leiden ²1976.

Ders.-Hengel, Rudolf, Die Heilungen Jesu und medizinisches Denken, in: Medicus Viator (FS Richard Siebeck) Tübingen 1959, 331-361 [= in: Suhl, Alfred (Hg.), Der Wunderbegriff im Neuen Testament (WdF 295) Darmstadt 1980, 338-373].

Herrenbrück, Fritz, Jesus und die Zöllner, Diss. Tübingen (Masch.) 1979.

Herzog, Rudolf, Die Wunderheilungen von Epidauros (Ph.S 22.3) Leipzig 1931.

Higgins, A.J.B., Son of Man - Forschung since »the teaching of Jesus«, in: New Testament Essays (FS Thomas Walter Manson), Manchester 1959, 118-135.

Hill, David, Greek Words and Hebrew meanings: Studies in the semantics of soteriological terms (MSSNTS 5) Cambridge 1967.

Hinz, Christoph, "Jesus und der Sabbat": KuD 19, 1973, 91-108.

Hirsch, Emanuel, Frühgeschichte des Evangeliums. I: Das Werden des Markusevangeliums, Tübingen 1951; II: Die Vorlagen des Lukas und Sondergut des Matthäus, Tübingen 1941.

Hirzel, Rudolf, Der Dialog I.II. Ein literar-historischer Versuch, Leipzig 1885.

Hock, Ronald F. - O'Neil Edward (Hg.), The Chreia in Ancient Rhetoric I. The Progymnasmata (Graeco-Roman religion series 9. Texts and Translations 27) Atlanta 1986.

Hoffmann, Paul, Art.: Auferstehung der Toten/Neues Testament: TRE 4, Berlin 1979, 450-467.

Ders., Die Toten in Christus. Eine religionsgeschichtliche Untersuchung zur paulinischen Eschatologie (NTA 2) Münster ³1978.

Ders., Jesu Wort von der Ehescheidung und seiner Auslegung ntl. Überlieferung: Conc(D) 6, 1970, 326-332.

Ders., Studien zur Theologie der Logienquelle (NTA 8) Münster ³1982.

Hofius, Otfried, Vergebungszuspruch und Vollmachtsfrage. Mk 2,1-12 und das Problem priesterlicher Absolution im antiken Judentum, in: "Wenn nicht jetzt, wann dann ...?" (FS Hans-Joachim Kraus), Neukirchen 1983, 115-127.

Hollerbach, H.-R., Zur Bedeutung des Begriffs χρεία, Diss. Köln 1964.

Hooker, Morna D., Is the Son of Man problem really insoluble? in: Text and Interpretation (FS Matthew Black), Cambridge 1979, 155-168.

Dies., The Son of Man in Mark. A Study of the Background of the Term "Son of Man" and its use in St. Mark's Gospel, London 1967.

Horna, Konstantin - Fritz, Kurt von, Art.: Gnome: PRE. Suppl. 6, Stuttgart 1935, 74-90.

Horst, P.W. van der, Pseudo-Phocylides and the New Testament: ZNW 69, 1978, 187-202.

Ders., The Sentences of Pseudo-Phocylides with Introduction and Commentary (SVTP 4) Leiden 1978.

Horstmann, Maria, Studien zur markinischen Christologie. Mk 8,27-9,13 als Zugang zum Christusbild des zweiten Evangeliums (NTA 6) Münster 1969.

Howard, Virgil P., Das Ego Jesu in den synoptischen Evangelien. Untersuchungen zum Sprachgebrauch Jesu (MThSt 14) Marburg 1975.

Hübner, Hans, Das Gesetz in der synoptischen Tradition. Studien zur These einer progressiven Qumranisierung und Judaisierung innerhalb der synoptischen Tradition, Witten 1973.

Ders., Art.: Dekalog III. Neues Testament: TRE 8, Berlin 1981, 415-418.

Ders., Mark VII,1-23 und das jüdisch-hellenistische Gesetzesverständnis: NTS 22, 1976, 319-345.

Hultgren, Arland J., The Formation of the Sabbath Perikope in Mark 2,23-28: JBL 91, 1972, 38-43.

Ders., Jesus and His Adversaries. The Form and Function of the Conflict Stories in the Synoptic Tradition, Minneapolis 1979.

Hummel, Reinhardt, Die Auseinandersetzung zwischen Kirche und Judentum im Matthäusevangelium (BEvTh 33) München ²1966.

Iber, Gerhard, Zur Formgeschichte der Evangelien: ThR 24, 1957/58, 283-338.

Iersel, B.M.F. van, »Der Sohn« in den synoptischen Jesusworten. Christusbezeichnung der Gemeinde oder Selbstbezeichnung Jesu? (NT.S 3) Leiden 1961.

Ders., La vocation de Lévi (Mc II,13-17, Mt IX,9-13; Lc. V,27-32). Traditions et Rédactions, in: De Jésus aux Évangiles. Tradition et Rédactions dans les Évangiles synoptiques (FS J. Coppens II) (BEThL 25) Gembloux 1967, 212-232.

Isaksson, Abel, Marriage and ministry in the new temple. A study with special reference to Mt. 19,13[!]-12 and 1. Cor 11,3-16 (ASNU 24) Uppsala 1965.

Jahnow, Hedwig, Das Abdecken des Daches Mc 2,4; Lc 5,19: ZNW 24, 1925, 155-158.

Jason, Heda, Der Zinsgroschen: Analyse der Erzählstruktur: Ling Bibl 41/42, 1977, 49-87.

Jay, Bernhard, Jésus et le sabbat. Simples notes à propos de Marc 2/23-28: ETR 50, 1975, 65-68.

Jeremias, Gerd, Der Lehrer der Gerechtigkeit (StUNT 2) Göttingen 1963.

Jeremias, Joachim, Die Gleichnisse Jesu, Göttingen ^{9}1977.

Ders., Neutestamentliche Theologie. Erster Teil: Die Verkündigung Jesu, Gütersloh ^{3}1979.

Ders., Die älteste Schicht der Menschensohnlogien: ZNW 58, 1967, 159-172.

Ders., Untersuchungen zum Quellenproblem der Apostelgeschichte, in: Abba. Studien zur neutestamentlichen Theologie und Zeitgeschichte, Göttingen 1966, 238-255.

Ders., Die aramäische Vorgeschichte unserer Evangelien: ThLZ 74, 1949, 527-532.

Ders., Art.: νύμφη κτλ.: ThWNT IV, Stuttgart 1942, 1092-1099.

Ders., Die Abendmahlsworte Jesu, Göttingen ^{4}1967.

Ders., Zöllner und Sünder: ZNW 30, 1931, 293-300.

Jeremias, Jörg, Theophanie. Die Geschichte einer alttestamentlichen Gattung (WMANT 10) Neukirchen ^{2}1977.

Jülicher, Adolf, Die Gleichnisreden Jesu I-II, Tübingen ^{2}1910.

Kähler, Martin, Der sogenannte historische Jesus und der geschichtliche, biblische Christus, Leipzig ^{2}1896 [Neudruck: (ThB 2) München ^{2}1956].

Käsemann, Ernst, Die neue Jesusfrage, in: Jésus aux origines de la christologie (hg. v. J. Dupont) (BEThL 40) Leuven 1975, 47-57.

Ders., Begründet der neutestamentliche Kanon die Einheit der Kirche? in: Ders., EVB I, 214-223 (= EvTh 11, 1951/52, 13-21).

Ders., Das Problem des historischen Jesus, in: Ders., EVB I, 187-214 (= ZThK 51, 1954, 125-153).

Kasting, Heinrich, Die Anfänge der urchristlichen Mission. Eine historische Untersuchung (BEvTh 55) München 1969.

Kee, Howard Clark, Community of the New Age. Studies in Mark's Gospel, London/Philadelphia 1977.

Ders., Mark's Gospel in Recent Research: Interp. 32, 1978, 353-368.

Kee, Alistair, The Question about Fasting: NT 11, 1969, 161-173.

Kegel, Günter, Auferstehung Jesu - Auferstehung der Toten. Eine traditionsgeschichtliche Untersuchung zum Neuen Testament, Gütersloh 1970.

Kertelge, Karl, Sündenvergebung an Stelle Gottes. Eine neutestamentliche, theologische Darlegung, in: Dienst der Versöhnung. Umkehr, Buße und Beichte - Beiträge zu ihrer Theologie und Praxis (TrThSt 31) Trier 1974, 27-44.

Ders., Die Vollmacht des Menschensohnes zur Sündenvergebung (Mk 2,10), in: Orientierung an Jesus. Zur Theologie der Synoptiker (FS Josef Schmid), Freiburg 1973, 205-213.

Ders., Die Wunder Jesu im Markusevangelium. Eine redaktionsgeschichtliche Untersuchung (StANT 23) München 1970.

Kiilunen, Jarmo, Die Vollmacht im Widerstreit. Untersuchungen zum Werdegang von Mk 2,1-3,6 (AASF. Dissertationes humanarum literarum 40) Helsinki 1985.

Klauck, Hans-Josef, Allegorie und Allegorese in synoptischen Gleichnistexten (NTA 13) Münster 1978.

Ders., Die Frage der Sündenvergebung in der Perikope von der Heilung des Gelähmten (Mk 2,1-12 par.): BZ 25, 1981, 223-249.

Ders., Hausgemeinde und Hauskirche im frühen Christentum (SBS 103) Stuttgart 1981.

Ders., Die Hausgemeinde als Lebensform im Urchristentum: MThZ 32, 1981, 1-15.

Klauser, Theodor, Art.: Apophthegma A. Nichtchristliche: RAC I, 1950, 545-547.

Ders., Art. Apophthegma C. Verhältnis der christlichen zu den vorchristlichen Sammlungen: RAC I, 1950, 549-550.

Klein, Günter, Art.: Gesetz III. Neues Testament, in: TRE 13, Berlin 1984, 58-75.

Klein, Hans, Die lukanisch-johanneische Passionstradition: ZNW 67, 1976, 155-186.

Klemm, Hans G., De censu Caesaris. Beobachtungen zu J. Duncan M. Derretts Interpretation der Perikope Mk 12:13-17 par: NT 24, 1982, 234-254.

Klijn, A.F.J., Scribes, Pharisees, Highpriests and Elders: NT 3, 1959, 259-267.

Knigge, Heinz-Dieter, Zur Exegese des Markusevangeliums: EvErz 18, 1966, 375-386.

Knopf, Rudolf, Die Lehre der zwölf Apostel. Die zwei *Clemensbriefe* (HNT.ErgB) Tübingen 1920.

Knox, Wilfried L., The sources of the Synoptic Gospels I. St. Mark, Cambridge 1953.

Koch, Dietrich-Alex, Die Bedeutung der *Wundererzählungen* für die Christologie des Markusevangeliums (BZNW 42) Berlin/New York 1975.

Ders., Inhaltliche Gliederung und geographischer Aufriß im Markusevangelium: NTS 29, 1983, 145-166.

Ders., Zum Verhältnis von Christologie und Eschatologie im Markusevangelium. Beobachtungen aufgrund von Mk 8,27-9,1, in: Jesus Christus in Historie und Theologie (FS Hans Conzelmann), Tübingen 1975, 395-408.

Ders., Beobachtungen zum christologischen Schriftgebrauch in den vorpaulinischen Gemeinden: ZNW 71, 1980, 174-191.

Koch, Klaus, Was ist *Formgeschichte*? Methoden der Bibelexegese, Neukirchen ⁴1981.

Koehler, Ludwig, Das formgeschichtliche Problem des Neuen Testaments (SGV 127) Tübingen 1927.

Köpke, Ernst, Über die Gattung der ἀπομνημονεύματα in der Griechischen Literatur (Ritter-Akademie zu Brandenburg ... 1857) Brandenburg a.H. 1857.

Köster, Helmut, Einführung in das Neue Testament im Rahmen der Religionsgeschichte und Kulturgeschichte der hellenistischen und römischen Zeit, Berlin 1980.

Ders., Art.: Formgeschichte/Formenkritik II. Neues Testament: TRE 11, Berlin 1983, 286-299.

Ders., Gnomai Diaphoroi: Ursprung und Wesen der Manigfaltigkeit in der Geschichte des frühen Christentums, in: Ders./Robinson, James M., *Entwicklungslinien* durch die Welt des frühen Christentums, Tübingen 1971, 107-146 (engl.: HThR 58, 1965, 279-318; dtsch.: ZThK 65, 1968, 160-203).

Kuhn, Karl Georg, Das Problem der Mission in der Urchristenheit: EMZ 11, 1954, 161-168.

De Labriolle, P., Art.: Apophthegma B. Christlich: RAC I, 1950, 547ff.

Lambrecht, Jan, Jesus and the Law. An Investigation of Mk 7,1-13: EThL 53, 1977, 23-82.

Ders., Die Redaktion der Markus-Apokalypse. Literarische Analyse und Strukturuntersuchung (AnBib 28) Rom 1967.

Ders., Redaction and Theology in Mk. IV, in: L'Évangile selon Marc. Tradition et rédaction (hg. v. M. Sabbe) (BEThL 34) Leuven 1974, 269-307.

Lang, Friedrich Gustav, Kompositionsanalyse des Markusevangeliums: ZThK 74, 1977, 1-24.

Larfeld, Wilhelm, Die neutestamentlichen Evangelien nach ihrer Eigenart und Abhängigkeit, Gütersloh 1925.

Laufen, Rudolf, Die Doppelüberlieferungen der Logienquelle und des Markusevangeliums (BBB 54) Bonn 1980.

Lausberg, Heinrich, Handbuch der literarischen Rhetorik. Eine Grundlegung der Literaturwissenschaft I-II, München ²1973.

Le Déaut, Roger, Introduction a la litterature Targumique I, Rom 1966.

Lee, G.M., "They that are whole need not a physician": ExpT 76, 1965, 254.

Leeuwen Boomkamp, K. van, TI et ΔIATI dans les Évangiles: REG 39, 1926, 327-331.

Lentzen-Deis, F., Methodische Überlegungen zur Bestimmung literarischer Gattungen im Neuen Testament: Bib. 62, 1981, 1-20.

Lewy, Heinrich, Parallelen zu antiken Sprichwörtern und Apophtegmen: Philol 58, 1899, 76-87.

Lightfoot, Robert Henry, History and Interpretation in the Gospels, London 1935.

Limbeck, Meinrad, Von der Ohnmacht des Rechtes. Untersuchungen zur Gesetzeskritik des Neuen Testaments, Düsseldorf 1972.

Ders., Beelzebul - eine ursprüngliche Bezeichnung für Jesus? in: Wort Gottes in der Zeit (FS Karl Hermann Schelkle), Düsseldorf 1973, 31-42.

Lindars, B., Jesus and the Pharisees, in: Donum Gentilicum (FS David Daube), Oxford 1978, 51-63.

Lindemann, Andreas, Literaturbericht zu den Synoptischen Evangelien 1978-1983: ThR NF 49, 1984, 223-276. 311-371.

Ders., "Der Sabbat ist um des Menschen willen geworden ...". Historische und theologische Erwägungen zur Traditionsgeschichte der Sabbatperikope Mk 2,23-28 parr.: WuD 15, 1979, 79-105.

Ders., Die Gemeinde von "Kolossä". Erwägungen zum "Sitz im Leben" eines pseudopaulinischen Briefes: WuD 16, 1981, 111-134.

Lövestam, Evald, Die funktionale Bedeutung der synoptischen Jesusworte über Ehescheidung und Wiederheirat, in: A. Fuchs (Hg.) Theologie aus dem Norden (SNTU.A 2) Linz 1977, 19-28.

Ders., Jésus Fils de David chez les Synoptiques: StTh 28, 1974, 97-109.

Ders., Spiritus Blasphemia. Eine Studie zu Mk 3,28f par Mt 12,31f, Lk 12,10 (SMHVL 1966-1967:1) Lund 1968.

Lohfink, Gerhard, Jesus und die Ehescheidung, in: Biblische Randbemerkungen (Schüler-FS Rudolf Schnackenburg), Würzburg ²1974, 207-217.

Lohse, Eduard, Jesu Worte über den Sabbat, in: Ders., Die Einheit des Neuen Testaments. Exegetische Studien zur Theologie des Neuen Testaments, Göttingen 1973, 62-72 [= in: Judentum - Urchristentum - Kirche (FS Joachim Jeremias) (BZNW 26) Berlin 1960 (²1964), 79-89] (zitiert: Aufsätze I, 62-72).

Ders., Art.: προσωπολημψία κτλ.: ThWNT VI, Stuttgart 1959, 780f.

Ders., Art.: σάββατον κτλ.: ThWNT VII, Stuttgart 1964, 1-34.

Ders., Art.: υἱὸς Δαυίδ: ThWNT VIII, Stuttgart 1969, 482-492.

Ders., Art.: ὡσαννά κτλ.: ThWNT IX, Stuttgart 1973, 682-684.

Luck, Ulrich, Art.: ὑγιής κτλ.: ThWNT VIII, Stuttgart 1969, 308-313.

Ders.,Art.: φιλανθρωπία κτλ.: ThWNT IX, Stuttgart 1973, 197-111.

Lührmann, Dieter, Biographie des Gerechten als Evangelium. Vorstellungen zu einem Markus-Kommentar: WuD 14, 1977, 25-50.

Ders., Die Redaktion der Logienquelle (WMANT 33) Neukrichen 1969.

Ders., ... womit er alle Speisen für rein erklärte (Mk 7,19): WuD 16, 1981, 71-92.

Luz, Ulrich, Das Jesusbild der vormarkinischen Tradition, in: Jesus Christus in Historie und Theologie (FS Hans Conzelmann), Tübingen 1975, 347-374.

Ders., Jesus und die Pharisäer: Jud. 38, 1982, 229-246.

Ders., Markusforschung in der Sackgasse?: ThLZ 105, 1980, 641-655.

McEleney, Neil J., Authenticating Criteria and Mark 7:1-23: CBQ 34, 1972, 413-460.

Maisch, Ingrid, Die Heilung des Gelähmten. Eine exegetisch-traditionsgeschichtliche Untersuchung zu Mk 2,1-12 (SBS 52) Stuttgart 1971.

Malbon, Elisabeth Struthers, TH OIKIA AYTOY: Marc 2.15 in Context: NTS 31, 1985, 282-292.

Manson, Tomas Walter, The Foundation of the Synoptic Tradition. The Gospel of Marc, in: Studies in the Gospels and Epistels (hg. v. M. Black) Manchester 1962, 28-45.

Ders., Marc II,27f. in: CN 11, Lund 1947, 138-146.

Ders., The Teaching of Jesus. Studies of its Form and Content, Cambridge ²1935 (= 1951).

Marrou, Henri Irénée, Geschichte der Erziehung im klassischen Altertum (dtv - wissenschaftliche Reihe) München 1977.

Marxsen, Willi, Einleitung in das Neue Testament. Eine Einführung in ihre Probleme, Gütersloh ⁴1978.

Ders., Redaktionsgeschichtliche Erklärung der sogenannten Parabeltheorie des Markus, in: Ders., Der *Exeget* als Theologe. Vorträge zum Neuen Testament, Gütersloh 1968, 13-28 (= ZThK 52, 1955, 255-271).

Ders., Der Evangelist Markus. Studien zur Redaktionsgeschichte des Evangeliums (FRLANT 67) Göttingen ²1959.

Maurer, Christian, Art.: προτίθημι κτλ.: ThWNT VIII, Stuttgart 1969, 165-168.

Mayer, Bernhard, Überlieferungs- und redaktionsgeschichtliche Überlegungen zu Mk 6,1-6a: BZ 22, 1978, 187-198.

Mead, Richard T., The Healing of the Paralytic - A Unit?: JBL 80, 1961, 348-354.

Ménard, Jaques-E., L'Évangile selon Thomas (NHS V) Leiden 1975.

Merkel, Helmut, Jesus und die Pharisäer: NTS 14, 1967/68, 194-208.

Ders., Markus 7,15 - Das Jesuswort über die innere Verunreinigung: ZRGG 20, 1968, 340-363.

Merklein, Helmut, Die Gottesherrschaft als Handlungsprinzip. Untersuchung zur Ethik Jesu [FzB (34)] Würzburg ³1984.

Ders., Jesu Botschaft von der Gottesherrschaft. Eine Skizze (SBS 111) Stuttgart 1983.

Meyer, Rudolf, Art.: Σαδδουκαῖος: ThWNT VII, Stuttgart 1964, 35-54.

Ders., Art.: Φαρισαῖος A. Der Pharisäismus im Judentum: ThWNT IX, Stuttgart 1973, 11-36.

Michaelis, Wilhelm, Art.: κρατέω: ThWNT III, Stuttgart 1938, 910f.

Michel, Otto, Art.: τελώνης: ThWNT VIII, Stuttgart 1969, 88-106.

Minette de Tillesse, G., Le secret messianique dans l'Évangile de Marc (Lectio Divina 47) Paris 1968.

Mohr, Till Arend, Markus- und Johannespassion. Redaktions- und traditionsgeschichtliche Untersuchung der Markinischen und Johanneischen Passionstradition (AThANT 70) Zürich 1982.

Montefiore, C.G., Rabbinic Literature and Gospel teachings, London 1930.

Moo, Douglas J., Jesus and the Authority of the Mosaic Law: JSNT 20, 1984, 3-49.

Morgan, C. Shannon, "When Abiathar was High Priest": JBL 98, 1979, 409f.

Mowery, Robert Long, The Jewish Religious Leaders in the Gospel of Marc: A Study in *Formgeschichte*. Northwestern University Th.D 1967 (Mikrofilm).

Muddiman, J.B., Jesus and Fasting (Marc 2,18-22), in: Jésus aux origines de la christologie (hg. v. J. Dupont) (BEThL 40) Leuven 1975, 271-281.

Ders., The fasting controversy in Marc. A historical and exegetical study of Marc II,18-22, Phil. Diss. Oxford 1976 (Mikrofilm).

Müller, Karlheinz, Jesus und die Sadduzäer, in: Biblische Randbemerkungen (Schüler-FS Rudolf Schnackenburg), Würzburg 1974, 3-24.

Ders., Das Judentum in der religionsgeschichtlichen Arbeit am Neuen Testament. Eine kritische Rückschau auf die Entwicklung einer Methodik bis zu den Qumranfunden (Judentum und Umwelt 6) Frankfurt 1983.

Ders., Menschensohn und Messias. Religionsgeschichtliche Vorüberlegungen zum Menschensohnproblem in den synoptischen Evangelien: BZ 16, 1972, 161-187. (Schluß) BZ 17, 1973, 52-66.

Müller, Ulrich B., Messias und Menschensohn in jüdischen Apokalypsen und in der Offenbarung des Johannes (StNT 6) Gütersloh 1972.

Ders., Die christologische Absicht des Markusevangeliums und die Verklärungsgeschichte: ZNW 64, 1973, 159-193.

Ders., Zur Rezeption gesetzeskritischer Jesusüberlieferung im frühen Christentum: NTS 27, 1981, 158-185.

Ders., Vision und Botschaft. Erwägungen zur prophetischen Struktur der Verkündigung Jesu: ZThK 74, 1977, 416-448.

Mundla, Jean-Gaspard Mudiso Mbâ, Jesus und die *Führer* Israels. Studien zu den sog. Jerusalemer Streitgesprächen (NTA 17) Münster 1984.

Murmelstein, B., Jesu Gang durch die Saatfelder, ΑΓΓΕΛΟΣ 3, 1930, 111-120.

Ders., Die Verwendung des späteren rabbinischen Materials für die Erforschung des Pharisäismus im 1. Jahrhundert n. Chr.: ZThK 76, 1979, 292-309.

Avery-Peck, Alain J. - Ders., Die Suche nach dem historischen Mittel: Jud 38, 1982, 194-214 (= Neusner, Judentum 52-73).

Niederwimmer, Kurt, Der Begriff der Freiheit im Neuen Testament (TBT 11) Berlin 1966.

Ders., Askese und Mysterium. Über Ehe, Ehescheidung unf Eheverzicht in den Anfängen des christlichen Glaubens (FRLANT 113) Göttingen 1975.

Ders., Johannes Markus und die Frage nach dem Verfasser des zweiten Evangeliums: ZNW 58, 1967, 172-188.

Nielsen, Helge Kjaer, Kriterien zur Bestimmung authentischer Jesusworte: SNTU 4 1979, 5-26.

Nissen, Andreas, Gott und der Nächste im antiken Judentum. Untersuchungen zum Doppelgebot der Liebe (WUNT 15) Tübingen 1974.

Norden, Eduard von, Agnostos Theos, Untersuchungen zur Formengeschichte religiöser Rede, Darmstadt 1956.

Nordheim, Eckhard von, Die Lehre der Alten I. Das Testament als Literaturgattung im Judentum der hellenistisch-römischen Zeit (ALGHJ 13) Leiden 1980.

Normann, Friedrich, Christos Didaskalos. Die Vorstellung von Jesus als Lehrer in der christlichen Literatur des ersten und zweiten Jahrhunderts (MBTh 32) Münster 1967.

Oberlinner, Lorenz, Todeserwartung und Todesgewißheit Jesu. Zum Problem einer historischen Begründung (SBB 10) Stuttgart 1980.

Ders., Historische Überlieferung und christologische Aussage. Zur Frage der "Brüder Jesu" in der Synopse (FzB 19) Stuttgart 1975.

Otto, Walter, Art.: Herodianoi: PRE Suppl 2, Stuttgart 1913, 200-202.

Paschen, Wilfried, Rein und Unrein. Untersuchung zur biblischen Wortgeschichte (StANT 24) München 1970.

Patte, Daniel, Zur semiotischen Grundlage struktualer Hermeneutik, in: Volp, Rainer (Hg.), Zeichen. Semiotik in Theologie und Gottesdienst, München 1982, 48-78.

Paulsen, Henning, Art.: ἰσχυρός: EWNT II, Stuttgart 1981, 509-511.

Ders., Art.: ἰσχύω: EWNT II, Stuttgart 1981, 511-513.

Ders., Traditionsgeschichtliche Methode und religionsgeschichtliche Schule: ZThK 75, 1978, 20-55.

Ders., (Bauer, Walter -), Die Briefe des Ignatius von Antiochia und der Brief des Polykarp von Smyrna (HNT 18.2) Tübingen 1(2)1985.

Perkins, Pheme, Pronouncement stories in the Gospel of Thomas: Semeia 20, 1981, 121-132.

Pesch, Rudolf, Art.: Formgeschichte: SM(D) II, 46-50.

Ders., Levi - Matthäus (Mc 2,14/Mt 9,9;10,3). Ein Beitrag zur Lösung eines alten Problems: ZNW 59, 1968, 40-56.

Ders., Naherwartungen. Tradition und Redaktion in Mk 13 (KBANT) Düsseldorf 1968.

Ders., Die Salbung Jesu in Bethanien (Mk 14,3-9). Eine Studie zur Passionsgeschichte, in: Orientierung an Jesus. Zur Theologie der Synoptiker (FS Josef Schmid), Freiburg 1973, 267-285.

Ders., Die Überlieferung der Passion Jesu, in: Rückfrage nach Jesus. Zur Methodik und Bedeutung der Frage nach dem historischen Jesus (hg. v. Karl Kertelge) (QD 63) Freiburg 1974, 148-173.

Ders., Die neutestamentliche Weisung für die Ehe: BiLe 9, 1968, 208-221.

Ders., Das Zöllnergastmahl (Mk 2,15-17), in: Melanges bibliques (FS Béda Rigaux) Gembloux 1970 (1969), 63-87.

Ders., Berufung und Sendung, Nachfolge und Mission. Eine Studie zu Mk 1,16-20: ZThK 91, 1969, 1-31.

Ders., Ein Tag vollmächtigen Wirkens Jesu in Kapharnaum (Mk 1,21-34.35-39): BiLe 9, 1968, 114-128. 177-195. 261-277.

Petzke, Gerd, Die historische Frage nach den Wundertaten Jesu: NTS 22, 1976, 180-204.

Ders., Der historische Jesus in der sozialethischen Diskussion. Mk 12,13-17 par, in: Jesus Christus in Historie und Theologie (FS Hans Conzelmann), Tübingen 1975, 223-235.

Ders., Die Traditionen über Apollonius von Tyana und das Neue Testament (SCHNT 1) Leiden 1970.

Pohlmann, Karl-Friedrich, Studien zum dritten Esra. Ein Beitrag zur Frage nach dem ursprünglichen Schluß des chronistischen Geschichtswerkes (FRLANT 104) Göttingen 1070.

Porton, Gary G., The Pronouncement Story in Tannaitic Literature: A Review of Bultmann's Theory: Semeia 20, 1981, 81-99.

Pryke, E.J., ΙΔΕ and ΙΔΟΥ: NTS 14, 1967/68, 418-424.

Ders., Redactional Style in the Marcan Gospel. A Study of Syntax and Vocabulary as guides to Redaction in Mark (MSSNTS 33) Cambridge 1978.

Räisänen, Heikki, Das "Messiasgeheimnis" im Markusevangelium. Ein redaktionskritischer Versuch (Schriften der Finnischen Exegetischen Gesellschaft 28) Helsinki 1976.

Ders., Zur Herkunft von Markus 7,15, in: Logia. Les Paroles de Jésus - The Sayings of Jesus (BEThL 59) Leuven 1982, 477-484.

Ders., Jesus and the Food Laws: Reflections on Mark 7.15: JSNT 16, 1982, 79-100.

Rahnenführer, Dankwart, Das Testament des Hiob und das Neue Testament: ZNW 62, 1971, 68-93.

Rehkopf, Friedrich, Die lukanische Sonderquelle. Ihr Umfang und Sprachgebrauch (WUNT 5) Tübingen 1959.

Reiser, Marius, Der Alexanderroman und das Markusevangelium, in: Hubert Cancik (Hg.), Markus-Philologie. Historische, Literaturgeschichtliche und stilistische Untersuchungen zum zweiten Evangelium (WUNT 33) Tübingen 1984, 131-163.

Ders., Syntax und Stil des Markusevangeliums im Licht der hellenistischen Volksliteratur (WUNT II,11) Tübingen 1984.

Rengstorf, Karl Heinrich, Art.: κορβᾶν κτλ.: ThWNT III, Stuttgart 1938, 860-866.

Ders., Art.: μαθητής: ThWNT IV, Stuttgart 1942, 417-464.

Reploh, Karl-Georg, Markus - *Lehrer* der Gemeinde. Eine redaktionsgeschichtliche Studie zu den Jüngerperikopen des Markus-Evangeliums (SMB 9) Stuttgart 1969.

Richter, Wolfgang, Exegese als Literaturwissenschaft. Entwurf einer alttestamentlichen Literaturtheorie und Methodologie, Göttingen 1971.

Riddle, Donald W., Jesus and the *Pharisees*. A Study in christian Tradition, Chicago 1928.

Riesenfeld, Harald, Jésus transfiguré. Plan du récit évangélique de la transfiguration de Notre-Seigneur (ASNU 16) Kopenhagen 1947.

Ders., Sabbat et Jour de Seigneur, in: New Testament Essays (FS Thomas Walter Manson), Manchester 1959, 210-217.

Ders., Tradition und Redaktion im Markusevangelium, in: Neutestamentliche Studien (FS Rudolf Bultmann), Berlin [2]1957, 157-164.

Riesner, Rainer, Jesus als Lehrer. Eine Untersuchung zum Ursprung der Evangelien-Überlieferung (WUNT II,7) Tübingen [2]1984.

Rist, John M. On the independence of Matthew and Marc (MSSNTS 32) Cambridge 1978.

Robbins, Vernon K., Classifying Pronouncement Stories in Plutarch's Parallel Lives: Semeia 20, 1981, 29-52.

Ders., Pronouncement Stories in Plutarch's Lives of Alexander and Julius Caesar: SBL Sem.Papers. Annual Meeting 1978/2, 21-38.

Robinson, Theodore H., Jesus and the Pharisees. A study in the second Chapter of St. Mark: ExpT 28, 1917, 550-554.

Robinson, James M(cConkey), Das Geschichtsverständnis des Markus-Evangeliums (AThANT 30) Zürich 1956.

Ders., Kerygma und historischer Jesus, Zürich 1960.

Rogers, Alan D., Mark 2,26: JThS NF 2, 1951, 45f.

Roloff, Jürgen, Das Kerygma und der irdische Jesus. Historische Motive in den Jesus-Erzählungen der Evangelien, Göttingen ²1973.

Rordorf, Willy, Sabbat und Sonntag in der Alten Kirche (TC 2) Zürich 1972.

Ders., Der Sonntag. Geschichte des Ruhe- und Gottesdiensttages im ältesten Christentum (AThANT 43) Zürich 1962.

Rudberg, Gunnar, Zur Diogenes-Tradition: SO 14, 1935, 22-43.

Ders., Zum Diogenes-Typos: SO 15, 1936, 1-18.

Ders., Zu den Partizipien im Neuen Testament, in: CN 12, Lund 1948, 1-38.

Sand, Alexander, Art.: ἀποδίδωμι: EWNT I, Stuttgart 1980, 306-309.

Ders., Überliefern und Bewahren. Zum Traditionsverständnis Jesu und der urchristlichen Gemeinde: SNTU 9, 1984, 5-30.

Sanders, E.P., The Tendencies of the Synoptic Tradition (MSSNTS 9) Cambridge 1969.

Sauer, Jürgen, Traditionsgeschichtliche Überlegungen zu Mk 3,1-6: ZNW 73, 1982, 183-203.

Schäfer, Karl Th., "... und dann werden sie fasten an jenem Tage", in: Synoptische Studien (FS Alfred Wikenhauser), München 1953, 124-147.

Schaller, Berndt, Die Sprüche über Ehescheidung und Wiederheirat in der synoptischen Überlieferung, in: Der Ruf Jesu und die Antwort der Gemeinde (FS Joachim Jeremias), Göttingen 1970, 226-246.

Ders., Das Testament Hiobs, in: JSHRZ III,3, Gütersloh 1979, 301-387.

Schenk, Wolfgang, Gefangenschaft und Tod des Täufers. Erwägungen zur Chronologie und ihren Konsequenzen: NTS 29, 1983, 453-483.

Ders., Der Einfluß der Logienquelle auf das Markusevangelium: ZNW 70, 1979, 141-165.

Schenke, Hans-Martin - Fischer, Karl Martin, Einleitung in die Schriften des Neuen Testaments II. Die Evangelien und die anderen neutestamentlichen Schriften, Gütersloh 1979.

Ders., Ein Jesus und vier ursprüngliche Evangeliengattungen, in: Ders./ Robinson, James M., *Entwicklungslinien* durch die Welt des frühen Christentums, Tübingen 1971, 147-190 (engl.: HThR 62, 1968, 203-247).

Ders., Synoptische Überlieferung bei den Apostolischen Vätern (TU 65) Berlin 1957.

Ders., Überlieferung und Geschichte der frühchristlichen Evangelienliteratur, in: ANRW II, 25.2, 1463-1542.

Koschmieder, Erwin, Zur Bestimmung der Funktionen grammatischer Kategorien (ABAW.PH NF 25) München 1945.

Ders., Zu den Grundfragen der Aspekttheorie: IGF 53, 1935, 280-300.

Kremer, Jacob, Jesu Antwort auf die Frage nach seiner Vollmacht. Eine Auslegung von Mk 11,27-33: BiLe 9, 1968, 128-136.

Kümmel, Werner Georg, Jesus und der frühjüdische Traditionsgedanke, in: Ders., Heilsgeschehen und Geschichte. Gesammelte Aufsätze 1933-1964 (MThSt 3) Marburg 1965, 15-35 (= ZNW 33, 1934, 105-130) (zitiert: Aufsätze I, 15-35).

Ders., Äußere und innere Reinheit des Menschen bei Jesus, in: Ders., Heilsgeschehen und Geschichte. Band 2: Gesammelte *Aufsätze* 1965-1977 (MThSt 16) Marburg 1978, 117-129 [= Das Wort und die Wörter (FS Gerhard Friedrich), Stuttgart 1973, 35-46].

Ders., Die Theologie des Neuen Testaments nach seinen Hauptzeugen Jesus, Paulus, Johannes (GNT 3) Göttingen ^{3}1976.

Ders., Verheißung und Erfüllung. Untersuchungen zur eschatologischen Verkündigung Jesu (AThANT 6) Zürich ^{3}1956.

Ders., Einleitung in das Neue Testament, Heidelberg ^{17}1973.

Ders., Jesus der Menschensohn? : SbWGF 20, 1984, 147-188.

Kürzinger, Josef, Die Aussage des Papias von Hierapolis zur literarischen Form des Markusevangeliums: BZ 21, 1977, 245-264.

Kuhn, Heinz-Wolfgang, Enderwartung und gegenwärtiges Heil. Untersuchungen zu den Gemeindeliedern von Qumran mit einem Anhang über Eschatologie und Gegenwart in der Verkündigung Jesu (StUNT 4) Göttingen 1966.

Ders., Zum Problem des Verhältnisses der markinischen Redaktion zur israelitisch-jüdischen Tradition, in: Tradition und Glaube. Das frühe Christentum in seiner Umwelt (FS Karl Georg Kuhn), Göttingen 1971, 299-309.

Ders., Ältere Sammlungen im Markusevangelium (StUNT 8) Göttingen 1971.

Mussies, G., Dio Chrysostom and the New Testament (SCHNT 2) Leiden 1972.

Nassen-Poulos, Paula J., Form and Function of the Pronouncement Story in Diogenes Laertius' Live: Semeia 20, 1981, 53-63.

Dies., The Pronouncement Story in Diogenes Laertius' Lives and Opinions of Eminent Philosophers: A new classification: SBL.Sem. Papers. Annual Meeting 1978/2, 11-19.

Nauck, Wolfgang, Das οὖν-paräneticum: ZNW 49, 1958, 134-135.

Neirynck, Frans, Duality in Mark. Contributions to the study of the Marcan Redaction (BEThL 31) Leuven 1972.

Ders., L'évangile de Marc (II). A propos de R. Pesch, Das Markusevangelium, 2. Teil, in: Ders., Evangelica. Gospel Studies - Études d'Évangile. Collected Essays (hg. v. van Segbroeck) (BEThL 60) Leuven 1982, 520-561.

Ders., Jesus and the Sabbath. Some Observations on Marc II,27, in: J. Dupont (Hg.), Jesus aux origines de la christologie (BEThL 40) Leuven 1975, 227-270 [= Ders., Evangelica. Gospel studies - Études d'evangile. Collected Essays (hg. v. van Segbroeck) (BEThL 60) Leuven 1982, 637-680].

Nembach, U., Ehescheidung nach atl. und jüdischem Recht: ThZ 26, 1970, 161-171.

Neuhäusler, Engelbert, Anspruch und Antwort Gottes. Zur Lehre von den Weisungen innerhalb der synoptischen Jesusverkündigung, Düsseldorf 1962.

Ders., Jesu Stellung zum Sabbat. Versuch einer Interpretation: BiLe 12, 1971, 1-15.

Neusner, Jacob, From Politics to Piety. The Emergence of Pharisaic Judaism, New York ²1979.

Ders., The Rabbinic traditions about the Pharisees before 70 I-III, Leiden 1971.

Ders., Types and Forms in Ancient Jewish Literature: Some Comparisions, in: Ders., Early Rabbinic Judaism. Historical Studies in Religion, Literature and Art [SJLA (13)] Leiden 1975, 100-136 (= HR 11, 1972, 354-390).

Ders., The rabbinic traditions about the Pharisees before 70 A.D.: The Problem of oral tradition: Kairos 14, 1972, 57-70.

Ders., Das pharisäische und talmudische *Judentum*. Neue Wege zu seinem Verständnis (Texte u. Studien z. antiken Judentum 4) Tübingen 1984.

Schenke, Ludger, Studien zur Passionsgeschichte des Markus. Tradition und Redaktion in Markus 14,1-42 (FzB 4) Würzburg 1971.

Ders., Die Wundererzählungen des Markusevangeliums (SBB) Stuttgart 1974.

Schissel, Otmar, Die Einteilung der Chrie bei Quintilian: Hermes 68, 1933, 245-248.

Schmahl, Günther, Die Zwölf im Markusevangelium. Eine redaktionsgeschichtliche Untersuchung (TThSt 39) Trier 1974.

Schmid, Wilhelm - Stählin, Otto, Wilhelm von Christs *Geschichte* der griechischen Literatur II: Die nachklassische Periode der griechischen Literatur I-II (HAW 7) München ⁵1911/1913.

Schmidt, Karl Ludwig, Der Rahmen der Geschichte Jesu. Literarkritische Untersuchungen zur ältesten Jesusüberlieferung, Berlin 1919 (Nachdruck Darmstadt 1964).

Ders., Die Stellung der Evangelien in der allgemeinen Literaturgeschichte, in: Ders., Neues Testament - Judentum - Kirche (ThB 69) München 1981, 37-130 [= ΕΥΧΑΡΙΣΤΗΡΙΟΝ (FS Hermann Gunkel II), Göttingen 1923, 50-134].

Ders., Art.: καλέω κτλ.: ThWNT III, Stuttgart 1938, 488-492.

Ders., Art.: Formgeschichte: RGG² II, Tübingen 1928, 638-640.

Schmithals, Walter, Johannes Weiß als Wegbereiter der Formgeschichte: ZThK 80, 1983, 389-410.

Ders., Art.: Evangelien, Synoptische: TRE X, Berlin 1982, 570-626.

Ders., Kritik der Formkritik: ZThK 77, 1980, 149-185.

Ders., Paulus und Jakobus (FRLANT 85) Göttingen 1963.

Schneider, Gerhard, Jesu überraschende Antworten. Beobachtungen zu den Apophthegmen des dritten Evangeliums: NTS 29, 1983, 321-336.

Ders., Art.: τέκνον: EWNT III, Stuttgart 1983, 817-820.

Schniewind, Julius, Zur Synoptiker-Exegese: ThR NF 2, 1930, 129-189.

Schönle, Volker, Johannes, Jesus und die Juden. Die theologische Position des Matthäus und des Verfassers der Redenquelle im Lichte von Mt 11 (BET 17) Frankfurt 1982.

Schottroff, Luise - Stegemann, Wolfgang, Der Sabbat ist um des Menschen willen da. Auslegung von Markus 2,23-28, in: Schottroff, Willy - Stegemann, Wolfgang (Hg.), Der Gott der kleinen Leute. Sozialgeschichtliche Bibelauslegungen Band 2. Neues Testament, München 1979, 58-70.

Schrage, Wolfgang, Einige Beobachtungen zur Lehre im Neuen Testament: EvTh 42, 1982, 233-251.

Ders., Die Christen und der Sabbat nach dem Neuen Testament, Gütersloh 1971.

Ders., Art.: συναγωγή: ThWNT VII, Stuttgart 1964, 798-839.

Ders., Theologie und Christologie bei Paulus und Jesus auf dem Hintergrund der modernen Gottesfrage: EvTh 36, 1976, 121-154.

Ders., Das Verhältnis des Thomas-Evangeliums zur synoptischen Tradition und zu den koptischen Evangelienübersetzungen. Zugleich ein Beitrag zur gnostischen Synoptikerdeutung (BZNW 29) Berlin 1964.

Ders., "Ekklesia" und "Synagoge": ZThK 60, 1963, 178-202.

Schramm, Tim, Der Markus-Stoff bei Lukas. Eine literarkritische und redaktionsgeschichtliche Untersuchung (MSSNTS 14) Cambridge 1971.

Schreiber, Johannes, Die Christologie des Markusevangeliums. Beobachtungen zur Theologie und Komposition des zweiten Evangeliums: ZThK 58, 1961, 154-183.

Ders., Theologie des Vertrauens. Eine redaktionsgeschichtliche Untersuchung des Markusevangeliums, Hamburg 1967.

Schubert, Kurt, Die Entwicklung der Auferstehungslehre von der nachexilischen zur frührabbinischen Zeit: BZ 6, 1962, 177-214.

Schulz, Anselm, Nachfolgen und Nachahmen. Studien über das Verhältnis der neutestamentlichen Jüngerschaft zur urchristlichen Vorbildethik (StANT 6) München 1962.

Schulz, Siegfried, Markus und das Alte Testament: ZThK 58, 1961, 184-197.

Ders., Q. Die Spruchquelle der Evangelisten, Zürich 1972.

Ders., Die Stunde der Botschaft. Einführung in die Theologie der vier Evangelisten, Hamburg ²1970.

Schweizer, Eduard, Die theologische Leistung des Markus, in: Ders., Beiträge zur Theologie des Neuen Testaments. Neutestamentliche Aufsätze 1955-1970, Zürich 1970, 21-42 [= Pesch, Rudolf (Hg.) Das Markus-Evangelium (WdF 411) Darmstadt 1979, 163-189 (= EvTh 24, 1964, 337-355; um einen Nachtrag erweitert)] (zitiert: Aufsätze II, 21-42).

Ders., Scheidungsrecht der jüdischen Frau? Weibliche Jünger Jesu?: EvTh 42, 1982, 294-300.

Ders., Anmerkungen zur Theologie des Markus, in: Neotestamentica. Deutsche und englische Aufsätze 1951-1953, Zürich 1963, 93-104 [= in: Neotestamentica et Patristica (FS Oscar Cullmann) (NT.S VI) Leiden 1962, 35-46] (zitiert: Aufsätze I, 93-104).

Ders., Die "Elemente der Welt". Gal 4,3.9; Kol 2,8.20, in: Beiträge zur Theologie des Neuen Testaments. Neutestamentliche Aufsätze 1955-1970, Zürich 1970, 147-163 [= in: Verborum Veritatis (FS Gustav Stählin) Wuppertal 1970, 245-259] (zitiert: Aufsätze II, 147-163).

Ders., Der Menschensohn (Zur eschatologischen Erwartung Jesu), in: Neotestamentica. Deutsche und englische Aufsätze 1951-1963, Zürich 1963, 56-84 [= ZNW 50, 1959, 185-209] (zitiert: Aufsätze I, 56-84).

Seesemann, Heinrich, Art.: πεῖρα κτλ.: ThWNT VI, Stuttgart 1959, 23-37.

Seitz, Gottfried, Redaktionsgeschichtliche Studien zum Deuteronomium (BWANT 93) Stuttgart 1971.

Sellin, Gerhard, Textlinguistische und semiotische Erwägungen zu Mk 4,1-34: NTS 29, 1983, 508-530.

Shae, Gam Seng, The Question of the Authority of Jesus: NT 16, 1974, 1-29.

Sibinga, J. Smit, Text and literary art in Marc 3:1-6, in: Studies in New Testament Language and Text (FS George Dunbar Kilpatrick) (NT.S 22) Leiden 1976, 357-365.

Simon, Marcel, Art.: Gottesfürchtiger, in: RAC XI, 1060-1070.

Smith, Morton, A Comparison of Early Christian and Early Rabbinic Tradition: JBL 82, 1963, 169-176.

Ders., The Pharisees in the Gospels, in: Neusner, Politics [siehe Neusner] 155-159.

Snodgrass, Klyne, Western Non-Interpolations: JBL 91, 1972, 369-379.

Soden, Hans von, Art.: Altchristliche Literaturgeschichte: RGG[2] I, Tübingen 1925, 261-271.

Soden, Herrmann FrHr. von, Die wichtigsten Fragen im Leben Jesu (Ferienkurs-Vorträge), Berlin [2]1909.

Spencer, Richard Albert, The Pronouncement Stories in Plutarch's Moralia: A typological re-evolation: SBL.Sem.Papers. Annual Meeting 1979/2, 223-232.

Ders., A study of the form and function of the biographical apophthegms in the synoptic tradition in light of their hellenistic background. Diss. Emory University 1976 (Mikrofilm).

Spoerri, W., Art.: Gnome (γνώμη): KP 2, 1975, 822-829.

Standaert, Benoît Herman, L'évangile selon Marc. Composition et genre litéraire, Nijmwegen 1978.

Stauffer, Ethelbert, Die Botschaft Jesu. Damals und heute, Bern 1959.

Ders., Jesus. *Gestalt* und Geschichte, Bern 1957.

Stegemann, Ekkehard, Das Markusevangelium als *Ruf* in die Nachfolge. Diss. Heidelberg (Masch.) 1974.

Ders., Von Kritik zur Feindschaft. Eine Auslegung von Markus 2,1-3,6, in: Schottroff, Willy - Stegemann, Wolfgang (Hg.), Der Gott der kleinen Leute. Sozialgeschichtliche Bibelauslegungen II. Neues Testament, München 1979, 39-57.

Stein, Robert H., The Method and Message of Jesus' Teachings, Philadelphia 1978.

Steinhauser, Michael G., Neuer Wein braucht neue Schläuche. Zur Exegese von Mk 2,21f par, in: Biblische Randbemerkungen (Schüler-FS Rudolf Schnackenburg), Würzburg 1974, 113-123.

Ders., Doppelbildworte in den synoptischen Evangelien. Eine form- und traditionskritische Studie (FzB 44) Würzburg 1981.

Steinle, Walter, Die Streitgespräche Jesu im Religionsunterricht: EvErz 18, 1966, 221-235. 393-413.

Stemberger, Günter, Art.: I. (Auferstehung der Toten)/ 2. Judentum: TRE 4, Berlin 1979, 443-450.

Ders., Der Leib der Auferstehung. Studien zur Anthropologie und Eschatologie des palästinischen Judentums im neutestamentlichen Zeitalter (ca. 170 v. Chr. - 100 n. Chr.) (AnBib 56) Rom 1972.

Ders., Zur Auferstehung in der rabbinischen Lehre: Kairos 15, 1973, 238-266.

Ders. - Strack, Hermann L., Einleitung in Talmud und Midrasch, München [7]1982.

Stern, Jay B., Jesus' citation of Dt 6,5 and Lv 19,18 in the Light of Jewish Tradition: CBQ 28, 1966, 312-316.

Sternbach, Leo (Hg.), Gnomologium Vaticanum. E codice vaticano graeco 743 (TK 2) Berlin 1963.

Sternberg, Georg, Die Ethik des Deuteronomiums, Berlin 1907.

Stock, Klemens, Boten aus dem Mit-Ihm-Sein. Das Verhältnis zwischen Jesus und den Zwölf nach Markus (AnB 70) Rom 1975.

Ders., Glierung und Zusammenhang in Mk 11-12: Bib. 59, 1978, 481-515.

Ders., Methodenvielfalt. Studien zu Markus: Bib. 62, 1981, 562-582.

Stock, Hans-Werner - Wegenast, Klaus - Wibbing, Siegfried, Streitgespräche (Handbücherei für den Religionsunterricht 5) Gütersloh 1968.

Strecker, Georg, Der Weg der Gerechtigkeit. Untersuchung zur Theologie des Matthäus (FRLANT 82) Göttingen [3]1971.

Ders., Befreiung und Rechtfertigung, in: Rechtfertigung (FS Ernst Käsemann), Tübingen 1976, 479-508.

Strobel, August, Zum Verständnis von Rm 13: ZNW 47, 1956, 67-93.

Ders., Furcht, wem Furcht gebührt. Zum profangriechischen Hintergrund von Rm 13,7: ZNW 55, 1964, 58-62.

Stroker, William D., Exemples of Pronouncement Stories in early Christian apocryphal literature: Semeia 20, 1981, 133-141.

Ders., The Pronouncement Story in early christian apocryphal literature: SBL. Sem. Papers. Annual Meeting 1978/2, 39-46.

Suhl, Alfred, Die Funktion der alttestamentlichen Zitate und Anspielungen im Markusevangelium, Gütersloh 1965.

Sundwall, Johannes, Die Zusammensetzung des Markusevangeliums (AAA IX) Abo 1934.

Tagawa, Kenzo, Miracles et Évangile, la pensée personelle de l' évangeliste Marc (EHPhR 62) Paris 1966.

Tannehill, Robert C., Attitudinal Shift in Synoptic Pronouncement Stories, in: Orientation and Disorientation (FS William Beardslee) (Pittsburgh Theological Monograph Series 35) Pittsburgh 1980, 183-197.

Ders., Introduction: The Pronouncement Story and its Types: Semeia 20, 1981, 1-13.

Ders., The Sword of His Mouth: Forceful and Imaginative Language in Synoptic Sayings (Semeia Suppl. 1) Missoula 1975.

Ders., Synoptic Pronouncement Stories: Form and Function: SBL. Sem. Papers. Annual Meeting 1980, 51-56.

Ders., Tension in the Synoptic Sayings and Stories: Interp. 34, 1980, 138-150.

Ders., Types and Functions of Apophthegms in the Synoptic Gospels, in: ANRW II, 25.2, 1792-1829.

Ders., Varieties of Synoptic Pronouncement Stories: Semeia 20, 1981, 101-119.

Taylor, Vincent, The Formation of the Gospel Tradition, London ^{4}1957.

Theißen, Gerd, Urchristliche Wundergeschichten. Ein Beitrag zur formgeschichtlichen Erforschung der synoptischen Evangelien (StNT 8) Gütersloh 1974.

Ders., Wanderradikalismus. Literatursoziologische Aspekte der Überlieferung von Worten Jesu im Urchristentum, in: Ders., Studien zur Soziologie des Urchristentums (WUNT 19) Tübingen 1979, 79-105 (= ZThK 70, 1973, 245-271) (zitiert: Aufsätze 79-105).

Theobald, Michael, Der Primat der Synchronie vor der Diachronie als Grundaxiom der Literaturkritik. Methodische Erwägungen an Hand von Mk 2,13-17/Mt 9,9-13: BZ 22, 1978, 161-186.

Thissen, Werner, Erzählung der Befreiung. Eine exegetische Untersuchung zu Mk 2,1-3,6 (FzB 21) Würzburg 1976.

Thomas, Kenneth J., Liturgical Citations in the Synoptics: NTS 22, 1976, 205-214.

Ders., Torah citations in the Synoptics: NTS 24, 1978, 85-96.

Thraede, Klaus, Art.: Exorzismus: RAC VII, Stuttgart 1969, 44-117.

Thyen, Hartwig, Βάπτισμα μετανοίας εἰς ἄφεσιν ἁμαρτιῶν, in: Zeit und Geschichte (FS Rudolf Bultmann), Tübingen 1964, 97-125.

Ders., Studien zur Sündenvergebung im Neuen Testament und seinen alttestamentlichen und jüdischen Voraussetzungen (FRLANT 96) Göttingen 1970.

Tödt, Heinz-Eduard, Der Menschensohn in der synoptischen Überlieferung, Gütersloh ⁴1978.

Trautmann, Maria, Zeichenhafte Handlungen Jesu. Ein Beitrag zur Frage nach dem geschichtlichen Jesus (FzB) Würzburg 1980.

Trilling, Wolfgang, Das wahre Israel, Studien zur Theologie des Matthäus-Evangeliums (StANT 10) München ³1964.

Troadec, Henri, Le fils de l'homme est maître même du Sabbat (Marc 2,23-3,6): BVC 21, 1958, 73-83.

Trocmé, Etienne, L'expulsion des marchands du Temple: NTS 15, 1968-1969, 1-22.

Ders., La formation de l'Évangile selon Marc (EHPhR 53) Paris 1963.

Turner, C.H., Marcan Usage: Notes, critical and exegetical, on the second Gospel: JThS 25, 1924, 377-386; JThS 26, 1925, 12-20. 145-156. 225-240. 337-346; JThS 27, 1926, 58-62; JThS 28, 1927, 9-30. 349-362; JThS 29, 1928, 275-289. 346-361.

Unnik, W.C. van, Corpus Hellenisticum Novi Testamenti: JBL 83, 1964, 17-33.

Vanderkam, James C., Intertestamental Pronouncement Stories: Semeia 20, 1981, 65-72.

Vielhauer, Philipp, Erwägungen zur Christologie des Markusevangeliums, in: Aufsätze zum Neuen Testament (ThB 31) München 1965, 199-214 [= in: Zeit und Geschichte (FS Rudolf Bultmann), Tübingen 1964, 155-169] (zitiert: Aufsätze I, 199-214).

Ders., Gesetzesdienst und Stoicheiadienst im Galaterbrief, in: Ders., Oikodome. Aufsätze zum Neuen Testament Band 2 (hg. v. Günter Klein) (ThB 65) München 1979, 183-195 [= Rechtfertigung (FS Ernst Käsemann), Tübingen 1976, 543-555].

Ders., Geschichte der urchristlichen Literatur. Einleitung in das Neue Testament, die Apokryphen und die Apostolischen Väter, Berlin (1975) 1978.

Ders., Jesus und der Menschensohn. Zur Diskussion mit Heinz Edurad Tödt und Eduard Schweizer, in: Ders., Aufsätze zum Neuen Testament (ThB 31) München 1965, 92-177 (= ZThK 60, 1963, 133-177; um einen Nachtrag erweitert) (zitiert: Aufsätze I, 92-177)

Völkel, Martin, "Freund der Zöllner und Sünder": ZNW 69, 1978, 1-10.

Volz, Paul, Die Eschatologie der jüdischen Gemeinde im neutestamentlichen Zeitalter nach den Quellen der rabbinischen, apokalyptischen und apokryphen Literatur, Tübingen ²1934.

Wachsmuth, C. (Hg.), Die Wiener Apophthegmen-Sammlung, in: FS zur Begrüßung der in Karsruhe v. 27.-30.9.1882 tagenden 36. Philologen-Versammlung, Freiburg 1882, 1-36.

Wahle, Hedwig, Die Lehren des rabbinischen Judentums über das Leben nach dem Tod: Kairos 14, 1972, 291-309.

Waibel, Maria, Die Auseinandersetzung mit der Fasten- und Sabbatpraxis Jesu in urchristlichen Gemeinden, in: Dautzenberg, Gerhard u.a. (Hg.), Zur Geschichte des Urchristentums (QD 87) Freiburg 1979, 63-96.

Walter, Nikolaus, Zur Analyse von Mc 10,17-31: ZNW 53, 1962, 206-218.

Ders., Paulus und die urchristliche Jesustradition: NTS 31, 1985, 498-522.

Ders., Pseudepigraphische jüdisch-hellenistische Dichtung: Pseudo-Phokylides: JSHRZ IV,3, Gütersloh 1983, 182-216.

Wanke, Joachim, "Bezugs- und *Kommentarworte*" in den synoptischen Evangelien. Beobachtungen zur Interpretationsgeschichte der Herrenworte in der vorevangelischen Überlieferung (EThS 44) Leipzig 1981.

Wartensleben, Gabriele Gräfin von, Begriff der griechischen Chreia und Beiträge zur Geschichte ihrer Form, Heidelberg 1901.

Weber, Joseph C. Jr., Jesus' Opponents in the Gospel of Mark: JBR 34, 1966, 214-222.

Weder, Hans, Perspektive der Frauen?: EvTh 43, 1983, 175-178.

Weeden, Theodore J., Mark - Traditions in conflict, Philadelphia 1971, (1979 pbck.).

Wehrli, Fritz, Gnome, Anekdote, Biographie: Museum Helveticum 30, 1973, 193-208.

Weiß, Bernhard, Das Leben Jesu, Berlin ²1884.

Weiß, Hans-Friedrich, Art.: φαρισαῖος B. Die Pharisäer im Neuen Testament: ThWNT IX, Stuttgart 1973, 36-51.

Ders., Der Pharisäismus im Lichte der Überlieferung des Neuen Testaments, in: Meyer, Rudolf, Tradition und Neuschöpfung im antiken Judentum. Dargestellt an der Geschichte des Pharisäismus (SSAW.PH 110/2) Berlin 1965, 91-132.

Weiß, Johannes, Das älteste Evangelium. Ein Beitrag zum Verständnis des Markus-Evangeliums und der ältesten evangelischen Überlieferung, Göttingen 1903.

Ders., Jesus von Nazareth. Mythus oder Geschichte? Eine Auseinandersetzung mit Kalthoff, Drews, Jensen. Tübingen 1910.

Ders., Art.: Literaturgeschichte des NT: RGG¹ III, Tübingen 1912, 2175-2215.

Wendling, Emil, Die Entstehung des Marcus-Evangeliums. Philologische Untersuchungen, Tübingen 1908.

Westerholm, Stephen, Jesus and the Scribal *Authority* (CB.NT 10) Lund 1978.

Wilcken, Ulrich, Papyrus-Urkunden: APF 4, 1908, 526-568.

Wilckens, Ulrich, Jesusüberlieferung und Christuskerygma. Zwei Wege urchristlicher Überlieferungsgeschichte: TheolViat X, 1966, 310-339.

Ders., Rezension: Dibelius, Martin, Die Formgeschichte des Evangeliums ...: ThLZ 86, 1961, 272-276.

Ders., Art.: ὑποκρίνομαι κτλ.: ThWNT VIII, Stuttgart 1969, 558-571.

Wilder, Amos N., Early Christian Rhetoric. The Language of the Gospels, Cambridge ²1971.

Wimmer, Joseph F., Fasting in the New Testament. A Study in Biblical Theology, New York 1982.

Winckler, Hugo, Geschichte Israels in Einzeldarstellungen II. Die Legende (Völker und Staaten des Alten Orients 3) Leipzig 1900.

Wink, Walter, John the Baptist in the Gospel Tradition (MSSNTS 7) London 1968.

Winkelmann, Friedhelm, Art.: Apophthegma: Lexikon der Antike, Leipzig 1977, 46.

Winter, Paul, On the Trial of Jesus, Berlin ²1974.

Wolff, Christian, Zur Bedeutung Johannes des Täufers im Markusevangelium: ThLZ 102, 1977, 857-865.

Wolter, Michael, Art.: ὀφειλή: EWNT II, Stuttgart 1981, 1346f.

Ders., Art.: τολμάω: EWNT III, Stuttgart 1983, 873-875.

Ders., Apollos und die ephesinischen Johannesjünger (Act 18,24-19,7): ZNW 78, 1987, 49-73.

Wrede, William, Zur Heilung des Gelähmten (Mc 2,1ff.): ZNW 5, 1904, 354-358.

Ders., Das Messiasgeheimnis in den Evangelien. Zugleich ein Beitrag zum Verständnis des Markusevangeliums, Göttingen (1901) [4]1969.

Wrege, Hans-Theo, Die Überlieferungsgeschichte der Bergpredigt (WUNT 9) Tübingen 1968.

Zeller, Dieter, Die weisheitlichen Mahnsprüche bei den Synoptikern (FzB 17) Würzburg 1977.

Ders., Redaktionsprozesse und wechselnder "Sitz im Leben", in: Logia. Les Paroles de Jésus - The Sayings of Jesus (BEThL 59) Leuven 1982, 395-409.

Zerwick, Max, Untersuchungen zum Markus-Stil. Ein Beitrag zur stilistischen Durcharbeitung des Neuen Testaments (SPIB 41) Rom 1937.

Ziegler, Konrat, Art.: Plutarchos von Chaironeia: PRE XXI, 1951, 636-962.

Ziesler, J.A., The Removal of the Bridegroom: A Note on Marc II, 18-22 and Parallels: NTS 19, 1972/73, 190-194.

Zimmermann, Heinrich, Das Gleichnis vom barmherzigen Samariter: Lk 10,25-73, in: Die Zeit Jesu (FS Heinrich Schlier), Freiburg 1970, 58-69.

Ders., Jesus Christus. Geschichte und Verkündigung, Stuttgart 1973.

Ders., Neutestamentliche Methodenlehre. Darstellung der historisch-kritischen Methode, Stuttgart [4]1974 ([7]1982).

Ders., Christus nachfolgen. Eine Studie zu den Nachfolge-Worten der synoptischen Evangelien: ThGl 53, 1963, 241-255.

Zmijewski, Josef, Neutestamentliche Weisungen für Ehe und Familie: SNTU 9, 1984, 31-78.

REGISTER

Verweise zu Stellen, Texten und Begriffen, die ausführlicher diskutiert werden, sind hervorgehoben. Mit "A" wird auf den Anmerkungsteil einer Seite verwiesen; dieser Verweis erfolgt in der Regel nur dann, wenn die Angabe nicht im Text der jeweiligen Seite genannt wird. Teilverse wurden nur in besonderen Fällen in das Register aufgenommen.

Stellenregister

1. Altes Testament

	Genesis	24,1	178.182.183A.184f.187.193.201
1,27	178.186f.188ff.192		*Richter (Judicum)*
2,24	178.186f.188ff.192	17,8	293A
18,19	210A		*1. Samuelbuch*
19,21	208A	15,22	250.252
	Exodus	16,7	138A
3,6	246	17,40	53A
8,6	251	21,1-7	53f
20,14	199	22,20-23	53A
21,17	73A	23,6	53A
	Leviticus	23,9	53A
19,18	251.262A	30,7	53A
20,9	73A		*2. Samuelbuch*
24,5-9	306	8,17	53A
	Deuteronomium	15,4-6	131A
4,35	251A	22,22	210A
4,39	251A	22,31	210A
5,18	199		*1. Regum*
6,4f	251.261.262A.263.265A	8,39	138A
10,16	184A	8,60	251
10,17	208A	13,4-6	116
17,17	189	19,19	85A
23,26	292f		*Jesaja*
24,1-4	181.184f.186f.193.199	1,10-17	70A

1,11	252A	49,7-23	70A
6,9	253	49,14	216A
29,13	60f.74-77.212.229	50,8-19	70A
37,18	209	50,15	210A
38,18	247	50,18	252A
45,21f	251A	79,10	293A
49,24f	171	87,6.11-13	247
62,10	293A	94,10	210A
Jeremia		113,26 (MT: 115,17)	247
4,4	184A	138,8	247A
6,20	252A	149,2(Σ)	102A
7,21	252A	*Proverbia*	
11,20	138A	15,11	247A
23,28	210	24,21f	223
Ezechiel		30,12	70A
20,25f	184	*Hiob*	
Hosea		9,2	209
6,6	250.252f	19,4	209
13,14	247A	28,21	208A
Joel		32,21	208A
2,16	102A	36,4	209
Amos		*Kohelet*	
9,2	247A	7,29	223A
Micha		8,2	223A
6,6	252A	*Daniel*	
11,7f	247A	2,8(LXX;Θ)	209
Maleachi		2,9	209
2,15	179A.190A	2,47(Θ)	209
Psalmen (LXX-Zählung)		4,26(Θ)	148A
6,6	247	7,14(LXX)	137
7,10	138A	8,26(LXX)	209
18,6	102A	*Nehemia*	
29,10	247	7,2	207
36,5	210A	*2. Chronikbuch*	
39,7	252A	19,7	208A

2. Apokryphen und Pseudepigraphen des Alten Testaments

Weisheit Salomos		6,14	242
3,6	207	7,11	242
5,7	210A	8,7	209
Tobith		*Jesus Sirach*	
3,5	210A	2,25	210A
3,8	242	16,10	184A
3,15	242	17,27	247A

Stellenregister

18,22	216A	8,44	46A
25,26	190A	8,47	46A
27,23	218A	8,49	46A
35(32),12ff	208A	8,58	138A
38,9-15	136	9,9	210A
42,18f	138A	9,13	46A
43,18	218A	12,4	210A

1. Makkabäerbuch

		14,31	210A
1,27	102A	14,32	209A
2,39-41	47A	*Syrische Baruch-Apokalypse*	
4,2(A)	102A	3,13	210A

2. Makkabäerbuch

		13,8	208A.209A
5,19	46.49	14,18	46.49

3. Esrabuch

		14,19	46A
4,39	208A	15,7	46A
9,48	210	21,24	46A

3. Makkabäerbuch

		44,4	208A.209A
1,19	102A	51,10	244A
4,6	102A	*Jubiläenbuch*	

4. Makkabäerbuch

		5,16	208A
5,37	246A	5,19	208A
7,19	246	21,4	208A
13,17	246	30,16	208A
16,25	246	33,18	208A
17,17	208A	45,3	246A
18,23	246A	*Äthiopisches Henochbuch*	

Griechische Baruch-Apokalypse

		51,4	244A
10,2-7	244A	63,8	208A.209A

Psalmen Salomos

		104,6	244A
2,8	208A	*Griechisches Henochbuch*	
2,18	208A	104,9f	207
5,4f	171	*Testamente der XII Patriarchen*	
14,6	138A	Lev 14,4	77A

4. Esrabuch

		Lev 16,2	77A
3,31	210A	Jud 14,1	207
4,2	210A	Jud 24,3	207
4,4	210A	Iss 5,2	262A
4,10f	210A	Iss 7,5	207
5,34	210A	Iss 7,6	262A
5,40	210A	Dan 2,1	207
6,55	46A	Dan 6,8	207
6,59	46A	Gad 3,1	207
7,11	46A	Ass 7,5	77
7,79	210A	Benj 6,5	212
8,1	46A		

Assumptio Mosis		Mose-Apokalypse	
1,12	46A	42f	190A
3,9	246A		

3. Weitere hellenistisch-jüdische Literatur

Ps.-Philo, Antiquitates Biblicae		Contra Apionem	
20,4	208A.209A	I,167	79A
Testament Hiobs		*Philo*	
4,7f	208A	De Mutatione Nominum	
4,11	207	7	231A
36–38	148A.155A	232	208A
38,4f	156A	De Somniis	
43,13	207.208A	I,149	231A
Ps.-Phokylides		II,70	218A
10	209A	De Josepho	
Josephus		72	208A
Antiquitates Judaicae		De Vita Mosis	
IV,73	79A	II,238–241	208A
XII,4	47A	De Decalogo	
XIV,66	47A	40–42	208A
XVII,339–341	242A	52	260A
XVIII,16f	239	65	260A
XIX,331	204A	176	231
De bello Judaico		De Specialibus Legibus	
II,8	239	I,307f	208A
II,114–116	242A	IV,70f	208A
II,164–168	239	IV,177	208A

4. Qumran

CD 4,21	188	CD 5,1f	189

5. Rabbinische Literatur

Talmudische Literatur		65b	156A
Berakhot		90b	156A.248A
2,10	99A	101a	156A
17a	244A	Shabbat	
32b	156A	31a	258A.260
Joma		Sukka	
8,6	119A	25b	99A
85b	47	53a	99A
Sanhedrin			
39a	220A		

Stellenregister 393

Midraschim

Genesis Rabba		Midrash Qohelet	
14	156A	1,7	156A
95,1	242A	5,10	156A
Deuteronomium Rabba		Sifra	
10	47A	19,18	260
Mekhilta			
109b	47.48		

6. Neues Testament

Matthäus		12,30	163
4,2	102	12,38	10.148A
5,8	71A	15,8	76
5,13	275	16,1	148A
5,19	93	17,24−29	33.221
5,32	195.*196f*.198	19,3	191A
6,16−18	102.298	19,8	184
7,3f	275	19,9	191A.197
7,9f	275	19,19	260.263A
7,16	275	20,28	93
8,5−13	33A.39.170	22,3	93
9,2	130A	22,10	101f
9,10	89A	22,15	206A
9,32f	118	22,16	98A
10,34f	93	22,18	212
10,40	286A	22,23	335A
11,2−19	12A.33	22,28	241A
11,17−19	102f	22,34f	256
11,18f	*102f*	22,40	265A
11,19	93A.95.96.132A	22,46	10.264A
11,24	151A	23	240
11,25	144	25,20	174A
12,11f	48f	25,22	174A
12,11	49f.123	25,25	174A
12,22−37	12A.311A	26,65	174A
12,22−30	163	Markus	
12,22f	118.*168f*.268	1,2−4	149A
12,24−26	170A	1,4	136A
12,24	163.167	1,6	135A
12,25f	167	1,10f	126
12,26	164	1,10	172
12,27f	163.169A	1,11	311
12,27	98A	1,13	135A.206A.212.340
12,28	171	1,16−45	30

1,16-20	83	2,5	29.115A.129.131.137
1,16f	84f	2,5b-10	27.*132-135.139f*.328A.343
1,16	86A	2,5b	*130f*.132.*135ff*.141.326A
1,17	53	2,6-10	*131*
1,21-3,6	22.23.30.134	2,6-8	20
1,21-28	30.113A.125.343	2,6f	11.161A.213A.262A
1,21f	84A	2,6.8	10.89.140A.150A
1,21	113A.125.127.134.146A	2,6	21.80A.87.88A.98A.130.132.
1,22.27	30.105f.126.141f.154.341		139.141.147A.255.335A.342
1,22	30.86A.87.128.134A.135A.	2,7	36.121.133.135A.136-139.
	141f.153.218A.252A.255ff.		142.153.232.251.307
	258.331.342f	2,8	133.138f.145A.213A.253
1,23-28	168	2,9	36.133.139.*140ff*.147A.227A
1,23ff	134A	2,10.28	21ff.24.29.282A
1,23	125	2,10	24A.30.36.45.52f.55.62.
1,24	142.161A		132f.*136ff*.140ff.154.307.
1,25	129A.161A		311f.333.341
1,27	128A.134A.149A.150A.153.	2,10a	53.132f.133A.139.255
	218A.249A	2,11	115A.129.133A.140
1,28	127A.128A	2,12	10.128A.133A
1,29-31	85A.116	2,13-3,6	40
1,29	128A.146A	2,(13f.)15-17	23.83ff.142A.268.
1,31	249A		271.332
1,32-34	141.168	2,13f	23.25
1,32	147A.161A.249A	2,13	83f.107A.113A.127A.
1,33	128A.135A.161A		128A.147A.249A
1,34	142	2,14	83f.*84f*.96.296A
1,35-39	23	2,15-3,6	24
1,38	86A.141	2,15-28	24A.25.56
1,39	128A.134A.135A.141.168	2,15-17	11.12A.23.26f.33.36f.58.
1,40	146A.249A		71A.*83-96*.97A.121.
1,41	112.129A		132A.287.326A.327
1,44	141	2,15	24.85f.88f.95f.268f.287ff.
1,45	53.79A.127f.141.147A.		290.292.296f
	218A.249A	2,15c	86f.297A
2,1-3,6	18f.*20-31*.32.36A.331	2,16	20.80.*86ff*.96A.145A.181A.
2,1-28	21f.23f		255.270.286ff.296.
2,1-12	12.23ff.28ff.33.36f.83.87.		335A.336A.342
	115.125f.*127-143*.307f.	2,16b.17	90ff.*94ff*.268A.279A.
	311f.332f		187f.290A.291
2,1	113A.*127f*	2,16b	87f.89.272.276f.292.294f
2,2	30.80A.*127f*.174A	2,17	58A.62.101.189A.328
2,3-5a.11f	*128f*.132A	2,17b	27.88.*90ff*.94f.273.274A.
2,3	128f.133A.146A.249A		286.305.329
2,4	128A.129		

Stellenregister

2,17c	23.29.83.87f.90.*92-95*. 285ff.297.299.302f. 306f.333	3,1-6	12a.25.29.33.36f.*106-126*. 204A.332
2,18-22	11.12A.33.36f.58.97.106	3,1-5	21.27.29.*107f*.110ff. 115-126.135.306f.328A
2,18-20	22	3,1f	10.115.117
2,18	10.20.68.87.117.145A. 181A.292	3,1	*113f*.125A.127A.135A
2,18a	81.83.87.97.135A.270. 286ff.296.335A.336A.337	3,2	11.20f.27.29.107A.108.*110f*. 113ff.118ff.*121*.124.161A. 170.213A.271f.339
2,18b-19a	26.97f.*100ff*.157. 160.288.297f	3,3	*114*.115A.*118f*.219A
2,18b	97f.*99f*.146A.169.272. 277.294f.335A	3,4	27.29.42.48.62.107A.108. 111-114.115A.*119ff.122f*. 133A.181A.189A.211.227A. 271.273.305.328.340
2,19f	58A.62.286f		
2,19a	29.98f.*100ff*.104f.273. 283.297f.305.329	3,4fin	108.*112*.113.149A.217A
2,19b.20	27.90.98f.*104f*.276. 297f.302f.306.333	3,5	10.20f.35.108.*110-113*.115f. 118f.124.129A.138A.213A. 217A.333.338.340
2,20	21f.98f.104A.299	3,6	21f.25.27.29.87.*107-110*. 115.*124*.127A.139.167. 181A.204f.228.232f. 335A.336-341.343
2,21f	27.58A.97.*105f*.299		
2,23-28	11.12A.33.36f.40.*41-56*. 58.60.64.107.113A.287		
2,23-27	24.42.123	3,7-12	23.30
2,23-26	41.*42ff*.60.107A	3,8	128A.147A.149A
2,23f.27	27.41.*44f*.51ff.55	3,9	128A
2,23f	42f	3,10	53.86A.128A.
2,23	268.287.289ff.*292ff*	3,11f	161A.168
2,24.27	51.279A.291	3,11	142.172.311A
2,24	20.35A.42f.56.66f.87.107A. 118.145A.174A.181A.211. 270.272.277.290f.293f. 335A.336A	3,12	79A
		3,13	147A.168A
		3,15	148A.154
		3,16-19	84
2,25-27	45.58a.62	3,17	79A
2,25f.28	27.45.51f	3,19	22.110.167
2,25f	41.44.51f.53ff.64.123f. 306f.331	3,20f.22-30.31-35	163f.168.172f. 175f
2,25	35.42ff.54.60.248.340	3,20f	167f.173A.174A.332
2,26	43f.53f.181A.211	3,20	128A.146A.173f
2,27	24.41f.44f.*46-50*.54f.62. 65.69A.70ff.90.101.120. 123f.189A.273.292f. 295.305.328	3,21	86A.128A.164f.168.173.174A
		3,22-30	12.33.36f.126.*162-176*. 307-311.331f.343
		3,22-26	166.169.*170f*.308ff.329
2,28	23f.41f.45.49.51A.52f.55f. 90.106.123f.139.154.192A. 306f	3,22	10.22.34A.36.80.110.139. 164f.*167f*.172.176.310A. 332.335A.337A.342f

3,22b	164f.166.167.227A	5,20	218A
3,23-26	36.164.*165f*	5,21-24.25-34.35-43	169
3,23	81A.164.166f.172.176	5,21	80A.113A.127A.128A
3,24f	164.166.167	5,22	85A.146A.255A
3,26	164.*166*.167.171	5,23	79A
3,27	164.165f.171.172.309ff	5,24	128A
3,28f	164f.167.172.176.309A.333.342	5,27	128A
		5,28	161A
3,30	*164f*.176.172.176	5,29	114A
3,31-35	*173ff*.332	5,30	253
3,31	146A.165.172ff.175.249A	5,31	128A
3,32	173A.174.175A	5,32	111A
3,34	56A.111A.174f	5,34	129A
3,35	86A.*173ff*.254A	5,35	146A.226A
4,1	53.80A.113A.127A.128A.147A.249A	5,38	79A.146A
		5,39	127A
4,2	42A	5,41	79A.129A.133A
4,6	114A	5,42	147A
4,9-13	81	5,43	79A
4,9	253	6,1-6a	153.176.332
4,10-12	173.175	6,1	107A.127A.128A.145.146A.174A
4,10	174A.175	6,2	84A.128A.144A.145.151.*152f*.161.218A
4,11f	169.229		
4,11	42A.175	6,7	84A.148A.154.168A
4,12	253	6,10	42A
4,19	69	6,12	127A
4,21	42A.275	6,14	86A.128A
4,23	81A	6,15	149
4,24	42A	6,16	128A
4,30	79A	6,18	149A.181A.211
4,32	128A	6,20	79A.149A
4,33f	168.175	6,30	80A.128A.147A.249A
4,33	30.79A.128A.173	6,31	86A.128A
4,36	128A	6,33	128A.253
4,37	128A	6,34	79A.84A.112.127A.128A.253
4,38	135A.226A	6,35	249A
4,40	129A	6,44	72
5,1	146A	6,45	128A
5,2a	146A	6,48	146A.147A.249A
5,5	135A	6,49	147A
5,7	311A	6,51	249A
5,8	129A	6,52	111.113.138A.253
5,10	79A	6,54	127A.253
5,11	135A	6,55	128A.253
5,15	146A.218A.249A		

Register

7,1-23	11.12A.33.36f.40.*57-82*.176.331	7,11	73.78f.335A.337
7,1-15	57.74.193	7,12	73
7,1-8	59-62	7,13	58.73.*79*
7,1f.5.6-13	*57ff*.300	7,13a	65.73f.248
7,(1f.)5.9-13	*63ff*	7,13b	57.75.248.340A
7,1f.5.8	60f	7,14-23	81A
7,1-5	62.271	7,14	81f.113A.127A.128A.168A.175.253
7,1-4	87	7,15	57.62.*66ff.68-72*.81.90.101.273f.286.295.304f.328
7,1	22.29.*80f*.107A.110.128A.147A.167.181A.240.249A.255.332f.335A.336A.337A.339.342f	7,16	81A
		7,17-23	81A.332
		7,17	49A.113A.127A.128A
7,2f	81	7,18f	71.81f
7,2	*72f*.78.*79ff*.147A.268ff.286.296	7,20-22	71.*82*
		7,21	138A
7,3f	57.63.73.75.*78f*.81.240.297.335A	7,23	82
		7,24-30	33A.39
7,3	86A.181A.336A.337.340A	7,24	113A.127A
7,4	*78f*	7,29	129A
7,5.15	57.*65ff*.67-72.*72ff*.299ff	7,31	113A.127A
7,5	57.62.64f.69.74.80f.117.145A.147A.181A.240.255.335A.336A.342A	7,33	128A
		7,34	79A
		7,35	129A
7,5b.c	63.64A.72.73A.294	7,37	218A
7,5b	66f.272.276f.288	8,1	81A.113A.127A.128A.168A
7,5c	62.67f.*72f*.81.268ff.287ff.291f.294	8,2	112.128A
		8,3	147A
7,6-15	62	8,6	128A
7,6-13	59.73.201.255.304A	8,11f	39.144.213A.341
7,6-8	57.58.62.74	8,11	29.124A.134.148A.161.181A.182.206A.212.229.249A.331.336f.340f.342A
7,6f	59.60.61f.64.73.*74-77*.193.201.215A.306f.331.333		
7,6	35.42.59.61.63.82.138A.212.248.250A.340	8,12	218
		8,13	113A.127A
7,7	59.61	8,14-21	135A.150A.332
7,8	59.*60ff*.63.73.75.*77f*.193.201.212.248.340A	8,14f	29
		8,15	181.205.228.240.331.336ff.341
7,9-13	57.58f.*62-65*.68.73f.78.193.201.282.286.297.*299ff.303-307*	8,16	150A.161A
		8,17	111.113.138A.253
		8,21	42A.253
7,9	42A.58f.61.65.73f.248.250A.340A	8,22	146A
		8,24	147A
7,10-13	59.64	8,26	113A.127A.177
7,10	73	8,27-10,52	178

8,27-9,1	331	10,3-8	178.187
8,27	22.107A.177.181.232A	10,3-5	179ff.182f.*184-187*.189.
8,28	149		191f.193.199.201
8,29	232A	10,3	42.*182f.*185f.211.264A
8,31	21f.52.84A.146A.255.342A	10,4	*183.185f.*264A
8,32	30.128	10,5	35.134.180.182.*183-186*.193.
8,34	81A.128A.168A.175		201.213A.248.333.340
9,1	42A.78A.147A	10,6-8	179f.182.*186f.187-191*.192f.
9,4	135A		199.200.201
9,6	218A	10,6	182.187A.188
9,7	126.311	10,7	179A.188.*190f.*192
9,8	111A	10,8a	189ff.199
9,10	150A.249A	10,8b	128A.*189ff.192f*
9,11	255.342f	10,9	178ff.186f.*189.191ff.*195f.
9,11 v.l.	181A.336		199.201f.218.314A.328
9,14	128A.213A.249A.255.342	10,10-12	178.*195-201*.332
9,15	128A.213A.218A	10,10	32A.113A.127A.180.*195*
9,16	249A	10,11f	195f.200.202
9,17	226.255A	10,11	178.180.*195-200*.201f
9,18	114A	10,12	179.180.198.*200f*
9,19	214A.219A	10,13	32A
9,20	214A	10,17-31	12A.33
9,22	112	10,17-21	37f.*230-233*
9,25	129A	10,17f	212.226A.*230-233*.262A
9,26	79A.128A	10,17	37f.155.225A.226.255A.
9,28	113A.127A		258.313
9,29	135A	10,18ff	31
9,31	84A	10,19	232
9,32	249A	10,20	225A.226
9,33	150A.192	10,21f	38A.*231*
9,34	150A.161A.162	10,22	38A.110.112A.135A.217A.255
9,36	119	10,23-27	38A.135A.232f
9,38-40	12A.33.39	10,24	38A.127A.130A.217A.218A
9,38	313	10,26	218A
10	*31f.*177.192	10,27	233
10,1	84A.113A.127A.146A.147A.	10,32-45	177
	*177f.*181.249A	10,32	113A.127A.135A.177.218A
10,2-12	11.12A.33.35.37.176.	10,33	255.342
	177-202.232.264A.312f.331	10,35-45	12A.33.39
10,2-9	178ff.195	10,35-40	150A
10,2.9	178f.*193ff.*201.313	10,35-37	85A
10,2	13A.35.37.124A.134.155.161.	10,35	225A.313
	178ff.*180ff.*186.192.*193f.*198.	10,42-44	222A.224
	199.206A.211f.213A.229.249A.	10,42	81A.168A
	313.335A.336A.337.339A.340f	10,45	31.93

Stellenregister

10,46-52	85	11,33	19.112A.145.148.149.150A.
10,46	128A.146A		155.217A.218
10,47	128A	12,1-12	20.156A.162.329A.341
10,48	128A	12,1-9	162.340A
10,49	219A	12,2	205A
10,52	129A	12,3	205A
11-12	*19f*.112	12,4	249A
11,1	127A.146A.157	12,5	205A
11,2f	158	12,6	162.205A
11,7	249A	12,9	193A
11,8	128A	12,9-12	161
11,11	107A.111A.113A	12,10f	146A.162
11,12-14.15-19.20-25	169	12,10	51
11,12	127A.146A	12,12f	205.339
11,15-17	18.19.144A.155A	12,12	20.25A.109f.124.128A.
11,15	113A.127A.146A		146A.149.162.203.205f.
11,17	51.81A.146A.226		229.340
11,18	20.25A.109f.128A.144A.	12,13-40	19f.250A
	146.149.218A.342	12,13-34	19f.249.331
11,20-25	12A.33.39.143	12,13-17	12A.19f.33.35.37f.162.176f.
11,20f	114A		*202-234*.264A.268A.312f
11,20	114.146A	12,13-16	203.229.315.329
11,21	56A.174A	12,13f	35
11,22	129A	12,13	80A.124.134.147A.161.181.
11,27-33	11.12A.18ff.33.36f.126.		*203-206*.212f.221A.222A.
	140f.*143-162*.264A.307-312.		228ff.249A.335A.336ff.
	329A.331.341.343		340f
11,27	10A.19.110.113A.143.144A.	12,14*.15*.16.17c	*220f.224A*
	145ff.154.155A.*160f*.204f.	12,14	19.37f.84A.146A.155.181.
	249A.255.335A.340.342		202ff.205f.214.215A.219.
11,28-33	145		250.313
11,28	35A.36.139f.*143ff.147ff*.248	12,14b	206.212f.*225f*.333
11,28a.29.33	148f.*154f*	12,14c-e	203.*206-211*.212ff.225.
11,28a	10A.*152ff*.155A		226ff.229.234.254.
11,28b.30	148f.150f.*155-160*.310		257f.333
11,28b	150ff.154.155A.157.310A	12,14fin-17	210.213.227
11,29	10A.144A.145.148.150f.155A	12,14fin-16	*211ff*.217ff.*221f*
11,30	36.140.143A.148.150f.155.	12,14fin	203.*211*.212ff.216.225.
	158f.329		227
11,30b-33	10A	12,15	35.124A.161.182.203.
11,31-33	148.151		*211ff*.214.226.*228ff*.
11,31f	10.148.*149ff*.160.333		337.340f
11,31	193A	12,15c-16	*213ff*
11,32f	*149*	12,15c	212.214
11,32	128A.149	12,16	203.*212-215*.216

12,17a.b	189A.203.211.213.*215ff*.	13,4	144A.*152f*.227.249A
	220f.*222ff*.225.234.332	13,5	338
12,17c	108A.112A.*217-220*.258.315	13,6	104A
12,18-27	11.12A.20.33.35.37.162.	13,9	338
	176f.*234-248*.312f.329	13,14	133A
12,18	13A.35.128A.146A.147A.	13,17	104A
	234.238.*239ff*.245A.	13,18f	104A
	249A.335A	13,21	56A.174A
12,19-24a.25	*239*.243.245.246A	13,22	311A
12,19-23	234.238f	13,23	338
12,19	20.220.225A.226.237.	13,24	104A
	242.333	13,32	104A
12,23	155.234.241A.242.313	13,33	338
12,24-27	*234ff*	13,35	193A
12,24	35.51.227A.235f.*237ff*.	14,1f.3-9.10f	169
	248.315	14,1f	25A.109f
12,25	238f.241fA.243A.*244f*	14,1	80A.212A.342A
12,26f	237.239.245A.*246ff*.332	14,2	149.161A
12,27	218.*247*	14,3-9	36A.249A
12,28-34	12A.20.33.37f.162.227.	14,3	85A
	249-266.312f	14,4f	161A
12,28	38.155.249.250A.*254-259*.	14,4	134.135A
	260f.265A.313.332.	14,6	134
	335.342A	14,7	249A
12,29-31	251ff.256.259.*261ff*.	14,10	22
	265f	14,17	146A
12,29f	38.240	14,18.20	22
12,30	*259ff*	14,32	146A
12,31	259.*261f*.328	14,35	249A
12,32-34	*250-254*.256.259.	14,37	146A
	263ff.265f.332	14,40	135A
12,32	20.210.225A.226f.230.	14,41	146A
	256.333.335.342A	14,43	22.80A.146A.147A.342A
12,34	10A.218A.*249f*.256f.264f.	14,45	249A
	342	14,47	255A
12,35-37	19.250A.255.342	14,49	84A.135A.146A.332
12,35	19f.84A.146A.226.255.	14,51	255A
	342f	14,53	80A.146A.342A
12,37	128A.218.232A	14,54	135A
12,38-40	20.255.242	14,55-58	144A
12,38	19f.146A.147A.226.331.338	14,61	112A.311A
12,41	19A.128A.146A	14,64	139.307
12,42	79A	14,66	146A.255
12,43	81A.168A	14,71	232A
13,1	56A.146A.174A.225A.249A	15,1	25A.80A.110A.146A.342A

Stellenregister 401

15,3	79A	10,25	38.255.256A.264A.313A
15,4	56A.174A	10,29-37	257.265
15,5	128A	11,14-23	12A.163
15,7	135A	11,14	118.*168f*.268
15,8	128A	11,15f	167
15,11	128A	11,15.17.18a	170A
15,12	127A.193A	11,15	163.268
15,16	79A	11,16	148A
15,22	79A	11,18	164.197
15,26	135A	11,19f	163
15,31	80A.342A	11,20	171
15,34	79A	11,23	163
15,35	56A.147A.174A	11,39-41	71A
15,39	205.311	11,45f	256
15,40	135A	11,52	256
15,41f	79A	12,1	338
15,43	135A	12,13f	12A.33.39
15,44	81A.168A	12,14	130A
15,46	135A	12,49-51	93
16,2	146A	13,1-5	12A.33.39
16,3	161A	13,5	42
16,6	56A.174A	13,10-14	10
16,12	79	13,10-17	12A.33.36A
Lukas		13,10	114A
3,10	38	13,15	120
3,12	38	14,1-6	12A.33.36A
3,14	38	14,3	256
4,25	209	14,4	217A
5,20	130A	14,5	42.48.120
5,23	130A	14,6	10.217A
5,27	84	14,15-24	15A
5,29	84.85A	15,1	95.96
5,32	93A	15,7	93A
6,1	43A	15,11-32	132A
6,10	111A	17,20f	12A.33
6,39	275	18,9-14	132A
7,1-10	33A.39.170	18,18	265A
7,14	133A	19,10	93
7,18-35	12A	20,20-26	214A
7,30	256	20,20	206A
7,36-50	10.12A.33.36.132A	20,24	219A
7,48f	130A	20,27	335A
9,51-56	12A.33	20,38	246A
9,56a v.l.	93A	20,39f	265A
10,16	286A	20,40	264A

22,58	130A	13,38	136A
22,59	209	15,8f	71A
22,60	130A	16,18	130A
Johannes		16,30	38
1,47	138A	18,4–6	285
2,13–22	143.157.161	18,24–19,7	283A
2,18	144	18,25f	210A
2,19	144A	22,16	136A
3,2	207	23,8	239
3,22	158A	26,1	130A
3,26	158A	26,10	148A
3,27	148A.158A	27,9	47A
4,1f	158A	*Römerbrief*	
4,12	138A	2,2	207
4,17	138A	2,11	208f
4,25	207	2,28	257
4,42	207	3,4	207
6,28	38	3,19	207
6,64	138A	4,17	235A
6,65	148A.158A	4,24	235A
9,29	207	6,2	76.136A
9,31	207	6,8	76
11,22–24	207	6,9	207
16,30	207	6,10	136A.246A
Apostelgeschichte		7,14	207
2,37	38	8,22	207
2,38	136A	8,28	207
3,1–10	133A	13,1–7	224A
3,12	152A	13,6f	216fA.222
4,7	152A	13,7	223A.224
4,10	130A.309	13,8–10	263A
4,27	209	13,8	217A
4,30	130A	13,9	260.263A.314
5,31	136A	13,12f	224A
6,8–15	285.305f	14,8	246A
9,14	148A	14,14–20	71A
9,34	130A	14,15	76
10,9–16	71	14,17	104A
10,28	285	16,21.23	130A
10,34	208f	*1. Korintherbrief*	
10,43	136A	6,11	136A
11,1–3	285	7,5	104A
11,5–10	71	7,10f	*196*
11,14f	71A	7,10	179.193.196.284
12	204A	7,12	284

Stellenregister 403

7,19	241A	2,16	104A
7,25	284	2,20	76
7,40	284	2,21	62.75f.76A.104A
8,4	207	2,22	61.75.76A.78.306
8,11	76	3,25	208f
9,14	284	*1. Thessalonicherbrief*	
11,9	46A	2	285
15,12-19	248	2,15f	340A
15,33f	245	4,14	248
15,35-37	244f	4,15	284
15,35	242A	*2. Thessalonicherbrief*	
15,36	245	2,15	78
15,50a	245	*1. Timotheusbrief*	
2. Korintherbrief		1,12-15	95A
4,14	207	1,15	93.94
5,1	207	2,2	223A
6,5	104A	*Titusbrief*	
11,2	298	3,1	223A
11,27	104A	*Hebräerbrief*	
Galaterbrief		5,7	235A
1,13f	339	11,19	235A
1,14	285.305f	*Jakobusbrief*	
2,6	209	2,1	208f
2,11f	284A.285	2,8	260.263A.314
2,12	89	2,9	209
2,15-17	94	4,11f	231A
2,19	246A	5,14f	135
4,3	75A	5,15	136
5,1	207	*1. Petrusbrief*	
5,2	174A	1,17	208
5,14	260.263A.314	2,13-17	224
Epheserbrief		2,17	223
6,9	208f	*1. Johannesbrief*	
Philipperbrief		2,12	136A
3,5-11	305A	3,2	207
3,5f	339	3,5	207
3,10	235A	3,14	207
Kolosserbrief		4,4	171
1,12-14	136A	5,18-20	207
2,2	*78*	*Judasbrief*	
2,8-23	75f	16	209
2,15	171	*Johannesapokalypse*	
2,16-19	75	2,14f	78

7. Apostolische Väter, frühe Apologeten und Kirchenväter

Barnabas
4,12	208.209A
5,9	92.95A
19,4	209
19,7	209

Clemens Alexandrinus
Stromata
IV,33,4	76A

Didache
4,3	209
4,10	93A.209

Hermas
Mandatae
1,1	260A

Visiones
4,2,1	102A

Ignatius
Epheserbrief
7,2	274A

Justin
Apologie
I,15,8	92

Dialog
78,11	61.77A
80,4	244A
81,4	243A

Ps.-Justin
De Resurrectione
3	243A

1. Klemensbrief
1,3	208.209A
15,2	61.76.77
52,3	216A

2. Klemensbrief
2,4	92
3,5	61.76f

Polykarpbrief
6,1	208

8. Gnostische Literatur

Thomasevangelium
13	219A	53	283A
22	219A	60	219A
35	164A	100	216A.219A
47	105.106	104	106

9. Griechische und lateinische Autoren

Achilles Tatius
VIII,4,3	130A

Aphthonius
Porgymnasmata
3	320A
4	321A

Aristoteles
Rhetorik
1394b,31-1395a,2	321A

Artemidorus
Traumdeutungen(Ὀνειροκριτικά)
2,29	90A
2,54	91A
2,57	90
3,39	90
4,22	90.91A
4,45	90A

Athenaios
Δειπνοσοφισταί
VII,307C-308A	99A

Dio Cassius
37,16	47A
49,22,3f	47A
66,8	117A

Dion Chrysostomos
Orationes

3,100	90
7,142-152	102A
8,5	90.91
13,32	90
27,7	90
31,57-59	214A
31,61	214A
32,17	90

Diogenes Laertius

I,34	322A
I,35	132A.326A
I,51	321A
I,59	321A
I,69	321A
I,77	321A
I,86	321A
II,30	322A
II,46	138A
II,69	91
II,70	91
V,17	321A.323A
V,21	323A
V,33	321A
VI,2	327A
VI,4	321A
VI,5	326A
VI,6	91
VI,7	326A
VI,8	321A
VI,28.29	322A
VI,31	321A.324A
VI,32	321A
VI,33	327A
VI,40	327A
VI,45.46	327A
VI,56	321A.323A.326A
VI,57-62	327A
VI,58	323A.327A
VI,63	323A
VI,67.68	321A
VI,69	326A.327A

Heliodoros

7,8,3	102A

Hermogenes
Progymnasmata

3	320A.325A
4	321A

Herodianos

I,6,4	130A

Lukianos
De Mortuorum

22,3	208.209A

Demonax

12	322A
39	321A
50	324A

Pausanias

2,11,3	102A

Philostratos
Vita Apollonii

I,4	139A
I,15	214A
I,19	138A
I,22	139A
III,39	117A

Platon
Symposion

189D	91A

Plutarch
(I) Vitae

86	321A
96B	144A
1010D	274A

(II) Moralia

4A	91
8E	321A.322A
21E	321A
167E	47A
169C	47A
172A-207	319A
208A-236E	319A
230F	49.52A.91
394C	169A
584A	91A
736C	216
761E	274A
776A-779C	319A
776B	323A

794E		144A	
1071DE		49	
Quintilianus			
De Institutione Oratoria			
VIII,5,3		321A	

Strabo			
16,763			47A
Suetonius			
De Vita Caesarum			
Vesp. 7			117A

Seneca
Epistulae morales
33,7   324A

Tacitus
Historiae
IV,81   117A

Sextus
20   217A

Theon
Progymnasmata
5   320A.325A

Stobaios
Florilegium

3,13.44	327A
13,43	91
17,31	321A
21,9	321A
22,38	321A
34,15	321A
43,89	321A
46	321A
68,34	321A

Vitae Aesopi
60   130A

Xenophon
Anabasis
7,1,39   149A
Memorabilia

2,2,10	216A
3,13	321A
3,14	321A
3,14,4	121A

10. Papyri, Inschriften und Codices

Ottobonianus Graecus
192f   91A
278   91A

P. Amherst (hg.v.Grenfell-Hunt)
II,68,33   207A

P. Egerton
2   61.76.215A.229

P. London (hg.v.Kenyon-Bell u.a.)
III,964,19   102A

P. Masp(éro)
4,4   207A

P. Oxyrhynchus
480,9   207A
840   156A

Dittenberger, Sylloge³
I,226,174   207A

Vaticanus Graecus
119   91A
633   91A

Gnomologium Vaticanum (e 743)
5	91A
32	91A
37	91
175	327A
194	327A
196	327A

Sachregister (in Auswahl)

Angriff (als Formelement) *12ff. 16f.34ff.*126f.*308-312*
Anlaß (siehe auch Rahmenszene) 4.12ff.14-18.168f.267.269f
Apologetik 17.50.171.272.275f. *280-286.*295.309f
Apophthegma 6f.14A.39.317-329
Argumentation, christologische 25f.93f.141f.159f.172.275f. 297ff.302f.
Argumentation, weisheitliche 25.69f.101.273ff.328f
Authentizitätsfragen 48-51.70f. 91f.96.100f.109f.132A.159.195. 220f.222ff.281.289-293.314.324
Das Böse 137f.340f
Chrie 121f.*317-329*
Conflict story 9ff.317
Doppelfrage 147f.152f.211.227
Erzählüberlieferung 4.7.8-11. 11A.46
Exposition 4.10f.12ff.267f
Form, Zur Frage der 3-18.31f. 176f.202.217f.264f.318f
Formelement(e) 3ff.9ff.14f.84f. 108f.121.139ff.217ff.224f. 267f.*278f*
Formgeschichte 1f.3-18
Frage (als Formelement) 12ff. 17f.34f.37f
Gegenfrage 60.155f.182.186
Gegner(nennung)/Gegnerbild 13.22f.28f.*35.*87.146fA.167.194. 204f.*331f.334-343*
Gemeinde(interesse) 23.91ff. *302-307*

Gemeinde,
- hellenistische 76f.122f.281
- hellenistisch-judenchristliche 122f.244ff.258f.260-263.281. 298.*303-307.*314f
- judenchristliche 23f.68.140. 221f.244f.310f
Gesetz, Haltung zum 44f.46ff. 55f.66.69f.274f.279-286. *294-297.303-307*
Gespräch/Dialog 10f.34.140
Gesprächsszene 33.95A.129f.132f. 213ff.*267f.*271f
Grundform *268-286*
Hausgemeinde 31f.89.95.296
Herodianer 204f.*337.*340
Historische Fixierung 67.286. 294-297.302.327
Jünger 86.289f.291.294ff
Kasuistik 44.47f.50.119f
Konkurrenzsituation 98-104. 159f.*282-286.*298f.310
Lehre/Jesus als Lehrer 16f.106. 206-211.225ff.230-233.257f. 291.315.328f.332f
Lehrfrage 38f.211.213.225f.*313*
Lehrgespräch 38.230-233.313
Logion 4.10.12ff.14f.33f.46ff. 68ff.90ff.119f.272-276.284f
Markus, Redaktionstätigkeit des 28f.30f.40A.78f.81f.86.96. 123ff.174ff.200ff.228ff. 296f.306f.315f.*331-343*

Markus-Evangelium,
- Zur Christologie des 28f.
  52f.126.134f.153f.161f.207-210.
  233f.311f.332f
- Tradition und Redaktion 16.
  30.42f.64.107A.146
Menschensohn(thematik) 22f.
  45A.52.102f.136f.142A.282A.311
Observanz (s.o. Kasuistik) 48.50
Passion(shinweise) 19.21f.28.80.
  109f.167.332.339f
Paulus und die Jesustradition
  104A.196.224.245.260f.*284f.*
  304f.314
Pharisäer 80.109f.181.335.
  *336-341.*343
Polemik 17.50.60f.74ff.265A.272.
  294-297.299ff.303f.315
Rabbinische Debatte(n) 7.151.
  155f.316f.338
Rahmenszene 94f.*267f.268-271.*
  *286-297.*327
Sadduzäer 239ff.335A
Sammlungen *18-32*
Schöpfung(stheologie) 46-49.
  186-189.273ff
Schriftgelehrte 16.254-258.335.
  341ff
Schulfrage *37ff.*155.176.193f.211.
  213f.313f.315f

Schulgespräch (formkritisch)
  3ff.12-18.*33-39.312-316.*
  326-329.333
Sentenz (siehe auch Logion)
  25.90f.98f.216f.320f
Sitz im Leben, Zur Frage nach d.
  5ff.17f.279-286.316f
Story-Konzeption 2.8-11.14ff
Streitgespräch (formkritisch)
  3ff.6f.12-18.*33-39.*112.267f.
  326-329
Streitgespräche zur christlichen
  Lebenspraxis 37.40-126.
  *267-307.*333.338A
Streitgespräche zum Wirken Jesu
  *36f.*126-176.*307-312.*332f
Syrien, Gemeinde in 284f.*304A*
Szene, ideale 16.268f.270
Täufer(kreis) 97-104.159f.*283.*
  285.298f.310
Vollmacht(sthema) 22f.125f.136f.
  141f.147f.153f.311f
Vorwurf (als Formelement)
  12f.34.267f.271f.275f.*276-279.*
  285f.323
Wunder(erzählung) 1.12f.25f.39.
  108f.115ff.120.129.131
Wunder und Lehre 23f.119.
  125f.332

Griechisches Stichwortregister (in Auswahl)

διδάσκειν/διδαχή	84.141.146A. 206.210.225ff	καλεῖν	93f
ἐντολή	59.62f.182ff.259ff	λαλεῖν τὸν λόγον	30.128
ἔξεστιν	37f.43f.120f.123. 182.211	καὶ ἔλεγεν αὐτοῖς	41f.58
		ὁδός	177f
ἐξουσία (s. Vollmacht)	147f	ὁδὸς τοῦ θεοῦ	210f
ἔρχομαι	113A.127.146.174A.249A	οὐκ - ἀλλά	93f
θεῖος ἀνήρ	138A	ὄχλος	81.84.128A.174.181
ἴδε	51.56.174A.277A.288	πάλιν	81A.113A.127.174A
πειράζειν	181f.212f.228f	παράδοσις	59.62f.72.75f
περιβλεψάμενος	111f.174A	συνάγειν	80.128A
πολλοί	128	σύνεσις/συνιέναι	253f
πορεύεσθαι	69	ταῦτα (ποιεῖν)	36.126.*144fA*.151f.157ff
πρός	146A.180.249A	ὑποκριτής/ὑπόκρισις	61.74.77.212f
προσκαλεσάμενος	81A.168		
σιωπᾶν	112	ὥστε	45.52f.128A.189.192

Die „Kritische Studienausgabe" von Nietzsches Werken erstmals auch in Einzelbänden lieferbar

Friedrich Nietzsche
Kritische Studienausgabe in 15 Bänden

Herausgegeben von
Georgio Colli und Mazzino Montinari

Zweite, durchgesehene Auflage

Oktav. Ca. 9592 Seiten. 1988. Kartoniert ihn Kassette
DM 298,− ISBN 3 11 008117 2

Seit ihrem Erscheinen im Jahre 1980 ist die vorliegende Taschenbuchausgabe international zum Begriff geworden: als „Kritische Studienausgabe" (KSA) sämtlicher Werke und unveröffentlichter Texte Friedrich Nietzsches nach den Originalmanuskripten auf der Grundlage der „Kritischen Gesamtausgabe" (KGW), hat sie einer neuen Nietzsche-Rezeption den Weg geebnet.

Band 1: Die Geburt der Tragödie/Unzeitgemäße Betrachtungen I−IV/Nachgelassene Schriften 1870−1873

928 Seiten. DM 22,80 ISBN 3 11 011840 8

Band 2: Menschliches, Allzumenschliches I und II

720 Seiten. DM 19,80 ISBN 3 11 011841 6

Band 3: Morgenröte / Idyllen aus Messina / Die fröhliche Wissenschaft

672 Seiten. DM 18,80 ISBN 3 11 011842 4

Band 4: Also sprach Zarathustra I−IV

428 Seiten. DM 14,80 ISBN 3 11 011843 2

Band 5: Jenseits von Gut und Böse /Zur Genealogie der Moral

424 Seiten. DM 14,80 ISBN 3 11 011844 0

Preisänderungen vorbehalten

Walter de Gruyter  Berlin · New York

Die „Kritische Studienausgabe" von Nietzsches Werken erstmals auch in Einzelbänden lieferbar

Band 6: Der Fall Wagner / Götzendämmerung / Der Antichrist / Ecce homo / Dionysios-Dithyramben / Nietzsche contra Wagner
464 Seiten. DM 14,80   ISBN 3 11 011845 9

Band 7: Nachgelassene Fragmente 1869—1874
840 Seiten. DM 24,80   ISBN 3 11 011846 7

Band 8: Nachgelassene Fragmente 1875—1879
624 Seiten. DM 22,80   ISBN 3 11 011847 5

Band 9: Nachgelassene Fragmente 1880—1882
688 Seiten. DM 22,80   ISBN 3 11 011848 3

Band 10: Nachgelassene Fragmente 1882—1884
672 Seiten. DM 22,80   ISBN 3 11 011849 1

Band 11: Nachgelassene Fragmente 1884—1885
728 Seiten. DM 24,80   ISBN 3 11 011850 5

Band 12: Nachgelassene Fragmente 1885—1887
584 Seiten. DM 19,80   ISBN 3 11 011851 3

Band 13: Nachgelassene Fragmente 1887—1889
672 Seiten. DM 22,80   ISBN 3 11 011852 1

Band 14: Einführung, Werk- und Siglenverzeichnis, Kommentar
784 Seiten. DM 24,80   ISBN 3 11 011853 X

Band 15: Chronik zu Nietzsches Leben / Konkordanz / Verzeichnis sämtlicher Gedichte / Gesamtregister
368 Seiten. DM 12,80   ISBN 3 11 011854 8

Preisänderungen vorbehalten

Walter de Gruyter  Berlin · New York